Iona

Lona Chavasse

Collins
IRISH
School
Dictionary

HarperCollins Publishers
Westerhill Road
Bishopbriggs
Glasgow
G64 2QT
Great Britain

First Edition 2016

10 9 8 7 6 5 4 3 2

© HarperCollins Publishers 2016

ISBN 978-0-00-819028-6
ISBN 978-0-00-795579-4

Collins ® is a registered trademark of
HarperCollins Publishers Limited

www.collinsdictionary.com
www.collins.co.uk/dictionaries

Typeset by Davidson Publishing Solutions, Glasgow

Printed in Italy by Grafica Veneta SpA

The contents of this publication are believed
correct at the time of printing. Nevertheless the
publisher can accept no responsibility for errors or
omissions, changes in the detail given or for any
expense or loss thereby caused.

HarperCollins does not warrant that any
website mentioned in this title will be provided
uninterrupted, that any website will be error free,
that defects will be corrected, or that the website or
the server that makes it available are free of viruses
or bugs. For full terms and conditions please refer
to the site terms provided on the website.

A catalogue record for this book is available from
the British Library.

If you would like to comment on any aspect of
this book, please contact us at the given address
or online.
E-mail: dictionaries@harpercollins.co.uk
 facebook.com/collinsdictionary
 @collinsdict

Acknowledgements
We would like to thank those authors and
publishers who kindly gave permission for
copyright material to be used in the Collins Corpus.
We would also like to thank Times Newspapers Ltd
for providing valuable data.

EDITOR
Susie Beattie

CONTRIBUTORS
Máire Nic Mhaoláin
Gráinne Uí Dhuifinn
Maggie Seaton
Rachel Smith

FOR THE PUBLISHER
Gerry Breslin
Janice McNeillie
Helen Newstead

MIX
Paper from
responsible sources
FSC® C007454

FSC™ is a non-profit international organisation established to promote
the responsible management of the world's forests. Products carrying the
FSC label are independently certified to assure consumers that they come
from forests that are managed to meet the social, economic and
ecological needs of present and future generations,
and other controlled sources.

Find out more about HarperCollins and the environment at
www.harpercollins.co.uk/green

CONTENTS

Acknowledgements

We are grateful to all those teachers and students who have
contributed to the development of the *Collins Irish School Dictionary*
by advising us on how to tailor it to their needs. We also gratefully
acknowledge the help of the examining boards.

USING THIS DICTIONARY

The *Collins Irish School Dictionary* is designed specifically for anyone starting to learn Irish, and has been carefully researched with teachers and students. It is very straightforward, with an accessible layout that is easy on the eye, guiding students quickly to the right translation.

This section gives useful tips on how to use the *Collins Irish School Dictionary* effectively.

▷ Make sure you look in the right side of the dictionary

There are two sides in a bilingual dictionary. Here, the **Irish–English** side comes first, and the second part is **English–Irish**. At the top of each page there is a reminder of which side of the dictionary you have open. The middle pages of the book have a grey border so you can see where one side finishes and the other one starts.

▷ Finding the word you want

To help you find a word more quickly, use the **alphabet tabs** down the side of the page, then look at the words in **black** at the top of the pages. They show the first and last words on the two pages where the dictionary is open.

▷ Make sure you use the right part of speech

Some entries are split into several parts of speech. For example '**glue**' can either be a noun ("Can I borrow your **glue**?") or a verb ("**Glue** this into your exercise book"). Parts of speech within an entry are separated by a black triangle ▶ and are given on a new line. They are given in their abbreviated form (*n* for noun, *adj* for adjective, etc). For the full list of abbreviations, look at page x.

> **glue** *n* gliú m4
> ▶ *vb* cuir gliú ar

▷ Choosing the right translation

The main translation of a word is underlined and is shown after the part of speech. If there is more than one main translation for a word, each one is numbered. You may also sometimes find bracketed words in *italics* which give you some context. They help you choose the translation you want.

> **pool** *n* **❶** *(puddle)* <u>slodán</u> *m1*
> **❷** *(pond)* <u>linn</u> *f2* **❸** *(for swimming)*
> <u>linn</u> *f2* <u>snámha</u> **❹** *(game)* <u>púl</u> *m4*

Often you will see phrases in *italics*, preceded by a white triangle ▷. These are examples of the word being used in context.

> **indéanta** *adj* <u>possible</u> ▷ *Níl sé*
> *indéanta.* It isn't possible.

Phrases in **bold type** are phrases which are particularly common and important. Sometimes these phrases have a totally different translation.

> **biseach** *m1* *(in health)*
> <u>improvement</u>; **Tá biseach orm**
> I'm better.

Once you have found the right translation, remember that you may need to adapt the Irish word you have found. You may need to make a **noun** or an **adjective** plural or genitive or find the irregular comparative form of an **adjective**. The forms you need are all given at the entry for the word on the Irish – English side.

> **inis** *(gen sing* **inse**, *pl* **insí***) f2* <u>island</u>

> **te** *(pl, compar* **teo***) adj* **❶** <u>warm</u> ▷ *Tá*
> *sé te.* It's warm.

You may also need to adapt the **verb**. Verbs are given in the infinitive form, but you may wish to use them in the present, past or future tense. To do this, use the **verb tables** in the last section of the dictionary. All of the verbs on the Irish – English side are followed by a number in square brackets. This number corresponds to a page number in the Verb tables at the back of the dictionary.

In the example below, **mothaigh** follows the same pattern as **beannaigh**, shown on page **12** of the Verb tables.

    mothaigh *vb* [**12**] ❶ <u>to feel</u>

Where the verbal adjective or verbal noun formation follows a different pattern, the form is shown after the verb number.

    rámhaigh *vb* [**12,** VN rámhaíocht]
     (*boat*) <u>to row</u>

▷ Key words

Key words which you need to be familiar with for your exams are highlighted in light grey throughout both sides of the dictionary to help you find them more easily:

    accident
    leathanach

▷ Find out more

In the *Collins Irish School Dictionary*, you will find lots of extra information about the Irish language. These **usage notes** help you understand how the language works and give you some word-for-word translations.

    míle (*pl* **mílte**) *m4* ❶ <u>thousand</u>
      míle is usually followed by a
      singular noun.

    bat *n* ❶ (*for cricket, table tennis,*
    rounders) <u>slacán</u> *m1* ❷ (*animal*)
    <u>sciathán</u> *m1* <u>leathair</u>
      Word for word, this means
      'leather wing'.

▷ Remember!

Never take the first translation you see without looking at the others. Always look to see if there is more than one translation, or more than one part of speech.

ABBREVIATIONS USED IN THIS DICTIONARY

abbr	abbreviation
adj	adjective
adv	adverb
art	article
compar	comparative
conj	conjunction
dat	dative
excl	exclamation
f	feminine
gen	genitive
m	masculine
n	noun
num	number
pl	plural
prep	preposition
pres	present tense
pron	pronoun
sing	singular
va	verbal adjective
vb	verb
vn	verbal noun

SYMBOLS

▷	example
▶	new part of speech
❷	new meaning
[21]	verb table number (see Verb tables section at the back of the dictionary)

TIME

Cén t-am atá sé?   What time is it?   Cén t-am?   At what time?

a haon a chlog

ag/ar a dó dhéag (meán oíche)

deich (nóiméad)i ndiaidh/
tar éis a haon

ag/ar a dó dhéag (meán lae)

ceathrú i ndiaidh a haon

ag/ar a haon tráthnóna

leath i ndiaidh a haon

ag/ar a hocht tráthnóna

'che (nóiméad) go dtí/
chun a dó

ag/ar ceathrú i ndiaidh a
haon déag ar maidin

ceathrú go dtí a dó

ag/ar ceathrú go dtí a
naoi san oíche

DATES

▷ Days of the Week

An Luan	Monday
An Mháirt	Tuesday
An Chéadaoin	Wednesday
An Déardaoin	Thursday
An Aoine	Friday
An Satharn	Saturday
An Domhnach	Sunday

▷ Months of the Year

Eanáir	January	Lúnasa	August
Feabhra	February	Meán	
Márta	March	Fómhair	September
Aibreán	April	Deireadh	
Bealtaine	May	Fómhair	October
Meitheamh	June	Samhain	November
Iúil	July	Nollaig	December

▷ Cén uair?

i mí Feabhra or i bhFeabhra
(ar an 1 Nollaig
ar an gcéad lá de mhí
  na Nollag
in 2016
in dhá mhíle is a sé déag

▷ When?

in February
on 1 December
on the first of December

in 2016
in two thousand and sixteen

▷ Cén lá é (inniu)?

Inniu...
an Domhnach an 1
  Deireadh Fómhair or
an Domhnach an chéad
  (lá) Deireadh Fómhair
an Luan an 10 Feabhra or
an Luan an deichiú
  (lá) Feabhra

▷ What day is it?

It's...

Sunday 1 October or
Sunday, the first of October

Monday, 10 February or
Monday, the tenth of February

xii

NUMBERS

▷ Cardinal numbers

0	a náid	19	a naoi déag
1	a haon	20	fiche
2	a dó	21	fiche a haon
3	a trí	22	fiche a dó
4	a ceathair	30	tríocha
5	a cúig	40	daichead
6	a sé	50	caoga
7	a seacht	60	seasca
8	a hocht	70	seachtó
9	a naoi	80	ochtó
10	a deich	90	nócha
11	a haon déag	100	céad
12	a dó dhéag	101	céad a haon
13	a trí déag	200	dhá chéad
14	a ceathair déag	300	trí chéad
15	a cúig déag	301	trí chéad a haon
16	a sé déag	1,000	míle
17	a seacht déag	2,000	dhá mhíle
18	a hocht déag	1,000,000	milliún

▷ Fractions

1/2	leath	1/5	cúigiú
1/3	trian	0.5	náid pointe a cúig
2/3	dhá thrian	10%	deich faoin gcéad
1/4	ceathrú	100%	céad faoin gcéad
3/4	trí cheathrú		

NUMBERS

▷ Ordinal numbers

1st	céad/aonú		14th	ceathrú déag
2nd	dara/dóú		15th	cúigiú déag
3rd	tríú		16th	séú déag
4th	ceathrú		17th	seachtú déag
5th	cúigiú		18th	ochtú déag
6th	séú		19th	naoú déag
7th	seachtú		20th	fichiú
8th	ochtú		21st	fiche is aonú
9th	naoú		22nd	fiche is dóú
10th	deichiú		30th	tríochadú
11th	aonú déag		100th	céadú
12th	dóú déag		101st	céad is aonú
13th	tríú déag		1000th	· míliú

They were hitting him. **②** <u>her</u> ▷ *Bhí siad á bualadh.* They were hitting her. **③** <u>them</u> ▷ *Bhí siad á mbualadh.* They were hitting them.

ab *m3* <u>abbot</u>

abair *vb* [1] **①** <u>to say</u> ▷ *Cuir amach do theanga agus abair 'ah'.* Stick your tongue out and say 'ah'. ▷ *Abair sin arís.* You can say that again. **②** <u>to sing</u> ▷ *Abair amhrán.* Sing a song.

abairt *f2* <u>sentence</u> ▷ *Cad é an chiall atá leis an abairt seo?* What does this sentence mean?

ábalta *adj* <u>able</u> ▷ *Ádhúil go leor, bhí siad ábalta an carr a dheisiú ar an láthair.* Luckily they were able to mend the car on the spot.

abar *m1* **dul in abar** to get into difficulties ▷ *Chuaigh sí in abar sa scrúdú scríofa.* She got into difficulties with the written exam.

abhaile *adv* <u>home</u> ▷ *Téigh abhaile.* Go home. ▷ *Is dócha go ndeachaigh sé abhaile.* I suppose he went home.; **rud a chur abhaile ar dhuine** to impress something on somebody

abhainn *(gen sing* **abhann**, *pl* **aibhneacha**) *f* <u>river</u> ▷ *Chuaigh sé ag iascaireacht san abhainn.* He went fishing in the river. ▷ *Tá an abhainn sínte leis an chanáil.* The river runs alongside the canal.; **ar bhruach na habhann** on the river bank

ábhar *m1* **①** <u>cause</u> ▷ *ábhar imní* cause for concern **②** *(at school)* <u>subject</u> ▷ *Déanaim staidéar ar*

a *pron, conj* **①** <u>which</u> ▷ *an bord atá sa choirnéal* the table which is in the corner ▷ *an bord a bhfuil leabhar air* the table on which there is a book **②** <u>who</u> ▷ *an bhean a thagann liom gach lá* the woman who comes with me every day ▷ *an fear a chaill a chóta* the man who lost his coat **③** <u>whose</u> ▷ *an fear a bhfuil a chóta caillte* the man whose coat has been lost; **a Sheáin, a chara** Dear John; **a haon, a dó, a trí** *(with numbers)* one, two, three
▶ *adj* **①** <u>his</u> ▷ *a bhagáiste* his luggage ▷ *a athair* his father **②** <u>her</u> ▷ *a bagáiste* her luggage ▷ *a hathair* her father **③** <u>their</u> ▷ *a mbagáiste* their luggage ▷ *a n-athair* their father

á *adj* **①** <u>him</u> ▷ *Bhí siad á bualadh.*

a
b
c
d
e
f
g
h
i
j
k
l
m
n
o
p
q
r
s
t
u
v
w
x
y
z

ocht n-ábhar ar scoil. I study eight subjects at school. ▷ *Cad é an t-ábhar is fearr leat?* What's your favourite subject?; **Is saineolaí ar an ábhar seo é.** He's an expert in this field.; **Ní bhaineann sé le hábhar.** It's irrelevant.; **ar an ábhar seo** for this reason; **ábhar machnaimh** food for thought

abhcóide *m4* barrister

abhus *adv* here ▷ *abhus anseo* over here ▷ *thall agus abhus* here and there

acadamh *m1* academy ▷ *acadamh míleata* a military academy; **Acadamh Ríoga na hÉireann** the Royal Irish Academy

acadúil *adj* academic

ach *conj* ❶ but ▷ *Tá sé mór ach níl sé láidir.* He's big but he's not strong. ❷ (with negative) only ▷ *Níl mé ach ag magadh.* I'm only joking.

achainí (*pl* **achainíocha**) *f4* request

achar *m1* **Cén t-achar é go Corcaigh?** How far is it to Cork?; **Bhí sé achar fada anseo.** He was here a long time.; **Tá achar 1500m² sa pháirc.** The field has an area of 1500m².

achomharc *m1* (*in court*) appeal; **Rinne siad achomharc in aghaidh na breithe.** They appealed against the judgement.

achrann *m1* tangle; **bheith in achrann le chéile** to be squabbling

acht (*pl* **achtanna**) *m3* (*of parliament*) act

aclaí *adj* fit ▷ *Is maith leis a bheith aclaí.* He likes to stay fit. ▷ *Déanann sí aeróbaic le coineáil aclaí.* She does aerobics to keep fit.

aclaíocht *f3* (*exercise*) keep-fit

acmhainn *f2* (*way, money*) means ▷ *Déanfaidh sé é trí acmhainn éigin.* He'll do it by any possible means.; **acmhainn grinn** sense of humour; **Níl acmhainn agam ar fhuacht.** I can't stand the cold.

acra *m4* acre

adamhach *adj* atomic ▷ *buama adamhach* an atomic bomb ▷ *cumhacht adamhach* atomic power

ádh *m1* luck ▷ *Ní raibh mórán áidh uirthi.* She hasn't had much luck.; **an t-ádh a bheith ort** to be lucky; **Ádh mór ort!** Good luck!; **le barr áidh** by mere chance

adhairt (*pl* **adhairteanna**) *f2* pillow

adharc *f2* (*of animal*) horn; **in adharca a chéile** at loggerheads

adhlacadh (*gen sing* **adhlactha**, *pl* **adhlacthaí**) *m* burial

adhlacóir *m3* undertaker

adhmad *m1* wood ▷ *Tá sé déanta d'adhmad.* It's made of wood.

adhmadóireacht *f3* woodwork ▷ *Is í an adhmadóireacht an caitheamh aimsire atá agam.* My hobby is woodwork.

ádhúil *adj* lucky; **Ní raibh sé ag cur báistí, ádhúil go leor.** Fortunately, it wasn't raining.

admhaigh *vb* [**12,** vn admháil]
❶ to admit ▷ *D'admhaigh sé go raibh an ceart agam.* He admitted that I was right. **❷** to confess ▷ *D'admhaigh sé a choir sa deireadh.* He finally confessed his crime.

admháil *f3* (*for parcel, payment*) receipt

aduaidh *adj* (*wind*) from the north; **an ghaoth aduaidh** the north wind

ae (*pl* **aenna**) *m4* liver

aer *m1* air ▷ *Tá aer úr de dhíth orm.* I need some fresh air.; **faoin aer** outdoors

aeráid *f2* climate

aerárthach (*pl* **aerárthaí**) *m1* aircraft

aerasól *m1* aerosol

aerfhórsa *m4* air force

aerfort *m1* airport ▷ *Tá an t-óstán áisiúil don aerfort.* The hotel's convenient for the airport.

aerghunna *m4* air gun

aerlíne *f4* airline

aerlínéar *m1* airliner

aeróbaíocht *f3* aerobics

aeróg *f2* aerial

aeroiriúnú *m* air conditioning

aeróstach *m1* flight attendant ▷ *Tá sí ina haeróstach.* She's a flight attendant.

aerphíobán *m1* snorkel

aerphost *m1* airmail

aer-ruathar *m1* air raid

áfach *adv* however

Afraic *f2* **an Afraic** Africa ▷ *san Afraic* in Africa; **an Afraic Theas** South Africa

ag *prep*

▎ Prepositional pronouns are **agam**, **agat**, **aige**, **aici**, **againn**, **agaibh**, **acu**.

(*position, time*) at ▷ *ag an bhaile* at home ▷ *ag an scoil* at school ▷ *ag a trí a chlog* at three o'clock

▎ **ag** can be used with verbal nouns for continuous activity.

▷ *ag obair* working ▷ *ag caint* talking

▎ **ag** can be used to show possession.

▷ *Tá deich euro agam.* I have ten euros. ▷ *an teach s'againne* our house

▎ **ag** can be used to describe people.

▷ *Tá súile gorma ag Caitríona.* Catherine has blue eyes.

▎ **ag** can be used to say what someone can do.

▷ *Tá tiomáint ag Deirdre.* Deirdre is able to drive. ▷ *Tá snámh ag Rachel.* Rachel can swim. ▷ *Tá Gaeilge agam.* I can speak Irish.; **Tá agam leis an dinnéar a dhéanamh réidh.** I have to make the dinner.; **Tá cúig euro agam air.** He owes me five euros.; **Tá dhá orlach agam ar Bhríd.** I'm two inches taller than Brigit.; **gach duine acu** every one of them; **Tá cion agam air.** I like him.

agallamh *m1* interview ▷ *Craoladh an t-agallamh inné.* The interview was broadcast yesterday.

a
b
c
d
e
f
g
h
i
j
k
l
m
n
o
p
q
r
s
t
u
v
w
x
y
z

aghaidh (*pl* **aghaidheanna**) *f2*
❶ face ▷ *aghaidh aithnidiúil* a
familiar face ▷ *Nigh mé m'aghaidh ar
maidin.* I washed my face this
morning. ▷ *Bhí m'aghaidh dóite ón
ngrian.* My face was sunburnt.;
Las sí san aghaidh. She blushed.
❷ (*of building*) front ▷ *aghaidh an tí*
the front of the house; **Ar aghaidh
libh!** Go on!; **in aghaidh** against
▷ *Caithfimid troid ina n-aghaidh.*
We must fight against them.;
in aghaidh na bliana per annum;
3 chúl in aghaidh a 2 3 goals to 2
agóid *f2* protest; **agóid a
dhéanamh in éadan ruda** to
protest against something
aguisín *m4* (*in book*) appendix
agus *conj* ❶ and ▷ *Tá Seán agus Áine
ag an doras.* John and Ann are at
the door. ▷ *Tháinig sé isteach agus
shuigh sé síos.* He came in and sat
down. ❷ as ▷ *Chonaic mé é agus
mé ag teacht abhaile.* I saw him as
I was coming home.; **Bhí sé ina
sheasamh ansin agus a dhroim
leis an mballa.** He stood there
with his back to the wall.; **Tháinig
mé abhaile agus mé tuirseach
cloíte.** I came home exhausted.
áibhéil *f2* exaggeration; **áibhéil
a dhéanamh** to exaggerate; **gan
bhréag gan áibhéil** in plain fact
aibhinne *m4* avenue
aibhléis *f2* electricity
aibí *adj* ripe ▷ *Tá an t-úll aibí.* The
apple is ripe.; **mac léinn aibí** a
mature student

aibítir (*gen sing* **aibítre**, *pl* **aibítrí**)
f2 alphabet; **in ord aibítre** in
alphabetical order
Aibreán *m1* April ▷ *An t-ochtú lá is
fiche d'Aibreán atá ann.* It's the 28th
of April.; **i mí Aibreáin** in April
aice *f4* **in aice le** beside ▷ *Tá Seán
in aice leis an doras.* Sean is beside
the door. ▷ *in aice leis an teilifíseán*
beside the television ▷ *an teach in
aice leis an scoil* the house beside
the school; **An bhfuil peann in
aice láimhe agat?** Have you got a
pen handy?
aicearra *m4* shortcut ▷ *Ghearr
mé aicearra tríd an pháirc.* I took
a shortcut through the park.;
**Cam nó díreach an ród is é an
bealach mór an t-aicearra.** The
longest way round is the shortest
way home.
aicíd *f2* disease
aicme *f4* ❶ group ❷ class ▷ *aicme
shóisialta* a social class
Aidbhint *f2* **an Aidbhint** Advent
aidhm (*pl* **aidhmeanna**) *f2* ❶ aim
▷ *Tá sé mar aidhm ag an bhféile
airgead a thógáil.* The aim of the
festival is to raise money. ❷ goal
▷ *Is é an aidhm atá aige ná a bheith
ina churadh domhanda.* His goal is to
become the world champion.
aidiacht *f3* adjective
aidréanailín *m4* adrenaline
aiféala *m4* regret ▷ *Níl lú aiféala
orm.* I've got no regrets.; **Beidh
aiféala ort.** You'll regret it.
Aifreann *m1* Mass ▷ *Bhí mé ar*

Aifreann. I was at Mass.

aigéan *m1* ocean; **an tAigéan Antartach** the Antarctic Ocean; **an tAigéan Artach** the Arctic Ocean; **an tAigéan Atlantach** the Atlantic Ocean; **an tAigéan Ciúin** the Pacific

aigne *f4* mind ▷ *Cad é atá ar d'aigne?* What's on your mind?

áiléar *m1* attic ▷ *Tá an t-áiléar lán de sheanmhangarae.* The attic's full of junk.

aill (*pl* **aillte**) *f2* cliff

áilleacht *f3* beauty

ailléirge *f4* allergy; **ailléirge a bheith ar dhuine le rud** to be allergic to something ▷ *Tá ailléirge orm le fionnadh cait.* I'm allergic to cat hair.

ailse *f4* cancer ▷ *ailse chraicinn* skin cancer ▷ *Tá ailse air.* He's got cancer.

ailtire *m4* architect ▷ *Tá sí ina hailtire.* She's an architect.

aimplitheoir *m3* amplifier

aimsigh *vb* [**11**] ① (*locate*) to find ▷ *D'aimsigh siad roinnt óir.* They found some gold. ② (*target*) to hit ▷ *D'aimsigh an tsaighead an sprioc.* The arrow hit the target. ③ (*gun*) to aim

aimsir *f2* ① weather ▷ *Cad é mar a bhí an aimsir?* What was the weather like? ▷ *Tá an aimsir galánta.* The weather is lovely. ② time ▷ *Is maith an scéalaí an aimsir.* Time will tell.; **caitheamh aimsire** a hobby ▷ *Is í an tseoltóireacht an caitheamh aimsire s'aige.* His hobby is sailing.

aineolach *adj* ignorant; **bheith aineolach ar rud** to be unaware of something

aineolas *m1* ignorance; **bheith ar an aineolas** to be in the dark

aingeal *m1* angel

aingíne *f4* angina

ainm (*pl* **ainmneacha**) *m4* name ▷ *Cén t-ainm atá ort?* What's your name? ▷ *Seán Pádraig Ó Néill an t-ainm iomlán atá orm.* My full name is John Patrick O'Neill. ▷ *Ní thig liom cuimhneamh ar a ainm.* I can't remember his name.; **In ainm Dé!** For goodness sake!; **ainm baiste** Christian name; **ainm úsáideora** username

ainmfhocal *m1* noun

ainmhí *m4* animal ▷ *ainmhí baineann* a female animal ▷ *ainmhí fiáin* a wild animal

ainneoin *n* **d'ainneoin** in spite of ▷ *d'ainneoin na ndeacrachtaí uile* in spite of all the difficulties ▷ *In ainneoin na stailce, tá na haerfoirt ag feidhmiú mar is gnách.* In spite of the strike, the airports are working normally.

aintín *f4* aunt ▷ *Rinne m'aintín comhghairdeas liom faoi mo chuid torthaí.* My aunt congratulated me on my results.

aip *f4* (*in computing*) app

aipindicíteas *m1* appendicitis

aird *f2* ① attention; **aird a thabhairt ar** to pay attention to ▷ *Ní raibh aird aige ar an méid a bhí mé a rá.* He didn't pay attention to what I was saying. ▷ *Tabhair aird ar an múinteoir.* Pay attention to the teacher.; **Níl a dhath eile ar a aird.** He thinks of nothing else. ❷ direction ▷ *as gach aird* from all directions

airde *f4* height ▷ *Is féidir leat airde na cathaoireach a athrú.* You can adjust the height of the chair.; **Cén airde atá ionat?** How tall are you?; **... ar airde** ... high ▷ *Tá an sliabh sin 5000 troigh ar airde.* That mountain is 5000 feet high.

aire *f4* care ▷ *le haire* with care; **aire a thabhairt do dhuine** to take care of someone ▷ *Tugaim aire do na páistí ar an Satharn.* I take care of the children on Saturdays.; **Aire!** Danger!
▶ *m4* (in government) minister ▷ *an tAire Spóirt* the Sports Minister

áireamh *m1* **rud a chur san áireamh** to include something ▷ *Beidh 200 euro air, cáin san áireamh.* It will be 200 euros, including tax.; **Níl seirbhís san áireamh.** Service is not included.

áireamhán *m1* calculator

airéine *f4* arena

airgead (*gen sing*, *pl* **airgid**) *m1*
❶ money ▷ *Níl aon airgead agam.* I have no money. ▷ *Tá airgead á bhailiú ag an scoil le haghaidh giomnáisiam nua.* The school is raising money for a new gym. ▷ *Chuir sí an t-airgead sa taisceadán.* She put the money in the safe.; **airgead póca** pocket money

❷ cash ▷ *£2000 in airgead tirim* £2000 in cash; **airgead tirim a íoc** to pay cash ❸ silver ▷ *fáinne airgid* a silver ring

airgeadra *m4* currency ▷ *airgeadra eachtrach* foreign currency

airíoch *m1* janitor ▷ *Is airíoch é.* He's a janitor.

áirithe *adj* certain ▷ *ceisteanna áirithe* certain issues ▷ *duine áirithe* a certain person; **i gcásanna áirithe** in some cases; **Tá méid áirithe agam.** I've got some.; **go háirithe** especially
▶ *f4* **tábla a chur in áirithe** to book a table ▷ *Chuir mé tábla in áirithe.* I booked a table.; **Níor chuireamar seomra in áirithe.** We haven't booked a room.

áirse *f4* arch

airtríteas *m1* arthritis

ais *f2* **ar ais** back ▷ *Scríobhfaidh mé ar ais chugat.* I will write back to you. ▷ *Fuair sé a chuid airgid ar ais.* He got his money back. ▷ *Cén t-am a tháinig tú ar ais?* What time did you get back?; **droim ar ais** back to front; **ar ais nó ar éigean** at all costs

áis (*pl* **áiseanna**) *f2* aid ▷ *áis éisteachta* a hearing aid; **áiseanna** facilities ▷ *Tá cuid mhór áiseanna sa cheantar seo.* There are a lot of facilities in this area.

aisce *f4* **in aisce** free ▷ *íoslódáil saor in aisce* a free download ▷ *bróisiúr saor in aisce* a free brochure; **turas in aisce** a wasted journey

aiseolas *m1* (*information*) feedback

áisiúil *adj* ❶ useful ▷ *Bhí an leabhar sin an-áisiúil.* That book was very useful. ❷ convenient ▷ *Tá an t-óstán áisiúil don aerfort.* The hotel's convenient for the airport. ▷ *An mbeadh an Luan áisiúil duit?* Would Monday be convenient for you?

aisling *f2* dream

aiste *f4* essay; **aiste bia** a diet

aisteach *adj* strange ▷ *Thug sí amharc aisteach orm.* She looked at me in a strange way. ▷ *Tá sé sin aisteach!* That's strange!; **aisteach go leor** oddly enough

aistear *m1* journey

aisteoir *m3* actor ▷ *Tá Brad Pitt ina aisteoir iomráiteach.* Brad Pitt is a well-known actor. ▷ *an duais don aisteoir is fearr* the award for the best actor; **aisteoir breise** (*in film*) an extra

aisteoireacht *f3* acting

aistrigh *vb* [**11**] ❶ (*house*) to move ❷ to translate ▷ *Aistrigh an abairt seo go Béarla.* Translate this sentence into English.

aistritheoir *m3* translator

aistriúchán *m1* translation

ait *adj* strange ▷ *duine ait* a strange person ▷ *Is ait an mac an saol.* Life is strange.

áit (*pl* **áiteanna**) *f2* ❶ (*position*) place; **Fuair sí an dara háit.** She came second. ❷ (*space*) room ▷ *Déan áit dom.* Make room for me.; **áit ar bith (1)** anywhere ▷ *An bhfaca tú mo chóta áit ar bith?* Have you seen my coat anywhere? **(2)** (*with negative*) nowhere ▷ *Níl sé le feiceáil áit ar bith.* He is nowhere to be seen.; **gach áit** everywhere; **áit éigin** somewhere; **in áit na mbonn** immediately

aithin *vb* [**21**] to recognize ▷ *Aithneoidh tú mo ghruaig rua.* You'll recognize me by my red hair.; **D'aithin muid go raibh rud éigin cearr.** We realized that something was wrong.

aithne (*pl* **aitheanta**) *f4* ❶ recognition; **aithne a bheith agat ar dhuine** to know someone ▷ *Tá aithne agam ar Mháire.* I know Mary. ❷ commandment ▷ *na Deich nAithne* the Ten Commandments

aithris *vb* [**19**, 3RD PRES aithrisíonn, VN aithris] (*poetry*) to recite; **aithris a dhéanamh ar dhuine** to imitate somebody

áitiúil *adj* local ▷ *Is í an comhairleoir áitiúil í.* She's the local councillor.

áitritheoir *m3* inhabitant

ál (*pl* **álta**) *m1* (*of animals*) litter

álainn (*gen sing f, pl, compar* **áille**) *adj* beautiful ▷ *Tá sí sárálainn.* She's beautiful! ▷ *ostán atá suite in áit álainn* a hotel in beautiful surroundings; **Bhí an aimsir go hálainn.** The weather was lovely.

aláram *m1* alarm ▷ *D'fheistigh sé aláram ina charr.* He fitted an alarm in his car. ▷ *Shocraigh mé an t-aláram faoi choinne 7 a chlog.* I set the alarm for 7 o'clock.; **aláram dóiteáin** a fire alarm; **clog aláraim** an alarm clock

Albain f Scotland ▷ *Tá Dún Éideann in Albain.* Edinburgh is in Scotland. ▷ *Cuireann sé Albain i gcuimhne dom.* It reminds me of Scotland.

albam m1 album ▷ *Tá siad díreach tar éis a n-albam nua a thaifeadadh.* They've just recorded their new album.; **albam stampaí** a stamp album

alcól m1 alcohol; **faoi thionchar an alcóil** under the influence of alcohol

alcólach adj, m1 alcoholic ▷ *Is alcólaí é.* He's an alcoholic.

allas m1 sweat ▷ *Tháinig allas fuar leis.* He broke into a cold sweat.; **bheith ag cur allais** to be sweating

allta adj (animal) wild

alp vb [**23**, VA alptha] to swallow; **D'alp sé a chuid bia.** He bolted his food.; **D'alp mo dhearthair na ceapairí ar fad.** My brother scoffed all the sandwiches.

Alpa (gen pl **Alp**) npl **na hAlpa** the Alps

alsáiseach m1 (dog) Alsatian

alt m1 (of body) joint; **as alt** dislocated ▷ *Tá mo ghualainn as alt.* I have dislocated my shoulder

altaigh vb [**12**] **altú le bia** (before meals) to say grace

altóir f3 altar

altram m3 **athair altrama** foster father

alúmanam m1 aluminium

am (pl **amanna**) m3 time ▷ *Cén t-am é?* What time is it? ▷ *am tae* tea time ▷ *am luí* bedtime; **ó am go ham** occasionally; **thar am** overdue; **am crua a thabhairt do dhuine** to give somebody a hard time; **san am céanna** nonetheless

amach adv out ▷ *Thug sé na páipéir scrúdaithe amach.* He gave out the exam papers. ▷ *Théadh sí amach go minic lena cairde.* She often went out with her friends.; **Labhair amach.** Speak up.; **as seo amach** from now on; **amach anseo** in future ▷ *Bí níos cúramaí as seo amach.* Be more careful in future.; **amach agus amach** through and through; **'Amach'** 'Way Out'; **Amach leat!** Get out!; **amach agus isteach le** approximately

amadán m1 ❶ fool; **amadán Aibreáin** April Fool ❷ idiot ▷ *D'iompair sé é féin mar a bheadh amadán ann.* He behaved like an idiot.

amaideach adj foolish ▷ *Ní bí amaideach.* Don't be foolish.

amaidí f4 nonsense ▷ *Níl ann ach amaidí.* It's nothing but nonsense.

amaitéarach adj, m1 amateur

amárach adv, n tomorrow ▷ *maidin amárach* tomorrow morning ▷ *Amárach an Aoine.* It's Friday tomorrow. ▷ *Tabhair cuairt uirthi amárach.* Visit her tomorrow.

ambasadóir m3 ambassador

ambasáid f2 embassy ▷ *Ambasáid*

Mheiriceá the American Embassy

amchlár *m1* timetable

ámh *adv* however

amhail *prep, conj* like ▷ *amhail Pól* like Paul; **amhail is** as if

amháin *adv* only ▷ *Ag Seán amháin a bhí a fhios.* Only John knew.; **uair amháin eile** once more; **d'aon iarracht amháin** in one go

amharc *m1* sight ▷ *as amharc* out of sight; **dul as amharc** to disappear

　▶ *vb* [**23**, VA amhartha, VN amharc] to watch ▷ *D'amharc mé ar an teilifís aréir.* I watched TV last night.; **amharc thart** to look around

amharclann *f2* theatre ▷ *Thóg sé amach chuig an amharclann í.* He took her out to the theatre.

amhlaidh *adv* ❶ so ▷ *Bíodh amhlaidh.* So be it. ▷ *Rinne mé amhlaidh.* I did so. ❷ the same ▷ *Gurab amhlaidh duitse!* The same to you!; **más amhlaidh** if so ▷ *Más amhlaidh atá, níor chóir dó teacht.* If so, he shouldn't come.; **is amhlaidh is fearr** all the better

amhrán *m1* song ▷ *D'fhéach mé le hamhrán a chumadh.* I tried to write a song.; **an tAmhrán Náisiúnta** the National Anthem

amhránaí *m4* singer ▷ *Is í Emma an t-amhránaí is fearr.* Emma is the best singer.

amhránaíocht *f3* singing; **comórtas amhránaíochta** a singing competition

amhras *m1* doubt ▷ *gan amhras*

without doubt ▷ *Tá amhras orm.* I have my doubts.; **amhras a chaitheamh ar dhuine** to cast suspicion on somebody

amhrasach *adj* doubtful ▷ *Tá sé amhrasach.* It's doubtful.; **bheith amhrasach faoi rud** to be dubious about something ▷ *Bhí mo thuismitheoirí rud beag amhrasach faoi.* My parents were a bit dubious about it.

amú *adv* **Ní maith liom airgead a chur amú.** I don't like wasting money.; **am a chur amú** to waste time ▷ *Níl am ar bith le cur amú.* There's no time to waste.

amuigh *adj, prep* out ▷ *Bhí mé amuigh aréir.* I was out last night. ▷ *Tá sé fuar amuigh ansin.* It's cold out there.; **taobh amuigh** outside ▷ *Thug sí ordú dúinn fanacht taobh amuigh.* She told us to wait outside.; **amuigh faoin aer** outdoor(s) ▷ *linn snámha amuigh faoin aer* an outdoor swimming pool; **bliain amuigh** a gap year ▷ *Tá mo dheirfiúr san Astráil ar a bliain amuigh.* My sister's in Australia on her gap year.

an *(gen sing f, pl* **na**) *art* ▷ *an buachaill* the boy ▷ *an ghirseach* the girl ▷ *an sagart* the priest ▷ *an tsráid* the street ▷ *an t-am* the time ▷ *an aimsir* the weather; **cúig euro an ceann** five euros each

　▌**an** is used in expressions of time, but is not translated. ▷ *An Domhnach* Sunday ▷ *ar an*

a b c d e f g h i j k l m n o p q r s t u v w x y z

Aoine on Fridays ▷ *an Cháisc* Easter ▷ *i gceann na gcúpla lá* in a couple of days ▷ *an eagla* fear

■ **an** is used in titles and in names, but is not translated.

▷ *an tUasal Ó Laoire* Mr. O'Leary ▷ *an Dochtúir de Brún* Dr. Brown ▷ *an Daingean* Dingle ▷ *an Ghearmáin* Germany ▷ *an Eoraip* Europe

■ **an** is used for languages, but is not translated.

▷ *an Ghearmáinis* German ▷ *an Iodáilis* Italian

■ **an** is used for illnesses, but is not translated.

▷ *an fliú* flu ▷ *an déideadh* toothache

■ **an** is used instead of 'my', 'his', 'her' etc.

▷ *Tá an chos briste agam.* My leg is broken. ▷ *Tá an lámh nimhneach aici.* Her hand is sore.

■ **an** is also used for emphasis.

▷ *Bhí na mílte acu ann.* There were thousands of them. ▷ *Chaith sé na blianta ann.* He spent years there. ▷ *Is aige atá an eagna chinn.* He is really intelligent.; **an ceann seo** this one

an- *prefix* ❶ very ▷ *an-mhaith* very good ❷ really ▷ *an-deacair* really hard; **an-fhear** a great man

anaemach *adj* anaemic

anáil *f3* breath ▷ *anáil throm a tharraingt* to take a deep breath; **as anáil** out of breath; **anáil a tharraingt** to breathe

anailís *f2* analysis

anam (*pl* **anamacha**) *m3* soul; **M'anam!** Dear me!

anann *m1* pineapple

anarac *m1* anorak

ancaire *m4* anchor

andúil *f2* addiction; **Tá andúil sa hearóin aici.** She's addicted to heroin.

andúileach *m1* addict ▷ *Is andúileach drugaí í.* She's a drug addict.

aneas *adj* (wind) from the south; **an ghaoth aneas** the south wind

anfa *m4* storm

Anglacánach *adj, m1* Anglican

Angla-Éireannach *adj* Anglo-Irish

aniar *adj* (wind) from the west; **an ghaoth aniar** the west wind

aníos *adv, prep* (from below) up ▷ *Tar aníos anseo!* Come up here!

anlann *m1* ❶ dressing ▷ *anlann sailéid* salad dressing ❷ sauce ▷ *Cad iad na luibheanna a úsáideann tú san anlann seo?* What herbs do you use in this sauce?

ann *adv* there ▷ *Bhí sé ann.* He was there.; **bheith in ann** to be able to ▷ *Níl mé in ann an carr a fheiceáil.* I can't see the car. ▷ *Ní raibh mé in ann é a dhéanamh agus mar sin ghéill mé.* I couldn't do it, so I gave up.

annamh *adj* rare ▷ *planda annamh* a rare plant

anocht *adv, n* tonight ▷ *Tá mé ag dul amach anocht.* I'm going out tonight. ▷ *Tá dhá thicéad agam don oíche anocht.* I've got two tickets for tonight. ▷ *Cad é atá tú a dhéanamh anocht?* What are you doing this evening?

anoir *adj (wind)* from the east; **an ghaoth anoir** the east wind

anoireicse *f4* anorexia

anois *adv* now ▷ *Cad é atá tú a dhéanamh anois?* What are you doing now? ▷ *Tá tú sábháilte anois.* You're safe now.; **anois díreach** right now; **anois agus arís** now and then

anonn *adv* over ▷ *An dtiocfadh leat bogadh anonn rud beag?* Could you move over a bit? ▷ *Tá mé díreach ag sciorradh anonn tigh Seán.* I'm just popping over to John's. ▷ *Chuamar annon go hAlbain.* We went over to Scotland.; **dul anonn agus anall** to go back and forth; **anonn sa lá** late in the day

anraith *m4* soup ▷ *Théigh sé an t-anraith.* He heated the soup up. ▷ *anraith glasraí* vegetable soup

anseo *adv* here ▷ *Cá fhad atá tú anseo?* How long have you been here? ▷ *Tá mé i mo chónaí anseo.* I live here.; **istigh anseo** in here; **abhus anseo** over here; **anseo is ansiúd** here and there

ansin *adv* there ▷ *An dtabharfaidh tú ansin mé?* Will you take me there? ▷ *Ní rachaidh mé ansin arís.* I won't go there again.; **thall ansin** over there; **istigh ansin** in there

antaiseipteach *adj* antiseptic
antaiseipteán *m1* antiseptic
antalóp *m1* antelope

Antartach *adj, m1* **an tAntartach** the Antarctic; **an tAigéan Antartach** the Antarctic Ocean

anuas *adv (from above)* down ▷ *Anuas leat!* Come down here!; **le blianta beaga anuas** for the past few years

anuraidh *adv, n* last year ▷ *Tháinig Uncail Seán abhaile anuraidh.* Uncle Sean came home last year.

aoi *(pl aíonna) m4* guest ▷ *Tá aíonna ag fanacht againn.* We have guests staying with us.

aoibh *f2* smile; **Tá aoibh an gháire air.** He's smiling.; **Tháinig aoibh air.** His face lit up.; **aoibh mhaith a bheith ort** to be in good spirits

Aoine *(pl Aointe) f4* **An Aoine** Friday; **Dé hAoine** on Friday; **ar an Aoine** on Fridays ▷ *Bailíonn siad an bruscar ar an Aoine.* They collect the rubbish on Fridays.; **Aoine an Chéasta** Good Friday

aoire *m4* shepherd

aois *(pl aoiseanna) f2* ❶ age ▷ *ag aois a 16* at the age of 16; **Cá haois tú?** How old are you?; **Tá sé 10 mbliana d'aois.** He's 10 years old ❷ century ▷ *an fichiú haois* the twentieth century

aoisghrúpa *m4* age group

aon *m1* ❶ one ▷ *aon phunt* one pound; **fiche a haon** twenty one; **a haon a chlog** one o'clock; **gach aon acu** every one of them; **aon ... déag** eleven

> **aon** is usually followed by a singular noun.

a
b
c
d
e
f
g
h
i
j
k
l
m
n
o
p
q
r
s
t
u
v
w
x
y
z

▷ *aon chileagram déag* eleven kilos;
Tá sí aon bhliain déag d'aois.
She's eleven.; **aon uair amháin**
once ❷ (*in cards*) <u>ace</u> ▷ *an t-aon spéireata* the ace of spades
▶ *adj* ❶ <u>any</u> ▷ *An bhfuil aon dea-rúin agat don Athbhliain?* Have you made any New Year's resolutions?
▷ *Níl aon airgead agam.* I haven't any money. ▷ *Níl aon chreidmheas fágtha agam ar mo ghuthán.* I haven't any credit left on my phone. ❷ <u>only</u>
▷ *An Luan an t-aon lá a bhím saor.*
Monday is the only day I'm free.
▷ *Gaeilge an t-aon ábhar a bhfuil dúil agam ann.* Irish is the only subject I like. ❸ <u>same</u> ▷ *san aon teach* in the same house; **gach aon** every
▷ *gach aon choiscéim den bhealach* every step of the way; **d'aon turas** deliberately ▷ *Rinne sí d'aon turas é.* She did it deliberately.

aonach (*pl* **aontaí**) *m1* <u>fair</u>
▷ *Chuaigh siad ar an aonach.* They went to the fair.

aonad *m1* <u>unit</u> ▷ *aonad tomhais* a unit of measurement

aonair *adj* ❶ <u>only</u> ▷ *páiste aonair* an only child ❷ <u>individual</u>
▷ *scileanna aonair* individual skills;
ruathar aonair ar an ngiotár a guitar solo

aonar *m1* **bheith i d'aonar** to be alone ▷ *Tá sí ina haonar* She's all alone.

Aontachtaí *m4* <u>Unionist</u>

aontaigh *vb* [**12**] <u>to agree</u> ▷ *An aontaíonn tú? — Ní aontaím.* Do you

agree? — No, I don't. ▷ *Tá amhras orm an aontóidh sé.* I doubt he'll agree. ▷ *Aontaím go bhfuil sé deacair.* I agree that it's difficult.; **aontú le** to agree with ▷ *Aontaím le Máire.* I agree with Mary.

aontaithe *adj* <u>united</u>; **na Stáit Aontaithe** the United States

aontas *m1* <u>union</u>; **Aontas na hEorpa** the European Union

aontíos *m1* **bheith in aontíos** to live together

Aontroim *m3* <u>Antrim</u>

aos *m3* <u>people</u>; **an t-aos óg** the young; **aos ceoil** musicians

aosta *adj* <u>old</u> ▷ *na daoine aosta* the old people; **óg agus aosta** young and old

ar *prep*
> Prepositional pronouns are
> **orm**, **ort**, **air**, **uirthi**, **orainn**,
> **oraibh**, **orthu**.

❶ <u>on</u> ▷ *ar an mbord* on the table
▷ *ar an mballa* on the wall ❷ <u>in</u> ▷ *ar an gClochán Liath* in Dungloe ❸ <u>at</u>
▷ *ar thosach an tslua* at the front of the crowd ▷ *ar bhainis Mháire* at Mary's wedding ▷ *ar scoil* at school
▷ *ar a trí a chlog* at 3 o'clock ❹ <u>for</u>
▷ *Cheannaigh mé ar dhá euro é.* I bought it for two euros. ▷ *Dhíol mé ar euro an ceann iad.* I sold them for a euro each.; **ar maidin** this morning; **ar ball** soon; **méadar ar airde** a meter high; **Tá slaghdán orm.** I have a cold.; **Tá moill éisteachta uirthi.** She is hard of hearing.; **Tá tart orm.** I'm thirsty.;

Cad é atá ort? What's wrong with you?; **Tá bród mór orm as.** I'm really proud of him.; **Beidh ort fanacht.** You will have to wait.; **Tá báisteach air.** It's going to rain.; **Tá cosa móra fada air.** He has long legs.

ár adj ❶ our ▷ *ár dteach* our house ❷ us ▷ *Tá siad ina gcónaí os ár gcomhair amach.* They live opposite us.

araile pron **agus araile** et cetera

Árainn f Aran; **Oileáin Árann** the Aran Islands

arán m1 bread ▷ *arán bán* white bread ▷ *arán donn* brown bread ▷ *arán agus im* bread and butter

araon adj, adv both ▷ *Tá sibh araon contráilte.* You are both wrong. ▷ *sibh araon* both of you

áras m1 **Áras an Uachtaráin** the President's Residence

árasán m1 flat ▷ *Tá sí ina cónaí in árasán.* She lives in a flat. ▷ *an t-árasán thuas* the flat above

arbhar m1 cereal ▷ *Ithim arbhar le haghaidh an bhricfeasta.* I have cereal for breakfast.

ard (pl **arda**) m1 (high ground) height; **in ard a chinn** at the top of his voice

▶ adj ❶ high ▷ *Tá sé ró-ard.* It's too high. ▷ *teocht ard* a high temperature ▷ *Bhí an ráta úis ar a chárta creidmheasa iontach ard.* The interest rate on his credit card was very high. ❷ (person) tall ▷ *fear ard* a tall man; **os ard** out loud ▷ *Léigh*

an téacs amach os ard. Read the text out loud.

ardaigh vb [12] to raise ▷ *D'ardaigh Peter a lámh.* Peter raised his hand.

ardaitheoir m3 (elevator) lift

ardán m1 ❶ (at station) platform ▷ *ar ardán 7* on platform 7 ❷ (in theatre) stage ❸ (at sports ground) stand ❹ (in street names) terrace

ardeaglais f2 cathedral

ardeaspag m1 archbishop

Ard Mhacha m Armagh

ardmháistir (pl **ardmháistrí**) m4 headmaster

ardmháistreás f3 headmistress

ardoifig f2 head office

ardscoil f2 high school

ardteicneolaíochta adj hi-tech ▷ *scoil ardteicneolaíochta* a hi-tech school

ardteistiméireacht f3 (school) leaving certificate

ardú m ❶ rise ▷ *ardú pá* a pay rise ▷ *ardú teochta* a rise in temperature ▷ *Léiríonn an chairt an t-ardú sa dífhostaíocht.* The chart shows the rise in unemployment. ❷ increase ▷ *ardú ar líon na dtimpistí bóthair* an increase in road accidents; **ardú céime** promotion

aréir adv, n last night ▷ *Níor chodail mé aréir.* I didn't sleep last night.; **arú aréir** the night before last

argóint f2 argument ▷ *D'éirigh an argóint an-teasaí.* The argument became heated.; **Ní stadann siad ach ag argóint.** They never stop arguing.

a
b
c
d
e
f
g
h
i
j
k
l
m
n
o
p
q
r
s
t
u
v
w
x
y
z

arís adv <u>again</u> ▷ *Tá siad mór le chéile arís.* They're friends again. ▷ *Ní rachaidh mé ansin arís.* I won't go there again.; **arís eile** once again; **anois agus arís** now and then; **choíche arís** never again; **arís is arís eile** over and over again

arm m1 ❶ (*weapon*) <u>arm</u> ▷ *arm tine* a firearm ❷ <u>army</u> ▷ *Tá sé san arm.* He's in the army.; **Arm an tSlánaithe** the Salvation Army

armlón m1 <u>ammunition</u>

arsa vb

> **arsa** means 'says' or 'said' in direct speech.
> ▷ *'Amach leat,' arsa Seán.* 'Get out,' said John.

ársa adj <u>ancient</u>

Artach adj, m1 **an tArtach** the Arctic; **an tAigéan Artach** the Arctic Ocean

artola f4 <u>petrol</u>

arú adv **arú aréir** the night before last; **arú inné** the day before yesterday

as prep

> Prepositional pronouns are **asam**, **asat**, **as**, **aisti**, **asainn**, **asaibh**, **astu**.

❶ <u>from</u> ▷ *Is as Baile Átha Cliath é.* He's from Dublin. ❷ <u>out of</u> ▷ *as an gcosán* out of the way ▷ *D'éirigh mé as an gcarr.* I got out of the car.; **as Gaeilge** in Irish; **Go raibh maith agat as ...** Thank you for ...; **go maith as** well off; **as a chéile** gradually

asal m1 <u>donkey</u>

ascaill f2 ❶ <u>armpit</u>; **faoi d'ascaill** under one's arm ❷ (*in street names*) <u>avenue</u>

aschur m1 (*computing*) <u>output</u>

asma m4 <u>asthma</u> ▷ *Tá asma orm.* I've got asthma.

aspairín m4 <u>aspirin</u>

asphrionta m4 (*computer*) <u>print-out</u>

Astráil f2 **an Astráil** Australia ▷ *san Astráil* in Australia ▷ *go dtí an Astráil* to Australia

astralaíocht f3 <u>astrology</u>

ateangaire m4 <u>interpreter</u> ▷ *Tá sí mar ateangaire aige.* She acts as his interpreter.

athair (*gen sing* **athar**, *pl* **aithreacha**) m <u>father</u> ▷ *m'athair* my father; **athair baiste** godfather; **athair céile** father-in-law; **athair mór** grandfather; **an tAthair Micheál** (*priest*) Father Michael

áthas m1 <u>happiness</u>; **Tá áthas air.** He's happy.; **Beidh áthas air tú a fheiceáil.** He'll be delighted to see you.

athbhliain f3 **an Athbhliain** the New Year ▷ *san Athbhliain* in the New Year ▷ *An bhfuil aon dea-rúin agat don Athbhliain?* Have you made any New Year's resolutions?

athchraoladh m (*on radio, TV*) <u>repeat</u>

athchúrsáil vb [25] (*materials*) <u>to recycle</u>

athimirt f3 <u>replay</u> ▷ *Beidh athimirt ann Dé hAoine.* There will be a replay on Friday.

athlá *m* **rud a chur ar athlá** to postpone something ▷ *Cuireadh an cluiche ar athlá.* The game was postponed.

athrach *m1* change ▷ *athrach aeráide* a change of climate; **chomh dócha lena athrach** as likely as not; **Tá a athrach le déanamh agam.** I have better things to do.

athraigh *vb* [**12**] to change ▷ *Is mór a d'athraigh sé.* He's changed a lot. ▷ *D'athraigh muid páirtnéirí* We changed partners. ▷ *D'athraigh sí le dul ar an chóisir.* She changed for the party.; **éadach a athrú** to change clothes

athrú *m* change ▷ *Tá athrú plean ann.* There's been a change of plan. ▷ *Imrímis leadóg mar athrú.* Let's play tennis for a change.

athuair *adv* **an athuair** again ▷ *Phós sí an athuair.* She got married again.

Atlantach *m1* **an tAigeán Atlantach** the Atlantic

atlas *m1* atlas

aturnae *m4* solicitor ▷ *Is aturnae é.* He's a solicitor.

atvuíteáil *vb* [**25**] (*on Twitter*) to retweet

ba *see* **is, bó**

bá (*pl* **bánna**) *f4* ❶ (*of sea*) bay ❷ (*for person*) sympathy; **Tá bá agam leis.** I like him.; **Bhí bá aige leis an eite chlé.** He sympathized with the Left.

báb *f2* ❶ baby ❷ (*informal: woman*) babe

babaí *m4* baby

babhla *m4* bowl

babhlaer *m1* bowler hat

babhlálaí *m4* (*in cricket*) bowler

babhta *m4* ❶ occasion; **Scaoilfidh mé leat an babhta seo.** I'll let you off this time. ❷ (*in sport*) round ▷ *Tá súil againn an babhta ceannais a bhaint amach.* We hope to reach the final round.

babhtáil *vb* [**25**] to exchange; **Babhtálfaidh mé leat!** I'll swop you!

bábóg f2 doll ▷ *bábóg éadaigh* a rag doll

bac m1 barrier; **Níl aon duine ag cur baic ort.** Nobody's stopping you.
▶ vb [**14**] (sport) to block; **Ná bac leis.** Don't bother with it.

bacach m1 beggar
▶ adj lame; **bheith bacach** to have a limp

bácáil vb [**25**] to bake ▷ *Bhácáil sí na prátaí ar dtús.* First she baked the potatoes.; **pónairí bácáilte** baked beans
▶ f3 baking

bacainn f2 barrier; **bacainn bhóthair** a roadblock

bacán m1 (forearm) arm ▷ *Bhí a chóta leis ar bhacán a láimhe.* He was carrying his coat over his arm.

bachlóg f2 sprout; **bachlóga Bruiséile** Brussels sprouts; **Tá bachlóg ar a theanga.** He's slurring his speech.

bácús m1 bakery

bád m1 boat ▷ *bád iascaigh* a fishing boat ▷ *bád iomartha* a rowing boat ▷ *bád tarrthála* a lifeboat; **bád farantóireachta** a ferry

bád m4 (computing) baud

badhbh f2 vulture

badhró m4 ballpoint pen

badmantan m1 badminton ▷ *Imrím badmantan ar an Déardaoin.* I play badminton on Tuesdays.

bádóireacht f3 boating

bagair vb [**19,** va bagartha] to threaten ▷ *Bhagair sé an dlí orm.* He threatened to sue me.

bagairt (pl **bagairtí**, gen sing **bagartha**) f3 threat

bagáiste m4 luggage ▷ *bagáiste láimhe* hand luggage; **bagáiste breise** excess baggage

bagún m1 bacon ▷ *bagún agus uibheacha* bacon and eggs

báicéir m3 baker ▷ *Is báicéir é.* He's a baker.

báicéireacht f3 baking

báigh vb [**24**] ❶ to drown ▷ *Bádh buachaill anseo inné.* A boy drowned here yesterday. ❷ to sink ▷ *Is iomaí long a bádh sa stoirm sin.* A lot of ships sank in that storm.

bail f2 condition; **Féach an bhail atá ort!** Look at the state of you!; **Chuir sé bail ar an rothar dom.** He mended the bicycle for me.

baile m4 ❶ home ▷ *Cén t-am a bhain sé an baile amach?* What time did he get home?; **ag baile** at home ❷ town ▷ *baile beag suaimhneach* a quiet little town ▷ *Tá an baile 2 chiliméadar ar shiúl.* The town is 2 kilometres away.
▶ adj ❶ home ▷ *Cén seoladh baile atá agat?* What's your home address?; **obair bhaile** homework ❷ home-made ▷ *arán baile* home-made bread

bailé (pl **bailéanna**) m4 ballet ▷ *Chuamar chuig an mbailé.* We went to the ballet. ▷ *ceachtanna bailé* ballet lessons

baileach adj exact; **go baileach** exactly ▷ *Ní cuimhin liom go* *baileach*. I don't remember exactly.

bailéad *m1* ballad

Baile Átha Cliath *m4* Dublin
▷ *Ní raibh mé riamh i mBaile Átha Cliath.* I've never been to Dublin.

bailí *adj* valid ▷ *Tá an ticéad seo bailí ar feadh trí mhí.* This ticket is valid for three months.

bailigh *vb* [11] ❶ to collect
▷ *Bailíonn sé stampaí.* He collects stamps. ❷ to gather ▷ *Bhailigh slua taobh amuigh den halla.* A crowd gathered outside the hall. ▷ *Bailigh na seanéadaí sin le chéile.* Gather those old clothes up. ❸ to pick up ▷ *Baileoidh mé ón stáisiún thú.* I'll pick you up from the station.

bailitheoir *m3* collector

bailiú *m* collection ▷ *bailiú bruscair* refuse collection

bailiúchán *m1* collection
▷ *bailiúchán stampaí* a stamp collection

bain *vb* [15, VN baint] ❶ to take
▷ *Bain giota eile de.* Take another bit off it. ▷ *Bain anuas den tseilf é.* Take it down from the shelf. ▷ *Bainfear as do phá é.* It will be taken out of your wages. ❷ (*game, prize*) to win ▷ *Bhain mé céad punt.* I won a hundred pounds. ▷ *Bhaineamar an cluiche.* We won the game. ❸ to touch ▷ *Ná bain don cheamara sin.* Don't touch that camera.

bain amach *vb* ❶ (*stain*) to remove ❷ (*destination*) to reach

bain as *vb* to run off ▷ *Bhaineamar*

as chomh gasta agus a bhí ionainn. We ran off as fast as we could.

bain de *vb* (*clothes*) to take off
▷ *Bain díot na héadaí fliucha sin.* Take off those wet clothes.; **Bhí me díreach ag baint díom san am.** I was just getting undressed at the time.

bain do *vb* ❶ to touch ▷ *Ná bain dó.* Don't touch it. ❷ to happen
▷ *Cad é a bhain dó?* What happened to him?

bain faoi *vb* to settle ▷ *Bhain sí fúithi i gCorcaigh.* She settled in Cork.

bain le *vb* ❶ to meddle with; **Ná bain leis an gclog.** Don't meddle with the clock. ❷ to concern
▷ *Ní bhaineann sé leat.* It doesn't concern you.; **Baineann an litir sin le cúrsaí árachais.** That letter relates to insurance.

bain ó *vb* to subtract from ▷ *Bain 3 ó 5.* Subtract 3 from 5.

baincéir *m3* banker

baincéireacht *f3* banking

baineann *adj* female ▷ *ainmhí baineann* a female animal

baineannach *m1* female

baininscneach *adj* (*grammar*) feminine

bainis (*pl* **bainiseacha**) *f2* wedding ▷ *Cheannaigh sí feisteas nua don bhainis.* She bought a new outfit for the wedding.

bainisteoir *m3* manager ▷ *Tá mé ag dul a dhéanamh gearáin leis an mbainisteoir.* I'm going to complain to the manager.

bainistíocht f3 management
▷ *bainistíocht shinsearach* senior
management ▷ *Tá sé freagrach as
bainistíocht an chomhlachta.* He's
responsible for the management
of the company.; **'faoi
bhainistíocht nua'** 'under new
management'

bainistreás f3 manageress

bainne m4 milk ▷ *bainne milis*
fresh milk

bainseó (pl **bainseónna**) m4
banjo

baint f2 connection; **Níl aon
bhaint agam leo.** I have nothing
to do with them.

baintreach f2 widow;
baintreach fir a widower

báire m4 ❶ goal ▷ *Eisean a scóráil
an báire a bhuaigh an cluiche dóibh.*
He scored the winning goal.; **cúl
báire** a goalkeeper ❷ (game)
hurling; **Bhí an báire linn.** We
won the day.; **i lár báire** in the
middle; **i dtús báire** first of all

bairéad m1 beret

bairille m4 barrel

báirse m4 barge

báisín m4 basin

báisteach f2 rain ▷ *Bhí báisteach
throm ann aréir.* There was heavy
rain last night.; **Bhí sé ag
báisteach ar feadh an lae.** It was
raining all day.

baisteadh (gen sing **baiste**, pl
baistí) m christening; **ainm
baiste** Christian name

baistí adj **athair baistí** godfather;
máthair bhaistí godmother

báite adj soaking ▷ *Bhíomar fliuch
báite.* We were soaking wet.

baithis f2 forehead; **ó bhaithis go
bonn** from top to toe

baitsiléir m3 bachelor

bál m1 ball

balbh adj ❶ dumb ▷ *Tá sí bodhar
balbh.* She's deaf and dumb.
❷ (letter) silent

balcais f2 garment; **balcaisí**
clothes ▷ *Bhuail mé orm mo chuid
balcaisí.* I threw on my clothes.

balcóin f2 balcony

ball m1 ❶ (of organization) member
▷ *Ní ball den chumann é, go fiú.*
He's not even a member of the
club. ❷ (of machine) part ❸ item
▷ *ball éadaigh* an item of clothing
❹ (stain) mark ▷ *Tá ball ar do léine.*
There's a mark on your shirt.;
ball broinne a birthmark; **ball
dobhráin** (on skin) a mole; **ball te**
(for Wi-Fi) hotspot; **ball troscáin**
a piece of furniture; **Tá sé thart
anseo i mball éigin.** It's around
here somewhere.; **Bhí gach aon
bhall díom brúite.** I was bruised
all over.; **i lár baill** in the middle;
ar ball later ▷ *Glaofaidh mé ar ais ar
ball.* I'll ring back later.

balla m4 wall ▷ *ar an mballa* on the
wall ▷ *balla cloiche* a stone wall ▷ *na
ballaí seachtracha* the outside walls

ballóid f2 ballot

ballraíocht f3 membership

bálseomra m4 ballroom

balún *m1* balloon ▷ *Phléasc an balún.* The balloon burst.; **balún d'aer te** a hot-air balloon

bambú (*pl* **bambúnna**) *m4* bamboo

ban *see* **bean**

ban- *prefix* female ▷ *banchiontóir a* female offender

bán *adj* ❶ white ▷ *gúna dearg agus spotaí bána air* a red dress with white spots ▷ *Tá dath bán ar an teach.* The house is white. ❷ (*page*) blank ▷ *seic bán* a blank cheque ❸ (*place*) empty
▶ *m1* white ▷ *Ní théann an bán go maith leis.* The white doesn't go well with it.

bán- *prefix* pale ▷ *léine bhánghorm* a pale blue shirt

bánaigh *vb* [12] to empty ▷ *Bánaíodh an halla in achar gearr.* The hall quickly emptied.

banaisteoir *m3* actress ▷ *Is bainaisteoir iomráiteach í Julia Roberts.* Julia Roberts is a well-known actress.

banaltra *f4* nurse ▷ *Tá sí ina banaltra.* She's a nurse. ▷ *Chuir an bhanaltra bindealán ar a lámh.* The nurse bandaged his arm. ▷ *banaltra fir* a male nurse

banaltracht *f3* (*profession*) nursing

banana *m4* banana ▷ *craiceann banana* a banana skin

bánbhuí *adj* (*colour*) cream

banc *m1* bank ▷ *Tá an banc druidte.* The bank's closed.; **banc taisce** a savings bank; **robáil bainc** a bank robbery

banchara *m4* girlfriend

banchliamhain (*pl* **banchliamhaineacha**) *m4* daughter-in-law

bánchorcra *adj* mauve

banda *m4* band ▷ *banda rubair* a rubber band; **banda leathan** broadband ▷ *An bhfuil banda leathan agat?* Do you have broadband?

bándearg *adj, m1* pink

bandiúc *m1* duchess

banéigean *m1* rape

bang (*pl* **banganna**) *m3* (*in swimming*) stroke ▷ *Níl bang agam.* I can't swim a stroke.

bangharda *m4* policewoman ▷ *Is bangharda í.* She's a policewoman.

bánghnéitheach *adj* pallid

banlaoch *m1* heroine

banna *m4* ❶ (*financial*) bond ▷ *bannaí cúig bliana* a five-year bond; **Mise i mbannaí ort go mbuafaidh siad!** I guarantee you they'll win! ❷ (*legal*) bail ▷ *Ligeadh amach ar bhannaí é.* He was released on bail. ❸ (*musicians*) band ▷ *banna práis* a brass band

bánna *see* **bá**

banphóilín *m4* policewoman ▷ *Is banphóilín í.* She's a policewoman.

banphrionsa *m4* princess

banríon (*pl* **banríonacha**) *f3* queen ▷ *Banríon na Spáinne* the Queen of Spain ▷ *an bhanríon hart* the queen of hearts

a
b
c
d
e
f
g
h
i
j
k
l
m
n
o
p
q
r
s
t
u
v
w
x
y
z

bantiarna *f4* (*title*) lady

> Note that **bantiarna** is a
> feminine noun. Most words
> formed with **ban** plus a
> masculine noun are also
> masculine.

bánú *m* **le bánú an lae** at daybreak

baoi (*pl* **baoithe**) *m4* buoy

baoite *m4* bait

baol *m1* danger ▷ *Tá a bheatha i mbaol.* His life is in danger.; **Ní baol duit!** You needn't worry!; **Beag an baol!** Not likely!; **Níl sé baol ar chomh hard leatsa.** He's not nearly as tall as you.

baolach *adj* dangerous; **Is baolach nach bhfuil a fhios agam.** I'm afraid I don't know.

baoth *adj* (*behaviour*) foolish

bara *m4* **bara rotha** a wheelbarrow

baracáid *f2* barricade

baraiméadar *m1* barometer

barántas *m1* (*to arrest, search*) warrant ▷ *barántas cuardaigh* a search warrant

barántúil *adj* authentic

barbaiciú *m4* barbecue

bard *m1* bard

barda *m4* (*in hospital*) ward

bardach *m1* warden ▷ *bardach eaglaise* a church warden

barr (*pl* **barra**) *m1* ❶ top ▷ *Bhain sí an barr den bhuidéal.* She took the top off the bottle. ▷ *ó bhun go barr* from top to bottom ▷ *Shroicheamar barr an tsléibhe faoi dheireadh.* We finally reached the

top of the mountain.; **ar bharr an uisce** on the surface of the water; **teacht ar barr** to come to the surface ❷ tip ▷ *barr méire* a fingertip ❸ crop ▷ *barr maith úll* a good crop of apples; **thar barr** excellent ▷ *Bhí an ceol thar barr.* The music was excellent.; **dá bharr sin** consequently

barra *m4* bar ▷ *barra iarainn* an iron bar; **barra uirlisí** (*computer*) toolbar

barrachód *m1* bar code

barraicín *m4* **ar do bharraicíní** on tiptoe

barraíocht *f3* ❶ too much ▷ *Thug tú barraíocht dom.* You've given me too much. ▷ *Tá barraíocht le rá aici.* She has too much to say. ▷ *barraíocht airgid* too much money; **Ghearr siad barraíocht orainn as an mbéile.** They overcharged us for the meal. ❷ too many ▷ *Bíonn barraíocht athchraoltaí ar an teilifís.* There are too many repeats on TV. ▷ *Bhí barraíocht daoine ann.* There were too many people there.

barrchóir *f3* (*garment*) top

barriall (*gen sing* **barréille**, *pl* **barriallacha**) *f2* shoelace

barróg *f2* hug ▷ *Rug sí barróg orthu.* She gave them a hug.

barúil (*pl* **barúlacha**) *f3* idea ▷ *Tá barúil mhaith agam.* I have a fair idea.; **Cad é do bharúil orthu?** What do you think of them?; **Níl barúil agam.** I haven't a clue.

bás (pl **básanna**) m1 death; **bás a fháil** to die ▷ *Fuair sé bás anuraidh.* He died last year.

básaigh vb [12] ❶ to die ▷ *Bhásaigh sé.* He died. ❷ to execute ▷ *Básaíodh na céadta faoin réimeas sin.* Hundreds were executed under that regime.

basal m4 basil

basc vb [23, va basctha] to crush ▷ *Bascadh a lán daoine nuair a thit an balla.* Many people were crushed when the wall collapsed.

Bascach adj, m1 Basque ▷ *Tír na mBascach* the Basque Country

bascaed m1 basket

básta m4 waist

bástcóta m4 waistcoat

basún m1 bassoon ▷ *Seinnim ar an mbasún.* I play the bassoon.

bata m4 stick ▷ *bata siúil* a walking stick; **Tugadh bata is bóthar dó.** He was sacked.

bataire m4 battery

báúil adj sympathetic; **Tá sí báúil leis an gcúis.** She sympathizes with the cause.

BCE abbr (= *Banc Ceannais na hEorpa*) ECB (= *European Central Bank*)

beacán m1 mushroom; **beacán bearaigh** a toadstool

beach f2 bee; **beach chapaill** a wasp

beacht adj exact ▷ *tomhas beacht* an exact measure

beag (pl **beaganna**) m1 small amount; **Tá an bóthar díreach, a bheag nó a mhór.** The road is straight, more or less.; **Déan a bheag nó a mhór de.** Make what you like of it.

▶ adj (compar **lú**) ❶ small ▷ *Carr beag a bhí ann, ach d'éirigh linn brú isteach.* It was a small car, but we managed to squeeze in. ❷ slight ▷ *fadhb bheag* a slight problem; **Tháinig feabhas beag air i rith na hoíche.** He improved slightly during the night.; **Is beag nár thit mé.** I nearly fell.; **le blianta beaga anuas** in the last few years

beagán m1 (small amount) a little ▷ *Tabhair beagán eile dom.* Give me a little more.; **Is buí le bocht an beagán.** Beggars can't be choosers.; **i mbeagán focal** in short

▶ adv rather ▷ *Tá sé beagán fuar inniu.* It's rather cold today.

beagnach adv almost ▷ *Is féidir stampaí a cheannach beagnach áit ar bith.* You can buy stamps almost anywhere. ▷ *Bhíomar beagnach marbh leis an teas.* We were almost dead with the heat.; **beagnach trí mhíle ó bhaile** nearly three miles from home

beairic f2 barracks

béal m1 ❶ (of person, animal) mouth ▷ *Bhí milseán ina béal ag Máire.* Mary had a sweet in her mouth.; **Ná lig thar do bhéal é.** Don't breathe a word of it.; **Labhair siad as béal a chéile.** They all spoke at once.; **Abair suas lena bhéal é.** Say it to his face. ❷ edge ▷ *i mbéal na trá* at the water's edge; **Bhí sé ina chónaí i mbéal an dorais againn.** He lived right next door to us.; **Rachaidh mé ann ar béal maidine.** I'll go first thing in the morning.; **Thiontaigh an bád béal fúithi.** The boat capsized.

bealach (*pl* **bealaí**) *m1* ❶ way ▷ *Cén bealach? — An bealach seo.* Which way? — This way. ▷ *Stadamar ar an mbealach.* We stopped on the way. ▷ *bealach níos fearr chun é a dhéanamh* a better way to do it ❷ (*on TV*) channel ❸ road ▷ *bealach mór* a main road ❹ route ▷ *an bealach is dírí* the most direct route; **Chuamar bealach Dhoire.** We went via Derry.; **bealach amach** exit ▷ *Ní féidir liom an bealach amach a fháil.* I can't find the exit.; **ar bhealach** in a way; **bheith sa bhealach ar dhuine** to be in somebody's way

bealaí *see* **bealach**

bealaithe *adj* greasy ▷ *Tá gruaig bhealaithe air.* He has greasy hair.

béaldath (*pl* **béaldathanna**) *m3* lipstick

Béal Feirste *m* Belfast ▷ *Tháinig sé as Béal Feirste leis an traein.* He came from Belfast by train.

Bealtaine *f4* May ▷ *Is é an 2ú lá de Bhealtaine an spriocdháta.* The deadline is May 2nd.; **i mí Bealtaine** in May; **bheith idir dhá thine Bhealtaine** to be in a quandary

bean (*gen sing, pl* **mná**, *gen pl* **ban**) *f* ❶ woman ▷ *Bhí bean éigin ar do lorg.* Some woman was looking for you. ❷ wife ▷ *Seán agus a bhean* John and his wife; **Is bean tí í.** She's a housewife.; **Bean Mhic Gabhann** Mrs Smith; **bean rialta** a nun; **'Mná'** (*sign*) 'Ladies'

beannacht *f3* (*religious*) benediction; **Beannacht Dé ort.** God bless you.; **Beir mo bheannacht chuige.** Give him my regards.

beannaigh *vb* [**12**] to bless ▷ *Bheannaigh an Pápa an slua.* The Pope blessed the crowd.; **Bheannaigh sí dom ag dul thart di.** She greeted me as she passed.; **Ní bheannaíonn siad dá chéile.** They don't speak.

beannaithe *adj* holy

beannú *m* greeting

beár *m1* (*in pub*) bar

béar *m1* bear ▷ *béar bán* a polar bear

beara *see* **bior**

bearbóir *m3* barber

Béarla *m4* (*language*) English ▷ *Is cor cainte Béarla é.* It's an English expression. ▷ *céim i mBéarla* a degree in English

Béarlóir *m3* English speaker

bearna *f4* gap ▷ *Tá bearna san fhál.* There's a gap in the hedge. ▷ *bearna ceithre bliana* a gap of four years; **Líon isteach na bearnaí.** Fill in the blanks.

bearnach *adj* incomplete

bearnas *m1* (*in mountains*) pass

bearr vb [14] ❶ (hair, nails) to clip ❷ (beard) to shave

bearradh m shave; **bearradh gruaige** a haircut ▷ Tá mé díreach tar éis bearradh gruaige a fháil. I've just had a haircut.; **bearradh agus séideadh tirim** a cut and blow-dry

beart (pl **bearta**) m1 ❶ parcel ▷ Fuair mé beart sa phost. I got a parcel in the post. ❷ plan ▷ Níor cuireadh an beart i gcrích riamh. The plan didn't work out. ❸ (computing) byte; **B'amaideach an beart aige é.** It was a silly thing for him to do.; **Déanfaidh sé sin an beart i gceart.** That will do nicely.; **i mbearta crua** in dire straits

beartaigh vb [12] ❶ to plot ▷ Bhí siad ag beartú in aghaidh an rialtais. They were plotting against the government. ❷ to decide ▷ Bheartaigh sí imeacht. She decided to go.; **Sin an rud a bhí beartaithe acu.** That's what they intended to do.

beartaíocht f3 tactics

béas (gen sing, pl **béasa**, gen pl **béas**) m3 ❶ habit ▷ Rinne siad béas de bheith ag teacht an bealach seo. They got into the habit of coming this way. ❷ manners ▷ Bíodh béasa ort! Mind your manners!; **Ní maith an béas é sin agat.** That's no way to behave.

béasach adj polite

beatha f4 ❶ life; Tá an fear sin ina bheatha fós. That man is still alive. ❷ living ▷ Bhain sé a bheatha as an iascaireacht. He made his living from fishing. ▷ Cad é a dhéanann sí lena beatha a thabhairt i dtír? What does she do for a living? ❸ food ▷ Tá an bheatha daor ar na saolta seo. Food is expensive these days.; **Thug sí beatha do na cearca.** She fed the hens.; **beatha dhuine a thoil** each to his own; **Beatha teanga í a labhairt.** A language only lives if spoken.

beathaigh vb [12] (person, animal) to feed

beathaithe adj (person, animal) fat

béic vb [13] to yell ▷ f2 yell; **Lig se béic orainn.** He yelled at us.

béil adj oral ▷ an traidisiún béil the oral tradition

béile m4 meal ▷ béile den chéad scoth a first-class meal

Beilg f2 **an Bheilg** Belgium ▷ sa Bheilg in Belgium

Beilgeach adj, m1 Belgian ▷ seacláid Bheilgeach Belgian chocolate ▷ Is Beilgeach í. She's Belgian.; **na Beilgigh** (people) the Belgians

beilt (pl **beilteanna**) f2 belt

béim (pl **béimeanna**) f2 ❶ stress ▷ Tá an bhéim ar an gcéad siolla. The stress is on the first syllable.; **Cuireadh béim ar an bpointe sin.** That point was emphasized. ❷ blow; **béim ghréine** sunstroke

beir vb [2] ❶ to give birth to
▷ *Rugadh mac di.* She gave birth
to a son.; *Cár rugadh í?* Where
was she born? ❷ (egg) to lay ▷ *Tá
na cearca ag breith.* The hens are
laying. ❸ to take ▷ *Beir leat an mála
sin.* Take that bag with you. ▷ *Bhí
an chuideachta ag breith buntáiste
ar na fostaithe.* The company
was taking advantage of the
employees. ❹ to catch ▷ *Rug sé ar
an liathróid.* He caught the ball.

beirigh vb [11] ❶ to boil ❷ (bread)
to bake

béirín m4 teddy bear

beiriste m4 bridge ▷ *Bhí siad ag
imirt beiriste.* They were playing
bridge.

beirt (pl **beirteanna**) f2 ❶ (people)
two ▷ *Tá iníon agus beirt mhac
acu.* They've got a girl and two
boys. ▷ *Chuaigh beirt phóilíní thart.*
Two policemen went by.; **ina
mbeirteanna** in twos ❷ both ▷ *Is
múinteoirí muid beirt.* We are both
teachers. ▷ *D'fhág siad beirt.* Both
of them left.

beithíoch m1 animal; **beithíoch
allta** a wild beast

beo m4 ❶ life ▷ *Shábháil na fir
dhóiteáin a bheo.* The firemen
saved his life. ▷ *Ní rachainn ar
ais dá mbeadh mo bheo i ngeall
air.* I wouldn't go back if my life
depended on it. ❷ living ▷ *Tá a
mbeo ar an iascaireacht.* They make
their living from fishing.
▶ adj alive ▷ *Tá a n-athair beo*

beathach go fóill. Their father is
still alive and well.; **Bhí an baile
beo le daoine.** The town was full
of people.; **bolcán beo** an active
volcano; **sreang bheo** (electrical) a
live wire; **Tar anseo go beo!** Come
here quick!

beoga adj ❶ lively ▷ *ceol beoga*
lively music ❷ vivid ▷ *cuntas beoga*
a vivid account

beoir (gen sing **beorach**, pl
beoracha) f beer ▷ *canna beorach*
a can of beer

bh (remove "h")

bhur adj (plural) your ▷ *bhur gcarr*
your car ▷ *bhur mála* your bag
▷ *bhur n-uncail* your uncle

bí vb [3] to be ▷ *Ba mhaith liom bheith
i mo dhochtúir.* I'd like to be a doctor.
▷ *Ná bí dalba!* Don't be cheeky!;
bheith go maith to be well

bia (pl **bianna**) m4 ❶ food
▷ *An maith leat bia Síneach?* Do
you like Chinese food?; **bia
beagmhaitheasa** junk food; **bia
folláin** health food; **bia mara**
seafood ❷ meal ▷ *Réitigh Emma
bia dúinn.* Emma prepared a meal
for us.; **bia agus leaba** board and
lodging

biabhóg f2 rhubarb ▷ *toirtín
biabhóige* a rhubarb tart

biachlár m1 menu ▷ *biachlár
socraithe* a set menu

bialann f2 restaurant ▷ *bialann
Shíneach* a Chinese restaurant

biatas m1 beetroot; **biatas siúcra**
sugar beet

bibe *m4* bib

bicíní *m4* bikini

bídeach *adj* tiny ▷ *rud beag bídeach* a little tiny thing

bileog *f2* leaflet ▷ *Bhí daoine ag tabhairt amach bileog ag an gcruinniú.* People were distributing leaflets at the meeting.; **bileog pháipéir** a sheet of paper; **bileog nuachta** a newsletter; **bileog oibre** a worksheet

bille *m4* bill ▷ *An bille, le do thoil.* The bill, please.

billéardaí *npl* ▷ *D'imríomar billéardaí aréir.* We played billiards last night.

billiún *m1* billion ▷ *billiún euro* a billion euros

bindealán *m1* bandage ▷ *Chuir an bhanaltra bindealán ar a lámh.* The nurse put a bandage on his arm.

binn (*pl* **beanna**, *gen pl* **beann**) *f2* ① cliff ▷ *Thit an carr le binn.* The car fell down a cliff. ② (*of house*) gable ▷ *adj* (*sound*) sweet ▷ *glór binn* a sweet voice

binse *m4* bench; **binse oibre** a workbench

Bíobla *m4* Bible

biocáire *m4* vicar

bíogúil *adj* (*music*) lively

biongó *m4* bingo

bior (*gen sing* **beara**, *pl* **bioranna**) *m3* point ▷ *peann luaidhe le bior géar* a pencil with a sharp point; **bior a chur ar pheann luaidhe** to sharpen a pencil; **bior fiacla** a toothpick; **bior seaca** an icicle;

bheith ar bior le rud a dhéanamh to be dying to do something

biorán *m1* pin ▷ *biorán dúnta* a safety pin ▷ *biorán gruaige* a hairpin; **biorán cniotála** a knitting needle; **rud a bheith ar na bioráin agat** to have something in hand

bioróir *m3* bioróir peann luaidhe pencil sharpener

biotáille *f4* spirits ▷ *Ní ólaim biotáille.* I don't drink spirits.; **biotáille mheitileach** methylated spirit

bís *f2* ① spiral ▷ *staighre bíse* a spiral staircase ② (*tool*) vice; **Bhíomar ar bís leis an mbabhta ceannais a fheiceáil.** We couldn't wait to see the final.

biseach *m1* (*in health*) improvement; **Tá biseach orm.** I'm better.; **Fuair sé biseach.** He recovered.; **bliain bhisigh** a leap year

bisigh *vb* [11] (*health*) to improve

bith *m3* ar bith (1) any ▷ *An bhfuil im ar bith agat?* Have you any butter? ▷ *An bhfuil clann ar bith agat?* Have you any children? (2) (*with negative*) no ▷ *Níl am ar bith le cur amú.* There's no time to waste.; **ar scor ar bith** anyway; **ar chor ar bith** at all; **áit ar bith** anywhere ▷ *Ní fheicim áit ar bith é.* I don't see him anywhere. ▷ *Is féidir stampaí a cheannach beagnach áit ar bith.* You can buy stamps almost anywhere.; **duine ar bith (1)** anybody ▷ *Is féidir le*

duine ar bith snámh a fhoghlaim.
Anybody can learn to swim.
▷ *Ní fheicim duine ar bith.* I don't see
anybody. **(2)** nobody ▷ *Níor tháinig
duine ar bith.* Nobody came.; **rud
ar bith (1)** anything ▷ *Ní chluinim
rud ar bith.* I don't hear anything.
▷ *Ar mhaith leat rud ar bith le hithe?*
Would you like anything to eat?
(2) nothing ▷ *Níl rud ar bith cosuil
leis.* There's nothing like it.
bithbhreosla *m4* biofuel
bitheolaíocht *f3* biology
bladhaire *m4* flame
bladhm (*pl* **bladhmanna**) *f3* flame
blagadach *adj* bald
blagaid *f2* bald head; **Tá blagaid
ann.** He's bald.
blagálaí *m4* blogger
blaincéad *m1* blanket ▷ *blaincéad
leictreach* an electric blanket
blais *vb* [**15**] (*food, wine*) to taste
blaistigh *vb* [**11**] (*food*) to season
blaistiú *m* (*of food*) seasoning
blaosc *f2* ❶ (*of person, animal*) skull
❷ (*of egg, nut, crab*) shell
blár *m1* field; **blár catha** a
battlefield
blas (*pl* **blasanna**) *m1* ❶ flavour
▷ *Tá blas iontach láidir air.* It has a
very strong flavour. ▷ *Cén blas
d'uachtar reoite ba mhaith leat?*
Which flavour of ice cream would
you like?; **Cad é an blas atá air?**
What does it taste like?; **Tá blas
an éisc air.** It tastes of fish.
❷ accent ▷ *blas Albanach* a Scottish
accent ▷ *Tá blas coimhthíoch ar a*

chuid cainte. He has a foreign accent.
blastán *m1* seasoning
bláth (*pl* **bláthanna**) *m3* flower
bláthadóir *m3* florist
bleachtaire *m4* detective ▷ *Is
bleachtaire príobháideach é.* He's a
private detective.
bleachtaireacht *f3* úrscéal
bleachtaireachta a detective novel
bléasar *m1* blazer
bliain (*pl* **blianta**) *f3* year ▷ *Tá sé
dífhostaithe le bliain.* He's been
unemployed for a year. ▷ *Tá mo
dheirfiúr san Astráil ar a bliain
amuigh.* My sister's in Australia
on her gap year.; **an bhliain seo
chugainn** next year; **An Bhliain
Úr** the New Year; **bliain bhisigh** a
leap year; **in aghaidh na bliana**
per annum

> Numbers in Irish are usually
> followed by a singular noun,
> but to translate 'years' after
> numbers 3 to 10 use the plural
> form **bliana**.

▷ *trí bliana* three years ▷ *ocht
mbliana* eight years ▷ *deich mbliana*
ten years; **fiche bliain ó shin** 20
years ago
bliantúil *adj* annual ▷ *cruinniú
bliantúil* an annual meeting
bliosán *m1* artichoke
blípire *m4* bleeper
bloc *m1* block ▷ *Tá sí ina cónaí i
mbloc s'againne.* She lives in our
block.
bloclitreacha *fpl* block capitals
blogh *f3* fragment

blúire m4 scrap ▷ *blúire páipéir* a scrap of paper

blús (pl **blúsanna**) m1 blouse

bó (pl **ba**, gen pl **bó**) f cow

bob (pl **bobanna**) m4 trick; **bob a bhualadh ar dhuine** to play a trick on somebody

bobghaiste m4 booby trap

boc m1 (*male deer*) buck; **boc mór** a big shot; **an boc mór** the big fellow

bocáil vb [25] **❶** to toss ▷ *Bhí an bád á bocáil ar na tonnta.* The boat was being tossed about on the waves. **❷** to bounce ▷ *Bhocáil sé an liathróid in aghaidh an bhalla* He bounced the ball against the wall.

bocaire m4 (*cake*) muffin

bocht adj poor ▷ *Bhí a mhuintir bocht.* His family were poor. ▷ *An diabhal bocht!* The poor devil!; **Tá oíche bhocht ann.** It's an awful night.

bochtaineacht f3 poverty

bod m1 penis

bodhar (pl **bodhra**) adj deaf ▷ *Tá sí bodhar balbh.* She's deaf and dumb.

bodhraigh vb [12] **❶** to deafen ▷ *Bhodhródh an gleo san áit seo thú.* The noise in this place would deafen you. **❷** to bother ▷ *Ná bodhraigh mé leis.* Don't bother me with it.

bodhrán m1 (*in traditional music*) hand drum

bog vb [14] to move ▷ *Ní thiocfadh liom mo chos a bhogadh.* I couldn't move my leg. ▷ *Caithfimid na málaí a bhogadh.* We have to move the bags. ▷ *Níor bhog sé ó shin.* He hasn't moved since.; **D'fhanamar gan bogadh.** We remained perfectly still.; **Bog leat!** Clear off! ▶ adj **❶** soft ▷ *leaba bhog* a soft bed ▷ *éadach bog* soft material ▷ *croí bog* a soft heart **❷** tender ▷ *feoil bhog* tender meat **❸** (*life, work*) easy; **bheith bog le duine** to go easy on somebody

bogadh (gen sing **bogtha**) m movement; **Níl bogadh ann.** He can't move.

bogearraí mpl4 (*computing*) software ▷ *bogearraí frithvíreas* antivirus software

bogha (pl **boghanna**) m4 (*weapon, for musical instrument*) bow ▷ *bogha agus saighead* a bow and arrows; **bogha báistí** a rainbow

bogshodar m1 jogging ▷ *Téim ag bogshodar gach maidin.* I go jogging every morning.

bogtha see **bogadh**

bogthe adj lukewarm

boilgeog f2 bubble

boilsciú m (*financial*) inflation

bóín f4 **bóín Dé** a ladybird

boiseog f2 slap; **boiseog a thabhairt do dhuine** to slap somebody

Boisnia f4 Bosnia

bóitheach m1 byre

bóithre see **bóthar**

bóithrín m4 lane

bólacht f3 cattle

boladh (pl **bolaithe**) m1 smell

▷ *boladh bréan* a nasty smell
bolaigh *vb* [12] to smell
bolb *m1* caterpillar
bolcán *m1* volcano
bolg *m1* ❶ (*abdomen*) stomach
❷ (*of ship*) hold
bolgán *m1* bubble; **bolgán solais**
a light bulb
bolgóid *f2* bubble
bollaí *mpl4* bowls ▷ *Imríonn siad
bollaí ar an Domhnach.* They play
bowls on Sundays.
bollán *m1* boulder
bolscaire *m4* announcer
bolscaireacht *f3* ❶ (*on TV, radio*)
commercial ❷ publicity ▷ *Ní raibh
sé ach ag déanamh bolscaireachta
dá chomhlacht féin.* He was only
creating publicity for his own
company.
bolta *m4* (*on door*) bolt
bomaite *m4* minute ▷ *idir 15 agus
20 bomaite* between 15 and 20
minutes ▷ *An dtiocfadh leat fanacht
cúpla bomaite?* Could you wait a
couple of minutes? ▷ *Tharraing siad
siar ag an mbomaite deiridh.* They
backed out at the last minute.
bómánta *adj* stupid ▷ *Rud
bómánta ar fad a rinne mé!* That
was a really stupid thing I did!; **go
bómánta** stupidly ▷ *D'amharc sé
orm go bómánta.* He looked at me
stupidly.
bóna *m4* collar
bónas *m1* bonus
bonn *m1* ❶ (*of shoe, foot*) sole;
bonn istigh an insole; **dul ar**

do cheithre boinn to go on all
fours; **ar aon bhonn** on equal
footing ❷ basis ▷ *An bhfuil bonn
ar bith leis an scéal sin?* Is there any
basis for that story? ❸ medal
▷ *an bonn cré-umha* the bronze
medal ❹ coin ▷ *bonn 2 euro* a 2
euro coin; **bonn deich bpingine**
a ten-pence piece; **gan phingin
gan bhonn** penniless; **láithreach
bonn** immediately ▷ *Féachaidh mé
chuige láithreach bonn.* I'll see to it
immediately.
bonnán *m1* ❶ (*of car*) horn ❷ (*of
police car, ambulance*) siren
bonnóg *f2* scone
bonsach *f2* javelin
borb *adj* ❶ (*voice*) harsh ❷ rich
▷ *bia borb* rich food
bord *m1* ❶ table ▷ *bord darach*
an oak table ❷ board ▷ *bord
iarnála* an ironing board; **bord
bainstíochta** (*of company*) board
❸ (*of ship*) deck; **ar bord loinge** on
board; **thar bord** overboard
borradh (*gen sing* **borrtha**) *m*
(*of electricity*) surge; **Tá borradh
faoin eacnamaíocht i láthair na
huaire.** The economy is expanding
at present.
borróg *f2* (*small cake*) bun
borrtha *adj* swollen; **féitheacha
borrtha** varicose veins
bos *f2* (*of hand*) palm; **bualadh
bos** a round of applause; **bos go
cos** (*Gaelic football*) hand-to-toe;
airgead boise ready cash; **ar
iompú boise** instantly

bosca m4 box ▷ *bosca seacláidí* a box of chocolates ▷ *bosca cairtchláir* a cardboard box; **bosca bruscair** a bin; **bosca ceoil** an accordion; **bosca gutháin** a phone box; **bosca litreach** a postbox

both (*pl* **bothanna**) f3 ❶ hut ❷ kiosk ▷ *both nuachtán* a news kiosk

bothán m1 ❶ cabin ❷ shed; **bothán na gcearc** a henhouse

bóthar (*pl* **bóithre**) m1 road ▷ *bóthar leathan* a wide road ▷ *An é seo an bóthar ceart chun na Gaillimhe?* Is this the right road for Galway?; **Tugadh an bóthar dó.** He was sacked.

bothóg f2 cabin

botún m1 mistake ▷ *botún litrithe* a spelling mistake; **botún a dhéanamh** to make a mistake ▷ *Tá brón orm, rinne mé botún.* I'm sorry, I made a mistake.

brabach m1 profit; **brabach a bhreith ar dhuine** to take advantage of somebody

brabhsálaí m4 browser ▷ *brabhsálaí gréasáin* a web browser

brabús m1 profit ▷ *Shocraigh siad ar an mbrabús a roinnt.* They decided to split the profits.

brabúsach adj profitable

brac m1 (*for shelf*) bracket

brách n go brách (1) for ever ▷ *Beidh cuimhne orthu go brách.* They'll be remembered for ever.

(2) never ▷ *Ní thiocfaidh sí ar ais go brách.* She'll never come back. ▷ *Is fearr go mall ná go brách.* Better late than never.; **As go brách leo!** Off they went!

brachán m1 porridge; **brachán a dhéanamh de rud** to make a mess of something

brád see **bráid**

bradán m1 salmon

brádán m1 drizzle

bráid (*gen sing* **brád**, *pl* **bráide**) f neck; **dealbh bhrád** (*sculpture*) a bust

braillín f2 (*on bed*) sheet

brainse m4 branch

bráisléad m1 bracelet

braith vb [**16**] ❶ to feel ▷ *pian a bhrath* to feel pain; **Bhraith mé go raibh duine éigin ag breathnú orm.** I sensed somebody was watching me. ❷ to intend ▷ *Tá mé ag brath fanacht.* I intend to stay. ❸ to depend ▷ *Braitheann sé!* That depends! ▷ *ag brath ar an toradh* depending on the result ▷ *Ná bí ag brath air.* Don't depend on him.

bráithre see **bráthair**

branda m4 ❶ brand ▷ *branda caifé atá i mbéal an phobail* a well-known brand of coffee ❷ brandy

braon (*pl* **braonta**) m1 drop ▷ *braon uisce* a drop of water ▷ *braon beag eile* a little drop more

Brasaíl f2 an Bhrasaíl Brazil ▷ *sa Bhrasaíl* in Brazil

brat m1 ❶ cloak ❷ (*in theatre*) curtain ❸ coat ▷ *brat péinte* a coat of paint ❹ layer ▷ *brat réidh sneachta* an even layer of snow ▷ *an brat ózóin* the ozone layer; **brat deataigh** a smoke screen; **brat urláir** a carpet

bratach *f2* (*banner*) flag

brathadóir *m3* **brathadóir miotail** a metal detector

bráthair (*gen sing* **bráthar**, *pl* **bráithre**) *m* brother ▷ *an Bráthair Pádraig* Brother Patrick

breá (*gen sing m* **breá**, *gen sing f, pl, compar* **breátha**) *adj* ❶ excellent ▷ *Is breá an ceoltóir é.* He's an excellent musician. ❷ grand ▷ *Tá Síle ina cónaí i dteach an-bhreá.* Sheila lives in a very grand house. ❸ fine ▷ *lá breá* a fine day ▷ *Tá sé go breá anois.* He's fine now.; **Ba bhreá liom dul.** I'd love to go.; **Is breá liom seacláid.** I love chocolate.

breacadh *m* **le breacadh an lae** at daybreak

breacán *m1* tartan ▷ *ruga breacáin* a tartan rug

bréag *f2* lie ▷ *Bréag atá an!* That's a lie! ▷ *Ní insím bréaga riamh.* I never tell lies.

bréagach *adj* false

bréagadóir *m3* liar

bréagán *m1* toy

bréagéide *f4* fancy dress

bréagfholt *m1* wig

bréagríocht (*gen sing* **bréagreachta**) *m3* disguise

breall *f2* blemish; **Tá breall ort.** You are badly mistaken.

breallán *m1* fool

bréan *adj* smelly; **Tá boladh bréan as.** It smells terrible.; **bheith bréan de rud** to be tired of something ▷ *Tá mé bréan bailithe de.* I'm really tired of it.

Breatain *f2* **an Bhreatain** Britain ▷ *sa Bhreatain* in Britain; **an Bhreatain Mhór** Great Britain; **an Bhreatain Bheag** Wales

breátha *see* **breá**

breáthacht *f3* beauty

breathnaigh *vb* [12] ❶ to look ▷ *Tá tú ag breathnú go maith.* You are looking well. ❷ to watch ▷ *Bhíomar ag breathnú ar chlár spóirt.* We were watching a sports programme. ❸ to look at ▷ *Breathnaigh a bhfuil de charranna ann!* Look at all the cars! ❹ to look after ▷ *Bhí Sorcha ag breathnú i ndiaidh an tseanduine.* Sarah was looking after the old man. ❺ to review ▷ *Breathnófar an cás arís i gceann bliana.* The case will be reviewed after a year.

breathnóir *m3* ❶ (*at event*) spectator ❷ (*TV*) viewer

Breatnach *adj* Welsh
▶ *m1* Welshman; **Breatnach mná** a Welshwoman

Breatnais *f2* (*language*) Welsh

bréid (*pl* **bréideanna**) *m4* bandage ▷ *Chuir sí bréid ar mo mhéar.* She put a bandage on my finger.

bréidín *m4* tweed

bréige *adj* false ▷ *ainm bréige* a false name; **deora bréige**

crocodile tears

breis (pl **breiseanna**) f2 (for mobile phone) <u>top-up</u> ▷ *Glaoigh ar an uimhir seo chun breis a fháil.* Phone this number to get a top-up.; **breis agus** more than ▷ *Tá breis agus bliain ó bhí sé anseo.* It's more than a year since he was here.

breise adj <u>extra</u> ▷ *blaincéad breise* an extra blanket; **am breise** (in game) extra time

breith (pl **breitheanna**) f2
❶ <u>sentence</u> ▷ *breith an bháis* a death sentence ❷ (of jury) <u>verdict</u>
❸ <u>birth</u> ▷ *dáta breithe* date of birth; **lá breithe** birthday

breitheamh (pl **breithiúna**) m1 <u>judge</u>

breitheanna see **breith**

breithiúnas m1 <u>judgement</u>; **Fágfaidh mé ar do bhreithiúnas féin é.** I'll leave it up to you to decide.; **breithiúnas aithrí** penance

breithlá m <u>birthday</u> ▷ *Cá huair a bhíonn do bhreithlá ann?* When's your birthday?

breoite adj <u>ill</u>

breoiteacht f3 <u>illness</u>

breosla m4 <u>fuel</u>

brí (pl **bríonna**) f4 ❶ <u>strength</u>; **bheith in ísle brí** to be run down ❷ <u>meaning</u> ▷ *Cad is brí don fhocal sin?* What's the meaning of that word?; **Sin an bhrí a bhain mé as.** That's what I understood by it.; **de bhrí go** because; **dá bhrí sin** therefore

briathar (pl **briathra**) m1 <u>verb</u>
▷ *briathar rialta* a regular verb

bríce m4 <u>brick</u> ▷ *balla bríce* a brick wall

bríceadóir m3 <u>bricklayer</u>

bricfeasta m4 <u>breakfast</u> ▷ *Cad é ba mhaith leat le haghaidh bricfeasta?* What would you like for breakfast?

bricín m4 <u>freckle</u>

brídeach f2 <u>bride</u>

Brídíní fpl4 <u>Brownies</u>

briocht m3 (object) <u>charm</u> ▷ *briocht óir* a gold charm

briogáid f2 <u>brigade</u> ▷ *briogáid dóiteáin* fire brigade

brionglóid f2 <u>dream</u> ▷ *Ní raibh ann ach brionglóid.* It was just a dream.; **Rinneadh brionglóid dom go raibh mé sa Róimh.** I dreamt I was in Rome.

brionglóideach f2 <u>dreaming</u>; **bheith ag brionglóideach ar rud** to be dreaming of something

bríonna see **brí**

briosca m4 <u>biscuit</u> ▷ *Thum sé an briosca ina chuid tae.* He dipped the biscuit into his tea.

brioscán m1 <u>crisp</u> ▷ *brioscáin phrátaí* potato crisps ▷ *mála brioscán* a bag of crisps

brioscarán m1 <u>shortbread</u>

Briotanach adj <u>British</u>; **na Briotanaigh** (people) the British; **na hOileáin Bhriotanacha** the British Isles

bris vb [**15**] <u>to break</u> ▷ *Bí cúramach, brisfidh tú rud éigin!* Careful, you'll break something! ▷ *Bhris mé mo* *chos.* I broke my leg.; **Briseadh an ghloine.** The glass was smashed.; **d'fhocal a bhriseadh** to break one's word; **bris isteach** *(burglar)* to break in; **Briseadh as a phost é.** He was dismissed from his post.; **seic a bhriseadh** to cash a cheque

▶ *f2* loss ▷ *Ní maith liom do bhris.* My condolences on your loss.

briseadh *(gen sing* **briste**, *pl* **bristeacha)** *m* ❶ break ▷ *Bhí briseadh sa chlár.* There was a break in the programme. ❷ fracture ▷ *briseadh simplí* a simple fracture ❸ defeat ▷ *briseadh Eachroma* the defeat at Aughrim ❹ change ▷ *briseadh puint* change of a pound

briste *adj* broken ▷ *Tá sé briste.* It's broken. ▷ *cos bhriste* a broken leg; **Tá a croí briste.** She's heartbroken.

bríste *m4* trousers ▷ *Dhoirt sé caifé ar a bhríste.* He spilled coffee on his trousers.; **bríste deinim** denims; **bríste géine** jeans; **bríste snámha** swimming trunks

bristeacha *see* **briseadh**

brístín *m4 (women's)* pants

broc *m1* badger

brocailí *m4* broccoli

brocamas *m1* dirt

bród *m1* pride; **Tá bród orm as.** I'm proud of it.

bródúil *adj* proud

bróg *f2* shoe ▷ *bróga cothroma* flat shoes ▷ *bróga faoi shála arda* high-heeled shoes ▷ *Roghnaigh sí*

na bróga dearga faoi dheireadh. She finally chose the red shoes.; **bróga gleacaíochta** gym shoes; **bróga móra** boots; **bróga peile** football boots; **bróga siúil** walking shoes; **bróga traenála** trainers

broghach *adj* dirty

broidiúil *adj* busy

bróidnéireacht *f3* embroidery

broidtráth *m3* rush hour

broincíteas *m1* bronchitis

broinn *(pl* **broinnte)** *f2* womb

bróisiúr *m1* brochure

bróiste *m4* brooch

brollach *m1* ❶ breast ▷ *brollach sicín* a chicken breast ❷ *(in book)* foreword

brón *m1* sadness; **Tá brón uirthi.** She's sad.; **Tá brón orm cur isteach ort.** I'm sorry to disturb you.

brónach *adj* sad

bronnadh *(gen sing* **bronnta**, *pl* **bronntaí)** *m* presentation; **bronnadh na gcéimeanna** graduation; **bronnadh duaiseanna** prizegiving

bronntanas *m1* present ▷ *Fuair mé cuid mhaith bronntanas.* I got lots of presents. ▷ *Bhaineamar na clúdaigh de na bronntanais Nollag.* We unwrapped the Christmas presents.

bronntóir *m3* donor

brostaigh *vb* [12] to hurry ▷ *Brostaigh ort!* Hurry up!

brú *m4* ❶ bruise ❷ pressure ▷ *brú fola* blood pressure ▷ *brú boinn* tyre pressure; **bheith faoi bhrú** to be under pressure; **brú tráchta** a traffic jam ▷ *Bhíomar gafa i mbrú tráchta.* We got stuck in a traffic jam. ❸ hostel ▷ *Tá brú na hóige gar don stáisiún.* The youth hostel is close to the station.

bruach m1 ❶ (*of river, lake*) bank; **cur thar bruach** (*river*) to overflow ❷ (*of sea*) shore

bruachbhaile (*pl* **bruachbhailte**) m4 suburb ▷ *bruachbhaile de chuid Bhaile Átha Cliath* a suburb of Dublin

brúcht vb [**25,** VA brúchta] (*volcano*) to erupt

brúchtadh (*gen sing* **brúchta**) m (*of volcano*) eruption

brúigh vb [**24**] ❶ to crush ▷ *Brúdh cuid mhór daoine nuair a thit an díon.* Many people were crushed when the roof collapsed. ❷ to push ▷ *Brúigh an cnaipe.* Push the button. ❸ (*potatoes*) to mash

bruíon (*pl* **bruíonta**) f2 ❶ (*physical*) fight ❷ (*argument*) quarrel

Bruiséil f2 **an Bhruiséil** Brussels ▷ *sa Bhruiséil* in Brussels

bruite adj boiled ▷ *ubh bhruite* a boiled egg ▷ *prátaí bruite* boiled potatoes

brúite adj (*potatoes*) mashed

bruith vb [**16,** VN bruith] ❶ (*cake*) to bake ❷ (*egg*) to boil ❸ to burn ▷ *Bhruith mé mo mhéara.* I burned my fingers.

brúitín m4 mashed potatoes; **brúitín a dhéanamh de rud** to crush something

bruitíneach f2 measles; **bruitíneach dhearg** German measles

bruscar m1 rubbish ▷ *Bailítear an bruscar ar an Aoine.* The rubbish is collected on Fridays.

bruth m3 ❶ (*waves*) surf ❷ (*on skin*) rash

bruthaire m4 cooker

bua (*pl* **buanna**) m4 ❶ victory; **an bua a fháil i gcluiche** to win a game; **Tá sé dóchasach go mbeidh an bua aige.** He's hopeful of winning. ❷ talent ▷ *Tá bua an cheoil ag Dave.* Dave has a talent for singing.

buacach adj (*person*) cheerful ▷ *Tá sí go buacach inniu.* She's very cheerful today.

buacaire m4 tap

buachaill m3 ❶ boy ▷ *Imríonn na buachaillí peil sa gharraí.* The boys play football in the garden.; **buachaill bó** a cowboy ❷ boyfriend ▷ *Tá buachaill nua aici anois.* She has a new boyfriend now.

buaf f2 toad

buaigh vb [**24**, VN buachan] to win ▷ *Bhuamar an cluiche.* We won the game. ▷ *Bhuaigh Áine an duais.* Anne won the prize.; **buaigh ar** to defeat ▷ *Buadh orainn sa chluiche ceannais.* We were defeated in the final.

buail vb [**15**, VN bualadh] ❶ to hit

▷ *Bhuail sé an liathróid.* He hit the ball. ▷ *Bualadh sa cheann é.* He was hit on the head. ❷ to beat ▷ *Buaileadh sa chluiche muid.* We were beaten in the match. ❸ to play ▷ *Buaileann sí ar an bpianó.* She plays the piano. ❹ (*bell*) to ring ❺ to strike ▷ *Chuala mé an clog ag bualadh a deich.* I heard the clock strike ten. ❻ to knock ▷ *Bhí duine eigin ag bualadh ar an doras.* Somebody was knocking at the door.; **buail isteach (1)** to call in ▷ *Buail isteach ar do bhealach abhaile.* Call in on your way home. **(2)** (*on computer*) to key in; **bualadh le duine** to meet somebody

buaile (*pl* **buailte**) *f4* **Níl an dara suí sa bhuaile agat.** You've no alternative.

buailte *adj* defeated

buair *vb* [**13**, vn buaireamh, va buartha] ❶ to bother ▷ *Ná buair mé leis!* Don't bother me with it! ❷ to worry ▷ *Ná buair do cheann faoi.* Don't worry about it.

buairt (*gen sing* **buartha**, *pl* **buarthaí**) *f3* worry

buaiteoir *m3* winner

bualadh (*gen sing, pl* **buailte**) *m* beating ▷ *Fuair sé bualadh millteanach.* He got an awful beating.; **bualadh bos** a round of applause

buama *m4* bomb ▷ *buama adamhach* an atomic bomb

buamadóir *m3* bomber

buamáil *vb* [**25**] to bomb ▶ *f3* bombing

buan *adj* lasting; **cara buan** a firm friend

buanna *see* **bua**

buanordú *m* standing order

buanseasmhach *adj* reliable

buartha *adj* sorry ▷ *Tá mé iontach buartha.* I'm really sorry.; **Ná bí buartha.** Don't worry.

buatais *f2* boot; **buataisí rubair** wellingtons

búcla *m4* ❶ buckle ❷ (*in hair*) ringlet

Búdachas *m1* Buddhism

Búdaí *m4* Buddhist

Búdaíoch *adj* Buddhist

budragár *m1* budgerigar

buí *m4, adj* yellow; **Fear Buí** (*informal*) an Orangeman

buicéad *m1* bucket

buidéal *m1* bottle ▷ *buidéal fíona* a bottle of wine ▷ *Coinníonn an buidéal seo lítear.* This bottle holds one litre.

buifé *m4* buffet

buile *f4* **dul ar buile** to go mad; **bheith ar buile le duine** to be furious with somebody; **fear buile** a madman; **buile bóthair** road rage

builín *m4* loaf ▷ *builín aráin* a loaf of bread

buille *m4* blow; **buille ar an gcloigeann** a bang on the head; **buille faoi thuairim** a guess ▷ *Tabhair buille faoi thuairim!* Have a guess!; **buille scoir** (*in boxing*) a

buille a trí on the stroke of three

buimpéis *f2* (*shoe*) pump

buinneach *f2* diarrhoea

buíocán *m1* (*of egg*) yolk

buíoch *adj* grateful

buíochas *m1* thanks; **buíochas a ghabháil le duine** to thank somebody ▷ *Ná déan dearmad scríobh agus buíochas a ghabháil leo.* Don't forget to write and thank them.; **Buíochas le Dia!** Thank God!; **Níl a bhuíochas ort!** (*reply to thanks*) Don't mention it!

buíon (*pl* **buíonta**) *f2* (*of workmen*) gang; **buíon cheoil** (*musicians*) a band

búir *vb* [**13,** VN búireach] (*person, animal*) to roar
▶ *f2* (*pl* **búireanna**) roar ▷ *Lig an leon búir ard as.* The lion gave a loud roar.

buirgléir *m3* burglar ▷ *D'éalaigh duine de na buirgléirí.* One of the burglars got away.

buirgléireacht *f3* burglary

buiséad *m1* budget

búiste *m4* stuffing

búistéir *m3* butcher ▷ *Is búistéir é.* He's a butcher.

búit *m4* (*of car*) boot

buitléir *m3* butler

bulaí *m4* bully ▷ *Is bulaí mór é.* He's a big bully.

bulba *m4* bulb

Bulgáir *f2* **an Bhulgáir** Bulgaria

bulla *m4* buoy

bullán *m1* bullock

bultúr *m1* vulture

bumbóg *f2* bumble bee

bun (*pl* **bunanna**) *m1* ❶ (*of container, sea*) bottom ▷ *ag bun an tsléibhe* at the bottom of the mountain; **bun na spéire** the horizon ❷ end ▷ *Tá teach s'againne ag bun na sráide.* Our house is at the end of the road.; **bun toitín** a cigarette butt ❸ basis ▷ *bun scéil* a basis for a story; **Tá bun ar an aimsir.** The weather is settled.; **dul i mbun oibre** to set to work; **Céard atá ar bun agat?** What are you doing?; **fanacht i mbun duine** to stay with somebody

bunachar *m1* (*foundation*) base; **bunachar sonraí** (*computing*) database

bunadh *m1* people; **bunadh an tí** the household; **bunadh na háite** the locals

bunaigh *vb* [**12**] to establish

bunaíocht *f3* establishment

bunáit (*pl* **bunáiteanna**) *f2* (*military*) base

bunaitheoir *m3* founder

bunanna *see* **bun**

bunc *m4* bunk ▷ *leaba bunc* a bunk bed

bunchóip *f2* (*book, picture*) original

bundúchasach *m1* aborigine

bundún *m1* (*of person*) bottom; **siar go bundún** to the bitter end; **Tá bundún ort.** You're talking nonsense.

bungaló (*pl* **bungalónna**) *m4* bungalow

bunóc *f2* infant

bunoideachas *m1* primary education

bunoscionn *adj* upside down
▷ *Tá an phéinteáil sin bunoscionn.* That painting is upside down.;
Tá rud eigin bunoscionn leis. There's something wrong with it.

bunscoil (*pl* **bunscoileanna**) *f2* primary school ▷ *Tá sí ar an mbunscoil go fóill.* She's still at primary school.

buntáiste *m4* ❶ advantage ▷ *Tá mórán buntáistí ag baint le saol na hOllscoile.* University life has many advantages.; **buntáiste a bhreith ar dhuine** to take advantage of somebody ▷ *Bhí an chuideachta ag breith buntáiste ar a cuid fostaithe.* The company was taking advantage of its employees.
❷ (*in golf*) handicap

bunús *m1* ❶ origin; **Is Ciarraíoch ó bhunús é.** He's originally from Kerry. ❷ most ▷ *Bhí a mbunús ann.* Most of them were there. ▷ *bunús an ama* most of the time

bunúsach *adj* basic ▷ *Is sampla bunúsach é.* It's a basic example. ▷ *Tá an lóistín bunúsach go maith.* The accommodation is pretty basic.; **go bunúsach** basically ▷ *Go bunúsach, ní maith liom é.* Basically, I just don't like him.

burla *m4* bundle

bus (*pl* **busanna**) *m4* bus ▷ *Tá* *sé níos saoire dul ar an mbus.* It's cheaper by bus.; **bus dhá urlár** a double-decker

busáras *m1* central bus station

C

cá *pron* ❶ where ▷ *Cá dtéann tú ar laethanta saoire?* Where do you go on holiday? ▷ *Cá bhfuil tú i do chónaí?* Where do you live? ▷ *Cá bhfuair tú é?* Where did you get it?

The form **cár** is used with the past tense of regular verbs.

▷ *Cár chuir tú é?* Where did you put it? ▷ *Cár fhág tú an carr?* Where did you leave the car?

The forms **cárb** and **cárbh** are also used.

▷ *Cárb as tú?* Where do you come from? ▷ *Cárbh as é?* Where was he from? ❷ what ▷ *Cá air a bhfuil tú ag caint?* What are you talking about? ❸ how ▷ *Cá mhinice a thagann sé?* How often does he come? ▷ *Cá mhéad atá air?* How much does it cost?; **cár bith** whatever ▷ *cár bith is maith leat* whatever you like

cabaireacht *f3* chatter; **bheith ag cabaireacht** to chatter

cabáiste *m4* cabbage

cábán *m1* (*of lorry*) cab; **cábán píolóta** (*of plane*) cockpit

cabaret *m4* cabaret

cabhair (*gen sing* **cabhrach**) *f* help ▷ *An bhfuil cabhair de dhíth ort?* Do you need any help?; **cabhair a fháil ó dhuine** to get help from somebody; **cabhair airgid** a subsidy

Cabhán *m1* **an Cabhán** Cavan

cabhlach *m1* navy

cabhraigh *vb* [**12**] to help ▷ *Chabhraigh mé le Seán.* I helped John.

cabhsa *m4* lane

cábla *m4* cable

cáca *m4* cake ▷ *Ar mhaith leat píosa eile cáca?* Would you like another piece of cake?; **cácaí milse** pastries

cách *m4* everybody

cachtas *m1* cactus

cad *pron* ❶ what ▷ *Cad é atá tú a dhéanamh?* What are you doing? ▷ *Cad é atá do do bhuaireamh?* What's bothering you? ▷ *Cad é an t-am é?* What time is it? ▷ *Cad is ainm duit?* What's your name? ▷ *Cad é an dath atá air?* What colour is it? ❷ why ▷ *Cad chuige ar bhris tú é?* Why did you break it? ▷ *Cad ina thaobh ar tháinig tú?* Why did you come?; **cad é mar** how ▷ *Cad é mar a tháinig tú?* How did you come?

▷ *Cad é mar atá tú?* How are you?; **cad eile** what else ▷ *Cad eile céard a déarfá?* What else would you say?

cadás *m1* cotton ▷ *léine chadáis* a cotton shirt

cadhnra *m4* battery

cadóg *f2* haddock ▷ *cadóg dheataithe* smoked haddock

cadránta *adj* stubborn ▷ *fear cadránta* a stubborn man

caibidil (*gen sing* **caibidle**, *pl* **caibidlí**) *f2* chapter ▷ *leath bealaigh tríd an gcaibidil* halfway through the chapter; **faoi chaibidil** under discussion

caibinéad *m1* cabinet ▷ *caibinéad comhad* a filing cabinet

caid (*pl* **caideanna**) *f2* football

caidéal *m1* pump ▷ *caidéal peitril* a petrol pump

cáidheach *adj* filthy ▷ *Tá an t-urlár seo cáidheach.* This floor is filthy.

caidhp (*pl* **caidhpeanna**) *f2* cap

caidreamh *m1* relationship ▷ *Tá caidreamh maith eadrainn.* We have a good relationship.; **caidreamh poiblí** public relations

caife *m4* ❶ coffee ▷ *caife bán* white coffee ▷ *Cupán caife, le do thoil.* A cup of coffee, please. ❷ café ▷ *caife idirlín* an internet café

caifitéire *m4* cafeteria

caighdeán *m1* standard ▷ *Tá an caighdeán iontach ard.* The standard is very high. ▷ *caighdeán maireachtála* standard of living

cáil (*pl* **cáileanna**) *f2* fame

cailc *f2* chalk

cáiligh *vb* [**11**] to qualify ▷ *Cháiligh muid don bhabhta ceannais.* We qualified for the final.

cailín *m4* ❶ girl ▷ *cailín cúig bliana d'aois* a five-year-old girl ▷ *cailín Éireannach* an Irish girl ❷ girlfriend ▷ *Siobhán an t-ainm atá ar chailín Eoin.* Ian's girlfriend is called Susan.; **cailín beáir** a barmaid ▷ *Is cailín beáir í.* She's a barmaid.; **cailín freastail** a waitress; **cailín coimhdeachta** a bridesmaid

cáilíocht *f3* ❶ quality ▷ *Tá a lán cáilíochtaí maithe aici.* She's got lots of good qualities. ❷ qualification ▷ *D'fhág sí an scoil gan cáilíochtaí ar bith aici.* She left school without any qualifications.

cáilís *f2* chalice

cáiliúil *adj* famous ▷ *Is údar cáiliúil í.* She's a famous author.

caill (*pl* **cailleanna**) *f2* loss ▷ *Is mór an chaill dó é.* It's a great loss to him.; **Níl caill air.** It's not bad. ▶ *vb* [**15**] ❶ to lose ▷ *Chaill Seán a chuid airgid.* John lost his money. ❷ to miss ▷ *Chaill mé an bus.* I missed the bus.; **Ná caill do mhisneach!** Don't give up hope!

caille *f4* veil

cailleach *f2* witch; **cailleach feasa** a fortune teller

caillte *adj* ❶ lost ▷ *Tá an cat caillte.* The cat is lost. ❷ perished ▷ *Tá mé caillte leis an bhfuacht.* I'm perished with the cold.

caimiléir *m3* crook

caimiléireacht *f3* dishonesty

cáin (*gen sing* **cánach**, *pl* **cánacha**) *f* tax ▷ *Beidh 200 euro air, cáin san áireamh.* It will be 200 euros, including tax.; **cáin ioncaim** income tax; **saor ó cháin** tax-free ▶ *vb* [15] to criticize ▷ *Cháin sé an réiteoir.* He criticized the referee.

cainéal *m1* (*on TV*) channel ▷ *Tá peil ar an gcainéal eile.* There's football on the other channel.

cainneann *f2* leek

cainneon *m1* canyon

cainníocht *f3* quantity

caint (*pl* **cainteanna**) *f2* ❶ speech ▷ *Dhírigh sé a chuid cainte orm.* He aimed his speech at me. ❷ language ▷ *droch-chaint* bad language; **leagan cainte** an expression ▷ *Is leagan cainte Béarla é.* It's an English expression.; **bheith ag caint seafóide** to talk nonsense; **Lean sí uirthi ag caint** She carried on talking.; **Cad é an chaint atá ort?** What are you talking about?

cainte *adj* oral ▷ *scrúdú cainte* an oral examination

cainteach *adj* talkative ▷ *Tá an rang seo iontach cainteach.* This class is very talkative.

cainteoir *m3* speaker ▷ *cainteoir dúchais Gaeilge* a native speaker of Irish

cáipéis *f2* document ▷ *cáipéis HTML* an HTML document

caipín *m4* cap ▷ *caipín snámha* a swimming cap; **caipín glúine** a kneecap; **caipín súile** an eyelid

cairde *m4* credit; **ar cairde** on credit ▷ *Cheannaigh mé an carr ar cairde.* I bought the car on credit.

cairdeagan *m1* cardigan

cairdeas *m1* friendship; **cairdeas a dhéanamh le duine** to make friends with somebody

cairdín *m4* accordion

cairdinéal *m1* cardinal

cairdiúil *adj* ❶ friendly ▷ *Tá sí iontach cairdiúil.* She's really friendly. ❷ (*computer, website*) user-friendly

cairéad *m1* carrot

cairéal *m1* (*for stone*) quarry

cairpéad *m1* carpet

cairt (*pl* **cairteacha**) *f2* chart ▷ *Tá an t-albam seo ar uimhir a haon sna cairteacha.* This album is number one in the charts.

cairtchlár *m1* cardboard ▷ *bosca cairtchláir* a cardboard box

cáis (*pl* **cáiseanna**) *f2* cheese ▷ *ceapaire cáise* a cheese sandwich

Cáisc *f3* Easter ▷ *Chuamar go teach mo sheantuismitheoirí don Cháisc.* We went to my grandparents' for Easter.; **Domhnach Cásca** Easter Sunday

caisearbhán *m1* dandelion

caisleán *m1* castle ▷ *Thaispeáin an treoraí an caisleán dúinn.* The guide showed us round the castle. ▷ *caisleán gainimh* a sand castle

caismír *f2* cashmere

caite *adj* worn ▷ *Tá an brat urláir rud beag caite.* The carpet is a bit worn.; **seo caite** last ▷ *an tseachtain seo*

a
b
c
d
e
f
g
h
i
j
k
l
m
n
o
p
q
r
s
t
u
v
w
x
y
z

caite last week ▷ *Dé hAoine seo caite* last Friday; **Cad é atá ag cur caite ort?** What's troubling you?

caiteoir *m3* consumer; **caiteoir tobac** a smoker

caith *vb* [**16**] ❶ to throw ▷ *Chaith Máire a cóta ar an gcathaoir.* Mary threw her coat on the chair. ❷ to wear ▷ *Caitheann Peadar spéaclaí.* Peter wears glasses. ▷ *Caith rud éigin te.* Wear something warm. ❸ to wear out ▷ *Tá na bróga seo caite.* These shoes are worn out. ❹ (*money, time*) to spend ▷ *Chaith sé a cuid airgid ar éadaí.* He spent his money on clothes. ▷ *Caitheann muid an Domhnach sa bhaile.* We spend Sunday at home. ❺ to take ▷ *An gcaitheann tú siúcra?* Do you take sugar? ❻ (*cigarettes*) to smoke ▷ *Caitheann sé fiche sa lá.* He smokes twenty a day. ▷ *Ní chaithim.* I don't smoke.; **Caithfidh tú é a dhéanamh.** You've got to do it.; **Caithfidh sé go bhfuil sé ann faoi seo.** He must be there by now.

caith amach *vb* to throw out ▷ *Chaith sé amach an t-uisce.* He threw out the water.

caith aníos *vb* to throw up ▷ *Caith aníos chugam é.* Throw it up to me. ▷ *Chaith sé aníos an bia.* He threw up the food.

caith anuas *vb* to throw down ▷ *Caith anuas chugam é.* Throw it down to me.

caith le *vb* ❶ to throw at ▷ *Chaith sé cloch léi.* He threw a stone at

her. ❷ (*behave towards*) to treat ▷ *Caitheann siad go maith liom.* They treat me well.

caitheamh *m1* throw; **i gcaitheamh na seachtaine** during the week; **caitheamh aimsire** a hobby ▷ *Júdó an caitheamh aimsire atá agam.* My hobby is judo.; **caitheamh an oird** hammer-throwing

Caitliceach *adj, m1* Catholic ▷ *an creideamh Caitliceach* the Catholic faith ▷ *Is Caitliceach mé.* I'm a Catholic.; **Caitliceach Rómhánach** Roman Catholic

cál *m1* cabbage; **cál faiche** nettles

caladh (*pl* **calaí**) *m1* harbour

calafort *m1* port

calaois *f2* (*in sport*) foul

call *m4* need ▷ *Níl call leis sin.* There's no need for that.

callaire *m4* loudspeaker

callán *m1* noise ▷ *Cad é an callán é sin?* What's that noise? ▷ *Ní féidir liom cur suas leis an gcallán seo.* I can't stand all this noise.

callánach *adj* noisy

calma *adj* brave

calóg *f2* flake ▷ *calóg shneachta* a snowflake ▷ *calóga arbhair* cornflakes

calra *m4* calorie

cálslá *m4* coleslaw

cam *adj* dishonest ▷ *duine cam* a dishonest person

camall *m1* camel

camán *m1* hurling stick; **idir chamáin** under discussion

camchosach adj bandy-legged

camchuairt f2 tour ▷ Thug muid camchuairt na hÉireann anuraidh. We went on a tour of Ireland last year.

camóg f2 ❶ (punctuation) comma ❷ (sport) camogie stick

camógaíocht f3 camogie

campa m4 camp ▷ campa saoire a holiday camp

campáil vb [25] to camp; **Chuamar a champáil i nGaillimh.** We went camping in Galway.

campálaí m4 camper

campas m1 campus

can vb [23] to sing ▷ Canfaidh Síle amhrán anois. Sheila will sing a song now.

cána m4 cane; **cána siúcra** sugar cane

canáil f3 canal

canáraí m4 canary

canbhás m1 canvas

candaí m4 candy; **candaí cadáis** candy floss

cangarú m4 kangaroo

canna m4 can ▷ canna pónairí a can of beans

cannabas m1 cannabis

cantalach adj grumpy ▷ Bíonn sé iontach cantalach ar maidin. He's very grumpy in the morning.

canú (pl **canúnna**) m4 canoe

caoch (pl **caocha**) m1 blind person
  ▶ adj (gen sing m **caoch**) blind; **chomh caoch le cloch** as blind as a bat
  ▶ vb [23] to wink ▷ Chaoch sé orm.

He winked at me.

caoga (gen sing **caogad**, pl **caogaidí**, dat sing **caogaid**) m fifty
  ▌ **caoga** is followed by a singular noun.

  ▷ caoga duine fifty people; **Tá sé caoga bliain d'aois.** He's fifty.

caoi (pl **caíonna**) f4 ❶ way; **Cén chaoi a bhfuil tú?** How are you?; **ar chaoi éigin** somehow ❷ opportunity ▷ Déan é má bhíonn caoi agat. Do it if you get the opportunity. ❸ condition ▷ Tá caoi mhaith air. It's in good condition.

caoin adj ❶ gentle ▷ glór caoin a gentle voice ❷ mild ▷ aimsir chaoin mild weather
  ▶ vb [15] to cry ▷ Tá an leanbh ag caoineadh. The baby's crying. ▷ Chaoin sí uisce a cinn. She cried her eyes out.

caoireoil f3 mutton

caol adj ❶ (person) thin ❷ slim ▷ coim chaol a slim waist ❸ narrow ▷ bóthar caol a narrow road; **Tar caol díreach abhaile.** Come straight home.
  ▶ m1 (pl **caolta**); **caol na láimhe** wrist; **caol na coise** an ankle

caolaigeanta adj narrow-minded

caolsráid (pl **caolsráideanna**) f2 alley

caomhnaigh vb [12] to preserve ▷ Ní mór dúinn ár gcultúr a chaomhnú. We must preserve our culture.

caonach m1 moss ▷ caonach móna peat moss

caor *f2* berry; **caor fíniúna** a grape; **caor thine** a meteor

caora (*gen sing*, *pl* **caorach**, *pl* **caoirigh**) *f* sheep ▷ *tréad caorach* a flock of sheep

caorán *m1* bog

capaillín *m4* pony

capall *m1* horse ▷ *Ní thiocfadh liom an capall a smachtú.* I couldn't control the horse.; **ar mhuin capaill** on horseback

capán *m1* **capán glúine** a kneecap

capsúl *m1* capsule

captaen *m1* captain

cár *m1* teeth ▷ *Tá mo chár ag greadadh ar a chéile.* My teeth are chattering.; **Chuir sé cár air féin liom.** He grimaced at me.

cara (*gen sing*, *pl* **carad**, *pl* **cairde**) *m* friend ▷ *An féidir liom cara a thabhairt liom?* Can I bring a friend? ▷ *Tá sé ag imirt lena chairde.* He's playing with his friends.; **cara Críost** a godparent; **a Chara** Dear Sir/Madam

carachtar *m1* character

caramal *m1* caramel

carbhán *m1* caravan ▷ *Tá an carbhán trealmhaithe faoi choinne ceathrair.* The caravan is equipped for four people. ▷ *láithreán carbhán* a caravan site

carbhat *m1* tie; **carbhat cuachóige** a bow tie

carcair (*gen sing* **carcrach**, *pl* **carcracha**) *f* jail

Carghas *m1* **an Carghas** Lent ▷ *Rinne mé an Carghas ar na milseáin.* I gave up sweets for Lent.

carn *m1* ❶ heap ▷ *carn cloch* a heap of stones; **ar an gcarn aoiligh** on the scrapheap ❷ pile ▷ *carn leabhar* a pile of books; **carn fuílligh** a dump
▶ *vb* [**14**] to pile up; **Tá sé ag carnadh airgid.** He is making piles of money.

carnabhal *m1* carnival

carr (*pl* **carranna**) *m1* car ▷ *Tá carr nua agam.* I have a new car. ▷ *Chuaigh Sharon isteach sa charr.* Sharon got into the car.; **sa charr** by car ▷ *Chuamar sa charr.* We went by car.; **carr cábla** a cable car; **carr campála** (*vehicle*) a camper; **carr sleamhnáin** a sledge

carraig (*pl* **carraigeacha**) *f2* rock

carráiste *m4* carriage

carrbhealach *m1* **carrbhealach dúbailte** a dual carriageway

carrchlós *m1* car park ▷ *carrchlós faoi thalamh* an underground car park

carrfholcadh (*gen sing* **carrfholctha**) *m* car wash

carrfón *m1* car phone

carrghlanadh (*gen sing* **carrghlanta**) *m* car wash

carria *m4* deer

carróstlann *f2* motel

cárta *m4* card ▷ *Chuir sí cárta lá breithe chugam.* She sent me a card for my birthday.; **cluiche cártaí** a game of cards; **cárta airgid** a cash card; **cárta bordála** (*for plane*) a boarding card; **cárta breisithe** (*for mobile phone*) a top-up card; **cárta creidmheasa** a credit card; **cárta cuimhne** (*for computer*) a memory card; **cárta guthán** a phonecard; **cárta Nollag** a Christmas card; **cárta SIM** (*for mobile phone*) a SIM card

cártafón m1 cardphone

cartán m1 carton

carthanacht f charity ▷ *Tá siad ag bailiú ar son na carthanachta.* They're collecting for charity.

cartlann f2 archives

cartún m1 cartoon

cartús m1 cartridge ▷ *cartús caoch* a blank cartridge

cas vb [23] ❶ to twist ▷ *Chas mé mo mhurnán.* I twisted my ankle. ❷ (*clock*) to wind ❸ (*song*) to sing ▷ *Casfaidh mé amhrán.* I'll sing a song.; **cas le** to meet ▷ *Casadh Seán liom.* I met John.; **cas ar ais** (*person, vehicle*) to turn back; **'Ná castar ar clé'** 'No left turn'

cás (*pl* **cásanna**) m1 case ▷ *i naoi gcás as deich gcinn* in 9 cases out of 10 ▷ *i gcásanna áirithe* in some cases ▷ *i gcás ar bith* in any case ▷ *sa chás sin* in that case; **cás cúirte** a court case; **cás pacála** a packing case; **cuir i gcás** for instance; **Is trua liom do chás.** I'm sorry for your trouble.; **Nach bocht an cás é?** Aren't things in a bad way?

casacht f3 cough ▷ *Tá casacht orm.* I've got a cough.; **Rinne mé casacht.** I coughed.

casaoid f2 complaint; **Rinne Máire casaoid leis an múinteoir.** Mary complained to the teacher.

casaról m1 casserole ▷ *Tá mé ag dul a dhéanamh casaróil.* I'm going to make a casserole.

casino m4 casino

casóg f2 jacket ▷ *casóg dheinim* a denim jacket ▷ *Tá an chasóg ag cur leis an mbríste.* The jacket matches the trousers. ▷ *Croch do chasóg ar an gcrúca.* Hang your jacket on the hook.; **casóg dinnéir** a dinner jacket

casta adj ❶ complicated ▷ *Tá an cheist seo iontach casta.* This question is very complicated. ❷ (*road, river*) winding ▷ *Tá an bóthar sin casta.* That road is winding.

castán m1 chestnut

casúr m1 hammer

cat m1 cat ▷ *Ar chothaigh tú an cat?* Have you fed the cat? ▷ *cat strae* a stray cat

catach adj (*hair*) curly ▷ *Tá gruaig chatach air.* He has curly hair.

catalóg f2 catalogue

cath (*pl* **cathanna**) m3 battle

cathain adv when ▷ *Cathain a tháinig sé?* When did he come?

cathair (*gen sing* **cathrach**, *pl* **cathracha**) f city ▷ *Is cathair dheas é an tÚr.* Newry is a nice city.; **lár na cathrach** the city centre

cathaoir (*gen sing* **cathaoireach**, *pl* **cathaoireacha**) f chair ▷ *cathaoir adhmaid* a wooden chair

a
b
c
d
e
f
g
h
i
j
k
l
m
n
o
p
q
r
s
t
u
v
w
x
y
z

▷ *Choinnigh sé greim ar an gcathaoir.* He held on to the chair.; **cathaoir deice** a deckchair; **cathaoir rothaí** a wheelchair; **cathaoir uilleach** an armchair; **cathaoir luascáin** a rocking chair

cathaoirleach *m1* chairperson

cathú *m* temptation; **cathú a chur ar dhuine** to tempt somebody

cé *pron* ❶ who ▷ *Cé hé?* Who is he? ▷ *Cé a rinne é?* Who did it? ▷ *Cé aige a bhfuil an t-airgead?* Who has the money? ▷ *Cérbh iad na fir sin?* Who were those men? ❷ whom ▷ *Cé leis a raibh tú ag caint?* With whom were you talking? ▷ *Cé dó ar thug tú é?* To whom did you give it? ▷ *Cé uaidh a bhfuair tú é?* From whom did you get it? ❸ what

> **cé** becomes **cén** or **cé na** with a noun.

▷ *Cén t-am é?* What time is it? ▷ *Cén aois tú?* What age are you? ▷ *Cé na leabhair a scríobh sí?* What books did she write? ❹ whose ▷ *Cé leis an leabhar seo?* Whose is this book?; **cén uair** when ▷ *Cén uair a tháinig sí?* When did she come?; **cén fáth** why ▷ *Cén fáth ar tháinig sí?* Why did she come?; **cén áit** where ▷ *Cén áit a bhfuil tú?* Where are you?; **cén chaoi** how ▷ *Cén chaoi a bhfuil tú?* How are you?; **cé acu** which ▷ *Cé acu peann a thóg sé?* Which pen did he take? ▷ *Cé acu ceann is fearr leat?* Which do you prefer?

▶ *conj* **cé go** although ▷ *Cé go raibh*

tuirse uirthi, d'fhan sí ina suí go mall. Although she was tired, she stayed up late.

▶ *f4* (*pl* **céanna**) quay

ceacht (*pl* **ceachtanna**) *m3* lesson ▷ *Tá sí ag glacadh ceachtanna tiomána.* She's taking driving lessons. ▷ *ceachtanna bailé* ballet lessons

céachta *m4* plough; **céachta sneachta** a snowplough

ceachtar *pron* ❶ either ▷ *Tóg ceachtar acu.* Take either of them. ❷ neither ▷ *Ní raibh ceachtar den bheirt ann.* Neither of the two was there.

cead *m3* permission ▷ *le do chead* with your permission; **cead pleanála** planning permission; **An bhfuil cead agam ceist a chur?** Can I ask a question?; **cead isteach** admission ▷ *Cead isteach saor in aisce.* Free admission.

céad (*pl* **céadta**) *m1* ❶ hundred

> **céad** is followed by a singular noun.

▷ *céad euro* a hundred euros ▷ *Bhí céad iarratasóir ar an bpost.* There were a hundred applicants for the job.; **céad go leith** one hundred and fifty ❷ century ▷ *an t-aonú céad is fiche* the twenty-first century

▶ *adj* first ▷ *an chéad doras ar dheis* the first door on the right ▷ *Tá a oifig thíos ar an gcéad urlár.* His office is down on the first floor. ▷ *an chéad ghiar* first gear; **an chéad duine eile** the next person

ceadaigh vb [**12**] to allow
▷ Cheadaigh a mháthair dó dul amach. His mum allowed him to go out.

Céadaoin (pl **Céadaoineacha**) f4 **An Chéadaoin** Wednesday; **Dé Céadaoin** on Wednesday; **ar an gCéadaoin** on Wednesdays ▷ Tagann sé ar an gCéadaoin. He comes on Wednesdays.; **Céadaoin an Luaithrigh** Ash Wednesday

céadfa m4 sense ▷ na cúig chéadfaí the five senses

céaduair adv **a chéaduair** at first ▷ Shíl mé a chéaduair gur ag magadh a bhí tú. I thought at first you were joking.

ceadúnas m1 licence; **ceadúnas tiomána** a driving licence; **ceadúnas teilifíse** a TV licence

ceaintín m4 canteen

ceal m4 **cuir ar ceal** to cancel ▷ Cuireadh an cluiche ar ceal. The match was cancelled.

cealg vb [**14**] (insect) to sting ▶ f2 sting ▷ cealg ó bheach a bee sting

cealú, cealúchán m1 cancellation

ceamara m4 camera ▷ An mbeidh tú ag glacadh do cheamara nua leat? Are you taking your new camera? ▷ Ná fág do cheamara sa charr. Don't leave your camera in the car.; **ceamara digiteach** a digital camera; **ceamara gréasáin** a webcam

ceamaradóir m3 cameraman
ceamthaifeadán m1 camcorder
Ceanada m4 Canada ▷ i gCeanada in Canada ▷ go Ceanada to Canada

ceangail vb [**19**, VN ceangal, VA ceangailte] ❶ to tie ▷ Cheangail mé an an dá leabhar le chéile. I tied the two books together. ❷ to attach ▷ Níl eolas aige ar an dóigh le grianghraf a cheangal de r-phost. He doesn't know how to attach a photo to an email.; **Bhí Seán le ceangal.** (very angry) John was fit to be tied.

ceangaltán m1 (to email) attachment

ceann (gen sing **cinn**, gen pl **ceann, cinn**, dat sing **cionn**) m1 ❶ head ▷ Tá pian i mo cheann. I have a sore head. ❷ end ▷ thíos ag ceann an bhealaigh down at the end of the road ❸ one ▷ an chéad cheann the first one ▷ Is doiligh ceann a roghnú. It's difficult to choose one. ▷ ceann ar cheann one by one ▷ na cinn mhóra the big ones ❹ roof; **teach ceann tuí** a thatched cottage; **ó cheann ceann na bliana** all the year round; **faoi cheann seachtaine** in a week's time ▷ Beidh mé ar ais faoi cheann seachtaine. I will be back in a week's time.; **os cionn (1)** above ▷ os cionn na fuinneoige above the window **(2)** more than ▷ os cionn fiche more than twenty; **thar ceann** on behalf of ▷ thar ceann an aire on behalf of the minister

céanna adj same ▷ an leabhar céanna the same book ▷ san am céanna at the same time

ceannadhairt (pl **ceannadhairteanna**) f2 pillow

ceannaigh vb [12, VN ceannach] to buy ▷ Cheannaigh muid bróga nua. We bought new shoes.

ceannaire m4 leader

ceannaitheoir m3 buyer

ceannann adj an fear ceannann céanna the very same man

ceannáras m1 headquarters

ceannas m1 command; bheith i gceannas ar rud to be in charge of something ▷ Bhí Iníon Uí Néill i gceannas ar an ngrúpa. Ms O'Neill was in charge of the group.

ceannasaí m4 commander

ceanncheathrú (gen sing **ceanncheathrún**, pl **ceanncheathrúna**) f headquarters ▷ ceanncheathrú na Náisiún Aontaithe the headquarters of the United Nations

ceanndána adj stubborn ▷ Tá Liam iontach ceanndána. Liam is very stubborn.

ceannfort m1 ❶ (army) commander ❷ (police) superintendent

ceannlíne (pl **ceannlínte**) f4 headline ▷ ceannlínte na nuachta the news headlines

ceannlitir (gen sing **ceannlitreach**, pl **ceannlitreacha**) f capital letter

ceannsolas m1 headlight

ceannteideal m1 heading

ceant (pl **ceantanna**) m4 auction; rud a chur ar ceant to auction something

ceantálaí m4 auctioneer

ceantar m1 ❶ district ▷ ceantar cónaithe a residential district ❷ region ▷ Níl mé i mo chónaí sa cheantar seo. I don't live in this region.; an ceantar máguaird the surrounding area

ceanúil adj loving; Tá sí ceanúil air. She's fond of him.

ceap (pl **ceapa**) m1 ❶ block ▷ ceap oifigí an office block ❷ pad ▷ ceap nótaí a notepad; Rinne siad ceap magaidh de. They made fun of him.

　▶ vb [14] ❶ to think ▷ Ceapaim go ndearna tú an rud ceart. I think you did the right thing. ❷ to catch ▷ Cheap Seán an sliotar. John caught the ball. ❸ to compose ▷ Cheap Máire dán nua. Mary composed a new poem.; Ceapaim go mbeidh sé fliuch amárach. I reckon that it will be wet tomorrow.

ceapaire m4 sandwich ▷ ceapaire cáise a cheese sandwich

cearc (gen sing **circe**) f2 hen; cearc fhraoigh a grouse; cearc cholgach a shuttlecock

céard pron what ▷ Céard atá ar siúl agat? What are you doing? ▷ Céard fúmsa? What about me?

ceardchumann m1 trade union

ceardscoil (pl **ceardscoileanna**) f2 technical school

cearn *f3* corner; **Beidh daoine ann as gach cearn den tír.** There will be people there from all over the country.

cearnóg *f2* square ▷ *cearnóg agus triantán* a square and a triangle; **cearnóg an bhaile** the town square

cearpantóir *m3* carpenter

cearr *adj* wrong ▷ *Cad é atá cearr?* What's wrong? ▷ *D'aithin muid go raibh rud éigin cearr.* We realized that something was wrong.

cearrbhach *m1* gambler

ceart (*pl* **cearta**) *m1* right ▷ *cearta sibhialta* civil rights
▶ *adj* (correct) right ▷ *an freagra ceart* the right answer ▷ *An é seo an bóthar ceart chun na Gaillimhe?* Is this the right road for Galway? ▷ *An bhfuil an t-am ceart agat?* Do you have the right time?; **i gceart** right ▷ *An bhfuil mé á fhuaimniú i gceart?* Am I pronouncing it right?; **an ceart a bheith agat** to be right ▷ *Bhí an ceart agat!* You were right!; **ceart go leor** all right ▷ *Bhí gach rud ceart go leor sa deireadh.* Everything turned out all right. ▷ *An bhfuil tú ceart go leor?* Are you all right?; **Ba cheart go mbainfeadh sé.** He ought to win.; **Ba cheart dom imeacht.** I should go.

ceartaigh *vb* [12] to correct ▷ *Cheartaigh an múinteoir an aiste.* The teacher corrected the essay.

céatadán *m1* percentage

ceathair (*pl* **ceathaireanna**) *m4* four

  ▌ **ceathair** is used for telling the time and for counting.

▷ *ar a ceathair a chlog* at four o'clock ▷ *A dó faoi a dó sin a ceathair.* Two times two is four. ▷ *Níl seacht inroinnte ar a ceathair.* Four into seven won't go.

Ceatharlach *m1* Carlow

ceathrar *m1* four people; **ceathrar ban** four women

ceathrú (*gen sing* **ceathrún**, *pl* **ceathrúna**, *dat sing* **ceathrúin**) *f*
❶ quarter ▷ *ceathrú uaire* quarter of an hour ▷ *ceathrú i ndiaidh a hocht* quarter past eight ❷ (on body) thigh; **ceathrú uaineola** a leg of lamb
▶ *adj* fourth ▷ *an ceathrú fear* the fourth man ▷ *an ceathrú hurlár* the fourth floor

céile *m4* partner; **fear céile** husband; **bean chéile** wife; **a chéile** each other ▷ *Is fuath leo a chéile.* They hate each other.; **le chéile** together ▷ *An féidir linn bualadh le chéile anocht?* Could we get together this evening?; **de réir a chéile** gradually ▷ *D'éirigh muid cleachta leis de réir a chéile.* We gradually got used to it.; **ó am go chéile** from time to time

céilí *m4* ceilidh

ceiliúr *vb* [17] to celebrate

ceiliúr *m1* greeting; **ceiliúr pósta a chur ar dhuine** to propose to somebody ▷ *Chuir Liam ceiliúr pósta* *ar Mháire.* Liam proposed to Mary.

ceiliúradh (*gen sing* **ceiliúrtha**) *m* celebration ▷ *ceiliúradh céad bliain* a centenary celebration

céillí *adj* ❶ sensible ▷ *duine céillí* a sensible person ❷ wise ▷ *Ba chéillí an beart é sin.* That was a wise move.

Ceilteach *adj* Celtic

céim (*pl* **céimeanna**) *f2* ❶ step ▷ *Baineadh tuisle aisti ar an gcéim.* She tripped over the step. ▷ *Thug sé céim chun tosaigh.* He took a step forward.; **céim ar chéim** step by step ❷ degree ▷ *Bhí an teocht os cionn tríocha céim.* The temperature was over thirty degrees.; **céim onóracha** an honours degree; **ardú céime** promotion

céimí *m4* graduate

ceimic *f2* chemistry ▷ *an tsaotharlann cheimice* the chemistry lab

ceimiceoir *m3* (*scientist*) chemist

ceimiteiripe *f4* chemotherapy

ceint *m4* (*coin*) cent

ceinteagrád *m1* centigrade ▷ *20 céim ceinteagráid* 20 degrees centigrade

ceintiméadar *m1* centimetre

ceird *f2* (*work*) trade

ceirneoir *m3* disc jockey

ceist (*pl* **ceisteanna**) *f2* ❶ question ▷ *An bhfuil cead agam ceist a chur?* Can I ask a question? ▷ *Is crua an cheist í sin.* That's a difficult question. ▷ *Chuir sé ceist orm.* He asked me a question.

❷ issue ▷ *ceist chonspóideach* a controversial issue; **ceisteanna coitianta** frequently asked questions

ceistigh *vb* [11] to question ▷ *Cheistigh na póilíní é.* He was questioned by the police.

ceistneoir *m3* questionnaire

ceithre *m4* four

> **ceithre** is used to give the number of objects and is usually followed by a singular noun.

▷ *ceithre bhuidéal* four bottles; **Tá sí ceithre bliana d'aois.** She's four.; **ar ceithre boinn** on all fours; **ceithre ... déag** fourteen ▷ *ceithre dhuine dhéag* fourteen people

ceo *m4* ❶ fog; **Tá ceo ann.** It's foggy. ❷ mist ▷ *Scaip an ceo.* The mist cleared.

ceol (*pl* **ceolta**) *m1* music ▷ *Is maith liom ceol clasaiceach.* I like classical music.; **ceol Gaelach** Irish music; **ceol tíre** folk music; **Níl ceol agam.** I can't sing.; **gléas ceoil** a musical instrument

ceoláras *m1* concert hall

ceolchoirm (*pl* **ceolchoirmeacha**) *f2* concert ▷ *Beidh ceolchoirm sa scoil amárach.* There will be a concert in school tomorrow.

ceoldráma *m4* opera ▷ *Is maith liom ceoldrámaí.* I like opera.

ceolfhoireann (*gen sing, pl* **ceolfhoirne**) *f2* orchestra ▷ *Seinnim le ceolfhoireann na scoile.*

I play in the school orchestra.

ceolmhar adj musical ▷ Is duine ceolmhar é Seán. John is a musical person.

ceoltóir m3 ❶ musician ▷ Is ceoltóir breá é. He's a fine musician. ❷ singer ▷ Tá ceoltóir agus giotárai sa bhuíon. The band consists of a singer and a guitarist.

ceomhar adj foggy ▷ lá ceomhar a foggy day

cha adv not ▷ chan go fóill not yet; **An mbuailfidh tú leis? — Cha bhuailim!** Will you see him? — No way!

cheana adv **cheana féin** already ▷ Shábháil mé £50 cheana féin. I've saved £50 already. ▷ Bhí Pádraigín ar shiúl cheana féin. Patricia had already gone.

choíche adv ❶ ever ▷ Is é an scannán is fearr é a fheicfidh tú choíche. It's the best film you'll ever see. ❷ never ▷ Ní fhillfidh sí choíche. She'll never return.

chomh adv ❶ as; **chomh ... le** as ... as ▷ Tá Peadar chomh cliste le Micheál. Peter is as clever as Michael.; **chomh maith** as well ▷ Chuamar go Gaillimh chomh maith. We went to Galway as well.; **chomh luath agus is féidir** as soon as possible ▷ Déanfaidh mé é chomh luath agus is féidir. I'll do it as soon as possible. ❷ so ▷ Níl sé chomh sean sin. He's not so old. ▷ Siúlann Maitiú chomh gasta sin nach dtig liom coinneáil suas leis.

Matthew walks so fast I can't keep up.

chuig prep to ▷ Chuaigh mé chuig an dochtúir. I went to the doctor. ▷ An mbeidh tú ag dul chuig an damhsa anocht? Are you going to the dance tonight?; **an tseachtain seo chugainn** next week; **Cad chuige?** Why?

chun prep ❶ to ▷ Beidh mé ag dul chun na Róimhe amárach. I will be going to Rome tomorrow. ❷ in order to ▷ Stopann an t-eitleán i mBostún chun athbhreoslú. The plane stops in Boston in order to refuel. ❸ for ▷ An é seo an bóthar ceart chun na Gaillimhe? Is this the right road for Galway?; **cúig chun a hocht** five to eight

ciall (gen sing **céille**, dat sing **céill**) f2 sense ▷ Bíodh ciall agat! Have some sense!

ciallaigh vb [12] ❶ to mean ▷ Ciallaíonn an comhartha sin go bhfuil cosc ar tobac. That sign means that smoking is prohibited. ▷ Ciallaíonn sé sin go mbeidh muid saor amárach That means that we'll be free tomorrow. ❷ to stand for ▷ Ciallaíonn 'BT' 'British Telecom'. 'BT' stands for 'British Telecom'.

ciallmhar adj sensible

cian (pl **cianta**, dat sing **céin**, dat pl **cianaibh**) f **na cianta ó shin** ages ago; **leis na cianta** for ages ▷ Ní fhaca mé Máire leis na cianta. I haven't seen Mary for ages.; **ó chianaibh** recently

▶ *adj* (*gen sing m* **céin**, *gen sing f*, *compar* **céine**) far; **i gcéin agus i gcóngar** far and near

▶ *m4* sadness; **faoi chian** sad; **cian a thógáil de dhuine** to cheer somebody up ▷ *Bhí mé ag iarraidh cian a thógáil de.* I was trying to cheer him up.

cianrialaithe *adj* remote-controlled

ciar (*gen sing m* **céir**, *gen sing f*, *compar* **céire**) *adj* (hair, complexion) dark

ciaróg *f2* beetle; **ciaróg dhubh** a cockroach; **Aithníonn ciaróg ciaróg eile.** Birds of a feather flock together.

Ciarraí *f4* Kerry

ciarsúr *m1* handkerchief; **ciarsúr páipéir** a tissue

cibé *pron* ❶ whatever ▷ *Déan cibé rud is gá.* Do whatever is necessary. ▷ *cibé a tharlóidh* whatever happens ❷ whoever ▷ *Cuir ceist ar cibé duine is mian leat.* Ask whoever you like.; **cibé ar bith** anyhow

cic (*pl* **ciceanna**) *f2* kick ▷ *cic shaor* a free kick

ciceáil *vb* [25] to kick

ciclipéid *f2* encyclopedia

cigire *m4* inspector

cileagram *m1* kilogramme; **30 pingin an cileagram** 30p a kilo; **cileagram plúir** a kilo of flour

cilí *m4* chilli

ciliméadar *m1* kilometre ▷ *10 gciliméadar san uair* 10 kilometres an hour

cill (*pl* **cealla**, *gen pl* **ceall**) *f2* cell; **cill fola** a blood cell

Cill Chainnigh *f* Kilkenny

Cill Dara *f* Kildare

cillín *m4* (in prison) cell

Cill Mhantáin *f* Wicklow ▷ *Bhí mé ar saoire i gCill Mhantáin an samhradh seo caite.* I was on holiday in Wicklow last summer.

cime *m4* prisoner

Cincís *f2* an Chincís Pentecost; **Domhnach Cincíse** Whit Sunday

cine (*pl* **ciníocha**) *m4* race ▷ *an cine daonna* the human race

cineál (*pl* **cineálacha**) *m1* kind ▷ *Tá carr den chineál sin iontach daor.* That kind of car is very expensive.

▶ *adv* rather ▷ *Tá mo thuismitheoirí cineál seanaimseartha.* My parents are rather old-fashioned.

cineálta *adj* kind ▷ *duine cineálta* a kind person; **go cineálta** kindly ▷ *'Ná bí buartha,' ar sise go cineálta.* 'Don't worry,' she said kindly.

cineáltas *m1* kindness

ciníoch (*gen sing m* **ciníoch**) *adj* racial ▷ *idirdhealú ciníoch* racial discrimination

ciníochas *m1* racism

cinn *vb* [15] to overcome ▷ *Cinneann foighne ar gach ní.* Patience overcomes all obstacles.; **cinn ar** to decide to ▷ *Chinn Seán ar dhul go Meiriceá.* John decided to go to America.

cinneadh *m1* decision ▷ *Ba é sin cinneadh an choiste.* That was the decision of the committee.;

Ní fúmsa atá sé cinneadh a dhéanamh. It's not for me to decide.

cinniúint (gen sing **cinniúna**) f3 destiny ▷ Níl a fhios agam cad é atá sa chinniúint agam. I don't know where my destiny lies.; **Chuir sé cor i mo chinniúint.** It changed my life.

cinnte adj sure ▷ Tá mé cinnte dearfa gurb eisean a bhí ann. I'm absolutely sure it was him.; **déanamh cinnte** to make sure ▷ Déan cinnte go mbeidh sé anseo. Make sure that he will be here.; **Níl a fhios agam go cinnte.** I don't know for certain.; **Cinnte!** Certainly!

cíoch f2 breast; **an chíoch a thabhairt do leanbh** to breastfeed a child

cíochbheart m1 bra

cíocras m1 craving ▷ Tá cíocras milseán air. He has a craving for sweets.; **Tá cíocras orm.** I'm absolutely starving.

cion (gen sing **ceana**) m3 love; **ainm ceana** a pet name; **cion a bheith agat ar dhuine** to be fond of somebody ▷ Tá cion ag Máire ar Liam. Mary is fond of Liam.

▶ m4 ❶ share ▷ Déanaim mo chion den obair. I do my share of the work. ❷ offence ▷ Is cion coiriúil é. It's a criminal offence.

ciontach adj guilty ▷ Fuarthas ciontach í. She was found guilty.

ciontaí n Eisean is ciontaí. He's to blame.

ciontaigh vb [12] to convict ▷ Ciontaíodh sa dúnmharú é. He was convicted of the murder.

ciontóir m3 offender

cíor f2 comb; **cíor mheala** a honeycomb; **Tá an seomra ina chíor thuathail acu.** They have the room turned upside down.

▶ vb [14] to comb ▷ Chíor mé mo chuid gruaige ar maidin. I combed my hair this morning.; **do chuimhne a chíoradh** to rack one's brains

ciorcad m1 circuit

ciorcal m1 circle; **ciorcal lochtach** a vicious circle

ciorclach adj circular

ciorclán m1 (letter) circular

cíos (pl **cíosanna**) m3 rental; **carr a fháil ar cíos** to hire a car ▷ Gheobhaidh muid carr ar cíos sa Fhrainc. We will hire a car in France.; **teach a ligean ar cíos** to let a house ▷ Lig muid an teach againn ar cíos. We let our house.

ciotach adj ❶ left-handed ▷ Tá Seán ciotach. John is left-handed. ❷ awkward ▷ ceist chiotach an awkward question

cipín m4 match ▷ bosca cipíní a box of matches; **ar cipíní** in suspense ▷ Bhí muid ar cipíní go deireadh an chluiche. We were in suspense till the end of the game.; **cipíní itheacháin** chopsticks

círéib (pl **círéibeacha**) f2 riot

ciseán m1 basket

a
b
c
d
e
f
g
h
i
j
k
l
m
n
o
p
q
r
s
t
u
v
w
x
y
z

cispheil f2 basketball

ciste m4 fund ▷ *ciste pinsean* a pension fund

císte m4 cake ▷ *císte seacláide* a chocolate cake

cistin (*pl* **cistineacha**) f2 kitchen ▷ *cistin fheistithe* a fitted kitchen

citeal m1 kettle ▷ *Cuir síos an citeal anois.* Put on the kettle now.

cith (*gen sing* **ceatha**, *pl* **ceathanna**) m3 (*of rain*) shower ▷ *ceathanna minice* frequent showers

cithfholcadán m1 (*in bathroom*) shower

cithfholcadh (*gen sing* **cithfholctha**, *pl* **cithfholcthaí**) m shower; **cithfholcadh a bheith agat** to have a shower ▷ *Beidh cithfholcadh agam.* I'm going to have a shower.

citseap m1 ketchup

citreas m1 citrus ▷ *toradh citris* citrus fruit

ciú (*pl* **ciúnna**) m4 queue

ciúb (*pl* **ciúbanna**) m1 cube ▷ *ciúb oighir* an ice cube ▷ *ciúb stoic* a stock cube

ciúbach adj cubic ▷ *méadar ciúbach* a cubic metre

ciúin adj quiet ▷ *Tá tú iontach ciúin inniu.* You're very quiet today.

ciúnadóir m3 (*on car*) silencer

ciúnaigh vb [**12**] to calm down; **Chiúnaigh an ghaoth.** The wind died down.

ciúnas m1 silence ▷ *'Ciúnas, le bhur dtoil.'* 'Silence, please.'

clábar m1 mud

cladach m1 seashore ▷ *ar an gcladach* on the seashore

cladhaire m4 coward ▷ *Is cladhaire é.* He's a coward.

claí (*pl* **claíocha**) m4 ❶ wall ▷ *claí cloch* a stone wall ❷ fence ▷ *Chaith Pól an liathróid thar an gclaí.* Paul threw the football over the fence.

claibín m4 (*of bottle*) top

claíomh (*pl* **claimhte**) m1 sword

cláirnéid f2 clarinet ▷ *Seinnim ar an gcláirnéid.* I play the clarinet.

cláirseach f2 harp ▷ *Seinnim ar an gcláirseach.* I play the harp.

clamhsán m1 complaint; **Bíonn sé i gcónaí ag clamhsán.** He's always complaining.

clann f2 ❶ children ▷ *An bhfuil clann ar bith agat?* Have you any children? ❷ family ▷ *triúr clainne* three of a family; **Tá sí ag iompar clainne.** She's pregnant.

claon (*pl* **claonta**) m1 ❶ slope ▷ *claon an chnoic* the slope of the hill ❷ tendency ▷ *claonta an duine* human tendencies
　▶ vb [**23**] **do cheann a chlaonadh** to bow one's head ▷ *Chlaon sé a cheann.* He bowed his head.

claonadh (*gen sing* **claonta**) m inclination; **claonadh a bheith agat le rud a dhéanamh** to be inclined to do something ▷ *Tá claonadh ann teacht mall.* He's inclined to arrive late.

claonta adj biased ▷ *duine claonta* a biased person

Clár m1 **an Clár** Clare

clár m1 ❶ board ▷ *Chóipeáil sí na ceisteanna ón gclár.* She copied the questions from the board. ❷ (*of pot, container*) lid; **clár ábhair** a table of contents; **clár ama** a timetable ▷ *clár ama suas chun dáta* an up-to-date timetable; **clár fógraí** a notice board; **clár oibre** an agenda ▷ *clár oibre chruinniú an lae inniu* the agenda for today's meeting; **clár scátála** a skateboard; **clár teilifíse** a TV programme; **clár toinne** a surfboard

cláraigh vb [**12**] ❶ to register ▷ *Chláraigh mé leis an leabharlann inniu.* I registered with the library today. ❷ to enrol ▷ *Chláraigh na páistí leis an scoil inné.* The children enrolled with the school yesterday.

cláraithe adj (*letter, parcel*) registered ▷ *litir chláraithe* a registered letter

clárlann f2 registry office

clasaiceach adj classical ▷ *ceol clasaiceach* classical music

clé f4 left; **ar clé** left ▷ *Tiontaigh ar clé ag na soilse tráchta.* Turn left at the traffic lights.; **'Ná castar ar clé'** 'No left turn'

▶ adj, adv left ▷ *lámh chlé* left hand ▷ *cos chlé* left foot; **ar thaobh na láimhe clé** on the left ▷ *Ná déan dearmad tiomáint ar thaobh na láimhe clé.* Remember to drive on the left.

cleacht vb [**23,** va cleachta]

to practise ▷ *Beidh muid ag cleachtadh iomána inniu.* We will be practising hurling today.

cleachta adj **bheith cleachta le** to be used to ▷ *Ní raibh sé cleachta le bheith ag tiomáint ar thaobh na láimhe deise.* He wasn't used to driving on the right. ▷ *Ná bí buartha, tá mé cleachta leis.* Don't worry, I'm used to it.

cleachtadh (*pl* **cleachtaí**) m1 ❶ practice ▷ *as cleachtadh* out of practice ❷ rehearsal ▷ *cleachtadh deiridh* a dress rehearsal

cleas (*pl* **cleasa**) m1 trick ▷ *Níl sé furasta; tá cleas air.* It's not easy; there's a trick to it.; **cleas a imirt ar duine** to play a trick on somebody ▷ *D'imir sé cleas orm.* He played a trick on me.

cleasach adj tricky ▷ *imreoir cleasach* a tricky player; **Is cleasach an peata an saol.** There are many surprising turns in life.

cleasghleacaí m4 acrobat ▷ *Is cleasghleacaí é.* He's an acrobat.

cleathóg f2 (*snooker*) cue

cléireach m1 ❶ clerk ▷ *cléireach siopa* a sales clerk ❷ altar boy

cleite m4 feather

cleiteán m1 (*for painting*) brush

cliabh (*gen sing, pl* **cléibh**) m1 chest; **cara cléibh** a bosom buddy

cliabhán m1 cradle; **cliabhán iompair** a carrycot

cliabhrach m1 chest

cliamhain (*pl* **cliamhaineacha**) m4 son-in-law

a
b
c
d
e
f
g
h
i
j
k
l
m
n
o
p
q
r
s
t
u
v
w
x
y
z

cliant m1 client

cliath (gen sing **cléithe**) f2 (sport) hurdle

cliathánaí m4 (sport) winger

clibirt f2 (rugby) scrum

cliceáil vb [25] to click ▷ Cliceáil faoi dhó air. Double-click on it.

cling (pl **clingeacha**) f2 ❶ (noise) ping ❷ ring ▷ Mhúscail cling chlog an dorais mé. I was woken by a ring at the door.

clingthon m1 (on mobile phone) ringtone

clinic m4 clinic ▷ clinic réamhbhreithe an antenatal clinic

clis vb [15] to fail ▷ Chlis uirthi sa scrúdú. She failed the exam.; **Chlis an carr.** The car broke down.

cliseadh (gen sing **cliste**) m breakdown ▷ cliseadh néarógach a nervous breakdown; **cliseadh a bhaint as duine** to startle someone ▷ Bhain an cat cliseadh asam. The cat startled me.

cliste adj ❶ clever ▷ Níl sí chomh cliste lena deartháir. She's not so clever as her brother. ▷ Nach cliste an smaoineamh é! What a clever idea! ❷ intelligent ▷ Tá sí iontach cliste. She's very intelligent.

cló (pl **clónna**) m4 (letters) print ▷ i gcló beag in small print; **i gcló trom** in bold; **cló iodálach** italics; **as cló** out of print ▷ Tá an leabhar sin as cló. That book is out of print.

clóca m4 cloak

cloch f2 stone ▷ cloch chora a stepping stone ▷ Tá mé ocht gcloch

meáchain. I weigh eight stone.; **clocha sneachta** hailstones

clochán m1 causeway ▷ Tarraingíonn Clochán an Aifir cuid mhór turasóirí. The Giant's Causeway attracts lots of tourists.

clochar m1 convent

clódóir m3 printer

clódóireacht f3 printing

clog m1 ❶ clock ▷ clog na heaglaise the church clock ▷ clog rabhaidh an alarm clock ▷ Tá an clog sin luath. That clock's fast.; **clog gréine** a sundial; **7 a chlog ar maidin** 7 o'clock in the morning ❷ bell ▷ Bhuail mé an clog trí huaire. I rang the bell three times.

clogad m1 helmet ▷ clogad cosanta a crash helmet

cloicheán m1 prawn ▷ manglam cloicheán prawn cocktail; **cloicheáin fhriochta** scampi

cloigeann (pl **cloigne**) m1 head ▷ Fuair mé buille sa chloigeann. I got a bang on the head.

cloígh vb [18] to defeat ▷ Chloígh siad an namhaid. They defeated the enemy.

cloigín m4 bell; **cloigín dorais** a doorbell ▷ Buaileadh cloigín an dorais. The doorbell rang.

clois vb [26] to hear ▷ Ní chloisim thú. I can't hear you.

cloíte adj exhausted ▷ Bhí mé cloíte tar éis an chluiche. I was exhausted after the game.

clós m1 yard ▷ clós na scoile school yard

clóscríobh vb [23, vn clóscríobh,

VA clóscríofa] to type

clóscríobhaí m4 typist

cluas f2 **①** ear ▷ *Tá cluasa pollta agam.* I've got pierced ears. **②** (of cup) handle

cluasáin mph headphones

club (pl **clubanna**) m4 club ▷ *An bhfuil tú i do bhall de chlub ar bith?* Do you belong to any clubs? ▷ *Tá mé chun clárú sa chlub sciála.* I'm going to join the ski club.; **club oíche** a night club; **club óige** a youth club

clúdach m1 cover; **clúdach litreach** an envelope; **leabhar faoi chlúdach páipéir** a paperback

clúdaigh vb [**12,** VN clúdach] to cover ▷ *Tá sé clúdaithe le goiríní.* He's covered in spots. ▷ *Níor chlúdaigh ár n-árachas é.* Our insurance didn't cover it.

cluiche m4 **①** game ▷ *cluiche peile* a game of football ▷ *cluiche cártaí* a game of cards **②** match ▷ *Cuireadh an cluiche ar ceal.* The match was called off.; **cluiche ceannais** a final ▷ *cluiche ceannais na hÉireann* the All-Ireland Final; **cluiche leathcheannais** a semifinal; **na Cluichí Oilimpeacha** the Olympic Games

clúidín m4 nappy

cluin vb [**26**] to hear ▷ *Níor chuala mé é.* I didn't hear him.

clúiteach adj famous ▷ *Tá Máire iontach clúiteach.* Mary is very famous.

cnag m1 (sound) knock

▶ vb [**14**] to knock ▷ *Chnag Liam ar an doras.* Liam knocked at the door.

cnaipe m4 button

cnámh f2 bone ▷ *Bhris mé cnámh an smiolgadáin.* I broke my collarbone.; **lomchnámh na fírinne** the plain truth

cnámharlach m1 skeleton

cnap (pl **cnapanna**) m1 heap ▷ *Tá cnap airgid ag Seán.* John has a heap of money.; **Thit sé ina chnap codlata.** He fell fast asleep.

cneas (pl **cneasa**) m1 skin

cneasaigh vb [**12**] to heal ▷ *Cneasaíodh an chneá gan mhoill.* The wound soon healed.

cniotáil vb [**25**] to knit ▷ *Chniotáil mo mháthair geansaí deas dom.* My mother knitted me a lovely jumper.

▶ f3 knitting ▷ *Is maith liom bheith ag cniotáil.* I like knitting.

cnó (pl **cnónna**) m4 nut; **cnó capaill** a horse chestnut; **cnó cócó** a coconut

cnoc m1 hill ▷ *Shiúil sí suas an cnoc.* She walked up the hill.; **cnoc oighir** an iceberg; **Is glas na cnoic i bhfad uainn.** Distance lends enchantment.

cnocadóireacht f3 hillwalking

cnuasaigh vb [**12,** VN cnuasach] to collect ▷ *Cnuasaíonn sé leabhair ealaíne.* He collects art books.

Cóc m4 Coke®

cóc m1 coke

cócaire m4 cook ▷ *Is cócaire iontach é Tomás.* Thomas is an amazing cook.

cócaireacht f3 cooking ▷ *Molann gach duine a cuid cócaireachta.* Everyone praises her cooking.; **an chócaireacht a dhéanamh** to do the cooking

cócaireán m1 cooker ▷ *cócaireán gáis* a gas cooker

cócaon m1 cocaine

cochall m1 hood

cochán m1 straw

cócó m4 cocoa ▷ *cupán cócó* a cup of cocoa

cód m1 code; **cód diailithe** a dialling code; **cód poist** a postcode

codail vb [**19**, VN codladh] to sleep ▷ *Chodail mé go sámh áréir.* I slept soundly last night.

codladh (*gen sing* **codlata**) m3 sleep ▷ *codladh sámh* a sound sleep; **bheith i do chodladh** to be asleep ▷ *Tá Máire ina codladh go fóill.* Mary is still asleep.; **Tá sé ina chnap codlata.** He's fast asleep.; **dul a chodladh** to go to sleep ▷ *Chuaigh an leanbh a chodladh ar a sé.* The child went to sleep at 6.00.; **codladh a bheith ort** to be sleepy ▷ *Bhí codladh orm.* I was sleepy.; **codladh gliúragáin** pins and needles; **codladh thar oíche** a sleepover

cófra m4 cupboard ▷ *Cuir an t-arán sa chófra.* Put the bread in the cupboard.

cogadh (*pl* **cogaí**) m1 war ▷ *cogadh cathartha* a civil war; **Cogaí na Croise** the Crusades

cogain vb [**19**] to chew ▷ *Cogain do*

bhia go maith. Chew your food well

cógaiseoir m3 pharmacist

cogar m1 whisper

cógas m1 medicine

cógaslann f2 pharmacy

coicís f2 fortnight ▷ *Chonaic mé Liam coicís ó shin.* I saw Liam a fortnight ago.

coigil vb [**21**] to save up ▷ *Tá mé ag coigilt airgid le haghaidh rothar nua.* I'm saving up for a new bike.

coileach m1 (*male bird*) cock; **coileach gaoithe** a weathercock

coiléan m1 pup; **Is é an rud atá sa chú atá sa choileán.** Like father like son.

coiléar m1 collar

cóilis f2 cauliflower

coill (*pl* **coillte**) f2 wood ▷ *Chuardaigh siad an choill faoina coinne.* They searched the wood for her.

coim f2 waist ▷ *mo thoise coime* my waist measurement; **faoi choim na hoíche** under cover of darkness

coimeád vb [**23**, VN coimeád] to keep ▷ *Coimeád an leabhar go dtí amárach.* Keep the book till tomorrow.; **do ghealltanas a choimeád** to keep one's promise

cóiméad m1 comet

coimeádaí m4 keeper

coimeádán m1 container

coiméide f4 comedy

coimhéad vb [**23**, VN coimhéad] (*TV, film*) to watch ▷ *Choimhéad muid an scannán aréir.* We watched the film last night.

coimhthíoch m1 foreigner
▶ adj ❶ foreign ▷ tír choimhthíoch
a foreign country ❷ strange ▷ Tá
cuma choimhthíoch ar an duine sin.
That person looks strange.

coincleach f2 mould; **Tá
coincleach ar an arán.** The bread
is mouldy.

cóineartú m (religious)
confirmation

coinfití m4 confetti

coinín m4 rabbit ▷ Chuaigh an
coinín síos an poll. The rabbit went
down the hole.

coinne f4 ❶ appointment ▷ Tá
coinne agam leis an dochtúir inniu.
I've got an appointment with the
doctor today. ❷ date ▷ Tá coinne
le Seán aici anocht. She's got a date
with John tonight.; **faoi choinne**
for ▷ Tá litir anseo faoi do choinne.
There's a letter here for you.;
i gcoinne against ▷ i gcoinne an
bhalla against the wall

coinneal (gen sing, pl **coinnle**) f2
candle ▷ solas coinnle candlelight;
coinnle corra bluebells

coinnigh vb [**11**, vn coinneáil]
❶ to keep ▷ Choinnigh sí an madra
sa ghairdín. She kept the dog in
the garden. ▷ Coinním dialann.
I keep a diary. ❷ to hold onto
▷ Coinnigh greim ar an téad. Hold
onto the rope.; **súil a choinneáil
ar** to watch ▷ Caithfidh mé súil a
choinneáil ar mo chruth. I have to
watch my figure.

coinníoll (pl **coinníollacha**) m1

condition ▷ Déanfaidh mé é, ar
choinníoll amháin. I'll do it, on one
condition.

coinnleoir m3 candlestick;
coinnleoir craobhach a
chandelier

cóip (pl **cóipeanna**) f2 copy ▷ cóip
chrua hard copy

cóipleabhar m1 (exercise book)
jotter

coir (pl **coireanna**) f2 crime
▷ láthair na coire the scene of the
crime ▷ Rinne sé coir. He committed
a crime.

cóir (gen sing m **cóir**, gen sing f, pl,
compar **córa**) adj fair ▷ praghas cóir
a fair price; **mar is cóir** properly
▷ Déan mar is cóir é. Do it properly.

cóirigh vb [**11**] to fix ▷ Chóirigh
mé an carr aréir. I fixed the car last
night.; **leaba a chóiriú** to make a
bed ▷ Cóirím an leaba gach maidin. I
make the bed every morning.

coirm (pl **coirmeacha**) f2 party;
coirm cheoil a concert ▷ Beidh
coirm cheoil sa halla anocht. There's
a concert in the hall tonight.

coirnéad m1 cornet ▷ Seinneann
sé ar an gcoirnéad. He plays the
cornet.

coirnéal m1 corner ▷ i gcoirnéal an
tseomra in the corner of the room
▷ Tá sí ina cónaí go díreach thart an
coirnéal. She lives just round the
corner.

coirpeach m1 criminal

coiscéim (pl **coiscéimeanna**) f2
footstep

coisí m4 pedestrian

cóisir f2 party ▷ Beidh cóisir bhreithlae agam. I'm going to have a birthday party.

coisric vb [**17,** VN coisreacan] to bless ▷ Coisric thú féin. Bless yourself.

coisricthe adj holy ▷ uisce coisricthe holy water

coiste m4 committee

cóiste m4 coach ▷ Chuamar ann ar an gcóiste. We went there by coach.

coitianta adj common ▷ Sloinne iontach coitianta is ea 'Mac Gabhann'. 'Smith' is a very common surname.

coitinne f4 **i gcoitinne** in general

col (pl **colanna**) m1 **col ceathrair** a cousin

coláiste m4 college ▷ coláiste teicneolaíochta a technical college

colbha m4 side; **Shuigh sí ag colbha na leapa.** She sat by the bed.

colscaradh (gen sing **colscartha**, pl **colscarthaí**) m divorce

colún m1 ❶ pillar ❷ (in newspaper) column ▷ colún pearsanta personal column

colúr m1 pigeon ▷ colúr frithinge a homing pigeon

comaoineach f4 communion ▷ mo Chéad Chomaoineach my First Communion

comhad m1 file ▷ Cuir an páipéar sin sa chomhad. Put that paper in the file.; **comhad a íoslódáil** to download a file; **comhad cúltaca** a backup file

comhadchaibinéad m1 filing cabinet

comhair os comhair (**1**) opposite ▷ Shuigh sé os a comhair. He sat down opposite her.; (**2**) in front of ▷ os comhair an tí in front of the house; **i gcomhair an lóin** for lunch ▷ Rachaidh muid amach i gcomhair an lóin. We'll go out for lunch.

comhairle f4 advice ▷ píosa comhairle a piece of advice ▷ Chuir sé comhairle mhaith orm. He gave me good advice.

comhaois f2 **Tá mé ar comhaois leis.** I'm the same age as him.

comhaontas m1 alliance; **An Comhaontas Glas** the Green Party

comhaontú m agreement ▷ an Comhaontú Angla-Éireannach the Anglo-Irish agreement

comharsa (gen sing, pl **comharsan**, pl **comharsana**) f neighbour ▷ Tá na comharsana againn an-deas. Our neighbours are very nice.; **comharsa bhéal dorais** next-door neighbour

comhartha m4 sign ▷ comhartha bóthair a road sign

comhdháil f3 conference

comhéadan m1 (computer) interface

comhfhreagraí m4 correspondent ▷ ár gcomhfhreagraí eachtrach our foreign correspondent

comhfhreagras m1

correspondence; **cúrsa comhfhreagrais** a correspondence course

comhghairdeas *m1* congratulations ▷ *Comhghairdeas ar do phost nua!* Congratulations on your new job!; **comhghairdeas a dhéanamh le duine faoi rud** to congratulate somebody on something ▷ *Rinne m'aintín comhghairdeas liom faoi mo chuid torthaí.* My aunt congratulated me on my results.

comhghuaillí *m4* ally; **na Comhghuaillithe** the Allies

comhlacht *m3* company ▷ *Tá comhlacht mór á reáchtáil aige.* He runs a large company.

comhlánaigh *vb* [12] to complete ▷ *Comhlánaigh an fhoirm seo, le do thoil.* Complete this form, please.

comhoibrigh *vb* [11] to cooperate ▷ *Tá na daltaí ag comhoibriú le chéile.* The pupils are cooperating with each other.

comhoibriú *m* cooperation

comhphobal *m1* community; **An Comhphobal Eorpach** the European Community

comhrá (*pl* **comhráite**) *m4* conversation ▷ *Bhí comhrá fada agam le Máire.* I had a long conversation with Mary.; **rang comhrá** a conversation class; **Is maith leo bheith ag comhrá ar líne.** They like to chat online.

comhscór *m1* draw ▷ *Chríochnaigh an cluiche ar comhscór.* The game

ended in a draw.

comónta *adj* common

comóradh *m1* celebration ▷ *Bhí comóradh mór ann nuair a tháinig an fhoireann abhaile.* There was a great celebration when the team came home.

comórtas *m1* competition ▷ *Beidh comórtas peile ann amárach.* There will be a football competition tomorrow.; **comórtas singil na mban** the women's singles

comparáid *f2* comparison ▷ *Tá Gaillimh beag i gcomparáid le Baile Átha Cliath.* Galway is small in comparison to Dublin.

compás *m1* compass

compordach *adj* comfortable ▷ *Tá mé iontach compordach, go raibh maith agat.* I'm very comfortable, thanks.

cón *m1* cone ▷ *cón uachtair reoite* an ice-cream cone

cónaí (*gen sing, pl* **cónaithe**) *m* residence; **scoil chónaithe** a boarding school; **ceantar cónaithe** a residential area; **i gcónaí** always ▷ *Bíonn sé i gcónaí toilteanach cuidiú a thabhairt.* He's always ready to help.

cónaigh *vb* [12, VN cónaí] to live ▷ *Cónaíonn siad sa Fhrainc.* They live in France.

conáil *vb* [25] to freeze ▷ *Chonálfadh sé na corra.* It's freezing cold.

conáilte *adj* freezing; **bheith conáilte** to be frozen stiff ▷ *Tá mé*

a
b
c
d
e
f
g
h
i
j
k
l
m
n
o
p
q
r
s
t
u
v
w
x
y
z

conáilte. I am frozen stiff.

conas adv <u>how</u> ▷ *Conas tá tú?* How are you? ▷ *Conas a d'éirigh leat?* How did you manage?

confach adj ❶ <u>angry</u> ▷ *Tá an múinteoir iontach confach inniu.* The teacher's very angry today. ❷ <u>vicious</u> ▷ *Tá an madra sin iontach confach.* That dog's very vicious.

cóngarach adj <u>near</u> ▷ *Tá na siopaí cóngarach don teach.* The shops are near the house.

Connachta (*gen pl* **Connacht**) *mpl* **Cúige Chonnacht** Connacht

cónra f4 <u>coffin</u>

conradh (*gen sing* **conartha**, *pl* **conarthaí**) *m* ❶ <u>contract</u> ▷ *Tá conradh bliana ag an imreoir leis an chlub.* The player has a year's contract with the club. ❷ <u>bargain</u> ▷ *Fuair tú conradh maith.* You got a good bargain.; **Conradh na Gaeilge** the Gaelic League

consól *m1* (*games, computer*) <u>console</u>

conspóideach adj <u>controversial</u> ▷ *leabhar conspóideach* a controversial book

constábla *m4* <u>constable</u>

constaic f2 <u>obstacle</u>; **constaicí a chur i mbealach duine** to put obstacles in someone's way; **Tá constaic bheag ann.** There's been a slight hitch.

contae (*pl* **contaetha**) *m4* <u>county</u>

contráilte adj <u>wrong</u> ▷ *Tá tú contráilte ansin.* You're wrong about that.; **an taobh contráilte** the wrong side ▷ *Bhí sé ag tiomáint ar an taobh contráilte den bhóthar.* He was driving on the wrong side of the road.

contúirt f2 <u>danger</u> ▷ *Tá contúirt dóiteáin ann.* There is a danger of fire.; **i gcontúirt** in danger ▷ *Bhí sé i gcontúirt a bháite.* He was in danger of drowning.; **slán ó chontúirt** out of harm's way

contúirteach adj <u>dangerous</u> ▷ *Tá an bóthar sin contúirteach.* That road is dangerous.

cor (*pl* **cora**) *m1* (*dance, music*) <u>reel</u>; **ar aon chor** anyway; **ar chor ar bith** at all ▷ *Níl caill ar sin ar chor ar bith.* That's not bad at all.

cór *m1* <u>choir</u> ▷ *Canaim i gcór na scoile.* I sing in the school choir.

coradh (*gen sing* **cortha**, *pl* **corthaí**) *m* <u>bend</u> ▷ *coradh sa bhothar* a bend in the road

coraí *m4* <u>wrestler</u>

coraíocht f3 <u>wrestling</u>

córas *m1* <u>system</u> ▷ *córas cliste* a clever system

corc *m1* <u>cork</u>

Corcaigh (*gen* **Chorcaí**) f2 <u>Cork</u>

corcra adj, *m4* <u>purple</u>

corcscriú *m4* <u>corkscrew</u>

corn vb [**14**] <u>to roll up</u> ▷ *Chorn mé suas mo mhuinchillí.* I rolled up my sleeves.
▶ *m1* ❶ <u>horn</u> ▷ *Seinnim ar an gcorn francach.* I play the French horn. ❷ (*sport*) <u>cup</u> ▷ *Bhain muid an corn.* We won the cup.; **Corn an Domhain** the World Cup

coróin (*gen sing* **corónach**, *pl* **corónacha**) *f* crown; **Coróin Mhuire** rosary beads

corp *m1* ❶ body ▷ *corp an duine* the human body; **corp agus anam** body and soul ❷ (*dead body*) corpse

corpán *m1* (*dead body*) corpse

corpoideachas *m1* physical education

corr (*gen sing m* **corr**) *adj* odd ▷ *uimhir chorr* an odd number; **an ceann corr** the odd one out

corrach *adj* unsteady ▷ *Bhí sé corrach ar a chosa.* He was unsteady on his feet.

corradh *m* **corradh le** more than ▷ *corradh le seachtain ó shin* more than a week ago

corraigh *vb* [**12**, VN corraí] to move ▷ *Ná corraigh.* Don't move.

corraithe *adj* excited ▷ *Bhí na páistí iontach corraithe.* The children were very excited.

corrmhéar *f2* index finger

corróg *f2* hip

corruair *adv* occasionally ▷ *Feicim Seán corruair.* I see John occasionally.

cos (*dat sing* **cois**) *f2* ❶ leg ▷ *Bhris mé mo chos.* I broke my leg.; **cos sicín** a chicken leg ❷ foot ▷ *Tá mo chos dheas nimhneach.* My right foot is sore. ❸ (*of knife*) handle; **cois** along ▷ *Shiúil muid cois na farraige.* We walked along the shore.; **Cad é atá ar cois?** What's up?

cosain *vb* [**19**] ❶ to defend

▷ *Chosain sé í.* He defended her. ❷ to cost ▷ *Chosain an leabhar 10 euro.* The book cost 10 euros.

cosán *m1* path ▷ *Siúil ar an gcosán.* Walk on the path.

cosantóir *m3* (*sport*) defender

cosc *m1 ban*; **Tá cosc iomlán ar an tobac.** Smoking is strictly forbidden.

coscairt (*gen sing* **coscartha**) *f3* thaw; **Tháinig an choscairt.** It thawed.

coscán *m1* brake ▷ *coscán láimhe* a handbrake

coslia (*pl* **coslianna**) *m4* chiropodist ▷ *Is coslia é.* He's a chiropodist.

cósta *m4* coast ▷ *Tá sé ar chósta thiar na hÉireann.* It's on the west coast of Ireland.

costas *m1* ❶ cost ▷ *Déan iarracht costas óstáin a fhiosrú.* Try to find out the cost of a hotel. ❷ expense ▷ *ar mo chostas féin* at my own expense

costasach *adj* expensive ▷ *Tá na héadaí sin iontach costasach.* Those clothes are very expensive.

cóstóir *m3* **cóstóir roithleáin** a roller coaster

cosúil *adj* ❶ like ▷ *tíortha teo cosúil leis an India* hot countries like India ❷ alike ▷ *Tá an bheirt bhan cosúil le chéile.* The two women look alike.

cosúlacht *f3* appearance

cóta *m4* coat ▷ *cóta te* a warm coat ▷ *cóta báistí* a raincoat

cothrom *adj* ❶ level ▷ *Caithfidh*

a
b
c
d
e
f
g
h
i
j
k
l
m
n
o
p
q
r
s
t
u
v
w
x
y
z

tábla snúcair a bheith cothrom ar fad.
A snooker table must be perfectly
level. ❷ flat ▷ *díon cothrom* a flat
roof ▷ *bróga cothroma* flat shoes
❸ fair ▷ *Níl sé sin cothrom.* That's
not fair.; **cothrom na Féinne** fair
play ▷ *Ní bhfuair muid cothrom na
Féinne.* We didn't get fair play.;
go cothrom fairly ▷ *Roinneadh
an cáca go cothrom.* The cake was
divided fairly.
▶ *m1* balance ▷ *Baineadh dá cothrom
í.* She lost her balance.
cothromaigh *vb* [**12**] (*in sport*)
to equalize ▷ *Chothromaigh muid
an scór sa nóiméad deiridh.* We
equalized in the final minute.
cothú *m* nourishment; **cothú
sláintiúil** a healthy diet; **cothú
cothrom** a balanced diet
cotúil *adj* shy ▷ *Tá an leanbh iontach
cotúil.* The child is very shy.
crá *m4* *crá croí* nuisance ▷ *Crá croí
atá ann!* It's a damn nuisance!
crág *f2* (*on car*) clutch; **crág airgid**
a handful of money
craic (*pl* **craiceanna**) *f2* (*fun*)
crack ▷ *Tá craic mhaith leis.* He's
good crack.
craiceann (*pl* **craicne**) *m1* skin
▷ *daoine le craiceann fionn* people
with fair skin ▷ *craiceann banana*
a banana skin; **craiceann istigh**
inside out; **an craiceann a bhaint
d'oráiste** to peel an orange
craicear *m1* (*biscuit*) cracker
cráigh *vb* [**24**] to annoy ▷ *Ná bí do
mo chrá.* Don't annoy me.

crampa *m4* cramp
crandaí *m4* hammock; **crandaí
bogadaí** a seesaw
crann *m1* ❶ tree ▷ *crann úll* an
apple tree ❷ (*radio, TV*) mast
❸ pole ▷ *crann brataí* a flagpole
crannchur *m1* lottery; **An
Crannchur Náisiúnta** the
National Lottery
craobh (*pl* **craobhacha**, *gen pl*
craobh) *f2* ❶ (*of tree*) branch ❷ (*in
sport*) championship ▷ *craobh an
chontae* the county championship
▷ *Craobh na hÉireann* the All-Ireland
championship
craol *vb* [**23**] to broadcast
▷ *Craoladh an t-agallamh inné.*
The interview was broadcast
yesterday.
craoladh (*gen sing* **craolta**, *pl*
craoltaí) *m* broadcast
cráta *m4* crate
cré *f4* soil
créafóg *f2* clay
creagach *adj* rocky
creatlach *f2* skeleton
créatúr *m1* creature; **An créatúr!**
Poor thing!
creid *vb* [**15**, VN creidiúint] to
believe ▷ *Ní chreidim thú.* I don't
believe you. ▷ *Creidim i nDia.* I
believe in God.
creideamh *m1* ❶ faith ▷ *an
creideamh Caitliceach* the Catholic
faith ❷ religion ▷ *Cén creideamh
lena mbaineann tú?* What religion
are you?
creidmheas *m3* credit ▷ *Níl aon*

chreidmheas fágtha agam ar mo ghuthán. I've got no credit left on my phone.

créip f2 (pancake) crepe

cré-umha m4 bronze ▷ bonn créumha a bronze medal

crián m1 crayon

críoch (dat sing **crích**) f2 **❶** end ▷ Tá an cluiche ag teacht chun críche. The game is coming to an end. **❷** finish ▷ Chonaiceamar críoch Mharatón Bhaile Átha Cliath. We saw the finish of the Dublin Marathon.; **mar chríoch** in conclusion

críochfort m1 (at airport) terminal

críochnaigh vb [**12**] to finish ▷ Chríochnaigh sí a hobair bhaile. She's finished her homework. ▷ Chríochnaigh mé an leabhar. I've finished the book.

criogar m1 (insect) cricket

críonna adj **❶** prudent ▷ duine críonna a prudent person **❷** cunning ▷ chomh críonna le sionnach as cunning as a fox

crios (gen sing **creasa**, pl **criosanna**) m3 belt; **crios tarrthála** a seat belt; **crios leaisteach** an elastic band

Críost m4 Christ

Críostaí adj, m4 Christian

Críostaíocht f3 An Chríostaíocht Christianity

criostal m1 crystal

crith (gen sing **creatha**, pl **creathanna**) m3 shiver; **Tá mé ar crith le fuacht.** I'm shivering with

cold.; **crith talún** an earthquake ▷ Rinne an crith talún damáiste mór. The earthquake caused extensive damage.

criticeoir m3 critic

criticiúil adj critical ▷ ráiteas criticiúil a critical remark

criú m4 crew

cró (pl **cróite**) m4 **❶** ring ▷ cró dornálaíochta a boxing ring **❷** eye ▷ cró snáthaide the eye of a needle; **cró coinín** a rabbit hutch

croch vb [**23**] to hang ▷ Croch do chasóg ar an gcrúca. Hang your jacket on the hook.; **Croch leat!** Get lost!

crochadán m1 hanger

cróga adj brave

crogall m1 crocodile

croí m4 **❶** heart ▷ Thit mo chroí. My heart sank.; **taom croí** a heart attack **❷** (of fruit) core ▷ croí úill an apple core; **a chroí** my dear

croíbhriste adj broken-hearted ▷ Bhí mé croíbhriste. I was broken-hearted.

croiméal m1 moustache

croith vb [**16**, VN croitheadh] **❶** to shake ▷ Chroith siad lámha le chéile They shook hands. **❷** to wag ▷ Chroith an madra a eireaball. The dog wagged its tail. **❸** to wave ▷ Chroith muid bratach na scoile ag an gcluiche. We waved the school flag at the match.

crom vb [**14**] **❶** to bow ▷ cheann a chromadh to bow one's head **❷** to lean over ▷ Ná crom amach thar an

a b c d e f g h i j k l m n o p q r s t u v w x y z

ráille! Don't lean over the rail!

cromán *m1* hip

cronaigh *vb* [**12**] to miss
▷ *Cronaím an chraic.* I miss the crack. ▷ *Cronaím go mór thú.* I miss you a lot.

cros *f2* cross ▷ *fíor na Croise* the sign of the cross; **cros chéasta** a crucifix; **an Chros Dhearg** the Red Cross
▶ *vb* [**23**] ❶ to forbid ▷ *Crosaim ort dul amach.* I forbid you to go out. ❷ to ban ▷ *Tá cros ar an leabhar sin.* That book is banned.; **Tá sin crosta.** That's not allowed.

crosbhealach *m1* crossroads

crosfhocal *m1* crossword ▷ *Is maith liom crosfhocail a dhéanamh.* I like doing crosswords.

crua *adj* ❶ hard ▷ *talamh crua* hard ground ▷ *drugaí crua* hard drugs ❷ difficult ▷ *ceist chrua* a difficult question

cruach *f4* steel ▷ *doras cruach* a steel door; **cruach dhosmálta** stainless steel

cruadhiosca *m4* (*of computer*) hard disk

cruálach *adj* cruel

crúb *f2* ❶ (*of bird*) claw ❷ (*of horse*) hoof

crúca *m4* hook ▷ *Croch do chasóg ar an gcrúca.* Hang your jacket on the hook.

cruicéad *m1* (*game*) cricket

cruinn *adj* ❶ round ▷ *tábla cruinn* a round table ❷ accurate ▷ *cur síos cruinn* an accurate description

cruinne *f4* universe

cruinniú *m* meeting ▷ *Tá sí ar chruinniú.* She's at a meeting. ▷ *cruinniú bliantúil* an annual meeting

crúiscín *m4* jug

cruit (*pl* **cruiteanna**) *f2* harp

cruithneacht *f3* wheat

cruógach *adj* busy ▷ *Bhí muid ag obair go cruógach inniu.* We were busy working today.

crústa *m4* crust

cruth (*pl* **cruthanna**) *m3* appearance; **Cuir cruth ort féin.** Tidy yourself up.

cruthaigh *vb* [**12**] ❶ to create ▷ *Chruthaigh Dia gach rud.* God created all things. ❷ to prove ▷ *Chruthaigh sé go raibh an ceart aige.* He proved that he was right.

cruthú *m* proof ▷ *Níl aon chruthú agam.* I've no proof.

cú (*pl* **cúnna**, *gen sing, pl* **con**) *m4* greyhound

cuach *f2* cuckoo

cuaille *m4* pole ▷ *cuaille sciála* a ski pole; **cuaille báire** a goalpost; **cuaille lampa** a lamppost

cuairt (*pl* **cuairteanna**) *f2* visit; **cuairt a thabhairt ar dhuine** to visit somebody ▷ *Is minic a thugaim cuairt ar mo sheanmháthair.* I often visit my grandmother.

cuairteoir *m3* visitor

cuan (*pl* **cuanta**) *m1* harbour; **Cuan Bhaile Átha Cliath** Dublin Bay

cuarán *m1* sandal ▷ *péire cuarán* a

pair of sandals

cuardaigh vb [**12**, VN cuardach] to search ▷ Chuardaigh mé an teach ó bhun go barr. I searched the house from top to bottom.

cúcamar m1 cucumber

cuibhreann m1 field

cuid (gen sing **coda**, pl **codanna**) f3 part ▷ an chéad chuid the first part; **cuid de** some of ▷ Beidh cuid den rang as láthair inniu. Some of the class will be absent today.; **cuid mhaith** a lot ▷ cuid mhaith airgid a lot of money ▷ Bíonn sé ag báisteach cuid mhaith anseo. It rains a lot here.; **Tá mo chuid gruaige fliuch.** My hair's wet.

cuideachta f4 company ▷ Is cuideachta an-mhór í. It is a very big company.; **cuideachta a choinneáil le duine** to keep somebody company ▷ Coinneoidh mé cuideachta leat. I'll keep you company.; **i gcuideachta a chéile** together

cuidigh vb [**11**] to help ▷ Chuidigh sí liom an t-airgead a chuntas. She helped me to count the money.

cuidiú (gen sing **cuidithe**) m help ▷ An bhfuil cuidiú ar bith de dhíth ort? Do you need any help?; **lámh chuidithe** a helping hand

cuidiúil adj helpful ▷ Bhí sé iontach cuidiúil. He was very helpful.

cúig m4 five

> **cúig** is usually followed by a singular noun.

▷ cúig charr five cars ▷ Dhíol mé ar chúig euro é. I sold it for five euros.; **Tá sé cúig bliana d'aois.** He's five.; **cúig ... déag** fifteen ▷ cúig dhuine dhéag fifteen people

cúige m4 province; **Cúige Chonnacht** Connacht; **Cúige Laighean** Leinster; **Cúige Mumhan** Munster; **Cúige Uladh** Ulster

cúigear m1 five people; **cúigear fear** five men; **cúigear ban** five women

cúigiú adj fifth ▷ an cúigiú bliain the fifth year; **an cúigiú lá de Lúnasa** the fifth of August

cuileann m1 holly

cuileog f2 (insect) fly

cuilt (pl **cuilteanna**) f2 quilt

cuimhne f4 memory; **cuimhní cinn** memoirs; **ar feadh mo chuimhne** as far as I remember; **rud a chur i gcuimhne do dhuine** to remind somebody of something ▷ Cuireann sé Albain i gcuimhne dom. It reminds me of Scotland.

cuimhnigh vb [**11**, VN cuimhneamh] to remember ▷ Cuimhnigh ar do phas! Remember your passport! ▷ Cuimhnigh d'ainm a scríobh ar an fhoirm. Remember to write your name on the form.

cuimil vb [**21**, VA cuimilte] ❶ to rub ▷ Ná cuimil do shúile! Don't rub your eyes! ❷ to wipe ▷ Cuimil do chosa! Wipe your feet!

cuimilteoir m3 wiper ▷ cuimilteoir gaothscátha a windscreen wiper

cuimsitheach adj

comprehensive ▷ *scoil chuimsitheach* a comprehensive school

cúinne *m4* corner

cuir *vb* [**14,** VN cur, VA curtha] ❶ to put ▷ *Cár chuir tú an peann?* Where did you put the pen? ❷ to bury ▷ *Cuireadh Seán inniu.* John was buried today. ❸ (*seed*) to plant ▷ *Chuir muid prátaí inné.* We planted potatoes yesterday. ❹ to send ▷ *Chuir mé litir chuig Máire.* I sent Mary a letter.; **ceist a chur** to ask a question ▷ *Cuir ceist ar an múinteoir.* Ask the teacher.; **Tá sé ag cur sneachta.** It's snowing.; **Tá sé ag cur fearthainne.** It's raining.

cuir amach *vb* ❶ (*drink*) to pour ▷ *Cuir amach deoch duit féin.* Pour a drink for yourself. ❷ (*vomit*) to be sick ▷ *Bhí sí ag cur amach.* She was sick.

cuir ar *vb* ❶ to put ▷ *Níor chuir mé siúcra ar an gcaife.* I didn't put any sugar in the coffee. ❷ to put on ▷ *Cuir ort do chóta.* Put your coat on. ❸ to turn on ▷ *Chuir sé air an raidió.* He turned on the radio.

cuir as *vb* ❶ to turn off ▷ *Chuir sí an solas as.* She turned off the light. ❷ to put out ▷ *Ghlac sé cúig huaire an chloig orthu an tine a chur as.* It took them five hours to put out the fire.; **Tá na scrúduithe ag cur as di.** She's worried about the exams.

cuir chuig *vb* to send to ▷ *Chuir mé téacs chuig mo chara.* I sent my friend a text.

cuir faoi *vb* to put under ▷ *Cuir an stól faoin mbord.* Put the stool under the table.

cuir i *vb* to put in ▷ *Chuir sé a lámh ina phóca.* He put his hand in his pocket.

cuir isteach *vb* ❶ to put in ▷ *Cuir an leabhar isteach i do mhála.* Put the book in your bag. ❷ to insert ▷ *Cuir isteach an diosca.* Insert the disk. ❸ (*person*) to annoy ▷ *Tá sé ag cur isteach go mór orm.* He's really annoying me. ❹ to apply ▷ *Chuir mé isteach ar an bpost.* I applied for the post.

cuir siar *vb* to postpone ▷ *Cuireadh an cluiche siar.* The game was postponed.

cuir síos *vb* to put down ▷ *Cuir síos do pheann, le do thoil.* Put down your pen, please.; **cuir síos ar** to describe ▷ *An féidir leat cur síos a dhéanamh air dom?* Can you describe him for me?; **an citeal a chur síos** to put the kettle on

cuir suas *vb* to put up ▷ *Cuidigh liom an póstaer seo a chur suas.* Help me to put up this poster.; **Ní féidir liom cur suas leis an gcallán seo.** I can't stand all this noise.

cuireadh *m1* invitation; **cuireadh a thabhairt do dhuine** to invite somebody ▷ *Níor tugadh cuireadh dó.* He's not invited.

cuireata *m4* (*in cards*) jack

cuirín *m4* currant; **cuirín dearg** a redcurrant

cúirt (pl **cúirteanna**) f2 court
▷ *Bhí sí os comhair na cúirte inné.* He
was up in court yesterday.; **cúirt
leadóige** a tennis court

cuirtín m4 curtain ▷ *Tarraing na
cuirtíní.* Draw the curtains.

cúis (pl **cúiseanna**) f2 ❶ cause
▷ *Mise is cúis leis.* I am the cause of
it. ❷ grounds ▷ *Tá cúis ghearáin
againn.* We've got grounds for
complaint.

cúisigh vb [**11**, VN cúiseamh]
to charge ▷ *Chúisigh na póilíní
i ndúnmharú é.* The police have
charged him with murder.

cúisín m4 cushion

cuisle f4 pulse ▷ *D'fhéach an
bhanaltra a chuisle.* The nurse took
his pulse.

cuisneoir m3 fridge ▷ *Tá bainne
sa chuisneoir.* There's milk in the
fridge.

cúiteamh m1 compensation
▷ *Fuair siad 2000 euro de
chúiteamh.* They got 2000 euros
compensation.

cuiteog f2 worm

cuitléireacht f3 cutlery

cúl (pl **cúla**) m1 ❶ back ▷ *ag an gcúl*
at the back ▷ *cúl an tí* the back of
the house ▷ *i gcúl an bhus* in the
back of the bus; **ar chúl** behind
▷ *Tá an mála ar chúl an dorais.* The
bag is behind the door. ▷ *Tá mé ar
gcúl le mo chuid staidéir.* I'm behind
with my revision. ❷ rear ▷ *i gcúl
na traenach* at the rear of the train
❸ goal ▷ *Eisean a scóráil an cúl a*

bhuaigh an cluiche dóibh. He scored
the winning goal.; **cúl báire** a
goalkeeper

cúlaí m4 (football, rugby) back

cúlaigh vb [**12**] (car) to reverse
▷ *Chúlaigh sé gan amharc thart.* He
reversed without looking.

culaith (pl **cultacha**) f2 suit;
culaith shnámha a swimsuit;
culaith sciála a ski suit

cúlbhuille m4 (tennis) backhand

cúlchaint f2 gossip

cúlra m4 background ▷ *teach sa
chúlra* a house in the background
▷ *cúlra a theaghlaigh* his family's
background

cúlspás m1 (on keyboard)
backspace

cúltaca adj backup ▷ *cóip chúltaca*
a backup copy

cultúr m1 culture; **an cultúr
Gaelach** the Irish culture

cum vb [**14**] to compose ▷ *Chum
mé dán inniu.* I composed a poem
today.

cuma f4 ❶ shape ▷ *cuma
neamhghnách* an unusual shape
❷ appearance ▷ *Bíonn sí iontach
cúramach faoina cuma.* She takes
great care over her appearance.;
Tá cuma bhuartha air. He
looks worried.; **ar chuma éigin**
somehow; **ar aon chuma** anyway
▷ *Beidh mise ann ar aon chuma.* I'll
be there anyway.; **Is cuma liom.**
I don't care.

cumadóir m3 composer

cumann m1 ❶ club ▷ *Rinne na péas*

a
b
c
d
e
f
g
h
i
j
k
l
m
n
o
p
q
r
s
t
u
v
w
x
y
z

ruathar ar an gcumann. The police raided the club.; **cumann gailf** (*building*) a golf club ❷ society ▷ *cumann drámaíochta* a drama society; **cumann carthannachta** a charity; **Cumann Lúthchleas Gael** the Gaelic Athletic Association

cumas *m1* ability; **Níl ar mo chumas siúl fós.** I'm not able to walk yet.

cumasach *adj* competent ▷ *Tá sí iontach cumasach.* She's very competent.

cumha *m4* homesick ▷ *Bhí cumha orm nuair a bhí mé thall sa Fhrainc* I was homesick when I was over in France.

cumhacht *f3* power ▷ *Tá an chumhacht druidte.* The power's off.; **cumhacht núicléach** nuclear power; **gearradh cumhachta** a power cut; **stáisiún cumhachta** a power station

cumhachtach *adj* powerful ▷ *Tá an carr sin iontach cumhachtach.* That car's very powerful.

cumhdach *m1* cover ▷ *Cuir cumhdach ar an leabhar sin anocht.* Put a cover on that book tonight.

cumhdaigh *vb* [**12,** VN cumhdach] to cover ▷ *Cumhdaigh thú féin go maith.* Cover yourself up well.

cumhrán *m1* perfume

cúnamh *m1* help; **cúnamh a thabhairt do dhuine** to help somebody ▷ *Thug mé cúnamh don*

mhúinteoir. I helped the teacher.

cúng *adj* narrow ▷ *Tá an bóthar iontach cúng.* The road is very narrow.

cúngaigeanta *adj* narrow-minded

cuntar *m1* (*in shop*) counter; **ar chuntar go ...** on condition that ...

cuntas *m1* account; **cuntas bainc** a bank account; **cuntas reatha** a current account; **cuntas a thabhairt ar rud** to give an account of something ▷ *Thug sé cuntas ar an dráma.* He gave an account of the drama.

cuntasaíocht *f3* (*subject*) accountancy

cuntasóir *m3* accountant ▷ *Is cuntasóir í.* She's an accountant.

cuntasóireacht *f3* (*profession*) accountancy

cúntóir *m3* assistant ▷ *cúntóir pearsanta* a personal assistant

cupán *m1* cup; **cupán tae** a cup of tea ▷ *D'iarr sé cupán tae orm.* He asked me for a cup of tea.

cúpla *m4* ❶ twins; **An Cúpla Gemini** ▷ *Is mise An Cúpla.* I'm Gemini. ❷ a couple of ▷ *An dtiocfadh leat fanacht cúpla bomaite?* Could you wait a couple of minutes? ▷ *Bhíomar ag stopadh i mBéal Feirste ar feadh cúpla lá.* We were staying in Belfast for a couple of days.

cúpón *m1* coupon

cur *m1* round ▷ *Cheannaigh sé cur deochanna.* He bought a round of drinks.

cúr m1 foam ▷ *cúr bearrtha* shaving foam

curach f2 canoe

curachóireacht f3 canoeing ▷ *Chuamar ag curachóireacht.* We went canoeing.

curaclam m1 curriculum

curadh m1 champion; **curadh an domhain** world champion

curaí m4 curry ▷ *curaí an-teobhlasta* a very hot curry

cúram (*pl* **cúraimí**) m1 ❶ care; **fear cúraim** a caretaker ❷ children ▷ *An bhfuil cúram ar bith ort?* Have you any children?; **Ní de do chúramsa é.** It's none of your business.

cúramach *adj* careful ▷ *Bí cúramach ar an mbóthar.* Be careful on the road.; **go cúramach** carefully ▷ *Lean na treoracha go cúramach.* Follow the instructions carefully.; **'Láimhsigh go cúramach'** 'Handle with care'

curfá m4 chorus

curiarracht f3 (*in sport*) record ▷ *curiarracht an domhain* the world record

curiarrachtaí m4 record holder

cúrsa m4 course ▷ *Eagraíonn siad cúrsaí ceoil sna laethanta saoire.* They run music courses in the holidays. ▷ *cúrsa ríomhaireachta* a computer course; **cúrsaí (1)** affairs ▷ *cúrsaí reatha* current affairs **(2)** matters ▷ *Sin mar atá cúrsaí faoi láthair.* That's how matters stand at the moment.

cúrsáil f3 cruise; **long chúrsála** a cruise ship
▶ *vb* [**25**] to cruise

custaiméir m3 customer

custam m1 customs; **oifigeach custaim** a customs officer

custard m1 custard

cuthach m1 rage ▷ *Bhí cuthach feirge uirthi.* She was in a rage.

cúthail *adj* shy ▷ *Tá an páiste iontach cúthail.* The child is very shy.

a
b
c
d
e
f
g
h
i
j
k
l
m
n
o
p
q
r
s
t
u
v
w
x
y
z

d

her friends ▷ *Bhain sí an fáinne dá méar.* She took the ring off of her finger.; **gach pingin dá bhfuil agaibh** every penny you have

dabhach (*gen sing* **daibhche**, *pl* **dabhcha**) *f2* (*for fish*) tank

dabht (*pl* **dabhtanna**) *m4* doubt; **gan dabht** without a shadow of a doubt

dada *m4* ❶ anything ▷ *má bhíonn dada uait* if you need anything ❷ nothing ▷ *Níl dada le feiceáil ann.* There is nothing to see there. ▷ *dada le hadmháil* nothing to declare

daibhir (*gen sing f, pl, compar* **daibhre**) *m4* poor person; **an saibhir agus an daibhir** the rich and the poor
▶ *adj* poor

daichead (*pl* **daichidí**) *m1* forty

 daichead is followed by a singular noun.

▷ *daichead bliain* forty years
▷ *daichead duine* forty people; **Tá sé daichead bliain d'aois.** He's forty.

daid (*pl* **daideanna**) *m4* dad ▷ *mo dhaid* my dad ▷ *Cuirfidh mé ceist ar mo dhaid.* I'll ask my dad. ▷ *Tá cuma fheargach ar Dhaid.* Dad looks very angry.

daideo *m4* grandad

daidí *m4* daddy ▷ *Abair haileo le do dhaidí!* Say hello to your daddy!; **Daidí na Nollag** Santa Claus

dáigh *adj* obstinate

dáil *f3* parliament; **Dáil Éireann**

dá *conj* if ▷ *Cad é a dhéanfá dá mbeadh míle euro agat?* What would you do if you had a thousand euros? ▷ *Dá gcuirfeá an t-airgead sa bhanc bheifeá saibhir.* If you were to put the money in the bank you would be rich. ▷ *Dá mbeadh a fhios agat!* If you only knew! ▷ *dá mba mhaith leat* if you like

 dá formed from **do** or **de** plus a possessive adjective means 'to his', 'of her' etc. Scan the examples below to find one that is close to what you want.

▷ *Thug mé an cárta dá mháthair.* I gave the card to his mother. ▷ *Fuair siad bronntanas dá dtuismitheoirí.* They got a present for their parents. ▷ *duine dá chairde* one of his friends ▷ *duine dá cairde* one of

the Irish Parliament; **dála an scéil** by the way ▷ *Dála an scéil, ní bheidh mise anseo anocht.* By the way, I won't be here tonight.

dáilcheantar *m1* constituency

daingean (*gen sing f, pl, compar* **daingne**) *adj* ❶ firm ▷ *greim daingean* a firm grip ❷ secure ▷ *doras daingean* a secure door ❸ strong ▷ *fear daingean* a strong man ❹ solid ▷ *balla daingean* a solid wall
  ▶ *m1* fortress

dainséar *m1* danger

dair (*gen sing, pl* **darach**, *pl* **daracha**) *f* oak ▷ *bord darach* an oak table

dáiríre *adv* ❶ really ▷ *An é sin a mheasann tú, dáiríre?* Do you really think so? ▷ *An mian leat dul? — Ní mian, dáiríre.* Do you want to go? — Not really. ❷ serious ▷ *Tá cuma iontach dáiríre ort.* You look very serious.; **Ach i ndáiríre ...** But seriously ...

dairt *f2* dart

daite *adj* coloured; **teilifíseán daite** a colour TV

dálach *m1* **Domhnach agus dálach** seven days a week ▷ *Bíonn Seán ag obair Domhnach agus dálach.* John works seven days a week.

dalba *adj* ❶ naughty ▷ *gasúr dalba* a naughty boy ▷ *Ná bí dalba!* Don't be naughty!; **Gasúr dalba!** You bad boy! ❷ cheeky ▷ *Ná bí dalba!* Don't be cheeky!

dall *adj* blind ▷ *fear dall* a blind man

  ▶ *m1* blind person

dalladh (*gen sing* **dallta**) *m* plenty ▷ *Tá dalladh airgid ag Máire.* Mary has plenty of money. ▷ *Tá dalladh ama againn.* We have plenty of time.

dallamullóg *m4* deception; **dallamullóg a chur ar dhuine** to fool somebody ▷ *Chuir Liam dallamullóg orm.* Liam fooled me.

dallóg *f2* (*for window*) blind; **dallóg veinéiseach** a Venetian blind

dalta (*pl* **daltaí**) *m4* (*at school*) pupil ▷ *Cá mhéad dalta atá sa rang?* How many pupils are there in the class? ▷ *Chuaigh na daltaí abhaile go luath.* The pupils went home early.

damáiste *m4* damage ▷ *Rinne an crith talún damáiste go forleathan.* The earthquake caused extensive damage.

damba *m4* dam

damhán *m1* **damhán alla** spider

damhsa *m4* ❶ dance ▷ *Beidh damhsa sa halla anocht.* There'll be a dance in the hall tonight. ▷ *an damhsa deireanach* the last dance ❷ dancing ▷ *damhsa Gaelach* Irish dancing ▷ *Téim ar ranganna damhsa.* I go to dancing classes. ▷ *Téimis ag damhsa!* Let's go dancing!

damhsóir *m3* dancer ▷ *Is dhamhsóir í.* She's a dancer.

dán (*pl* **dánta**) *m1* poem ▷ *Chum mé dán aréir.* I wrote a poem last night. ▷ *Léigh sé an dán os ard.* He read the poem aloud.; **Níl a fhios agam cad é atá i ndán dom.** I don't

a
b
c
d
e
f
g
h
i
j
k
l
m
n
o
p
q
r
s
t
u
v
w
x
y
z

know what the future holds for me.

dána adj naughty ▷ *leanbh dána* a naughty child

dánlann f2 art gallery

daol m1 beetle; **chomh dubh leis an daol** jet-black

daonáireamh m1 census

daonlathach adj democratic

daonlathas m1 democracy

daonna adj human ▷ *taisí daonna* human remains; **an cine daonna** the human race

daonra m4 population

daor adj expensive ▷ *Tá an carr sin iontach daor.* That car's very expensive.
▷ vb [**14**] to condemn ▷ *Daoradh chun báis iad.* They were condemned to death.

daoraí n **bheith ar an daoraí le duine** to be furious with somebody ▷ *Beidh an múinteoir ar an daoraí liom.* The teacher will be furious with me.

dar prep **dar le** in the opinion of ▷ *Dar liom go bhfuil tú ceart.* In my opinion you are right.; **Dar leis, bhí gach duine ar shiúl.** According to him, everyone had gone.

dár prep **duine dár ngaolta** one of our relations; **Tabhair dár gcairde iad.** Give them to our friends.; **an bhliain dár gcionn** the following year

dara adj second ▷ *ar an dara hurlár* on the second floor ▷ *ar an dara leathanach* on the second page; **dara ... déag** twelfth ▷ *an dara lá déag* the twelfth day; **Níl an dara rogha agam.** I've got no option.; **Sa dara cás ...** Secondly ... ▷ *Sa chéad chás, tá sé ródhaor. Sa dara cás, ní oibreodh sé cibé ar bith.* Firstly, it's too expensive. Secondly, it wouldn't work anyway.; **gach dara lá** every other day

dáta m4 date ▷ *mo dháta breithe* my date of birth; **clár ama suas chun dáta** an up-to-date timetable

dath m3 ❶ colour ▷ *Thréig an dath faoin ngrian.* The colour faded in the sun.; **Tá dath donn ar a chuid gruaige.** He has brown hair.; **Ní aithníonn sé idir dath dearg agus dath glas.** He can't tell red from green.; **a dhath** anything ▷ *An bhfeiceann tú a dhath ar bith?* Do you see anything? ▷ *Níor ith mé a dhath inniu.* I haven't eaten anything today. ❷ nothing ▷ *Níl a dhath aige.* He has nothing.

dathaigh vb [**12**] to colour

dathdhall adj colour-blind

dátheangach adj bilingual

dathúil adj good-looking ▷ *Tá Peadar iontach dathúil.* Peter is very good-looking.

de prep

Prepositional pronouns are **díom**, **díot**, **de**, **di**, **dínn**, **díbh**, **díobh**.

❶ of ▷ *ceann de na leabhair* one of the books ▷ *taobh thiar den teach* at the back of the house ▷ *déanta*

d'adhmad made of wood ❷ like
▷ *carr den chineál seo* a car like
this; **de ghnáth** usually; **cur
de ghlanmheabhair** to learn
by heart ▷ *Chuir mé a dán de
ghlanmheabhair.* I learned the
poem by heart.

Dé *n* **Dé Luain** on Monday

dea- *prefix* good- ▷ *Ar chuala tú
an dea-scéal?* Did you hear the
good news?; **ar an dea-uair**
fortunately; **dea-mhúinte** polite

deacair (*gen sing f, pl, compar*
deacra) *adj* difficult ▷ *focal deacair*
a difficult word ▷ *Tá sé deacair rogha
a dhéanamh.* It's difficult to choose.
▷ *Bhí an jab sin deacair.* That was a
difficult job.

déag *m4*

> **déag** is used with other
> numbers to translate '-teen'.
> It is usually preceded by a
> singular noun.

▷ *seacht mbuidéal déag* seventeen
bottles ▷ *sé dhuine dhéag* sixteen
people; **aon ... déag** eleven ▷ *aon
bhliain déag* eleven years; **dó ...
dhéag** twelve ▷ *dhá euro dhéag*
twelve euros

déagóir *m3* teenager

dealbh *f2* statue

dealg *f2* thorn

dealraigh *vb* [**12,** VN dealramh]
❶ to shine ▷ *Tá an ghrian ag
dealramh inniu.* The sun's shining
today. ❷ to appear ▷ *Dealraíonn sé
go ...* It appears that ...

dealramh *m1* **de réir dealraimh**
apparently

dea-mhéin *f2* **le dea-mhéin** with
kind regards

dea-mhúinte *adj* well-mannered

déan *vb* [**4**] ❶ to do ▷ *Déanfaidh
mé an obair bhaile anois.* I'll do
my homework now. ▷ *Déan do
dhícheall.* Do your best. ❷ to make
▷ *Rinne mé cupán tae.* I made a cup
of tea.; **Déan deifir.** Hurry up.
▷ *Déan deifir, nó beidh tú mall!* Hurry
up or you'll be late!; **Rinne mé
dearmad air.** I forgot it.

déanach *adj* late; **bheith ag
obair moch déanach** to work
all hours

déanaí *f4* **le déanaí** lately ▷ *Ní
fhaca mé Seán le déanaí.* I haven't
seen John lately.

deannach *m1* dust

deara *n* **rud a thabhairt faoi
deara** to notice something ▷ *Thug
mé an madra faoi deara.* I noticed
the dog.

dearbhán *m1* voucher; **dearbhán
lóin** a luncheon voucher

dearcán *m1* acorn

Déardaoin *m4* **An Déardaoin**
Thursday; **Déardaoin** on
Thursday; **ar an Déardaoin**
on Thursdays ▷ *Tagann sé ar
an Déardaoin.* He comes on
Thursdays.

dearfa *adj* certain ▷ *Níl mé cinnte
dearfa de.* I'm not absolutely
certain.; **go dearfa** certainly

dearg *vb* [**14**] ❶ to blush ▷ *Dhearg
sé go bun na gcluas.* He blushed up

to his ears ❷ to light ▷ *Dhearg sé toitín* He lit a cigarette.
  ▶ *adj* red ▷ *Bhí gúna dearg uirthi.* She was wearing a red dress. ▷ *Roghnaigh sí bróga dearga faoi dheireadh.* She finally chose the red shoes.; **dearg te** red hot; **fíon dearg** red wine

dearmad *m1* mistake; **trí dhearmad** by mistake ▷ *Thóg mé do leabhar trí dhearmad.* I took your book by mistake.; **dearmad a dhéanamh de rud** to forget something ▷ *Rinne mé dearmad de mo leabhar.* I forgot my book.

dearmadach *adj* absent-minded ▷ *Tá sí cineál dearmadach.* She's a bit absent-minded.

dearthair (*gen sing* **dearthár**, *pl* **deartháireacha**) *m* brother ▷ *mo dhearthair* my brother ▷ *an dearthair is óige agam* my youngest brother ▷ *Tá aithne agam ar a dhearthair.* I know his brother.

deas *adj* ❶ nice ▷ *Duine deas é Liam.* Liam is a nice person. ▷ *Tá sé deas, ach é rud beag leadránach.* He's nice, but a bit dull. ❷ (*position*) right ▷ *an taobh deas* the right-hand side

deasc *f2* desk

deatach *m1* smoke

deich *m4* ten

  ▌ **deich** is usually followed by a singular noun.

▷ *deich mbuidéal* ten bottles; **Tá sé deich mbliana d'aois.** He's ten.; **a deich a chlog** ten o'clock ▷ *D'fhan mé go dtí a deich a chlog.* I waited

until ten o'clock.

deichniúr *m1* ten people ▷ *Bhí deichniúr ar an gcóisir aréir.* There were ten people at the party last night.; **deichniúr ban** ten women

déideadh *m1* toothache ▷ *Bhí an déideadh orm aréir.* I had a toothache last night.

deifir (*gen sing* **deifre**) *f2* hurry ▷ *Tá deifir orm.* I am in a hurry.; **Déan deifir!** Hurry up!

deilf (*pl* **deilfeanna**) *f2* dolphin

deilgneach *f2* chickenpox ▷ *Tá an deilgneach ar mo dheirfiúr óg.* My young sister has chickenpox.

deilí *m4* (*delicatessen*) deli

deimhin (*gen sing f, pl, compar* **deimhne**) *adj* sure; **go deimhin** indeed

deinim *m4* denim ▷ *casóg dheinim* a denim jacket; **briste deinim** jeans

déirc *f2* charity ▷ *Coinnigh agat féin do chuid déirce!* I don't want your charity!

deireadh (*pl* **deirí**) *m1* ❶ end ▷ *deireadh an scannáin* the end of the film ▷ *deireadh na laethanta saoire* the end of the holidays; **sa deireadh** in the end ▷ *Sa deireadh shocraigh mé ar fhanacht sa bhaile.* In the end I decided to stay at home. ▷ *Thiontaigh sé amach i gceart sa deireadh.* It turned out all right in the end.; **an deireadh seachtaine** the weekend ▷ *Ní stadann sé den obair, fiú ag an deireadh seachtaine.* He never stops working, not even at the weekend.; **deireadh na míosa** the end of the month ❷ everything ▷ *Tá deireadh réidh.* Everything is ready. ▷ *D'ith siad deireadh.* They ate everything.; **faoi dheireadh thiar thall** at long last; **an oíche faoi dheireadh** the other night; **roth deiridh** back wheel ▷ *roth deiridh mo rothair* the back wheel of my bike

Deireadh Fómhair *m* October; **i mí Dheireadh Fómhair** in October

deireanach *adj* ❶ last ▷ *Seo an milseán deireanach.* This is the last sweet. ❷ late ▷ *go deireanach aréir* late last night ❸ latest ▷ *an chóip is deireanaí* the latest copy

deirfiúr (*gen sing* **deirféar**, *pl* **deirfiúracha**) *f* sister ▷ *mo dheirfiúr bheag* my little sister ▷ *Tá mo dheirfiúr san Astráil.* My sister's in Australia.

deis *f2* ❶ right ▷ *Cas ar dheis.* Turn right. ▷ *Tiomáin ar thaobh na láimhe deise, le do thoil.* Please drive on the right. ❷ opportunity ▷ *Ní raibh an deis riamh agam dul thar lear.* I've never had the opportunity to go abroad.; **Tapaigh an deis.** Seize the moment.

deisceart *m1* south ▷ *sa deisceart* in the south; **an Deisceart** the South

deisigh *vb* [11] to repair ▷ *Dheisigh m'athair an carr.* My father repaired the car.

déistin *f2* disgust; **déistin a chur**

ar dhuine to disgust somebody ▷ *Chuir an bia déistin orm.* The food disgusted me.; **Bhí an-déistin orm.** I was absolutely disgusted.

deo *n* never ▷ *Go deo arís!* Never again!; **go deo** for ever ▷ *Beidh mé dílis go deo.* I will be faithful for ever.

deoch (*gen sing* **dí**, *pl* **deochanna**) *f* drink ▷ *deoch bhainne* a drink of milk; **Nuair a bhíonn an deoch istigh bíonn an chiall amuigh.** When drink is in sense is out.

deoir (*pl* **deora**, *gen pl* **deor**) *f2* tear; **Tháinig na deora leis.** He began to cry.

deontas *m1* grant

deontóir *m3* donor; **deontóir fola** a blood donor

deoraí *m4* exile; **Ní raibh duine ná deoraí ann.** There wasn't a soul there.

dhá *m4* two

> **dhá** is used to give the number of objects and is usually followed by a singular noun.
> ▷ *dhá chloch mhóra* two large stones

> **dhá** changes to **dá** when it follows **an**.
> ▷ *Bhuail an dá charr in éadan a chéile.* The two cars collided.; **Tá sí dhá bhliain d'aois.** She's two.; **dhá ... dhéag** twelve ▷ *dhá bhuidéal déag* twelve bottles

dháréag *m4* twelve people; **dáréag ban** twelve women

dia (*gen sing* **dé**, *pl* **déithe**), **Dia** *m* God ▷ *Creidim i nDia.* I believe in

God.; **Dia duit!** Hello!; **Dia linn!** (*after sneeze*) Bless you!; **Buíochas le Dia!** Thank God!

diabhal *m1* devil ▷ *An diabhal bocht!* Poor devil!

diaibéiteas *m1* diabetes

diaidh *n* **i ndiaidh** after ▷ *Beidh mé ar ais i ndiaidh na scoile.* I'll be back after school. ▷ *Chuaigh mé abhaile i ndiaidh an chluiche.* I went home after the match.; **Tá sé fiche i ndiaidh a trí.** It is twenty past three.; **ina dhiaidh seo** after this; **diaidh ar ndiaidh** gradually

diailigh *vb* [11] to dial

dialann *f2* diary ▷ *Coinním dialann.* I keep a diary. ▷ *Tá a huimhir ghutháin i mo dhialann agam.* I've got her phone number in my diary.

diallait *f2* saddle

diamant *m1* diamond

dian (*gen sing m* **déin**, *gen sing f*, *compar* **déine**) *adj* difficult; **go dian** hard ▷ *D'oibrigh sé go dian.* He worked hard.

dícheall *m1* **do dhícheall a dhéanamh** to do one's best ▷ *Rinne mé mo dhícheall.* I did my best.

dícheallach *adj* hard-working ▷ *duine dícheallach* a hard-working person

difear *m1* difference ▷ *Tá difear mór idir an dá scoil.* There is a big difference between the two schools.; **Is beag an difear é.** It doesn't matter.

dífhostaíocht *f3* unemployment;

lucht dífhostaíochta the unemployed

dífhostaithe *adj* unemployed ▷ *Tá a lán daoine dífhostaithe faoi láthair.* A lot of people are unemployed at present.

difríocht *f3* difference ▷ *Tá difríocht mhór idir an dá fhoireann.* There is a big difference between the two teams.

difriúil *adj* ❶ different ▷ *Tá an geansaí sin difriúil leis an gceann seo.* That jersey is different from this one. ❷ various ▷ *Cheannaigh mé rudaí difriúla.* I bought various things.

dil *adj* dear ▷ *cara dil* a dear friend

díle (*gen sing* **díleann**, *pl* **díl**) *f* flood; **díle bháistí** a downpour

dílis (*gen sing f*, *pl*, *compar* **dílse**) *adj* ❶ loyal ▷ *cara dílis* a loyal friend ❷ dear ▷ *A mháthair dhílis ...* Dear mother ...; **ainm dílis** a proper name

dílleachta *m4* orphan

dílleachtlann *f2* orphanage

dinnéar *m1* dinner ▷ *dinnéar na Nollag* Christmas dinner; **am dinnéir** dinner time

díobháil *f3* harm; **díobháil a dhéanamh do dhuine** to harm somebody

díogha *m4* worst ▷ *díogha agus deireadh* the worst thing possible

díograiseach *adj* enthusiastic ▷ *Tá Seán iontach díograiseach faoin bpeil.* John's very enthusiastic about football.

díograiseoir *m3* enthusiast

díol vb [**23,** VN díol] ❶ to sell
▷ *Dhíol muid an teach inné.* We sold
the house yesterday.; **'Le díol'** 'For
sale' ❷ to pay ▷ *Dhíol Tomás as an
mbéile.* Thomas paid for the meal.

díolachán m1 sale ▷ *Beidh
díolachán sa halla inniu.* There will
be a sale in the hall today.

díoltas m1 revenge

díoltóir m3 seller

díomá f4 disappointment; **díomá
a bheith ort** to be disappointed
▷ *Bhí díomá orm nár tháinig tú.* I was
disappointed you didn't come.

díon (pl **díonta**) m1 roof ▷ *díon
cothrom* a flat roof

dioplóma m4 diploma

díosal m1 diesel

diosca m4 disk ▷ *an diosca crua* the
hard disk

dioscó m4 disco

dioscólann f2 discotheque

díospóireacht f3 debate ▷ *Beidh
díospóireacht ar siúl sa halla anocht.*
There'll be a debate in the hall
tonight.

dírbheathaisnéis f2
autobiography

díreach adj straight ▷ *líne dhíreach*
a straight line ▷ *gruaig dhíreach*
straight hair
▶ adv just ▷ *anois díreach* just
now; **go díreach** exactly ▷ *Tá sé
a dó go díreach.* It's exactly two.;
D'amharc sé go díreach roimhe.
He looked straight ahead.

díshioc vb [**14,** VN díshioc] to
defrost

díth (pl **díotha**, gen pl **díoth**) f2
need; **rud a bheith de dhíth ort**
to need something ▷ *Tá airgead
de dhíth orm.* I need money. ▷ *Tá
bia agus drugaí de dhíth orthu.* They
need food and drugs.; **díth céille**
foolishness

diúilicín m4 mussel

diúltaigh vb [**12**] to refuse
▷ *Dhiúltaigh sé dul a luí.* He refused
to go to bed.

diúracán m1 missile

dízipeáil vb [**25**] (file) to unzip

dlí (pl **dlíthe**) m4 law ▷ *Tá mo
dheirfiúr ag déanamh staidéir ar an
dlí.* My sister's studying law. ▷ *Tá sé
in éadan an dlí.* It's against the law.

dlíodóir m3 lawyer ▷ *Is dlíodóir í mo
mháthair.* My mother's a lawyer.

dlúthdhiosca m4 CD ▷ *seinnteoir
dlúthdhiosca* a CD player

do adj (singular) your ▷ *do charr*
your car

⬛ **do** changes to **d'** before a
vowel.

▷ *d'aghaidh* your face
▶ prep

⬛ Prepositional pronouns are
**dom, duit, dó, di, dúinn,
daoibh, dóibh.**

❶ to ▷ *Tabhair an leabhar do Mháire.*
Give the book to Mary.

⬛ **do** changes to **d'** before a
vowel.

▷ *d'Áine* to Anne ❷ for ▷ *Déanfaidh
mé cupán tae duit.* I'll make a cup
of tea for you.; **Is fíor duit.** You're
right.; **Cad is ainm duit?** What's

your name?; **Cárb as di?** Where's she from?

dó *m4* two

■ **dó** is used for telling the time and for counting.

▷ *ó a haon a chlog go dtí a dó* from one o'clock to two; **dó dhéag** twelve ▷ *A dó faoi a sé sin dó dhéag.* Two times six is twelve.

dobharchú *m4* otter

dobhareach *m1* hippopotamus

dócha (*compar* **dóichí**) *adj* likely ▷ *Is dócha go mbeidh sé anseo anocht.* It's likely that he'll be here tonight.

dochar *m1* harm; **dochar a dhéanamh do rud** to harm something ▷ *Déanann toitíní dochar don tsláinte.* Cigarettes harm your health

dóchas *m1* hope ▷ *Ná caill do chuid dóchais!* Don't give up hope!; **Tá dóchas agam go ...** I hope that ... ▷ *Tá dóchas agam go mbeidh an aimsir go maith.* I hope that the weather will be nice.

dóchasach *adj* hopeful ▷ *Tá muid dóchasach go mbainfidh muid an cluiche.* We're hopeful of winning the game.

dochtúir *m3* doctor ▷ *Is dochtúir í.* She's a doctor. ▷ *Ba mhaith liom a bheith i mo dhochtúir.* I'd like to be a doctor.

dodhéanta *adj* impossible ▷ *Tá an cheist seo dodhéanta.* This question is impossible

doicheallach *adj* unwelcoming

doiciméad *m1* document

dóigh *f2* ❶ way ▷ *D'amharc sí orm ar dhóigh aisteach.* She looked at me in a strange way. ▷ *Níl an dara dóigh air.* There's no other way.; **Déanfaidh mé ar dhóigh éigin é.** I'll do it somehow. ❷ condition ▷ *Tá dóigh mhaith air.* It's in good condition.; **Cén dóigh atá ort?** How are you keeping?; **Tá dóigh mhaith orthu.** They're well off.; **ar dóigh** excellent ▷ *Is tiománaí ar dóigh í.* She's an excellent driver.; **is dóigh liom ...** I think ... ▷ *Is dóigh liom go mbeidh Seán ar ais.* I think John'll be back.

▶ *vb* [**24**] to burn ▷ *Dhóigh siad an páipéar.* They burned the paper.

dóighiúil *adj* good-looking ▷ *Tá Peadar iontach dóighiúil.* Peter is very good-looking.

doiligh (*gen sing f, pl, compar* **doilí**) *adj* difficult ▷ *Is doiligh ceann a roghnú.* It's difficult to choose one.

doineann *f2* bad weather; **Tá doineann air.** There is a storm brewing.

Doire *m4* Derry ▷ *Is as Doire dom.* I come from Derry.

dóire *m4* burner; **dóire CDanna** a CD burner; **dóire DVD** a DVD burner

doirseoir *m3* ❶ janitor ▷ *Is doirseoir é.* He's a janitor. ❷ porter ▷ *Is doirseoir oíche é.* He's a night porter.

doirteal *m1* ❶ (*in kitchen*) sink ❷ (*in bathroom*) basin

dóite *adj* burned ▷ *Tá mé dóite ag*

an ngrian. I'm sunburned.; **bheith dubh dóite** to be fed up ▷ *Tá mé dubh dóite den obair seo.* I am fed up with this work.

dóiteán *m1* fire ▷ *Tá contúirt dóiteáin ann.* There is a danger of fire.; **inneall dóiteáin** a fire engine; **aláram dóiteáin** a fire alarm; **fear dóiteáin** a fireman ▷ *Is fear dóiteáin é.* He's a fireman.

dól *m1* dole ▷ *Tá cuid mhaith daoine ar an dól.* A lot of people are on the dole.

dollar *m1* dollar ▷ *nóta cúig dhollar* a five-dollar bill

domhain (*gen sing f, pl, compar* **doimhne**) *adj* deep ▷ *Tá an abhainn iontach domhain.* The river's very deep. ▷ *An bhfuil sé domhain?* Is it deep? ▷ *Cé chomh domhain is atá an loch?* How deep is the lake?

domhan *m1* world ▷ *an domhan iomlán* the whole world ▷ *ar fud an domhain* all over the world ▷ *Is é an aidhm atá aige bheith ina churadh domhanda.* His goal is to become the world champion.; **an Tríú Domhan** the Third World; **curiarracht an domhain** a world record ▷ *Socraíodh cúiarracht an domhain anuraidh.* The world record was set last year.; **an Domhan** (*planet*) the Earth; **Bhí fearg an domhain air.** He was extremely angry.

Domhnach (*pl* **Domhnachaí**) *m1* **An Domhnach** Sunday; **Dé Domhnaigh** on Sunday; **ar an Domhnach** on Sundays ▷ *Tagann sé ar an Domhnach.* He comes on Sundays.

dona *adj* bad ▷ *scannán dona* a bad film ▷ *Ní raibh a fhios agam go raibh sé chomh dona sin.* I didn't know it was that bad.; **An bhfuil sé gortaithe go dona?** Is he badly hurt?; **Tá mo chuid litrithe go dona.** My spelling is terrible.; **Tá sí go dona.** She's poorly.; **Dona go leor!** Hard luck!

donn *adj* brown ▷ *arán donn* brown bread

doras (*pl* **doirse**) *m1* door ▷ *an chéad doras ar dheis* the first door on the right ▷ *Druid an doras, le do thoil.* Close the door, please. ▷ *doras cúil* the back door ▷ *doras tosaigh* the front door; **doras éalaithe** an emergency exit

dorcha *adj* dark ▷ *Tá sé dorcha.* It's dark. ▷ *Tá sé ag éirí dorcha.* It's getting dark.

dorchadas *m1* darkness

dorchla *m4* corridor

dordveidhil *f2* cello ▷ *Seinnim ar an dordveidhíl.* I play the cello.

dorn (*pl* **doirne**) *m1* fist

dornálaí *m4* boxer

dornálaíocht *f3* boxing

dornán *m1* handful; **dornán airgid** some money; **dornán daoine** a few people

dosaen (*pl* **dosaenacha**) *m4* dozen ▷ *dosaen uibheacha* a dozen eggs ▷ *dhá dhosaen* two dozen

dóthain *f4* enough ▷ *Tá mo*

a b c d e f g h i j k l m n o p q r s t u v w x y z

dhóthain agam. I've got enough.;
Ith do dhóthain. Eat your fill.
dóú *adj* second ▷ *an dóú duine* the
second person
draein *(gen sing* **draenach**, *pl*
draenacha) *f* drain ▷ *Tá na
draenacha blocáilte.* The drains are
blocked.
dragan *m1* dragon
draighneán *m1* blackthorn
draíocht *(gen sing, pl* **draíochta)** *f3*
(magic) spell ▷ *Chuir sé faoi dhraíocht
mé.* He cast a spell on me.; **Tá
draíocht ag baint leis an áit seo.**
This place is magic.
dráma *m4* play ▷ *Dírímis ar scéal
an dráma.* Let's focus on the plot of
the play.; **dráma grinn** a comedy
drámaíocht *f3* drama ▷ *Is í an
drámaíocht an t-ábhar is fearr liom.*
Drama is my favourite subject.;
scoil drámaíochta drama school
▷ *Ba mhaith liom freastal ar scoil
drámaíochta.* I'd like to go to drama
school.; **ceardlann drámaíochta**
a drama workshop; **compántas
drámaíochta** a theatre company
drámata *adj* dramatic ▷ *Bhí sé
an-drámata ar fad!* It was really
dramatic!
dream *m3 (of people)* group
dreancaid *f2* flea
dreap *vb* **[14]** to climb ▷ *Dhreap sé
an dréimire.* He climbed the ladder.
dreapadóir *m3* climber
dreapadóireacht *f3* climbing
▷ *Táimid ag dul a dhreapadóireacht
in Albain.* We're going climbing in

Scotland.
dréim *vb* **[13,** vn dréim**]** to expect
▷ *Ní raibh mé ag dréim leis an litir.* I
wasn't expecting the letter.
dréimire *m4* ladder
drioglann *f2* distillery
dris *(pl* **driseacha)** *f2* bramble
drisiúr *m1 (furniture)* dresser
droch- *prefix* **❶** bad ▷ *droch-chaint*
bad language ▷ *drochnós* a bad
habit ▷ *Tá drochscéala agam.* I have
some bad news. **❷** poor ▷ *Tá
drochradharc aige.* He has poor
sight.; **Bhain drochthitim di.** She
had a nasty fall.
drochbhéasach *adj* rude ▷ *Duine
drochbhéasach é Liam.* Liam's a rude
person.
drochíde *f4* abuse; **drochíde a
thabhairt do dhuine** to ill-treat
somebody ▷ *Thug sé drochíde don
mhadra.* He ill-treated the dog.
drochmhúinte *adj* rude
drochuair *f2* crisis; **ar an
drochuair** unfortunately ▷ *Ar
an drochuair, tháinig mé mall.*
Unfortunately, I arrived late.
drogall *m1* **drogall a bheith ort
rud a dhéanamh** to be reluctant
to do something ▷ *Bhí drogall orm
dul amach aréir.* I was reluctant to
go out last night.
droichead *m1* bridge ▷ *droichead
crochta* a suspension bridge
droim *(pl* **dromanna)** *m3* **❶** back
▷ *Cuir an mála ar do dhroim.* Put
the bag on your back. ▷ *Bhain mé
stangadh as mo dhroim.* I strained

my back.; **droim ar ais** back to front ❷ (*of hill*) ridge; **droim dubhach** depression

dromchla *m4* surface

drualus *m3* mistletoe

druga *m4* drug ▷ *Tá bia agus drugaí de dhíth orthu.* They need food and drugs. ▷ *drugaí crua* hard drugs

drugadóir *m3* pharmacist ▷ *Is drugadóir é.* He's a pharmacist.

druglann *f2* drugstore

druid *vb* [**23**, VN druidim] to close ▷ *Druid an doras, le do thoil.* Close the door, please.; **Druid do bhéal!** Shut up!

druidte *adj* closed ▷ *Tá an banc druidte.* The bank's closed.

druilire *m4* (*tool*) drill

druma *m4* drum ▷ *Buailim ar na drumaí.* I play the drums.

drumadóir *m3* drummer

dtí *adv* **go dtí** to ▷ *Tógann an turas go dtí an scoil leath uair an chloig.* The journey to school takes half an hour. ▷ *Chuaigh mé go dtí an siopa.* I went to the shop. ▷ *Tá sé ceathrú go dtí a dó.* It's a quarter to two.

dua *m4* effort; **obair gan dua** effortless work

duais (*pl* **duaiseanna**) *f2* ❶ prize ▷ *Fuair sé an chéad duais.* He got first prize. ❷ award ▷ *Bhain sé duais* He won an award. ▷ *an duais don aisteoir is fearr* the award for the best actor

dualgas *m1* duty; **ar dualgas** on duty ▷ *Tá sé ar dualgas tráthnóna.* He's on duty this evening.;

Caithfidh tú glacadh le do chuid dualgas. You must face up to your responsibilities.

duán *m1* (*in body*) kidney ▷ *Tá na duáin ag cur air.* He's got kidney trouble.

dúbailte *adj* double ▷ *seomra dúbailte* a double room ▷ *leaba dhúbáilte* a double bed

dubh *adj* ❶ black ▷ *Tá gruaig dhubh air.* He's got black hair. ▷ *An é seo a cóta? — Ní hé, tá a ceannsa dubh.* Is this her coat? — No, hers is black. ▷ *Bhí éadaí dubha á gcaitheamh aici.* She was wearing black clothes. ❷ black-haired ▷ *gasúr beag dubh* a little black-haired boy ❸ (*with people*) crowded ▷ *Bhí an trá dubh le daoine.* The beach was crowded.; **Tá mé dubh dóite.** I'm fed up.; **Thug sé amharc dubh orm.** He gave me a nasty look.

dúch *m1* ink

dúchais *adj* native ▷ *cainteoir dúchais Gaeilge* a native speaker of Irish

dúchas *m1* heritage; **Tá an ceol sa dúchas aige.** He has music in his blood.; **Is Éireannach ó dhúchas é.** He is Irish by birth.; **Níl Béarla ó dhúchas acu.** English is not their native language.

dufair *f2* jungle

duga *m4* (*for ship*) dock

dúghorm *adj* navy-blue ▷ *léine dhúghorm* a navy-blue shirt

duibheagán *m1* depth; **i nduibheagán na hoíche** in the middle of the night

dúiche *f4* <u>area</u> ▷ *Tógadh sa dúiche seo mé.* I was brought up in this area.

dúil *f2*

▎ **dúil** can be used to say what you like.

▷ *Tá dúil agam sa cheol.* I like music. ▷ *Gaeilge an t-aon ábhar a bhfuil dúil agam ann.* Irish is the only subject I like. ▷ *Tá an-dúil aici ann.* She likes it very much.; **Tá dúil aici ann.** She's fond of him.

▎ **dúil** can be used to say what you expect.

▷ *Bhí mé ag dúil le rud níos fearr.* I expected something better.; **Tá mé ag dúil go mór leis an gceolchoirm.** I'm really looking forward to the concert.

duilleog *f2* <u>leaf</u> ▷ *Bhí duilleog ar snámh ar an uisce.* There was a leaf floating on the water.

duine (*pl* **daoine**) *m4* <u>person</u> ▷ *Is duine an-ionraic í.* She's a very honest person.; **duine óg** a young person ▷ *cárta iarnróid duine óig* a young person's railcard; **fiche duine** twenty people; **duine éigin** somebody ▷ *Tá duine éigin ag bualadh ar an doras.* Somebody's knocking at the door.; **duine fásta** an adult; **duine ar bith** (1) anybody ▷ *An bhfaca duine ar bith an madra?* Did anyone see the dog? (2) nobody ▷ *Ní raibh duine ar bith sa teach.* There was nobody in the house. ▷ *Cé atá ag dul leat?* —

Duine ar bith. Who's going with you? — Nobody.; **gach duine** everybody ▷ *Chuaigh gach duine amach de ruathar.* Everybody rushed outside.; **An chéad duine eile, le do thoil!** Next please!

dúiseacht *f3* **bheith i do dhúiseacht** to be awake ▷ *Tá mé i mo dhúiseacht le cúpla uair an chloig.* I've been awake for a couple of hours.

dúisigh *vb* [**11**, VN dúiseacht] <u>to wake up</u> ▷ *Dhúisigh mé ar a seacht.* I woke up at seven.

dul *m3* <u>way</u> ▷ *Níl aon dul as.* There is no way of avoiding it.

dúlra *m4* <u>nature</u> ▷ *tearmann dúlra* a nature reserve

dumpáil *vb* [**25**] <u>to dump</u> ▷ *Dhumpáil sé an seantroscán.* He dumped the old furniture.

Dún *m1* **an Dún** Down

dún (*pl* **dúnta**) *m1* <u>fort</u>
▶ *vb* [**23**] <u>to close</u> ▷ *Dún an doras.* Close the door.; **Dún do chlab!** Shut up!

dúnmharaigh *vb* [**12**] <u>to murder</u>

dúnmharfóir *m3* <u>murderer</u>

dúnmharú *m* <u>murder</u> ▷ *Saoradh í sa dúnmharú.* She was cleared of murder. ▷ *Chúisigh na póilíní i ndúnmharú é.* The police have charged him with murder.

Dún na nGall *m* <u>Donegal</u>

dúnta *adj* <u>closed</u> ▷ *Tá an fhuinneog dúnta.* The window is closed.

dúrud *m3* <u>loads</u> ▷ *Tá an dúrud airgid aige.* He has loads of money.

dúshlán *m1* challenge ▷ *Beidh cluiche dúshláin againn inniu.* We have a challenge match today.

dusta *m4* dust

a
b
c
d
e
f
g
h
i
j
k
l
m
n
o
p
q
r
s
t
u
v
w
x
y
z

é *pron* **❶** he ▷ *Is múinteoir é.* He's a teacher. ▷ *Cé hé féin?* Who is he? ▷ *Maraíodh é.* He was killed. **❷** him ▷ *Chonaic mé inné é.* I saw him yesterday. ▷ *Tá Seán bliain níos sine ná é.* John's a year older than him. **❸** it ▷ *Tóg é.* Lift it. ▷ *Is maith an rud é.* It's a good thing. ▷ *Áit ghalánta é.* It's a lovely place. ▷ *Déantar go minic ar an gcaoi sin é.* It's often done like that.; **Is é mo bharúil go ...** It is my opinion that ...; **Tháinig sé abhaile agus é fliuch báite.** (*indicating manner*) He came home soaking wet.; **An é nach bhfuil a fhios agat?** Do you mean to say you don't know?

ea *pron*

   ■ ea is usually not translated. ▷ *Díodóir is ea Tomás.* Thomas is

a lawyer. ▷ *Múinteoirí ba ea iad.*
They were teachers. ▷ *Is dóigh liom
gur dlíodóir gurb ea é.* I think he's a
lawyer. ▷ *Dúirt sé gur mhúinteoirí
gurbh ea iad.* He said they were
teachers.

> **ea** can be used to answer
> questions.

▷ *An tuirseach atá tú? — Is ea.* Are
you tired? — Yes. ▷ *Nach inné
a tháinig sé? — Is ea.* Wasn't it
yesterday he came? — Yes, it was.
▷ *An ag ól atá siad? — Ní hea, ach
ag ithe.* Are they drinking? — No,
they're eating.; **Ba bhád mór í,
nárbh ea?** It was a big boat, wasn't
it?; **Creidim, ní hea, táim cinnte
de go ...** I believe, no, I am certain
that ...

each *m1* horse

éachtach *adj* extraordinary

eachtra *f4* ❶ (*thrilling experience*)
adventure ❷ event ▷ *Tá an
scannán bunaithe ar fhíoreachtraí.*
The film is based on actual events.

eachtrannach *adj* foreign
▶ *m1* foreigner

eacnamaíoch *adj* economic

eacnamaíocht *f3* ❶ (*of country*)
economy ❷ economics ▷ *Tá sé ag
déanamh staidéir ar an eacnamaíocht.*
He's studying economics.

eacstais *f2* ecstasy

éad *m3* envy; **éad a bheith ort le
duine** to be jealous of somebody

éadach (*pl* **éadaí**) *m1* ❶ (*fabric*)
cloth ▷ *Bhí an mála déanta d'éadach
garbh.* The bag was made of

coarse cloth. ❷ clothes ▷ *éadaí
neamhfhoirmiúla* casual clothes
▷ *éadaí fliucha* wet clothes
▷ *Caitheann sí éadaí seanfhaiseanta.*
She wears old-fashioned clothes.;
do chuid éadaigh a chur ort to
put on one's clothes; **éadach
soithí** a dishcloth; **éadach boird**
a tablecloth; **éadach leapa**
bedclothes; **éadaí olla** woollens

éadaingean (*gen sing f, pl, compar*
éadaingne) *adj* unsteady

éadan *m1* ❶ forehead ❷ face
▷ *Nigh d'éadan.* Wash your face.
❸ (*of building*) front; **in éadan**
against ▷ *Chuir mé mo rothar in
éadan an bhalla.* I rested my bike
against the fence. ▷ *Tá mé in éadan
na seilge.* I'm against hunting. ▷ *Tá
sé in éadan na rialacha.* It's against
the rules.; **Níor chuir duine
ar bith inár n-éadan.** Nobody
opposed us.

éadmhar *adj* envious

éadóchas *m1* despair; **Ná tit in
éadóchas.** Don't despair.

éadóchasach *adj* desperate ▷ *cás
éadóchasach* a desperate situation
▷ *Bhí mé ag éirí éadóchasach.* I was
getting desperate.

éadóigh *adj* unlikely ▷ *Is éadóigh
go dtiocfaidh sé anois.* He's unlikely
to come now.

éadomhain *adj* shallow

eadraibh, eadrainn *see* idir

éadrom *adj* (*in weight*) light

éadulangach *adj* intolerant

eagal *adj* **Is eagal liom go bhfuil**

tú rómhall. I am afraid you're too late.; **Ní heagal duit.** You're in no danger.

éagaoin vb [**15**] to moan ▷ *Bíonn sí i gcónaí ag éagaoin.* She's always moaning.

eagar m1 arrangement; **in eagar ceart** properly arranged; **Chuireamar eagar ar an seomra.** We tidied up the room.; **leabhar a chur in eagar** to edit a book

eagarthóir m3 editor

eagarthóireacht f3 editing; **foireann eagarthóireachta** editorial staff

eagla f4 fear; **Tá eagla orm!** I'm frightened!; **Bhí eagla ar na páistí roimh an madra.** The children were afraid of the dog.; **ar eagla na heagla** just in case ▷ *Tabhair leat airgead, ar eagla na heagla.* Take some money, just in case.

eaglais f2 church ▷ *clog na heaglaise* the church clock ▷ *seirbhís eaglaise* a church service

éagmais f2 lack; **déanamh in éagmais ruda** to do without something

eagna f4 wisdom; **eagna chinn** intelligence

éagnach m1 groan

eagnaí adj wise

éagóir (pl **éagóracha**) f3 injustice; **Cúisíodh san éagóir é.** He was wrongly accused.; **Bhí tú san éagóir orm ansin.** You were wrong about me there.

éagoiteann adj uncommon

éagothrom adj (surface) uneven

eagraí m4 organizer

eagraigh vb [**12**] to organize ▷ *Eagraíonn siad cúrsaí ceoil sna laethanta saoire.* They organize music courses in the holidays.

eagraíocht f3 (political) organization

eagrán m1 ❶ (book) edition ❷ (magazine) issue ▷ *san eagrán is déanaí de …* in the latest issue of …

éagsamhalta adj extraordinary

éagsúil adj different ▷ *Tá siad éagsúil le chéile.* They are different from one another.; **Bhí rudaí éagsúla le déanamh agam.** I had various things to do.

éagumasach adj incapable

eala f4 swan

éalaigh vb [**12**] ❶ (prisoners) to escape; **D'éalaigh mé amach gan fhios.** I slipped out unnoticed. ❷ to elope ▷ *D'éalaigh an lánúin le chéile.* The couple eloped.

ealaín (pl **ealaíona**, gen pl **ealaíon**) f2 art ▷ *na healaíona uaisle* the fine arts

ealaíonta adj skilful; **go healaíonta** skilfully ▷ *Rinneadh go healaíonta é.* It was skilfully done.

ealaíontóir m3 artist ▷ *Is ealaíontóir í.* She's an artist.

eallach (pl **eallaí**) m1 cattle

ealta f4 (of birds) flock

éan m1 bird ▷ *tréad éan* a flock of birds ▷ *éan creiche* a bird of prey; **éan corr** odd man out

Eanáir m4 January; **i mí Eanáir**

in January

éanfhairtheoir *m3* bird-watcher

éanlaith *f2* birds ▷ *éanlaith mhara* sea birds

earc (*pl* **earca**) *m1* lizard; **earc luachra** a newt

earcach *m1* recruit

éarlais *f2* (*down payment*) deposit; **éarlais a chur ar rud** to put down a deposit on something; **éarlais leabhair** a book token

éarlamh *m1* patron saint

earraí *npl* goods ▷ *earraí tomhaltais* consumer goods; **earraí gloine** glassware

earrach *m1* (*season*) spring; **san earrach** in spring

earráid *f2* error ▷ *earráid chló* a typing error

eas (*pl* **easanna**) *m3* waterfall

easaontaigh *vb* [**12**] to disagree ▷ *Easaontaíonn sé liom.* He disagrees with me.

easaontas *m1* disagreement

éasc *m1* (*geological*) fault; **Fuair sé an t-éasc ionat an iarraidh sin.** He found your weak spot that time.

éasca *adj* easy ▷ *Bhí an obair sin éasca go leor.* That work was quite easy.

eascaine *f4* curse

eascairdiúil *adj* unfriendly

eascann *f2* eel

easláinte *f4* ill-health

easlán *m1* (*sick person*) invalid

easna (*pl* **easnacha**) *f4* rib

easnamh *m1* shortage; **Tá punt** fós in easnamh orainn. We're still a pound short.; **in easnamh** missing ▷ *Tá ceann amháin in easnamh.* There's one missing.

easpa *f4* lack; **Tá easpa taithí air.** He lacks experience.; **Tá duine in easpa orainn.** We're a man short.

easpag *m1* bishop

easpórtáil *vb* [**25**] to export

easpórtálaí *m4* exporter

eastát *m1* estate ▷ *eastát tionsclaíoch* an industrial estate ▷ *eastát tithíochta* a housing estate; **eastát réadach** real estate

easumhal (*pl* **easumhla**) *adj* ❶ (*to parents*) disobedient ❷ (*to officers*) insubordinate

eatarthu *see* **idir**

eatramh *m1* (*between showers*) interval; **Rinne sé eatramh beag.** It cleared up a little.; **Tá eatramh ann.** It's stopped raining.

eatramhach *adj* interim ▷ *socrú eatramhach* an interim arrangement

eibhear *m1* granite

éiceachóras *m1* ecosystem

éiceolaíoch *adj* ecological

éiceolaíocht *f3* ecology

éadaí *see* **éadach**

éide *f4* uniform ▷ *éide scoile* school uniform; **éide spóirt** sportswear

éideimhin *adj* uncertain

eidhneán *m1* ivy

éidreorach *adj* helpless

éifeachtach *adj* ❶ (*policy*) effective ❷ (*worker*) efficient; **go héifeachtach** efficiently

❸ (*person*) capable

éigean *m1* (*violence*) force;
B'éigean dom imeacht. I had
to leave.; **ar éigean** hardly ▷ *Ar
éigean a bhí mé in ann siúl.* I could
hardly walk.

éigeandáil *f3* emergency

éigin *adj* some ▷ *Bhí bean éigin ar
do lorg.* Some woman was looking
for you ▷ *lá éigin* some day; **duine
éigin** someone ▷ *Tá duine éigin ag
bualadh ar an doras.* Someone's
knocking at the door.; **ar dhóigh
éigin** somehow ▷ *Déanfaidh mé ar
dhóigh éigin é.* I'll do it somehow.;
míle éigin euro about a thousand
euros

éiginnte *adj* uncertain

Éigipt *f2* **an Éigipt** Egypt ▷ *san
Éigipt* in Egypt

Éigipteach *adj, m1* Egyptian

éignigh *vb* [**11**] to rape

éigniú *m* rape

éigse *f4* poetry

eile *adj, adv, pron* ❶ other ▷ *Rinne
siad pleananna eile.* They made
other plans. ❷ another ▷ *leabhar
eile* another book ▷ *Ar mhaith leat
píosa eile cáca?* Would you like
another piece of cake?; **Cé eile?**
Who else?; **duine amháin eile** one
more person; **cailín eile ar fad** a
completely different girl

éileamh *m1* ❶ claim ▷ *Ba cheart
duit éileamh a chur isteach.* You
should send in a claim. ❷ request
▷ *Tháinig éileamh ar bhreis airgid.* A
request came in for more money.;

**Tá éileamh mór ar an leabhar
sin.** That book is in great demand.
❸ (*ailment*) complaint

eilifint *f2* elephant

éiligh *vb* [**11**] ❶ to claim
▷ *D'éilíomar ar ár n-árachas.* We
claimed on our insurance.; **rud a
éileamh** to demand something
❷ to complain ▷ *Bhí sé ag éileamh
as a dhroim.* He was complaining
of a sore back.; **Tá sé ag éileamh
le tamall.** He has been ill for
some time.

eilimint *f2* element

éilitheach *adj* demanding

éill, éille *see* **iall**

éillín *m4* ❶ (*eggs*) clutch ❷ (*chicks*)
brood

Eilvéis *f2* **an Eilvéis** Switzerland
▷ *san Eilvéis* in Switzerland

Eilvéiseach *adj, m1* Swiss ▷ *Is
Eilvéiseach í.* She's Swiss.

éindí *n* **in éindí** together ▷ *Bhíomar
in éindí.* We were together.; **Bhí
m'athair in éindí liom.** My father
was with me.

éineacht *n* at the same time ▷ *Ná
bígí ag labhairt uilig in éineacht.*
Don't all speak at the same time.;
in éineacht together; **Tiocfaidh
mé in éineacht leat.** I'll come
with you.

eipeasóid *f2* episode

Éire (*dat sing* **Éirinn**, *gen sing*
Éireann) *f* (*Eire*) Ireland ▷ *in Éirinn*
in Ireland; **Muir Éireann** the
Irish Sea; **muintir na hÉireann**
the Irish people; **Poblacht na**

hÉireann the Republic of Ireland

eireaball m1 tail; **treabhadh as d'eireaball féin** to fend for yourself

Éireann see **Éire**

Éireannach adj Irish
▸ m1 Irish person

éirí m4 **éirí na gréine** sunrise

éiric f2 revenge; **éiric a bhaint as duine i rud** to get one's own back on somebody for something; **cic éirice** a penalty kick

éirigh vb [11, VN éirí] ❶ to rise ▸ Éiríonn an ghrian go luath i Meitheamh. The sun rises early in June. ❷ (out of bed) to get up ▸ Ba chóir dom éirí níos luaithe. I ought to get up earlier. ▸ Caithfidh mé éirí go luath. I have to get up early. ❸ (become) to get ▸ Tá sé ag éirí fuar. It's getting cold. ▸ Bhí mé ag éirí éadóchasach. I was getting desperate.; **D'éirigh leis sa scrúdú.** He passed the exam.; **Cad é mar atá ag éirí leat?** How are you getting on?; **Cad é a d'éirigh dó?** What happened to him?; **D'éirigh eatarthu.** They fell out.

éirim f2 ❶ intellect ❷ talent ▸ Tá éirim an cheoil inti. She has a talent for music. ❸ gist ▸ Sin é éirim an scéil. That's the gist of the matter.

éirimiúil adj talented; **eolaí éirimiúil** a brilliant scientist

Éirinn see **Éire**

éis n tar éis after ▸ tar éis dúinn filleadh after our return ▸ tar éis an tsaoil after all; **fiche tar éis a trí** twenty past two

éisc see **iasc**

eisceachtúil adj exceptional

eisdíritheach adj, m1 extrovert

éisealach adj squeamish

eisean pron ❶ he ▸ Eisean an t-údar. He's the author. ❷ him ▸ Tá mé cinnte gurbh eisean a bhí ann. I'm certain it was him. ▸ Chonaic mé eisean ach ní fhaca mé ise. I saw him but not her.; **Eisean a bhí ann.** (for emphasis) It was HIM.

eisigh vb [11, VN eisiúint] to issue

eisimirceach adj, m1 emigrant

eisiúint (gen sing eisiúna) f3 (of shares) issue; **an eisiúint is deireanaí ón mbanna** the band's latest release

eisreachtaí m4 outlaw

éist vb [15, VN éisteacht] to listen ▸ Éistim leis an nuacht gach maidin. I listen to the news every morning.; **éisteacht le duine** to listen to somebody ▸ Ní éistfeadh siad liom. They wouldn't listen to me.; **Éist!** Look here!; **Éist do bhéal!** Shut up!; **cás a éisteacht** (in court) to hear a case

éisteacht f3 hearing ▸ Níl an éisteacht go maith aige. His hearing is not good.

éisteoir m3 (to the radio) listener

eite f4 wing; **an eite chlé** (politics) the Left Wing

eiteach m1 refusal ▸ eiteach dearg a flat refusal

eiteog f2 (of bird) wing

eitigh vb [11, VN eiteach] to refuse

eitil vb [21] to fly ▸ Ní féidir eitilt

go díreach ó Chorcaigh go Nice. You can't fly to Nice direct from Cork. ▷ *D'eitil an t-eitleán tríd an oíche.* The plane flew through the night.

eitilt *f2* flight ▷ *eitilt intíre* a domestic flight ▷ *Cén t-am a bheidh an eitilt go Páras?* What time is the flight to Paris? ▷ *Bhí moill ar an eitilt.* The flight was delayed.

eitinn *f2* tuberculosis

eitleán *m1* plane ▷ *Thuairteáil an t-eitleán.* The plane crashed. ▷ *Stopann an t-eitleán i mBostún chun athbhreoslú.* The plane stops in Boston to refuel.; **ar an eitleán** by air ▷ *Is fearr liom taisteal ar an eitleán.* I prefer to travel by air.

eitleog *f2* ❶ *(toy)* kite ❷ *(in tennis)* volley

eitneach *adj* ethnic

eitpheil *f2* volleyball

eochair *(gen sing* **eochrach**, *pl* **eochracha**) *f* key ▷ *Fág d'eochair ag an deasc fáiltithe, le do thoil.* Please leave your key at reception. ▷ *Chaill mé m'eochair.* I've lost my key.

eochairchlár *m1* keyboard

eolaí *m4* ❶ expert ❷ scientist ▷ *Cuireadh oiliúint eolaí air.* He was trained as a scientist.

eolaíoch *adj* scientific

eolaíocht *f3* science

eolaire *m4* *(book)* directory

eolas *m1* knowledge; **Níl aon eolas agam faoi.** I know nothing about it.; **An bhfuil eolas agat ar Bhéal Feirste?** Do you know

your way around Belfast?; **de réir m'eolais** as far as I know; **eolas an bhealaigh a chur** to ask directions; **oifig eolais** an information office

Eoraip *f3* **an Eoraip** Europe ▷ *Thaistil sé go fairsing san Eoraip.* He has travelled extensively in Europe.

Eorpach *adj, m1* European

euro *m4* *(currency)* euro ▷ *céad euro* a hundred euros ▷ *Beidh 200 euro air, cáin san áireamh.* It will be 200 euros, including tax. ▷ *bonn 2 euro* a 2 euro coin

a
b
c
d
e
f
g
h
i
j
k
l
m
n
o
p
q
r
s
t
u
v
w
x
y
z

f

fabhar *m1* favour; **bheith i bhfabhar le rud** to be in favour of something

fabhcún *m1* falcon

fabhra *m4* ❶ eyelash ❷ eyebrow

fabhtach *adj* (flawed) faulty; **croí fabhtach** a weak heart

fabraic *f2* fabric

fách *n* **bheith i bhfách le rud** to be in favour of something

facs *m4* fax

facsáil *vb* [25] to fax

fad *m1* ❶ length; **sé mhéadar ar fad** 6 metres long; **ar a fhad** lengthwise; **faoi fhad láimhe de** within reach of ❷ duration; **an lá ar fad** all day; **Cá fhad?** How long? ❸ distance; **Cá fhad atá sé go Corcaigh?** How far is it to Cork?; **ar fad** altogether ▷ *rud eile*

ar fad another matter altogether; **fad is nach mbeidh tú mall** as long as you're not late; **i bhfad ró-bheag** far too small; **i bhfad ó shin** long ago; **dul a fhad le duine** to approach somebody; **Fad saoil duit!** Bravo!

fada (*compar* **faide**) *adj* long ▷ *scéal fada* a long story ▷ *Ní raibh mé sa bhaile le fada.* I haven't been home for a long time.; **le fada an lá** for a long time past; **Is fada ó ...** It's a long time since ... ▷ *Is fada ó chonaic mé Pádraig.* It's a long time since I saw Patrick.

fadálach *adj* ❶ slow ❷ tedious ▷ *obair fhadálach* tedious work

fadcheannach *adj* astute

fadfhulangach *adj* long-suffering

fadhb (*pl* **fadhbanna**) *f2* problem ▷ *D'éirigh linn an fhadhb a réiteach.* We managed to solve the problem.

fadó *adv* long ago; **san am fadó** in olden times

fadtéarmach *adj* long-term

fadtonn *f2* (radio) long wave

fadtréimhseach *adj* long-term

fadú *m* (to house) extension

fág *vb* [14, VN fágáil] to leave ▷ *D'fhág mé an teach ar a hocht.* I left the house at eight.; **rud a fhágáil ag duine** to leave something with somebody ▷ *Fágfaidh mé an leabhar ag Máire.* I will leave the book with Mary.; **D'fhág mé slán ag Seán.** I said goodbye to John.; **rud a fhágáil amach** to leave something out; **rud a fhágáil ar dhuine** to attribute something to somebody ▷ *Ná fág ormsa é.* Don't attribute it to me.; **rud a fhágáil faoi dhuine** (*decision*) to leave something up to somebody ▷ *Fágfaidh mé fút féin é.* I will leave it up to you.

faic *f4* nothing ▷ *Ní dhéanann sé faic.* He does nothing.; **faic na fríde** nothing at all

faiche *f4* ❶ lawn ❷ ground ▷ *faiche imeartha* playground

faichill *f2* caution; **bheith ar d'fhaichill roimh dhuine** to be wary of somebody

faichilleach *adj* cautious

fáidh (*pl* **fáithe**) *m4* prophet ▷ *Ní fáidh fear ina dhúchas féin.* No man is a prophet in his own country.

faigh *vb* [**5**] ❶ to get ▷ *Faigh an leabhar.* Get the book.; **rud a fháil ar ais** to get something back ❷ to find ▷ *Fuair mé mo sparán.* I found my purse.; **faigh amach** to discover ▷ *Fuair mé amach go raibh Liam tinn.* I discovered that Liam was sick. ❸ to receive ▷ *Gheobhaidh tú litir sa phost.* You will receive a letter in the post.; **rud a fháil déanta** to get something done; **Ní bhfuair mé labhairt leis.** I didn't get to speak with him.; **locht a fháil ar rud** to find fault with something; **ar fáil** available ▷ *Níl fáil air.* He isn't available.

faighin (*gen sing* **faighne**, *pl* **faighneacha**) *f2* vagina

faighneog *f2* pod ▷ *faighneoga pise*

pea pods

fáilí *adj* stealthy; **teacht go fáilí ar dhuine** to sneak up on somebody

faill (*pl* **failleanna**) *f2* ❶ opportunity ▷ *Seo faill iontach.* This is a wonderful opportunity.; **faill a bhreith ar dhuine** to take somebody at a disadvantage ❷ time ▷ *Níl faill suí agam.* I don't have time to sit down.; **faill a thabhairt do dhuine rud a dhéanamh** to give somebody time to do something

faillí (*pl* **faillíocha**) *f4* oversight; **faillí a dhéanamh i rud** to neglect something

fáilte *f4* welcome; **Fáilte romhat!** Welcome!; **fáilte a chur roimh dhuine** to welcome somebody

fáilteoir *m3* receptionist

fáiltigh *vb* [**11**] to welcome; **fáiltiú roimh rud** to welcome something

fáiltiú *m* reception

fainic *vb* to take care

The only form of this verb used is the imperative, **fainic**. ▷ *Fainic an mbrisfeá é.* Take care not to break it.; **Fainic thú féin ar an madra.** Beware of the dog.

fáinleog *f2* (*bird*) swallow

fáinne *m4* ❶ ring ▷ *fáinne pósta* a wedding ring ❷ circle ▷ *fáinne lochtach* a vicious circle ❸ (*hair*) ringlet; **fáinne geal an lae** the dawning of the day

fair *vb* [**13**, VN faire] to watch; **duine a fhaire** to watch over someone

a b c d e f g h i j k l m n o p q r s t u v w x y z

faire f4 ❶ watch; **fear faire**
sentry; **focal faire** a password
❷ (for dead person) wake

fairsing adj ❶ wide ▷ *doras*
fairsing a wide door ❷ extensive
▷ *radharc fairsing* an extensive
view ❸ spacious ▷ *seomra fairsing*
a spacious room ❹ plentiful ▷ *Tá*
an t-airgead fairsing. The money is
plentiful.

fairsingiú m expansion

fairtheoir m3 watchman
▷ *fairtheoir oíche* a night watchman

fáisc vb [**13,** vn fáscadh] ❶ to
squeeze ▷ *rud a fháscadh i do lámh*
to squeeze something in your
hand ▷ *D'fháisc mé an liathróid i mo*
lámh. I squeezed the ball in my
hand. ❷ to wring ▷ *Bhain sé de a*
chuid éadaigh gur fháisc sé iad. He
took off his wet socks and wrung
them out. ❸ to tighten ▷ *téada a*
fháscadh to tighten a rope

fáisceán m1 bandage

fáiscín m4 clip ▷ *fáiscín páipéir* a
paper clip

faisean m1 fashion ▷ *san fhaisean*
in fashion ▷ *as faisean* out of
fashion

faiseanta adj fashionable; **siopa**
éadaigh faiseanta a fashion
boutique

faisnéis f2 ❶ information;
faisnéis duine a chur to inquire
about somebody; **faisnéis**
na haimsire weather report
❷ (military) intelligence

faiteach adj shy ▷ *leanbh faiteach*
a shy child

fáithim f2 hem

faithne m4 wart

faitíos m1 ❶ fear ▷ *ar fhaitíos go ...*
for fear that ...; **Tá faitíos orm.** I
am afraid. ❷ shyness; **Bhí faitíos**
ar an leanbh. The child was shy.

fál (pl **fálta**) m1 ❶ hedge ▷ *fál bosca*
a box hedge ❷ fence ▷ *fál sreinge* a
wire fence ❸ wall; **Ní fál go haer**
é. This problem can be solved.

fallaing (pl **fallaingeacha**)
f2 cloak; **fallaing folctha** a
bathrobe; **fallaing sheomra** a
dressing gown

falsa adj ❶ lazy ▷ *duine falsa* a lazy
person; ❷ false; **airgead falsa**
counterfeit money

falsacht f3 laziness

falsóir m3 lazy person

fámaireacht f3 sightseeing

fan vb [**23,** vn fanacht] ❶ to stay
▷ *D'fhan sé as an mbealach* He
stayed out of the way.; **fanacht**
ag duine to stay with somebody
❷ to wait ▷ *Fan nóiméad!* Wait
a minute!; **Fan go fóill!** Hold
on!; **fanacht le duine** to wait for
somebody

fán m1 **ar fán** astray; **imeacht**
ar fán to wander off; **lucht fáin**
vagrants

fána f4 slope; **dul le fána** to decline

fánach adj ❶ futile ▷ *Tá sé*
fánach agam bheith ag caint leis.
It's futile for me to talk to him.
❷ occasional ▷ *ceathanna fánacha*
occasional showers ❸ (matter,

cause) trivial ❹ random ▷ *sampla fánach* a random sample

fanaiceach *m1* fanatic

fanaile *m4* vanilla

fann *adj* ❶ feeble ▷ *glór fann* a feeble voice ❷ limp ▷ *bláth fann* a limp flower

fanntais *f2* **dul i bhfanntais** to faint

fánsruth *m3* rapids

fantaisíocht *f3* fantasy

faobhrach *adj* ❶ sharp-edged ❷ *(person)* eager

faoi *prep*

> Prepositional pronouns are **fúm, fút, faoi, fúithi, fúinn, fúibh, fúthu.**

❶ under ▷ *faoin tábla* under the table ❷ about ▷ *ag caint faoin aimsir* talking about the weather ▷ *Tá mé ar buile faoin mhoill.* I'm furious about the delay. ❸ within ▷ *faoi choicís den Nollaig* within a fortnight of Christmas ▷ *faoi mhíle den teach* within a mile of the house; **Tá fúm dul amach anocht.** I intend to go out tonight.; **Bhuail sé faoin mballa.** He hit the wall.; **Is cuma faoi.** That doesn't matter.; **faoi láthair** at the moment; **faoin tuath** in the country; **faoi bhláth** in flower

faoileán *m1* seagull

faoileoir *m3* glider

faoileoireacht *f3* gliding

faoiseamh *m1* relief ▷ *Is mór an faoiseamh dom é.* It's a great relief to me.

faoiste *m4* *(sweet)* fudge

faoistin *f2* *(in church)* confession; **faoistin a dhéanamh i rud** to confess something

faolchú *(pl* **faolchúnna)** *m4* wolf

faon *adj* limp

farantóireacht *f3* **bád farantóireachta** a ferry

faraor *excl* alas

farraige *f4* sea; **fharraige mhór** an ocean

fás *vb* [**23,** VN fás] to grow ▷ *Fásann féar go gasta.* Grass grows quickly. ▷ *Nach tusa atá ag fás!* Haven't you grown! ▷ *Bíonn prátaí ag fás ag mo dhaid.* My dad grows potatoes.

fásta *adj* grown up; **duine fásta** an adult

fáth *(pl* **fáthanna)** *m3* reason; **Cén fáth?** Why?

fathach *m1* giant

feabhas *m1* *(in health, weather)* improvement; **Tá an aimsir ag dul i bhfeabhas.** The weather is improving.; **Tá feabhas mór air.** He has improved a lot.; **ar fheabhas** excellent ▷ *Tá an aimsir ar fheabhas.* The weather is excellent.

Feabhra *f4* February; **i mí Feabhra** in February

feabhsaigh *vb* [**12**] to improve

feabhsaitheoir *m3* conditioner

feabhsú *m* improvement

feac *vb* [**14**] *(knee)* to bend

féach *vb* [**23,** VN féachaint] to look ▷ *Féach an chuma atá air.* Just look at him! ▷ *Tá tú ag féachaint* *go maith.* You are looking well.; **féach ar rud** to watch something ▷ *Bhí mé ag féachaint ar an teilifís.* I was watching TV.; **féach ort** (*clothes*) to try on ▷ *D'fhéach sí gúna dearg uirthi.* She tried on a red dress.; **féachaint le rud** to try to do something ▷ *D'fhéach mé leis an gcarraig a thógáil.* I tried to lift the rock.; **Féach leis!** Have a go!

féachaint (*gen sing* **féachana**) *f3* look; **lucht féachana** spectators

feachtas *m1* campaign

fead *f2* whistle; **fead a ligean le duine** to whistle at somebody

féad *vb* [**23,** vn féadachtáil]
① can ▷ *Ní fhéadfaí é a dhéanamh.* It couldn't be done. ▷ *Féadaim a rá go ...* I can safely say that ...; **Féadann tú imeacht.** You may go. ② should ▷ *D'fhéad tú a rá leis.* You should have told him.

feadair *vb* **Ní fheadar.** I don't know.; **An bhfeadraís?** Do you know?

feadh *m3* **ar feadh míle** for a mile; **feadh an bhóthair** along the road; **ar feadh sé mhí** for six months; **ar feadh scathaimh** for a while; **ar feadh a shaoil** all his life; **ar feadh m'eolais** as far as I know

feadóg *f2* whistle ▷ *Shéid an réiteoir a fheadóg.* The referee blew his whistle.; **feadóg mhór** a flute

feall *m1* ① deceit; **feall a dhéanamh ar dhuine** to deceive someone ② betrayal ▷ *feall ar iontaoibh* a betrayal of trust ③ (*in sport*) foul
▶ *vb* [**23**]; **fealladh ar dhuine** to let somebody down ▷ *Ná feall orm.* Don't let me down.

fealsúnacht *f3* philosophy

feamainn *f2* seaweed

feanntach *adj* ① (*wind*) piercing ② (*cold*) bitter ▷ *Tá sé feanntach inniu.* It's bitter today.

fear (*gen sing, pl* **fir**) *m1* man; **Fear Buí** an Orangeman; **fear buile** a madman; **fear céile** a husband; **fear dóiteáin** a fireman; **fear ionaid** (*in sport*) a substitute; **fear an phoist** a postman; **fear singil** a bachelor; **fear sneachta** a snowman; **'Fir'** (*sign*) 'Gents'

féar (*pl* **féara**) *m1* ① grass ▷ *Tá an féar fada.* The grass is long. ② hay

fearadh *m* **Tá fearadh na fáilte romhat.** You're very welcome.

féaráilte *adj* fair ▷ *Níl sin féaráilte.* That's not very fair.

fearas *m1* ① appliance ▷ *fearas iascaigh* fishing gear ② kit ▷ *fearas lámhshaor* a hands-free kit ▷ *fearas garchabhrach* a first-aid kit ▷ *fearas deisithe poill* a puncture repair kit ③ order; **rud a chur i bhfearas** to fix something ▷ *Chuir sé an t-inneall i bhfearas.* He fixed the engine.

fearg (*gen sing* **feirge**, *dat sing* **feirg**) *f2* anger; **fearg a bheith ort** to be angry; **fearg a chur ar dhuine** to make somebody angry

feargach *adj* angry

Fear Manach *m* Fermanagh

fearthainn *f2* rain ▷ *fearthainn*

throm heavy rain; **ag cur
fearthainne** raining ▷ *Tá sé ag
iarraidh dul amach, cé go bhfuil sé
ag cur fearthainne.* He wants to go
out, even though it's raining.

féasóg *f2* beard ▷ *Tá feasóg air.* He's
got a beard.

feasta *adv* from now on; **lá ar bith
feasta** any day now

feic *vb* [6] ❶ to see ▷ *Chonaic mé
Seán inné.* I saw John yesterday.;
Fan go bhfeicfidh mé. Let me
see.; **le feiceáil** to be seen ▷ *Ní
raibh sé le feiceáil thoir ná thiar.* He
was nowhere to be seen. ❷ to
seem ▷ *Feictear dom go ...* It seems
to me that ...

féidearthacht *f3* possibility

feidhm (*pl* **feidhmeanna**) *f2*
function ▷ *Ní bhainim úsáid as
an fheidhm seo ar mo ríomhaire.*
I don't use this function on my
computer.; **feidhm a bhaint
as rud** to use something; **dul i
bhfeidhm ar dhuine** to influence
somebody; **as feidhm** out of
order; **Níl feidhm leis.** It isn't
necessary.; **Níl feidhm dom ...**
I don't have to ...

feidhmeannach *m1* ❶ official
▷ *feidhmeannach poiblí* a public
official ❷ executive ▷ *Is
feidhmeannach é.* He's an executive.

feidhmeannas *m1* ❶ office ▷ *Tá
an t-uachtarán nua i bhfeidhmeannas
anois.* The new president is now in
office. ❷ (*ruling body*) executive;
an Feidhmeannas the Executive

feidhmiúil *adj* efficient

féidir *n* **b'fhéidir** maybe; **Is féidir
é a fheiceáil.** It is possible to see
it.; **An féidir liom caitheamh?**
May I smoke?; **chomh mór agus
is féidir** as big as possible; **más
féidir** if possible; **Ní féidir liom
teacht.** I cannot come.

feighil *f2* care; **bheith i bhfeighil
duine** to be looking after
somebody ▷ *Tá mé i bhfeighil an
linbh.* I am looking after the child.

feighlí *m4* (*of building*) caretaker;
feighlí páistí baby-sitter

feil *vb* [**15,** VN feiliúint] to suit;
feiliúint do dhuine to suit
somebody

féile (*pl* **féilte**) *f4* ❶ festival; **Lá
Fhéile Pádraig** St Patrick's Day; **Lá
Fhéile Vailintín** St Valentine's Day
❷ generosity; **Is é croí na féile é.**
He's very generous.

féileacán *m1* butterfly

féilire *m4* calendar

feiliúnach *adj* suitable ▷ *aimn
feiliúnach* a suitable name

feilt *f2* felt

feiminí *m4* feminist

féin *pron* ❶ self ▷ *mé féin* myself
▷ *tú féin* yourself ▷ *Nigh siad iad féin*
They washed themselves. ▷ *Bríd
féin a d'inis dom é.* Bridget told me
herself. ▷ *Ghortaigh sí í féin.* She
hurt herself. ▷ *Tháinig sí léi féin.*
She came by herself. ❷ own ▷ *mo
leabhar féin* my own book ▷ *Is leo
féin an t-airgead.* It's their own
money.

a
b
c
d
e
f
g
h
i
j
k
l
m
n
o
p
q
r
s
t
u
v
w
x
y
z

▸ *adv* **mar sin féin** nevertheless; **go deimhin féin** indeed; **cheana féin** already; **Má tá sé fuar féin níl sé fliuch.** Even though it's cold it's not wet.; **anois féin** even now; **Ní hé sin féin é.** That's not quite the whole story.

féinchosaint *f3* self-defence

féinfhostaithe *adj* self-employed

féinmharú *m* suicide

féinmhuinín *f2* self-confidence

féinseirbhís *f2* self-service

féinsmacht *m3* self-control

feirc *f2* ❶ (*of cap*) peak ❷ (*of knife*) hilt

féirín *m4* (*gift*) present

feirm (*pl* **feirmeacha**) *f2* farm; **feirm ghaoithe** a wind farm

feirmeoir *m3* farmer ▷ *Is feirmeoir é.* He's a farmer.

feirmeoireacht *f3* farming

feis (*pl* **feiseanna**) *f2* festival; **Ard-Fheis** (*political*) National Convention

Feisire *m4* **Feisire Parlaiminte** (*in Britain*) Member of Parliament; **Feisire Eorpach** Member of the European Parliament

feisteas *m1* ❶ furnishings ▷ *feisteas tí* house furnishings ❷ (*clothes*) outfit ❸ (*in theatre*) costume; **seomra feistis** a changing room

feistigh *vb* [**11**] to arrange ▷ *D'fheistigh sí na bláthanna i vása.* She arranged the flowers in a vase.; **an tábla a fheistiú** to set

the table ▷ *D'fheistigh mé an tábla.* I set the table.

féith (*pl* **féitheacha**) *f2* vein

feitheamh *m1* wait; **seomra feithimh** a waiting room

feitheoir *m3* ❶ (*in exam*) invigilator ❷ (*at work*) supervisor

feithicil (*gen sing* **feithicle**, *pl* **feithiclí**) *f2* vehicle

feithid *f2* insect

feoigh *vb* [**20**] to wither

feoil (*pl* **feolta**, *gen sing* **feola**) *f3* meat ▷ *Ní ithim feoil ná iasc.* I don't eat meat or fish.; **Ná déan feoil de dhuine amháin agus iasc de dhuine eile.** Don't make fish of one and flesh of another.

feoilséantóir *m3* vegetarian ▷ *Is feoilséantóir mé.* I'm a vegetarian.

feothan *m1* ❶ breeze ❷ gust ▷ *feothan gaoithe* a gust of wind

fia (*pl* **fianna**) *m4* roe deer; **fia rua** red deer

fiabheatha *f4* wildlife

fiabhras *m1* fever ▷ *fiabhras léana* hay fever

fiacail (*pl* **fiacla**) *f2* tooth ▷ *Scuabaim mo chuid fiacla gach oíche.* I brush my teeth every night.; **fiacla bréige** false teeth; **fiacail forais** a wisdom tooth; **Níor chuir sé fiacail ann.** He didn't mince his words.

fiach (*gen sing* **féich**, *pl* **fiacha**, *gen pl* **fiach**) *m1* debt ▷ *Tá cuid mhaith fiacha air.* He's got a lot of debts.; **fiacha a bheith ort rud a dhéanamh** to have to do something

fiaclóir m3 dentist ▷ *Is fiaclóir í Catherine.* Catherine is a dentist.

fiaclóireacht f3 dentistry

fiafheoil f3 venison

fiafraigh vb [**12**, VN fiafraí] (*inquire*) to ask ▷ *D'fhiafraigh sé a haois di.* He asked her how old she was.; **fiafraí faoi rud** to ask about something ▷ *Bhí sé ag fiafraí faoi leabhar éigin.* He was asking about some book or other.

fiafraitheach adj inquisitive

faile f4 weed ▷ *Tá an gairdín lán fiailí.* The garden's full of weeds.

fiáin adj wild ▷ *ainmhí fiáin* a wild animal

fial (*gen sing m* **féil**, *gen sing f, compar* **féile**) adj generous

fianaise f4 evidence; **fianaise a thabhairt** to testify; **i bhfianaise duine** in the presence of somebody

fiancé m4 fiancé, fiancée ▷ *Is í fiancé s'agamsa í.* She's my fiancée.

Fiann (*gen sing* **Féinne**, *gen pl* **Fiann**, *pl* **Fianna**) f2 **cothrom na Féinne** fair play; **Fianna Fáil** (*political party*) Fianna Fáil

fiche (*gen sing* **fichead**, *pl* **fichidí**, *dat sing* **fichid**) m twenty

  fiche is usually followed by a singular noun.

  ▷ *Tá sé níos mó ná fiche cíleagram.* It's over twenty kilos.; **Tá mé fiche bliain d'aois.** I'm twenty.

ficheall f2 chess ▷ *Imrím ficheall corruair le m'athair.* I sometimes

play chess with my father.

fichiú adj twentieth ▷ *an fichiú lá de Bhealtaine* the twentieth of May

ficsean m1 fiction

fidil (*gen sing* **fidle**, *pl* **fidleacha**) f2 fiddle ▷ *Seinneann sí ar an bhfidil.* She plays the fiddle.

fidléir m3 fiddler

fige f4 fig

figiúr (*pl* **figiúirí**) m1 figure ▷ *An dtiocfadh leat na figiúirí cuí a thabhairt dom?* Can you give me the appropriate figures?

file m4 poet

filíocht f3 poetry

fill vb [**15**] ❶ to return ▷ *D'fhill sé abhaile.* He returned home. ❷ to fold up ▷ *D'fhill sí na héadaí.* She folded up the clothes. ❸ to wrap up ▷ *Tá sí ag filleadh a cuid bronntanas Nollag i bpáipéar.* She's wrapping her Christmas presents. ❹ (*plans*) to backfire

filléad m1 fillet

fillte adj (*ticket*) return ▷ *ticéad fillte* a return ticket

fillteach adj folding ▷ *bord fillteach* a folding table

fillteán m1 folder ▷ *Choinnigh sí a cuid litreacha ar fad i bhfillteán.* She kept all her letters in a folder.

fínéagar m1 vinegar

fíneáil f3 fine ▷ *Gearradh fíneáil £50 uirthi.* She got a £50 fine.

fíneálta adj (*delicate*) fine ▷ *éadach fíneálta* fine cloth

finné (*pl* **finnéithe**) m4 witness ▷ *Ní raibh finnéithe ar bith ann.*

There were no witnesses.; **finné fir** best man

finscéal (pl **finscéalta**) m1 fiction ▷ *Is iontaí fírinne ná finscéal.* Truth is stranger than fiction.

finscéalaíocht f3 fiction

fíochmhar adj ferocious

fíon (pl **fíonta**) m3 wine ▷ *buidéal fíona* a bottle of wine

fíonchaor f2 grape

fíonghort m1 vineyard

fionn adj fair ▷ *Tá a chuid gruaige fionn.* He's got fair hair.

fionnadh m1 ❶ hair ▷ *Tá ailléirge orm le fionnadh cait.* I'm allergic to cat hair. ❷ fur ▷ *Chaitheadh sí fionnadh bréagach.* She wore fake fur.

fionnuar adj cool ▷ *tráthnóna fionnuar* a cool evening

fionraí f4 suspension; **duine a chur ar fionraí** to suspend somebody

fiontar m1 risk ▷ *Ná téigh i bhfiontar.* Don't take a risk.; **dul i bhfiontar le rud** to gamble on something

fíor adj true ▷ *cara fíor* a true friend ▷ *Ach, ní fíor seo.* This, however, isn't true.; **Is fíor duit.** You're right. ▶ f (gen sing **fíorach**) figure; **fíor na Croise** the sign of the Cross

fíor- prefix true ▷ *fíorchara* a true friend

fíoruisce m4 spring water

fios (gen sing **feasa**) m3 ❶ knowledge; **Cá bhfios duit?** How do you know?; **fios do**

ghnóthaí a bheith agat to know one's business ❷ to send for ▷ *Chuir mé fios ar an dochtúir.* I sent for the doctor.; **bean feasa** a fortune-teller

fiosrach adj inquisitive

fiosrú m (of crime) investigation

fiosrúchán m1 (investigation) inquiry

fireannach m1 male ▶ adj male

fíric f2 fact

fírinne f4 truth ▷ *D'inis mé an fhírinne dóibh.* I told them the truth.; **de dhéanta na fírinne** as a matter of fact

fírinneach adj truthful

fís (pl **físeanna**) f2 vision

físeán m1 video ▷ *físeán de mo theaghlach ar saoire* a video of my family on holiday

fisic f2 physics

fisiceoir m3 physicist

fisiteiripe f4 physiotherapy

fís-scannán m1 (film) video

fístéip f2 video tape

fiú n worth ▷ *Is fiú céad euro é.* It is worth a hundred euros. ▷ *B'fhiú duit dul.* It would be worth your while to go.; **Ní fiú labhairt leis.** There's no point talking to him.

fiuch vb [23] to boil ▷ *Tá an t-uisce fiuchta.* The water's boiled.; **ar fiuchadh** (water) boiling

fiúntach adj ❶ (work) worthwhile ❷ (person) decent

fiús (pl **fiúsanna**) m1 fuse

flaigín m4 flask

flainín m4 flannel

flaith (gen sing, pl **flatha**) m3 prince

flaithis mph **na flaithis** heaven

flannbhuí adj (colour) orange

fleá (pl **fleánna**) f4 (music) festival; **Fleá Cheoil na hÉireann** All-Ireland Fleá

fleasc m3 flask

fleiscín m4 hyphen

flichshneachta m4 sleet

fliú m4 flu; **fliú a bheith ort** to have flu

fliuch adj wet ▷ Tá an talamh fliuch. The ground's wet.; **fliuch báite** soaking wet

fliúit (pl **fliúiteanna**) f2 flute; **fliúit Shasanach** recorder

fobhríste m4 underpants

focal m1 ❶ word ▷ Ní thuigim an focal seo. I don't understand this word.; **focal faire** password ❷ remark ▷ Ghoill na focail sin go mór orm. Those remarks really hurt me.; **i mbeagán focal** in a nutshell

fócas m1 focus ▷ Tá an teach as fócas sa ghrianghraf seo. The house is out of focus in this photo.

fochéimí m4 undergraduate

fochupán m1 saucer

foclóir m3 ❶ vocabulary ❷ dictionary ▷ An bhfuil cead againn úsáid a bhaint as foclóir sa scrúdú? Can we use a dictionary in the exam?

fód m1 **an fód a sheasamh** to make a stand

fo-éadaí mph underwear

fógair vb [19] ❶ to announce

▷ D'fhógair an múinteoir go mbeadh muid saor amárach. The teacher announced that we would be free tomorrow. ❷ to advertise ▷ Fógraíonn siad a gcuid earraí ar líne. They advertise their products online.

foghlaí m4 intruder; **foghlaí mara** pirate

foghlaim vb [19, 3RD PRES foghlaimíonn, VN foghlaim, VA foghlamtha] to learn ▷ Is féidir le duine ar bith snámh a fhoghlaim. Anybody can learn to swim.

foghlaimeoir m3 learner ▷ foghlaimeoir tiomána a learner driver

fo-ghúna m4 (underskirt) slip

fógra m4 ❶ advertisement ❷ notice ▷ Chuir mé fógra in airde faoin dioscó. I put up a notice about the disco.

fógraíocht f3 advertising

fóibe f4 phobia

foighne f4 patience; **foighne a dhéanamh** to be patient

foighneach adj patient

fóill adj **go fóill** yet ▷ Níl sé réidh go fóill. It is not finished yet.; **Slán go fóill!** So long!

foilsigh vb [11] to publish

foilsitheoir m3 publisher

foilsitheoireacht f3 publishing

foinse f4 source

fóir (gen sing **fóireach**, pl **fóireacha**) f2 boundary; **dul thar fóir le rud** to overdo something; **thar fóir** excessive

▶ *vb* [**13,** VN **fóirithint**] **fóirithint ar dhuine** to help somebody; **Fóir orm!** Help!

foireann (*gen sing, pl* **foirne**) *f2*
❶ (*of company*) staff ❷ (*in sport*) team ❸ (*of boat*) crew ❹ cast ▷ *foireann Eastenders* the cast of Eastenders ❺ (*chess*) set; **foireann chló** (*in printing*) font

foirfe *adj* perfect ▷ *Níl sé foirfe, ach rinne mé mo dhícheall.* It's not perfect, but I did my best.

foirgneamh *m1* building

foirgneoir *m3* builder

foirgníocht *f3* (*industry*) construction

foirm (*pl* **foirmeacha**) *f2* form ▷ *foirm ordaithe* an order form

foirmiúil *adj* formal

foirmle *f4* formula

foirnéis *f2* furnace

fóirsteanach *adj* suitable

folach *m1* hiding; **rud a chur i bhfolach** to hide something

folachán *m1* hiding; **folacháin a dhéanamh** to play hide-and-seek

foláir *n* **Ní foláir.** It's necessary.; **Ní foláir dom imeacht.** I have to go.

foláireamh *m1* warning

folamh (*gen sing f, compar* **foilmhe,** *pl* **folmha**) *adj* ❶ empty ▷ *próca folamh* an empty jar ❷ (*page*) blank

folcadán *m1* (*bathtub*) bath ▷ *Glan an folcadán.* Clean the bath.

folcadh (*gen sing* **folctha,** *pl* **folcthaí**) *m* bath ▷ *Bhí folcadh agam aréir.* I had a bath last night.; **folcadh béil** mouthwash

folíne (*pl* **folínte**) *f4* (*telephone*) extension

folláin *adj* healthy ▷ *bia folláin* healthy food

folmhaigh *vb* [**12**] to empty

folt *m1* hair ▷ *Tá folt breá air.* He has a good head of hair.

folúntas *m1* vacancy

folúsfhlaigín *m4* vacuum flask

folúsghlantóir *m3* vacuum cleaner

fómhar *m1* autumn; **san Fhómhar** in autumn

fomhuireán *m1* submarine

fón *m1* phone; **fón ceamara** a camera phone; **fón póca** a mobile phone

fónamh *m1* **bheith ar fónamh** to feel fine

fonn *m1* ❶ mood; **fonn a bheith ort rud a dhéanamh** to feel like doing something ▷ *Níl fonn rómhór orm dul ann.* I don't feel like going. ❷ tune ▷ *Ar chan tú an fonn seo riamh?* Have you ever sung this tune before?

fonnadóir *m3* singer

fonnadóireacht *f3* singing

fonnmhar *adj* eager

fonóta *m4* footnote

fóram *m1* forum

foraois *f2* forest

foras *m1* institute; **Foras na Gaeilge** The Irish Language Body

forbairt (*gen sing* **forbartha**) *f3* development ▷ *na forbairtí is déana* the latest developments

forbhríste *m4* overall

forc m1 fork

foréigean m1 violence

forhalla m4 entrance hall

forleathan (gen sing f, compar
forleithne) adj widespread
▷ Beidh an fhearthainn forleathan
inniu. There will be widespread
rain today.

forlíonadh (pl **forlíontaí**) m1 (in
magazine) supplement

formad m1 envy

formáid f2 format

formáidigh vb [11] (also
computing) to format

formhéadaigh vb [12] to
magnify

formhór m1 majority ▷ formhór na
ndaoine the majority of the people

forneart m1 violence

forógra m4 proclamation;
Forógra na Saoirse the
Declaration of Freedom

fórsa m4 force ▷ fórsa an phléasctha
the force of the explosion

fortheideal m1 caption

fós adv ① yet ▷ Tá sé luath fós. It is
early yet. ② still ▷ Tá sé ann fós.
He is still here.; **níos fearr fós**
better still

foscadh (pl **foscaí**) m1 shelter

fosciorta m4 underskirt

foscript f2 subscript

fosta adv (also) too ▷ An féidir
liomsa teacht fosta? Can I come too?

fostaí m4 employee

fostaigh vb [12] to employ ▷ Tá
600 duine fostaithe sa mhonarcha.
The factory employs 600 people.

fostaíocht f3 employment

fostóir m3 employer

fostú m entanglement; **dul i
bhfostú i rud** to get caught in
something

fótachóip (pl **fótachóipeanna**) f2
photocopy

fótachóipire m4 (machine)
photocopier

fótagraf m1 photograph

fotheideal m1 (in film) subtitle

Frainc f2 an Fhrainc France ▷ sa
Fhrainc in France

Fraincis f2 (language) French

fráma m4 frame

frámaigh vb [12] to frame

Francach adj French
▶ m1 Frenchman; **Francach mná**
Frenchwoman

francach m1 rat

fraoch (gen sing **fraoigh**) m1
heather

frása m4 phrase

freagair vb [19] to answer ▷ Níor
fhreagair sé an cheist. He didn't
answer the question.

freagra m4 answer ▷ an freagra
ceart the correct answer

freagrach adj responsible;
bheith freagrach as rud to be
responsible for something

freastail vb [19, 3RD PRES
freastalaíonn, VN freastal, VA
freastalta] to attend ▷ Bhí orm
freastal ar chruinniú. I had to attend
a meeting.

freastalaí m4 ① waiter ▷ Is
freastalaí é. He's a waiter. ▷ Ghlac

an freastalaí an t-ordú uainn. The waiter took our order.; **freastalaí siopa** a sales assistant; **freastalaí beáir** a bartender ❷ *(for computer)* server

freasúra *m4 (also in politics)* opposition

fríd *f2* **faic na fríde** nothing at all

frídín *m4* germ

frioch *vb* [**23**] to fry

friochadh *(gen sing* **friochta)** *m (meal)* fry-up

friochta *adj* fried ▷ *ubh friochta* a fried egg

friochtán *m1* frying pan

frithir *adj* sore

frithnúicléach *adj* antinuclear

frithreo *m4* antifreeze

frithsheipteach *adj* antiseptic

frithsheipteán *m1* antiseptic

frithshóisialta *adj* antisocial

frithvíreas *adj* antivirus; **bogearraí frithvíreas** antivirus software

frog *(pl* **froganna)** *m1* frog

fuacht *m3* cold; **Tá mé caillte leis an bhfuacht.** I'm really cold.

fuadach *m1* ❶ *(of person)* kidnapping ❷ *(of plane)* hijacking

fuadaigh *vb* [**12,** vn **fuadach**] ❶ *(person)* to kidnap ❷ *(plane)* to hijack

fuadaitheoir *m3* ❶ *(of person)* kidnapper ❷ *(of plane)* hijacker

fuadar *m1* rush ▷ *Ní féidir liom labhairt anois, tá fuadar fúm.* I can't talk now, I'm in a rush.

fuaigh *vb* [**24,** vn **fuáil**] to sew

fuáil *f3* sewing

fuaim *(pl* **fuaimeanna)** *f2* sound

fuaimnigh *vb* [**11**] to pronounce

fuaimniú *m* pronunciation

fuaimrian *m1* soundtrack

fuaire *f4* coldness; **dul i bhfuaire** *(weather)* to get cold

fuar *adj* cold ▷ *Tá mé fuar.* I'm cold.

fuaraigh *vb* [**12**] to cool down ▷ *Tá an t-uisce ag fuarú.* The water is cooling down.

fuascail *vb* [**19,** vn **fuascailte**] ❶ *(prisoners)* to release ❷ *(problem)* to solve

fuascailt *f2 (to a problem)* solution ▷ *Tá fuascailt na ceiste sin agam anois.* I can find a solution to the problem now.

fuath *(pl* **fuathanna)** *m3* hate; **Is fuath liom é.** I hate it.

fud *n* **ar fud** throughout ▷ *ar fud na tíre* throughout the country

fuidreamh *m1 (in cooking)* batter

fuil *(gen sing, pl* **fola)** *f3* blood; **fuil a chur** to bleed ▷ *Tá sé ag cur fola.* He's bleeding.

fuinneamh *m1* energy

fuinneog *f2* window ▷ *fuinneog bhriste* a broken window ▷ *Ghlan sé na fuinneoga.* He cleaned the windows.; **fuinneog dhín** a skylight

fuinseog *f2 (tree)* ash

fuíoll *m1* ❶ remainder ❷ *(extra)* surplus; **fuíoll bia** *(food)* left-overs

fuip *(pl* **fuipeanna)** *f2* whip

fuirseoir *m3* comedian

fuisce *m4* ❶ *(Irish, American)*

whiskey ❷ (*Scottish*) whisky
fuiseog *f2* (*bird*) lark
fulacht *f3* barbecue
fulaing *vb* [**19,** 3RD PRES
fulaingíonn, VA fulaingthe]
❶ to suffer ▷ *Bhí sí ag fulaingt go
mór.* She was really suffering.
❷ to put up with ▷ *Ní thuigim cad
chuige a bhfulaingíonn tú é.* I don't
know why you put up with him.
furasta (*compar* **fusa**) *adj* easy
▷ *Tá pasta furasta a chócaráil.* Pasta
is easy to cook.

ga (*pl* **gathanna**) *m4* ❶ (*of light*)
ray ❷ (*in maths*) radius
gá *m4* need ▷ *Ní gá deifriú.* There's
no need to rush.; **Ní gá duit sin a
dhéanamh.** You don't need to do
that.; **más gá** if necessary
gabh *vb* [**23,** VN gabháil, VA gafa]
❶ to accept ▷ *Gabh an múinteoir
a leithscéal.* The teacher accepted
his excuse. ❷ to catch ▷ *Chuaigh
an robáil amú agus gabhadh iad.* The
robbery went wrong and they got
caught.; **slaghdán a ghabháil** to
catch a cold ❸ to arrest ▷ *Gabh na
gardaí an gadaí.* The police arrested
the thief. ❹ to sing ▷ *Gabh amhrán
dúinn.* Sing us a song. ❺ to go ▷ *ag
gabháil abhaile* going home ❻ to
come ▷ *Gabh isteach!* Come in!;
seilbh a ghabháil ar rud to take

a
b
c
d
e
f
g
h
i
j
k
l
m
n
o
p
q
r
s
t
u
v
w
x
y
z

possession of something ▷ *Ghabh siad seilbh ar an teach.* They took possession of the house.; **Gabh mo leithscéal!** Excuse me!; **Tá an t-inneall ag gabháil.** The engine is running.; **Níl sé ag gabháil a fhanacht leat.** He's not going to wait for you.

gabh ag *vb* to forgive; **Gabhaim pardún agat!** I beg your pardon!

gabh ar *vb* **rud a ghabháil ort féin** to undertake to do something ▷ *Ghabh sé air féin an obair a dhéanamh.* He undertook to do the work.

gabh as *vb* (*light*) to go out ▷ *Tá an solas ag gabháil as.* The light is going out.

gabh do *vb* ❶ to work at ▷ *Tá mé ag dul don obair bhaile.* I'm working at the homework. ❷ to annoy ▷ *Ná bí ag gabháil do Mháire.* Stop annoying Mary. ❸ to suit ▷ *Gabhann an cóta sin go breá duit.* That coat suits you. ❹ to owe ▷ *Cá mhéad atá ag gabháil dóibh?* How much are they owed?

gabh faoi *vb* to undergo ▷ *Gabhfaidh sé faoi scian amárach.* He will undergo an operation tomorrow.

gabh i *vb* to go into ▷ *Bhí an madra ag gabháil isteach san uisce.* The dog was going into the water.

gabh le *vb* ❶ (*accompany*) to go with ▷ *Gabhfaidh mé abhaile leat.* I'll go home with you. ❷ to go out with ▷ *Tá Seán ag gabháil amach le* Síle. John is going out with Sheila.; **buíochas a ghabháil le duine** to thank somebody ▷ *Ghabh mé buíochas leis an múinteoir.* I thanked the teacher.

gabh thar *vb* ❶ to go over ▷ *Tá an liathróid ag gabháil thar an mballa.* The ball's going over the wall. ❷ to go past ▷ *Chonaic mé Peadar ag gabháil thar an doras.* I saw Peter going past the door.

gabh trí *vb* to go through ▷ *Beidh muid ag gabháil tríd an gcoill ar an mbealach abhaile.* We'll be going through the wood on the way home.

gabha (*pl* **gaibhne**) *m4* **gabha dubh** a blacksmith

gabhal *m1* (*in road*) junction

gabhar *m1* goat; **An Gabhar** Capricorn ▷ *Is mise An Gabhar.* I'm Capricorn.

gabhdán *m1* container

gach *adj* every ▷ *Scuabaim mo chuid fiacla gach oíche.* I brush my teeth every night.; **gach lá** every day ▷ *Téim chuig an ngiomnáisiam gach lá.* I go to the gym every day.; **gach dara lá** every other day; **gach Aoine** every Friday; **gach duine** everybody ▷ *Bhí gach duine ar shiúl.* Everybody had gone.; **gach rud** everything ▷ *D'imigh gach rud i gceart.* Everything went OK.

gadaí *m4* thief ▷ *Rug siad ar an ngadaí.* They caught the thief.

gadaíocht *f3* theft

gadhar *m1* (*hunting*) dog

Gaeilge *f4 (language)* Irish ▷ *Tá Gaeilge líofa aige.* He speaks fluent Irish.

Gaeilgeoir *m3* Irish speaker ▷ *Is Gaeilgeoir mé.* I'm an Irish speaker.

Gael *m1* Irishman, Irishwoman

Gaelach *adj* Irish ▷ *an cultúr Gaelach* the Irish culture

Gaeltacht *f3* Irish-speaking district

gafa *adj* caught ▷ *Bhí mé gafa sa trácht.* I was caught in the traffic.; **Tá tú gafa!** You're under arrest!

gail *f* bheith ar gail to be boiling ▷ *Tá an t-uisce ar gail.* The water is boiling.

gaileadán *m1* boiler

gailearaí *m4* gallery ▷ *gailearaí ealaíne* an art gallery

Gaillimh *f2* Galway ▷ *Chuamar a champáil i nGaillimh.* We went camping in Galway.

gaineamh *m1* sand ▷ *Thóg na páistí caisleán sa ghaineamh.* The children built a castle in the sand.

gaineamhchloch *f2* sandstone

gáir *f2* shout; **gáir mholta** a cheer; **Chuaigh an gháir amach.** The word spread.; **Bhí a gháir ar fud na tíre.** The whole country was talking about him.

▶ *vb* [**13,** VN gáire] to laugh; **bheith ag gáire faoi** to laugh at ▷ *Bhí siad ag gáire fúithi.* They laughed at her.

gairbhéal *m1* gravel

gairdín *m4* garden ▷ *Tá an gairdín lán bláthanna.* The garden is full of flowers.; **gairdín na n-ainmhithe**

a zoo

gáire *m4* laugh; **gáire a bhaint as duine** to make somebody laugh

gaireas *m1* device

gairid *adj* short ▷ *bríste gairid* short trousers; **le gairid** recently ▷ *Bhí mé ann le gairid.* I was there recently.; **go gairid ina dhiaidh sin** soon after that

gairleog *f2* garlic ▷ *ionga gairleoige* a clove of garlic

gairm (*pl* **gairmeacha**) *f2* profession ▷ *Tá gairm dochtúra aige.* He is a doctor by profession.

gairm- *prefix* vocational ▷ *gairmchúrsa* a vocational course

gairmiúil *adj* professional ▷ *ceoltóir gairmiúil* a professional musician; **go gairmiúil** professionally ▷ *Canann sí go gairmiúil.* She sings professionally.

gairmscoil (*pl* **gairmscoileanna**) *f2* vocational school

gaisce *m4* ❶ boasting; **gaisce a dhéanamh as rud** to boast about something ❷ achievement ▷ *Tá gaisce déanta agat.* That was an achievement.

gaiscéad *m1* (*for car*) gasket

gaiscíoch *m1* hero

gaiste *m4* trap; **gaiste a chur** to set a trap

gal *f2* steam ▷ *Tá gal ag teacht as an gciteal.* There's steam coming from the kettle.; **inneall gaile** a steam engine

gála *m4* (*wind*) gale ▷ *Tá sé ina ghála.* It's blowing a gale.

a b c d e f g h i j k l m n o p q r s t u v w x y z

galánta adj beautiful ▷ *Lá galánta atá ann.* It's a beautiful day.

galar m1 disease ▷ *galar croí* heart disease

galf m1 golf ▷ *Imríonn mo dhaid galf.* My dad plays golf.

galfaire m4 golfer

galfchúrsa m4 golf course

gallda adj foreign

galltacht f3 anglicization; **Galltacht** a non-Irish speaking area

gallúnach f2 soap

galún m1 gallon

gamhain (*gen sing, pl* **gamhna**) m3 calf

gan prep without ▷ *gan amhras* without doubt ▷ *gan mhoill* without delay ▷ *Tá an teach ciúin gan na páistí.* The house is quiet without the children.; **gan rath** futile; **B'fhearr liom gan fanacht.** I'd rather not stay.; **gan ach** only ▷ *gan ach triúr fágtha* with only three remaining; **gan sreang** wireless

gangaideach adj bitter ▷ *duine gangaideach* a bitter person

gann adj scarce ▷ *Tá an bia gann.* Food is scarce.

gannchuid (*gen sing* **gannchoda**) f3 scarcity; **bheith ar an ngannchuid** to live in poverty

ganntanas m1 shortage ▷ *ganntanas uisce* a water shortage

gaofar adj windy ▷ *Ta sé gaofar.* It's windy.

gaol (*pl* **gaolta**) m1 relative ▷ *a gaolta uile* all her relatives ▷ *mo ghaolta* my relatives ▷ *Tá gaolta liom i Londain.* I've got relatives in London.

gaoth f2 wind ▷ *gaoth mhór* a high wind; **gaoth an fhocail** the slightest hint; **ar nós na gaoithe** like a flash ▷ *Rith sé leis ar nós na gaoithe.* He ran off like a flash.

gaothrán m1 (*machine*) fan

gaothscáth (*pl* **gaothscáthanna**) m3 windscreen ▷ *cuimilteoir gaothscátha* a windscreen wiper

gaothuirlis f2 (*in music*) wind instrument; **gaothuirlis adhmaid** woodwind

gar (*pl* **garanna**) m1 favour; **gar a dhéanamh do dhuine** to do somebody a favour ▷ *An dtiocfadh leat gar a dhéanamh dom?* Could you do me a favour?
▶ adj near ▷ *Tá brú na hóige gar don stáisiún.* The youth hostel is near the station.; **i ngar agus i gcéin** near and far; **bheith gar do rud** to be near something; **Is mór an gar go ...** It's just as well that ...; **Níl gar a bheith leis.** There's no use talking to him.

garáiste m4 garage ▷ *garáiste in aice láimhe* a nearby garage ▷ *Tá sé ag tógáil garáiste.* He's building a garage.

garathair (*gen sing* **garathar**, *pl* **garaithreacha**) m great-grandfather

garbh adj ① rough ▷ *talamh garbh* rough ground ② coarse ▷ *Bhí an* *mála déanta d'éadach garbh.* The bag was made of coarse cloth.

garchabhair (*gen sing* **garchabhrach**) *f* first aid; **fearas garchabhrach** a first aid kit

garda *m4* ❶ guard ▷ *Leag siad amach an garda slándála.* They knocked out the security guard.; **garda cósta** a coastguard ❷ policeman ▷ *Ghabh an garda an gadaí.* The policeman arrested the thief.

gariníon (*pl* **gariníonacha**) *f2* granddaughter

garmhac *m1* grandson

garneacht *f3* grandniece

garnia *m4* grandnephew

garraí (*pl* **garraithe**) *m4* garden; **garraí margaidh** a market garden

garraíodóir *m3* gardener ▷ *Is garraíodóir é.* He's a gardener.

garraíodóireacht *f3* gardening ▷ *Is breá le Mairéad an gharraíodóireacht.* Margaret loves gardening.

garsún *m1* boy

gas *m1* (*of flower*) stem; **gas féir** a blade of grass

gás *m1* gas ▷ *cócaireán gáis* a gas cooker

gásailín *m4* gasolene

gásmhéadar *m1* gas meter

gasóg *f2* boy scout

gasta *adj* ❶ fast ▷ *carr gasta* a fast car ❷ quick ▷ *lón gasta* a quick lunch; **go gasta** quickly ▷ *Leath an scéal go gasta.* The news spread quickly. ❸ clever ▷ *Tá sé gasta ar*

scoil. He is clever at school.

gasúr *m1* boy

gátar *m1* need ▷ *in am an ghátair* in time of need

gé (*pl* **géanna**) *f4* goose; **na Géanna Fiáine** the Wild Geese

geabaire *m4* chatterbox

geábh (*pl* **geábhanna**) *m3* ❶ ride ▷ *Níl ann ach geábh gairid ar an mbus go dtí lár an mbaile.* It's a short bus ride to the town centre. ❷ drive ▷ *Thug muid geábh faoin tuath sa charr.* We went for a drive in the country.

géag *f2* (*of tree*) branch ▷ *Bhris an ghéag.* The branch snapped.; **géaga ginealaigh** a family tree

geaitín *m4* (*in cricket*) wicket

geáitse *m4* gesture; **geáitsí** antics; **bheith ag ligean geáitsí ort féin** to show off

geal *m1* white
▶ *adj* ❶ bright ▷ *dath geal* a bright colour; **i lár an lae ghil** in broad daylight ❷ white ▷ *arán geal* white bread ▷ *fíon geal* white wine
▶ *vb* [23] (*day*) to dawn; **Gheal an lá.** Dawn broke.

gealacán *m1* (*of eye, egg*) white

gealach *f2* moon ▷ *Tá gealach lán ann anocht.* There's a full moon tonight.; **oíche ghealaí** a moonlit night

gealán *m1* bright spell; **cith is gealán** sunshine and showers; **gealáin** (*in hair*) highlights; **na Gealáin Thuaidh** the Northern Lights

a
b
c
d
e
f
g
h
i
j
k
l
m
n
o
p
q
r
s
t
u
v
w
x
y
z

gealasacha *mph* (for trousers) braces

gealbhan *m1* sparrow

gealgháireach *adj* cheerful
▷ *duine gealgháireach* a cheerful person

geall (*pl* **geallta**) *m1* bet ▷ *Chuirfinn geall as!* I'd put a bet on it!; **geall a chur ar rud** to bet on something ▷ *Chuir sé geall ar chapall.* He bet on a horse
▶ *vb* [**23**] to promise ▷ *Gheall sé go mbeadh sé anseo amárach.* He promised to be here tomorrow.

geallghlacadóir *m3* bookmaker

geallta *adj* engaged ▷ *Tá sí geallta le Liam.* She's engaged to Liam.

gealltanas *m1* promise ▷ *Rinne sé gealltanas dom.* He made me a promise.; **gealltanas pósta** an engagement; **fáinne gealltanais** an engagement ring

gealt (*gen sing* **geilte**) *f2* madman

geamaireacht *f3* pantomime

gean *m3* affection; **gean a bheith agat ar dhuine** to be fond of somebody

geanc *f2* **geanc a chur ort féin le rud** to turn one's nose up at something

geansaí *m4* ❶ sweater ▷ *geansaí muineál-V* a V-neck sweater ❷ jersey ▷ *geansaí peile* a football jersey

geanúil *adj* (loving) affectionate ▷ *duine geanúil* an affectionate person

géar *adj* ❶ sharp ▷ *scian ghéar* a sharp knife ❷ sour ▷ *bainne géar* sour milk
▶ *m1* (in music) sharp

gearán *m1* complaint ▷ *Is mian liom gearán a dhéanamh.* I wish to make a complaint.; **Rinneamar gearán faoin gcallán.** We complained about the noise.
▶ *vb* [**23**, VN gearán] to complain

géarchéim (*pl* **géarchéimeanna**) *f2* ❶ emergency ❷ crisis ▷ *géarchéim airgid* a money crisis

géarchúiseach *adj* astute ▷ *duine géarchúiseach* an astute person

Gearmáin *f2* **an Ghearmáin** Germany ▷ *sa Ghearmáin* in Germany ▷ *chun na Gearmáine* to Germany

Gearmáinis *f2* (language) German

Gearmánach *adj*, *m1* German ▷ *Is Gearmánach é.* He's German.

gearr (*gen sing m* **gearr**, *gen sing f*, *compar* **giorra**) *adj* short ▷ *tamall gearr ó shin* a short while ago; **i bhfad agus i ngearr** far and near
▶ *vb* [**14**] ❶ to cut ▷ *Ghearr mé mo lámh.* I cut my hand. ❷ to charge ▷ *Ghearr siad céad euro orm.* They charged me a hundred euros.; **léim a ghearradh** to jump ▷ *Ghearr sé léim thar an abhainn.* He jumped over the river.

gearradh (*gen sing* **gearrtha**, *pl* **gearrthacha**) *m* ❶ cut ▷ *gearradh cumhachta* a power cut ❷ (from wage) deduction; **gearradh Caesarach** a Caesarean section

gearrán *m1* horse

gearrchaile m4 young girl

gearrliosta m4 shortlist

gearrscríobh (gen sing **gearrscríofa**) m shorthand

gearr-radharcach adj short-sighted

gearrthán m1 (from newspaper) clipping

gearrthóg f2 ❶ (meat) cutlet ❷ (from film) clip ▷ roinnt gearrthóg ón scannán is déanaí aici some clips from her latest film

geasróg f2 (spell) charm

geata m4 gate

géill vb [15] ❶ to surrender ❷ to give in ▷ Ghéill a mháthair agus lig dó dul amach. His Mum gave in and let him go out.; **'Géill Slí'** 'Give Way'

geilleagar m1 economy

geimhleach m1 captive

geimhreadh (pl **geimhrí**) m1 winter ▷ Bíonn na geimhrí measartha séimh. The winters are quite mild.; **sa gheimhreadh** in winter

géin f2 gene; **brístí géine** jeans ▷ Stróic mé mo bhrístí géine. I've ripped my jeans.

géinathraithe adj genetically modified

géiniteach adj genetic

geir (pl **geireacha**) f2 fat ▷ Tá cuid mhór geire ann. It's very high in fat.

geireach adj (food) fatty

geirm f2 germ

geis (pl **geasa**, gen pl **geas**) f2 spell; **bheith faoi gheasa ag duine** to be under somebody's spell

geistear m1 gesture

geit (pl **geiteanna**) vb [15] (with fright) to jump ▶ f2 **geit a bhaint as duine** to startle somebody; **Baineadh geit asam.** I was shocked.; **de gheit** suddenly

geiteach adj (nervous) jumpy

geografach adj geographical

geografaíocht f3 geography

geolaíoch adj geological

geoiméadracht f3 geometry

geolaíocht f3 geology

geolán m1 (electrical) fan

giall (gen sing **géill**, pl **gialla**) m1 ❶ jaw ❷ hostage; **duine a ghabháil ina ghiall** to take somebody hostage

giar (pl **giaranna**) m1 (of car) gear ▷ an tríú giar third gear; **giar a athrú** to change gear

giarbhosca m4 gear box

gin (pl **ginte**) f2 birth ▷ gin Chríost the Birth of Christ

gineadóir m3 generator

ginealach m1 pedigree

ginearál m1 general

ginearálta adj general ▷ eolas ginearálta general knowledge

giniúint (gen sing **giniúna**) f3 conception ▷ Giniúint Mhuire gan Smál the Immaculate Conception; **stáisiún giniúna** a generating station

ginmhilleadh (gen sing **ginmhillte**) m abortion

giobal m1 rag

giodalach adj ❶ cheeky ▷ duine giodalach a cheeky person ❷ vain

▷ *Tá sé iontach giodalach!* He's so vain!

giolla m4 ❶ (*for luggage*) <u>porter</u> ❷ <u>servant</u>

giomnáisiam m4 <u>gym</u> ▷ *Téim chuig an ngiomnáisiam gach lá.* I go to the gym every day. ▷ *ranganna giomnáisiam* gym classes

giorraisc adj ❶ <u>abrupt</u> ▷ *Bhí sé cineál giorraisc liom.* He was a bit abrupt with me. ❷ (*manner*) <u>gruff</u>

giorria (*pl* **giorriacha**) m4 <u>hare</u>

giortach adj ❶ <u>short</u> ▷ *duine giortach* a short person ❷ (*clothes*) <u>skimpy</u> ▷ *in éide ghiortach* in skimpy clothes

giosán m1 <u>sock</u>

giosta m4 <u>yeast</u>

giota m4 ❶ <u>piece</u> ▷ *giota páipéir* a piece of paper ❷ <u>a bit</u> ▷ *Nach féidir leat teacht giota níos luaithe?* Can't you come a bit sooner?

giotán m1 (*in computing*) <u>bit</u>

giotár m1 <u>guitar</u> ▷ *Seinnim ar an ngiotár.* I play the guitar.

girseach f2 <u>girl</u>

Giúdach m1 <u>Jew</u>
▶ adj <u>Jewish</u>

giúiré (*pl* **giúiréithe**) m4 <u>jury</u>

giúmar m1 <u>mood</u> ▷ *Tá giúmar maith air.* He's in a good mood.

glac vb [**14**] ❶ <u>to accept</u> ▷ *Ghlac sé leis an bhronntanas* He accepted the gift. ❷ <u>to take</u> ▷ *Glac an t-úll.* Take the apple. ▷ *Ghlacamar scíth.* We took a break.; **pictiúr a ghlacadh** to take a picture ▷ *Ghlac mé pictiúr den teach.* I took a picture

of the house.; **Glac d'am!** Take your time!

glacadóir m3 (*of phone*) <u>receiver</u>

glacadóireacht f3 (*on radio*) <u>reception</u>

glan adj ❶ <u>clean</u> ▷ *léine ghlan* a clean shirt ❷ <u>clear</u> ▷ *Tá an bóthar glan anois.* The road's clear now.
▶ adv <u>completely</u> ▷ *Rinne mé dearmad glan de.* I completely forgot about it.
▶ vb [**23**] ❶ <u>to clean</u> ▷ *Ghlan mé an t-urlár.* I cleaned the floor. ❷ (*dirt*) <u>to remove</u> ▷ *Ar ghlan tú an smál?* Did you remove the stain?; **fiacha a ghlanadh** to pay off debts; **Glan leat!** Go away!

glanmheabhair n **rud a bheith de ghlanmheabhair agat** to know something off by heart

glantach m1 <u>detergent</u>

glantóir m3 (*person*) <u>cleaner</u>
▷ *D'fhostaigh siad glantóir.* They hired a cleaner.; **glantóir mná** a cleaning lady

glao (*pl* **glaonna**) m4 <u>call</u> ▷ *Cuirfidh mé glao ort tráthnóna.* I'll give you a call this evening. ▷ *An bhfuil cead agam glao gutháin a dhéanamh?* Can I make a phone call?; **glao áitiúil** a local call

glaoch m1 <u>call</u>; **Cuir glaoch orm.** Give me a call.

glaoigh vb [**24**, vn glaoch] ❶ <u>to shout</u> ▷ *Ghlaoigh sí os ard.* She shouted. ❷ <u>to call</u> ▷ *Ghlaoigh mé ar an dochtúir.* I called the doctor.

glas m1 ❶ <u>lock</u> ▷ *Tá an glas briste.*

The lock is broken.; **glas a chur ar rud** to lock something ▷ *Cuir an glas ar an doras.* Lock the door.; **an glas a bhaint de rud** to unlock something ▷ green

▶ *adj* ❶ (green) ▷ *carr glas* a green car ▷ *solas glas* a green light ▷ *pónairí glasa* green beans ❷ grey ▷ *iora glas* a grey squirrel

glasáil *vb* [**25**] to lock ▷ *Ghlasáil Máire an carr.* Mary locked the car.

Glaschú *m4* Glasgow ▷ *Tá sí ina cónaí i nGlaschú.* She lives in Glasgow.

glasra *m4* vegetable ▷ *anraith glasraí* vegetable soup

gleacaí *m4* gymnast ▷ *Is gleacaí í.* She's a gymnast.

gleacaíocht *f3* gymnastics ▷ *Déanann sí gleacaíocht.* She does gymnastics.

gleann (*pl* **gleannta**) *m3* (valley) glen

gléas (*pl* **gléasanna**) *m1* ❶ instrument ▷ *gléas ceoil* a musical instrument ❷ means ▷ *gléas iompair* means of transport ❸ (in music) key; **gléas freagartha** an answering machine; **as gléas** out of order; **i ngléas** ready for use ▶ *vb* [**23**] to dress up; **tú féin a ghléasadh** to dress yourself ▷ *Ghléas sé é féin ar maidin.* He dressed himself this morning.

gléasta *adj* dressed ▷ *gléasta go néata* neatly dressed

gleo (*pl* **gleonna**) *m4* din ▷ *Ná déan an oiread gleo.* Stop making

that din.

gleoite *adj* ❶ delightful ▷ *radharc gleoite* a delightful view ❷ pretty ▷ *gúna gleoite* a pretty dress

glic *adj* ❶ (intelligent) clever ❷ cunning ▷ *chomh glic le sionnach* as cunning as a fox

gligín *m4* (for baby) rattle

gliomach *m1* lobster

gliondar *m1* delight; **Tá gliondar orm.** I am delighted.

gliú *m4* glue

gliúragán *m1* **codladh gliúragáin** pins and needles

glób *m1* globe

gloine *f4* glass ▷ *Ghearr mé mo chos ar phíosa gloine.* I cut my foot on a piece of glass. ▷ *Líon sí an ghloine le huisce.* She filled the glass with water.; **gloiní** glasses; **gloiní gréine** sunglasses

gloiniú *m* **gloiniú dúbailte** double glazing

glór (*pl* **glórtha**) *m1* voice ▷ *de ghlór ard* in a loud voice ▷ *Íslígh do ghlór, le do thoil.* Lower your voice, please.

glórmhar *adj* glorious

glórphost *m1* voice mail

glóthach *f2* ❶ gel ▷ *glóthach chithfholctha* shower gel ▷ *glóthach ghruaige* hair gel ❷ (food) jelly

gluaiseacht *f3* ❶ motion ▷ *gluaiseacht na mara* the motion of the sea ❷ (campaign) movement

gluaisrothaí *m4* (motorcyclist) biker

gluaisrothar *m1* motorbike

gluaisteán *m1* car

a b c d e f g h i j k l m n o p q r s t u v w x y z

gluaisteánaí m4 motorist

glúin (gen sing, pl **glúine**, gen pl **glún**) f2 knee ▷ Ghortaigh Seán a ghlúin. John hurt his knee. ▷ Caithfidh sé scíth a thabhairt dá ghlúin. He has to rest his knee.; **dul ar do ghlúine** to kneel ▷ Chuaigh mé ar mo ghlúine lena taobh. I knelt beside her.

gnách adj (habitual) normal; **mar is gnách** as usual; **Ba ghnách léi é a dhéanamh.** She used to do it.

gnaoi f4 beauty ▷ Nochtann grá gnaoi. Beauty is in the eye of the beholder.

gnáth (pl **gnátha**) m1 custom; **de ghnáth** normally; **mar is gnáth** as usual ▷ Tháinig sé mall, mar is gnáth. He showed up late as usual.

gnáthdhuine (pl **gnáthdhaoine**) m4 ordinary person

gnáthéadach m1 plain clothes

gné (pl **gnéithe**) f4 ❶ aspect ▷ Déan staidéar ar gach gné den scéal. Study every aspect of the story. ❷ (of person) appearance ▷ gné na sláinte a healthy appearance

gné-alt m1 (article) feature

gnéas (pl **gnéasanna**) m1 sex

gnéasach adj sexual

gnéaschlaonta adj sexist

gnéchlár m1 (programme) feature

gníomh (pl **gníomhartha**) m1 ❶ action ▷ Chuir sé an plean i ngníomh. He put the plan into action. ❷ (of play) act

gníomhach adj active ▷ Is duine iontach gníomhach é. He's a very active person.

gníomhaíocht f3 ❶ activity ▷ gníomhaíoctaí amuigh faoin aer outdoor activities ▷ Bíonn gníomhaíochthaí spóirt ann i ndiaidh am scoile. There are sporting activities held after school. ❷ action ▷ gníomhaíocht thionsclaíoch industrial action

gníomhaire m4 agent; **gníomhaire eastáit** an estate agent; **gníomhaire taistil** a travel agent ▷ Chuir an gníomhaire taistil na háirithintí trína chéile. The travel agent mixed up the bookings.

gníomhaireacht f3 agency

gnó (pl **gnóthaí**) m4 ❶ business ▷ Scrios an botún amháin sin an gnó. That one mistake ruined the business.; **fear gnó** a businessman ❷ concern ▷ Ní de do ghnósa é. It's none of your concern.; **Déanfaidh sin gnó.** That will do.; **d'aon ghnó** deliberately

gnólacht m3 (company) firm ▷ Tá sé ag obair le gnólacht mór i Londain. He works for a large firm in London.

gnóthach adj busy ▷ Tá mé cineál gnóthach anois. I'm rather busy just now.

gnóthaigh vb [12] to win ▷ Ghnóthaigh sé duais ar scoil. He won a prize at school.

gnúis (pl **gnúiseanna**) f2 face

go prep ❶ to ▷ Tá mé ag dul go Corcaigh. I'm going to Cork. ❷ for

▷ *Beidh sí ar shiúl go ceann míosa.* She'll be away for a month. ❸ until ▷ *Beidh mé anseo go maidin.* I'll be here until morning.; **go deo** for ever ▷ *Beidh siad anseo go deo.* They'll be here forever.; **go dtí** to ▷ *Tá sé ceathrú go dtí a trí.* It's a quarter to three.; **go fóill** still ▷ *Tá sé anseo go fóill.* He's still here.; **Slán go fóill.** Goodbye for now. ▶ *conj* that ▷ *Deir Seán go bhfuil sé tinn.* John says that he's sick.; **B'fhéidir go mbeidh sé fliuch.** It may be wet.; **cionn is go** because ▷ *D'fhan mé sa teach cionn is go raibh sé fuar.* I stayed in the house because it was cold.; **Go raibh míle maith agat.** Thank you very much.; **go maith** well ▷ *Ar chodail tú go maith?* Did you sleep well?; **go gasta** quickly ▷ *Rith sé amach go gasta.* He ran out quickly.; **go réidh** gently ▷ *Téigh go réidh go ceann 5 bhomaite.* Heat gently for 5 minutes.; **go háirithe** especially ▷ *Scannán spreagúil a bhí ann, go háirithe an deireadh.* It was an exciting film, especially the ending.; **go léir** all ▷ *Tá na daoine go léir anseo anois.* All the people are here now.; **go minic** often ▷ *Théadh sí amach go minic lena cairde.* She often went out with her friends.

gob (*pl* **goba**) *m1* ❶ (*of bird*) beak ❷ (*informal: mouth*) gob ▶ *vb* [**14**] **gob amach** to stick out ▷ *Bhí peann ag gobadh amach as a* *phóca.* There was a pen sticking out of his pocket.

gobán *m1* (*for baby*) dummy

gobharnóir *m3* governor

goid *vb* [**15**, VN goid] to steal ▷ *Goideadh a vallait.* His wallet was stolen.

goil *vb* [**15**, VN gol] to cry ▷ *Ghoil sí uisce a cinn.* She cried her heart out.

goile *m4* ❶ stomach ▷ *Tá an goile ag cur air.* He has stomach trouble.; **tinneas goile** stomachache ❷ appetite ▷ *Tá mo ghoile caillte agam.* I've lost my appetite.

goill *vb* [**15**] to hurt ▷ *Ghoill a chuid cainte go mór orm.* His remarks really hurt me.

goilliúnach *adj* (*person*) sensitive ▷ *Tá sí iontach goilliúnach.* She's very sensitive.

goin (*pl* **gonta**) *f3* wound; **goin ghréine** sunstroke ▷ *Fuair sé goin ghréine.* He got sunstroke. ▶ *vb* [**15**, VN goin, VA gonta] to wound ▷ *Goineadh go dona é.* He was badly wounded.

goirín *m4* (*pimple*) spot; **goirín dubh** a blackhead

gol *m1* crying; **Bhris a gol uirthi.** She started to cry.

goradán *m1* incubator

goradh (*gen sing* **gortha**) *m* warmth; **Déan do ghoradh.** Get warmed up.

goraille *m4* gorilla

gorm *adj, m1* blue ▷ *gúna gorm* a blue dress; **na gormacha** the blues

gort m1 field

gorta m4 hunger; **an Gorta Mór** the Great Famine

gortaigh vb [12] ❶ to hurt ▷ Ghortaigh sí a cos. She hurt her foot. ❷ to injure ▷ Gortaíodh go dona sa taisme í. She was seriously injured in the crash.

gortaithe adj hurt ▷ An bhfuil sé gortaithe go dona? Is he badly hurt? ▷ Ar a laghad ní raibh duine ar bith gortaithe. At least nobody was hurt.

gortú m injury ▷ Bhain gortú do Sheán. John sustained an injury.

gorún m1 hip

grá m4 love ▷ Tá sí i ngrá le Paul. She's in love with Paul.; **titim i ngrá le duine** to fall in love with somebody; **An bhfuil grá agat dom? — Ar ndóigh, tá!** Do you love me? — Of course I do!; **Le grá, Peadar.** Love, Peter.

grád m1 grade ▷ Fuair sé gráid mhaithe ina scrúduithe. He got good grades in his exams.; **carráiste den chéad ghrád** a first class carriage

gradam m1 distinction ▷ Bhain mé gradam amach i mo scrúdú pianó. I got a distinction in my piano exam.

graf m1 graph

grafaicí fpl2 graphics

graifítí mpl graffiti ▷ Spraeáil duine éigin graifítí ar an mballa. Somebody had sprayed graffiti on the wall.

gráigh vb [24] to love ▷ Gráim thú. I love you.

gráin (gen sing **gránach**) f disgust; **Is gráin liom é.** I hate it.; **gráin a bheith agat ar dhuine** to despise somebody

gráinne m4 grain

gráinneog f2 hedgehog ▷ Tá gráinneog cheansa acu. They've got a tame hedgehog.

gráinnín m4 (of salt, pepper) pinch ▷ gráinnín salainn a pinch of salt

gram m1 gramme ▷ 500 gram cáise 500 grammes of cheese

gramadach f2 grammar

grán m1 grain

gránbhiorach adj peann gránbhiorach a ball-point pen

gránna adj ugly ▷ aghaidh ghránna an ugly face

grásta (gen sing, pl **grásta**, gen pl **grást**) m4 grace ▷ lán de ghrásta full of grace; **faic na ngrást** nothing whatsoever

grátáil vb [25] to grate ▷ Ghrátáil sí beagán cáise. She grated some cheese.

gread vb [23] to strike ▷ Ghread sé lena dhorn é. He struck him with his fist.; **Gread leat!** Beat it!

Gréagach adj Greek ▶ m1 (person) Greek ▷ Is Gréagach í. She's Greek.

greamaigh vb [12] ❶ to stick ▷ Greamaigh na stampaí ar an gclúdach. Stick the stamps on the envelope. ❷ to jam ▷ Tá an fhuinneog greamaithe. The window's jammed.

greamaithe adj stuck ▷ Tá sé greamaithe. It's stuck.

greamán m1 (for hair) clasp

greamú m (in rugby) tackle

greann m1 fun ▷ Rinne sé le greann é. He did it for fun.; **fear grinn (1)** a comedian **(2)** a clown; **scéal grinn** a funny story

greannán m1 (magazine) comic

greannmhar adj funny ▷ Bhí sé iontach greannmhar. It was really funny.

gréasaí m4 shoemaker

gréasán m1 web ▷ gréasán damhain alla a spider's web; **an Gréasán Domhanda** the World Wide Web

Gréig f2 **an Ghréig** Greece ▷ an tSean-Ghréig ancient Greece ▷ sa Ghréig in Greece ▷ chun na Gréige to Greece

Gréigis f2 (language) Greek

greille f4 (on cooker) grill

greim (pl **greamanna**) m3 **❶** hold; **Beir greim ceart ar an bpeann.** Hold the pen properly. **❷** grip ▷ greim an fhir bháite a tight grip; **greim a choinneáil ar rud** to hold on to something ▷ Choinnigh sé greim ar an gcathaoir. He held on to the chair.; **greim a bhaint as rud** to take a bite of something ▷ Bhain sé greim as an úll. He took a bite of the apple.

greimlín m4 (for cut) plaster

gréisc f2 grease

gréiscdhíonach adj greaseproof

gréithe npl dishes ▷ Nigh mé na gréithe. I washed the dishes.

grian (gen sing **gréine**, pl **grianta**, dat sing **gréin**) f2 sun ▷ Tá an ghrian an-láidir inniu. The sun is very strong today. ▷ faoin ngrian in the sun; **éirí na gréine** sunrise; **luí na gréine** sunset

grianchumhacht f3 solar power

griandaite adj suntanned

griandó m4 sunburn

griandóite adj sunburned

grianghraf m1 photo ▷ An maith leat an grianghraf seo? Do you like this photo? ▷ Níor tháinig grianghraf ar bith de mo chuid amach. None of my photos came out.; **grianghraf a thógáil de rud** to take a photo of something

grianghrafadóir m3 photographer

grianghrafadóireacht f3 photography

grianmhar adj sunny ▷ Beidh sé grianmhar inniu. It will be sunny today.

grinneall m1 bed ▷ grinneall na farraige the sea bed

gríos m1 (on skin) rash ▷ gríos clúidín nappy rash

gríosc vb [**14**] to grill

gríscín m4 chop ▷ gríscín uaineola a lamb chop

grósaeir m3 grocer ▷ Is grósaeir é. He's a grocer.

grua (pl **gruanna**) f4 (on face) cheek

gruagaire m4 hairdresser ▷ Is gruagaire é. He's a hairdresser.

a
b
c
d
e
f
g
h
i
j
k
l
m
n
o
p
q
r
s
t
u
v
w
x
y
z

▷ *ag an siopa gruagaire* at the hairdresser's

gruagaireacht *f3* hairdressing

gruaig *f2* hair ▷ *Tá gruaig fhada uirthi.* She's got long hair. ▷ *Tá gruaig dhubh air.* He's got black hair.; **do chuid gruaige a ní** to wash one's hair ▷ *Caithfidh mé mo chuid gruaige a ní.* I need to wash my hair.

gruaim *f2* **bheith faoi ghruaim** to be depressed ▷ *Tá mé faoi ghruaim.* I'm depressed.

gruama *adj* ❶ gloomy ▷ *Tá sé ina chónaí in árasán beag gruama.* He lives in a small gloomy flat. ❷ overcast ▷ *Bhí an spéir gruama.* The sky was overcast.

grúdlann *f2* brewery

grúm *m1* groom ▷ *an grúm agus a fhinné fir* the groom and his best man

grúpa *m4* group ▷ *grúpa daoine* a group of people

gual *m1* coal ▷ *tine ghuail* a coal fire

gualainn (*pl* **guaillí**) *f2* shoulder ▷ *Bhí mála ar a ghualainn aige.* He was carrying a bag on his shoulder.

guí (*pl* **guíonna**) *f4* prayer

guigh *vb* [22] to pray; **rud a ghuí do dhuine** to wish something for somebody ▷ *Guím sonas ort.* I wish you happiness.

guma *m4* gum; **guma coganta** chewing gum

gúna *m4* dress ▷ *Tá an gúna seo rud beag teann.* This dress is a bit tight.; **gúna damhsa** a ballgown

gunna *m4* gun ▷ *Scaoileadh an gunna.* The gun went off. ▷ *Tá gunna ag mo chara.* My friend has a gun.

gusta *m4* gust ▷ *gusta gaoithe* a gust of wind

guta *m4* vowel

guth (*pl* **guthanna**) *m3* voice ▷ *Chuala mé guth Mháire.* I heard Mary's voice.; **d'aon ghuth** unanimously

guthán *m1* phone ▷ *Cá bhfuil an guthán?* Where's the phone? ▷ *An bhfuil cead agam an guthán a úsáid, le do thoil?* Can I use the phone, please? ▷ *Bhí an guthán gafa.* The phone was engaged.; **guthán póca** a mobile phone; **Chuir sé an guthán síos orm.** He hung up on me.

hidrigin _f2_ hydrogen
hidrileictreach _adj_ hydroelectric
hiéana _m4_ hyena
hi-fi _m4_ hi-fi
hiodrálach _adj_ hydraulic
Hiondúch _adj, m1_ Hindu
hiopnóisigh _vb_ [11] to hypnotize
hipearnasc _m_ hyperlink
histéireach _adj_ hysterical
homaighnéasach _adj, m1_
   homosexual
huscaí _m4_ (_dog_) husky

haca _m4_ hockey ▷ _Imrím haca._
I play hockey.; **haca oighir** ice
hockey
haingear _m1_ hangar
hairicín _m4_ hurricane
haischlib _f2_ (_on Twitter_) hashtag
haiste _m4_ hatch
halla _m4_ hall ▷ _halla an tsráidbhaile_
the village hall ▷ _D'fholúsghlan sí_
an halla. She vacuumed the hall.;
   hallaí cónaithe halls of residence
hamstar _m1_ hamster
hanla _m4_ handle
hart (_pl_ **hairt**) _m1_ (_in cards_) heart
   ▷ _an bhanríon hart_ the queen of
   hearts
hata _m4_ hat ▷ _Bhí sí ag caitheamh_
hata. She was wearing a hat.
hearóin _f2_ heroin
héileacaptar _m1_ helicopter

a
b
c
d
e
f
g
h
i
j
k
l
m
n
o
p
q
r
s
t
u
v
w
x
y
z

i *prep*

Prepositional pronouns are **ionam**, **ionat**, **ann**, **inti**, **ionainn**, **ionaibh**, **iontu**.

❶ in ▷ *i rang a haon* in class one ▷ *Maraíodh é i dtimpiste bhóthair.* He was killed in a car accident. ▷ *Rinne mé i dtrí huaire an chloig é.* I did it in 3 hours.; **i mí Eanáir** in January

i plus **an** becomes **sa** before a singular word beginning with a consonant.

▷ *sa bhanc* in the bank ▷ *sa Spáinn* in Spain

i plus **an** becomes **san** before a singular word beginning with a vowel; **san** is also used before a word beginning with 'f' plus a vowel and in this case, 'f' changes to 'fh'.

▷ *san oirthuaisceart* in the northeast ▷ *san fharraige* in the sea

i plus **an** becomes **sna** before a plural word.

▷ *sna bailte móra* in the larger towns ▷ *sna Stáit Aontaithe* in the United States; **sa samhradh** in summer; **i nglór íseal** in a low voice; **i mBéarla** in English ▷ *céim i mBéarla* a degree in English; **i dtobainne** suddenly ❷ into ▷ *Caith i bhfarraige é.* Throw it into the sea. ▷ *Cuir sa bhanc é.* Put it into the bank. ▷ *Chuaigh sé isteach sa charr.* He got into the car.; **daichead euro sa lá** forty euros per day; **50 ciliméadar san uair** 50 kilometres per hour

í *pron* ❶ she ▷ *Is múinteoir í.* She is a teacher. ▷ *Gortaíodh í.* She was injured. ❷ her ▷ *Ní fheicim í.* I can't see her.

iad *pron* ❶ they ▷ *Cé hiad?* Who are they? ▷ *Toghadh iad.* They were elected. ❷ them ▷ *Is maith liom iad.* I like them.

iall (*gen sing* **éille**, *pl* **iallacha**, *dat sing* **éill**) *f2* (for shoe) lace; **d'iallacha a cheangal** to tie one's laces

iarann *m1* iron

iardheisceart *m1* south-west

Iarmhí *f4* **an Iarmhí** Westmeath

iarnáil *vb* [**25**] to iron ▷ *D'iarnáil sé a léine.* He ironed his shirt.

iarnóin (*pl* **iarnónta**) *f3* afternoon ▷ *Beidh mé ar ais san iarnóin.* I will be back in the afternoon.; **a cúig**

iarnóin five pm

iarnród *m1* railway

iaróg *f2* row ▷ *Thóg sé iaróg.* He caused a row.

iarr *vb* [**14,** VN iarraidh] ❶ to ask ▷ *Ní dhéanfainn sin go deo, fiú dá n-iarrfá orm.* I'd never do that, even if you asked me.; **rud a iarraidh ar dhuine** to ask somebody for something ▷ *D'iarr sé punt orm.* He asked me for a pound. ❷ to want ▷ *Cad é atá tú a iarraidh?* What do you want?

iarracht *f3* ❶ effort; **iarracht a thabhairt ar rud a dhéanamh** to try to do something ▷ *Thug mé iarracht ar an gcloch a thógáil.* I tried to lift the stone.; **An-iarracht!** Good try! ❷ a little ▷ *Tá iarracht den íorón ann.* It's a little ironic.

iarraidh (*gen sing* **iarrata**, *pl* **iarrataí**) *f* ❶ attempt; **iarraidh a thabhairt ar rud** to try something ▷ *Thug mé iarraidh ar an gcloch a thógáil.* I tried lifting the stone. ❷ demand ▷ *Tá iarraidh mhór ar an tseirbhís nua.* The new service is in great demand. ❸ time ▷ *an iarraidh seo* this time; **iarraidh a thabhairt ar dhuine** to attack somebody ▷ *Thug sé iarraidh orm.* He attacked me.; **bheith ar iarraidh** to be missing ▷ *Tá an madra ar iarraidh.* The dog is missing.

iarratas *m1* application ▷ *iarratas poist* a job application; **iarratas a dhéanamh ar phost** to apply for a job; **foirm iarratais** an application form

iarrthóir *m3* applicant ▷ *Bhí céad iarratasóir ar an bpost.* There were a hundred applicants for the job.

iarsmalann *f2* museum

iarthar *m1* west ▷ *iarthar na hÉireann* the west of Ireland; **an tIarthar** the West

iartharach *adj* western

iarthuaisceart *m1* northwest ▷ *san iarthuaisceart* in the northwest

iasacht *f3* loan; **rud a fháil ar iasacht** to borrow something ▷ *Fuair mé airgead ar iasacht ó Mháire.* I borrowed money from Mary.; **rud a thabhairt ar iasacht do dhuine** to lend something to somebody ▷ *Thug mé an leabhar ar iasacht do Sheán.* I lent the book to John.; **ón iasacht** from abroad

iasachtaí *m4* borrower

iasachtóir *m3* lender

iasc (*gen sing*, *pl* **éisc**) *m1* fish; **iasc órga** a goldfish ▷ *Tá iasc órga agam sa bhaile.* I have a goldfish at home.; **Na hÉisc** Pisces ▷ *Is mise Na hÉisc.* I'm Pisces.

iascaire *m4* fisherman ▷ *Is iascaire m'athair.* My father is a fisherman.

iascaireacht *f3* fishing ▷ *Is breá liom an iascaireacht.* I love fishing.; **slat iascaireachta** a fishing rod; **iascaireacht slaite** angling

idé (*pl* **idéanna**) *f4* idea

íde *f4* abuse; **íde béil a thabhairt do dhuine** to tell somebody off

▷ *Thug sí íde béil dom cionn is go raibh mé mall.* She told me off for being late.

idéalach *adj* ideal ▷ *saol idéalach* an ideal life

idéalachas *m1* idealism

idéalaí *m4* idealist

ídigh *vb* [**11**] to use up

idir *prep*

> Prepositional pronouns are **eadrainn**, **eadraibh**, **eatarthu**.

❶ between ▷ *Shín siad rópa idir dhá chrann.* They stretched a rope between two trees. ▷ *Ná bí ag ithe idir bhéilí.* Don't eat between meals. ▷ *idir Gaillimh agus Baile Átha Cliath* between Galway and Dublin ❷ among ▷ *idir chairde* among friends; **idir ... agus ...** both ... and ... ▷ *idir shaibhir agus dhaibhir* both rich and poor ▷ *Bhí idir bhuachaillí agus chailíní ann.* There were both boys and girls there.

idirbheartaíocht *f3* negotiations

idirchum *m4* intercom

idiréadan *m1* (computing) interface

idirghníomhach *adj* (computing) interactive

idirlinn (*pl* **idirlinnte**) *f2* interval; **san idirlinn** in the meantime

Idirlíon *m1* internet ▷ *ar an Idirlíon* on the internet; **scimeáil ar an Idirlíon** to surf the Net

idirmheánach *adj* intermediate

idirnáisiúnta *adj* international

ifreann *m1* hell

ilchríoch *f2* continent ▷ *Cá mhéad ilchríoch atá ann?* How many continents are there?

ildathach *adj* multicoloured

iliomad *n* a lot of ▷ *Bhí an iliomad daoine ann.* There were a lot of people there.

im (*gen sing* **ime**, *pl* **imeanna**) *m* butter ▷ *arán agus im* bread and butter

imeacht *m3* in imeacht na hoíche during the night

imeachtaí *mpl3* events ▷ *Beidh imeachtaí spóirt ann anocht.* Sporting events will be held tonight.

imeagla *f4* fear; **imeagla a chur ar dhuine** to terrorize someone; **Cuireann sé imeagla orm.** It gives me the creeps.

imeall *m1* ❶ edge ▷ *Bhí mé i mo sheasamh in imeall na farraige.* I was standing by the edge of the sea. ❷ outskirts ▷ *ar imeall na cathrach* on the outskirts of the city

imeasctha *adj* integrated ▷ *scoil imeasctha* an integrated school

imigéin *n* in imigéin far away

imigh *vb* [**11**, **VN** imeacht] ❶ to leave ▷ *D'imigh sé as an tír.* He left the country. ❷ to depart ▷ *D'imigh an bus ar a trí.* The bus departed at three. ❸ (time) to pass ▷ *D'imigh an t-am go gasta.* The time passed quickly. ❹ to escape ▷ *D'imigh an gadaí ar na péas.* The thief escaped from the police.; **D'imigh an**

traein orm. I missed the train.; **Imigh leat!** Get lost!

imir vb [**21**] to play ▷ *Imrím peil gach lá.* I play football every day.; **cleas a imirt ar dhuine** to play a trick on somebody ▷ *D'imir Máire cleas ar Sheán.* Mary played a trick on John.

imirce f4 emigration; **imirce a dhéanamh** to emigrate ▷ *Rinne m'uncail imirce go Meiriceá.* My uncle emigrated to America.

imirt (*gen sing* **imeartha**) f3 **páirc imeartha** playing field

imleabhar m1 (*book*) volume

imní f4 concern ▷ *Léirigh siad imní faoina sláinte.* They showed concern about her health.; **imní a bheith ort faoi rud** to be worried about something ▷ *Tá imní orm faoin gcluiche amárach.* I'm worried about the game tomorrow.

impigh vb [**11**, *vn* impí] to beg ▷ *D'impigh sé orm dul amach leis anocht.* He begged me to go out with him tonight. ▷ *D'impigh sí ar a tuismitheoirí capaillín a cheannach.* She begged her parents to buy a pony.

impire m4 emperor

impireacht f3 empire ▷ *Impireacht na Róimhe* the Roman Empire

imreoir m3 player ▷ *Is é an t-imreoir is fearr é.* He's the best player. ▷ *Rinne an t-imreoir feall.* The player committed a foul.

imshaol m1 environment

in-athscríofa adj (*CD, DVD*) rewritable

inchinn f2 brain

inchloiste, inchluinte adj audible

inchreidte adj plausible ▷ *Tá an scéal sin inchreidte.* The story is plausible.

inchurtha adj equal; **bheith inchurtha le duine** to be a good match for somebody ▷ *Tá Máire inchurtha le Nóra.* Mary is a a good match for Nora.

indéanta adj possible ▷ *Níl sé indéanta.* It isn't possible.

India f4 **an India** India ▷ *san India* in India ▷ *chun na hIndia* to India

indibhidiúil adj individual

infheicthe adj visible

infheistíocht f3 investment ▷ *Ba chóir go mbeadh níos mó infheistíochta san oideachas.* There should be more investment in education.

infheisteoir m3 investor

infheistigh vb [**11**] to invest ▷ *D'infheistigh siad cuid mhór airgid ann.* They invested a lot of money in it.

ingearán m1 helicopter

inghlactha adj acceptable ▷ *Níl an leithscéal sin inghlactha.* That excuse is not acceptable.

Inid f2 **Máirt Inide** Shrove Tuesday

inimirce f4 immigration

inimirceach adj, m1 immigrant

Iníon f2 Miss ▷ *Iníon Uí Cheallaigh* Miss Kelly

iníon (*pl* **iníonacha**) f2 daughter ▷ *Tá iníon amháin ag Seán.* John has one daughter.; **iníon bhaistí** a goddaughter

iníoslódála adj downloadable

inis (gen sing **inse**, pl **insí**) f2 island ▶ vb [**21**, VN insint, VA inste] to tell ▷ Ar inis tú do do mháthair? Did you tell your mother? ▷ D'inis sé scéal. He told a story.; **rud a insint do dhuine** to tell somebody something ▷ Inis lomchnámh na fírinne dom. Tell me the actual truth. ▷ Ar aghaidh leat, inis dom cad é an fhadhb! Go on, tell me what the problem is!; **bréag a insint** to tell a lie

inléite adj legible ▷ Níl an aiste seo inléite. This essay is not legible.

inleithscéil adj excusable ▷ Níl an callán seo inleithscéil. This noise is not excusable.

inmhe f4 ability; **bheith in inmhe rud a dhéanamh** to be able to do something ▷ Níl mé in inmhe an obair seo a dhéanamh. I can't do this work.

inmholta adj advisable ▷ Níl sé inmholta sin a dhéanamh. It is not advisable to do that.

inné adv, n yesterday ▷ Ní raibh mé ar scoil inné. I wasn't at school yesterday. ▷ Chonaic mé inné é. I saw him yesterday. ▷ maidin inné yesterday morning

innéacs (pl **innéacsanna**) m4 index

inneall m1 ❶ machine ▷ Tá an t-inneall seo lochtach. This machine is faulty.; **inneall níocháin** a

washing machine ❷ engine ▷ Tá an t-inneall iontach ciúin. The engine's very quiet.; **inneall dóiteáin** a fire engine

innealra m4 machinery

innealtóir m3 engineer ▷ Is innealtóir é. He's an engineer.

innealtóireacht f3 engineering ▷ innealtóireacht shibhialta civil engineering

inniu adv, n today ▷ Tá sé fuar inniu. It's cold today. ▷ Cad é a rinne tú inniu? What did you do today?; **seachtain is an lá inniu** a week ago today

inólta adj **uisce inólta** drinking water

inscríbhinn f2 inscription

insint f2 (of facts) version ▷ Bhí a insint féin aige. He had his own version.

inslin f2 insulin

insliú m insulation

inspioráid f2 inspiration

insroichte adj (place) accessible

instealladh (gen sing **insteallta**, pl **instealltaí**) m injection ▷ Fuair mé instealladh inniu. I got an injection today. ▷ Maolóidh an t-instealladh seo an phian. This injection will relieve the pain.

instinn f2 instinct

institiúid f2 institute

intinn f2 mind ▷ D'athraigh Seán a intinn. John changed his mind.; **Cad é atá ar d'intinn?** What are you thinking about?; **bheith ar aon intinn** to be in agreement

▷ *Bhí gach duine ar aon intinn le Caoimhín.* Everybody was in agreement with Kevin.; **é a bheith ar intinn agat rud éigin a dhéanamh** to intend to do something ▷ *Tá sé ar intinn agam dul amach anocht.* I intend to go out tonight.

intleacht *f3* intellect; **intleacht shaorga** artificial intelligence

intleachtach *adj* intellectual; **Sárintleachtach atá inti!** She's a genius!

intreoir (*gen sing* **intreorach**) *f* introduction

intuigthe *adj* ❶ understandable ▷ *Tá sé intuigthe má fhanann sé sa bhaile.* It's understandable if he stays at home. ❷ intelligible ▷ *Níl an abairt sin intuigthe.* That sentence is not intelligible.

íobairt (*gen sing* **íobartha**) *f3* sacrifice

íoc *vb* [**14,** VN íoc] to pay ▷ *Is gá éarlais a íoc.* You have to pay a deposit. ▷ *Íocann gach duine a chuid féin.* Everybody pays their share. ▷ *D'íoc sí le cárta creidmheasa.* She paid by credit card.; **íoc as rud** to pay for something ▷ *D'íoc mé as na bróga.* I paid for the shoes.; **bille a íoc** to pay a bill ▷ *D'íoc mé an bille leictreachais.* I paid the electricity bill.

íocaí *m4* payee

íocaíocht *f3* payment ▷ *a íocaíocht iomarcaíochta* his redundancy payment

íochtar *m1* ❶ bottom ▷ *íochtar an bhalla* the bottom of the wall ❷ (*part*) north ▷ *íochtar na hÉireann* the north of Ireland

íoclann *f2* doctor's surgery

íocóir *m3* **íocóir rátaí** a ratepayer

íocón *m1* (*computing*) icon

Iodáil *f2* **an Iodáil** Italy ▷ *san Iodáil* in Italy ▷ *chun na hIodáile* to Italy

Iodáilis *f2* (*language*) Italian

Iodálach *adj, m1* Italian ▷ *Is maith liom bia Iodálach.* I like Italian food.

iodálach *adj, m1* (*type*) italic; **in gcló iodálach** in italics

iógart *m1* yoghurt

iolar *m1* eagle

iomad *n* ❶ too much ▷ *Tá an iomad le rá agat.* You have too much to say. ▷ *an iomad airgid* too much money ❷ too many ▷ *an iomad daoine* too many people

iomaí *adj* many ▷ *Is iomaí uair a bhí mé mall.* I was late many a time.; **Is iomaí duine ag Dia.** It takes all kinds to make a world.

iomáin *f3* (*sport*) hurling ▷ *Beidh cluiche iomána ar an teilifís anocht.* There will be a game of hurling on TV tonight.

iomáint (*gen sing* **iomána**) *f3* (*sport*) hurling

iomaíocht *f3* (*economic*) competition; **bheith san iomaíocht do rud** to be in the running for something ▷ *Tá mé san iomaíocht don duais mhór.* I am in the running for the big prize.

iomair *vb* [**19,** VN iomramh, VA

iomartha] to row ▷ *D'iomair siad an bád thart ar an oileán.* They rowed the boat around the island.

iomaitheoir m3 competitor

iománaí m4 (sport) hurler

iománaíocht f3 hurling ▷ *D'imir mé iománaíocht inniu.* I played hurling today.

iomann m1 hymn

iomarca f4 excess; **an iomarca** too much ▷ *an iomarca airgid* too much money

íomhá (pl **íomhánna**) f4 image

iomláine f4 entirety; **ina iomláine** in its entirety ▷ *D'inis sé an scéal ina iomláine.* He told the story in its entirety.

iomlán adj ❶ whole ▷ *an lá iomlán* a whole day ▷ *an rang iomlán* the whole class ❷ complete ▷ *liosta iomlán* a complete list; **ainm iomlán** full name ▷ *Seán Pádraig Ó Néill an t-ainm iomlán atá orm.* My full name is John Patrick O'Neill. ▶ m1 (all) the lot ▷ *Cheannaigh mé milseáin agus d'ith Peadar an t-iomlán.* I bought sweets and Peter ate the lot.; **i ndiaidh an iomláin** after all ▷ *I ndiaidh an iomláin, ní féidir le duine ar bith tabairt orainn dul.* After all, nobody can make us go.; **ar an iomlán** overall ▷ *Bhí mo chuid torthaí réasúnta maith ar an iomlán.* My results were quite good overall.; **mar bharr ar an iomlán** into the bargain ▷ *Agus, mar bharr ar an iomlán, bhí mé mall don scoil.* And,

into the bargain, I was late for school.; **iomlán gealaí** a full moon ▷ *Bhí iomlán gealaí ann.* There was a full moon.

iomlatach adj mischievous ▷ *páiste iomlatach* a mischievous child

iompaigh vb [**13**] (person) to turn over; **iompú thart** to turn round ▷ *Iompaigh thart, le do thoil.* Turn round, please.; **rud a iompú béal faoi** to turn something upside down ▷ *D'iompaigh sé an buicéad béal faoi.* He turned the bucket upside down.

iompair vb [**19,** vn iompar, va iompartha] ❶ to carry ▷ *D'iompair sé an mála isteach sa teach.* He carried the bag into the house. ❷ to behave ▷ *D'iompair sé é féin mar a bheadh amadán ann.* He behaved like an idiot. ▷ *D'iompair sí í féin go holc.* She behaved very badly.

iompar m1 transport; **iompar poiblí** public transport; **rud a bheith ar iompar agat** to be carrying something ▷ *Bhí mála ar iompar aige.* He was carrying a bag.; **bheith ag iompar clainne** to be pregnant ▷ *Tá sí ag iompar clainne le sé mhí anuas.* She's six months pregnant.

iompórtálaí m4 importer

iompú m turn; **ar iompú boise** like a flash

iomrá m4 rumour; **Tá iomrá na hintleachta air.** He's supposed to be intelligent.; **Níl iomrá ar bith air.** There's no sign of him.; **Ar chuala tú iomrá riamh ar ...?** Did you ever hear of ...?

iomráiteach adj famous ▷ duine iomráiteach a famous person ▷ Tá Brad Pitt ina aisteoir iomráiteach. Brad Pitt is a famous actor.

iomrall m1 mistake; **iomrall aithne** mistaken identity

iomrascáil f3 wrestling

iomrascálaí m4 wrestler

iomróir m3 rower

ionad m1 ❶ place; **ionad saoire** a holiday resort ▷ Is ionad saoire é ar an Costa del Sol. It's a holiday resort on the Costa del Sol. ❷ centre ▷ Sholáthair an t-ionad an trealamh uile dúinn. The centre supplied us with all the equipment.; **ionad glaonna** a call centre; **ionad pobail** a community centre; **ionad siopadóireachta** a shopping centre; **in ionad** instead of ▷ Chuaigh mé in ionad an mhúinteora. I went instead of the teacher ▷ Tháinig Máire i m'ionad. Mary came instead of me.; **fear ionaid** (in sport) a substitute

ionadaí m4 ❶ (person) representative ❷ (in sport) substitute

ionadaíocht f3 representation ▷ ionadaíocht chionmhar proportional representation

ionadh (pl ionaí) m1 surprise; **Tá ionadh orm gur tháinig sé.** I'm surprised he came.; **ní nach**

ionadh not surprisingly

ionann adj same ▷ Is ionann méid dóibh. They're the same size.; **murab ionann agus ...** unlike ... ▷ Murab ionann agus eisean, taitníonn bheith ag eitilt liom. Unlike him, I really enjoy flying.; **ionann is** almost ▷ Tá an obair seo ionann is déanta agam. I have almost finished this work.

ionas adv **ionas go** so that ▷ Déan deifir ionas go mbeidh muid in am. Hurry up so that we will be in time.

ioncam m1 income

ionchur m1 input ▷ Níl aon ionchur agam sa scéal. I have no input into the issue.

iondúil adj usual; **go hiondúil** usually ▷ Is iondúil go mbíonn sé in am. He is usually in time.

ionfhabhtú m infection ▷ ionfhabhtú cluaise an ear infection

ionga (gen sing iongan, pl ingne) f nail ▷ Ná hith do chuid ingne! Don't bite your nails!; **ionga méire** a fingernail; **ionga gairleoige** a clove of garlic; **vearnais iongan** nail varnish

ionlach m1 lotion; **ionlach gréine** suntan lotion

ionracas m1 honesty

ionradh (pl ionraí) m1 invasion

ionraic adj honest ▷ Is duine ionraic é. He's an honest person.

ionróir m3 invader

ionsá m4 insertion

ionsaí m4 attack ▷ ionsaí fíochmhar a vicious attack ▷ ionsaí

a b c d e f g h i j k l m n o p q r s t u v w x y z

sceimhlitheoireachta a terrorist attack; **ionsaí a dhéanamh ar dhuine** to attack somebody

ionsaigh vb [**13,** vn ionsaí] to attack ▷ *D'ionsaigh an madra í.* The dog attacked her.

ionsáigh vb [**24**] to insert

ionsaitheach adj aggressive

ionsaitheoir m3 (football) striker

ionsar prep

Prepositional pronouns are **ionsorm, ionsort, ionsair, ionsuirthi, ionsorainn, ionsoraibh, ionsorthu.**

towards ▷ *Tháinig Máire ionsorm.* Mary came towards me.

ionstraim f2 instrument

ionstraimeach adj (music) instrumental

ionstraimí m4 instrumentalist

ionsú m4 absorption

ionsúigh vb [**24**] to absorb

ionsúiteach adj absorbent

iontach adv ❶ very ▷ *Tá sí iontach tarraingteach.* She's very attractive. ▷ *Níl sé iontach cliste.* He's not very bright. ▷ *Beidh sé iontach géar.* It's going to be very close.; **lá iontach te go deo** a boiling hot day ❷ really ▷ *Bhí mé iontach corraithe.* I was really touched. ▷ *Bhí sé iontach scanrúil.* It was really scary. ❸ wonderful ▷ *Is iontach an radharc é.* It's a wonderful sight.; **D'imir sé go hiontach.** He played brilliantly. ❹ surprising ▷ *Is iontach liom go ...* I find it surprising that ...

iontaise f4 fossil

iontaobhaí m4 trustee

iontaofa adj ❶ trustworthy ▷ *duine iontaofa* a trustworthy person ❷ reliable ▷ *Ní duine ró-iontaofa é.* He's not very reliable.; **Sin comhairle iontaofa.** That's sound advice.

iontaoibh f2 confidence; **iontaoibh a bheith agat as duine** to have confidence in somebody ▷ *Tá iontaoibh agam as Emma.* I have confidence in Emma.

iontas m1 surprise ▷ *Chuir sé iontas ort mar sin?* Was it a surprise then? ▷ *A leithéid d'iontas breá!* What a lovely surprise!; **iontas a bheith ort** to be surprised ▷ *Bhí iontas orm gur tháinig sé.* I was surprised that he came. ▷ *Bhí iontas orm gur éirigh liom é a dhéanamh.* I was surprised that I managed to do it.; **iontais na cathrach** the sights of the city

iontógáil f3 intake

iontráil vb [**25**] (data) to enter ▶ f3 entry ▷ *Is é an 2ú Bealtaine an spriocdháta faoi choinne iontrálacha.* The deadline for entries is May 2nd.; **foirm iontrála** an entry form

iontrálaí m4 entrant

ionúin adj beloved

iora m4 squirrel; **iora glas** a grey squirrel; **iora rua** a red squirrel

íoróin f2 irony

íorónta adj ironic; **go híorónta** tongue in cheek

iorras m1 promontory

Íosa m4 Jesus

Íosánach adj, m1 Jesuit

osbhealach m1 subway

oslach m1 basement

oslaghdaigh vb [13] to minimize

osmhéid f2 minimum

ospairt (gen sing **íospartha**) f3 ill-treatment

ostas m1 ❶ lodging ▷ *iostas na hoíche* a night's lodging ❷ hostel ▷ *iostas mac léinn* a student hostel

Pod® m iPod®

ris f2 ❶ magazine ❷ (of bag) strap

riseoir m3 journalist ▷ *Is iriseoirí. She's a journalist.*

riseoireacht f3 journalism

risleabhar m1 magazine

s copula

> Look in the grammar section for more information on the copula in Irish. **is** is used in the present tense without a negative.

▷ *Is dochtúir é.* He is a doctor. ▷ *Is maith sin.* That's good. ▷ *Is breá liom an léitheoireacht.* I love reading. ▷ *Is do Sheán a thug mé é.* I gave it to John. ▷ *Is as Corcaigh é.* He's from Cork. ▷ *Is inné a tharla sé.* It happened yesterday.

> **is** changes to **ní** in the present tense with a negative.

▷ *Ní saineolaí é.* He isn't an expert. ▷ *Ní minic a tharlaíonn sin.* That doesn't happen often. ▷ *Ní hé is fearr orthu.* He's not the best of them. ▷ *Ní hé an t-ardmháistir é.* He isn't the principal. ▷ *Ní ar Sheán a bhí mé ag caint.* I wasn't talking about John.

> **is** changes to **an** in the present tense with a question.

▷ *An éan é?* Is it a bird? ▷ *An miste leat má imím?* Do you mind if I leave? ▷ *An é an múinteoir é?* Is he the teacher? ▷ *An ar an bhus a casadh ort é?* Did you meet him on the bus?

> **is** changes to **gur** or **gurb** in the present dependent tense without a negative.

▷ *Ceapaim gur mac léinn é.* I think he is a student. ▷ *Is cosúil gurb é amháin a chonaic é.* It appears that he alone saw it.

> **is** changes to **ar** or **arb** in the present tense in indirect relative clauses without a negative.

▷ *na mic léinn ar féidir leo na ceisteanna ar fad a fhreagairt* the students who can answer all the questions

> **is** changes to **nach** in the present tense in indirect relative clauses or with negative questions or indirect negative statements.

▷ *Nach múinteoir é?* Isn't he a teacher? ▷ *Nach mór an trua gur imigh sé?* Isn't it a great pity he left? ▷ *Deir sé nach maith leis tae.* He says he doesn't like tea. ▷ *Tá spéaclaí de dhíth ar dhuine ar bith nach féidir leis sin a fheiceáil.* Anyone who can't see that should get glasses.

> **is** changes to **gura** or **gurab** in the present subjunctive without a negative.

▷ *Gura fada buan iad.* Long may

a b c d e f g h i j k l m n o p q r s t u v w x y z

they live.

> **is** changes to **nára** or **nárab** in the present subjunctive tense with a negative.

▷ *Nára fada go bhfille siad.* May it not be long until they return.

> **is** changes to **ba** or **b'** in past or conditional tenses without a negative.

▷ *Ba dhochtúir í.* She was a doctor. ▷ *Ba í Máire ba shine.* Mary was the eldest. ▷ *Ba bhreá liom dul ann.* I would love to go there. ▷ *B'as Londain í.* She was from London.

> **is** changes to **níor** or **níorbh** in past or conditional tenses with a negative.

▷ *Níor cheoltóir í.* She wasn't a musician. ▷ *Níorbh aisteoir í.* She wasn't an actress. ▷ *Níorbh eol di sin.* She wasn't aware of that.

> **is** changes to **ar** or **arbh** in past or conditional tenses in indirect relative clauses without a negative.

▷ *Ar chuidiú ar bith é dá ...?* Would it be any help if ...? ▷ *an bhean arbh fhiaclóir a hathair* the woman whose father was a dentist

> **is** changes to **gur** or **gurbh** in past or conditional dependent tenses without a negative.

▷ *Cheap sí gur chigire é.* She thought he was an inspector.

> **is** changes to **ba** or **ab** in past or conditional tenses in direct relative clauses without a negative.

▷ *an léim ab fhaide* the longest jump

> **is** changes to **nár** or **nárbh** in past dependent or conditional tenses in questions or relative clauses with a negative.

▷ *Nár bhainistreás í?* Wasn't she a manageress? ▷ *Nárbh fhile í?* Wasn't she a poet? ▷ *Nárbh fhearr leat fanacht?* Would you not rather stay?

íseal (*gen sing f, pl, compar* **ísle**) *adj* low ▷ *balla íseal* a low wall; **go híseal** low ▷ *Tá an t-eitleán sin ag eitilt go han-íseal.* That plane is flying very low.; **os íseal** quietly; **de ghlór íseal** in a soft voice

ísealaicme *f4* lower class

Ísiltír *f2* **an Ísiltír** the Netherlands ▷ *san Ísiltír* in the Netherlands

ísligh *vb* [11] ❶ to lower ▷ *Ísligh do ghlór.* Lower your voice. ❷ (*headlight*) to dip ▷ *Ísligh na ceannsoilse.* Dip the headlights.

ísliú *m* reduction ▷ *Tá ísliú ar na praghsanna inniu.* There is a price reduction today.; **ísliú céime** (*in sport*) relegation

ispín *m4* sausage ▷ *ispíní gan feoil* vegetarian sausages; **ispíní agus brúitín** bangers and mash

isteach *adv* ❶ in ▷ *Tháinig sé isteach agus mé ag imeacht.* He came in as I was leaving. ▷ *Tar isteach!* Come in! ▷ *Bhuail sé ar an doras agus chuaigh sé isteach.* He knocked on the door and went in. ❷ into ▷ *Dhoirt sí roinnt uisce isteach sa sáspan.* She poured some water into the pan.; **cead isteach** admission ▷ *'cead isteach saor in aisce''* 'admission free'; **bog isteach i** (*to a house*) to move in ▷ *Beidh siad ag bogadh isteach an tseachtain seo chugainn.* They're moving in next week.

istigh *adv* ❶ in ▷ *An bhfuil aon duine istigh?* Is there anyone in? ▷ *Tá an t-aer plúchtach istigh anseo.* It's really stuffy in here. ▷ *B'fhearr liom fanacht istigh anocht.* I'd rather stay in tonight. ❷ up ▷ *Tá an t-am istigh.* Time's up.; **taobh istigh de** within ▷ *taobh istigh d'uair an chloig* within an hour

ith *vb* [**7**] to eat ▷ *Ní ithim feoil ná iasc.* I don't eat meat or fish. ▷ *Ní féidir liom sin uile a ithe.* I can't eat all that.; **Ith leat!** Dig in!; **d'ingne a ithe** to bite one's nails

itheachán *m1* eating; **seomra itheacháin** a dining room; **cipíní itheacháin** chopsticks

Iúil *m4* July ▷ *an fichiú lá d'Iúil* on July 20th; **i mí Iúil** in July

iúl *m1* ❶ knowledge; **rud a chur in iúl do dhuine** to let somebody know something ▷ *Cuir in iúl don mhúinteoir go mbeidh tú mall.* Let the teacher know that you will be late. ❷ to pretend ▷ *Chuir sé in iúl go raibh sé tinn.* He pretended to be sick.; **d'iúl a bheith ar rud** to concentrate on something ▷ *Bhí a iúl ar an obair.* He concentrated on the work.

j

jab (*pl* **jabanna**) *m4* job ▷ *Tá a jab caillte aige.* He's lost his job. ▷ *Tá jab Sathairn agam.* I've got a Saturday job. ▷ *Bhí an jab sin deacair.* That was a difficult job.

jacaí *m4* jockey

jíp (*pl* **jípeanna**) *m4* jeep

júdó *m4* judo ▷ *Júdó an caitheamh aimsire atá agam.* My hobby is judo.

jumbó *m4* **scairdeitleán jumbó** jumbo jet

K   l

karate _m4_ karate
km san uair _abbr_ (= _ciliméadar san uair_) km/h (= kilometres per hour)

lá (_gen sing_ **lae**, _pl_ **laethanta**) _m_ day
▷ _Lá amháin d'imigh sé go deo._ One day he left for good. ▷ _Bhíomar ag stopadh i mBéal Feirste ar feadh cúpla lá._ We were staying in Belfast for a few days.; **sa lá atá inniu ann** nowadays; **gach lá** every day ▷ _Téim chuig an ngiomnáisiam gach lá._ I go to the gym every day.; **lá breithe** birthday ▷ _Cad é a fuair tú ar do lá breithe?_ What did you get for your birthday?; **lá saoire** holiday ▷ _Is lá saoire é Dé Luain seo chugainn._ Next Monday is a holiday. ▷ _Tá rún agam post a fháil sna laethanta saoire._ I'm planning to get a job in the holidays.; **Lá Fhéile Pádraig** St Patrick's Day; **Lá Fhéile Stiofáin** Boxing Day; **Lá Nollag** Christmas Day; **Lá Nollag Beag** New Year's

Day; **Is fada an lá ó ...** It's a long time since ...; **Níl lá eagla orm.** I'm not the least bit afraid.; **Ní raibh lá rúin aige dul.** He had no intention of going.

lábán m1 mud

lábánach adj muddy

labhair vb [**19**, va labhartha] to speak ▷ Ar labhair tú leis? Have you spoken to him? ▷ Labhair amach! Speak up!; **labhairt le duine faoi rud** to speak to somebody about something ▷ Labhair sé liom faoi. He spoke to me about it.; **Ná labhair le strainséirí.** Don't talk to strangers.

labhairt (gen sing **labhartha**) f3 speaking; **lucht labhartha na Gaeilge** Irish speakers

labhandar m1 lavender

lacáiste m4 discount ▷ lacáiste do mhic léinn a discount for students; **rud a fháil ar lacáiste** to get something at a discount

lách (gen sing m **lách**) adj good-natured ▷ duine lách a good-natured person

lacha (pl **lachain**, gen sing, pl **lachan**) f duck

ládáil f3 cargo

ladar m1 ladle; **do ladar a chur i rud** to interfere in something ▷ Ná cuir do ladar sa scéal sin. Don't interfere in that issue.

ladhar (gen sing **laidhre**, pl **ladhracha**) f2 toe

laethúil adj daily ▷ nuachtán laethúil a daily newspaper; **ar**

bhonn laethúil on a daily basis ▷ Tagann sé anseo ar bhonn laethúil. He comes here on a daily basis.; **go laethúil** daily ▷ Tá an linn snámha oscailte go laethúil. The pool is open daily.

laftán m1 (of rock) ledge

lag adj ❶ weak ▷ Tá mé lag leis an ocras. I'm weak with hunger. ❷ faint ▷ Bhí a ghuth iontach lag. His voice was very faint.

lagaigh vb [**12**] to weaken; **Lagaigh sé mo chroí.** It made me feel downhearted.; **Nár lagaí Dia thú!** Good on you!

Lagán n **Abhainn an Lagáin** (river) the Lagan

lagar (pl **lagracha**) m1 weakness; **lagar a theacht ort** to become faint ▷ Tháinig lagar orm. I became faint.

lagbhríoch adj weak

laghad m4 **dá laghad** however little ▷ Dá laghad é is maith liom agam é. However little it is I am glad to have it.; **ar a laghad** at least ▷ míle ar a laghad a mile at least

laghairt f2 lizard

laghdaigh vb [**12**] (reduce) to go down ▷ Laghdaíodh praghas na ríomhairí. The price of computers has gone down.

laghdaitheach adj decreasing

laghdú m ❶ decrease ▷ Bhí laghdú ar líon na mac léinn. There was a decrease in the number of students. ❷ reduction ▷ Bhí

a b c d e f g h i j k l m n o p q r s t u v w x y z

laghdú ar na praghsanna. There was a price reduction.

lagrach *m1* (*weather*) depression

láí (*pl* **lánta**) *f4* spade

láib *f2* mud

laibhe *f4* lava

Laidin *f2* (*language*) Latin

láidir (*gen sing f, pl, compar* **láidre**) *adj* strong ▷ *Tá sé iontach láidir.* It's very strong. ▷ *Tá blas iontach láidir air.* It has a very strong flavour. ▷ *Bhí gaoth láidir ann.* There was a strong wind.; **go láidir** strongly ▷ *Ní mhothaím go láidir faoi.* I don't feel strongly about it.; **lámh láidir** violence ▷ *gadaíocht le lámh láidir* robbery with violence

láidreacht *f3* strength

laige *f4* weakness; **titim i laige** to faint ▷ *Go tobann thit sí i laige.* All of a sudden she fainted.

Laighin (*gen pl* **Laighean**) *mpl* **Cúige Laighean** Leinster

Laighneach *m1* Leinsterman, Leinsterwoman

láimh *see* **lámh**

láimhseáil *vb* [25] to handle ▷ *Is deacair an capall seo a láimhseáil* It's difficult to handle this horse.

láimhsigh *vb* [11] (*physically*) to handle ▷ *Láimhsigh go socair iad.* Handle them gently.

laindéar *m1* lantern

láine *f4* ❶ fullness ❷ (*sound*) volume

lainseáil *vb* [25] (*boat*) to launch

láir (*gen sing* **lárach**, *pl* **láracha**) *f* mare

láirig (*pl* **láirigeacha**) *f2* thigh

laiste *m4* latch

laistiar *adv* **laistiar de** behind ▷ *laistiar den teach* behind the house

laistigh *prep, adj, adv* inside ▷ *laistigh den gheata* inside the gate ▷ *laistigh de sheachtain* inside a week

láithreach *adj, adv* ❶ present ▷ *an luach láithreach* the present value ▷ *an aimsir láithreach* the present tense ❷ instant ▷ *Bhí rath air láithreach.* It was an instant success. ❸ immediately ▷ *Déan láithreach é.* Do it immediately.; **láithreach bonn** instantly

láithreán *m1* site ▷ *láithreán carbhán* a caravan site ▷ *láithreán tógála* a building site; **láithreán gréasáin** a website

láithreoir *m3* presenter ▷ *Is láithreoir teilifíse í.* She's a TV presenter.

lamairne *m4* jetty

lámh (*dat sing* **láimh**) *f2* ❶ hand ▷ *mo lámh dheas* my right hand ▷ *Tá mo lámha salach.* My hands are dirty. ❷ arm ▷ *D'fhill sí a lámha.* She folded her arms.; **lámh chuidithe a thabhairt do dhuine** to give somebody a hand ▷ *An féidir leat lámh chuidithe a thabhairt dom?* Can you give me a hand? ▷ *Thug Máire lámh chuidithe dom.* Mary gave me a hand.; **Tá lámh is focal eatarthu.** They are engaged.; **lámh a chur i do bhás**

féin to commit suicide ▷ *Chuir sé lámh ina bhás féin.* He committed suicide.; **do lámh a chur le rud** to sign something; **in aice láimhe** nearby ▷ *garáiste in aice láimhe* a nearby garage; **láimh le** near ▷ *Tá an t-óstán láimh le lár an bhaile.* The hotel is near the town centre.

lámhach m1 ❶ gunfire ▷ *Chuala siad lámhach.* They heard gunfire. ❷ shooting ▷ *lámhach fánach* a random shooting; **sos lámhaigh** a cease-fire

lamháil f3 (*money*) allowance

lámhainn f2 glove; **lámhainní dornála** boxing gloves

lámhchleasaí m4 juggler

lámhchrann m1 handle

lámhdhéanta adj handmade

lámhleabhar m1 (*manual*) handbook

lámh-mhaisiú m manicure

lamhnán m1 bladder

lámhráille m4 handrail

lámhscríbhinn f2 manuscript

lámhscríbhneoireacht f3 handwriting

lampa m4 lamp

lán adj full ▷ *Tá an ghloine lán bainne.* The glass is full of milk.; **lán go doras** full ▷ *Bhí an halla lán go doras.* The hall was full.

▷ m1 **lán gloine** a glassful; **dhá lán spúnóige** two spoonfuls; **a lán** a lot of ▷ *Tá a lán airgid aici.* She's got a lot of money.; **a lán rudaí** many things

lána m4 lane

lánaimseartha adj full-time ▷ *Fuair sí post lánaimseartha.* She got a full-time job.; **go lánaimseartha** full time ▷ *Oibríonn sí go lánaimseartha.* She works full time.

lánchúlaí m4 (*in sport*) full-back

lándúiseacht f3 **Tá sí ina lándúiseacht.** She's wide awake.

lánfhada adj full-length ▷ *gúna lánfhada* a full-length dress

lánléargas m1 panorama

lánluas m1 **ar lánluas** at full speed

lann f2 blade; **lann rásúir** a razor blade; **péire lann rollála** a pair of Rollerblades®

lánseol n **faoi lánseol** in full swing ▷ *Tá an céilí faoi lánseol anois.* The ceilidh is in full swing now.

lánstad (*pl* **lánstadanna**) m4 full stop

lántáille f4 full fare

lánúin (*pl* **lánúineacha**) f2 couple ▷ *an lánúin atá ina gcónaí béal dorais* the couple who live next door; **lánúin phósta** a married couple; **lánúin nuaphósta** newly-weds

lao (*pl* **laonna**) m4 calf

laoch (*gen sing* **laoich**, *pl* **laochra**) m1 hero ▷ *Is laoch é!* He's a hero!

laofheoil f3 veal

Laoi f4 **an Laoi** (*river*) the Lee

laoi (*pl* **laoithe**) f4 poem; **Laoi Oisín** the Lay of Oisín

Laois f2 Laois

laom (*pl* **laomanna**) m3 ❶ flash ❷ fits and starts ▷ *Tagann sé ina laomanna.* It comes in fits and starts.

lapa m4 ❶ (of animal) paw ❷ (of seal, dolphin) flipper ❸ (of bird) webbed foot

lár m1 ❶ centre ▷ Tá sé i lár na cathrach. It's in the city centre. ❷ middle ▷ lár na hoíche the middle of the night; **i lár báire** in the middle; **lár na páirce** midfield; **ar lár** missing ▷ an lúb ar lár the missing link

lárach, láracha see **láir**

laraingíteas m1 laryngitis

lardrús m1 larder

lárionad m1 centre ▷ lárionad siopadóireachta a shopping centre

lárlíne (pl **lárlínte**) f4 diameter

lárnach adj central ▷ téamh lárnach central heating

lárphointe m4 centre ▷ lárphointe ciorcail centre of circle

las vb [23] ❶ (fire) to light ❷ to blush ▷ Las sí san aghaidh. She blushed.

lása m4 lace ▷ bóna lása a lace collar

lasadh (gen sing **lasta**) m lighting

lasair (gen sing **lasrach**, pl **lasracha**) f flame; **ar bharr lasrach** on fire ▷ Bhí an teach ar bharr lasrach. The house was on fire.; **ar luas lasrach** in a flash

lasairéan m1 flamingo

lasán m1 match ▷ bosca lasán a box of matches

lasc f2 switch ▷ Bhuail sí an lasc leis an solas a chur air. She flicked the switch to turn the light on.; **lasc ama** a time switch

lascaine f4 discount ▷ lascaine de 5% a 5% discount; **lascaine 10%** 10% off; **ar lascaine** at a reduced price

lasmuigh adj, adv, prep outside ▷ lasmuigh den teach outside the house; **lasmuigh de** apart from ▷ D'ith mé gach rud, lasmuigh den phráta rósta. I ate everything, apart from the roast potato.

lasnairde adj overhead ▷ cáblaí lasnairde overhead cables

lasrach, lasracha see **lasair**

lasta m4 load
▶ adj ❶ lit ▷ Tá an tine lasta. The fire is lit. ❷ flushed ▷ Tá tú iontach lasta san aghaidh. You look very flushed.

lastall adj, adv, prep beyond ▷ lastall den droichead beyond the bridge

lastlong f2 (ship) freighter

lastóir m3 (for cigarettes) lighter

lathach f2 mud

láthair (gen sing **láithreach**, pl **láithreacha**) f ❶ place ▷ an láthair oibre the work place ❷ scene ▷ Bhí na póilíní ar an láthair go gasta. The police were soon on the scene. ▷ láthair na coire the scene of the crime; **bheith as láthair** to be absent ▷ Tá Micheál as láthair inniu. Michael's absent today.; **bheith i láthair** to be present ▷ Beidh Máire i láthair anocht. Mary will be present tonight.; **faoi láthair** at the moment ▷ Tá mé ar saoire faoi láthair. I'm on holiday at the moment.; **ar an láthair** on the spot ▷ *Ádhúil go leor, bhí siad ábalta an carr a dheisiú ar an láthair.* Luckily they were able to mend the car on the spot.; **ar láthair amuigh** *(filming)* on location

le *prep*

Prepositional pronouns are **liom**, **leat**, **leis**, **léi**, **linn**, **libh**, **leo**; **le** becomes **leis** before the definite article.

❶ with ▷ *Tabhair do leabhar leat.* Take your book with you. ▷ *Bhí mé lag leis an ocras.* I was weak with hunger. ❷ to ▷ *Níor chuir sé leis an díospóireacht.* He didn't contribute to the discussion. ❸ by ▷ *Tháinig sé as Béal Feirste leis an traein.* He came from Belfast by train. ❹ *(time)* for ▷ *Táimid anseo le seachtain.* We've been here for a week.; **le mo sholas** as long as I live; **le bánú an lae** at daybreak

You can use **le** to say what you like.

▷ *Is maith liom tae.* I like tea. ▷ *Is maith leo bheith ag comhrá ar líne.* They like to chat online.

You can use **le** to give an opinion.

▷ *Is dóigh léi go bhfuil sé sa bhaile.* She thinks he's at home. ▷ *Is cuma liom.* I don't mind.

You can use **le** to show that an action is continuing.

▷ *Abair leat.* Carry on with what you're saying. ▷ *Tá mé ag foghlaim liom.* I'm learning all the time.

You can use **le** for comparisons.

▷ *Tá Seán chomh hard le Séamas.* John is as tall as James. ▷ *Tá Máire ar aon aois le Síle.* Mary is the same age as Sheila. ▷ *Tá Liam cosúil le Peadar.* Liam looks like Peter.

You can use **le** to express purpose.

▷ *D'fhan sí siar leis na soithí a ní.* She stayed back to wash the dishes.

You can use **le** to express possibility.

▷ *Níl sé le fáil sna siopaí.* It's not available in the shops.

You can use **le** to express obligation.

▷ *Tá obair le déanamh againn.* We have work to do.; **taobh le taobh** side by side ▷ *Shiúil Máire agus Síle taobh le taobh.* Mary and Sheila walked side by side.; **labhairt le duine** to speak to somebody ▷ *Labhair mé le Séamas.* I spoke to James.; **Níl dada le rá aige.** He has nothing to say.

leaba *(gen sing* **leapa**, *pl* **leapacha**) *f* bed ▷ *leaba infhillte* a folding bed ▷ *leaba shingil* a single bed ▷ *leaba dhúbailte* a double bed; **an leaba a chóiriú** to make the bed ▷ *Chóirigh mé an leaba ar maidin.* I made the bed this morning.; **leaba agus bricfeasta** bed and breakfast ▷ *Cá mhéad atá ar leaba agus bricfeasta?* How much is it for bed and breakfast?

leabhar *(pl* **leabhair**) *m* book

▷ *Thug an múinteoir an leabhar dom.*
The teacher gave me the book.
▷ *Chuir sé na leabhair sa chófra.* He
put the books in the cupboard.;
leabhar nótaí a notebook;
leabhar gearrthóg a scrapbook;
Dar an leabhar! Upon my word!

leabharlann f2 library

leabharlannaí m4 librarian

leabharmharc m1 (*also
computing*) bookmark

leabhragán m1 bookcase

leabhrán m1 booklet

leac f2 (*of stone*) slab; **leac na
fuinneoige** a window sill; **leac an
dorais** a doorstep; **leac oighir** ice
▷ *Shleamhnaigh sé ar an leac oighir.*
He slipped on the ice.

leacht (*pl* **leachtanna**) m3 liquid

léacht f3 lecture; **léacht a
thabhairt** to give a lecture

leachtach adj liquid

leachtaigh vb [12] ❶ (*food*) to
liquidize ❷ (*assets*) to liquidate

leachtaitheoir m3 liquidizer

léachtlann f2 lecture theatre

léachtóir m3 lecturer

leadhb (*pl* **leadhbanna**) f2 strip
▷ *leadhb éadaigh* a strip of cloth

leadóg f2 tennis ▷ *Imrím leadóg
ar scoil.* I play tennis at school.;
leadóg bhoird table tennis

leadrán m1 bore; **dul chun
leadráin** to drag on ▷ *Chuaigh
an comhrá chun leadráin.* The
conversation dragged on.

leadránach adj boring ▷ *Tá an
scannán seo iontach leadránach.* This

movie's very boring. ▷ *Tá sé deas,
ach é rud beag leadránach.* He's nice,
but a bit boring.

leag vb [14] to knock down ▷ *Leag
carr í.* She was knocked down by
a car.; **an bord a leagan** to lay
the table; **rud a leagan amach**
to arrange something ▷ *Leag an
múinteoir na leabhair amach ar
an tábla.* The teacher arranged
the books on the table.; **duine
a leagan amach** to knock
somebody out ▷ *Leag siad amach
an garda slándála.* They knocked
out the security guard.; **d'intinn
a leagan ar rud** to concentrate on
something

leagan (*pl* **leaganacha**) m1
version ▷ *Seo an leagan Gaeilge den
cheist.* This is the Irish version of
the question. ▷ *Bíonn dhá leagan
ar scéal.* There are two versions
to every story.; **leagan cainte** an
expression ▷ *Is leagan cainte Béarla
é.* It's an English expression.

leaid (*pl* **leaidanna**) m4 lad

leáigh vb [24] to melt ▷ *Leáigh an
sneachta aréir.* The snow melted
last night.

leaisteach adj elastic

leaistic f2 elastic

leamh (*gen sing m* **leamh**) adj
❶ insipid ▷ *Tá an bia seo leamh.* This
food is insipid. ❷ boring ▷ *Bhí an
leabhar sin leamh.* That book was
boring. ❸ stupid ▷ *Nach leamh an
cloigeann atá orm!* How stupid am I!

léamh (*pl* **léamha**) m1 reading ▷ *Tá*

an léamh ar cheann de na caithimh aimsire agam. Reading is one of my hobbies.; **Níl léamh ná scríobh air.** It's beyond description.

eamhan *m1* moth

eamhán *m1* elm

eamhnacht *f3* milk

eamhsháinn *f2* (*in chess*) stalemate

ean *vb* [**23**] ❶ (*also on Twitter*) to follow ▷ *Lean sí é.* She followed him. ▷ *Lean na treoracha go cúramach.* Follow the instructions carefully.; **mar a leanas** as follows ❷ to carry on ▷ *Lean sé den léamh.* He carried on reading. ▷ *Lean sí uirthi ag caint lena cara.* She carried on talking to her friend.; **leanúint de rud** to continue something ▷ *Lean siad den chomhrá.* They continued the conversation.

léan (*pl* **léanta**) *m1* grief; **bheith faoi léan** to be grief-stricken

léana *m4* lawn; **fiabhras léana** hay fever ▷ *Tagann fiabhras léana orm.* I suffer from hay fever.

leanbh (*pl* **leanaí**) *m1* child ▷ *Tá an leanbh ag caoineadh.* The child's crying.

leann (*pl* **leannta**) *m3* beer; **leann úll** cider; **teach leanna** a pub

léann *m1* learning; **mac léinn** a student; **léann a bheith ort** to be educated ▷ *Tá léann maith air.* He is well educated.

leantóir *m3* (*on car*) trailer

leanúint (*gen sing* **leanúna**) *f3* following; **lucht leanúna** supporters; **ar leanúint** to be continued

leanúnaí *m4* follower

leapa, leapacha *see* **leaba**

lear *m1* sea; **dul thar lear** to go abroad ▷ *Ní raibh an deis riamh agam dul thar lear.* I've never had the opportunity to go abroad. ▶ *m4* **lear mór páistí** a lot of children

léaráid *f2* illustration

Learpholl *m1* Liverpool

léarscáil (*pl* **léarscáileanna**) *f2* map ▷ *D'oscail sí an léarscáil amach.* She unfolded the map. ▷ *léarscáil bhóithre* a road map

leas *m3* ❶ welfare; **leas an phobail** the common good ❷ benefit ▷ *Le do leas a rinne mé é.* I did it for your benefit.

léas *m3* lease; **rud a ligean ar léas** to lease something ▶ *m1* (*pl* **léasacha**) beam ▷ *léas solais* a beam of light

leasachán *m1* fertilizer

leasaigh *vb* [**12**] (*food*) to season

léasaigh *vb* [**12**] to lease

leasainm (*pl* **leasainmneacha**) *m4* nickname

léasar *m1* laser

léasarphrintéir *m3* laser printer

leasathair (*gen sing* **leasathar**, *pl* **leasaithreacha**) *m* stepfather

leasc (*gen sing m* **leasc**) *adj* ❶ lazy ▷ *duine leasc* a lazy person ❷ reluctant ▷ *Ba leasc liom dul.* I was reluctant to go.

leasdeartháir (*gen*

sing **leasdearthár,** *pl*
leasdeartháireacha) *m3*
stepbrother
leasdeirfiúr (*gen*
sing **leasdeirféar,** *pl*
leasdeirfiúracha) *f* stepsister
leasiníon *f2* stepdaughter
léaslíne (*pl* **léaslínte)** *f4* horizon
leasmhac *m1* stepson
leasmháthair (*gen*
sing **leasmháthar,** *pl*
leasmháithreacha) *f*
stepmother
léaspáin *mpl* **léaspáin a bheith
ar do shúile** to be seeing things;
**mura bhfuil léaspáin ar mo
shúile** unless my eyes deceive me
leas-phríomhoide *m4* deputy
head teacher
leat *see* **le**
leataobh *m1* **rud a chur i
leataobh** to put something aside
leath (*dat sing* **leith)** *f2* half ▷ *leath
an chíste* half of the cake; **Tá sé
leath i ndiaidh a haon.** It is half
past one.; **leath bealaigh** halfway
▷ *leath bealaigh idir Béal Feirste agus
Baile Átha Cliath* halfway between
Belfast and Dublin; **céad go leith**
one hundred and fifty; **ar leith (1)**
separate ▷ *Tá seomraí ar leith ag na
páistí.* The children have separate
rooms. **(2)** special ▷ *Duine ar leith
é Eoin.* Ian is a special person.;
rud a chur i leith duine to accuse
somebody of something ▷ *Chuir
na póilíní dúnmharú ina leith.* The
police accused her of murder.; **Níl**

agat ach a leath. The feelings are
mutual.
leath- *prefix* half- ▷ *leath-am*
half-time ▷ *leathlá* a half day
▷ *leathmhíle* half a mile
leathan (*gen sing f, compar*
leithne) *adj* ❶ broad; *pónairí*
leathana broad beans; **banda
leathan** broadband ▷ *An bhfuil
banda leathan agat?* Do you have
broadband? ❷ wide ▷ *bóthar
leathan* a wide road
leathán *m1* (*of glass, paper*) sheet
leathanach *m1* page ▷ *ar an dara
leathanach* on the second page ▷ *ar
leathanach tosaigh* the front page;
an leathanach baile (*computing*)
the home page; **leathanach
gréasáin** (*computing*) a web page
leathanaigeanta *adj* broad-
minded
leathar *m1* leather ▷ *Fíorleathar atá
ann.* It's real leather.
leathchuid (*gen sing* **leathchoda,**
pl **leathchodanna)** *f3* half ▷ *Beidh
leathchuid den rang ag snámh
amárach.* Half of the class will be
swimming tomorrow.
leathchúpla *m4* twin
leathlá (*gen sing* **leathlae,** *pl*
leathlaethanta) *m* half day
▷ *Beidh leathlá againn ar scoil
amárach.* We will have a half day at
school tomorrow.
leathphunt *m1* half a pound
leathscoite *adj* semi-detached
▷ *Tá mé i mo chónaí i dteach
leathscoite.* I live in a semi-

detached house.

leath-tháille f4 (fare) half ▷ Leath-tháille go Gaillimh, le do thoil. A half to Galway, please.

leathuair f2 half an hour ▷ Beidh mé ar ais i gceann leathuaire. I'll be back in half an hour. ▷ Tá sé leathuair tar éis a trí. It's half past three.

leatromach adj unfair ▷ Tá sé leatromach ar chailíní It's unfair to girls.

léi see le

leibhéal m1 level

leibide f4 idiot

leibideach adj silly ▷ duine leibideach a silly person

leiceann (pl leicne) m1 cheek ▷ Phóg sé ar a leiceann í. He kissed her on the cheek.

leicneach f2 mumps

leictreach adj electric ▷ tine leictreach an electric fire ▷ giotár leictreach an electric guitar ▷ blaincéad leictreach an electric blanket ▷ turraing leictreach an electric shock

leictreachas m1 electricity ▷ Gearradh an leictreachas. The electricity was cut off.

leictreoir m3 electrician ▷ Is leictreoir é. He's an electrician.

leictreonach adj electronic ▷ post leictreonach electronic mail

leictreonaic f2 electronics ▷ Leictreonaic an caitheamh aimsire atá agam. My hobby is electronics.

leid (pl leideanna) f2 ❶ clue

▷ Tabhair leid dom. Give me a clue.; **Thug sé leid go raibh rud éigin ar siúl.** He hinted that something was going on. ❷ (on computer) prompt

leifteanant m1 lieutenant

léigh vb [**24,** VN léamh] to read ▷ Léigh sé an nóta. He read the note. ▷ Ar léigh tú 'Animal Farm'? Have you read 'Animal Farm'?; **léigh amach** to read out ▷ Léigh sé amach an t-alt dom. He read out the article to me.

leigheas (pl leigheasanna) m1 ❶ medicine ▷ Fuair mé leigheas ón bpoitigéir. I got medicine from the chemist. ▷ Ba mhaith liom staidéar a dhéanamh ar leigheas. I want to study medicine.; **leigheas malartach** alternative medicine ❷ cure ▷ leigheas ar thinneas cinn a cure for a headache; **Níl leigheas air.** It can't be helped.
▶ vb [**23,** VN leigheas] to cure ▷ Leigheas sé mo thinneas cinn. It cured my headache.

léim (pl léimeanna) f2 jump; **léim ard** high jump; **léim fhada** long jump; **léim chuaille** pole vault
▶ vb [**14,** VN léim] ❶ to jump ▷ Léim an cat thar an mballa. The cat jumped over the wall. ▷ Léim an madra amach an fhuinneog. The dog jumped out of the window. ❷ (word, page) to skip ▷ Léim tú leathanach. You skipped a page.; **léim a bhaint as duine** to startle somebody ▷ Bhain an cat léim asam. The cat startled me.

léimneach f2 jumping ▷ rith is léimneach running and jumping

léine (pl **léinte**) f4 shirt ▷ léine dhúghorm a navy-blue shirt ▷ léine phóló a polo shirt ▷ Tá ball ar do léine. There's a spot on your shirt.; **léine oíche** a nightdress

leipreachán m1 leprechaun

léir adj clear ▷ Is léir go ... It's clear that ...; **go léir** all ▷ Is maith liom na hainmhithe go léir. I like all animals. ▷ an t-airgead go léir all the money

léirigh vb [11] ❶ to illustrate ▷ Léirigh do fhreagraí le samplaí Illustrate your answers with examples. ❷ to indicate ▷ Léirigh, le do thoil, an ceann is fearr leat. Indicate which one you prefer. ❸ (film, play) to produce ▷ Léirigh Niall dráma ar scoil. Neil produced a play at school.

léiritheoir m3 (of film, play) producer

léirmheas m3 review ▷ Scríobh mé léirmheas ar an leabhar. I wrote a review of the book.

léirmheastóir m3 critic

léirmhínigh vb [11] to interpret

léirmhíniú m interpretation

léirsigh vb [11] (protest) to demonstrate

léirsitheoir m3 (protestor) demonstrator

léirsiú m (rally) demonstration

leis (pl **leasracha**) f2 ❶ (on body) thigh ❷ (of chicken, cooked) leg ▶ adv also ▷ Labhair mé le Seán leis. I spoke to John also.

leis see le

leisce f4 laziness; **giolla na leisce** lazy-bones; **leisce a bheith ort rud a dhéanamh** to be reluctant to do something ▷ Bhí leisce orthu cuidiú linn. They were reluctant to help us.

leisciúil adj lazy ▷ Duine leisciúil é Seán. John's a lazy person.

leispiach adj, m lesbian

leite (gen sing **leitean**) f porridge; **lámha leitean** butter-fingers

léith, léithe see liath

leithead m1 width; **Bhí sé dhá mhéadar ar leithead.** It was two metres wide.

leitheadach adj widespread ▷ galar leitheadach a widespread disease

leithéid f2 ❶ such ▷ a leithéid de dhaoine deasa such nice people ▷ a leithéid de thuras fada such a long journey ▷ Níl a leithéid de rud ann agus an yeti. There's no such thing as the yeti. ❷ like ▷ leithéidí Sheáin the likes of John; **Ní fhaca mé a leithéid riamh.** I never saw anything like it.; **A leithéid de dhánacht!** What a cheek!

léitheoir m3 reader

léitheoireacht f3 reading

leithinis (gen sing **leithinse**, pl **leithinsí**) f2 peninsula

leithleach adj (person) selfish ▷ Ná bí chomh leithleach sin. Don't be so selfish.

leithligh n ar leithligh aside ▷ An bhféadfá seo a chur ar leithligh dom, *le do thoil.* Could you put this aside for me please.

eithne *f4* breadth

eithreas *m1* toilet ▷ *An bhfuil cead agam dul amach chuig an leithreas?* May I go to out the toilet?; **Cá bhfuil leithreas na bhfear?** Where's the gents?; **leithreas poiblí** a public convenience

eithscéal (*pl* **leithscéalta**) *m1* ❶ excuse ▷ *Ní leithscéal ar bith é sin.* That's no excuse. ❷ apology; **leithscéal a ghabháil** to apologize ▷ *Gabh mo leithscéal.* I apologize.

eitís *f2* lettuce

eo *see* le

eoicéime *f4* leukaemia

eoithne *f4* breeze

eon *m1* lion ▷ *D'éalaigh leon.* A lion has escaped.; **An Leon** Leo ▷ *Is mise An Leon.* I'm Leo.

eonadh (*gen sing* **leonta**, *pl* **leontaí**) *m* sprain ▷ *Níl ann ach leonadh.* It's just a sprain.

eonta *adj* sprained ▷ *rúitín leonta* a sprained ankle

eor *adj* enough ▷ *mór go leor* big enough ▷ *Ní raibh go leor airgid agam.* I didn't have enough money. ▷ *An bhfuil go leor agat?* Have you got enough?; **ceart go leor** all right ▷ *An bhfuil tú ceart go leor?* Are you all right?

eoraí *m4* lorry

ia (*pl* **lianna**) *m4* physician; **lia ban** a gynaecologist; **lia súl** an optician

iamhás (*pl* **liamhása**) *m1* ham ▷ *ceapaire liamháis* a ham sandwich

liath (*gen sing m* **léith**, *gen sing f*, *compar* **léithe**) *adj* grey ▷ *Tá gruaig liath uirthi.* She's got grey hair. ▷ *Tá sé ag éirí liath.* He's going grey. ▶ *m1* grey

liathbhán *adj* pale

liathchorcra *adj* lilac

liathróid *f2* ball ▷ *D'imigh an liathróid thar an mballa.* The ball went over the wall.; **liathróid láimhe** handball

Liatroim *m3* Leitrim

libh *see* le

licéar *m1* liqueur

Life *f4* **an Life** (*river*) the Liffey

lig *vb* [**13**] ❶ to let ▷ *Lig an múinteoir abhaile mé.* The teacher let me go home. ▷ *Lig siad an teach.* They let the house.; **duine a ligean saor** to let somebody go; **scread a ligean** to give a shout ▷ *Lig Seán scread.* John gave a shout. ❷ (*a rest*) to have ▷ *Lig do scíth seal.* Have a rest for a while.

lig amach *vb* to let out ▷ *Lig mé an madra amach.* I let the dog out. ▷ *Ligeadh amach as an otharlann mé.* I was let out of hospital.; **do racht a ligean amach** to let off steam

lig ar *vb* to pretend ▷ *Lig sé air go raibh sé tinn.* He pretended to be sick.

lig as *vb* ❶ to let out of ▷ *Lig sé an t-aer as an roth.* He let the air out of the tyre. ❷ (*scream*) to let out; **Lig sé béic as.** He yelled.; **tine a ligean as** to let a fire go out ▷ *Ná lig as an tine.* Don't let the fire go out.

lig do vb ❶ to let ▷ *Níor lig sí dó fanacht.* She didn't let him stay. ❷ *(person)* to leave alone ▷ *Lig dom!* Leave me alone!

lig isteach vb ❶ *(boat, roof)* to leak ▷ *Tá an bád ag ligean isteach.* The boat is leaking. ❷ *(clothes)* to take in; **Lig isteach mé!** Let me in!

lig ó vb to let go ▷ *Ná lig an deis uait.* Don't let the chance go.

lig thar vb *rud a ligean tharat (remark)* to let something pass; **Lig thar do chluasa é.** Pretend you didn't hear it.

ligh vb [**22**] to lick

lile f4 lily

limistéar m1 area ▷ *limistéar faoi fhoirgnimh* a built-up area

líne *(pl* **línte)** f4 line ▷ *líne dhíreach* a straight line ▷ *Sheas na daltaí amach i líne.* The pupils stood in a line.; **líne chóimeála** an assembly line; **líne thalún** landline; **línte dhá spás** double-spaced lines; **ar líne** online ▷ *Is maith leo bheith ag comhrá ar líne.* They like to chat online.; **maor líne** a linesman

línéadach *(pl* **línéadaí)** m1 linen

líneáil f3 lining

línéar m1 *(ship)* liner

líníocht f3 drawing

línithe adj lined ▷ *páipéar línithe* lined paper

linn *(pl* **linnte)** f2 ❶ pool ▷ *Tá an linn snámha oscailte inniu.* The pool is open today. ❷ pond ▷ *linn éisc* a fish pond; **linnte peile** football pools; **idir an dá linn** in the meantime

▶ *pron see* **le**

linntreog f2 *(in road)* pothole

línte *see* **líne**

lintile f4 lentil ▷ *anraith lintile* lentil soup

liobrálach adj liberal

liobrálaí m4 liberal

liocras m1 liquorice

líofa adj ❶ fluent ▷ *Tá Gaeilge líofa aige.* He speaks fluent Irish. ❷ *(knife)* sharp

liom *see* **le**

líoma m4 lime

líomanáid f2 lemonade

líomh vb [**23,** VA **líofa]** to sharpen; **do chuid ingne a líomhadh** to file one's nails

liomóg f2 *liomóg a bhaint as duine* to pinch somebody

líomóid f2 lemon

líon *(pl* **líonta)** m1 number ▷ *Tá líon na ndaltaí méadaithe faoi dhó.* The number of pupils has doubled.; **líon tí** a household

▶ vb [**23**] ❶ to fill ▷ *Líon sí an ghloine le huisce.* She filled the glass with water. ❷ to fill in ▷ *Líon sé an poll le hithir.* He filled the hole in with soil.

líonadh *(gen sing* **líonta)** m filling

líonpheil f2 netball ▷ *Tá líonpheil giota beag ar nós na cispheile.* Netball is a bit like basketball.

líonra m4 *(also computing)* network

líonrú m *líonrú sóisialta* social networking

lionsa m4 lens; **lionsaí tadhaill**

contact lenses

líonta see **líon**

liopa m4 lip; **íoc liopaí** lip salve; **liopaí a léamh** to lip-read

liopard m1 leopard; **liopard fiaigh** a cheetah

Liospóin f4 Lisbon

liosta m4 list ▷ *Thiceáil sé ár gcuid ainmneacha ar an liosta* He ticked off our names on the list.; **Déan liosta de do chaithimh aimsire!** List your hobbies!

lipéad m1 label ▷ *Ní féidir liom ciall a bhaint as an seoladh ar an lipéad.* I can't make out the address on the label.; **lipéad a chur ar rud** to label something

líreacán m1 lollipop

liric (pl **liricí**) f2 (of song) lyric

lítear m1 litre

litir (gen sing **litreach**, pl **litreacha**) f letter ▷ *Scríobh mé litir chuig mo chara.* I wrote a letter to my friend. ▷ *Tháinig an litir ar maidin.* The letter came this morning.; **bosca litreacha** a letterbox

litrigh vb [**11**] to spell ▷ *Litrigh an focal sin, le do thoil.* Spell that word, please.

litríocht f3 literature

litriú m spelling

liú m4 yell; **liú a ligean asat** to yell

liúntas m1 allowance ▷ *liúntas teaghlaigh* family allowance

loc vb [**14**] (car) to park
► m1 (on canal) lock

loca m4 (for sheep) pen; **loca carranna** a car park

loch (pl **lochanna**) m3 lake ▷ *Bhí oighear ar an loch.* There was ice on the lake. ▷ *Cé chomh domhain is atá an loch?* How deep is the lake?; **Loch Dearg** (in Ulster) Lough Derg; **Loch Deirgeirt** (on River Shannon) Lough Derg; **Loch Éirne** Lough Erne; **Loch nEathach** Lough Neagh; **Loch Lao** Belfast Lough

lochán m1 pond; **lochán uisce** a puddle

Loch Garman m Wexford

Lochlannach adj, m1 Scandinavian

lóchrann m1 lantern; **lóchrann póca** a torch

locht (pl **lochtanna**) m3 fault ▷ *Is ort féin an locht.* It's your own fault.; **locht a fháil ar rud** to find fault with something ▷ *Fuair sé locht ar an mbia.* He found fault with the food.; **an locht a chur ar dhuine faoi rud** to blame somebody for something ▷ *Chuir sé an locht ar mo dheirfiúr.* He blamed it on my sister. ▷ *Ná cuir an locht ormsa!* Don't blame me!

lochta m4 loft

lochtach adj faulty ▷ *Tá an t-inneall seo lochtach.* This machine is faulty.

lochtaigh vb [**12**] to blame ▷ *Lochtaigh sé mise faoin taisme.* He blamed me for the accident.

lochtán m1 terrace

lód m1 load

lódáil vb [**25**] to load ▷ *Lódálamar an charr.* We loaded the car.; **lódáil**

síos (*from internet*) to download; **lódáil suas** (*file*) to upload

lofa *adj* <u>rotten</u> ▷ *úll lofa* a rotten apple

log *vb* [**14**] **log ann** (*to computer*) to log on; **log as** (*from computer*) to log off

logáil *f3* **logáil isteach** (*on computer*) login

loic *vb* [**13**] <u>to fail</u> ▷ *Tá mo shláinte ag loiceadh.* My health is failing.; **loiceadh ar dhuine** to let somebody down ▷ *Loic Máire orm.* Mary let me down.

loicéad *m1* <u>locket</u>

loighciúil *adj* <u>logical</u>

loighic (*gen sing* **loighce**) *f2* <u>logic</u>

loigín *m4* <u>dimple</u>

loinnir (*gen sing* **loinnreach**) *f*
❶ <u>sparkle</u> ▷ *Tá loinnir ina súile.* There's a sparkle in her eyes.
❷ <u>brightness</u> ▷ *loinnir na gréine* the brightness of the sun

lóis (*pl* **lóiseanna**) *f2* <u>lotion</u> ▷ *lóis ghréine* suntan lotion; **lóis iarghréine** aftersun

loisc *vb* [**13**, VN loscadh] <u>to burn</u> ▷ *Loisc mé mo mhéara.* I burned my fingers.

lóiste *m4* <u>lodge</u>

lóistéir *m3* <u>lodger</u>

lóistín *m4* <u>lodgings</u>; **teach lóistín** a lodging house

loit *vb* [**15**, VN lot, VA loite] <u>to injure</u> ▷ *Loiteadh sa ghualainn mé.* I injured my shoulder.

loitiméir *m3* <u>vandal</u>

loitiméireacht *f3* <u>vandalism</u>

lom *adj* <u>bare</u>; **lom láithreach** immediately; **lom dáiríre** in earnest
▶ *vb* [**14**] (*lawn*) <u>to mow</u> ▷ *Lomann sé an fhaiche uair sa tseachtain.* He mows the lawn once a week.

lomaire *m4* **lomaire faiche** a lawnmower

lomán *m1* (*wood*) <u>log</u>

lománaí *m4* <u>lumberjack</u>

lomeasna *f4* (*food*) <u>spare rib</u>

lomnocht (*gen sing m* **lomnocht**) *adj* <u>nude</u>

lomra *m4* <u>fleece</u>

lon (*pl* **lonta**) *m1* <u>blackbird</u>

lón (*pl* **lónta**) *m1* <u>lunch</u> ▷ *lón gasta* a quick lunch ▷ *Tháinig mé in am don lón.* I arrived in time for lunch.; **am lóin** lunchtime

lónadóir *m3* <u>caterer</u>

lónadóireacht *f3* <u>catering</u>

Londain (*gen sing* **Londan**) *f* <u>London</u> ▷ *i Londain* in London ▷ *Is as Londain mé.* I'm from London.

long *f2* <u>ship</u>; **long chogaidh** a warship

longbhá (*gen sing* **longbháite**) *m4* <u>shipwreck</u>

longbhriseadh (*gen sing* **longbhriste**, *pl* **longbhristeacha**) *m* <u>shipwreck</u>

longchlós *m1* <u>shipyard</u>

Longfort *m1* **an Longfort** Longford

longlann *f2* <u>dockyard</u>

lonnaigh *vb* [**12**] <u>to settle</u> ▷ *Lonnaigh daoine as Éirinn i Meiriceá.* People from Ireland settled in America.

lonnaitheoir m3 squatter

lonrach adj shining

lonraigh vb [12] to shine ▷ *Bhí an ghrian ag lonrú ar an bhfarraige.* The sun shone on the sea.

lorg m1 **①** mark ▷ *lorg fiacaile* a tooth mark; **lorg coise** a footprint; **lorg carbóin** carbon footprint **②** trace ▷ *Ní raibh lorg ar bith ar na robálaithe.* There was no trace of the robbers.; **lorg na ndeor** tear-stained ▷ *Bhí lorg na ndeor ar a aghaidh.* His face was tear-stained.; **ar lorg** looking for ▷ *Bhí bean éigin ar do lorg.* Some woman was looking for you. ▷ *Tá sí ar lorg oibre.* She's looking for work.

lorga f4 shin

losainn f2 lozenge

lot m injury

L-phlátaí mpl4 L-plates

Lú m4 Louth

lú see **beag**

luach (pl **luachanna**) m3 **①** value ▷ *Is deacair luach a chur ar an charr sin.* It is hard to put a value on that car.; **luach deich euro de pheitreal** ten euros' worth of petrol; **luach do chuid airgid a fháil** to get one's money's worth **②** price ▷ *Cén luach atá air sin?* What price is that?; **Bainfidh mise a luach asat.** I'll make you pay for it.; **luach saothair** (*for work*) reward; **Tabhair luach a shaothair dó.** Pay him for his work.; **Mheas mé faoina luach í.**

I underestimated her.

luachmhar adj **①** valuable ▷ *Ná tabhair rud ar bith luachmhar leat.* Don't take anything valuable with you. **②** precious ▷ *seoda luachmhara* precious jewels

luaidhe f4 (*metal*) lead; **peann luaidhe** a pencil

luaigh vb [24, VN lua] to mention ▷ *Níor luaigh sé Seán.* He didn't mention John.

luaithe f4 níos luaithe earlier ▷ *Chonaic mé níos luaithe é.* I saw him earlier.; **ar a luaithe** at the earliest; **a luaithe** as soon as ▷ *a luaithe a bhí sé ar shiúl* as soon as he had left ▷ *Cuirfidh mé scéala chugat a luaithe is féidir.* I'll let you know as soon as possible.

luaithreadán m1 ashtray

luamh m1 yacht

luamhaire m4 yachtsman

luamhaireacht f3 yachting

Luan (*pl* **Luanta**) m1 An Luan Monday; **Dé Luain** on Monday; **ar an Luan** on Mondays ▷ *Tagann sé ar an Luan.* He comes on Mondays.

luas (*pl* **luasanna**) m1 speed ▷ *rothar trí-luas* a three-speed bike; **ar lánluas** at full speed ▷ *Thiomáin sé ar lánluas.* He drove at full speed.; **luas a bheith fút** to be moving at speed ▷ *Bhí luas mór faoi.* He was moving at great speed.; **ar luas** quickly; **luas a mhaolú** to reduce speed; **Is leor a luas.** It will come soon enough.

luasaire m4 accelerator

a b c d e f g h i j k l m n o p q r s t u v w x y z

luasbhád m1 speedboat

luasc vb [23] to swing ▷ *Bhí scáth fearthainne ag luascadh ag Somhairle agus é á ag siúl.* Sam was swinging an umbrella as he walked.

luascadán m1 pendulum

luascán m1 (*for children*) swing; **cathaoir luascáin** a rocking chair

luasghéaraigh vb [12] to accelerate

luasmhéadar m1 speedometer

luastraein (*gen sing* **luastraenach**, *pl* **luastraenacha**) f (*train*) express

luath (*compar* **luaithe**) adj early; **go luath** (1) early ▷ *go luath ar maidin* early in the morning ▷ *Caithfidh mé éirí go luath.* I have to get up early. (2) soon ▷ *Beidh sé ar ais go luath.* He'll soon be back.; **luath nó mall** sooner or later; **chomh luath agus is féidir** as soon as possible ▷ *Déanfaidh mé é chomh luath agus is féidir.* I'll do it as soon as possible.

lúb vb [14] to bend ▶ f2 ❶ (*in road*) bend ▷ *Níor thomhais sé an lúb sa bhóthar i gceart.* He misjudged the bend. ❷ (*of chain*) link ❸ (*knitting*) stitch ▷ *lúb ar lár* a dropped stitch; **i lúb cuideachta** in company

lúbra m4 maze

luch f2 (*also for computer*) mouse; **luch mhór** a rat

lúcháir f2 delight; **lúcháir a bheith ort** to be delighted ▷ *Tá lúcháir orm gur tháinig tú.* I am delighted you came.

luchóg f2 mouse

lucht (*pl* **luchtanna**) m3 lucht **féachana** spectators; **lucht oibre** working class ▷ *teaghlach de chuid an lucht oibre* a working-class family; **lucht siúil** travellers; **lucht aitheantais** acquaintances

luchtaigh vb [12] (*battery*) to charge

Lucsamburg m4 Luxembourg ▷ *i Lucsamburg* in Luxembourg ▷ *go Lucsamburg* to Luxembourg

lúdrach f2 hinge

lúfar adj athletic

lug n **Thit an lug ar an lag orm.** I was devastated.

luí m4 **bheith i do luí** to be in bed ▷ *Tá sé ina luí.* He's in bed. ▷ *An bhfuil tú i do luí go fóill?* Are you still in bed?; **bheith i do luí le slaghdán** to be down with a cold; **luí na gréine** sunset; **am luí** bedtime ▷ *Tá am luí ann.* It's bedtime.

luibh (*pl* **luibheanna**) f2 herb ▷ *Cad iad na luibheanna a úsáideann tú san anlann seo?* What herbs do you use in this sauce?

lúibín m4 bracket ▷ *idir lúibíní* in brackets

lúide prep
lúide is the contracted for of **lú** + **de**.
less ▷ *lúide 50%* less 50%

lúidín m4 ❶ little finger ❷ little toe

luigh vb [22] ❶ to lie ▷ *Luigh sé ar an urlár.* He lay on the floor.

❷ (*sun*) to set ▷ *Luigh an ghrian.*
The sun set.; **dul a luí** to go to
bed ▷ *Chuaigh sé a luí.* He went to
bed.; **páiste a chur a luí** to put a
child to bed

Luimneach *m1* Limerick

luimneach *m1* (*poem*) limerick

luíochán *m1* ambush; **luíochán a
dhéanamh ar dhuine** to ambush
somebody

luisnigh *vb* [**11**] to blush

lumpa *m4* lump

Lúnasa *m4* August ▷ *an t-ochtú lá
déag de Lúnasa* the eighteenth of
August; **i mí Lúnasa** in August

lus (*pl* **lusanna**) *m3* ❶ plant; **lus
an chromchinn** a daffodil ❷ herb;
lus an choire coriander

lusra *m4* herbs

lúthchleas *m1* exercise;
lúthchleasa athletics

lúthchleasaí *m4* athlete

lúthchleasaíocht *f3* athletics
▷ *Is breá liom lúthchleasaíocht.* I love
athletics.

má *conj* if ▷ *Má fheiceann tú í abair léi
go raibh mé ag cur a tuairisce.* If you
see her tell her I was asking for her.
▷ *Tiocfaidh mé amárach má bhíonn
am agam.* I will come tomorrow if
I have time.

> **más** is the contracted form
of **má** + **is**.

▷ *Rachaidh mé ann más maith leat.*
I'll go there if you want. ▷ *Más mian
leat dul amach cuir ort do chóta.* If you
want to go out put on your coat.
▷ *Más rud é go rachaidh seisean ní
rachaidh mise.* If he goes I won't.;
más olc maith leat whether you
like it or not; **más gá** if necessary;
ach má … féin nevertheless
▷ *B'aisteach an scéal é, ach má
b'aisteach féin, b'fhíor é.* It was a
strange story, but true nevertheless.

Mac m1 (in surnames) Mc ▷ Mac
Maoláin McMullan; **Mac Seáin**
Johnson; **Mac Síomóin** Fitzsimon

mac m1 son ▷ mac uchtaithe
an adopted son; **mac baistí**
a godson; **Is é mac a athar é.**
He takes after his father.; **mac
imrisc** (of eye) a pupil; **mac léinn**
a student ▷ Is í Janet an mac léinn
is fearr ag mata. Janet's the best
maths student.; **mac tíre** a wolf

macalla m4 echo

macánta adj ❶ honest; **bheith
macánta le duine** to be honest
with someone ▷ Bhí sé an-
mhacánta léi. He was very honest
with her. ❷ gentle ▷ duine mín
macánta a gentle person

macarón m1 macaroni

machaire m4 (flat land) plain;
machaire gailf a golf course;
machaire ráis a racecourse

machnamh m1 thought ▷ ábhar
machnaimh food for thought;
Déan do mhachnamh air. Think
about it.

madra m4 dog ▷ Bhí cuma iontach
fíochmhar ar an madra. The dog
looked very fierce.; **madra rua** a
fox; **madra uisce** an otter

magadh m1 **magadh a
dhéanamh faoi dhuine** to mock
someone ▷ Bhí Seán ag magadh fúm.
John was mocking me.; **Rinne
siad ceap magaidh de Liam.** They
made a laughing stock of Liam.;
Níl mé ach ag magadh. I'm only
joking.

máguaird adv surrounding ▷ an
ceantar máguaird the surrounding
district

magúil adj mocking

mahagaine m4 mahogany

maicréal m1 mackerel

maide m4 stick ▷ maide siúil a
walking stick; **maide gailf** a golf
club ▷ Cheannaigh mé maide nua
gailf. I bought a new golf club.;
maide croise a crutch; **maide
rámha** an oar

maidhm f2 break; **maidhm
thalún** a landslide; **maidhm
shneachta** an avalanche

maidin (pl **maidineacha**) f2
morning ▷ maidin cheobhránach
a misty morning ▷ maidin Dé
Luain on Monday morning; **gach
maidin** every morning ▷ Buaileann
mo chlog aláraim ar a seacht gach
maidin. My alarm clock goes off at
seven every morning.; **ar maidin
(1)** in the morning ▷ Beidh sé ar
ais ar maidin. He will be back in
the morning. **(2)** this morning
▷ Ghlaoigh do mháthair ar maidin.
Your mother rang this morning.
▷ D'éirigh mé ar a seacht ar maidin.
I got up at 7.00 this morning.;
Maidin mhaith! Good morning!

Maidrid f4 Madrid

maígh vb [18, vn maíomh] ❶ to
mean ▷ Cad é atá tú a mhaíomh?
What do you mean? ❷ to claim
▷ Mhaígh sé go raibh an ceart aige.
He claimed that he was right.
❸ to boast ▷ Bhí sé ag maíomh as a

charr nua. He was boasting about his new car.

maighdean *f2* virgin ▷ *Is maighdean í.* She's a virgin.; **An Mhaighdean Mhuire** the Virgin Mary; **maighdean mhara** a mermaid; **An Mhaighdean** Virgo ▷ *Is mise An Mhaighdean.* I'm Virgo.

Maigh Eo *f* Mayo

maighnéad *m1* magnet

mailíseach *adj* malicious

maindilín *m4* mandolin

mainicín *m4* mannequin

mainicíneacht *f3* (of clothes) modelling

mainistir (*gen sing* **mainistreach**, *pl* **mainistreacha**) *f* monastery

máinlia (*pl* **máinlianna**) *m4* surgeon ▷ *Is máinlia í.* She's a surgeon.

mair *vb* [**13**, vn maireachtáil] ❶ to live ▷ *Níor mhair sé i bhfad ina dhiaidh sin.* He didn't live long after that. ❷ to last ▷ *Mhair an cúrsa seachtain.* The course lasted a week.

maireachtáil *f3* living ▷ *caighdeán maireachtála* standard of living ▷ *Mhéadaigh an costas maireachtála faoi thrí.* The cost of living has trebled.

mairnéalach *m1* sailor ▷ *Is mairnéalach é.* He's a sailor.

máirseáil *vb* [**25**] to march

Máirt *f4* **An Mháirt** Tuesday; **Dé Máirt** on Tuesday; **ar an Máirt** on Tuesdays ▷ *Tagann sé ar an Máirt.* He comes on Tuesdays.; **Máirt**

Inide Shrove Tuesday

mairteoil *f3* beef ▷ *mairteoil rósta* roast beef

maise *f4* beauty ▷ *Chuir an doras nua le maise an tí.* The door added to the beauty of the house.; **Ba chineálta an mhaise duit é.** That was really sweet of you.; **Nollaig faoi mhaise duit!** Happy Christmas!

maisigh *vb* [**11**] to decorate ▷ *Mhaisigh mé an císte le siléní.* I decorated the cake with cherries.

maisitheoir *m3* decorator

maisiúchán *m1* decoration ▷ *maisiúcháin Nollag* Christmas decorations; **clár maisiúcháin** a dressing table

maistín *m4* bully

máistir (*pl* **máistrí**) *m4* master

máistirphlean *m4* master plan

máistreás *f3* mistress

maith (*gen sing*, *pl* **maithe**) *f2* good ▷ *an mhaith agus an t-olc* the good and the bad; **Níl maith ar bith ann.** It's no use.

▶ *adj* (*compar* **fearr**) good ▷ *Is snámhóir maith í.* She's a good swimmer. ▷ *Is maith uait sin.* That's very good of you. ▷ *An dóigh leat gur smaoineamh maith é?* Do you think it's a good idea?; **Tráthnóna maith duit!** Good afternoon!; **go maith** **(1)** well ▷ *Rinne sé go maith sa scrúdú.* He did well in the exam. ▷ *Tá sí ag déanamh go maith ar scoil.* She's doing well at school. **(2)** quite ▷ *Tá sé te go maith inniu.* It's quite warm

a b c d e f g h i j k l m n o p q r s t u v w x y z

today. ▷ *Tá sé fuar go maith.* It's quite cold.; **chomh maith le** as well as ▷ *Chuamar go hEabhrac chomh maith le Londain.* We went to York as well as London.; **Ba mhaith liom dul amach anocht.** I'd like to go out tonight; **Go raibh maith agat.** Thank you.; **Tá go maith!** OK!; **cuid mhaith airgid** a fair amount of money; **Ní fhaca mé le tamall maith é.** I haven't seen him for quite a while.; **más olc maith linn é** whether we like it or not

▶ *vb* [**16**] to forgive ▷ *Maithim duit.* I forgive you.

maithe *f4* good ▷ *Téann sé ag siúl gach lá ar mhaithe lena shláinte.* He goes for a walk every day for the good of his health.

maitheas *f3* good ▷ *Rachadh saoire chun maitheasa duit.* A holiday would do you good.

maithiúnas *m1* forgiveness

máithreacha *see* **máthair**

mala *f4* eyebrow; **Bhí muc ar gach mala aige.** He was frowning.

mála *m4* bag ▷ *Bhí a mála lán le leabhair.* Her bag was crammed with books. ▷ *Ghoid duine éigin mo mhála.* Somebody stole my bag.; **mála brioscáin phrátaí** a packet of crisps; **mála scoile** a schoolbag; **mála láimhe** a handbag; **mála aeir** an airbag; **mála cáipéisí** a briefcase; **mála codlata** a sleeping bag; **mála droma** a rucksack

maláire *f4* malaria

malairt *f2* ❶ change ▷ *malairt éadaigh* a change of clothes; **Tá malairt saoil ann.** Times have changed. ❷ exchange ▷ *an ráta malairte* the exchange rate ❸ opposite ▷ *Is é a mhalairt a rinne sé.* He did quite the opposite.; **malairt a dhéanamh** to swap; **Ní raibh fios a mhalairte agam san am.** I didn't know any better at the time.

malartaigh *vb* [**12**] to exchange ▷ *Mhalartaigh mé an leabhar ar DD.* I exchanged the book for a CD.

mall (*gen sing m* **mall**, *gen sing f, compar* **moille**) *adj* ❶ slow; **bheith cúig nóiméad mall** (*watch, clock*) to be five minutes slow ❷ late ▷ *Bhí mé fiche nóiméad mall.* I was twenty minutes late.; **go mall (1)** slowly ▷ *Bhí an carr ag bogadh go mall.* The car was moving slowly. **(2)** late ▷ *Cé go raibh tuirse uirthi, d'fhán sí ina suí go mall.* Although she was tired, she stayed up late.

mallacht *f3* curse

mallaibh *npl* **ar na mallaibh** lately ▷ *Ní bhfuair mé scéala uaidh ar na mallaibh.* I haven't heard from him lately.

Mallarca *m4* Majorca

malrach *m1* child

Málta *m4* Malta

mam (*pl* **mamanna**) *f2* mum

mamach *m1* mammal

mamaí *f4* mum

mamó *f4* granny ▷ *mo mhamó* my granny

mana *m4* ❶ attitude ▷ *Más é sin an mana atá acu faoi ...* If that's their attitude towards it ... ❷ motto ▷ *mana na scoile* the school motto

manach *m1* monk

Manainn *f* Oileán Mhanann the Isle of Man

Manchain *f4* Manchester

mandairín *m4* (orange) mandarin

mangaire *m4* **mangaire drugaí** a drug dealer

mangó *m4* mango

maoil *f2* **ag cur thar maoil** to be boiling over ▷ *Tá an pota ag cur thar maoil.* The pot's boiling over.; **Bhí an tábla faoi mhaoil le páipéir.** The table was heaped with papers.

maoin (gen sing, pl maoine) *f2* property; **maoin phearsanta** private property; **maoin ghoidte** stolen property

maoirseacht *f3* supervision

maoirseoir *m3* supervisor

maoithneach *adj* emotional

maol *adj* ❶ bald ▷ *fear maol* a bald man ❷ blunt ▷ *scian mhaol* blunt knife

maolaigh *vb* [12] ❶ to decrease; **luas a mhaolú** to reduce speed ❷ to subside ▷ *Mhaolaigh ar m'fhearg.* My anger subsided.

maonáis *f2* mayonnaise

maor *m1* ❶ prefect ▷ *Is maor í mo dheirfiúr.* My sister's a prefect. ❷ (in sport) umpire; **maor líne** a linesman; **maor cúil** (Gaelic games) a goal umpire; **maor tráchta** a traffic warden

maorga *adj* elegant

maorlathas *m1* bureaucracy

mapa *m4* (for floor) mop

mapáil *vb* [25] to mop

mar *prep* (in comparisons) like ▷ *cóta mar an cóta s'agatsa* a coat like yours; **mar seo** like this ▷ *Déan mar seo é.* Do it like this.; **oiliúint a fháil mar mhúinteoir** to train as a teacher; **mar shampla** for example

▶ *conj* ❶ (because) since ▷ *Fan sa bhaile mar tá slaghdán ort.* Stay at home since you have a cold. ❷ where ▷ *Fan mar a bhfuil tú.* Stay where you are. ❸ (resembling) like ▷ *Bhí sé ag screadach mar a bheadh fear mire ann.* He was screaming like a madman. ❹ as ▷ *Déan mar is mian leat.* Do as you like.

▶ *adv* **mar sin féin** all the same; **agus mar sin de** and so forth; **mar an gcéanna** likewise; **mar siúd is mar seo** this way and that; **Gur mar sin duit é!** It serves you right!

maraigh *vb* [12] ❶ to kill ▷ *Mharaigh an cat an luch.* The cat killed the mouse. ▷ *Maraíodh é i dtimpiste bhóthair.* He was killed in a car accident. ❷ (fish) to catch ▷ *Mharaigh mé breac inné.* I caught a trout yesterday.

maratón *m1* marathon ▷ *Chonaiceamar críoch Mharatón Bhaile Átha Cliath.* We saw the finish of the Dublin Marathon.

a b c d e f g h i j k l m n o p q r s t u v w x y z

marbh adj ① dead ▷ Tá an cat marbh. The cat is dead. ▷ Scaoileadh marbh é. He was shot dead. ② numb ▷ Tá mo lámh marbh. My hand is numb. ③ exhausted ▷ Tá mé marbh tuirseach. I'm exhausted.

marbhán m1 corpse

marbhánta adj (weather) close ▷ Tá sé iontach marbhánta tráthnóna. It's close this afternoon.

marbhlann f2 mortuary

marbhuisce m4 backwater

marc (pl **marcanna**) m1 mark ▷ Fuair mé marc maith sa scrúdú. I got a good mark in the exam. ▷ Faigheann sé na marcanna is fearr i gcónaí sa Ghaeilge. He always gets top marks in Irish.

marcach m1 rider ▷ Is marcach maith í. She's a good rider.

marcaigh vb [**12**, vn marcaíocht] to ride

marcáil vb [**25**] to mark

marcaíocht f3 ① riding ▷ scoil mharcaíochta a riding school; **Tá mé ag foghlaim marcaíochta.** I'm learning to ride. ② lift ▷ Fuair mé marcaíocht go Gaillimh. I got a lift to Galway.

marcóir m3 (pen) marker

marcshlua m4 cavalry

marfóir m3 killer ▷ Tá na póilíní ag dul sa tóir ar an mharfóir. The police are hunting the killer.

margadh (pl **margaí**) m1 ① market ▷ Díolann siad cuid mhaith truflaise ag an mhargadh. They sell a lot of rubbish at the market.; **an margadh dubh** the black market ② bargain ▷ Fuair tú margadh maith ann. You got a bargain.; **Ní raibh sin sa mhargadh.** That was not part of the deal.

margaíocht f3 marketing

margairín m4 margarine

marmaláid f2 marmalade

marmar m1 marble

maróg f2 pudding; **maróg Nollag** Christmas pudding; **maróg ríse** rice pudding

Márta m4 March ▷ an triú lá de Mhárta the third of March; **i mí Márta** in March

martbhorgaire m4 beefburger

marún adj, m1 maroon

más see **má**

masc m1 mask

mascára m4 mascara

masla m1 insult; **Thug sé masla dom.** He insulted me.

maslach adj ① insulting; **focal maslach** an insult ② abusive ▷ iompar maslach abusive behaviour ▷ Nuair a dhiúltaigh mé, d'éirigh sé maslach. When I refused, he became abusive. ③ heavy ▷ obair mhaslach heavy work

mata m4 mat; **mata boird** a table mat; **mata luchóige** (for computer) a mouse mat; **mata tairsí** a doormat

▶ f2 maths ▷ Tá mé go han-olc ag mata. I'm really bad at maths.

matal m1 mantelpiece

matamaitic f2 mathematics ▷ Is

í an mhatamaitic an t-ábhar is measa agam. Mathematics is my worst subject.

matamaiticeoir *m3* mathematician

matán *m1* muscle; **matán a tharraingt** to pull a muscle

máthair (*pl* **máthar**, *pl* **máithreacha**) *f* mother ▷ *Tá sí cosúil lena máthair.* She takes after her mother. ▷ *Ar inis tú do do mháthair?* Did you tell your mother? ▷ *máthair neamhphósta* an unmarried mother; **máthair chéile** mother-in-law; **máthair mhór** granny; **máthair altrama** foster mother

mátrún *m1* matron

mé *pron* ❶ I! ▷ *Tá mé mór.* I'm big. ❷ me ▷ *Chonaic Pól mé.* Paul saw me.

meá (*pl* **meánna**) *f4* scales ▷ *Cuir sa mheá é.* Put it on the scales.; **an Mheá** Libra ▷ *Is mise An Mheá.* I'm Libra.

meabhair (*gen sing* **meabhrach**) *f* ❶ mind ▷ *Tá sé as a mheabhair.* He's out of his mind. ❷ memory ▷ *Níl meabhair mhaith agam.* I haven't got a good memory.; **meabhair a bhaint as rud** to make sense of something; **bheith gan mheabhair** to be unconscious

meabhraigh *vb* [12] to remind ▷ *Meabhraigh dom an aiste a scríobh anocht.* Remind me to write the essay tonight.

meabhrán *m1* memo

meacan *m1* **meacan bán** a parsnip; **meacan dearg** a carrot

meáchan *m1* weight ▷ *Cén meáchan atá ionat?* What weight are you?; **tógáil meáchan** (*sport*) weightlifting

méad *n* **Cá mhéad? (1)** How many? ▷ *Cá mhéad uair a chonaic tú é?* How many times did you see him? **(2)** How much? ▷ *Cá mhéad airgid atá agat?* How much money do you have? ▷ *Cá mhéad atá air?* How much is it?; **ar a mhéad** at the most ▷ *Beidh céad duine ar a mhéad ag an dioscó.* There will be a hundred people at the most at the disco.

méadaigh *vb* [12] to increase ▷ *Mhéadaigh an ghaoth.* The wind increased.

meadáille *m4* medallion

méadar *m1* metre ▷ *méadar ciúbach* a cubic metre

meadhrán *m1* (*dizziness*) vertigo ▷ *Tagann meadhrán orm.* I get vertigo.; **Tháinig meadhrán i mo cheann.** I began to feel dizzy.

meáigh *vb* [24] to weigh ▷ *Mheáigh sé na prátaí ar na scálaí.* He weighed the potatoes on the scales. ▷ *Ar dtús, meáigh an plúr.* First, weigh the flour.

meaisín *m4* machine; **meaisín níocháin** a washing machine

meaisínghunna *m4* machine gun

meáite *adj* **bheith meáite ar rud a dhéanamh** to be determined to do something ▷ *Tá mé meáite ar an bhfírinne a fháil amach.* I'm determined to find out the truth.

mealbhacán *m1* melon

meall *vb* [**23**] **bheith meallta faoi rud** to be disappointed about something ▷ *Bhí mé meallta nach raibh Seán ann.* I was disappointed that John wasn't there.
▶ *m1* (*pl* **meallta**) ❶ ball; **meall sneachta** a snowball ❷ lump ▷ *Tá meall ar a éadan aige.* He's got a lump on his forehead.; **meall ime** a knob of butter; **agus an meall mór ar deireadh** and last but not least

mealladh (*gen sing* **meallta**, *pl* **mealltaí**) *m* **mealladh a bhaint as duine** to disappoint somebody ▷ *Bhí mé pas meallta.* I was rather disappointed.

meamram *m1* memorandum

meán *m1* middle; **meán oíche** midnight ▷ *Bhí mé amuigh go meán oíche.* I was out till midnight.; **meán lae** midday; **meáin shóisialta** social media; **ar meán** on average; **na meáin** the media

meán- *prefix* ❶ middle ▷ *meánaosta* middle-aged ❷ average ▷ *an meánmharc* the average mark ❸ (*school*) secondary ▷ *meánscoil an* secondary school ❹ medium ▷ *fear ar mheánairde* a man of medium height

meánaicme *f4* middle class

meánaicmeach *adj* middle-class ▷ *ceantar meánaicmeach* a middle-class area

meánaois *f2* middle age; **an Mheánaois** the Middle Ages

meánaoiseach *adj* medieval

meánaosta *adj* middle-aged ▷ *fear meánaosta* a middle-aged man

méanar *adj* **Is méanar duit.** Lucky you.

meánchiorcal *m1* equator

meancóg *f2* mistake ▷ *meancóg uafásach* a dreadful mistake; **meancóg a dhéanamh** to make a mistake

méanfach *f2* **méanfach a dhéanamh** to yawn

Meán Fómhair *m* September ▷ *an chéad lá de Mheán Fómhair* the first of September; **i mí Mheán Fómhair** in September

meangadh (*gen sing* **meangtha**) *m* **a meangadh gáire** smile; **Rinne sé meangadh gáire liom.** He smiled at me.

Meánmhuir *f3* **an Mheánmhuir** the Mediterranean

meann *adj* **Muir Mheann** the Irish Sea

Meánoirthear *m1* **an Meánoirthear** the Middle East

meánscoil (*pl* **meánscoileanna**) *f2* secondary school

meánteistiméireacht *f3* (*school*) intermediate certificate

meántonn *f2* (*radio*) medium wave

mear (*gen sing m* **mear**) *adj* ❶ quick ▷ *rith mear* a quick run ❷ hasty ▷ *gníomh mear* a hasty action

méar f2 finger ▷ *Phrioc mé mo mhéar.* I've pricked my finger.

méara m4 mayor

mearbhall m1 confusion; **Tá mearbhall orm.** I am confused.; **Ná cuir mearbhall orm!** Don't confuse me!

mearcair m4 mercury

méarchlár m1 keyboard ▷ *... agus Mike Moran ar na méarchláir* ... with Mike Moran on keyboards

méarlorg m1 fingerprint

mearóg f2 marrow

méaróg f2 pebble; **méaróg éisc** a fish finger; **méaróg chuimhne** a memory stick; **méaróg USB** USB stick

mearscaipthe adj (computing) viral

meas m3 respect; **meas a bheith agat ar dhuine** to respect somebody ▷ *Tá meas agam ar Mháire.* I respect Mary.; **Is mise le meas** (in letters) Yours sincerely
▶ vb [**23**, VN meas] to think ▷ *Mheas sé go n-éireodh leis.* He thought he'd succeed. ▷ *An é sin a mheasann tú, dáiríre?* Do you really think so? ▷ *Mheas siad go dtógfadh sé trí seachtaine.* They thought it would take three weeks.; **Cad é do mheas air?** How do you rate him?

measartha adj (not bad) fair ▷ *Tá seans measartha agam baint.* I have a fair chance of winning.
▶ adv fairly ▷ *Rinne tú sin go measartha maith.* You did that fairly well. ▷ *D'imir an fhoireann go measartha maith.* The team played fairly well.; **Tá an lóistín measartha bunúsach.** The accommodation is pretty basic.; **Tá mé measartha gnóthach anois.** I'm rather busy just now.

measc vb [**14**] ❶ to mix ▷ *Measc an plúr leis an siúcra.* Mix the flour with the sugar. ❷ (pot) to stir

measc prep **i measc** among ▷ *Bhí seisear páistí ina measc.* There were six children among them. ▷ *Bhíomar i measc cairde.* We were among friends.

meascán m1 ❶ mix ▷ *Is meascán d'fhicsean eolaíochta agus greann é.* It's a mix of science fiction and comedy. ▷ *meascán císte* a cake mix ❷ mixture ▷ *Cuir dhá ubh leis an meascán.* Add two eggs to the mixture.; **meascán mearaí** confusion; **Chuir sé meascán mearaí orm.** It confused me.

measctha adj mixed ▷ *griolladh measctha* a mixed grill ▷ *pósadh measctha* a mixed marriage ▷ *scoil mheasctha* a mixed school; **cluiche ceathrair measctha a imirt** to play mixed doubles

meascthóir m3 (kitchen appliance) mixer

meastachán m1 estimate

measúil adj respectable ▷ *duine measúil* a respectable person

measúnacht f3 assessment

measúnaigh vb [**12**] to assess

measúnú m assessment

meatachán m1 coward

meath vb [**23,** VN meath, VA meata] ❶ (eyesight, health) to fail ▷ Mheath a shláinte air. His health failed. ❷ to fade ▷ Bhí solas an lae ag meath go gasta. The daylight was fading fast.

meicneoir m3 mechanic ▷ Is meicneoir é. He's a mechanic.

meicníocht f3 mechanism

meicniúil adj mechanical ▷ cliseadh meicniúil a mechanical failure

Meicsiceo m4 Mexico ▷ i Meicsiceo in Mexico ▷ go Meicsiceo to Mexico

méid m4 ❶ amount ▷ méid mór airgid a huge amount of money ❷ number ▷ an méid sin leabhar that number of books; **an méid againn a d'fhan** those of us who stayed ❸ all ▷ Thug sé an méid a bhí aige dom. He gave me all he had. ▶ f2 size ▷ Cén mhéid a chaitheann tú? What size do you take?; **Tá méid mhór ann.** It's very big.; **Tá Eoin ag dul i méid.** Ian's growing bigger.

meidhreach adj ❶ jolly ▷ duine meidhreach a jolly person ❷ lively ▷ damhsa meidhreach a lively dance

meigibheart m1 (computer) megabyte

meil vb [**15,** VN meilt] to waste ▷ Tá sé ag meilt a chuid maoine. He's wasting his money.; **am a mheilt** to kill time

meiningíteas m1 meningitis

meirbh adj (weather) close

meireang m4 meringue

meirg f2 rust

meirgeach adj rusty ▷ rothar meirgeach a rusty bike ▷ Tá mo chuid Gaeilge meirgeach. My Irish is rusty.

Meiriceá m4 America ▷ i Meiriceá in America ▷ Ba mhaith liom dul go Meiriceá. I'd like to go to America.; **Meiriceá Laidineach** Latin America; **Meiriceá Láir** Central America; **Meiriceá Theas** South America; **Meiriceá Thuaidh** North America

meirleach m1 outlaw

meisce f4 **bheith ar meisce** to be drunk ▷ Bhí sé ar meisce. He was drunk.; **teacht as meisce** to sober up

meisceoir m3 drunk ▷ Bhí na sráideanna lán le meisceoirí. The streets were full of drunks.

meisciúil adj alcoholic ▷ deoch mheisciúil an alcoholic drink

Meitheamh m1 June; **i mí Meithimh** in June

Mí f4 **an Mhí** Meath

mí (gen sing **míosa**, pl **míonna**) f month ▷ am éigin an mhí seo caite sometime last month ▷ Chaith sí mí i Londain. She spent a month in London.; **mí na meala** a honeymoon; **i mí Bealtaine 2009** in May 2009

mí-ádh m1 bad luck; **mí-ádh a bheith ort** to be unlucky

mí-ámharach adj unlucky

mian (gen sing **méine**, pl **mianta**) f2 wish ▷ Séid amach na coinnle agus déan mian. Blow out the candles and make a wish.; **Is mian liom**

gearán a dhéanamh. I wish to make a complaint.; **Is mian léi sin a dhéanamh.** She wants to do that.; **An mian leat dul?** Do you want to go?

mianach *m1* mine; **mianach guail** a coal mine; **mianach talún** a landmine

mianadóir *m3* miner

mianadóireacht *f3* mining

mianra *m4* mineral; **uisce mianraí** mineral water

mias (*gen sing* **méise**) *f2* dish ▷ *mias veigeatórach* a vegetarian dish

miasniteoir *m3* dishwasher ▷ *An bhfuil an miasniteoir ar siúl?* Is the dishwasher on?

míbhéas *m3* bad habit; **míbhéasa** bad manners

míbhéasach *adj* bad-mannered

míbhuíoch *adj* ungrateful

míchairdiúil *adj* unfriendly ▷ *Tá na freastalaithe sórt míchairdiúil.* The waiters are a bit unfriendly.

míchaoithiúil *adj* inconvenient

mícheart *adj* incorrect

míchéillí *adj* foolish

míchineálta *adj* unkind

míchlúiteach *adj* disreputable

míchompordach *adj* uncomfortable ▷ *Tá na suíocháin seo cineál míchompordach.* The seats are rather uncomfortable.

míchruinn *adj* inaccurate

míchumasach *adj* disabled

míchúramach *adj* careless ▷ *botún míchúramach* a careless mistake

micreafón *m1* microphone

micreaphróiseálaí *m4* microprocessor

micreascannán *m1* microfilm

micreascóp *m1* microscope

micrifís *f2* microfiche

micririomhaire *m4* microcomputer

micrishlis *f2* microchip

mídhílis *adj* unfaithful

mídhleathach *adj* illegal

mífhoighne *f4* impatience

mífhoighneach *adj* impatient; **go mífhoighneach** impatiently ▷ *D'fhan muid go mífhoighneach.* We waited impatiently.

mífhóirsteanach *adj* unsuitable

mífholláin *adj* unhealthy

mífhortúnach *adj* unfortunate

mígréin *f2* migraine

mí-ionraic *adj* dishonest

mil (*gen sing* **meala**) *f3* honey ▷ *próca meala* a jar of honey; **briathra meala** sweet words

míle (*pl* **mílte**) *m4* ❶ thousand

 míle is usually followed by a singular noun.

▷ *míle bliain* a thousand years; **Go raibh míle maith agat.** Thanks a million. ❷ mile ▷ *Tá an scoil míle ón teach agam.* The school is a mile from my house.

milis (*gen sing f, pl, compar* **milse**) *adj* sweet ▷ *An bhfuil sé milis nó spíosrach?* Is it sweet or savoury?; **cáca milis** a cake

mill *vb* [15] ❶ to spoil ▷ *Mhill siad an páiste sin.* They spoiled that child. **②** to ruin ▷ *Mhill an aimsir an lá orainn.* The weather ruined our day.

milleán m1 blame; *Chuir Síle an milleán ar Pádraig.* Sheila blamed Patrick.; **Air féin an milleán.** It's his own fault.

milliméadar m1 millimetre

milliún m1 million

> **milliún** is usually followed by a singular noun.

▷ *na milliúin bliain* millions of years ▷ *milliún duine* a million people

milliúnaí m4 millionaire

millteanach adj terrible ▷ *tubaiste millteanach* a terrible accident; **Tá sé millteanach trom.** It is extremely heavy.

milseán m1 sweet ▷ *mála milseán* a bag of sweets

milseog f2 dessert

mímhacánta adj dishonest

mímhorálta adj immoral

mímhúinte adj rude ▷ *Bhí sé iontach mímhúinte liom.* He was very rude to me. ▷ *Tá sé mímhúinte briseadh isteach i gcomhrá.* It's rude to interrupt.

min f2 (*flour*) meal; **min choirce** oatmeal; **min sáibh** sawdust

mín adj smooth

minic adj frequent ▷ *ceathanna minice* frequent showers ▷ *Bíonn busanna ann go minic go lár an bhaile.* There are frequent buses to the town centre.

▸ *adv* **go minic** often ▷ *Théadh sí amach go minic lena cairde.* She

often went out with her friends.; **níos minice** more often ▷ *Ba mhaith liom dul ag sciáil níos minice.* I'd like to go skiing more often.; **minic go leor** often enough

mínigh vb [11] to explain ▷ *Mhínigh an múinteoir an scéal dúinn.* The teacher explained the story to us.

ministir m4 (*of church*) minister

míniú m explanation ▷ *míniú soiléir* a clear explanation

miodóg f2 dagger

míodún m1 meadow

míofar adj ugly

mí-oiriúnach adj unsuitable

míol (*pl* **míolta**) m1 animal; **míol mór** a whale

míoltóg f2 midge

mion adj **①** small ▷ *páistí miona* small children **②** detailed ▷ *cuntas mion* a detailed account; **rud a scrúdú go mion** to examine something closely

mionairgead m1 petty cash

mionbhrístín m4 (*underwear*) briefs

mionbhus m4 minibus

miongháire m4 smile ▷ *miongháire fann* a faint smile; **miongháire a dhéanamh** to smile

mionlach m1 minority ▷ *mionlach eitneach* an ethnic minority

mionn m3 oath ▷ *faoi mhionn* under oath; **mionn mór** a swearword; **mionnaí móra a stróiceadh** to curse and swear

míonna see **mí**

mionra m4 mince

mionsciorta m4 miniskirt

miontas m1 mint

miontuairisc f2 **miontuairiscí** (*of meeting*) minutes

míorúilt f2 miracle

míosa *see* **mí**

míosachán m1 (*magazine*) monthly

mioscais f2 **mac mioscaise** a troublemaker

mioscaiseach adj malicious

míosúil adj monthly

miosúr m1 measure; **miosúr duine a thógáil** to measure somebody

miotal m1 metal

miotas m1 myth ▷ *miotas Gréagach* a Greek myth ▷ *Is miotas é sin.* That's a myth.

miotaseolaíocht f3 mythology

miotóg f2 glove

mír (*pl* **míreanna**) f2 item ▷ *mír nuachta* a news item; **míreanna mearaí** a jigsaw

mire f4 madness; **Bhí Seán ar mire liom.** John was mad at me.; **Tá sí ar mire is ar báiní!** She's raving mad!; **Caithfidh go bhfuil sé ar mire.** He must be crazy.

míréasúnta adj unreasonable ▷ *Bhí a dearcadh go hiomlán míréasúnta.* Her attitude was completely unreasonable.

mirlín m4 (*toy*) marble

mise pron ❶ I ▷ *Cé a bhris é?* — *Mise.* Who broke it? — I did. ❷ me ▷ *Mise atá ann.* It's me. ▷ *Cé atá ann?* — *Mise.* Who is it? — It's me.

misean m1 mission ▷ *misean rúnda* a secret mission

míshásúil adj unsatisfactory ▷ *Tá an obair seo míshásúil.* This work is unsatisfactory.

míshlachtmhar adj untidy ▷ *Tá an teach míshlachtmhar.* The house is untidy.

míshona adj unhappy ▷ *Bhí sé míshona ina leanbh dó.* He was unhappy as a child.

misinéir m3 missionary

misneach m1 courage; **Bíodh misneach agat!** Cheer up!; **do mhisneach a chailleadh** to lose heart

miste adj **An miste leat?** Do you mind? ▷ *An miste leat má osclaím an fhuinneog?* Do you mind if I open the window?; **Ní miste liom.** I don't mind.

míthaitneamhach adj unpleasant

mítharraingteach adj unattractive

mithid adj **Is mithid é.** It's overdue.; **Is mithid dom dul abhaile.** It's time for me to go home.

míthuiscint (*gen sing* **míthuisceana**) f3 misunderstanding

mí-úsáid f2 abuse; **mí-úsáid a thabhairt do dhuine** to abuse someone ▷ *páistí ar tugadh mí-úsáid dóibh* abused children

mná *see* **bean**

mo adj my ▷ *mo bhlús* my blouse

▷ *Tá mé ag dul ag bualadh le mo chairde.* I'm going to meet my friends. ▷ *Ghortaigh mé mo chos.* I've hurt my foot.

> **mo** changes to **m'** before a vowel or 'fh'.

▷ *m'fhoclóir* my dictionary ▷ *m'atlas* my atlas

mó *adj* **an mó ...?** how many ...? ▷ *An mó duine atá ann?* How many people are there?

moch (*gen sing m* **moch**) *adj* early ▷ *go moch ar maidin* early in the morning

modh (*pl* **modhanna**) *m3* method ▷ *modh íocaíochta* a payment method; **modh maireachtála** a way of life; **i modh rúin** in confidence

modúl *m1* module

mogall *m1* **mogall súile** an eyelid

móid (*pl* **móideanna**) *f2* vow

móide *prep*

> **móide** is the contracted form of **mó + de**.

❶ plus ▷ *a seacht móide a deich* seven plus ten ❷ more ▷ *Is móide mo shonas sin a chluinstin.* I am all the happier for hearing that.

móideim *m4* modem

móilín *m4* molecule

moill (*pl* **moilleanna**) *f2* delay ▷ *moill seachtaine* a week's delay; **Beidh sé ar ais gan mhoill.** He'll be back soon.; **Ná déan moill!** Don't delay!

moille *see* **mall**

moilligh *vb* [**11**] to delay ▷ *Bhí ár*

n-eitilt moillithe. Our flight was delayed. ▷ *Shocraigh muid ar ár n-imeacht a mhoilliú.* We decided to delay our departure.

móin (*pl* **móinte**) *f3* peat

móinéar *m1* meadow

móinteán *m1* moor

móipéid *f2* moped

mol *vb* [**23**] ❶ to praise ▷ *Mhol an múinteoir Seán as an marc a fuair sé.* The teacher praised John for the mark he got. ❷ to advise ▷ *Mhol m'athair dom dul chuig an dochtúir.* My father advised me to go to the doctor.; **Mol an óige agus tiocfaidh sí.** Youth thrives on praise.

▶ *m1* pole ▷ *An Mol Thuaidh* the North Pole

moladh (*gen sing* **molta**, *pl* **moltaí**) *m* praise ▷ *Tá moladh mór tuillte agat.* You deserve great praise.

moll *m1* ❶ (*of things*) a large number ▷ *Cheannaigh sé moll mór leabhar.* He bought a large number of books. ❷ (*of money*) a large amount; **moll bruscair** a rubbish heap

moltóir *m3* (*sport*) umpire

monarc (*pl* **monarcaí**) *m4* monarch

monarcha (*gen sing* **monarchan**, *pl* **monarchana**) *f* factory ▷ *Chuaigh sé i mbun na monarchan.* He took over the factory.

monaróir *m3* manufacturer

monatóir *m3* (*TV, computer*) monitor

moncaí _m4_ monkey

mór _m1_ great; **an mór agus an mion** the great and the small; **a mhór a dhéanamh de rud** to make the most of something ▷ _adj_ (_compar_ **mó**) big ▷ _fear mór a big man_ ▷ _mo dheartháir mór_ my big brother; **cuid mhór** a lot ▷ _Bhí cuid mhór daoine sa leabharlann._ There were a lot of people in the library.; **mór le** friendly with ▷ _Tá Áine mór le Séamas._ Anne's friendly with James.; **go mór** greatly ▷ _Chuidigh sin go mór liom._ That helped me greatly.

móramh _m1_ majority

mórán _m1_ ❶ many ▷ _le mórán blianta_ for many years ❷ much ▷ _Níl mórán bia sa teach._ There isn't much food in the house. ▷ _Níl sin mórán níos fearr._ That's not much better. ▷ _An bhfuil mórán le déanamh agat?_ Have you much to do? ❸ a lot of ▷ _mórán airgid_ a lot of money

mórchuid (_gen sing_ **mórchoda**, _pl_ **mórchodannna**) _f3_ most ▷ _mórchuid an ama_ most of the time ▷ _an mhórchuid de na daltaí_ most of the pupils

mórchúis _f2_ pride

mórgacht _f3_ majesty ▷ _A Mórgacht_ Her Majesty

morgáiste _m4_ mortgage

mórlitreacha _fpl_ **mórlitreacha bloic** block capitals

mór-roinn (_pl_ **mór-ranna**) _f2_ continent ▷ _Ní raibh mé riamh ar an Mór-Roinn._ I've never been to the Continent.

mórshiúl (_pl_ **mórshiúlta**) _m1_ procession

mórtas _m1_ pride; **mórtas a dhéanamh** to boast

mórthimpeall _adv_ all round ▷ _Bhí fíonghoirt mórthimpeall._ There were vineyards all round.

mórthír _f2_ mainland

mósáic _f2_ mosaic

mosc _m1_ mosque

mótar _m1_ motor car

mótarbhád _m1_ motorboat

mótarbhealach _m1_ motorway

mothaigh _vb_ [12] ❶ to feel ▷ _Mhothaigh mé pian i mo cheann._ I felt a pain in my head. ▷ _Ní mhothaím sábháilte ar an taobh sin den bhaile._ I don't feel safe in that part of town. ❷ to hear ▷ _Mhothaigh mé an madra ag an doras._ I heard the dog at the door.; **duine a mhothú uait** to miss somebody ▷ _Mothaím uaim Peadar._ I miss Peter.

mothú _m_ feeling ▷ _Níl aon mhothú i mo chosa._ I have no feeling in my legs. ▷ _mothú sábháilteachta_ a feeling of security; **gan mhothú** numb ▷ _Tá mo chos gan mhothú._ My leg's gone numb.; **Tháinig sé gan mhothú orm.** He caught me unawares.

muc _f2_ pig; **muc ghuine** a guinea pig; **muc mhara** a porpoise; **muc shneachta** a snowdrift

múch _vb_ [23] (_light, engine_) to switch off ▷ _Múch an solas._ Switch off the light.

a
b
c
d
e
f
g
h
i
j
k
l
m
n
o
p
q
r
s
t
u
v
w
x
y
z

múchadh (*gen sing* **múchta**) *m* asthma

múchta *adj* off ▷ *Níl an solas múchta.* The light isn't off.

múchtóir *m3* **múchtóir tine** a fire extinguisher

muga *m4* (*cup*) mug

muiceoil *f3* pork ▷ *Ní ithim muiceoil.* I don't eat pork. ▷ *muiceoil mhilis shearbh* sweet and sour pork

muid *pron* ❶ we ▷ *D'éirigh muid cleachta leis de réir a chéile.* We gradually got used to it. ▷ *Seans go rachaidh muid chun na Spáinne an bhliain seo chugainn.* We might go to Spain next year. ▷ *Bhí muid báite.* We got drenched. ❷ us ▷ *Lean an madra muid.* The dog followed us. ▷ *gan muid* without us

muifín *m4* muffin

muileann (*pl* **muilte**) *m1* mill; **muileann gaoithe** a windmill

muileata (*pl* **muileataí**) *m4* (*cards*) diamond ▷ *an t-aon muileata* the ace of diamonds

muin *f2* back; **ar mhuin capaill** on horseback; **Tá tú ar mhuin na muice.** You're in luck.

múin *vb* [15] to teach ▷ *Múineann sí Gaeilge.* She teaches Irish. ▷ *Mhúin mo dheirfiúr snámh dom.* My sister taught me to swim.

muince *f4* necklace ▷ *muince óir a* gold necklace

muinchille *f4* sleeve ▷ *muinchillí fada* long sleeves

Muineachán *m1* Monaghan

múineadh (*gen sing* **múinte**) *m* manners; **Bíodh múineadh ort!** Behave!

muineál (*gen sing, pl* **muiníl**) *m1* neck ▷ *Bhí scaif thart ar a muineál aici.* She wore a scarf round her neck. ▷ *muineál righin* a stiff neck; **geansaí V-mhuiníl** a V-neck sweater

muinín *f2* confidence ▷ *Tá muinín agam as Liam.* I have confidence in Liam.; **Chaill daoine muinín sa rialtas.** People lost faith in the government.

muiníneach *adj* dependable

múinte *adj* well-mannered

muinteartha *adj* friendly; **bheith muinteartha** to be related ▷ *Tá muid muinteartha dá chéile.* We're related.; **daoine muinteartha** relations

múinteoir *m3* teacher ▷ *Is múinteoir mé.* I am a teacher. ▷ *Is múinteoir iontach dea-chroíoch í.* She's a very caring teacher. ▷ *múinteoir ar pinsean* a retired teacher

múinteoireacht *f3* teaching

muintir (*pl* **muintireacha**) *f2* people; **muintir na hÉireann** the Irish; **muintir na háite** the locals

muir (*gen sing, pl* **mara**) *f3* sea; **ar muir** at sea; **ainmhí mara** a marine animal; **Muir Éireann** the Irish Sea; **Muir nIocht** the English Channel; **an Mhuir Mharbh** the Dead Sea

muirghalar *m1* sea sickness

muirín *f4* family

muiríne m4 marina

muiscít f2 mosquito

muisiriún m1 mushroom

mullach (pl **mullaí**) m1 (of hill) top; **i mullach a chéile** on top of one another

Mumhain (gen sing **Mumhan**) f **Cúige Mumhan** Munster

mún m1 urine

múr (pl **múrtha**) m1 wall; **Tá na múrtha airgid acu.** They're loaded.

mura conj if ... not ▷ *Mura bhfuil biseach ort fan sa bhaile.* If you're not better stay at home. ▷ *Mura dtéann tú abhaile beidh fearg ar do mháthair leat.* If you don't go home your mother will be angry with you. ▷ *Mura rachaidh tú ann ní fheicfidh tú é.* If you don't go there you won't see him. ▷ *Níl a fhios agam cad é a dhéanfainn mura dtiocfadh sí.* I don't know what I would have done if she hadn't come.

  mura changes to **murar** with the past tense of regular verbs. ▷ *Murar chuir sé ar an mbord é níl a fhios agam cár fhág sé é.* If he didn't put it on the table I don't know where he left it.

murascaill f2 gulf; **Murascaill na Peirse** the Persian Gulf

murlach m1 lagoon

murlán m1 (of door) handle

murnán m1 ankle

múrtha see **múr**

músaem m1 museum

múscail vb [**19**, va múscailte] to wake up ▷ *Mhúscail mé Seán ar maidin.* I woke John up this morning ▷ *Mhúscail mé ar a seacht.* I woke up at 7.00.

múscailte adj awake ▷ *Tá mé múscailte ó a 8.00 ar maidin.* I've been awake since 8.00 this morning. ▷ *An bhfuil sí múscailte?* Is she awake?

mustard m1 mustard

a b c d e f g h i j k l m n o p q r s t u v w x y z

n

na *art* the

> na is used instead of the usual translation for 'the', **an**, before the feminine genitive singular and the plural.

▷ *i lár na hoíche* in the middle of the night ▷ *ar fud na háite* throughout the place ▷ *Turas na Croise* the Stations of the Cross ▷ *na boicht* the poor ▷ *faoi scáth na gcrann* under the shade of the trees ▷ *na hamhráin* the songs ▷ *na mór-ranna* the continents

ná *conj* ❶ nor ▷ *Níl Pól ná Seán ann.* Neither Paul nor John is there.; **Níor chuala mé an clog. — Níor chuala ná mise.** I didn't hear the bell. — Neither did I. ❷ than ▷ *Tá sé níos óige ná mise.* He is younger than me.

> ná is also used to mean 'don't' or 'do not'.

▷ *Ná rith.* Don't run. ▷ *Ná hithigí é.* Don't eat it.; **Agus ná raibh maith agatsa!** And no thanks to you!

nach *conj*

> nach is used to translate the sense of 'that', 'which' or 'who' with a negative; the words 'that' and 'which' are often omitted.

▷ *Fuair sé duais nach raibh tuillte aige.* He got a prize he didn't deserve. ▷ *fear nach luafar* a man who won't be named

> nach is used in negative questions.

▷ *Nach bhfuil a fhios agat?* Don't you know? ▷ *Rinne tú é, nach ndearna?* You've done it, haven't you?

nádúr *m1* nature ▷ *Tá sé sa nádúr aige.* It's in his nature. ▷ *ó nádúr* by nature

nádúraí *m4* naturalist

nádúrtha *adj* ❶ natural ▷ *gás nádúrtha* natural gas ❷ (*weather*) mild

naíchóiste *m4* pram

náid (*pl* **náideanna**) *f2* (*number*) nought; **Bhí an scór a trí a náid.** The score was three nil.

naimhde *see* **namhaid**

naimhdeach *adj* hostile

naimhdeas *m1* hostility

naíolann *f2* (*for children*) nursery

naíonán *m1* infant

naipcín *m4* serviette

náire *f4* shame ▷ *Mo náire thú!*

Shame on you! ▷ *Is mór an náire é.*
It's a great shame.; **náire a bheith
ort** to be ashamed ▷ *Bíodh náire
ort!* You should be ashamed of
yourself!

náireach *adj* ❶ (*person*) modest
❷ (*deed*) shameful; **Sin náireach!**
That's disgusting!

náirigh *vb* [**11**] to shame

naisc *vb* [**13**, vn nascadh] to link

naíscoil (*pl* **naíscoileanna**) *f2*
infant school ▷ *Tá sé díreach i
ndiaidh tosú ar an naíscoil.* He's just
started at infant school.

náisiún *m1* nation ▷ *Na Náisiúin
Aontaithe* the United Nations

náisiúnachas *m1* nationalism

náisiúnaí *m4* nationalist

náisiúnta *adj* national ▷ *an
bhratach náisiúnta* the national flag
▷ *eagraíocht náisiúnta* a national
organisation ▷ *Tá sé ina churadh
náisiúnta.* He's the national
champion.

náisiúntacht *f3* nationality

Naitsí *m4* Nazi

namhaid (*gen sing* **namhad**, *pl*
naimhde) *m* enemy ▷ *fórsaí an
namhad* the enemy forces

naofa *adj* holy ▷ *an Talamh Naofa*
the Holy Land

naofacht *f3* holiness

naoi (*pl* **naonna**) *m4* nine

▌**naoi** is usually followed by a
▌singular noun.

▷ *naoi mbuidéal* nine bottles; **Tá sí
naoi mbliana d'aois.** She's nine.;
naoi ... déag nineteen ▷ *naoi*
gcapall déag nineteen horses

naomh *m1* saint ▷ *Naomh Peadar*
Saint Peter
▶ *adj* holy

naonúr *m1* nine people; **naonúr
ban** nine women

naoú *adj* ninth ▷ *an naoú hurlár*
the ninth floor; **an naoú ... déag**
nineteenth ▷ *a breithlá naoi mbliana
déag* her nineteenth birthday ▷ *an
naoú hurlár déag* the nineteenth
floor

naprún *m1* apron

nár *conj*

▌**nár** is used to translate the
▌sense of 'that' or 'who' with a
▌negative, although the word
▌'that' is often omitted.

▷ *Chonacthas dom nár thuig sé an
cheist.* It appeared to me that he
didn't understand the question.
▷ *Dúirt m'athair nár chóir dom dul
ann.* My father said I wasn't to go.
▷ *an cailín nár fhreagair an cheist*
the girl who didn't answer the
question; **Is beag nár thit mé.**
I nearly fell.

▌**nár** is used in negataive
▌quesitons in the past tense.

▷ *D'oscail tú é, nár oscail?* You
opened it, didn't you? ▷ *Nár chuala
tú mé?* Did you not hear me?

nára, nárab, nárbh *see* **is**

nasc *m1* link

nath (*pl* **nathanna**) *m3* saying
▷ *Níl ann ach nath cainte.* It's just
a saying.; **nath cainte** a figure
of speech

nathair (gen sing **nathrach**, pl
nathracha) f snake ▷ nathair
nimhe a poisonous snake

-ne suffix

　　-ne is used with the first
　　person plural for emphasis.
▷ ár máthairne OUR mother
▷ Déanfaimidne é. WE will do it. ▷ Is
dúinne a thug sí é. She gave it to US.

neach (pl **neacha**) m4 being
▷ neach daonna a human being;
Ní raibh aon neach ann. There
wasn't a soul there.

neacht f3 niece ▷ mo neacht my
niece

neachtlann f2 (business) laundry

nead (pl **neadacha**) f2 nest; **an
nead a fhágáil** to leave home

neafaiseach adj trivial

néal (pl **néalta**) m1 ❶ cloud; **spéir
gan néal** a cloudless sky ❷ fit
▷ néal feirge a fit of anger ❸ nap
▷ Rinne mé néal codlata. I took a
nap.; **Thit néal orm.** I dozed off.;
Bhí néal éigin anuas air. There
was something weighing on his
mind.

neamart m1 neglect; **neamart
a dhéanamh i do dhualgas** to
neglect one's duty

neamartach adj negligent; **Ba
neamartach an mhaise dó é.** It
was remiss of him.

neamh (gen sing **neimhe**) f2
heaven ▷ Creideann sí go rachaidh sí
ar neamh nuair a gheobhaidh sí bás.
She believes she'll go to heaven
when she dies.; **Níl a fhios agam**

ó neamh anuas. I haven't the
slightest idea.

neamhábalta adj unable

neamhábhartha adj irrelevant
▷ Tá sin neamhábhartha. That's
irrelevant.

neamhaibí adj ❶ (person)
immature ❷ (fruit) unripe

neamh-aireach adj careless ▷ Tá
sí iontach neamhairdiúil She's very
careless. ▷ tiománaí neamhairdiúil a
careless driver

neamh-aistreach adj (grammar)
intransitive

neamhbhailí adj (not valid)
invalid

neamhbhlasta adj tasteless

neamhbhríoch (gen sing m
neamhbhríoch) adj insignificant

neamhbhuartha adj carefree

neamhchinnte adj uncertain
▷ Tá an todhchaí neamhchinnte. The
future is uncertain.

neamhchiontach adj innocent
▷ Dhearbhaigh sé go raibh sé
neamhchiontach. He insisted that
he was innocent.; **Fuarthas
neamhchiontach é.** He was
found not guilty.

neamhchoitianta adj
uncommon

neamhchosúil adj ❶ unlike;
Níl siad neamhchosúil le chéile.
They are quite alike. ❷ unlikely
▷ Is neamhchosúil go dtiocfaidh siad
chomh mall seo. They are unlikely to
come this late.

neamhchúiseach adj

unconcerned; **dearcadh**
neamhchúiseach a casual
attitude
neamhchúramach adj careless
neamhdhíobhálach adj
harmless
neamheaglach adj fearless
neamhfhoirmiúil adj
❶ informal ❷ (clothes) casual
neamhghnách (gen sing m
neamhghnách) adj unusual
▷ cuma neamhghnách an unusual
shape ▷ Tá sé neamhghnách
sneachta a bheith ann ag an am seo
den bhliain. It's unusual to get
snow at this time of year.
neamhghnóthach adj idle
neamhinniúil adj incompetent
neamhionann adj unlike
▷ Neamhionann is an chuid eile, bhí
Liam ar ais in am. Unlike the others,
Liam was back in time.
neamh-mheisciúil adj (drink)
soft
neamhní (pl **neamhnithe**)
m4 nothing ▷ Chuaigh an plean
ar neamhní. The plan came to
nothing.
neamhoifigiúil adj unofficial
neamhphósta adj unmarried
▷ máthair neamhphósta an
unmarried mother
neamhphraiticiúil adj
impractical
neamhréireach adj inconsistent
neamhriachtanach adj
unnecessary
neamhrialta adj (grammar)

irregular
neamhsheicteach adj non-
sectarian
neamhshuim f2 **Déan**
neamhshuim den rud ar fad. Just
ignore the whole thing.
neamhspleách (gen sing m
neamhspleách) adj independent
▷ scoil neamhspleách an
independent school
neamhspleáchas m1
independence
neamhthoilteanach adj
unwilling
neamhthuairimeach adj
(remark) casual
neamhthuisceanach adj
inconsiderate
neamhurchóideach adj
harmless
neantóg f2 nettle
néaróg f2 (in body) nerve
neart m1 ❶ strength; **dul i neart**
to grow strong; **neart tola**
willpower; **Níl neart aige air.** He
can't help it.; **Ní neart go cur le**
chéile. There's strength in unity.
❷ plenty ▷ neart airgid plenty of
money ▷ neart ama plenty of time
neartmhar adj powerful
neascóid f2 (on skin) boil
néata adj neat ▷ fillte go néata
neatly folded
neimhe see **neamh**
neirbhís f2 neirbhís a bheith ort
to be nervous
neirbhíseach adj nervous
neon m1 neon ▷ comharthaí neoin

a
b
c
d
e
f
g
h
i
j
k
l
m
n
o
p
q
r
s
t
u
v
w
x
y
z

neon signs ▷ *solas neoin* a neon
light

Ní *f4* **Máire Ní Dhónaill** (*in female
surnames*) Mary O'Donnell

ní (*gen sing* **nithe**) *m4* anything
▷ *An bhfuil aon ní uait?* Do you need
anything?

▶ *adv*

> ▌ **ní** is used with the negative,
> except in the past of regular
> verbs.

▷ *Ní dhearna sí é.* She didn't do it.
▷ *Ní raibh duine ar bith sa bhaile.*
There was nobody at home. ▷ *Ní
chuirfidh mé suas leis!* I won't put
up with it!

▶ *copula*

> ▌ **ní** is the negative present of **ís**.

▷ *Ní múinteoir mé.* I'm not a
teacher. ▷ *Ní hé an dochtúir é.* He's
not the doctor.

nia (*pl* **nianna**) *m4* nephew ▷ *mo
nia* my nephew

nialas *m1* zero

niamhrach *adj* bright

Nic *n* **Nóra Nic Grianna** Nora
Green; **Áine Nic Pháidín** Anne
McFadden

Nigéir *f2* **an Nigéir** Nigeria

nigh *vb* [**22**] to wash ▷ *Tháinig as
mo gheansaí nuair a nigh mé é.* My
sweater stretched when I washed
it. ▷ *Nigh sí an carr.* She washed
the car.; **Nigh mé mé féin.** I had
a wash.; **na soithí a ní** to do the
dishes ▷ *Ní níonn sé na soithí riamh.*
He never does the dishes.

nimh (*pl* **nimheanna**) *f2* poison;

**nimh san fheoil a bheith agat do
dhuine** to have it in for somebody

nimhiú *m* poisoning ▷ *nimhiú bia*
food poisoning

nimhiúil *adj* poisonous

nimhneach *adj* sore ▷ *sceadamán
nimhneach* a sore throat ▷ *Tá mo
chosa nimhneach.* I've got sore feet.

níochán *m1* (*clothes*) washing
▷ *níochán salach* dirty washing
▷ *meaisín níocháin* a washing
machine

níolón *m1* nylon

níor *adv*

> ▌ **níor** is used as a negative verb
> particle, with past tenses.

▷ *Níor cheannaigh sé é.* He didn't buy
it. ▷ *Níor ith mé é.* I didn't eat it.

> ▌ **níor** is the negative of **ís** in past
> and conditional tenses.

▷ *Níor leis é.* It wasn't his. ▷ *Níor
mhaith léi é.* She wouldn't like it.

> ▌ **níor** changes to **níorbh** before
> a vowel.

▷ *Níorbh eala é.* It wasn't a swan.

níos *adv*

> ▌ **níos** is used before
> comparative forms.

▷ *Bíonn m'athair ag obair níos déanaí
Déardaoin.* My father works later
on Thursdays. ▷ *Tá mo theachsa
níos faide síos an tsráid.* My house
is further down the street. ▷ *Tá an
scéal níos measa inniu.* The situation
is worse today. ▷ *D'íoc tú níos mó
ná mise.* You paid more than I did.;
níos mó ná riamh more than ever

niteoir *m3* **niteoir gaothscátha**

windscreen washer

nithe see **ní**

nithiúil adj real

nithiúlacht f3 reality

nítrigin f2 nitrogen

niúmóine m4 pneumonia

nó conj or ▷ Seán nó a dheartháir John or his brother ▷ luath nó mall sooner or later ▷ a bheag nó a mhór more or less

nócha (gen sing **nóchad**, pl **nóchaidí**) m ninety

nócha is followed by a singular noun.

▷ nócha lá ninety days; **Tá sí nócha bliain d'aois.** She's ninety.

nóchadú adj ninetieth

nocht adj bare ▷ craiceann nocht bare skin

▶ vb [**23,** VA nochta] ❶ to reveal ▷ Níor nocht a hathair fírinne an scéil riamh di. Her father never revealed the truth of the matter to her. ❷ to appear ▷ Nocht sé ag cúl an tí. He appeared at the back of the house.

nochtach m1 nudist

nochtadh (gen sing **nochta**) m disclosure; **nochtadh mígheanasach** indecent exposure

nochtóir m3 stripper

nod m1 ❶ abbreviation ❷ tip ▷ nod úsáideach a useful tip

nóibhíseach m1 (religious) novice

nóiméad m1 minute ▷ nóiméad ar bith feasta any minute now ▷ sos cúig nóiméad five minutes' rest

nóin f3 noon ▷ um nóin at noon

nóisean m1 notion; **Tá nóisean aige do Mháire.** He fancies Mary.

Nollaig (gen sing **Nollag**, pl **Nollaigí**) f ❶ December; **i mí na Nollag** in December ❷ Christmas ▷ bronntanas Nollag Christmas presents; **um Nollaig** at Christmas ▷ Ithimid barraíocht um Nollaig. At Christmas we always eat too much.; **Oíche Nollag** Christmas Eve; **Nollaig Shona!** Merry Christmas!

normálta adj normal

nós (pl **nósanna**) m1 ❶ habit ▷ Rinne sé nós de bheith ag glaoch isteach ar a bhealach abhaile. He got into the habit of calling in on his way home.; **Is nós leis bheith in am.** He's usually on time.; **Beidh mé féin ann ar aon nós.** I'll be there anyway. ❷ custom ▷ nós áitiúil a local custom; **Ná déan nós ná bris nós.** Neither make nor break a custom.

nósúil adj formal

nóta m4 note ▷ Cuir nóta beag chuige. Send him a little note.; **nóta bainc** a banknote; **nóta sochair** a credit note; **nóta cúig dhollar** a five-dollar bill

nótáil vb [**25**] to note down

nótáilte adj excellent

nua (gen sing f, compar **nuaí**) adj new ▷ a buachaill nua her new boyfriend ▷ Tá gúna nua de dhíth orm. I need a new dress.

▶ m4 **an sean agus an nua** the old and the new; **Bhí orm é a**

dhéanamh as an nua. I had to do it all over again.

nua-aimseartha, nua-aoiseach adj modern

nuabheirthe adj newborn

nuachóirigh vb [11] to modernize

nuacht f3 news ▷ Bhí sé ar an nuacht. It was on the news. ▷ Amharcaim ar an nuacht gach tráthnóna. I watch the news every evening.

nuachtán m1 newspaper ▷ alt nuachtáin a newspaper article ▷ D'fhill sé an nuachtán. He folded the newspaper. ▷ Bím ag seachadadh nuachtán. I deliver newspapers.

nuachtánaí m4 newsagent

Nua-Eabhrac m4 New York ▷ Thaistil sé in eitleán ó Bhaile Átha Cliath go Nua-Eabhrac He flew from Dublin to New York.

Nua-Ghaeilge f4 Modern Irish

nuaí see nua

nuair conj ❶ when ▷ Bhí sí ag léamh nuair a tháinig mé isteach. She was reading when I came in. ▷ Ithim mo chuid ingne nuair a bhím néirbhíseach. I bite my nails when I'm nervous. ▷ Beidh áthas orm nuair a bheidh na scrúduithe thart. I'll be happy when the exams are over. ❷ since ▷ Nuair nár labhair aon duine eile, labhair an sagart. Since nobody else had spoken, the priest spoke.

nuaphósta adj newly-wed

Nua-Shéalainn f2 an Nua-Shéalainn New Zealand ▷ sa Nua-Shéalainn in New Zealand

Nua-Shéalannach m1 New Zealander

nuatheanga (pl **nuatheangacha**) f4 modern language

núdail mpl1 noodles

núicléach (gen sing m **núicléach**) adj nuclear ▷ Tá mé in aghaidh tástáil núicléach. I'm against nuclear testing.; **cumhacht núicléach** nuclear power; **stáisiún cumhachta núicléiche** a nuclear power station

nuige adv Sin an scéal go nuige seo. That's the story so far.; **go nuige sin** up till then

núis f2 nuisance

O

a b c d e f g h i j k l m n o p q r s t u v w x y z

ó *prep, conj*

Prepositional pronouns are **uaim**, **uait**, **uaidh**, **uaithi**, **uainn**, **uaibh**, **uathu**.

❶ *from* ▷ *ó Dhoire go Cúil Raithin* from Derry to Coleraine ▷ *míle ón stáisiún* a mile from the station ▷ *ó bhun go barr* from top to bottom ❷ (*time, reason*) *since* ▷ *ó thús na bliana* since the beginning of the year ▷ *ó tá sé abhus anois* since he is here now ▷ *ó rugadh í* ever since she was born ▷ *ós mar sin atá* since that is so; **uaidh féin** of its own accord; **Sin an rud atá uaim.** That's what I want.; **Ba dheas uaithi glaoch.** It was nice of her to call.

▶ *adv* **ó thuaidh** northwards; **ó dheas** southwards

▶ *m4* (*pl* **óí**) ❶ grandson ❷ (*more distant*) descendant; **Táimid an dá ó.** We are cousins.

The inflected forms **Uí** and **Uíbh** are used in some names of people and places.
▷ *Contae Uíbh Fhailí* County Offaly ▷ *cuid scríbhinní Shéamais Uí Ghrianna* the writings of Séamas Ó Grianna ▷ *Ba de lucht leanúna Uí Néill é.* He was a follower of O'Neill.

obair (*gen sing* **oibre**, *pl* **oibreacha**) *f2* work ▷ *Níl mé go hiomlán sásta le do chuid oibre.* I'm not altogether happy with your work.; **obair tí** housework; **obair bhaile** homework ▷ *Ní dhearna mé m'obair bhaile.* I haven't done my homework.; **bheith as obair** to be out of work; **ar obair** in operation; **Chuir sin an scéalaí ar obair.** That set the storyteller going.; **Tá mé ag obair ar mo thráchtas.** I'm working on my thesis.; **Bhíodh Seán ag obair ar na báid ina óige.** Sean worked on the boats in his young days.

óbó *m4* oboe ▷ *Seinnim ar an óbó.* I play the oboe.

obrádlann *f2* operating theatre

obráid *f2* operation ▷ *mórobráid* a major operation

ócáid *f2* occasion ▷ *ócáid speisialta* a special occasion; **ar ócáidí** occasionally; **Rugadh san ócáid orainn.** We were caught in the act.

ócáideach *adj* (*work*) occasional

ocht (*pl* **ochtanna**) *m4* eight

ocht is usually followed by a singular noun.

▷ *ocht mbuidéal* eight bottles; **Tá sí ocht mbliana d'aois.** She's eight.; **ocht ... déag** eighteen ▷ *ocht mbuidéal déag* eighteen bottles

ochtapas *m1* octopus

ochtar *m1* eight people; **ochtar ban** eight women; **Bhí ochtar againn ann.** There were eight of us.

ochtó (*gen sing* **ochtód**, *pl* **ochtóidí**) *m* eighty

ochtó is followed by a singular noun.

▷ *ochtó duine* eighty people; **Tá sé ochtó bliain d'aois.** He's eighty.

ochtódú *adj* eightieth

ochtú *adj, m4* eighth ▷ *an t-ochtú hurlár* the eighth floor ▷ *an t-ochtú lá de Lúnasa* the eighth of August

ocrach *adj* ❶ hungry ▷ *Tá cuma ocrach air.* He looks hungry. ❷ (*period*) lean ▷ *Tháinig cúpla bliain ocracha ina dhiaidh sin.* A couple of lean years followed.

ocras *m1* hunger; **Tá ocras orm.** I'm hungry.

ocsaigin *f2* oxygen

ofráil *vb* [25] to offer

óg *adj* young; **a dheartháir óg** his younger brother; **Séamas Óg** (*in names*) James Junior

ógánach *m1* (*juvenile*) youth

ógbhean (*gen sing, pl* **ógmhná**, *gen pl* **ógbhan**) *f* young lady

ógchiontóir *m3* juvenile delinquent

ógfhear *m1* young man

óglach *m1* (*military*) volunteer

ógmhná *see* **ógbhean**

oibiacht *f3* (*grammar*) object

oibleagáid *f2* obligation; **bheith faoi oibleagáid do dhuine** to be under an obligation to somebody

oibleagáideach *adj* obliging

oibre, oibreacha *see* **obair**

oibreoir *m3* (*of machine*) operator

oibrí *m4* worker; **oibrí sóisialta** a social worker ▷ *Is oibrí sóisialta í.* She's a social worker.; **oibrí feirme** a farm labourer; **oibrí iarnróid** a railwayman

oibrigh *vb* [11] ❶ to work ▷ *Oibríonn sé do chomhlacht árachais.* He works for an insurance company. ▷ *Ní oibríonn Seán ach trí lá sa tseachtain.* John only works three days a week. ▷ *Ní oibreodh an eochair.* The key wouldn't work. ❷ to operate ▷ *Oibríonn na soilse ar amadóir.* The lights operate on a timer.

oíche (*pl* **oícheanta**) *f4* night ▷ *seal na hoíche* the night shift ▷ *Tá áirithint agam le haghaidh dhá oíche.* I've got a reservation for two nights.; **titim na hoíche** nightfall; **san oíche** at night ▷ *Níl cead aige dul amach san oíche.* He's not allowed to go out at night.; **Oíche mhaith!** Good night!; **Oíche Shamhna** Hallowe'en; **Oíche Chinn Bliana** New Year's Eve; **Oíche Nollag** Christmas Eve

oide *m4* (*male*) teacher

oideachas m1 education
▷ Ba chóir go mbeadh níos mó infheistíochta san oideachas. There should be more investment in education. ▷ Tá sí ag obair san oideachas. She works in education.; **oideachas aosach** adult education; **oideachas tríú leibhéal** higher education

oideachasúil adj educational

oideas m1 ❶ (in cooking) recipe ❷ (medical) prescription

oidhe f4 **Is maith an oidhe ort é!** It serves you right!

oidhre m4 heir

oidhreacht f3 ❶ inheritance; **Fuair sé an fheirm le hoidhreacht.** He inherited the farm. ❷ heritage ▷ Is cuid den oidhreacht náisiúnta é. It's part of the national heritage. ❸ legacy ▷ Thit oidhreacht bheag leis. He came in for a small legacy.

oifig f2 office ▷ Ní raibh duine ar bith san oifig. There was nobody in the office. ▷ Tá a oifig thíos ar an chéad urlár. His office is down on the first floor.; **oifig an phoist** a post office; **oifig ticéad** a ticket office; **oifig turasóireachta** a tourist office

oifigeach m1 officer

oifigiúil adj official

óige f4 ❶ youth ▷ D'oibrigh sé go crua ina óige. He worked hard in his youth.; **Tá cuma na hóige uirthi i gcónaí.** She still looks young.; **dul in óige** to get younger ❷ young

people ▷ Dá dtuigfeadh an óige! If young people only knew!

oighe f4 (tool) file

oigheann m1 oven; **oigheann micreathoinne** a microwave

oighear m1 ice ▷ Bhí oighear ar an loch. There was ice on the lake.

oighear-rinc f2 ice rink

oighearshruth m3 glacier

oil vb [15, VN oiliúint] ❶ to bring up ▷ Oileadh é i dteaghlach saibhir. He was brought up in a rich family. ❷ to educate ▷ Oileadh ina shagart é. He was educated for the priesthood.

oileán m1 island ▷ an taobh thiar den oileán the western part of the island; **Oileáin Árann** the Aran Islands; **Na hOileáin Bhriotanacha** the British Isles; **Oileán Mhanann** the Isle of Man; **Oileáin Mhuir nIocht** the Channel Islands

Oilimpeach adj Olympic ▷ na Cluichí Oilimpeacha the Olympic Games

oiliúint (gen sing oiliúna) f3 ❶ upbringing ❷ training ▷ Cuirtear oiliúint ar na himreoirí óga. The young players receive training.

oilte adj trained ▷ banaltraí oilte trained nurses

oinniún m1 onion ▷ Mionghearr na hoinniúin. Chop the onions.

óinsiúil adj foolish

oir vb [13, VN oiriúint] to suit ▷ Ní oireann an dath sin duit. That colour doesn't suit you.; **Níor oir bia**

na háite di. The local food didn't
agree with her.; **Oireann siad dá
chéile.** They go well together.

óir *adj* gold ▷ *fáinne óir* a gold ring

oirbheartaíocht *f3* tactics

oirdheisceart *m1* south-east

oireachtas *m1* **an tOireachtas**
the Irish Legislature; **Oireachtas
na Gaeilge** annual Gaelic festival

oiread *n* (*quantity*) amount;
oiread agus is maith leat as much
as you like; **Tá an oiread sin oibre
agam.** I've got so much work.;
ach oiread either ▷ *Ní raibh tusa
in am ach oiread.* You weren't in
time either.

oirfideach *m1* ❶ musician ❷ (*in
theatre, show*) entertainer

oiriúint (*gen sing* **oiriúna**) *f3*
**dráma a chur in oiriúint don
raidió** to adapt a play for radio;
oiriúintí accessories ▷ *oiriúintí
faisin* fashion accessories

oiriúnaigh *vb* [**12**] to fit ▷ *Ní
oiriúnódh an gúna sin mé.* That dress
wouldn't fit me.

oirmhinneach *m1* **an
tOirmhinneach Seán Mac
Gabhann** the Reverend John Smith
▶ *adj* reverend

oirthear *m1* east ▷ *san oirthear* in
the east; **an tOirthear** the Orient

oirthearach *adj* eastern ▷ *an
chuid oirthearach den oileán*
eastern part of the island

oirthuaisceart *m1* north-east
▷ *san oirthuaisceart* in the north-
east

oirthuaisceartach *adj* north-
eastern

oiseoil *f3* venison

oisre *m4* oyster

ól *m1* drink ▷ *D'éirigh sé as an ól.*
He's given up the drink.; **teach
an óil** a pub
▶ *vb* [**23**, VN ól] to drink ▷ *D'ól sí
trí chupán tae.* She drank three
cups of tea.

ola *f4* oil ▷ *ola olóige* olive oil
▷ *péintéireacht ola* an oil painting

olanda *adj* woolly

olann (*gen sing* **olla**, *pl* **olanna**,
gen pl **olann**) *f* wool ▷ *Tá sé déanta
d'olann.* It's made of wool. ▷ *olann
chadáis* cotton wool

olc *m1* **Tá an t-olc ann.** He's really
wicked.; **Le holc orm a rinne sé
é.** He did it to spite me.; **Bhí olc
air nuair a chonaic sé an scrios.**
He was angry when he saw the
damage.
▶ *adj* (*compar* **measa**) ❶ bad ▷ *Tá
mé go han-olc ag mata.* I'm really
bad at maths. ▷ *Tá sé olc agat.* It's
bad for you.; **bheith go holc** to be
seriously ill ❷ (*dog*) vicious

olla *adj* woollen ▷ *stocaí olla*
woollen socks

Ollainn *f2* **an Ollainn** Holland
▷ *san Ollainn* in Holland ▷ *chun na
hOllainne* to Holland

Ollainnis *f2* (*language*) Dutch

ollamh (*pl* **ollúna**) *m1* professor

Ollannach *adj* Dutch
▶ *m1* Dutchman, Dutchwoman

olldord *m1* double bass ▷ *Seinnim*

an t-olldord. I play the double bass.

ollmhargadh (*pl* **ollmhargaí**) *m1*
supermarket

ollmhór *adj* huge

ollphéist (*pl* **ollphéisteanna**) *f2*
monster

ollscartaire *m4* bulldozer

ollscoil (*pl* **ollscoileanna**) *f2*
university ▷ *Tá sí ar an ollscoil.* She's
at university. ▷ *Ar mhaith leat dul
ar an ollscoil?* Do you want to go to
university?

olltoghchán *m1* general election

ológ *f2* olive ▷ *ola olóige* olive oil

ómós *m1* respect ▷ *Ba cheart ómós
a thabhairt don aois.* Old people
should be treated with respect.;
in ómós na hócáide to mark the
occasion

ómra *m4* amber

onnmhaire *f4* export

onóir (*pl* **onóracha**) *f3* honour
▷ *Is mór an onóir dom bheith anseo
anocht.* It's a great honour for me
to be here tonight. ▷ *in onóir duine*
in somebody's honour; **céim
onóracha** an honours degree

onórach *adj* honourable

ór *m1* gold ▷ *Is fiú ór í.* She's
worth her weight in gold.; **Ní
dhéanfainn a leithéid ar ór ná
ar airgead.** I wouldn't do such
a thing, not for any money.; **ór
Muire** a marigold

oraibh *see* **ar**

óráid *f2* (*address*) speech ▷ *Bhí orm
óráid a dhéanamh ag an dinnéar.* I had
to make a speech at the dinner.

óráidí *m4* (*in public*) speaker

orainn *see* **ar**

oráiste *m4* (*fruit, colour*) orange
▷ *adj* orange ▷ *cóta oráiste* an
orange coat

Oráisteach *m1* Orangeman
▷ *adj* Orange ▷ *an tOrd Oráisteach*
the Orange Order

Orc *n* **Inse Orc** the Orkneys

órchloch *f2* philosopher's stone

ord *m1* order ▷ *ord aibítre*
alphabetical order ▷ *san ord
contrártha* in reverse order ▷ *ord
crábhaidh* a religious order; **rudaí
a chur in ord** to tidy up ▷ *Chuir
sí ord ar an seomra.* She tidied up
the room.

ordaigh *vb* [12] to order ▷ *D'ordaigh
sé dom é a dhéanamh.* He ordered
me to do it. ▷ *D'ordaigh mé cupán tae
agus ceapaire.* I ordered a cup of tea
and a sandwich.

ordóg *f2* thumb ▷ *Diúlaim ar an
ordóg go fóill.* I still suck my thumb.

ordú *m* order ▷ *ordú cúirte* a court
order; **ordú a thabhairt** to give
an order

órga *adj* golden

orgán *m1* organ ▷ *Seinnim ar an
orgán.* I play the organ.; **orgán béil**
a mouth organ

orgánach *adj* organic

orlach (*pl* **orlaí**) *m1* inch ▷ *sé horlaí*
six inches

orm *see* **ar**

ort *see* **ar**

ortaipéideach *adj* orthopaedic

orthu *see* **ar**

os *prep* over; **os ard** aloud; **os cionn (1)** above ▷ *Bhí an teocht os cionn tríocha céim.* The temperature was above thirty degrees. **(2)** more than ▷ *os cionn trí chéad* more than three hundred; **os coinne** in front of ▷ *Ná habair sin os coinne na bpáistí.* Don't say that in front of the children.; **os comhair** opposite ▷ *Bhí Pól ina shuí os mo chomhair.* Paul was sitting opposite me.; **Cé atá os do chionn?** Who's your superior?

oscail *vb* [**19**, VA oscailte] to open ▷ *Oscail do shúile.* Open your eyes. ▷ *D'oscail sí an beart.* She opened the parcel. ▷ *D'oscail sé uaidh féin.* It opened of its own accord.

oscailt *f2* opening; **bheith ar oscailt** (*door, window*) to be open

oscailte *adj* open

osna *f4* sigh; **osna a ligean** to sigh

osnádúrtha *adj* supernatural

ospidéal *m1* hospital

ósta *m4* lodging; **teach ósta** an inn

óstach *m1* host, hostess

Ostair *f2* **an Ostair** Austria ▷ *san Ostair* in Austria

óstán *m1* hotel ▷ *D'fhan muid in óstán.* We stayed in a hotel. ▷ *Tá an t-óstán áisiúil don aerfort.* The hotel's convenient for the airport.

Ostarach *adj, m1* Austrian ▷ *Is Ostarach í.* She's Austrian.

osteilgeoir *m3* overhead projector

ostrais *f2* ostrich

othar *m1* patient ▷ *Bhisigh an t-othar go gasta.* The patient improved quickly.; **othar seachtrach** an outpatient

otharcharr (*pl* **otharcharranna**) *m1* ambulance

otharlann *f2* hospital ▷ *Tóg chun na hotharlainne mé!* Take me to the hospital!

ózón *m1* ozone

p

pá m4 ❶ pay ▷ *ardú pá* a pay rise ❷ wages ▷ *Bhí cuid de na fir ag obair ar a bpá lae.* Some of the men were working for daily wages.

pábháil f3 paving ▷ *cloch phábhála* a paving stone

paca m4 packet ▷ *paca toitíní* a packet of cigarettes; **paca cártaí** a pack of cards; **do lámh a chur i bpaca** to throw in one's hand

pacáil vb [25] to pack ▷ *Tá mo mhála pacáilte agam.* I've packed my bag.
▶ f3 packing ▷ *cás pacála* a packing case

pacáiste m4 package

Pacastáin f2 **an Phacastáin** Pakistan ▷ *sa Phacastáin* in Pakistan ▷ *chun na Pacastáine* to Pakistan ▷ *Is as an bPacastáin é.* He's from Pakistan.

Pacastánach adj, m1 Pakistani

págánach m1 pagan

paidir (gen sing **paidre**, pl **paidreacha**) f2 prayer; **an Phaidir** the Lord's Prayer

paidrín m4 rosary beads; **an Paidrín** the Rosary

pailin f2 pollen

pailm (pl **pailmeacha**) f2 palm tree

paimfléad m1 pamphlet

painéal m1 ❶ panel ▷ *painéal gréine* a solar panel ▷ *painéal ionstraimí* an instrument panel ❷ (committee) board ▷ *painéal moltóirí* a board of adjudicators ❸ (of car, aircraft) dashboard

páipéar m1 paper ▷ *blúire páipéir* a scrap of paper ▷ *mála páipéir* a paper bag; **páipéar balla** wallpaper; **páipéar leithris** toilet paper; **páipéar nuachta** a newspaper; **páipéar scríbhneoireachta** writing paper

páipéarachas m1 stationery

páirc (pl **páirceanna**) f2 ❶ field ▷ *páirc cruithneachta* a field of wheat ▷ *páirc peile* a football field; **páirc imeartha** (for games, sport) a pitch ❷ park ▷ *Rinneamar spaisteoireacht sa pháirc.* We took a walk in the park. ▷ *Ar an Satharn bímid ag crochadh thart sa pháirc.* On Saturdays we hang about in the park.; **Páirc an Chrócaigh** Croke Park

- **Páirc an Chrócaigh** is the
- national football and hurling
- stadium in Dublin.

Páirc an Fhionnuisce the Phoenix
Park

- **Páirc an Fhionnuisce** is a large
- park in Dublin.

páirc théama a theme park

páirceáil vb [**25**] to park
▷ *Pháirceáil sé a charr sa chabhsa.*
He parked his car in the drive.
▶ f3 parking ▷ *ticéad páirceála* a
parking ticket

páircíneach adj (material)
checked

pairilis f2 paralysis

páirt (pl **páirteanna**) f2 ❶ part
▷ *an pháirt seo den tír* this part of
the country; **páirt a ghlacadh
i rud** to take part in something
▷ *Ghlac cuid mhór daoine páirt san
agóid.* A lot of people took part in
the demonstration.; **dul i bpáirt**
to take sides ▷ *Téann sí i bpáirt i
gcónaí leis.* She always takes his
side.; **páirteanna spártha** spare
parts ❷ role ▷ *Bhí mo dhearthár i
bpáirt an rí.* My brother played the
role of the king.

páirtaimseartha adj part-time
▷ *post páirtaimseartha* a part-time
job

páirteach adj **bheith páirteach
i rud** to be involved in something;
**Tá siad páirteach le chéile sa
ghnó.** They are partners in the
business.

páirteagal m1 (in grammar)
particle

páirtí m4 (politics) party ▷ *An Páirtí
Glas* the Green Party ▷ *Páirtí an
Lucht Oibre* the Labour Party

páirtíocht f3 partnership

paiseanta adj passionate

paisinéir m3 passenger

paiste m4 patch ▷ *paiste ábhair* a
patch of material ▷ *Tá paiste maol
air.* He's got a bald patch.; **paiste a
chur ar rud** to patch something

páiste m4 child ▷ *Ar iompair na
páistí iad féin i gceart?* Did the
children behave themselves?
▷ *páiste aonair* an only child

páistiúil adj childish

paiteolaí m4 pathologist

Palaistín f2 **an Phalaistín**
Palestine ▷ *sa Phalaistín* in
Palestine

Palaistíneach adj, m1 Palestinian

pálás m1 palace

pána m4 pane ▷ *pána fuinneoige* a
window pane

pancóg f2 pancake

panda m4 panda

panna m4 pan ▷ *panna uibheagáin*
an omelette pan

pantaimím f2 pantomime

pantar m1 panther

pápa m4 pope

pár m1 parchment; **rud a chur ar
pár** to put something in writing

paráid f2 parade

paraimíleatach adj, m1
paramilitary

paraisiút m1 parachute

Páras m4 Paris ▷ *i bPáras* in Paris

▷ *go Páras* to Paris ▷ *Is as Páras í.* She's from Paris.

pardún m1 pardon ▷ *Gabhaim pardún agat!* I beg your pardon!; **Tugadh pardún dóibh.** They were pardoned.

parlaimint f2 parliament; **Parlaimint na hEorpa** the European Parliament

parlaiminteach adj parliamentary

parlús m1 parlour

paróiste m4 parish

parthas m1 paradise; **Gairdín Pharthais** the Garden of Eden

parúl m1 parole ▷ *Tá sé ar parúl.* He's on parole.

pas (pl **pasanna**) m4 ① pass; **pas a fháil** (exam) to pass; **pas a thabhairt do dhuine** (in sport) to pass to somebody ② passport ▷ *Scrúdaigh an póilín a pas.* The police officer examined her passport.

▶ adv somewhat; **pas beag ró-mhór** a bit too large

pasáil vb [25] (exam, ball) to pass

pasáiste m4 corridor ▷ *Ná bígí ag rith sna pasáistí!* No running in the corridors!

pasfhocal m1 (on computer) password

pasta m4 pasta

páté m4 pâté

patraisc f2 partridge

patról m1 patrol; **patról a dhéanamh** to patrol

patrólcharr m1 patrol car

patrún m1 ① pattern ▷ *patrún fuála* a sewing pattern ② design ▷ *patrún geoiméadrach* a geometric design

pátrún m1 patron

pé pron, adj, conj ① whoever ▷ *Pé hiad féin, díolfaidh siad as an drochobair seo.* Whoever they are, they'll pay for this misdeed. ② whatever ▷ *Pé ar bith rud is maith leat.* Whatever you like. ③ whichever ▷ *Pé acu a rinne é, bhí sé suarach aige.* Whichever of them did it, it was mean of him. ④ whether ▷ *Pé acu a thiocfaidh sé nó a mhalairt, leanfaimid ar aghaidh.* Whether he comes or not, we'll go ahead. ⑤ anyhow ▷ *Tabharfaimid faoi, pé scéal é.* We'll give it a try anyhow.

péac f2 (physical) effort; **bheith i ndeireadh na péice** to be on one's last legs

peaca m4 sin ▷ *peaca marfach* a mortal sin; **Is mór an peaca é.** It's a crying shame.

péacach adj colourful

peacaigh vb [12] to sin

péacóg f2 peacock

peann m1 pen ▷ *An bhfuil peann ag duine ar bith?* Does anybody have a pen? ▷ *peann gránbhiorach* a ballpoint pen; **peann luaidhe** a pencil

péarla m4 pearl

pearóid f2 parrot

pearsa (gen sing, pl **pearsan**, pl **pearsana**) f ① (grammar) person

a
b
c
d
e
f
g
h
i
j
k
l
m
n
o
p
q
r
s
t
u
v
w
x
y
z

▷ *an chéad phearsa uatha* the first person singular ❷ figure ▷ *Is pearsa thábhachtach pholaitiúil í.* She's an important political figure. ▷ *Pearsa mhór i stair na hÉireann ba ea Cromail.* Cromwell was a major figure in Irish history. ❸ *(in book, play)* character

pearsanra *m4* personnel

pearsanta *adj* personal ▷ *saol pearsanta* personal life

pearsantacht *f3* personality

péas *(pl* **péas***) m4* policeman; **na péas** the police ▷ *Thug na péas ruathar ar an gclubtheach.* The police raided the club. ▷ *Chuir mé an ghadaíocht in iúl do na péas.* I reported the theft to the police.

peata *m4* pet ▷ *Ná fág peataí gan feighil i do charr.* Never leave pets unattended in your car. ▷ *peata an mhúinteora* teacher's pet; **peata a dhéanamh de dhuine** to pamper somebody

peil *f2* football ▷ *An maith leat peil a imirt?* Do you like to play football? ▷ *Tá peil ann ar an gcainéal eile.* There's football on the other channel.; **cluiche peile** a game of football; **páirc peile** a football field; **peil Mheiriceánach** American football

peilbheas *m1* pelvis

peileadóir *m3* footballer ▷ *Is peileadóir clúiteach é.* He's a famous footballer.

péine *m4 (tree)* pine

péineas *m1* penis

peinicillin *f2* penicillin

péint *f2* paint ▷ *D'ídíomar an phéint uile.* We've used up all the paint. ▷ *Níl an phéint tirim go fóill.* The paint isn't dry yet. ▷ *brat péinte* a coat of paint; **'péint úr'** 'wet paint'

péinteáil *f3 (work)* painting
   ▶ *vb* **[25]** to paint

péintéir *m3* painter

péintéireacht *f3* painting
   ▷ *péintéireacht ola* an oil painting
   ▷ *Díoladh an phéintéireacht ar £5000* The painting fetched £5000.

péire *m4* pair ▷ *péire cuarán* a pair of sandals

peiriúic *f2* wig

peirsil *f2* parsley

péist *(pl* **péisteanna***) f2* worm
   ▷ *péist talún* an earthworm; **péist chabáiste** a caterpillar

peiteal *m1* petal

peitreal *m1* petrol ▷ *canna peitril* a can of petrol ▷ *peitreal gan luaidhe* unleaded petrol

peitriliam *m4* petroleum

péitseog *f2* peach

ph *(remove 'h')*

piachán *m1* **Tá piachán i mo sceadamán.** I'm hoarse.

pian *(gen sing* **péine***, pl* **pianta***) f2* pain ▷ *Tá pian i mo dhroim.* I've a pain in my back. ▷ *Rinne sé éagnach leis an bpian.* He groaned with pain.; **pian a bheith ort** to be in pain

pianmhar *adj* painful

pianmhúchán *m1* painkiller

pianó *(pl* **pianónna***) m4* piano

▷ *Seinnim ar an bpianó.* I play the piano.

pianódóir m3 pianist

piasún m1 pheasant

píb (*pl* **píoba**, *gen pl* **píob**) f2 (*in music*) pipe; **píb mhála** bagpipes; **píb uilleann** uilleann pipes

píblíne f4 pipeline

picnic f2 picnic ▷ *Is áit ghalánta í faoi choinne picnice.* It's a lovely spot for a picnic.

pictiúr m1 ❶ picture ▷ *Tá pictiúr an-deas sa leabhar seo.* There are very nice pictures in this book. ▷ *pictiúr de Chaisleán Bhaile Átha Cliath* a picture of Dublin Castle; **pictiúr a thógáil de rud** to take a photo of something ❷ painting ▷ *pictiúr le Picasso* a painting by Picasso

pictiúrlann f2 cinema ▷ *Tá mé ag dul chuig an bpictiúrlann anocht.* I'm going to the cinema tonight.

pictiúrtha adj picturesque

piléar m1 bullet

pílear m1 (*informal*) cop

piléardhíonach adj bulletproof

pilirín m4 pinafore

piliúr m1 pillow

pinc adj, m4 pink

pingin (*pl* **pinginí**) f2 penny

> **pingine** is used to translate 'pence' after the numbers 3 to 10.

▷ *trí pingine* three pence ▷ *deich bpingine* ten pence

> **pingin** is used to translate 'pence' after other numbers.

▷ *dhá phingin* two pence ▷ *fiche pingin sa phunt* 20 pence in the pound; **Níl pingin rua agam.** I'm totally skint.; **ar an bpingin is airde** at the highest price

pinsean m1 pension; **dul ar pinsean** to retire; **múinteoir ar pinsean** a retired teacher

pinsinéir m3 pensioner

píobaire m4 piper

píobaireacht f3 ❶ (*music*) piping ❷ pipe music

píobán m1 ❶ pipe ▷ *Tá uisce ag sileadh ón bpíobán.* Water is dripping from the pipe. ❷ hose ▷ *píobán gairdín* a garden hose; **greim píobáin a fháil ar dhuine** to grab somebody by the throat

piobar m1 pepper ▷ *Sín chugam an piobar, le do thoil.* Pass the pepper, please.; **piobar glas** a green pepper

pioc vb [**14**] to pick ▷ *Phiocamar an uimhir go randamach.* We picked the number at random. ▷ *Phiocamar lán canna de sméara dubha.* We picked a canful of blackberries.; **piocadh ar dhuine** to pick on somebody; **piocadh ar rud** (*food*) to nibble at something

piocóid f2 (*tool*) pick

piocúil adj (*in dress*) neat

píóg f2 pie ▷ *píóg úll* an apple pie ▷ *píóg mhionra* a mince pie

píolón m1 pylon

píolóta m4 pilot ▷ *Thug an píolóta an t-eitleán anuas slán.* The pilot brought the plane down safely.

piongain f2 penguin

pionna m4 ❶ pin ▷ *pionna gruaige* a hairpin ❷ peg ▷ *pionna éadaigh* a clothes peg

pionós m1 ❶ penalty ▷ *pionós an bháis* death penalty ❷ punishment ▷ *pionós corpartha* corporal punishment; **pionós a chur ar dhuine** to punish somebody; **pionós saoil** a life sentence

pionsóireacht f3 (sport) fencing

pionta m4 pint ▷ *pionta bainne* a pint of milk; **dul faoi choinne pionta** to go for a pint ▷ *Chuaigh sé amach faoi choinne pionta.* He's gone out for a pint.

píopa m4 pipe ▷ *Reoigh na píopaí.* The pipes froze. ▷ *Caitheann sé píopa.* He smokes a pipe.

píoráid f2 pirate

piorra m4 pear; **piorra abhcóide** an avocado

píosa m4 piece ▷ *píosa sreinge* a piece of string ▷ *Ar mhaith leat píosa eile cáca?* Would you like another piece of cake? ▷ *píosa páipéir* a piece of paper; **píosa den tráthnóna** part of the evening

piostal m1 pistol

píotón m1 python

píotsa m4 pizza ▷ *An gcuirfimid amach faoi choinne píotsa?* Shall we send out for a pizza?

pirimid f2 pyramid

pis (pl **piseanna**) f2 pea; **pis talún** a peanut ▷ *paicéad piseanna talún* a packet of peanuts; **ceapaire d'im**

piseanna talún a peanut-butter sandwich

piscín m4 kitten

piseán m1 pea

piseánach m1 (beans, lentils) pulse

piseogach adj superstitious

pitseámaí mpl4 pyjamas

pixel m4 pixel

plá (pl **plánna**) f4 ❶ (disease) plague ❷ (person) pest

plab m4 bang ▷ *Dúnadh an doras de phlab.* The door closed with a bang ▷ vb [14] (door) to slam

plaic (pl **plaiceanna**) f2 ❶ bite; **plaic a bhaint as rud** to take a bite out of something ❷ (trophy) plaque

pláinéad m1 planet

plaisteach adj, m1 plastic

plámás m1 flattery; **plámás a dhéanamh le duine** to flatter somebody

plámásach adj flattering

plána m4 (tool) plane; **plána mín a chur ar rud** to smooth over something

plánach adj (in maths) plane

planc m1 plank

planda m4 plant ▷ *planda annamh* a rare plant ▷ *Is fearr gan uisce a chu ar na plandaí rómhinic.* It's not good to water your plants too often.

plandaigh vb [12] (seeds) to plant

plandáil f3 plantation

plandlann f2 (for plants) nursery

plás m1 ❶ (fish) plaice ❷ (in street names) place

plásóg f2 lawn; **plásóg amais a**

putting green

plástar *m1* plaster ▷ *Tá a cos i bplástar.* Her leg's in plaster.; **plástar Pháras** plaster of Paris

pláta *m4* plate ▷ *pláta poirceálláin* a china plate; **pláta anraith (1)** a soup plate **(2)** a plate of soup; **pláta te** a hotplate

plátáilte *adj (car, tank)* armoured

platanam *m1* platinum

plé *m4* discussion; **Ná bíodh aon phlé agat leo.** Have nothing to do with them.

pléadáil *vb* [25] to plead ▷ *Phléadáil sé ciontach.* He pled guilty.

plean *(pl* **pleananna)** *m4* plan ▷ *Tá athrú plean ann.* There's been a change of plan. ▷ *Cad iad do chuid pleananna don samhradh?* What are your plans for the summer?

pleanáil *vb* [25] to plan ▷ *Tá muid ag pleanáil turais chun na Fraince.* We're planning a trip to France. ▶ *f3* planning ▷ *pleanáil clainne* family planning ▷ *pleanáil baile* town planning

pleanálaí *m4* planner

pléasc *(pl* **pléascanna)** *f2* bang ▷ *Chuala mé pléasc mhór.* I heard a loud bang.; **pléasc buama** a bomb blast ▶ *vb* [14] ❶ to explode; **Phléasc siad an charraig.** They blasted the rock. ❷ to set off ▷ *Phléasc siad an buama.* They set off the bomb. ❸ to go off ▷ *Phléasc an buama.* The bomb went off. ❹ to burst

▷ *Phléasc an balún.* The balloon burst.; **Phléascamar amach ag gáire.** We burst out laughing.

pléascadh *m* explosion ▷ *Chroith an foirgneamh ón phléascadh.* The explosion rocked the building.

pléascóg *f2 (firework)* cracker; **pléascóg Nollag** a Christmas cracker

pléata *m4* pleat

pleidhce *m4* fool

pleidhciúil *adj* foolish

pléigh *vb* [24] to discuss ▷ *Phléigh muid fadhb an truaillithe.* We discussed the problem of pollution.; **Ná bíodh aon phlé agat leo.** Have nothing to do with them.

Pléimeannach *adj* Flemish

Pléimeannais *f2 (language)* Flemish

pléineáilte *adj* plain

pléisiúr *m1* pleasure ▷ *Is mór an pléisiúr dul ann.* It's a pleasure to go there. ▷ *Tá sé ag meascadh gnó le pléisiúr.* He's mixing business with pleasure.; **pléisiúr a bhaint as rud** to enjoy something

pléisiúrtha *adj* ❶ *(occasion)* pleasant ❷ *(person)* agreeable

pleist *(pl* **pleisteanna)** *f2* splash

pleota *m4* fool

plimp *(pl* **plimpeanna)** *f2* bang; **plimp thoirní** a thunder clap

plocóid *f2 (electrical)* plug ▷ *Chuir sí plocóid ar an triomaitheoir gruaige.* She fitted a plug to the hair dryer.

plód *m1* crowd

a b c d e f g h i j k l m n o p q r s t u v w x y z

plódaithe adj (crowded) packed
▷ Bhí an phictiúrlann plódaithe. The
cinema was packed.

plódú m plódú tráchta a traffic jam

plota m4 plot

pluais (pl pluaiseanna) f2 ❶ cave
❷ (of animal) den

pluc f2 (on face) cheek

plucach adj chubby ▷ leanbh
plucach a chubby baby

plucaireacht f3 (impudence)
cheek

plucamas m1 mumps

plúch vb [23] ❶ to suffocate
▷ Phlúchfadh an toit thú. The smoke
would have suffocated you. ❷ to
smother ▷ Plúchadh an leanbh sa
philiúr. The child was smothered by
the pillow. ❸ (snow) to fall heavily;
Bhí sé ag plúchadh sneachta. It
was snowing heavily.

plúchadh (gen sing plúchta)
m plúchadh sneachta a heavy
snowfall

plúchtach adj stuffy ▷ Tá an t-aer
iontach plúchtach istigh anseo. It's
really stuffy in here.

pluda m4 mud

pludach adj muddy

pluga m4 plug; pluga cluaise an
earplug

pluid (pl pluideanna) f2 blanket

pluiméir m3 plumber ▷ Is pluiméir
é. He's a plumber.

pluiméireacht f3 (trade)
plumbing

plúirín m4 plúirín sneachta a
snowdrop

pluma m4 (fruit) plum

plúr m1 flour ▷ Ar dtús, meáigh an
plúr. First, weigh the flour.

plus (pl plusanna) m4 plus sign

pobal m1 ❶ (community) people
❷ population ▷ pobal na háite the
local population; an pobal the
public; os comhair an phobail
in public

pobalbhreith (pl
pobalbhreitheanna) f2 opinion
poll

pobalscoil (pl pobalscoileanna)
f2 community school

poblacht f3 republic; Poblacht
na hÉireann the Republic of
Ireland

poblachtach adj, m1 republican

poc m1 ❶ (male of goat, deer) buck
❷ (in sport) puck ▷ poc saor a free
puck; poc amach puck-out; poc
sleasa side-line cut

póca m4 pocket ▷ Bhí peann ag
gobadh amach as a phóca. A pen was
sticking out of his pocket.

pócar m1 (card game) poker

podchraoladh m podcast

póg f2 kiss ▷ póg dhíochra a
passionate kiss ▷ Bheannaigh sé
dom le póg. He greeted me with a
kiss.; póg a thabhairt do dhuine
to kiss somebody
▷ vb [14] to kiss ▷ Phóg siad a chéile.
They kissed.

poiblí adj public ▷ saoire phoiblí a
public holiday; go poiblí publicly

poibligh vb [11] to publicize

poiblíocht f3 publicity

póilín m4 policeman ▷ *Ní raibh a fhios agam gur póilín é do dhaid.* I didn't know that your dad was a policeman.; **na póilíní** the police ▷ *Cheistigh na póilíní é.* He was questioned by the police.

pointe m4 **❶** point ▷ *a dó pointe a trí* 2 point 3; **pointe cumhachta** a power point; **pointe fiuchta** boiling point; **ar an bpointe** on the dot ▷ *Tháinig sé ar a 9 a chlog ar an bpointe.* He arrived at 9 o'clock on the dot. **❷** stage ▷ *ag an bpointe seo san idirbheartaíocht* at this stage in the negotiations ▷ *Ag an bpointe seo, tá sé róluath rud ar bith a rá.* At this stage, it's too early to comment.; **ar an bpointe boise** immediately

pointeáil vb [25] to point

pointeáilte adj **❶** (place) tidy **❷** (dress) smart

poipín m4 poppy

poirceallán m1 porcelain

póirse m4 porch

póirseáil f3 **bheith ag póirseáil timpeall** to rummage around

póirseálaí m4 prowler

póirtéir m3 (at station) porter

póit (pl **póiteanna**) f2 hangover; **póit a bheith ort** to have a hangover; **póit a dhéanamh** to drink too much

póiteach adj (person) alcoholic

poitigéir m3 (pharmacist) chemist; **siopa poitigéara** (shop) a chemist's ▷ *An bhfuil siopa poitigéara thart anseo?* Is there a chemist's round here?

poitín m4 poteen
- **poteen** is a Irish spirit
- traditionally distilled in a
- small pot still. It is among the
- strongest alcoholic beverages in
- the world.

póitseáil f3 poaching

pol m1 (magnetic) pole ▷ *an Pol Theas* The South Pole ▷ *an Pol Thuaidh* The North Pole

polaimiailíteas m1 polio

Polainn f2 **an Pholainn** Poland ▷ *sa Pholainn* in Poland ▷ *chun na Polainne* to Poland

Polainnis f2 (language) Polish

polaitéin f2 polythene

polaiteoir m3 politician

polaitíocht f3 politics ▷ *Níl spéis agam sa pholaitíocht.* I'm not interested in politics.

polaitiúil adj political ▷ *Is pearsa thábhachtach pholaitiúil í.* She's an important political figure.

Polannach adj Polish
▶ m1 Pole

polasaí m4 policy ▷ *polasaí árachais* an insurance policy ▷ *polasaí uile-ghabhálach* a comprehensive policy

polca m4 polka

poll m1 **❶** hole ▷ *Líon sé an poll le hithir.* He filled the hole in with soil. ▷ *Chuaigh an coinín síos sa pholl.* The rabbit went down the hole.; **poll cnaipe** a buttonhole **❷** (water) puddle **❸** puncture ▷ *Bhí orm poll a dheisiú.* I had to mend a puncture.

④ (in road) pothole
polláire m4 nostril
polltach adj piercing ▷ gaoth pholltach a piercing wind
póló m4 polo
pónaí m4 pony
pónaire f4 bean ▷ pónairí bácáilte baked beans ▷ pónairí leathana broad beans
ponc (pl **poncanna**) m1 ① dot ② (in decimals) point ▷ a dó ponc a trí 2 point 3 ③ (in punctuation) full stop; **bheith i bponc** to be in a fix
poncaíocht f3 punctuation
poncúil adj punctual
poncúlacht f3 punctuality ▷ Ní hí an phoncúlacht an tréith is láidre agam. Punctuality isn't my strong point.
popcheol m1 (music) pop
pór (pl **pórtha**) m1 ① seed ② breed ▷ pór eallaigh a breed of cattle
póraigh vb [12] to breed ▷ Póraíonn na coiníní go tiubh. Rabbits breed very quickly.
pornagrafaíocht f3 pornography
port m1 ① (harbour: of river) bank ② tune ▷ Seinn port dúinn. Play us a tune.; **do phort a athrú** to change one's tune ③ (dance) jig
portach m1 bog
Portaingéalach adj, m1 Portuguese ▷ Is Portaingéalach é. He's Portuguese.
Portaingéil f2 an Phortaingéil Portugal
Portaingéilis f2 (language) Portuguese

portán m1 crab; **An Portán** Cancer ▷ Is mise An Portán. I'm Cancer.
pórtfhíon m3 (wine) port
Port Láirge m Waterford ▷ Bíonn sí ag comaitéireacht idir Baile Átha Cliath agus Port Láirge. She commutes between Dublin and Waterford.; **criostal Phort Láirge** Waterford crystal
portráid f2 portrait
pós vb [23] to marry ▷ Phós sí múinteoir scoile. She married a schoolteacher.; **Pósadh Seán anuraidh.** John got married last year.
pósadh (gen sing **pósta**, pl **póstaí**) m ① marriage ② (ceremony) wedding; **fáinne pósta** a wedding ring; **ceiliúr pósta a chur ar dhuine** to propose to somebody
post m1 ① (mail) post; **An Post** the Irish Postal service; **fear an phoist** a postman; **oifig phoist** a post office; **litir a chur sa phost** to post a letter ② job ▷ Fuair sí post lánaimseartha. She got a full-time job. ▷ Shocraigh sí ar a post a fhágáil. She's decided to quit her job.
pósta adj married ▷ bean phósta a married woman
póstaer m1 poster ▷ Tá póstaeir agam ar bhallaí mo sheomra leaba. I've got posters on my bedroom walls. ▷ Tá póstaeir ar fud an bhaile mhóir. There are posters all over town.

postas m1 postage

postchód m1 postcode

postmharc m1 postmark

postoifig f2 post office

pota m4 ❶ pot ▷ pota caife a coffee pot ▷ potaí agus pannaí pots and pans ❷ (child's) potty

potaire m4 potter

potaireacht f3 pottery

prácás m1 mess ▷ A leithéid de phrácás! What a mess!

praghas (pl **praghsanna**) m1 price ▷ praghas ard a high price ▷ Laghdaíodh praghas na ríomhairí. The price of computers has gone down.; **praghas a chur ar rud** to price something; **Tá praghas dúbailte ar thicéid den chéad ghrád.** First-class tickets cost double.

praghasliosta m4 price list

práinn (pl **práinneacha**) f2 ❶ rush; **An bhfuil práinn ort?** Are you in a hurry?; **Tá práinn leis.** It's urgent. ❷ pride ▷ Bhí práinn air as a chuid oibre. He took pride in his work.

práinneach adj urgent ▷ An bhfuil sé práinneach? Is it urgent?; **bheith práinneach as rud** to be delighted with something

praiseach f2 mess ▷ Rinne tú praiseach de. You made a mess of it.

praiticiúil adj practical

pram (pl **pramanna**) m4 pram

pramsáil vb [25] to prance about

pras adj prompt; **go pras** promptly ▷ D'imigh muid go pras ar a seacht.

We left promptly at seven.

prás m1 brass

prásóg f2 marzipan

práta m4 potato ▷ prátaí bácáilte baked potatoes ▷ prátaí bruite boiled potatoes ▷ prátaí rósta roast potatoes ▷ Bíonn prátaí ag fás ag mo dhaid. My dad grows potatoes.

preab vb [**14**] ❶ to spring ▷ Phreab sí ina seasamh. She sprang to her feet. ❷ to bounce ▷ Phreab an liathróid. The ball bounced. ❸ to flicker ▷ Phreab an solas. The light flickered. ❹ (heart) to pound ▷ Tá mo chroí ag preabadh. My heart's pounding. ❺ to throb ▷ Bhí an chneá ag preabadh. The wound was throbbing.
▶ f2 **éirí de phreab** to jump up; **Bhain tú preab asam.** You startled me.

preabán m1 patch

preabanta adj lively

préachán m1 (bird) crow

préachta adj freezing ▷ Bhíomar préachta leis an bhfuacht. We were freezing with cold.

preas (pl **preasanna**) m3 (newspapers) press

preasagallamh m1 press conference

preasáil vb [**25**] to iron

Preispitéireach adj, m1 Presbyterian

priacal m1 risk ▷ ar do phriacal féin at your own risk

pribhléid f2 privilege

printéir m3 (machine) printer

printíseach m1 ❶ trainee ❷ (in trade) apprentice

printíseacht f3 apprenticeship

príobháideach adj private ▷ Bhí fógra mór agus 'príobháideach' air. There was a big sign saying 'private'. ▷ Is bleachtaire príobháideach é. He's a private detective.

prioc vb [**14**] to prick ▷ Phrioc mé mo mhéar leis an tsnáthaid. I pricked my finger with the needle.

príomh- prefix ❶ main ▷ Ba é an príomhfháth ar éirigh sé as ná strus. His main reason for resigning was stress. ❷ (in rank) chief ▷ an Príomh-Chigire the Chief Inspector

príomha adj primary; **go príomha** mainly ▷ Labhair sí go príomha uirthi féin. She talked mainly about herself.

príomháidh m4 (of church) primate

príomh-aire m4 prime minister

príomhaisteoir m3 leading man, leading lady

príomhalt m1 editorial

príomhamhránaí m4 lead singer

príomhbhóthar m1 main road

príomhchathair (gen sing **príomhchathrach**, pl **príomhchathracha**) f (city) capital ▷ Is é Páras príomhchathair na Fraince. Paris is the capital of France.

príomhoide m4 head teacher

príomhpháirt f2 (in play, film) lead; **Tá an phríomhpháirt ag Meryl Streep sa scannán.** The film stars Meryl Streep.

príomhscannán m1 feature film

príomhshráid f2 main street

prionsa m4 prince ▷ Prionsa na Breataine Bige the Prince of Wales

prionsabal m1 principle

prionta m4 print ▷ prionta frámaithe a framed print ▷ priontaí daite colour prints

priontáil vb [**25**] to print

prios (pl **priosanna**) m3 cupboard

príosún m1 prison ▷ príosún Phort Laoise Portlaoise prison ▷ Scaoileadh as príosún é. He was released from prison. ▷ Gearradh príosún bliana air. He was sentenced to a year in prison.; **príosún saoil** a life sentence

príosúnach m1 prisoner ▷ Scaoileadh saor na príosúnaigh. The prisoners have been released.

próca m4 jar ▷ próca folamh an empty jar ▷ próca meala a jar of honey ▷ próca suibhe a jam jar

prochóg f2 (of animal) den; **Prochóg amach is amach atá ann!** It's a real dump!

próifíl f2 profile

proifisiúnta adj professional

próiseáil vb [**25**] to process ▶ f3 processing ▷ próiseáil focal word processing

próiseálaí m4 processor ▷ próiseálaí bia a food processor ▷ próiseálaí focal a word processor

próiseas m1 process

próitéin f2 protein

promanáid f2 (by sea) promenade

promhadán m1 test tube

promhadh m1 probation; **bheith ar promhadh** to be on probation

Protastúnach adj, m1 Protestant

prúna m4 prune

pub m4 pub

puball m1 tent; **puball a chur suas** to pitch a tent

púca m4 ghost

púdal m1 poodle

púdar m1 powder ▷ púdar bácála baking powder ▷ púdar gallúnaí soap powder

púic (pl **púiceanna**) f2 blindfold; **Chuir sé púic air féin.** He frowned.

puilpid f2 pulpit

puimcín m4 pumpkin

puinn n (with negative) not much; **Níl puinn eolais aige.** He hasn't a clue.

puipéad m1 puppet

puisín m4 kitten

puiteach m1 mud

puití m4 putty

púl m4 (game) pool ▷ An bhfuil tú ábalta púil a imirt? Can you play pool?

pulc vb [**14**] ❶ to stuff ▷ Phulc sé na héadaí faoi dheifir sa mhála. He stuffed the clothes hurriedly into the bag. ❷ to crowd ▷ Phulc na daoine isteach sa halla. The people crowded into the hall. ❸ (for exams) to cram

pumpa m4 pump

pumpáil vb [**25**] to pump

punc m4 punk

punt m1 (weight, money) pound
▷ punt milseán a pound of sweets
▷ punt steirling a pound sterling

púróg f2 pebble

pus (pl **pusa**) m1 ❶ (informal) mouth; **Abair suas lena phus é.** Tell him straight out.; **pus a bheith ort** to look sulky ❷ (of animal) snout

puslach m1 muzzle

puth f2 puff ▷ puth ghaoithe a puff of wind

putóg f2 putóg dhubh black pudding

a
b
c
d
e
f
g
h
i
j
k
l
m
n
o
P
q
r
s
t
u
v
w
x
y
z

r

rabhadh m1 **❶** warning ▷ Níl ann
ach rabhadh. It's just a warning.;
rabhadh a thabhairt do dhuine
to warn somebody ▷ Thug sé
rabhadh dom. He warned me.
❷ alarm ▷ clog rabhaidh an alarm
clock
rabharta m4 flood
rac m4 (music) rock
ráca m4 (tool) rake
racán m1 (commotion) racket ▷ Tá
racán bocht ar siúl acu. They're
making a terrible racket.
rac-cheol m4 rock music
ráchairt f2 demand; Bhí ráchairt
ar ... There was a run on ...
rachmasach adj wealthy
racht (pl **rachtanna**) m3 fit ▷ racht
gáire a fit of laughter; **do racht a**
ligean amach to let off steam

radacach adj radical
radaighníomhach adj
radioactive
radaitheoir m3 radiator
radar m1 radar
radharc m1 **❶** view ▷ seomra a
bhfuil radharc uaidh a room with a
view **❷** look ▷ Lig dom amharc air.
Let me have a look. **❸** sight ▷ Tá an
radharc go dona aici. She has poor
sight.; **radharc na súl** eyesight;
dul as radharc to disappear
▷ Chuaigh an t-oileán as radharc.
The island disappeared.; **teacht i**
radharc to come in view ▷ Tháinig
an teach i radharc. The house came
into view.
radharceolaí m4 optician ▷ Is
radharceolaí é. He's an optician.
radharcra m4 scenery
ráfla m4 rumour ▷ Tá ráfla ag dul
thart. There is a rumour about.
rafta m4 life raft
ragairne m4 spree; **dul ar**
ragairne to go on the tear
ragobair (gen sing **ragoibre**) f2
overtime
raibí m4 rabbi
raic f2 commotion ▷ Cad é mar raic!
What a commotion!
raicéad m1 (for sport) racket
▷ raicéad leadóige a tennis racket
raidhfil m4 rifle
raidió m4 radio; **ar an raidió** on
the radio
raidis f2 radish; **raidis fhiáin**
horseradish
railí m4 rally ▷ tiománaí railí a rally

driver

ráille m4 ❶ rail ▷ *ráille tuáillí* a towel rail ❷ (*for train*) track; **ráillí** banisters

raiméis f2 nonsense

rainse m4 ranch

raithneach f2 bracken

rámh m3 oar

rámhaigh vb [**12,** VN rámhaíocht] (*boat*) to row

rámhainn f2 spade

rámhaíocht f3 rowing

ramhar (*gen sing f, compar* **raimhre,** *pl* **ramhra**) *adj* (*overweight*) fat

rámhcheol m1 rave music

rang (*pl* **ranganna**) m3 (*at school*) class ▷ *Tá sé i mo rang.* He is in my class.; *Tá mé i rang a dó.* I am in year two.

rann m1 ❶ (*of poem, song*) verse ❷ rhyme ▷ *rainn pháistí* nursery rhymes

rannpháirteach *adj* **bheith rannpháirteach i rud** to be involved in something ▷ *Beidh mé rannpháirteach san obair sin.* I'll be involved in that work.

raon (*pl* **raonta**) m1 ❶ range ▷ *as raon* out of range ❷ (*for sport*) track ▷ *raon rásaí* a race track

raonchulaith f2 tracksuit

rapcheol m1 rap music

rás m3 race ▷ *Chuir sí dúshlán ráis fúm.* She challenged me to a race.

rásaíocht f3 racing

ráschúrsa m4 racecourse

raspa m4 file ▷ *raspa ingne* a nailfile

rásúr m1 razor

ráta m4 rate ▷ *ráta bainc* bank rate ▷ *ráta úis* interest rate

rath m3 success ▷ *Guím gach rath ort.* I wish you every success.; **rath a ghuí ar dhuine** to wish somebody well; *Tá rath ar an ngnó.* The business is doing well.

ráth m3 drift ▷ *ráth sneachta* snowdrift

rathúil *adj* successful

ré (*pl* **réanna**) f4 age ▷ *an Ré Órga* the Golden Age; **roimh ré** in advance

réab vb [**14**] to tear up ▷ *Réab sé an leabhar ó chéile.* He tore up the book.

réabhlóid f2 revolution

réabhlóideach *adj* revolutionary

reáchtáil vb [**25**] (*business, event*) to run ▷ *Reáchtáil an scoil dioscó.* The school ran a disco.

réadlann f2 observatory

réadúil *adj* realistic

réalta f4 star ▷ *réalta reatha* a shooting star ▷ *réalta scannáin* a film star

réalteolaíocht f3 astronomy

réamhaisnéis f2 forecast ▷ *réamhaisnéis na haimsire* the weather forecast

réamhchlaonta *adj* prejudiced

réamhchúram (*pl* **réamhchúraimí**) m1 precaution

réamheolaire m4 prospectus

réamhléiriú m rehearsal ▷ *réamhléiriú feistithe* a dress rehearsal

réamhrá (pl **réamhráite**) m4 (to book) preface

réamhstairiúil adj prehistoric

réasún m reason ▷ Tá sé le réasún go ... It stands to reason that ...

réasúnta adj reasonable ▷ Bí réasúnta! Be reasonable!; **réasúnta mór** reasonably big

reatha see **rith**

reathaí m4 runner

reathaíocht f3 running

réchúiseach adj easy-going

reibiliún m1 rebellion

reic (pl **reiceanna**) m3 sale ▷ Beidh an reic ag tosú amárach. The sale will begin tomorrow.

réidh adj ❶ ready ▷ Tá sí réidh. She's ready. ❷ easy ▷ Is réidh agat a bheith ag caint. It's easy for you to talk. ❸ (meal) finished ▷ Tá mé réidh anois. I am finished now.

réigiún m1 region

reilig f2 graveyard

reiligiún m1 religion

réim (pl **réimeanna**) f2 ❶ power; **bheith i réim** to be in power; **teacht i réim** to take office ❷ range ▷ réim eolais range of knowledge; **réim bia** a diet

réinfhia (pl **réinfhianna**) m4 reindeer

reiptíl f2 reptile

réir f2 **de réir a chéile** gradually; **de réir cosúlachta** apparently

reisimint f2 regiment

réiteach m1 ❶ (of problem) solution ▷ réiteach eile an alternative solution; **Níl aon**

réiteach ar an scéal. The issue cannot be resolved. ❷ (of dispute) settlement; **vóta réitigh** casting vote

réiteoir m3 ❶ (in football, rugby) referee ❷ (in cricket) umpire

reithe m4 ram; **an Reithe** Aries ▷ Is mise An Reithe. I'm Aries.

réitigh vb [**11,** VN réiteach] ❶ (problem) to solve ❷ (dispute) to settle; **Ní réitíonn an bia sin liom.** That food does not agree with me.; **réiteach le duine** to get on with somebody ▷ Réitím go maith le Máire. I get on well with Mary.

reoán m1 icing

reoigh vb [**20**] to freeze

reoiteog f2 ice cream

reoiteoir m3 freezer

reophointe m4 freezing point; **trí chéim faoi bhun an reophointe** 3 degrees below freezing

rí (pl **ríthe**) m4 king; **na Trí Ríthe** the Magi

riachtanach adj ❶ necessary ▷ an rud atá riachtanach what is necessary ❷ essential ▷ Tá sé riachtanach don tsláinte. It is essential to health.

riachtanas m1 necessity; **in am an riachtanais** in time of need; **cuid an riachtanais** the bare essentials

riail (gen sing **rialach**, pl **rialacha**) f rule ▷ rialacha scoile school rules

rialaigh vb [**12**] ❶ (country) to rule ❷ (spending, inflation) to control

rialóir m3 (for measuring) ruler ▷ An

féidir liom iasacht do rialóra a fháil? Can I borrow your ruler?

rialta *adj* regular ▷ *ar bhonn rialta* on a regular basis; **rud a dhéanamh go rialta** to do something regularly; **bean rialta** a nun ▷ *Tá sí ina bean rialta.* She's a nun.

rialtas *m1* government ▷ *D'fhreagair an rialtas go faichilleach.* The government reacted cautiously. ▷ *rialtas áitiúil* local government; **Rialtas na hÉireann** the Irish government

riamh *adv* ❶ ever ▷ *níos lú ná riamh* less than ever ▷ *An bhfaca tú riamh é?* Have you ever seen it? ❷ always ▷ *Bhí sé riamh lag.* He was always weak. ❸ never ▷ *Ní fhaca mé riamh í.* I never saw her. ▷ *Ní níonn sé na soithí riamh.* He never does the dishes.; **an chéad lá riamh** the very first day

rian (*pl* **rianta**) *m1* (*trace*) mark; **rian fola** a bloodstain; **rian na gcos** footprints

rianpháipéar *m1* tracing paper

riarachán *m1* administration

riaráiste *m4* (*debt*) arrears

The plural form **riaráistí** is also used.

▷ *Tá riaráistí cíosa orm.* I am in arrears with the rent.

riarthóir *m3* administrator

ribe *m4* (*single*) hair; **ribe féir** a blade of grass

ribín *m4* ribbon ▷ *Chuir sí ribín ina cuid gruaige.* She tied her hair with

a ribbon.; **ribín tomhais** a tape measure; **rud a stróiceadh ina ribíní** to cut something to shreds

ridire *m4* (*title, in chess*) knight

rige *m4* rig ▷ *Tá sé ag obair ar rige ola.* He works on an oil rig.

ríl (*pl* **ríleanna**) *f2* (*dance*) reel

rím (*pl* **rímeanna**) *f2* rhyme

ríméad *m1* joy; **ríméad a bheith ort faoi rud** to be glad about something

rinc (*pl* **rinceanna**) *f2* rink ▷ *rinc scátála* a skating rink

▶ *vb* [**13,** VN rince] to dance

rince *m4* ❶ (*event*) dance ❷ dancing ▷ *rince tuaithe* country dancing ▷ *rince Gaelach* Irish dancing

rinceoir *m3* dancer

ríocht *f3* kingdom; **an Ríocht Aontaithe** the United Kingdom

ríomh *vb* [**23,** VN ríomh, VA ríofa] to count

ríomhaire *m4* ❶ computer ▷ *Níorbh fhéidir liom teacht gan mo ríomhaire.* I couldn't do without my computer. ▷ *Is saineolaí ríomhairí é.* He's a computer expert.; **ríomhaire pearsanta** a personal computer ❷ calculator

ríomhaireacht *f3* computer science

ríomhchlár *m1* (*computer*) program

ríomhchláraitheoir *m3* (*computing*) programmer ▷ *Is ríomhchláraitheoir í.* She's a computer programmer.

a b c d e f g h i j k l m n o p q r s t u v w x y z

ríomhléitheoir _m3_ e-reader

ríomhphost _m1_ email ▷ _seoladh ríomhphost_ an email address; **scéala ríomhphoist a chur chuig duine** to email somebody; **rud a chur leis an ríomhphost** to email something

ríomhthicéad _m1_ e-ticket

rírá _m4_ commotion ▷ _Bhí rírá agus ruaille buaille ann._ There was an awful commotion.

rís _f2_ rice

rísín _m4_ raisin

riteoga _fpl2_ tights

rith (_gen sing_ **reatha**, _pl_ **rití**) _m3_
❶ run ▷ _Téim amach ag rith gach maidin._ I go for a run every morning.
❷ running ▷ _Is é an rith an spórt is fearr liom._ Running is my favourite sport.; **i rith an lae** during the day; **i rith an ama** all the time; **i rith an lae inné** all day yesterday
▶ _vb_ [**16**, VN **rith**] ❶ to run ▷ _Is féidir leis rith go gasta._ He can run fast.
▷ _Rith mé cúig chiliméadar._ I ran five kilometres. ❷ (_water_) to flow; **uisce reatha** running water; **cuntas reatha** a current account; **cúrsaí reatha** current affairs

rithim _f2_ rhythm

RnaG _abbr_ (= _Raidió na Gaeltachta_) Irish language radio

ró _m4_ row ▷ _ró plandaí_ a row of plants

ró- _prefix_ too ▷ _rómhór_ too large ▷ _róshean_ too old ▷ _Bhí sé rómhall._ It was too late.

róba _m4_ robe

robáil _vb_ [**25**] to rob
▶ _f3_ robbery ▷ _Chuaigh an robáil amú._ The robbery went wrong.
▷ _robáil bainc_ a bank robbery

robálaí _m4_ robber

ród _m1_ road

rógaire _m4_ rogue

rogha _f4_ ❶ choice ▷ _Níl mé i bhfách lena rogha._ I don't approve of his choice. ▷ _Ní raibh rogha agam._ I had no choice.; **Bíodh do rogha leabhar agat.** Choose any book you like. ❷ alternative ▷ _Tá torthaí mar rogha shláintiúil ar sheacláid._ Fruit is a healthy alternative to chocolate. ▷ _Níl an dara rogha againn._ We have no alternative.; **Déan do rogha rud.** Do whatever you want.

roghchlár _m1_ (_computing_) menu

roghnaigh _vb_ [**12**] to choose ▷ _Is doiligh ceann a roghnú._ It's difficult to choose one.

roicéad _m1_ rocket

roimh _prep_

Prepositional pronouns are **romham, romhat, roimhe, roimpi, romhainn, romhaibh, rompu**.

❶ (_in time_) before ▷ _roimh an Máirt_ before Tuesday; **roimh Chríost** before Christ ❷ (_ahead_) in front of ❸ (_not later than_) by ▷ _roimh a 4 a chlog_ by 4 o'clock; **roimh ré** in advance ▷ _Cheannaigh siad na ticéid roimh ré._ They bought the tickets in advance.; **roimh i bhfad** soon ▷ _Beidh an scrúdú cainte Fraincise_ *agam roimh i bhfad.* I've got my French oral soon.; **Tá fáilte romhat.** You are welcome.; **roimh Cháisc** before Easter

Róimh *f2* **an Róimh** Rome

roimhe *adv* before ▷ *Bhí mé ann roimhe.* I've been there before.; **roimhe sin** before that; **roimhe seo** formerly

roinn *vb* [**15**, VN roinnt] ❶ to share ▷ *Roinn sé na milseáin ar na páistí.* He shared the sweets among the children. ❷ to divide ▷ *Roinn an taosrán ina dhá leath.* Divide the pastry in half. ▷ *12 roinnte ar thrí sin a ceathair.* 12 divided by three is four. ❸ (*cards*) to deal
▶ *f2* department ▷ *roinn na mbróg* the shoe department ▷ *roinn an Bhéarla* the English department

roinnt (*pl* ranna) *f2* ❶ (*sharing, also maths*) division ❷ several ▷ *roinnt daoine* several people; **roinnt blianta** a few years; **roinnt mhaith** a good deal ▷ *Tá roinnt mhaith airgid agam.* I have a good deal of money.

roisín *m4* resin

ról *m1* role

rolla *m4* ❶ roll ▷ *rolla téipe* a roll of tape ▷ *rolla leithris* a toilet roll ❷ (*official record*) register; **Tá mé ar an rolla.** I am enrolled.

rómánsach *adj* romantic

rómánsachas *m1* romanticism

rómánsaí *m4* romanticist

Rómhánach *adj, m1* Roman ▷ *villa Rómhánach* a Roman villa

rón (*pl* rónta) *m1* (*animal*) seal; **rón mór** a sea lion

ronnach *m1* mackerel

rop *vb* [**14**] to stab

rópa *m4* rope ▷ *Shín siad rópa idir dhá chrann.* They stretched a rope between two trees.

ros *m3* headland

rós (*pl* rósanna) *m1* rose ▷ *rós dearg* a red rose

Ros Comáin *m* Roscommon

róst *vb* [**23**] to roast

rósta *adj* roast ▷ *mairteoil rósta* roast beef ▷ *prátaí rósta* roast potatoes

róta *m4* rota

roth *m3* wheel ▷ *roth deiridh mo rothair* the back wheel of my bike ▷ *roth breise* a spare wheel ▷ *roth stiúrtha* a steering wheel

rothaí *m4* cyclist

rothaíocht *f3* cycling ▷ *Is maith liom bheith ag rothaíocht.* I like cycling.

rothar *m1* bike ▷ *An féidir leat mo rothar a dheisiú?* Can you fix my bike? ▷ *An féidir leat rothar a rothaíocht?* Can you ride a bike?; **rothar aclaíochta** an exercise bike; **rothar sléibhe** a mountain bike

r-phost *m1* email ▷ *Cuir r-phost chugam.* Send me an email. ▷ *seoladh r-phoist* email address

RTÉ *abbr* (= Raidió Teilifís Éireann) Irish radio station

rua *adj* ❶ (*hair*) red ▷ *Tá gruaig rua agam.* I have red hair. ❷ (*person*) red-haired; **madra rua** a fox; **iora rua** a red squirrel

ruaig vb [**13**] to chase ▷ *Ruaig siad as an teach mé.* They chased me out of the house.

ruaim f2 fishing line

ruathar m1 ❶ rush; **Amach leo go léir de ruathar.** They all rushed outside. ❷ raid ▷ *ruathar póilíní* a police raid

rubar m1 (*material*) rubber

rúbarb m4 rhubarb

rud m3 thing ▷ *an rud sin i do láimh* that thing in your hand ▷ *Tá rudaí le déanamh agam.* I have things to do.; **rud beag fuar** a little bit cold; **rud éigin** something ▷ *rud éigin spéisiúil* something interesting

ruga m4 rug ▷ *ruga Peirseach* a Persian rug ▷ *ruga breacáin* a tartan rug

rugbaí m4 rugby ▷ *Imrím rugbaí.* I play rugby.

rúibín m4 ruby

rúidbhealach (*pl* **rúidbhealaí**) m1 runway

Rúis f2 **an Rúis** Russia ▷ *sa Rúis* in Russia ▷ *chun na Rúise* to Russia

Rúiseach adj, m1 Russian ▷ *Is Rúiseach í.* She's Russian.

Rúisis f2 (*language*) Russian

rúitín m4 ankle ▷ *Ghortaigh mé mo rúitín.* I hurt my ankle.

rum m4 rum

rún m1 secret ▷ *Is rún é.* It's a secret. ▷ *An féidir leat rún a choinneáil?* Can you keep a secret?; **Tá rún agam dul amach anocht.** I intend to go

out tonight.

rúnaí m4 secretary ▷ *Is rúnaí í.* She's a secretary.; **Rúnaí Stáit** Secretary of State

rúnda adj confidential

Rúraíocht f3 (*in mythology*) Ulster epic cycle

rúta m4 root

S

a see **an**

sa suffix

sa is added to the end of words for emphasis.
▷ *mo leabharsa* MY book ▷ *Ní ortsa an locht.* It's not YOUR fault.

sábh (*pl* **sábha**) *m1* (*tool*) saw

sábháil *vb* [**25**] **①** to save ▷ *Ná déan dearmad do chuid oibre a shábháil.* Don't forget to save your work.; **airgead a shábháil** to save money ▷ *Shábháil mé £50 cheana féin.* I've saved £50 already. **②** to rescue ▷ *Shábháil na fir dhóiteáin iad.* The firemen rescued them.

sábháilte *adj* safe ▷ *Níl an carr seo sábháilte.* This car isn't safe. ▷ *Tá tú sábháilte anois.* You're safe now. ▷ *slán sábháilte* safe and sound

sábháilteacht *f3* **①** safety

② security ▷ *sábháileacht fostaíochta* job security

sabhaircín *m4* primrose

sac *vb* [**14**] to shove ▷ *Shac mé mo chuid éadaigh síos i mála.* I shoved my clothes into a bag. ▷ *Shac sé a lámh isteach an fhuinneog.* He shoved his hand in through the window.

sacar *m1* soccer ▷ *Imrím sacar gach Satharn.* I play soccer every Saturday. ▷ *imreoir sacair* a soccer player

sách *adv* quite ▷ *Bhí mo charr nua sách daor.* My new car was quite dear.; **Ní raibh sé sách láidir lena dhéanamh.** He wasn't strong enough to do it.

sacsafón *m1* saxophone ▷ *Seinnim ar an sacsafón.* I play the saxophone.

sagart *m1* priest

saghas (*pl* **saghsanna**) *m1* kind ▷ *Tá trí shaghas aráin acu.* They have three kinds of bread.
▶ *adv* **saghas ait** rather strange

saibhir (*gen sing f, pl, compar* **saibhre**) *adj* rich ▷ *Tá sé saibhir.* He's rich.

saibhreas *m1* wealth

sáigh *vb* [**24**] to stab ▷ *Sádh sa droim é.* He was stabbed in the back.; **Bhí a súile sáite sa scáileán.** She was glued to the screen.

saighdeoir *m3* archer; **An Saighdeoir** Sagittarius ▷ *Is mise An Saighdeoir.* I'm Sagittarius.

a
b
c
d
e
f
g
h
i
j
k
l
m
n
o
p
q
r
s
t
u
v
w
x
y
z

saighdeoireacht f3 archery

saighdiúir m3 soldier ▷ Is saighdiúir é. He's a soldier.

saighead (gen sing **saighde**) f2 arrow ▷ bogha agus saigheada a bow and arrows; **saighead reatha** (from running) a stitch

saighneáil vb [25] ❶ to sign ▷ Saighneáil an fhoirm, le do thoil. Please sign the form. ❷ (as unemployed) to sign on

saighneán m1 lightning; **na Saighneáin** the Northern Lights

sáil (pl **sála**, gen pl **sál**) f2 heel ▷ bróga faoi shála arda high-heeled shoes; **na sála a thabhairt leat** to escape

sáile m4 sea water; **thar sáile** abroad ▷ Téim thar sáile gach bliain. I go abroad every year.

saileach f2 willow ▷ crann sailí a willow tree

sailéad m1 salad ▷ sailéad glas a green salad; **sailéad torthaí** fruit salad

saill f2 fat ▷ Tá cuid mhaith saille ann. It's very high in fat.
▶ vb [15] (meat, fish) to cure; **mairteoil shaillte** corned beef

sáimhríoch adj drowsy

sain- prefix specific

sainchomhartha m4 **sainchomhartha tíre** landmark

sainchreideamh m1 denomination

saineolaí m4 expert ▷ Is saineolaí ríomhairí é. He's a computer expert.

saineolas m1 expertise; **saineolas a bheith agat ar rud** to have expert knowledge of something

sainiú m specification

sainiúil adj specific

sainmhínigh vb [11] (term, word) to define

sainmhíniú m (of term, word) definition

sáinn f2 trap; **Táimid i sáinn cheart anois.** We're in a right fix now.

sáinnigh vb [11] ❶ to trap ▷ Bhíomar sáinnithe ag na tuilte. We were trapped by the floodwaters. ❷ (chess) to check

saint f2 greed

sairdín m4 sardine

sáirsint m4 sergeant

sais (pl **saiseanna**) f2 sash

sáith f2 enough ▷ Tá mo sháith agam den obair seo. I've had enough of this work.; **do sháith airgid a bheith agat** to have enough money; **do sháith a ithe** to eat your fill

sál, sála see **sáil**

salach adj dirty ▷ níochán salach dirty washing ▷ Tá do lámha salach. Your hands are dirty.; **teacht salach ar dhuine** to cross somebody

salachar m1 dirt

salann m1 salt ▷ An dtiocfadh leat an salann a shíneadh dom. Could you pass me the salt.

sall adv over

sall always indicates movement away from the speaker.

▷ *Chuaigh sé sall go Meiriceá.* He went over to America.

salm *m1* psalm

sámh *adj* easy ▷ *saol sámh* an easy life; *tráthnóna sámh* a calm evening; **Codladh sámh!** Sleep well!

samhail (*gen sing* **samhla**, *pl* **samhlacha**) *f3* model ▷ *samhail den chaisleán* a model of the castle; **Ní fhaca mé a shamhail riamh.** I never saw the like of it.

Samhain (*gen sing* **Samhna**, *pl* **Samhnacha**) *f3* November ▷ *i mí na Samhna* in November; **Oíche Shamhna** Halloween

sámhán *m1* nap ▷ *Rinne mé sámhán codlata.* I took a nap.; **Thit sámhán orm.** I dozed off.

samhlaigh *vb* [**12**] to imagine ▷ *Cé a shamhlódh é?* Who'd have imagined it?; **Samhlaítear dom go ...** It appears to me that ...; **Ní shamhlóinn leat é go deo.** I'd never have expected it of you.

samhlaíocht *f3* imagination

samhnasach *adj* disgusting

samhradh (*pl* **samhraí**) *m1* summer ▷ *an samhradh seo chugainn* next summer ▷ *sa samhradh* in summer ▷ *saoire an tsamhraidh* the summer holidays

sampla *m4* ❶ sample ▷ *sampla fola* a blood sample ▷ *Teastaíonn sampla de do chuid oibre uathu.*

They need a sample of your work. ❷ example ▷ *Is sampla bunúsach é.* It's a basic example.; **mar shampla** for example

San *n* Saint ▷ *San Proinsias* St Francis

san *see* an

-san *suffix*

san is added to the end of words for emphasis.

▷ *a leabharsan* HIS book ▷ *ladsan a dúirt é.* THEY said it.

santach *adj* greedy

santaigh *vb* [**12**] to be keen ▷ *Ní shantóinn féin dul ar an turas sin.* I wouldn't be keen to go on that trip.

saoi *m4* wise man; **Ní bhíonn saoi gan locht.** Nobody's perfect.

saoire *f4* ❶ holiday ▷ *Bhí an tsaoire ar dóigh.* The holiday was great.; **dul ar saoire** to go on holiday ▷ *Tá mé ag dul ar saoire.* I'm going on holiday.; **laethanta saoire** holidays ▷ *Cá ndeachaigh tú ar do laethanta saoire?* Where did you go for your holidays? ❷ Sabbath ▷ *Coimeádann muid i gcónaí an tsaoire.* We always keep the Sabbath.

saoirse *f4* freedom

saoirseacht *f3* **saoirseacht adhmaid** woodwork

saoiste *m4* ❶ boss ❷ (*on building site*) foreman

saoithiúil *adj* ❶ interesting ▷ *duine saoithiúil* an interesting person ❷ peculiar ▷ *Tá sin* *saoithiúil.* That's very peculiar.

saol (*pl* **saolta**) *m1* ❶ life ▷ *mo dhearcadh ar an saol* my outlook on life ▷ *sa saol fíor* in real life ▷ *Tá saol maith sóisialta agam.* I have a good social life.; *pionós saoil* a life sentence; *Ní tharlóidh sé le mo shaolsa.* It won't happen in my lifetime. ❷ world ▷ *Níl a leithéid eile ar dhroim an tsaoil.* There's not another like it in the world. ▷ *cúrsaí an tsaoil* world affairs; *Tá aithne ag an saol mór air.* Everybody knows him.; *os comhair an tsaoil* openly; *tar éis an tsaoil* after all; *teacht ar an saol* to be born; *ar na saolta seo* nowadays

saolaigh *vb* [12] to deliver ▷ *Cé a shaolaigh an leanbh?* Who delivered the child?; *Saolaíodh in Albain í.* She was born in Scotland.

saolta *adj* ❶ (*person, affairs*) worldly ❷ earthly ▷ *an bheatha shaolta* this earthly life; *Náire shaolta é!* It's an absolute disgrace!

saonta *adj* naïve

saor *m1* craftsman; *saor cloiche* a stonemason; *saor adhmaid* a carpenter
▶ *adj* ❶ free ▷ *An Luan an t-aon lá a bhím saor.* Monday is the only day I'm free. ▷ *íoslódáil saor in aisce* a free download ▷ *Níl an seomra saor faoi láthair.* The room isn't free at present.; *am saor* free time ▷ *Cad é a dhéanann tú nuair a bhíonn am saor agat?* What do

you do in your free time?; *saor in aisce* free of charge; *saor ó cháin* tax-free; *seomra saor* a spare room ❷ cheap ▷ *earraí saora* cheap goods; *Cheannaigh mé go saor iad.* I bought them cheap.
▶ *vb* [14] ❶ to free ▷ *Saoradh na príosúnaigh.* The prisoners were freed. ❷ to acquit ▷ *Saoradh sa chúirt é.* He was acquitted in court.; *duine a shaoradh ar an mbás* to save somebody's life

saoráid *f2* convenience; *Tá gach saoráid anseo agaibh.* You have everything you need here.

saoráideach *adj* easy ▷ *Tagann an obair sin go saoráideach chuici.* That work comes easy to her.

saoránach *m1* citizen ▷ *saoránach Éireannach* an Irish citizen

saorchic *f2* (*football*) free kick

saorga *adj* man-made

saorstát *m1* free state; *Saorstát Éireann* the Irish Free State

saorthoil *f3* free will

saothar *m1* work ▷ *saothar le Shaw* a work by Shaw; *Ná bíodh a shaothar ort.* Don't bother.; *saothar a fháil le rud* to have difficulty with something; *saothar a bheith ort* to be out of breath

saotharlann *f2* laboratory; *an tsaotharlann cheimice* the chemistry lab

saothrach *adj* ❶ (*person*) industrious ❷ (*breath*) laboured

saothraí *m4* earner

saothraigh vb [12] ❶ to work
▷ *Saothraíonn sé go han-chrua.*
He works very hard. ❷ to earn
▷ *Saothraíonn sí 10 euro in aghaidh na huaire.* She earns 10 euros an hour.
▷ *Saothraíonn sé cuid mhór airgid.*
He earns a lot of money.; **glasraí a shaothrú** to grow vegetables
▷ *Saothraíonn muid ár nglasraí féin.*
We grow our own vegetables.

sáraigh vb [12] (*outdo*) to beat
▷ *Sháraigh sé orthu go léir sa rás.*
He beat them all in the race.
▷ *Sáraíonn sin a bhfaca mé riamh.*
That beats all.; **Sháraigh sé an dlí.** He broke the law.; **Sháraigh an gluaisteán seachtó míle san uair.** The car did over 70 miles an hour.

sármhaith adj excellent

sásaigh vb [12] to satisfy ▷ *Ní shásódh rud ar bith eile é.* Nothing else would satisfy him.

sásamh m1 satisfaction;
Bhaineamar an-sásamh as an lá.
We really enjoyed the day.; **Bain do shásamh as.** Take as much of it as you want.; **sásamh a bhaint as duine** to get even with somebody

Sasana m4 England ▷ *i Sasana* in England ▷ *go Sasana* to England ▷ *Is as Sasana mé.* I'm from England.

Sasanach adj English ▷ *Is Sasanach mé.* I'm English.
▶ m1 Englishman, Englishwoman;
na Sasanaigh English people

sásar m1 saucer

sáspan m1 saucepan

sásta adj ❶ satisfied ▷ *Ní raibh an múinteoir sásta leis na torthaí.* The teacher wasn't satisfied with the results. ❷ pleased ▷ *Ní bheidh mo mháthair an-sásta.* My mother's not going to be very pleased.; **bheith sásta le rud** to be happy with something ▷ *Tá mé breá sásta le do chuid oibre.* I'm very happy with your work.

sástacht f3 satisfaction ▷ *mothú sástachta* a feeling of satisfaction

sásúil adj satisfactory

satailít f2 satellite; **teilifís satailíte** satellite television; **mias satailíte** a satellite dish

Satharn m1 **An Satharn** Saturday;
Dé Sathairn on Saturday; **ar an Satharn** on Saturdays ▷ *Tagann sé ar an Satharn.* He comes on Saturdays.

scáfar adj terrible ▷ *oíche scáfar* a terrible night

scag vb [14] ❶ (*flour, evidence*) to sift ❷ (*sugar, oil*) to refine ❸ (*candidates*) to screen

scagaire m4 filter; **scagaire ola** (*on car*) an oil filter

scaif (*pl* **scaifeanna**) f2 scarf ▷ *scaif shíoda* a silk scarf ▷ *scaif bhreacáin* a tartan scarf

scáil (*pl* **scáileanna**) f2 ❶ shadow ▷ *Shuigh muid faoi scáil na gcrann.*
We sat under the shadow of the trees. ❷ reflection ▷ *scáil na gcrann san uisce* the reflection of the trees in the water

scáileán m1 (*TV, cinema*) screen

scáin vb [**15**] to thin out; Tá na scamaill ag scáineadh. The clouds are breaking up.

scáineadh (gen sing **scáinte**) m (split) crack

scaip vb [**13**] ❶ to spread ▷ Scaip an scéala. Spread the news. ❷ to disperse ▷ Scaip an slua. The crowd dispersed.; Tá an ceo ag scaipeadh. The fog is lifting.

scaipthe adj scattered ▷ ceathanna scaipthe scattered showers

scair (pl **scaireanna**) f2 share ▷ Tá scaireanna acu sa chuideachta. They've got shares in the company.

scaird vb [**15**] ❶ to squirt ▷ Scaird sé uisce ar a dheirfiúr. He squirted water at his sister. ❷ to pour ▷ Tá uisce ag scaireadh as an bpíobán. There's water pouring out of the pipe.

scairdeitleán m1 (plane) jet

scairp (pl **scairpeanna**) f2 scorpion; An Scairp Scorpio ▷ Is mise An Scairp. I'm Scorpio.

scairt (pl **scairteanna**) f2 shout; scairt a ligean to shout; scairt ghutháin a phone call ▷ Ba mhaith liom scairt ghutháin a dhéanamh. I'd like to make a phone call.
▶ vb [**15**, VA **scairte**] ❶ to shout ▷ Scairt sé orainn. He shouted to us. ▷ Scairt mé agus d'amharc sé siar. I shouted and he looked round.; Scairt sé isteach ar a bhealach abhaile. He called in on his way

home. ❷ (phone) to call

scaitheamh (pl **scaití**) m1 while; scaití at times

scála m4 scale ▷ ar scála domhanda on a global scale; scálaí (in kitchen) scales; scálaí tomhais bathroom scales

scall vb [**23**] to poach ▷ ubh scallta a poached egg

scamall m1 cloud

scamallach adj cloudy

scamh vb [**23**, VA **scafa**] ❶ to peel ▷ Tá an phéint ag scamhadh. The paint is peeling off. ▷ An ndéanfaidh mé na prátaí a scamhadh? Shall I peel the potatoes? ❷ (peas) to shell ❸ (wood) to plane

scamhóg f2 lung ▷ ailse scamhóige lung cancer

scan vb [**23**] to scan

scannal m1 scandal ▷ Thóg sé scannal. It caused a scandal.

scannán m1 film ▷ Níor thaitin an scannán liom. I didn't like the film.; scannán faisnéise a documentary; scannán uafáis a horror movie

scannánaigh vb [**12**] to film

scanóir m3 scanner

scanradh m1 fright

scanraigh vb [**12**] to frighten ▷ Scanraigh an toirneach na páistí. The thunder frightened the children.

scanraithe adj frightened

scaoil vb [**15**] ❶ to come undone ▷ Scaoil sé. It came undone. ❷ (prisoner) to release ❸ to shoot

▷ *Scaoileadh marbh é.* He was shot dead. ▷ *Ná scaoil!* Don't shoot! **④** to fire ▷ *Scaoil sí faoi dhó.* She fired twice.; **scaoileadh le duine (1)** to let somebody go **(2)** to fire at somebody ▷ *Scaoil an sceimhlitheoir leis an slua.* The terrorist fired at the crowd.

scaoileadh (*gen sing* **scaoilte**) *m* **①** (*of prisoners*) release **②** (*of person, gun*) shooting

scaoilte *adj* loose ▷ *Tá sreang scaoilte ann.* There's a loose connection.

scaoll *m1* panic ▷ *Mhúscail mé agus scaoll orm.* I woke up in a panic.; **scaoll a theacht ort** to panic ▷ *Tháinig scaoll iontu.* They panicked.

scar *vb* [**14**] **①** to separate ▷ *Scar an dá ghrúpa ó chéile.* Separate the two groups. **②** to part ▷ *Scaramar ag bun na sráide.* We parted at the bottom of the street.; **scaradh le rud** to part with something

scartha *adj* separate

scata *m4* crowd; **scata leabhar** several books

scáta *m4* skate; **scátaí rothacha** roller skates

scátáil *f3* skating ▷ *Chuamar ag scátáil.* We went skating.; **rinc scátála** a skating rink; **scátáil ar oighear** ice-skating
  ▶ *vb* [**25**] to skate

scátálaí *m4* skater

scáth (*pl* **scáthanna**) *m3* **①** shade ▷ *faoi scáth na gcrann* in the shade

of the trees; **scáth fearthainne** an umbrella; **scáth gréine** a parasol **②** cover ▷ *faoi scáth na hoíche* under cover of darkness **③** (*in mirror*) reflection; **Ar scáth a chéile a mhaireann daoine.** We need the people around us.

scáthach *adj* shady

scáthán *m1* mirror ▷ *Tá scáthán os cionn an bháisín níocháin.* There's a mirror over the washbasin.

sceadamán *m1* throat ▷ *Tá sceadamán nimhneach orm.* I've got a sore throat.

scéal (*pl* **scéalta**) *m1* story ▷ *Chum sé an scéal iomlán.* He made up the whole story. ▷ *scéal bleachtaireachta* a detective story; **scéal fada ar an anró** a tale of woe; **scéal práinneach** a news flash; **Is bocht an scéal é.** It's a sad state of affairs.

scéala *m4* news ▷ *Ar chuala tú an dea-scéala?* Did you hear the good news?; **scéala a chur chuig duine** to let somebody know ▷ *Cuirfidh mé scéala chugat a luaithe is féidir.* I'll let you know as soon as possible.; **scéala a fháil ó dhuine** to hear from somebody ▷ *Ní bhfuair mé scéala uaidh ar na mallaibh.* I haven't heard from him recently.

scéalaí *m4* storyteller; **Is maith an scéalaí an aimsir.** Time will tell.

sceallóg *f2* chip ▷ *D'ordaíomar stéig agus sceallóga.* We ordered steak and chips.

a b c d e f g h i j k l m n o p q r **s** t u v w x y z

scéalta see **scéal**

sceana see **scian**

sceanra m4 cutlery

sceideal m1 schedule ▷ *sceideal gnóthach* a busy schedule; **de réir an sceidil** on schedule

sceilp (pl **sceilpeanna**) f2 slap

scéim (pl **scéimeanna**) f2 scheme

sceimhle (pl **sceimhleacha**) m4 terror; **sceimhle a chur ar dhuine** to terrorize somebody; **Is iad a fuair an sceimhle.** They had a terrible time of it.

sceimhlitheoir m3 terrorist ▷ *ionsaí sceimhlitheoireachta* a terrorist attack

sceimhlitheoireacht f3 terrorism

scéin f2 terror

scéiniúil adj ❶ (scary) frightening ❷ garish ▷ *dathanna scéiniúla* garish colours

scéinséir m3 (TV, cinema) thriller

sceiptiúil adj sceptical

sceith vb [**16**, VN sceitheadh] ❶ (water) to overflow ❷ (skin, paint) to peel; **rún a sceitheadh** to divulge a secret; **sceitheadh ar dhuine** to inform on somebody

scéithe see **sciath**

sceitimíneach adj very excited

sceitimíní npl excitement; **sceitimíní a bheith ort** to be very excited

sceitse m4 sketch

sceitseáil vb [**25**] to sketch

scí (pl **scíonna**) m4 ski

sciáil vb [**25**] to ski ▷ *An féidir leat sciáil?* Can you ski?
▶ f3 skiing ▷ *Is breá liom an sciáil.* I love skiing.; **sciáil ar uisce** water-skiing; **sciáil trastíre** cross-country skiing; **ionad sciála** a ski resort; **dul ag sciáil** to go skiing ▷ *Ba mhaith liom dul ag sciáil níos minice.* I'd like to go skiing more often.; **bróga sciála** ski boots; **ardaitheoir sciála** a ski lift

sciálaí m4 skier

sciamhach adj beautiful

scian (gen sing **scine**, pl **sceana**) f2 knife ▷ *scian chistine* a kitchen knife ▷ *scian phóca* a penknife ▷ *scian feola* a carving knife; **dul faoi scian** to have an operation ▷ *Ní dheachaigh mé féin faoi scian riamh.* I have never had an operation.

sciar (pl **sciartha**) m4 share

sciath (gen sing **scéithe**) f2 ❶ (for protection) shield ❷ (on machine) guard

sciathán m1 ❶ wing ▷ *Bhuail an t-éan a sciatháin.* The bird flapped its wings. ❷ (of person) arm ▷ *Bhí a sciathán ar iompar léi.* She had her arm in a sling.; **sciathán leathair** (animal) bat

scigphictiúr m1 caricature

scil (pl **scileanna**) f2 skill ▷ *scileanna aonair* individual skills ▷ *Teastaíonn scileanna maithe ríomhaireachta don phost seo.* The job requires good computer skills.

sciliúil adj skilled

scilléad m1 saucepan

scimeáil vb [**25**] ❶ (page) to skim

❷ (on the internet) to surf ▷ Caithim cuid mhór ama ag scimeáil ar an Idirlíon. I spend a lot of time surfing the Net.

scine see **scian**

sciob vb [14] to snatch ▷ Sciobadh mo mhála orm. My bag was snatched.

scioból m1 barn

sciobtha adj fast; **sciobtha scuabtha** spick-and-span

scíonna see **scí**

sciorr vb [14] ❶ to slip ▷ Sciorr mo chos ar an oighear. I slipped on the ice. ❷ (car) to skid

sciorrach adj slippery

sciorradh (gen sing **sciorrtha**, pl **sciorrthaí**) m slip ▷ sciorradh focail a slip of the tongue

sciorta m4 skirt ▷ sciorta gairid a short skirt; **sciorta den ádh** a bit of luck

scipéad m1 till

scíth f2 rest ▷ scíth cúig nóiméad five minutes' rest; **do scíth a ligean** to have a rest ▷ Stop muid lenár scíth a ligean. We stopped to have a rest.

sciuird (pl **sciuirdeanna**) f2 dash; **Thug sí sciuird abhaile am lóin.** She dashed home at lunch time.

sciurd vb [23] to dash

sclábhaí m4 ❶ slave ❷ (workman) labourer

scláta m4 slate

scléip (pl **scléipeanna**) f2 fun

scoil (pl **scoileanna**) f2 ❶ school ▷ Beidh dioscó ar siúl sa scoil anocht. There's a disco at the school tonight. ▷ Bím mall don scoil go minic. I'm often late for school.; **ar scoil (1)** at school ▷ Tá sí ag déanamh go maith ar scoil. She's doing well at school. **(2)** to school ▷ Tiomáineann mo mháthair mé ar scoil. My mother drives me to school.; **scoil chónaithe** a boarding school; **scoil ghramadaí** a grammar school ❷ (of fish) shoal

scoilt vb [15, VA scoilte] to split ▷ Scoilt sé an t-adhmad le tua. He split the wood with an axe. ▶ f2 (pl **scoilteanna**) split

scoir vb [13, VN scor, VA scortha] ❶ to disconnect ▷ Scoireadh an ghlao. The call was disconnected. ❷ (school) to break up ▷ Scoirfimid Dé Céadaoin seo chugainn. We break up next Wednesday.; **scor de rud** to stop doing something

scoite adj ❶ (place) remote ❷ (house) detached ▷ Tá cónaí orainn i dteach scoite. We live in a detached house. ❸ (showers) scattered

scoith vb [16, VN scoitheadh] ❶ to cut off ▷ Scoith sí orlach dá glib. She cut an inch off her fringe. ❷ (in race) to pass ▷ Scoith mé iad cúpla míle siar. I passed them a couple of miles back. ❸ (car) to overtake ▷ Tháinig an carr amach le feithicil a scoitheadh. The car pulled out to overtake.; **Scoitheamar an coirnéal ar luas.** We rounded the corner at speed.

scoláire m4 scholar

scoláireacht *f3* (bursary) scholarship

sconna *m4* (on sink) tap ▷ *Ná fág an sconna ag rith.* Don't leave the tap on.

scor *m1* retirement; **ar scor** (from work) retired; **ar scor ar bith** at any rate

scór (*pl* **scórtha**) *m1* score ▷ *Bhí an scór a trí a náid.* The score was three nil. ▷ *An féidir leat an scór a choinneáil, le do thoil.* Can you keep score, please.; **scór féachana** (TV, radio) ratings

scóráil *vb* [**25**] to score ▷ *Eisean a scóráil an cúl a bhuaigh an cluiche dóibh.* He scored the winning goal. ▷ *a 6 as a 10 a scóráil* to score 6 out of 10

scórchlár *m1* scoreboard

scornach *f2* throat ▷ *leigheas maith ar scornach nimhneach* a good remedy for a sore throat

scoth (*pl* **scothanna**) *f3* best choice; **scoth oibre** excellent work; **scoth lae** a great day; **béile den chéad scoth** a first-class meal

scragall *m1* foil ▷ *scragall stáin* tinfoil

scread *vb* [**23**] to scream ▶ *f3* (*pl* **screadanna**) scream; **scread a ligean** to scream

scríbhinn *f2* writing ▷ *Cuir i scríbhinn é.* Put it in writing.; **scríbhinní an Phiarsaigh** Pearse's writings

scríbhneoir *m3* writer ▷ *Is scríbhneoir í.* She's a writer.;

scríbhneoir CDanna a CD writer; **scríbhneoir DVD** a DVD writer

scríbhneoireacht *f3* writing ▷ *Tá mo chuid scríbhneoireachta trína chéile.* My writing is terribly messy.

scrín (*pl* **scrínte**) *f2* shrine

scríob *f2* ❶ scratch ❷ (of work) spell; **ceann scríbe** destination ▶ *vb* [**14**] to scratch

scríobach *adj* abrasive

scríobadh (*gen sing* **scríobtha**) *m* scratch

scríobh *vb* [**23**, VN scríobh, VA scríofa] to write ▷ *Scríobh do sheoladh i gceannlitreacha.* Write your address in capitals. ▷ *Scríobh nótaí sa chiumhais.* Write notes in the margin.; **scríobh chuig duine** to write to somebody ▷ *Shocraigh mé scríobh chuici.* I decided to write to her.; **CD a scríobh** to burn a CD ▶ *m3* (*gen sing* **scríofa**) writing ▷ *Aithním a scríobh.* I recognize his writing. ▷ *Ní féidir liom an scríobh agat a léamh.* I can't read your writing.

scrioptúr *m1* Scripture

scrios *vb* [**23**] ❶ to ruin ▷ *Scriosfaidh tú do bhróga.* You'll ruin your shoes. ❷ to wreck ▷ *Scrios an pléascadh an teach iomlán.* The explosion wrecked the whole house. ❸ (erase) to rub out ▷ *Scrios an focal sin.* Rub out that word. ▶ *m* (*gen sing* **scriosta**) destruction

scriosach *adj* destructive

scriosán *m1* (eraser) rubber ▷ *An*

dtig liom do scriosán a fháil ar iasacht uait? Can I borrow your rubber?

cript (*pl* **scripteanna**) *f2* script

criú (*pl* **scriúnna**) *m4* screw

criúáil *vb* [25] to screw

criúire *m4* screwdriver

crofa *adj* scrambled ▷ *uibheacha scrofa* scrambled eggs

croid *f2* snack

crollaigh *vb* [12] (*on computer*) to scroll; **Scrollaigh síos.** Scroll down.

scrúdaigh *vb* [12] to examine ▷ *Rinne sé scrúdú ar a pas.* He examined her passport. ▷ *Rinne an dochtúir scrúdú air.* The doctor examined him.

scrúdaitheoir *m3* examiner

scrúdú *m* ❶ exam ▷ *Theip orm sa scrúdú.* I failed the exam. ▷ *Bhain mé gradam amach i mo scrúdú pianó.* I got a distinction in my piano exam.; **scrúdú bréige** a mock exam; **scrúdú cainte** an oral exam; **scrúdú iontrála** an entrance exam ❷ test ▷ *scrúdú fola* a blood test ▷ *Tá siad a dul a dhéanamh tuilleadh scrúduithe.* They're going to do some more tests.

scuab *f2* brush; **scuab éadaigh** a clothes brush; **scuab ghruaige** a hairbrush
  ▶ *vb* [14] ❶ (*floor*) to sweep ❷ to brush ▷ *Scuab mé mo chuid gruaige.* I brushed my hair. ▷ *Scuabaim mo chuid fiacla gach oíche.* I brush my teeth every night.; **scuabadh leat**

to rush off

scuaine *f4* queue; **dul i scuaine faoi choinne ruda** to queue for something ▷ *Bhí orainn dul i scuaine le haghaidh na dticéad.* We had to queue for tickets.

scuais *f2* (*sport*) squash ▷ *Imrím scuais.* I play squash.

scútar *m1* scooter

sé *pron* ❶ he ▷ *Tá sé san arm.* He's in the army. ▷ *Tharraing sé a ghunna.* He reached for his gun. ❷ it ▷ *Tá sé te go maith inniu.* It's quite warm today. ▷ *Cá fhad atá sé go ...?* How far is it to ...? ▷ *Cén t-am atá sé?* What time is it?
  ▶ *m4* (*pl* **séanna**) six

  sé is usually followed by a singular noun.

  ▷ *sé bhuidéal* six bottles ▷ *sé mhéadar ar fad* 6 metres long; **Tá sé sé bliana d'aois.** He's six.; **sé ... déag** sixteen ▷ *sé dhuine dhéag* sixteen people

seabhac *m1* hawk

séabra *m4* zebra

seac *m1* (*for car*) jack

seaca *see* sioc

seach *n* **faoi seach** in turn; **Doire agus Baile Átha Cliath faoi seach** Derry and Dublin respectively

seachadadh (*gen sing* **seachadta**) *m* ❶ (*mail*) delivery ▷ *íoc ar seachadadh* cash on delivery ▷ *seachadadh taifeadta* recorded delivery; **Bím ag seachadadh nuachtán.** I deliver newspapers. ❷ (*sport*) pass

seachaid vb [**25,** vn seachadadh, va seachadta] ❶ (*mail, newspapers*) to deliver ❷ (*ball*) to pass

seachain vb [**19**] to avoid ▷ *Seachain an tsráid sin san oíche.* Avoid going down that street at night.

seachaint f3 bheith ar do sheachaint to be on the run ▷ *Tá na coirpigh fós ar a seachaint.* The criminals are still on the run.

seachas prep ❶ besides ▷ *Bhí triúr ann seachas mise.* There were three people there besides me. ❷ compared to ▷ *Tá sí go maith anois seachas mar a bhí.* She is well now compared to how she was.

seachbhóthar m1 ring road

seachród m1 (*road*) bypass

seacht (*pl* **seachtanna**) m4 seven

　seacht is usually followed by a singular noun.

▷ *seacht mbuidéal* seven bottles; **Tá sí seacht mbliana d'aois.** She's seven.; **seacht ... déag** seventeen ▷ *seacht nduine dhéag* seventeen people

seachtain (*pl* **seachtainí**) f2 week ▷ *Beidh muid ag stopadh anseo go ceann seachtaine.* We're staying here for a week.

　Numbers in Irish are usually followed by a singular noun, but the plural form **seachtaine** is used after numbers 3 to 10.

▷ *trí seachtaine saoire le pá* 3 weeks'

paid holiday; **an tseachtain seo caite** last week; **gach seachtain** every week; **an tseachtain seo chugainn** next week ▷ *Beidh siad ag bogadh isteach an tseachtain seo chugainn.* They're moving in next week.; **i gceann seachtaine** in a week's time; **seachtain is an lá inniu** a week ago today; **deireadh na seachtaine** the weekend ▷ *Ní stadann sé den obair, fiú amháin ag an deireadh seachtaine.* He never stops working, not even at the weekend.

seachtainiúil adj weekly

seachtar m1 seven people; **seachtar ban** seven women

seachtó (*gen sing* **seachtód**, *pl* **seachtóidí**) m seventy

　seachtó is followed by a singular noun.

▷ *seachtó duine* seventy people; **Tá sé seachtó bliain d'aois.** He's seventy.

seachtódú adj seventieth

seachtrach adj external

seachtú adj seventh ▷ *an seachtú hurlár* the seventh floor; **an seachtú Lúnasa** the seventh of August

seacláid f2 chocolate ▷ *císte seacláide* a chocolate cake ▷ *seacláid bhainne* milk chocolate ▷ *seacláid dhorcha* dark chocolate

seadóg f2 grapefruit

seafóid f2 nonsense ▷ *Sin seafóid ghlan!* That's a load of nonsense!

seafóideach adj ridiculous

seaicéad m1 jacket ▷ *seaicéad svaeide* a suede jacket ▷ *seaicéad dinnéir* a dinner jacket ▷ *seaicéad tarrthála* a life jacket

seaimpéin m4 champagne

seaimpín m4 (*sport*) champion

seal m3 ❶ turn ▷ *Do shealsa atá ann.* It's your turn. ▷ *Labhair siad ar a seal.* They spoke in turn. ❷ (*at work*) shift ▷ *Tosóidh a sheal oibre ar a 8 a chlog.* His shift starts at 8 o'clock. ▷ *seal na hoíche* the night shift

seál (*pl* **seálta**) m1 shawl

séala m4 seal; *séala a chur ar rud* to seal something; **faoi shéala** (*document*) sealed

sealadach adj provisional

sealaíocht f3 (*race*) relay; **sealaíocht a dhéanamh le duine** to take turns with somebody

sealgaire m4 hunter

sealgaireacht f3 hunting

sealla m4 chalet

Sealtainn f4 Shetland

seampú (*pl* **seampúnna**) m4 shampoo ▷ *buidéal seampú* a bottle of shampoo

seamróg f2 shamrock

sean (*gen sing*, *pl* **sean**, *pl* **seana**) m4 ancestor
  ▶ adj (*compar* **sine**) old ▷ *Níl sé chomh sean sin.* He's not so old. ▷ *Caithfidh go bhfuil mé ag éirí sean.* I must be getting old.

sean- prefix old ▷ *seandaoine* old people ▷ *Is sean-nós é.* It's an old custom. ▷ *Tá siad ag cóiriú seanteachín.* They're doing up an old cottage. ▷ *mo sheanmhúinteoir Béarla* my old English teacher; **an tSean-Ghréig** ancient Greece

-sean suffix

  sean is added to the end of words for emphasis.

  ▷ *a mháthairsean* HIS mother
  ▷ *dóibhsean* to THEM

séan m1 ❶ happiness ❷ good luck; **Rugadh an séan leis.** He was born lucky.
  ▶ vb [**23**] to deny ▷ *Shéan sí gach rud.* She denied everything.

seanad m1 senate

séanadh (*gen sing* **séanta**) m denial

seanadóir m3 senator

seanaimseartha adj old-fashioned ▷ *Tá mo thuismitheoirí cineál seanaimseartha.* My parents are rather old-fashioned.

seanaois f2 old age

seanathair (*gen sing* **seanathar**, *pl* **seanaithreacha**) m grandfather

seanbhean (*gen sing*, *pl* **seanmhná**, *gen pl* **seanbhan**) f old woman

seanchaite adj ❶ (*clothes*) worn out ❷ (*phrase, remark*) trite

seanda adj ancient

seandachtaí fpl3 antiques

seandálaí m4 archaeologist ▷ *Is seandálaí é.* He's an archaeologist.

seandálaíocht f3 archaeology

seanduine (*pl* **seandaoine**) m4 old person; **na seandaoine** the elderly

a
b
c
d
e
f
g
h
i
j
k
l
m
n
o
p
q
r
s
t
u
v
w
x
y
z

seanfhaiseanta adj old-fashioned ▷ *Caitheann sí éadaí seanfhaiseanta.* She wears old-fashioned clothes.

seanfhear m1 old man

seanfhocal m1 proverb

seang (gen sing m **seang**) adj slender

seangán m1 ant

seanmháthair (gen sing **seanmháthar**, pl **seanmháithreacha**) f grandmother

seanmóir f3 sermon

séanna see **sé**

seanphinsean m1 old-age pension

seanphinsinéir m3 old-age pensioner ▷ *Is seanphinsinéir í.* She's an old-age pensioner.

seans (pl **seansanna**) m4 ❶ chance ▷ *Tá seans maith acu baint.* Their chances of winning are very good.; **dul sa seans** to take a chance ▷ *Ní bheidh mé ag dul sa seans!* I'm taking no chances!; **de sheans** by chance ▷ *Bhuaileamar le chéile de sheans.* We met by chance. ❷ luck; **Bhí seans leat nár gortaíodh thú.** You were lucky not to be injured.; **Seans nach bhfaca sé muid.** Maybe he didn't see us.

seansailéir m3 chancellor; **Seansailéir an Státchiste** Chancellor of the Exchequer

Sean-Tiomna m4 Old Testament

Seapáin f2 **an tSeapáin** Japan

▷ *sa tSeapáin* in Japan ▷ *ón tSeapáin* from Japan

Seapáinis f2 (language) Japanese

Seapánach adj, m1 Japanese ▷ *Is Seapánach í.* She's Japanese.

searbh (gen sing m **searbh**) adj bitter ▷ *blas searbh* a bitter taste; **éirí searbh le chéile** to become angry with one another

searbhónta m4 servant

searc f2 love

searmanas m1 ceremony

searr vb [23] to stretch

searrach m1 foal

searradh (gen sing **searrtha**) m stretching

seas vb [23, VN seasamh] ❶ to stand ▷ *Seasaigí!* Stand up!; **seasamh don Dáil** to stand for the Dáil; **seasamh le duine** to stand by somebody ▷ *Sheas sí lena fear.* She stood by her husband.; **an fód a sheasamh** to make a stand; **Seas an fód ar son do cheart!** Stand up for your rights! ❷ to keep ▷ *Ní sheasann an bainne san aimsir seo.* Milk doesn't keep in weather like this.; **deoch a sheasamh do dhuine** to treat somebody to a drink

seasamh m1 standing ▷ *áit seasaimh* standing room; **bheith i do sheasamh** to be standing ▷ *Bhí sé ina sheasamh taobh amuigh den teach.* He was standing outside the house.; **titim as do sheasamh** to collapse ▷ *Thit sí as a seasamh isteach i gcathaoir.* She collapsed into a chair.

seasca (gen sing **seascad**, pl **seascaidí**) m sixty

seasca is followed by a singular noun.

▷ seasca duine sixty people; **Tá sé seasca bliain d'aois.** He's sixty.

seascadú adj sixtieth

seascair adj (clothes, house) cosy; **bheith go seascair** to be well-off

seascann m1 swamp

seasmhach adj ❶ reliable ▷ carr seasmhach a reliable car ❷ stable ▷ caidreamh seasmhach a stable relationship ❸ (weather) settled

seasta adj steady ▷ dul chun cinn seasta steady progress ▷ post seasta a steady job ▷ stócach seasta a steady boyfriend; **biachlár ar phraghas seasta** a fixed-price menu

seastán m1 stand ▷ seastán nuachtán a news stand

séasúr m1 ❶ season ▷ Cad é an séasúr is fearr leat? What's your favourite season? ▷ an séasúr díomhaoin the low season; **as séasúr** out of season ▷ Bíonn sé níos saoire dul ann as séasúr. It's cheaper to go there out of season. ❷ (in food) seasoning

séasúrach adj ❶ (work, produce) seasonal ❷ (food) seasoned

seic (pl **seiceanna**) m4 cheque ▷ D'íoc sí le seic. She paid by cheque.

seic-chárta m4 cheque card

Seiceach adj, m1 Czech

seiceáil vb [25] to check; seiceáil

amach to check out ▷ An féidir liom seiceáil amach, le do thoil? Can I check out, please?

seicleabhar m1 chequebook

séid vb [15] to blow ▷ Shéid sé ina ghála. It blew a gale. ▷ Shéid an ghaoth chun siúil é. The wind blew it away.

séideadh (gen sing **séidte**) m (of air) draught ▷ bearradh agus séideadh tirim a cut and blow-dry

séideán m1 (of wind) gust

SEIF abbr (= Siondróm Easpa Imdhíonachta Faighte) AIDS

seilbh f2 possession ▷ Ghlac siad seilbh ar an áit. They took possession of the place.; **duine a chur as seilbh** to evict somebody

seile f4 saliva; **seile a chaitheamh** to spit ▷ Chaith sé seile ar an talamh. He spat on the ground.

seilf (pl **seilfeanna**) f2 shelf ▷ Thit an leabhar den tseilf. The book fell off the shelf. ▷ Ghlan mé an deannach de na seilfeanna. I dusted the shelves.

seilg vb [13, vn seilg] to hunt; **Tá mé in éadan na seilge.** I'm against hunting.; **raidhfil seilge** a hunting rifle

▶ f2 hunt

seilide m4 snail

séimh adj ❶ (person) gentle ❷ (weather) mild ▷ Bíonn na geimhrí measartha séimh. The winters are quite mild. ❸ (drink) smooth ❹ (material) fine

seimineár m1 seminar

seinn vb [**15,** VN seinm] (music) to play ▷ *Seinneann Orla ar an bpíb mhór.* Orla plays the bagpipes. ▷ *Seinnim le ceolfhoireann na scoile.* I play in the school orchestra.

seinnteoir m3 player ▷ *seinnteoir dlúthdhiosca* a CD player ▷ *seinnteoir MP3* an MP3 player

séipéal m1 chapel

seirbhís f2 service ▷ *Tá an tseirbhís feabhsaithe acu.* They have improved the service. ▷ *Níl seirbhís san áireamh.* Service is not included.; **seirbhísí poiblí** public services; **na seirbhísí éigeandála** the emergency services

seirbhíseach m1 servant

Seirbia f4 an tSeirbia Serbia

Seirbiach adj, m1 Serbian

seiris f2 sherry

seisean pron (for emphasis) he ▷ *Níl seisean chomh lúfar sin.* HE's not so agile.

seisear m1 six people; **seisear ban** six women

séisín m4 tip ▷ *Ná déan dearmad séisín a thabhairt don tiománaí tacsaí.* Don't forget to give the taxi driver a tip.

seisiún m1 session; **seisiún ceoil** a traditional music session

seo pron, adj, adv ❶ this ▷ *an focal seo* this word ▷ *Seo fear.* This is a man. ▷ *Seo é an fear.* This is the man. ❷ these ▷ *na focail seo* these words ❸ here is ▷ *Seo í.* Here she is. ❹ here are ▷ *Seo iad.* Here they are.; **faoi seo** by now; **roimhe seo** before this; **an tseachtain seo chugainn** next week; **an mhí seo caite** last month

seó (pl **seónna**) m4 show ▷ *D'éirigh go maith leis an seó.* The show was a success. ▷ *seó teilifíse* a TV show ▷ *seó cainte* a chat show

seodóir m3 jeweller ▷ *Is seodóir é.* He's a jeweller.

seodra m4 jewellery

seoid (pl **seoda**, gen pl **seod**) f2 jewel

seoigh adj wonderful; **Rinne sí go seoigh é.** She did it wonderfully.

seol (pl **seolta**) m1 (on ship) sail; **báidín seoil** a sailing dinghy ▶ vb [**23**] ❶ to sail ▷ *Sheol siad timpeall an oileáin.* They sailed around the island. ❷ to send ▷ *Seol abhaile é.* Send him home.; **litir a sheoladh chuig duine** to send a letter to somebody ❸ to launch ▷ *Tá siad ag dul a sheoladh mo leabhair nua.* They're going to launch my new book.

seoladh (gen sing **seolta**, pl **seoltaí**) m ❶ address ▷ *Scríobh mé síos an seoladh.* I wrote down the address. ▷ *Cad é an seoladh agat?* What's your address? ▷ *seoladh ríomhphoist* an e-mail address ❷ (pastime) sailing ❸ (of book) launch

seolán m1 (electrical) lead

seoltóir m3 sailor

seoltóireacht f3 sailing ▷ *Is í an tseoltóireacht an caitheamh aimsire atá aige.* His hobby is sailing.; **dul**

ag seoltóireacht to go sailing

seomra m4 <u>room</u> ▷ *an seomra is mó sa teach* the biggest room in the house ▷ *Tá seomraí ar leith ag na páistí.* The children have separate rooms. ▷ *seomra bia* a dining room; **seomra comhrá** (*on the internet*) a chatroom ▷ *seomra dúbailte* a double room; **seomra folctha** a bathroom ▷ *Tá an seomra folctha thíos staighre.* The bathroom's downstairs.; **seomra leapa** a bedroom ▷ *seomra singil* a single room ▷ *seomra suí* a sitting room

seónna *see* **seó**

séú *adj* <u>sixth</u> ▷ *an séú hurlár* the sixth floor; **an séú lá déag de Lúnasa** the sixth of August

sh (*remove* "h")

sí *pron* ❶ <u>she</u> ▷ *Tá sí ar saoire.* She's on holiday. ❷ <u>it</u> ▷ *Tá sí ar oíche chomh fuar agus a tháinig riamh.* It's as cold a night as we've ever had.

siad *pron* <u>they</u> ▷ *Lean siad an cosán.* They followed the track. ▷ *Tháinig siad gan choinne.* They arrived unexpectedly.

siadsan *pron* (*for emphasis*) <u>they</u> ▷ *Tháinig siadsan agus d'fhan sise.* THEY came and she stayed.

siamsa m4 <u>amusement</u>; **siamsa a dhéanamh do dhuine** to entertain somebody ▷ *Rinne sé siamsa do na páistí lena chuid scéalta.* He entertained the children with his stories.

siamsaíocht f3 <u>fun</u> ▷ *siamsaíocht oíche* nightlife

siar *adv* ❶ <u>west</u> ▷ *Bhíomar ag bogadh siar.* We were moving west. ❷ <u>back</u> ▷ *Ná déan dearmad na cloig a chur siar.* Don't forget to put the clocks back.; **dul siar** to turn back ▷ *B'éigean dúinn tiontú siar mar gheall ar an sneachta.* We had to turn back because of the snow.; **bog siar** to move back ▷ *Bhog sí siar ón fhuinneog.* She moved back from the window.; **seas siar** to step back ▷ *Sheas mé siar ó imeall na binne.* I stepped back from the edge of the cliff.; **dul siar ar d'fhocal** to go back on your word ▷ *Chuaigh sé siar ar a fhocal.* ▷ He went back on his word.; **dul siar ar do choiscéim** to retrace one's steps ▷ *Chuaigh mé siar ar mo choiscéim.* I retraced my steps.; **chomh fada siar le** as far back as; **tarraingt siar** to back out ▷ *Tharraing siad siar ag an nóiméad deiridh.* They backed out at the last minute.; **rud a chur siar** to postpone something

sibh *pron* <u>you</u> ▷ *Tá sibh araon contráilte.* You are both wrong.

sibhialta *adj* ❶ <u>civil</u> ❷ (*person*) <u>polite</u>

sibhialtacht f3 <u>civilization</u>

sibhse *pron* (*for emphasis*) <u>you</u> ▷ *Is óige ise ná sibhse.* She's younger than you.

síceolaí m4 <u>psychologist</u> ▷ *Is síceolaí é.* He's a psychologist.

síceolaíoch *adj* <u>psychological</u>

síceolaíocht f3 <u>psychology</u>

a b c d e f g h i j k l m n o p q r s t u v w x y z

síciatraí m4 psychiatrist ▷ Is
síciatraí í. She's a psychiatrist.

Sicil f2 **an tSicil** Sicily ▷ sa tSicil in
Sicily ▷ go dtí an tSicil to Sicily

sicín m4 (food) chicken ▷ cos sicín a
chicken leg

sil vb [15] ❶ to drip ▷ Tá uisce
ag sileadh as an sconna. Water
is dripping from the tap. ❷ to
trickle; **Bhí na deora ag sileadh
lena grua.** Tears were trickling
down her cheek. ❸ (nose) to run
❹ (tears) to shed

síl vb [15] ❶ to think ▷ Sílim gur
chóir é a dhéanamh. I think it ought
to be done. ▷ Sílim go bhfuil sé ar
fheabhas. I think he's lovely. ▷ Ar
chúis éigin sílim nár chreid sé mé.
Somehow I don't think he believed
me. ▷ Sílim gur fhág mé an solas ar
siúl. I think I left the light on.; **Ní
mar a shíltear a bhítear.** Things
are often not what we think. ❷ to
intend ▷ Shíl siad muid a stopadh.
They intended to stop us.

Sile f4 **an tSile** Chile

síleáil f3 ceiling

siléar m1 cellar ▷ Stórálann siad
prátaí sa siléar. They store potatoes
in the cellar.; **siléar fíona** a wine
cellar

silín m4 cherry ▷ Mhaisigh mé an
císte le silíní. I decorated the cake
with cherries.

simléar m1 ❶ chimney ❷ (of
ship) funnel

simplí adj simple ▷ Tá sé iontach
simplí. It's very simple.

simplíocht f3 simplicity

sin pron, adj, adv ❶ that ▷ an focal
sin that word ▷ Sin sin. That's that.
▷ Cé sin? Who's that? ▷ Sin é an fear.
That's the man. ❷ those ▷ na focail
sin those words; **ó shin** ago ▷ bliain
ó shin a week ago; **faoi sin (1)** by
that time **(2)** about that ▷ Tá tú
contráilte faoi sin. You're wrong about
that.; **Mar sin féin, ...** Mind you, ...

sin- prefix great- ▷ mo sin-seanathair
my great-grandfather

Sín f2 **an tSín** China ▷ sa tSín in
China

sín vb [15] ❶ to stretch ▷ D'éirigh
mé amach as an charr chun mo chosa
a shíneadh. I got out of the car to
stretch my legs. ❷ to hold out
▷ Sín amach do lámh. Hold out your
hand. ❸ to pass ▷ Sín chugam an
piobar, le do thoil. Pass the pepper,
please.; **rud a shíneadh chuig
duine** to hand something to
somebody; **Ná sín do mhéar!**
Don't point!; **Shíneamar linn.** Off
we went.

sine see **sean**

Síneach adj, m1 Chinese ▷ Síneach
fir a Chinese man ▷ Síneach mná a
Chinese woman

síneadh (pl síntí) m1 ❶ extension
❷ (on letters) accent; **sa síneadh
fada** in the long run

singil adj single ▷ Ba mhaith liom
seomra singil ar feadh dhá oíche.
I want a single room for two
nights.; **ticéad singil** a single
▷ Ticéad singil go Corcaigh, le do thoil.

A single to Cork, please.

sínigh vb [**11**] to sign

Sínis f2 (language) Chinese

síniú m signature

sinne pron ❶ (for emphasis) we ▷ Sinne a rinne é. WE did it. ❷ us ▷ Níor luaigh an máistir sinne. The master didn't mention US.

sin-seanathair (gen sing **sin-seanathar**, pl **sin-seanaithreacha**) m great-grandfather

sin-seanmháthair (gen sing **sin-seanmháthar**, pl **sin-seanmháithreacha**) f great-grandmother

sinsear m1 eldest ▷ sinsear na clainne the eldest of the family

sinséar m1 ginger; **arán sinséir** gingerbread

sinsearach adj ❶ senior ▷ daltaí sinsearacha senior pupils ❷ (lands, customs) ancestral

sínte adj (hand) outstretched; **Bhí sé sínte ar an bhféar.** He was stretched out on the grass.; **sínte le** alongside ▷ Tá an abhainn sínte leis an chanáil. The river runs alongside the canal.

sínteán m1 stretcher

síntí see **síneadh**

síntiús m1 subscription

síob f2 (in car) lift ▷ Fuair mé síob go Gaillimh. I got a lift to Galway. ▷ Ar mhaith leat síob? Would you like a lift? ▷ Tabharfaidh mé síob chun an stáisiúin duit. I'll give you a lift to the station.

▶ vb [**14**] ❶ to blow away ▷ Shíob an ghaoth chun siúil é. The wind blew it away.; **Tá sé ag síobadh sneachta.** It's driving snow. ❷ (by explosive) to blow up

síobadh (gen sing **síobtha**) m **síobadh sneachta** a blizzard

síobaire m4 hitchhiker

síobshiúl m1 hitchhiking ▷ Thig le síobshiúl a bheith contúirteach. Hitchhiking can be dangerous.

sioc vb [**14**] to freeze ▷ Tá sé ag sioc. It's freezing.
▶ m3 (gen sing **seaca**) frost

síocháin f3 peace ▷ síocháin an domhain world peace; **faoi shíocháin** at peace; **síocháin a dhéanamh** to make peace

síochánta adj peaceful

sioctha adj frozen ▷ sceallóga sioctha frozen chips

síoda m4 silk ▷ scairf shíoda a silk scarf

sióg f2 fairy

síogaí m4 elf

síol (pl **síolta**) m1 seed ▷ síolta lus na gréine sunflower seeds; **síol Éabha** the human race

siolla m4 syllable

siollabas m1 syllabus ▷ ar an siollabas on the syllabus

Siombáib f2 **an tSiombáib** Zimbabwe

siombail f2 symbol

siombalach adj symbolic

síon (pl **síonta**) f2 bad weather; **oíche na seacht síon** a wild, stormy night

a b c d e f g h i j k l m n o p q r s t u v w x y z

Sionainn f2 an tSionainn (river) the Shannon

sionnach m1 fox

siopa m4 shop ▷ Tá sí ag obair i siopa. She works in a shop. ▷ Thug mé ar ais chuig an siopa é. I took it back to the shop.; **Bíonn siopa an bháicéara oscailte maidin Domhnaigh.** The baker's is open on Sunday morning.; **siopa bróg** a shoe shop; **siopa poitigéara** a chemist's; **ag an siopa gruagaireachta** at the hairdresser's; **siopa leabhar** a bookshop

siopadóir m3 shopkeeper

siopadóireacht f3 shopping ▷ Is breá liom bheith ag siopadóireacht. I love shopping. ▷ Téim ag siopadóireacht ar an Satharn de ghnáth. I generally go shopping on Saturday.

sioráf m1 giraffe

síoraí adj ❶ eternal ❷ endless ▷ báisteach shíoraí endless rain

siorc (pl **siorcanna**) m3 shark

síoróip f2 syrup

siorradh (pl **siorraí**) m1 (of wind) draught

síos adj, adv, prep down

| síos always indicates movement away from the speaker.

▷ Chuaigh an coinín síos an poll. The rabbit went down the hole. ▷ Tá siad ina gcónaí giota beag síos an bóthar. They live just down the road.; **dul síos an staighre** to go down the stairs ▷ D'éirigh mé agus chuaigh mé síos an staighre. I got up and went downstairs.; **Scríobh mé síos an seoladh.** I wrote down the address.; **an guthán a chur síos ar dhuine** to hang up on somebody ▷ Chuir sé an guthán síos orm. He hung up on me.

siosmaid f2 common sense

siosmaideach adj sensible

siosúr m1 pair of scissors

sip f2 zip

Siria f4 an tSiria Syria

síscéal (pl **scéalta**) m1 fairy tale

sise pron she ▷ 'Ná bí buartha,' ar sise. 'Don't worry,' she said.

síth f2 peace

sítheach adj peaceful

siúcra m4 sugar ▷ An nglacann tú siúcra? Do you take sugar? ▷ dhá spúnóg shiúcra two spoonfuls of sugar ▷ siúcra reoáin icing sugar ▷ siúcra mín caster sugar

siúd pron ❶ that ▷ Siúd an fear a dúirt mé leat. That's the man I mentioned to you. ❷ those ▷ Siúd iad an dream a dhéanfadh é. Those are the very people to do it.; **Siúd ort!** Cheers!

siúil vb [17, VN siúl, VA siúilta] ❶ to walk ▷ Shiúil muid na mílte. We walked for miles.; **Siúil leat.** Come on. ❷ to travel ▷ Is mian liom an domhan a shiúl. I want to travel the world.; **siúl amach le duine** to go out with somebody ▷ An bhfuil tú ag siúl amach leis? Are you going out with him?

siúinéir m3 joiner ▷ Is siúinéir é.
He's a joiner.

siúl (pl **siúlta**) m1 walk ▷ Ar mhaith
leat dul ag siúl? Would you like to
go for a walk? ▷ Déanfaidh an siúl
maitheas dúinn. The walk will do
us good.; **siúl a thógáil** to gather
speed; **daoine a casadh orm
ar mo shiúlta** people I met on
my travels; **ar shiúl** gone; **rud a
chur ar siúl** to start something
▷ Cuir an t-inneall ar siúl. Start the
engine.; **cur chun siúil** to set out
on a journey

siúlóid f2 (stroll) walk

siúlóir m3 walker

siúr (gen sing **siúrach**, pl **siúracha**)
f (nun) sister ▷ An tSiúr Máire Sister
Mary

siúráilte adj sure

slachtmhar adj (clothes, person,
work) tidy ▷ Tá do sheomra iontach
slachtmhar. Your room's very tidy.
▷ Tá sí iontach slachtmhar. She's
very tidy.; **go slachtmhar** neatly
▷ gléasta go slachtmhar neatly
dressed

slaghdán m1 cold ▷ Tá slaghdán
orm. I have a cold.; **slaghdán a
thógáil** to catch a cold ▷ Tháinig
slaghdán air. He's caught a cold.

sláinte f4 ❶ health ▷ Bhí siad
imníoch faoina sláinte. They were
concerned about her health.; **An
Roinn Sláinte** the Department
of Health ❷ (drink, speech)
toast; **sláinte duine a ól** to toast
somebody; **Sláinte!** Cheers!

sláinteach adj hygienic

sláintiúil adj healthy ▷ cothú
sláintiúil a healthy diet

slán (pl **slána**) m1 goodbye
▷ Chroith mé slán léi. I waved her
goodbye. ▷ Chuir m'athair slán liom
agus mé ag imeacht. My father said
goodbye as I left.; **Slán go fóill!**
See you!; **Slán codlata!** Good
night!; **Slán leat!** (to the person
leaving) Goodbye!; **Slán agat!** (to
the person staying behind) Goodbye!
▶ adj safe ▷ slán sábháilte safe
and sound

slánaitheoir m3 saviour

slándáil f3 security ▷ slándáil ag
aerfoirt airport security; **garda
slándála** a security guard ▷ Leag
siad amach an garda slándála. They
knocked out the security guard.

slat f2 ❶ rod ▷ slat iascaigh a fishing
rod; **slat draíochta** a magic wand
❷ (measure) yard ▷ trí slata ar fad
three yards long; **ar shlat chúl do
chinn** flat on one's back

sleá (pl **sleánna**) f4 ❶ spear
❷ (wood, glass) splinter

sleachta see **sliocht**

sleamhain (pl **sleamhna**) adj
(ground, stone) slippery

sleamhnaigh vb [**12**] to slip
▷ Shleamhnaigh an pláta as mo lámh.
The plate slipped out of my hand.
▷ Sleamhnaíonn na blianta thart.
The years slip past. ▷ Shleamhnaigh
mé amach gan fhios. I slipped out
unnoticed.

sleamhnán m1 ❶ (in playground)

slide ❷ (toboggan) sledge ❸ (in eye) stye

sleasa see **slios**

sleasach adj lateral

sléibhe, sléibhte see **sliabh**

sléibhteoireacht f3 mountaineering ▷ Téim ag sléibhteoireacht. I go mountaineering.

sléibhtiúil adj mountainous

slí (pl **slite**) f4 ❶ road ▷ slí trí na sléibhte a road through the mountains ❷ way ▷ an tslí abhaile the way home ▷ Bhí ceart slí againn. It was our right of way.; **'slí amach'** 'way out'; **ar shlí go, i slí is go** in such a way that ❸ room ▷ Níl slí dúinn go léir sa charr. There isn't room for us all in the car.; **slí bheatha** livelihood; **ar aon slí** in any event

sliabh (gen sing **sléibhe**, pl **sléibhte**) m ❶ mountain ▷ Tá an sliabh sin 5000 troigh ar airde. That mountain is 5000 feet high.; **rothar sléibhe** a mountain bike ❷ moor

sliasaid f2 thigh

Sligeach m1 Sligo

slinn (pl **slinnte**) f2 slate

slinneán m1 shoulder blade

sliocht (gen sing, pl **sleachta**) m3 ❶ descendants ▷ Beidh sé ag do shliocht i do dhiaidh. It will pass to your descendants. ❷ passage ▷ Léigh an sliocht go cúramach. Read the passage carefully.

slíoctha adj ❶ (hair) sleek

❷ (person) smooth

sliogán m1 (on beach, explosive) shell

sliogéisc m1 shellfish

slios (pl **sleasa**) m3 slope

sliotar m1 hurling ball

slipéar m1 slipper ▷ péire slipéar a pair of slippers

slite see **slí**

slócht m3 **slócht a bheith ort** to be hoarse

slog vb [**14**] ❶ to swallow ▷ Tá sé deacair air bia a shlogadh. He finds it hard to swallow food. ▷ Shíl mé go slogfadh an talamh mé. I thought the ground would open and swallow me. ❷ to gulp ▷ Shlog sé siar a chuid tae. He gulped down his tea.; **na focail a shlogadh** to slur one's words

slógadh (gen sing **slógaí**) m1 ❶ (demonstration) rally ❷ (of troops) mobilization

sloinne m4 surname ▷ Sloinne iontach coitianta is ea 'Mac Gabhann'. 'Smith' is a very common surname.

slua (pl **sluaite**) m4 crowd ▷ Bhí na sluaite síoraí ann. There was a huge crowd. ▷ Bhrúigh sé a bhealach tríd an slua. He pushed through the crowd.; **bheith ar shlua na marbh** to be dead

sluasaid (gen sing **sluaiste**, pl **sluaistí**) f2 shovel

smacht (pl **smachta**) m3 control ▷ Níl smacht aige ar na páistí. He has no control over the children. ▷ Chaill sé smacht ar an ngluaisteán.

He lost control of the car.; **faoi smacht** under control; **cúinsí nach bhfuil smacht againn orthu** circumstances beyond our control

smachtaigh *vb* [**12**] to control ▷ *Ní féidir leis an rang a smachtú.* He can't control the class.

smál *m1* (on clothes) stain

smaoineamh (*pl* **smaointe**) *m1*
❶ thought ▷ *Bhuail smaoineamh mé.* A thought struck me. ❷ idea ▷ *B'iontach an smaoineamh é.* It was a marvellous idea. ▷ *Scríobh mé síos cúpla smaoineamh.* I've put down a few ideas.

smaoinigh *vb* [**11**, VN smaoineamh] to think ▷ *Smaoineoidh mé air.* I'll think about it. ▷ *Cé a smaoineodh air?* Who would have thought it?; **B'fhada a bheinn ag smaoineamh air.** I wouldn't dream of it.

smaragaid *f2* emerald

smear *vb* [**14**] ❶ (butter) to spread ❷ (baking tin, machine) to grease

sméar *f2* berry ▷ *sméar dhubh* a blackberry

smeara *see* **smior**

smearadh (*pl* **smearthaí**) *m1*
❶ grease; **smearadh a chur ar rud** to grease something; **smearadh bróg** boot polish ❷ spread ▷ *smearadh cáise* cheese spread ▷ *smearadh seacláide* chocolate spread

sméid *vb* [**15**] ❶ to nod; **do cheann a sméideadh** to nod one's head ❷ to wink ▷ *Sméid Seán súil*

orm. John winked at me.

smideadh *m1* make-up ▷ *Caitheann sí an lá á smideadh féin.* She spends hours putting on her make-up.

smig (*pl* **smigeanna**) *f2* chin

smior (*gen sing* **smeara**) *m3* bone marrow; **Chuaigh an focal sin go smior inti.** That remark cut her to the quick.

smugairle *m4* **smugairle róin** a jellyfish

smuigléir *m3* smuggler

smuigléireacht *f3* smuggling

smúit *f2* dust

smúitiúil *adj* ❶ dusty ❷ (weather, sky) overcast

sna *see* **i**

snag (*pl* **snaganna**) *m3* ❶ sob ❷ hiccup ▷ *Tá snag air.* He's got hiccups.; **snag breac** a magpie; **snag darach** a woodpecker

snagcheol *m1* jazz ▷ *fleá shnagcheoil* a jazz festival

snaidhm (*pl* **snaidhmeanna**) *f2* knot ▷ *Chuir sé snaidhm ar an téad.* He tied a knot in the rope.; **Tá a cuid gruaige i snaidhmeanna aici.** She has her hair in bunches.

snáithe *m4* ❶ (sewing) thread ❷ (in wood) grain

snamh *m1* distaste; **snamh a thabhairt do rud** to go off something ▷ *Thug mé snamh do bhainne te.* I've gone off hot milk.

snámh *m3* swim ▷ *Mhúin mo dheirfiúr snámh dom.* My sister taught me to swim. ▷ *An bhfuil*

a b c d e f g h i j k l m n o p q r s t u v w x y z

snámh agat? Can you swim?;
snámh droma backstroke;
culaith shnámha a swimsuit;
snámh uchta breaststroke
▶ *vb* [**23**, VN snámh] to swim;
dul ag snámh to go for a swim;
snámh in aghaidh easa to
struggle against the odds
▷ *Chuaigh an chuid eile acu ag snámh.*
The rest of them went for a swim.

snámhóir *m3* swimmer ▷ *Is*
snámhóir maith í. She's a good
swimmer.

snasán *m1* polish ▷ *snasán bróg*
shoe polish; **snasán iongan** nail
varnish

snasta *adj* ❶ (*surface*) polished
❷ (*finish*) glossy; **Rinne tú an**
obair sin go snasta. You did a
fine job.

snáth (*pl* snáthanna) *m3* (*for*
knitting) yarn

snáthaid *f2* ❶ (*for sewing*) needle
❷ (*on clock*) hand; **snáthaid mhór**
a dragonfly

sneachta *m4* snow ▷ *brat domhain*
sneachta a deep layer of snow
▷ *Bhí an sneachta an-domhain.*
The snow was really deep.; **Tá sé**
ag cur sneachta. It's snowing.;
fear sneachta a snowman
▷ *Rinneamar fear sneachta.* We built
a snowman.; **clocha sneachta**
hailstones

sneachtúil *adj* snowy

sneaicbhéar *m4* snack bar

snigh *vb* [**22**] (*river, tears, blood*)
to flow

snoigh *vb* [**18**] (*stone, wood*) to
carve; **bheith ag snoí as** to be
wasting away

snoíodóir *m3* sculptor

snoíodóireacht *f3* carving;
snoíodóireacht adhmaid wood
carving

snua (*pl* snuanna) *m4* complexion

snúcar *m1* snooker ▷ *D'imigh sé*
ag imirt snúcair. He went to play
snooker.

só *m4* ❶ ease ▷ *Tá mé go huile faoi*
shó. I felt completely at ease.
❷ luxury

so-athraithe *adj* adjustable

sobalchlár *m1* soap opera

sobhriste *adj* fragile

sóbráilte *adj* sober

socair (*gen sing f, pl, compar* **socra**)
adj ❶ (*sea*) calm ❷ still ▷ *Fan*
socair! Keep still! ❸ steady ▷ *Níl*
an bord seo socair. This table isn't
steady. ▷ *go socair* at a steady pace;
Bí socair! Don't panic!

sóch *adj* comfortable

sochaí *f4* (*community*) society;
sochaí ilchultúrtha a multi-
cultural society

sochar *m1* benefit ▷ *sochar*
dífhostaíochta unemployment
benefit; **Chuaigh sé chun sochair**
dom. It benefited me.; **sochar**
a bhaint as rud to benefit from
something ▷ *Bhain mé sochar as.* I
benefited from it.

sochraid *f2* (*procession*) funeral

sochraideach *m1* mourner

sócmhainn *f2* asset ▷ *Tá a gcuid*

sócmhainní reoite. Their assets are frozen.

ocra see **socair**

socraigh vb [12] ❶ to arrange ▷ *An féidir linn cruinniú a shocrú?* Can we arrange a meeting? ❷ (storm, noise) to die down ❸ to settle ▷ *Ba mhaith liom an cuntas a shocrú.* I'd like to settle my account. ❹ to decide ▷ *Shocraigh mé scríobh chuici.* I decided to write to her. ▷ *Shocraigh mé gan dul.* I decided not to go.

socrú m arrangement

sócúl m1 comfort

sócúlach adj comfortable

sodar m1 bheith ag sodar to jog

sodhéanta adj easily done

sofaisticiúil adj sophisticated

sofheicthe adj obvious

soghonta adj vulnerable

soicéad m1 socket

soicind f2 second ▷ *Ní ghlacfaidh sé ach soicind.* It'll only take a second.

sóid f2 soda

soighe m4 soya ▷ *anlann soighe* soya sauce

soiléir adj ❶ clear ▷ *radharc soiléir* a clear view ▷ *míniú soiléir* a clear explanation; **go soiléir** clearly ▷ *Mhínigh sí go soiléir é.* She explained it clearly. ❷ obvious ▷ *Tá sin soiléir ag an saol.* That's obvious to everyone.

soiléirigh vb [11] to clarify

soilire m4 celery

soilse f4 lightning

soilsigh vb [11] (sun) to shine

sóinseáil vb [25] (money) to change

so-iompair adj portable

soiprigh vb [11] (child) to tuck in

soir adj, adv, prep eastbound ▷ *Tá an trácht soir ag bogadh go han-mhall.* Eastbound traffic is moving very slowly.; **dul soir** to go east; **scaipeadh soir siar** to scatter in all directions

soirbhíoch m1 optimist

soiscéal m1 gospel

soiscéalaí m4 preacher

sóisear m1 junior; **na sóisir** (in school) the juniors; **sóisear na clainne** the youngest of the family

sóisearach adj junior

sóisialach adj socialist

sóisialaí m4 socialist

sóisialta adj social ▷ *Tá saol maith sóisialta agam.* I have a good social life.; **oibrí sóisialta** a social worker ▷ *Is oibrí sóisialta í.* She's a social worker.

soitheach (pl **soithí**) m1 container ▷ *a bhfuil sa soitheach* the contents of the container; **soitheach siúcra** a sugar bowl; **soitheach poircealláin** a china dish; **na soithí a ní** to do the dishes ▷ *Ní níonn sé na soithí riamh.* He never does the dishes.

soláimhsithe adj manageable

sólaistí mpl4 refreshments

sólann f2 leisure centre

solas (pl **soilse**) m1 light ▷ *Phreab an solas.* The light flickered. ▷ *Las sí an solas.* She switched on the

a b c d e f g h i j k l m n o p q r s t u v w x y z

light.; **solas an lae** daylight ▷ *Bhí solas an lae ag meath go gasta.* The daylight was fading fast.; **soilse tráchta** traffic lights; **solas neoin** a neon light; **Tá sé ag dul ó sholas.** It's getting dark.

sólásaigh *vb* [**12**] to console

so-lasta *adj* inflammable

soláthair *vb* [**19**, VN soláthar, VA soláthraithe] ❶ to provide ▷ *Sholáthair siad léarscáileanna dúinn.* They provided us with maps. ❷ to supply ▷ *Sholáthair an t-ionad an trealamh uile dúinn.* The centre supplied us with all the equipment.

soláthar (*pl* **soláthairtí**) *m1* supply ▷ *soláthar páipéir* a supply of paper; **soláthairtí** (*food*) supplies

soláthraí *m4* supplier

soléite *adj* legible

solúbtha *adj* flexible ▷ *uaireanta solúbtha oibre* flexible working hours

son *n* **ar son** for ▷ *Tá siad ag bailiú ar son na carthanachta.* They're collecting for charity. ▷ *Go raibh maith agat ar son an bhronntanais.* Thank you for the present.; **ar son Dé** for God's sake; **ar a shon sin is uile** nevertheless

sona *adj* ❶ lucky ▷ *Tá sé sona, tá post aige.* He's lucky, he's got a job. ❷ happy; **go sona** happily ▷ *Mhair siad go sona sásta ina dhiaidh sin.* They lived happily ever after.; **Nollaig Shona!** Merry Christmas!

sonas *m1* ❶ happiness ❷ good

luck; **Sonas ort!** Thank you!

sonra *m4* detail ▷ *D'iarr sé sonraí iomlána an phoist.* He asked for full details about the job.; **sonraí** data

sonraíoch (*gen sing m* **sonraíoch**) *adj* noticeable

sópa *m4* soap ▷ *barra sópa* a bar of soap

sorcas *m1* circus

sornóg *f2* stove

sórt *m1* ❶ sort ▷ *Cén sórt rothair atá agat?* What sort of bike have you got?; **de shórt éigin** of some sort ❷ kind ▷ *Sórt ispín atá ann.* It's a kind of sausage.; **Tá mé sórt gnóthach i láthair na huaire.** I'm rather busy just now.

sórtáil *vb* [**25**] to sort

sos (*pl* **sosanna**) *m3* ❶ pause ❷ break ▷ *sos tae* a tea break ▷ *i rith am sosa* during break; **sos cogaidh** a truce; **sos comhraic** a ceasefire

sotal *m1* impudence; **Tá sotal ann!** He's got a nerve!; **sotal a bheith ionat** to be arrogant; **Níor thug mé sotal ar bith dó.** I stood up to him.

sotalach *adj* ❶ (*behaviour*) arrogant ❷ cheeky

spá (*pl* **spánna**) *m4* spa

spád *f2* spade

Spáinn *f2* **an Spáinn** Spain ▷ *sa Spáinn* in Spain

Spáinneach *m1* Spaniard ▶ *adj* Spanish

Spáinnis *f2* (*language*) Spanish

spaisteoireacht *f3* ❶ stroll ▷ *Rinneamar spaisteoireacht sa* *pháirc*. We went for a stroll in the park. ❷ walk ▷ *An rachaidh muid ag spaisteoireacht?* Shall we go for a walk?

spáráil *vb* [25] to spare ▷ *An dtiocfadh leat bomaite a spáráil?* Can you spare a moment? ▷ *Ní féidir liom an t-am a spáráil.* I can't spare the time.; **le spáráil** to spare ▷ *Níl spás ar bith le spáráil.* There's no room to spare. ▷ *Thángamar agus am le spáráil againn.* We arrived with time to spare.

sparán *m1* purse ▷ *Chaill mé mo sparán.* I've lost my purse.

spás (*pl* **spásanna**) *m1* space ▷ *spás páirceála* a parking space ▷ *Níl spás ar bith ann.* There's no space. ▷ *dul amach sa spás* to go into space; **spás seachtaine** (*to pay off debt, finish work*) a week's grace

spásáil *f3* spacing

spásaire *m4* astronaut

spéaclaí *mpl4* glasses ▷ *Caitheann Peadar spéaclaí.* Peter wears glasses.

speiceas *m1* species

speictream *m1* spectrum

spéir (*pl* **spéartha**) *f2* sky ▷ *Bhí an spéir gruama.* The sky was overcast.; **idir spéir is talamh** in mid air; **faoin spéir** outdoor ▷ *gníomhaíochthaí faoin spéir* outdoor activities ▷ *linn snámha faoin spéir* an outdoor swimming pool; **codladh faoin spéir** to sleep rough

spéireata (*pl* **spéireataí**) *m4*

(*cards*) spade ▷ *an t-aon spéireata* the ace of spades

spéis *f2* interest ▷ *Ní spéis liom é.* I have no interest in it.; **spéis a bheith agat i rud** to be interested in something ▷ *Níl spéis agam sa pholaitíocht.* I'm not interested in politics.

speisialta *adj* special ▷ *ócáid speisialta* a special occasion ▷ *Chuir siad béile speisialta ar fáil.* They laid on a special meal.; **go speisialta** specially ▷ *Dearadh go speisialta le haghaidh déagóirí é.* It's specially designed for teenagers.

speisialtacht *f3* speciality

speisialtóir *m3* specialist

spéisiúil *adj* interesting ▷ *rud éigin spéisiúil* something interesting

spiaire *m4* spy

spiaireacht *f3* spying; **bheith ag spiaireacht ar dhuine** to spy on somebody

spíceach *adj* spiky

spideog *f2* robin

spionáiste *m4* spinach

spíonán *m1* gooseberry

spiorad *m1* spirit ▷ *an Spiorad Naomh* the Holy Spirit

spíosra *m4* spice ▷ *meascán de spíosraí* a mixture of spices

splanc *vb* [14] to flash; **bheith splanctha i ndiaidh duine** (*in love*) to be crazy about somebody; **bheith splanctha i ndiaidh ruda** to be mad about something ▷ *Tá sé splanctha i ndiaidh na peile.* He's mad about football.

▶ f2 (pl **splancacha**) flash ▷ An bhfuil splanc i do cheamara? Has your camera got a flash? ▷ splanc thintrí a flash of lightning; **Bíodh splanc chéille agat!** Have a bit of sense!; **mar a bheadh splanc ann** like a shot

spléachadh m1 glance; **spléachadh a thabhairt ar rud** to take a look at something ▷ Tabhair spléachadh air seo! Take a look at this!

splinceáil f3 **bheith ag splinceáil** to squint

spóca m4 (of wheel) spoke

spóla m4 (of meat) joint

sponc m1 (courage) spirit

spórt m1 ❶ sport ▷ Cén spórt is fearr leat? What's your favourite sport? ▷ Is é an rith an spórt is fearr liom. Running is my favourite sport. ❷ fun; **spórt a dhéanamh** to have fun; **Bhí an-spórt againn.** We really enjoyed ourselves.

sportha adj ❶ (tired) exhausted ❷ (informal: with no money) skint

spórtúil adj sporty ▷ Níl mé iontach spórtúil. I'm not very sporty.

spota m4 spot ▷ gúna dearg agus spotaí bána air a red dress with white spots ▷ an spota a bhfuilimid anois the very spot where we now are

spotach adj spotty

sprae m4 spray

spraeáil vb [**25**] to spray ▷ Spraeáil duine éigin graifítí ar an mballa. Somebody had sprayed graffiti

on the wall.

spraoi (pl **spraíonna**) m4 fun ▷ An-spraoi a bhí ann. It was great fun.

spraoithiománaí m4 joyrider

spréacharnach f2 sparkling

spreag vb [**14**] ❶ to encourage; **duine a spreagadh le rud a dhéanamh** to encourage somebody to do something ❷ to prompt ▷ Cad a spreag thú le rud mar sin a dhéanamh? What prompted you to do a thing like that?; **an chuimhne a spreagadh** to jog the memory

spreagadh (gen sing **spreagtha**, pl **spreagthaí**) m ❶ inspiration ❷ stimulus ▷ Sin é an spreagadh a bhí uaidh. That's the stimulus he needed.

spreagtha adj motivated ▷ Tá sé an-spreagtha. He is highly motivated.

spreagúil adj ❶ encouraging ❷ exciting ▷ Scannán spreagúil a bhí ann. It was an exciting film.

spréigh vb [**24**] to spread

sprid (pl **sprideanna**) f2 ghost

sprioc (pl **spriocanna**) f2 target ▷ D'aimsigh an tsaighead an sprioc. The arrow hit the target.

spriocdháta m4 (date) deadline

sprionga m4 (metal) spring

sprionlaithe adj (with money) mean ▷ Tá sé rósprionlaithe le brontannais Nollag a cheannach. He's too mean to buy Christmas presents.

spuaic (pl **spuaiceanna**) f2 ❶ (on skin) blister ❷ (of church) spire

❸ huff ▷ *Bhuail spuaic é.* He took the huff.

púinse m4 sponge ▷ *mála spúinse* a sponge bag ▷ *císte spúinse* a sponge cake

spúnóg f2 ❶ spoon ▷ *spúnóg bhoird* a tablespoon ❷ spoonful ▷ *dhá spúnóg shiúcra* two spoonfuls of sugar

sráid (*pl* **sráideanna**) f2 street ▷ *Bhuail mé le Pól sa tsráid.* I met Paul in the street. ▷ *Tá siad ina gcónaí níos faide suas an tsráid.* They live further up the street.

sráidbhaile (*pl* **sráidbhailte**) m4 village ▷ *Tá an sráidbhaile suite ar chnoc.* The village is on a hill. ▷ *halla an tsráidbhaile* the village hall

sraith (*pl* **sraitheanna**) f2 ❶ series ▷ *sraith teilifíse* a television series ❷ (*of houses*) row; **teach sraithe** a terraced house ❸ (*sport*) league ▷ *Tá siad ag bun na sraithe.* They are at the bottom of the league. ❹ (*tennis*) set

sraithchlár m1 serial

srann vb [23] to snore

sraoill (*pl* **sraoilleanna**) f2 (*of smoke*) trail
▶ vb [15] to drag ▷ *Shraoill sé an carr sleamhnáin ina dhiaidh.* He dragged a sledge behind him.

sraoth (*pl* **sraothanna**) m3 sneeze; **sraoth a ligean** to sneeze

sreang f2 ❶ string ▷ *sreanga an ghiotáir* the strings of the guitar ❷ wire ▷ *sreang dheilgneach* barbed wire

sreangach adj ❶ (*instrument*) stringed ❷ (*eyes*) bloodshot

sreangshiopa m4 chain store

srianta adj restrained

sroich vb [15] to reach

srón f2 nose ▷ *Bhí sé ag cur fuil shróine.* His nose was bleeding.; **do shrón a shéideadh** to blow one's nose; **Tá an-srón aige.** He has a great sense of smell.

srónbheannach m1 rhinoceros

sruth (*pl* **sruthanna**) m3 current ▷ *Tá an sruth iontach láidir.* The current is very strong.; **sruth leictreachais** electric current

sruthán m1 stream ▷ *Léim siad thar an sruthán.* They leapt over the stream.

sruthlaigh vb [12] (*toilet*) to flush

stábla m4 (*for horses*) stable

stad (*pl* **stadanna**) m4 ❶ stop ▷ *Is é seo mo stad.* This is my stop. ▷ *stad bus* a bus stop ❷ stammer ▷ *Tá stad sa chaint aige.* He has a stammer. ❸ (*for taxis*) stand; **Baineadh stad aisti.** She was taken aback.; **gan stad** incessant
▶ vb [23, VN stad] to stop ▷ *Ní stadann an bus anseo.* The bus doesn't stop here. ▷ *Stadamar ar an mbealach.* We stopped on the way.; **stad de rud** to stop doing something ▷ *Ní stadann siad de bheith ag argóint.* They never stop arguing.; **gan stad** non-stop ▷ *eitilt gan stad* a non-stop flight ▷ *Ólann sé gan stad.* He drinks non-stop.

a
b
c
d
e
f
g
h
i
j
k
l
m
n
o
p
q
r
s
t
u
v
w
x
y
z

stádas m1 status

staid (pl **staideanna**) f2
❶ (condition) state; **an staid reatha** the current situation
❷ (sports) stadium

staidéar m1 study; **déan staidéar** to study ▷ Caithfidh mé staidéar a dhéanamh anocht. I've got to study tonight. ▷ Tá mo dheirfiúr ag déanamh staidéir ar an dlí. My sister's studying law.

staidéarach adj studious

staighre m4 stairs ▷ Chuaigh sé suas an staighre. He went up the stairs.

stailc (pl **stailceanna**) f2 strike; **dul ar stailc** to go on strike; **múinteoirí ar stailc** striking teachers; **stailc a chur suas** to refuse to co-operate

stailceoir m3 (person on strike) striker

stair (pl **startha**) f2 history ▷ stair an domhain the history of the world ▷ Tá mé ag déanamh tionscadail staire. I'm doing a history project.

stáisiún m1 station ▷ An dtiocfadh leat mé a fhágáil ag an stáisiún? Could you drop me at the station? ▷ Tá brú na hóige gar don stáisiún. The youth hostel is close to the station.; **stáisiún traenach** a railway station; **stáisiún peitril** a petrol station; **stáisiún póilíní** a police station; **stáisiún raidió** a radio station

stáitse m4 (platform) stage; **ar chúl stáitse** behind the scenes

stalcach adj stubborn

stalla m4 stall

stampa m4 stamp ▷ stampa den chéad ghrád a first-class stamp ▷ stampa rubair a rubber stamp ▷ bailiúchán stampaí a stamp collection

stán m1 (metal, container) tin
▶ vb [23] to stare; **stánadh ar dhuine** to stare at somebody ▷ Stán sé uirthi. He stared at her.

stánaithe adj (food) tinned ▷ péitseoga stánaithe tinned peaches

stápla m4 (for paper) staple

staraí m4 historian

startha see **stair**

stát m1 state ▷ ceannaire stáit a head of state; **na Stáit Aontaithe** the United States

statach adj static

státseirbhíseach m1 civil servant

steall vb [23] ❶ to splash ▷ Steall siad uisce orm. They splashed water on me. ❷ to pour ▷ Steall amach an tae. Pour the tea.; **Tá sé ag stealladh báistí.** (raining heavily) It's pouring.

stealladh (pl **steallaí**) m1 downpour

steallaire m4 syringe

stéig (pl **stéigeacha**) f2 steak ▷ stéig agus sceallóga steak and chips ▷ stéig fhilléid fillet steak

stéille see **stiall**

steiréó m4 stereo ▷ steiréó pearsanta a personal stereo

steirling *m4* sterling ▷ £20 steirling £20 sterling

stiall (*gen sing* **stéille**, *pl* **stiallacha**) *f2* (*of paper, cloth*) strip

stiallaire *m4* shredder

stíl (*pl* **stíleanna**) *f2* style ▷ Ní hí sin an stíl atá aige. That's not his style. ▷ Is stíl an-fhaiseanta é seo. This is a very popular style.

stíobhard *m1* steward ▷ stíobhard ceardlainne a shop steward

stiúideo (*pl* **stiúideonna**) *m4* studio ▷ stiúideo teilifíse a television studio ▷ árasán stiúideo a studio flat

stiúir *vb* [**17**] (*ship, car*) to steer

stiúradh (*gen sing* **stiúrtha**) *m* (*of car*) steering; **roth stiúrtha** a steering wheel

stiúrthóir *m3* ❶ (*company*) director ❷ (*course*) supervisor ❸ (*orchestra*) conductor

stoc *m1* ❶ (*shares, supplies, for cooking*) stock; **ciúb stoic** a stock cube ❷ (*of people*) race

stoca *m4* ❶ (*short*) sock ❷ stocking

stócach *m1* boyfriend ▷ stócach seasta a steady boyfriend ▷ Tá stócach aici. She has a boyfriend.

stocmhalartán *m1* stock exchange

stocmhargadh *m1* stock market

stoidiaca *m4* zodiac ▷ comharthaí an Stoidiaca the signs of the zodiac

stoirm (*pl* **stoirmeacha**) *f2* storm ▷ Rinne an stoirm a lán damáiste. The storm did a lot of damage.; **stoirm** shneachta a snowstorm; **stoirm thoirní** a thunderstorm

stoirmeach *adj* stormy

stól (*pl* **stólta**) *m1* stool

stop *vb* [**14**] ❶ to stop ▷ Stopann an t-eitleán i mBostún chun athbhreoslú. The plane stops in Boston to refuel. ❷ (*pipe, stream*) to block ❸ to stay ▷ Cá bhfuil sibh ag stopadh? Where are you staying? ▶ *m4* stop ▷ Ní mór dúinn stop a chur leis an drochiompar seo. We must put a stop to this bad behaviour.

stopallán *m1* (*bath*) plug

stór (*pl* **stórtha**) *m1* (*stock*) store ▷ stór bia a store of food; **Is iontach an stór focal atá aici.** She has a wonderful vocabulary.; **A stór!** Darling!

stóráil *f3* storage ▶ *vb* [**25**] to store ▷ Stórálann siad prátaí sa siléar. They store potatoes in the cellar.

stóras *m1* ❶ storeroom ❷ (*warehouse*) depot ▷ stóras troscáin a furniture store

strae *m4* **cat strae** a stray cat; **dul ar strae** to get lost ▷ Bhí eagla orm go rachainn ar strae. I was afraid of getting lost.

stráice *m4* strip ▷ stráice tuirlingthe a landing strip

strainséartha *adj* strange

strainséir *m3* stranger ▷ Ná labhair le strainséirí. Don't talk to strangers.

straitéiseach *adj* strategic

straois *f2* grin; **straois a chur ort**

féin to grin

straoiseog f emoticon

streachail vb [**19**] to struggle
▷ *Streachail sé leis an doras ag iarraidh é a oscailt.* He struggled with the door to try and open it.

streachailt f2 struggle

stríoc f2 ❶ (*of pen*) stroke ❷ (*in hair*) parting
▶ vb [**14**] to give in ▷ *B'éigean dom stríocadh.* I had to give in.

stró m4 trouble; **stró a chur ort féin le rud** to go to a lot of trouble over something; **gan stró** without effort

stróc m4 stroke ▷ *Fuair mo sheanathair stróc.* My grandfather had a stroke.

stróic (*pl* **stróiceacha**) f2 (*rip*) tear
▶ vb [**13**] ❶ to tear ▷ *Ní stróicfear é, tá sé iontach láidir.* It won't tear, it's very strong. ❷ to tear up ▷ *Stróic sé an litir.* He tore up the letter.

stróiceadh m (*rip*) tear

stroighin (*gen sing* **stroighne**) f2 cement

struchtúr m1 structure

strus m1 stress ▷ *Strus an phríomhchúis a bhí aige le héirí as.* His chief reason for resigning was stress.

stuacach adj (*person*) stubborn

stuaic (*pl* **stuaiceanna**) f2 ❶ (*of mountain*) peak ❷ (*on church*) spire; **D'imigh sé agus stuaic air.** He went off in a huff.

stuaim f2 sense ▷ *Beir ar do stuaim!* Have some sense!; **gan stuaim** irresponsible ▷ *Nach í atá gan stuaim!* She's so irresponsible!; **amach as do stuaim** madly in love ▷ *Tá siad amach as a stuaim faoina chéile.* They're madly in love.

stuama adj ❶ responsible ▷ *Ba chóir duit bheith níos stuama.* You should be more responsible. ❷ steady ▷ *lámh stuama* a steady hand

stuara m4 arcade

stuif (*pl* **stuifeanna**) m4 stuff ▷ *Tá stuif ar an tábla duit.* There's some stuff on the table for you. ▷ *An bhfuil do chuid stuif ar fad agat?* Have you got all your stuff?

sú (*pl* **súnna**) m4 juice ▷ *sú oráiste* orange juice ▷ *sú torthaí* fruit juice; **sú craobh** a raspberry ▷ *flan sútha craobh* a raspberry flan; **sú talún** a strawberry ▷ *uachtar reoite sútha talún* strawberry ice cream

suaimhneach adj ❶ peaceful ❷ (*sea, weather, person*) calm

suaimhneas m1 peace ▷ *suaimhneas intinne* peace of mind; **suaimhneas a thabhairt do dhuine** to leave somebody in peace ▷ *Tabhair suaimhneas dom.* Just leave me in peace.

suairc adj (*person, occasion*) pleasant

suaitheadh m ❶ (*mental*) shock ❷ (*plane*) turbulence

suaitheantas m1 badge

suaithinseach adj (*appearance*) distinctive

Sualainn f2 **an tSualainn** Sweden

▷ *sa tSualainn* in Sweden

Sualainnis *f2 (language)* Swedish

Sualannach *adj* Swedish

▶ *m1* Swede

suan *m1* **dul chun suain** to go to sleep

suanach *adj (volcano)* dormant

suanmhar *adj* sleepy

suansiúl *m1* sleepwalking

suansiúlaí *m4* sleepwalker

suarach *adj* mean ▷ *Bhí sin suarach aige.* That was mean of him.

suas *adj, adv, prep* up

> **suas** always indicates movement away from the speaker.

▷ *Chuaigh an balún suas san aer.* The balloon went up in the air. ▷ *Suas leat!* Up you go! ▷ *Chuaigh sé suas an staighre.* He went up the stairs.

subh *f2* jam ▷ *subh sútha talún* strawberry jam

subhach *adj* cheerful

substaint *f2* substance; **Tá substaint ina cuid cainte.** There's a lot in what she says.

substaintiúil *adj* substantial

súgradh *(gen sing* **súgartha**) *m* playing ▷ *Bhí an-spórt againn ag súgradh sa sneachta.* We had great fun playing in the snow.; **áit súgartha** a playground; **bheith ag súgradh le rud** to play with something

suí *(pl* **suíonna**) *m4* sitting ▷ *Bhí muid ag suí thart ar an tábla.* We were sitting round the table.; **seomra suí** a sitting room; **bheith**

i do shuí (1) to be sitting **(2)** *(not in bed)* to be up ▷ *Bhíomar inár suí ar a 6. We were up at 6.*

suibiacht *f3* subject

suigh *vb* [**22**] to sit ▷ *Shuigh sí ar an gcathaoir.* She sat on the chair.; **suí síos** to sit down

súil *(gen sing, pl* **súile**, *gen pl* **súl**) *f2*
❶ eye ▷ *Tá súile gorma agam.* I've got green eyes. ▷ *Tá uisce le mo shúile.* My eyes are watering.; **súil sprice** a bull's-eye ❷ hope ▷ *Tá súil agam go bhfeabhasóidh an aimsir roimh i bhfad.* I hope the weather gets better soon.; **bheith ag súil le duine** to expect somebody ▷ *Tá mé ag súil leis faoi choinne dinnéir.* I'm expecting him for dinner.; **bheith ag súil le rud** to expect something ▷ *Bhí mé ag súil leis an gcás is measa.* I was expecting the worst.

súilíneach *adj* ❶ bubbly ❷ *(wine)* sparkling

suim *(pl* **suimeanna**) *f2*
❶ interest; **suim a bheith agat i rud** to be interested in something ▷ *Tá suim san fhiadhúlra agam.* I'm interested in wildlife.; **suim a chur i rud** to care about something ▷ *Ní chuireann siad mórán suime ina n-íomhá.* They don't really care about their image. ❷ *(of money)* sum ▷ *suim mhór airgid* a large sum of money

suimigh *vb* [**11**] to add up ▷ *Suimigh na figiúir.* Add the figures up.

suimint *f2* cement

a
b
c
d
e
f
g
h
i
j
k
l
m
n
o
p
q
r
s
t
u
v
w
x
y
z

suimiúil adj interesting ▷ Chonaic muid a lán rudaí suimiúla. We saw a lot of interesting things.

suíochán m1 seat ▷ Tháinig mé luath le suíochán maith a fháil. I came early to get a good seat.

suíomh m1 ❶ (of house) site ❷ (of story, film) location; **suíomh gréasáin** a website

suíonna see **suí**

suipéar m1 supper

suirbhé m4 survey

suirbhéir m3 surveyor ▷ suirbhéir cainníochta a quantity surveyor

suite adj ❶ situated ▷ Tá an sráidbhaile suite ar chnoc. The village is situated on a hill. ❷ certain; **bheith suite de rud** to be convinced of something

suiteáil vb [25] to install

súl see **súil**

sula conj before ▷ Smaoinigh go cúramach sula dtugann tú freagra. Think carefully before you reply. ▷ Glaofaidh mé sula n-imeoidh mé. I'll phone before I leave.

> **sula** changes to **sular** with the past of regular verbs.

▷ Bhain siad as sular tháinig na péas. They ran away before the police came.

súlach m1 gravy

sular see **sula**

sult m1 **sult a bhaint as rud** to enjoy something ▷ Ar bhain tú sult as an scannán? Did you enjoy the film? ▷ Bhain mé an-sult as. I really enjoyed it.

sultmhar adj ❶ enjoyable ❷ (company) pleasant

súmhar adj juicy

suntas m1 notice; **suntas a thabhairt do rud** to notice something

suntasach adj noticeable

súp m1 soup

suth (pl **suthanna**) m3 embryo

sútha see **sú**

svaeid f2 suede ▷ seaicéad svaeide a suede jacket

▶ m4 (pl **svaeideanna**) (vegetable) swede

t

tá see **bí**

táb m1 (on keyboard) tab

tábhachtach adj important ▷ Tá an obair seo tábhachtach. This work is important.

tabhair vb [**8**] ① to give ▷ Thug sí caint ar dhreapadóireacht. She gave a talk on climbing.; **rud a thabhairt do dhuine** to give something to somebody ▷ Thug sé 10 euro dom. He gave me 10 euros. ② to take ▷ Tabhair abhaile iad. Take them home. ③ to bring ▷ Tabhair anseo na leabhair. Bring the books here.

tabhair amach vb ① to give out ▷ Thug sé na páipéir scrúdaithe amach. He gave out the exam papers. ② to tell off ▷ Thug m'athair amach dom. My father told me off.

tabhair ar vb to pay for ▷ Thug mé cúig euro ar an leabhar. I paid five euros for the book.

tábla m4 table ▷ Cóirigh an tábla, le do thoil. Set the table, please.

taca m4 support; **Déanfaidh sé taca do do dhroim.** It will support your back.; **taca a bhaint as rud** to lean on something ▷ Bhain sé taca as an mballa. He leaned on the wall.; **faoin taca seo** by this time ▷ Faoin taca seo amárach beidh mé sa Fhrainc. By this time tomorrow I will be in France.

tacaí m4 supporter

tacaigh vb [**12**] to support ▷ Thacaigh Peadar liom. Peter supported me.

tacaíocht f3 support ▷ Thug muid tacaíocht don fhoireann scoile. We supported the school team.

tacsaí m4 taxi

tae m4 tea ▷ Ar mhaith leat tuilleadh tae? Would you like more tea? ▷ An bhfuil tae nó caife uait? Would you like tea or coffee? ▷ cupán tae a cup of tea; **tae líomóide** lemon tea; **tae beag** afternoon tea

taephota m4 teapot

taespúnóg f2 teaspoon

tafann m1 **bheith ag tafann** to bark ▷ Bhí an madra ag tafann aréir. The dog was barking last night.

taibhse f4 ghost ▷ Chóirigh mé mé féin mar thaibhse. I dressed up as a ghost.

táibléad m1 (also computer) tablet

taicticí *fpl2* tactics

taifead *vb* [23] to record ▷ *Thaifead an grúpa albam nua anuraidh.* The group recorded a new album last year.

taifeadán *m1* recorder; **taifeadán físchaiséad** a video

taifí *m4* toffee

taighde *m4* research

táille *f4* ❶ *(on bus, train)* fare; **leath-tháille** half fare; **lántáille** full fare ❷ fee ▷ *táillí scoile* school fees ❸ *(entrance fee)* admission ▷ *Cúig euro an táille.* Admission is five euros. ❹ charge ▷ *Níl táille sheirbhíse ann.* There's no service charge.; **táille bhreise a íoc as rud** to pay extra for something ▷ *Beidh ort táille bhreise a íoc as bricfeasta.* You have to pay extra for breakfast.

táillefón *m1* pay phone

táilliúir *m3* tailor

táiplis *f2* **táiplis bheag** draughts ▷ *Bhí siad ag imirt táiplis bheag.* They were playing a game of draughts.

tairbhe *f4* benefit; **tairbhe a bhaint as rud** to benefit from something ▷ *Bhain mé tairbhe as an scíth sin.* I benefited from that rest.; **de thairbhe go** because ▷ *Ní raibh mé ar scoil inné de thairbhe go raibh mé tinn.* I wasn't at school yesterday because I was ill.; **gan tairbhe** useless

tairg *vb* [13], *vn* tairiscint] to offer ▷ *Thairg sé síob dom.* He offered me a lift.

tairne *m4* *(metal)* nail

taisce *f4* **rud a chur i dtaisce** to put something away ▷ *Cuir an t-airgead sin i dtaisce.* Put that money away in a safe place.; **cuntas taisce** a savings account

taisceadán *m1* safe ▷ *Chuir sí an t-airgead sa taisceadán.* She put the money in the safe. ▷ *Thug siad air an taisceadán a oscailt.* They forced him to open the safe.

taiscéalaí *m4* explorer

taisleach *m1* damp ▷ *Tá taisleach ar na ballaí.* The walls are damp.

taisme *f4* accident ▷ *Bhain taisme do Sheán inné.* John had an accident yesterday.; **taisme bóthair** a road accident; **de thaisme (1)** by accident ▷ *De thaisme a bhuail mé an carr.* I hit the car by accident. **(2)** by chance ▷ *Bhuaileamar le chéile de thaisme.* We met by chance.

taispeáin *vb* [17, *vn* taispeáint, *va* taispeánta] to show ▷ *Thaispeáin sí crógacht mhór.* She showed great courage.; **rud éigin a thaispeáint do dhuine éigin** to show somebody something ▷ *Ar thaispeáin mé mo bhróga reatha nua duit?* Have I shown you my new trainers?

taispeáint *(gen sing* **taispeántána)** *f3* **ar taispeáint** on display ▷ *Tá an obair ealaíne ar taispeáint sa halla.* The art work is on display in the hall.

taispeántas *m1* exhibition ▷ *Beidh taispeántas ealaíne ann ar* *scoil amárach.* There will be an art exhibition in school tomorrow.

taisteal *m1* ❶ travel ▷ *Is gníomhaire taistil í.* She's a travel agent. ❷ travelling ▷ *Is breá liom taisteal.* I love travelling.

taistealaí *m4* traveller

taistil *vb* [**19,** 3RD PRES taitstealaíonn, VN taisteal, VA taistealta] to travel ▷ *Thaistil muid go Gaillimh ar an traein.* We travelled to Galway by train.

taithí *f4* experience ▷ *Tá mé ag dul a dhéanamh taithí oibre.* I'm going to do work experience. ▷ *Fuair sé an post in ainneoin a easpa thaithí.* He got the job despite his lack of experience.

taitin *vb* [**21,** VN taitneamh] (*sun*) to shine ▷ *Bhí an ghrian ag taitneamh ó mhaidin go hoíche.* The sun shone from morning till night.; **Níor thaitin an scannán liom.** I didn't like the film.; **Thaitin an lá liom.** I enjoyed the day.

taitneamhach *adj* ❶ enjoyable ▷ *Bhí lá taitneamhach againn.* We had an enjoyable day. ❷ likeable ▷ *duine taitneamhach* a likeable person

talamh (*gen sing m* **talaimh**, *gen sing f* **talún**, *pl* **tailte**) *m1, f* ground ▷ *Tá an talamh iontach crua.* The ground's very hard.; **faoi thalamh** underground; **ar an talamh** on the ground ▷ *Shuigh muid ar an talamh.* We sat on the ground.

talcam *m1* talcum powder

talmhaíocht *f3* agriculture

tamall *m1* while; **go ceann tamaill** for a while ▷ *Beidh mé anseo go ceann tamaill.* I'll be here for a while.; **tamall ó shin** a while ago ▷ *Bhí sé anseo tamall ó shin.* He was here a while ago.; **tamall ó bhaile** not far from home

tanaí *adj* ❶ thin ▷ *Tá Niall iontach tanaí.* Neil's very thin. ❷ (*water*) shallow ▷ *Tá an abhainn iontach tanaí anseo.* The river's very shallow here.

tánaiste *m4* deputy Prime Minister

tanc (*pl* **tancanna**) *m4* (*military*) tank

tancaer *m1* tanker

taobh (*pl* **taobhanna**) *m1* side ▷ *ar an taobh eile den tsráid* on the other side of the street; **taobh le taobh** side by side; **taobh amuigh** outside ▷ *Tá carr taobh amuigh den teach.* There's a car outside the house.; **taobh istigh** within ▷ *Beidh mé ar ais taobh istigh de leathuair.* I'll be back within half an hour.; **taobh thiar de** behind ▷ *taobh thiar den teilifíseán* behind the television

taoide *f4* tide ▷ *taoide thuile* high tide ▷ *taoide thrá* low tide

taoiseach *m1* chief; **An Taoiseach** the Prime Minister of Ireland

taom (*pl* **taomanna**) *m3* **taom croí** a heart attack ▷ *Bhuail taom croí aréir é.* He had a heart attack

a
b
c
d
e
f
g
h
i
j
k
l
m
n
o
p
q
r
s
t
u
v
w
x
y
z

last night.

taos m1 ❶ (glue) paste; **taos fiacla** toothpaste ❷ (for bread) dough

taoschnó m4 doughnut
▷ taoschnó suibhe a jam doughnut

taosrán m1 (dough) pastry

tapa adj quick ▷ Tá sé tapa ar a chosa. He's quick on his feet.

tapaigh vb [12] (opportunity) to seize

tar vb [9] ❶ to come ▷ Tar isteach. Come in. ▷ Tagaim ar scoil ar an mbus. I come to school by bus. ❷ to arrive ▷ Tháinig sé ar a sé a chlog. He arrived at six o' clock.; **tar ar** to find ▷ Tháinig mé ar an airgead. I found the money. ❸ to catch ▷ Tháinig slaghdán uirthi. She caught a cold.; **tar le** to be able ▷ Ní thig liom dul. I'm not able to go.

tarbh m1 bull; **An Tarbh** Taurus ▷ Is mise An Tarbh. I'm Taurus.

tarlaigh vb [12, PAST tharla] to occur ▷ Tharla taisme aréir. An accident occurred last night.; **Tharla ann é.** He happened to be there.

tarra m4 tar

tarracóir m3 tractor

tarraiceán m1 drawer

tarraing vb [19, 3RD PRES tarraingíonn, VA tarraingthe] ❶ to pull ▷ Tharraing mé an leabhar as mo mhála. I pulled the book out of my bag. ▷ Tharraing sé an truicear. He pulled the trigger. ❷ to draw ▷ Tharraing an páiste pictiúr. The child drew a picture.

tarraingt (gen sing **tarraingthe**, pl **tarraingtí**) f draw ▷ Beidh an tarraingt ann anocht. The draw will take place tonight.; **tarraingt na téide** a tug of war

tarraingteach adj attractive ▷ cailín tarraingteach an attractive girl

tarrtháil f3 rescue ▷ oibríocht tarrthála a rescue operation ▷ na seirbhísí tarrthála the rescue services; **duine a tharrtháil** to come to somebody's rescue ▷ Tharrtháil sé mé. He came to my rescue.; **tarrtháil a thabhairt ar dhuine** to rescue somebody ▷ Thug siad tarrtháil ar an snámhóir. They rescued the swimmer.

tarrthálaí m4 rescuer

tart m3 thirst; **Tá tart orm.** I'm thirsty.

tasc (pl **tascanna**) m1 task

tástáil vb [25] to try on ▷ Thástáil Máire cóta uirthi. Mary tried on a coat.
▷ f3 ❶ test ▷ tástáil tiomána a driving test ❷ testing ▷ Tá mé in aghaidh tástáil núicléach. I'm against nuclear testing.

tatú m4 tattoo

TCI abbr (= teilifís ciorcaid iata) CCTV

TD abbr (= Teachta Dála) Dáil Deputy

te (pl, compar **teo**) adj ❶ warm ▷ Tá sé te. It's warm. ❷ hot ▷ uisce te hot water; **buidéal te** a hot-water bottle

té pron whoever ▷ an té a thiocfaidh

air whoever finds it; **an té atá ar iarraidh** the missing person

teach (*gen sing* **tí**, *pl* **tithe**, *dat sing* **tigh**) *m* house ▷ *Tá teach s'againne ag bun na sráide.* Our house is at the end of the road. ▷ *Tá teach álainn acu.* They've got a lovely house. ▷ *Téann an bus thar teach s'againn.* The bus goes past our house.; **teach beag** a toilet; **teach gloine** a greenhouse; **teach ósta** a hostel; **teach pobail** a chapel; **teach solais** a lighthouse

teachín *m4* cottage

teachta *m4* **teachta parlaiminte** a member of parliament; **Teachta Dála** a member of the Irish parliament

teachtaire *m4* messenger

teachtaireacht *f3* message

téacs (*pl* **téacsanna**) *m4* text ▷ *Léigh amach an téacs os ard.* Read the text out loud.; **téacs a chur chuig duine** to text someone

téacsáil *f3* (on mobile phone) text ▶ *vb* [25] (on mobile phone) to text

téacsleabhar *m1* textbook

téad *f2* rope ▷ *téad léimní* a skipping rope

téadléimneach *f2* skipping

teagasc *vb* [14, VN teagasc] to teach ▷ *Theagasc an fear sin Gaeilge dom.* That man taught me Irish.

teagascóir *m3* tutor

teaghlach *m1* family ▷ *teaghlach de chuid an lucht oibre* a working-class family

teagmháil *f3* contact ▷ *Bí i*

dteagmháil. Keep in contact.

téama *m4* theme

téamh *m1* heating ▷ *téamh lárnach* central heating; **téamh domhanda** global warming

teanga (*pl* **teangacha**) *f4* ❶ tongue ▷ *Tá sé ar bharr mo theanga.* It's on the tip of my tongue. ❷ language ▷ *Is teanga dheacair í an Ghearmáinis.* German is a difficult language.; **teanga dhúchais** native language ▷ *Is í an Ghaeilge mo theanga dhúchais.* Irish is my native language.

teangaire *m4* interpreter

teanglann *f2* language laboratory

teann *vb* [23] to tighten ▷ *Teann do chrios sábhála.* Tighten your safety belt.
▶ *adj* tight ▷ *éadaí teanna* tight clothes; **go teann** tightly ▷ *Ceangail go teann é.* Tie it tightly.

teannaire *m4* (for bicycle) pump

teannas *m1* tension ▷ *Tá an teannas ag méadú.* Tension is mounting.

téarma *m4* term

teas *m3* ❶ heat ▷ *teas na gréine* the heat of the sun ❷ heating ▷ *Imíonn an teas as muidh féin.* The heating switches itself off.

teastaigh *vb* [12, VN teastáil] to want ▷ *Teastaíonn breis ama uaithi.* She wants more time.; **'Freastalaí ag teastáil'** 'Waiter wanted'

teastas *m1* certificate ▷ *teastas breithe* a birth certificate ▷ *teastas pósta* a marriage certificate

teicneoir *m3* technician

teicneolaíocht *f3* technology
▷ *teicneolaíocht na faisnéise* information technology

teideal *m1* title

téigh *vb* [**10**] to go ▷ *Téigh amach sa ghairdín.* Go out to the garden.; **dul a luí** to go to bed ▷ *Chuaigh mé a luí ar a deich.* I went to bed at ten.

téigh ar *vb* to go on; **dul ar bord eitleáin** to board an aeroplane

téigh as *vb* (*fire, light*) to go out ▷ *Chuaigh an solas as.* The light went out.

teileafón *m1* telephone

teileascóp *m1* telescope

teilifís *f2* television ▷ *teilifís dhaite* a colour television ▷ *teilifís dhigiteach* digital television

teilifíseán *m1* (*set*) television ▷ *Tá an teilifíseán rómhór.* The television's too big.

teip *vb* [**13**, vn teip] to fail ▷ *Theip orm sa scrúdú.* I failed the exam. ▷ *Theip ar a carr ina MOT.* Her car failed its MOT. ▷ *Theip an tsláinte air.* His health failed.; **gan teip** without fail

téip (*pl* **téipeanna**) *f2* tape

teiripe *f4* therapy

teirmiméadar *m1* thermometer

teirminéal *m1* terminal

teist (*pl* **teisteanna**) *f2* test ▷ *Beidh teist agam amárach.* I've got a test tomorrow.

teistiméir *m3* (*for job*) referee

teistiméireacht *f3*
❶ (*qualification*) certificate

❷ reference ▷ *An mbeifeá sásta teistiméireacht a thabhairt dom, le do thoil?* Would you please give me a reference?

teitheadh (*gen sing* **teite**) *m* escape; **bheith ar do theitheadh** to be on the run

téitheoir *m3* heater

teocht *f3* temperature ▷ *Bhí teocht ard orm aréir.* I had a high temperature last night.

teorainn (*gen sing* **teorann**, *pl* **teorainneacha**) *f* border; **an Teorainn** the Border

thall *adv, adj* over ▷ *Tá sé taobh thall den abhainn.* It's over the river.; **thall i Meiriceá** over in America; **thall ansin** over there; **thall is abhus** here and there

thar *prep*

> Prepositional pronouns are **tharam, tharat, thairis, thairsti, tharainn, tharaibh, tharstu.**

over ▷ *Léim an capall thar an gclaí.* The horse jumped over the fence. ▷ *thar mhíle* over a mile; **thar sáile** abroad ▷ *Téim thar sáile gach bliain.* I go abroad every year.; **thar barr** excellent ▷ *Bhí an aiste sin thar barr.* The essay was excellent.; **thar a bheith fuar** extremely cold ▷ *Tá sé thar a bheith fuar anocht.* It is extremely cold tonight.; **fanacht thar oíche** to stay the night

thart *adv, prep* ❶ around ▷ *Amharc thart.* Look around. ▷ *Tá sé ina chónaí go díreach thart an coirnéal.*

He lives just around the corner. **②** over ▷ *Tá an cluiche thart.* The game is over.; **an tseachtain seo a chuaigh thart** last week; **dul thart le rud** to go past something ▷ *Chuaigh mé thart leis an teach aréir.* I went past the house last night.

theas *adv, adj* south ▷ *an cósta theas* the south coast; **an Afraic Theas** South Africa

thiar *adv, adj* **①** west ▷ *an cósta thiar* the west coast ▷ *Baile Átha Cliath Thiar* West Dublin ▷ *Tá sé taobh thiar de Londain.* It's west of London. **②** western ▷ *an taobh thiar den oileán* the western part of the island

thíos *adv* below ▷ *ar an urlár thíos* on the floor below; **Cad é atá thíos faoi sin?** What's under there?; **thíos staighre** downstairs

thoir *adv, adj* east ▷ *an cósta thoir* the east coast ▷ *Béal Feirste Thoir* East Belfast ▷ *Tá sé taobh thoir de Londain.* It's east of London.

thuaidh *adv, adj* north ▷ *Tá sé ar an taobh thuaidh de Londain.* It's north of London.; **an Mhuir Thuaidh** the North Sea; **an Pol Thuaidh** the North Pole

thuas *adv, adj* up ▷ *Tá an leabhar thuas ar an tseilf.* The book is up on the shelf.; **thuas staighre** upstairs

tí *f4* **bheith ar tí rud a dhéanamh** to be just about to do something ▷ *Bhí mé ar tí dul amach.* I was just about to go out.

tiarna *m4* lord; **tiarna talún** a

landlord; **An Tiarna** (God) the Lord; **Teach na dTiarnaí** the House of Lords

tic *m4* (of clock, mark) tick; **tic a chur le rud** to tick something off

ticéad *m1* ticket ▷ *Tá an ticéad seo bailí ar feadh trí mhí.* This ticket is valid for three months. ▷ *Cheannaigh siad na ticéid roimh ré.* They bought the tickets in advance.; **ticéad bus** a bus ticket; **ticéad crannchuir** a raffle ticket; **ticéad páirceála** a parking ticket; **ticéad séasúir** a season ticket; **ticéad singil** a single ▷ *Ticéad singil go Corcaigh, le do thoil.* A single to Cork, please.

tíl (*pl* **tíleanna**) *f2* tile

timpeall *prep* **①** around ▷ *timpeall an tí* around the house; **thart timpeall ar** surrounding ▷ *Tá crainn thart timpeall ar an teach.* There are trees surrounding the house. **②** about ▷ *timpeall mí ó shin* about a month ago

timpeallacht *f3* environment

timpeallán *m1* (at junction) roundabout

timpiste *f4* accident ▷ *Bhain timpiste dó.* He had an accident.; **de thimpiste** by accident

tine (*pl* **tinte**) *f4* fire ▷ *Rinne sé tine sa choill.* He made a fire in the woods.; **tine chnámh** a bonfire; **tine gháis** a gas fire; **le thine** on fire ▷ *Bhí an teach le thine.* The house was on fire.

tinn *adj* sick ▷ *Bhí Peadar tinn inné.*

a
b
c
d
e
f
g
h
i
j
k
l
m
n
o
p
q
r
s
t
u
v
w
x
y
z

Peter was sick yesterday.; **éirí tinn** to be taken ill ▷ *D'éirigh sí tinn aréir.* She was taken ill last night.; **bheith tinn tuirseach de rud** to be sick and tired of something ▷ *Tá mé tinn tuirseach den staidéar.* I'm sick and tired of studying.

tinneas *m1* sickness; **Tá tinneas orm.** I'm sick.; **tinneas farraige** seasickness; **tinneas cinn** a headache ▷ *Tá tinneas cinn orm.* I have a headache.

tinteán *m1* fireplace; **Níl aon tinteán mar do thinteán féin.** There's no place like home.

tintreach *f2* lightning

Tiobraid Árann *f* Tipperary

tíogar *m1* tiger

tiomáin *vb* [**17**, VN tiomaint, VA tiomáinte] to drive ▷ *Tiomáin go mall!* Drive slow! ▷ *Níl tiomáint aige.* He can't drive. ▷ *Thiomáin m'athair an carr abhaile.* My father drove the car home.

tiomáint (*gen sing* **tiomána**) *f3* drive ▷ *Tá tiomáint fhada romhainn amárach.* We've got a long drive tomorrow.; **ceadúnas tiomána** a driving licence

tiománaí *m4* driver

tionóisc *f2* accident ▷ *tionóisc bhóthair* a road accident; **trí thionóisc** by accident

tionól *m1* assembly ▷ *halla tionóil* an assembly hall

tionónta *m4* tenant

tionscadal *m1* project

tiontaigh *vb* [**12**] to turn

▷ *Tiontaigh ar clé.* Turn left.

tír (*pl* **tíortha**) *f2* country ▷ *tír i mbéal forbartha* a developing country ▷ *tír dhúchais* native country; **tír mór** mainland; **ceol tíre** folk music

Tír Chonaill *f* Donegal

tírdhreach (*gen sing, pl* **tírdhreacha**, *gen pl* **tírdhreach**) *m3* landscape

Tír Eoghain *f* Tyrone

tíreolaíocht *f3* geography

tirim *adj* dry ▷ *Beidh sé tirim amárach.* It'll be dry tomorrow; **airgead tirim** ready cash

tirimghlantóir *m3* dry-cleaner's

tit *vb* [**15**, VN titim, VA tite] to fall ▷ *Baineadh tuisle de agus thit sé.* He tripped and fell. ▷ *Tá praghsanna ag titim.* Prices are falling.; **titim a chodladh** to fall asleep ▷ *Thit sí ina codladh* She fell asleep.; **titim i laige** to faint ▷ *Go tobann thit sí i laige.* All of a sudden she fainted.; **titim amach le duine** to fall out with somebody ▷ *Thit sé amach lena dheirfiúr.* He fell out with his sister.

tiubh (*gen sing m* **tiubh**, *gen sing f, compar* **tibhe**) *adj* thick ▷ *Tá an ceo iontach tiubh anocht.* The fog is very thick tonight.; **chomh tiubh géar is a thig leat** as fast as you can

T-léine *f4* T-shirt

TnaG *abbr* (= *Teilifís na Gaeilge*) Irish language television

tobac *m4* tobacco; **D'éirigh sé as an tobac.** He gave up smoking.; **'Ná caitear tobac'** 'No smoking'

tobán m1 tub

tobann adj ❶ sudden ▷ ardú teochta tobann a sudden rise in temperature; **go tobann** suddenly ▷ D'éirigh sé go tobann as an gcathaoir. He suddenly got out of the chair. ❷ bad-tempered ▷ duine tobann a bad-tempered person

tobar (pl **toibreacha**) m1 (for water) well

tochail vb [**19**, VA tochailte] (hole) to dig

tochais vb [**17**, VN tochas] to scratch

tocht m3 **tocht a bheith ort** to be very emotional ▷ Bhí tocht orm nuair a chonaic mé ag imeacht é. I was very emotional when I saw him leaving.

todhchaí f4 future ▷ Tá an todhchaí neamhchinnte. The future's uncertain.

todóg f2 cigar

tóg vb [**14**, VA tógáil] ❶ to pick up ▷ Tóg an leabhar den urlár. Pick up the book from the floor. ❷ to take ▷ Tóg cúpla milseán, más maith leat. Take a couple of sweets, if you like. ▷ Tógann sé uair an chloig dul go Gaillimh. It takes an hour to go to Galway. ▷ Tóg go bog é. Take it easy. ❸ to build ▷ Thógamar an garáiste muid féin. We built our garage ourselves. ❹ to bring up ▷ Tógadh in Éirinn mé. I was brought up in Ireland.; **teach a thógáil ar cíos** to rent a house ▷ Thóg muid teach ar

cíos sa Fhrainc. We rented a house in France.

tógálach adj infectious; **galar tógálach** an infectious disease

tógálaí m4 builder ▷ Is tógálaí é. He's a builder.

togh vb [**23**, VA tofa] ❶ to choose ▷ Togh an ceann is fearr leat. Choose the one you prefer. ❷ to select ▷ Thogh an bainisteoir an fhoireann don chluiche. The manager selected the team for the game. ❸ to elect ▷ Toghadh uachtarán nua aréir. A new president was elected last night.

toghchán m1 election

tógtha adj excited ▷ Bhí na páistí tógtha faoin Nollaig. The children were excited about Christmas.

toil f3 will ▷ in éadan do thola against your will; **le do thoil** please ▷ Ticéad fillte go Corcaigh, le do thoil. A return to Cork, please.; **teanga a bheith ar do thoil agat** to be fluent in a language ▷ Tá an Ghaeilge ar a thoil ag Seán. John is fluent in Irish.

toilteanach adj willing ▷ Bíonn sé i gcónaí toilteanach cuidiú a thabhairt. He's always willing to help.

tóin (pl **tóineanna**) f3 (buttocks) bottom; **dul go tóin** to sink ▷ Chuaigh an bád go tóin sa stoirm. The boat sank in the storm.

tóir (pl **tóireacha**) f3 chase; **dul sa tóir ar dhuine** to chase somebody ▷ Chuaigh na gardaí sa tóir ar an *ngadaí.* The police chased the thief.

toirneach *f2* thunder

tóirse *m4* torch

toirt (*pl* **toirteanna**) *f2* **ar an toirt** right away ▷ *Déanfaidh mé ar an toirt é.* I'll do it right away.

toirtín *m4* scone; **toirtín úll** an apple tart

toirtís *f2* tortoise

toisc (*pl* **tosca**) *f2* factor; **Toisc gurb é an Domhnach é, tá cead agat luí isteach.** Because it's Sunday, you can have a lie-in.

toit *f2* smoke

toitín *m4* cigarette ▷ *paca toitíní* a pack of cigarettes

tólamh *n* **i dtólamh** always ▷ *Bíonn mo sheomra leapa trí chéile i dtólamh.* My bedroom's always untidy.

tolg *m1* sofa ▷ *Bhí sé ina luí ar an tolg.* He was lying down on the sofa.

tollán *m1* tunnel; **Tollán Mhuir nIocht** the Channel Tunnel

tomhais *vb* [**17,** VN tomhas, VA tomhaiste] to measure

tonn (*pl* **tonnta**, *dat sing* **toinn**, *gen pl* **tonn**) *f2* wave ▷ *tonn tuile* a tidal wave; **thar toinn** overseas; **faoi thoinn** underwater; **tonn teaspaigh** a heatwave

tonna *m4* ton

tor *m1* bush; **lá a chaitheamh faoin tor** to play truant

toradh (*pl* **torthaí**) *m1* ❶ fruit ▷ *toradh citris* citrus fruit ❷ (*of test, game*) result ▷ *Fuair mé toradh maith sa scrúdú Gaeilge.* I got a good result

in the Irish exam.

tóraíocht *f3* search; **tóraíocht taisce** a treasure hunt

torann *m1* loud noise

tornádó (*pl* **tornádónna**) *m4* tornado

tornapa *m4* turnip

tosach (*gen sing, pl* **tosaigh**) *m1* ❶ beginning ▷ *ó thosach* from the beginning ❷ start ▷ *tosach an rása* the start of a race ❸ front ▷ *tosach an tí* the front of the house ❹ lead ▷ *Tá foireann s'againn chun tosaigh.* Our team is in the lead.; **i dtosach** at first

tosaí *m4* (*sport*) forward

tosaigh *vb* [**12**] to start ▷ *Tosaíonn an scoil ar a naoi a chlog.* School starts at 9.00. ▷ *Níor thosaigh mé ar an athbhreithniú go fóill.* I haven't started revising yet.
▶ *adj* front ▷ *suíocháin tosaigh an chairr* the front seats of the car ▷ *eochair an dorais tosaigh* the key to the front door; **chun tosaigh** in front ▷ *an carr chun tosaigh* the car in front

tost *m3* silence; **Bí i do thost!** Be quiet!

tósta *m4* toast ▷ *slisín tósta* a slice of toast

tóstaer *m1* toaster

tóstáil *vb* [**25**] to toast

trá (*pl* **tránna**) *f4* beach ▷ *Chaith muid an lá ar an trá.* We spent the day on the beach.; **bheith ag iarraidh an dá thrá a fhreastal** to try to do two things at once

trácht (pl **tráchtanna**) m3 traffic
▷ *Bhí an trácht go holc.* The traffic
was terrible.; **soilse tráchta**
traffic lights

traein (gen sing **traenach**, pl
traenacha) f train ▷ *D'imigh an
traein orm.* I missed the train.; **ar
an traein** by train ▷ *Is fearr liom
taisteal ar an traein.* I prefer to
travel by train.; **traein luais** an
express train

traenáil vb [25] to train ▷ *Beidh
muid ag traenáil anocht.* We will be
training tonight.

traenálaí m4 (coach) trainer

traigéide f4 (play) tragedy

tragóid f4 tragedy ▷ *Chuir an
tragóid uafás orthu.* They were
shocked by the tragedy.

tragóideach adj tragic

tráidire m4 tray

traidisiúnta adj traditional ▷ *ceol
traidisiúnta* traditional music

tralaí m4 trolley

tram (pl **tramanna**) m4 tram

trampailín m4 trampoline

traoch vb [23] *Tá mé traochta.*
I am exhausted.

trasna prep, adv across ▷ *an siopa
trasna na sráide* the shop across
the road ▷ *Cónaíonn siad trasna an
bhóthair uaim.* They live across the
road from me.

trasnaigh vb [12] to cross; *Páistí
ag trasnú!* Children crossing!

tráta m4 tomato ▷ *anlann trátaí*
tomato sauce ▷ *anraith trátaí*
tomato soup

tráth (pl **tráthanna** or **trátha**,
gen pl **tráth**) m3 time ▷ *an tráth seo
den bhliain* this time of the year;
in am agus i dtráth in due course;
i dtrátha a dó a chlog at about 2
o'clock; **tráth bia** a meal; **tráth na
gceist** a quiz

tráthnóna (pl **tráthnónta**)
m4 ❶ afternoon ▷ *An féidir
leat aire a thabhairt don bhabaí
tráthnóna inniu?* Could you mind
the baby this afternoon? ❷ in
the afternoon ▷ *Beidh mé ar
ais tráthnóna.* I'll be back in the
afternoon. ▷ *ar a ceathair a chlog
tráthnóna* at 4 o'clock in the
afternoon ❸ evening ▷ *Amharcaim
ar an nuacht gach tráthnóna.* I
watch the news every evening.
▷ *Tá ceachtanna le hullmhú aici
tráthnóna.* She has to prepare
lessons in the evening.; **Tháinig
mé abhaile ar a deich tráthnóna
aréir.** I got home at ten o'clock
last night.

treabhsar m1 trousers

tréad (gen sing, pl **tréada**) m3
❶ flock ▷ *tréad caorach* a flock of
sheep ❷ herd ▷ *tréad bó* a herd
of cows

tréadaí m4 shepherd

trealamh m1 equipment

tréaslaigh vb [12] to congratulate
▷ *Thréaslaigh an múinteoir an
toradh maith liom.* The teacher
congratulated me on my good
result.

treaspás m1 'Ná déantar

treaspás' 'No trespassing'

tréidlia (*pl* **tréidlianna**) *m4* vet ▷ *Is tréidlia í.* She's a vet.

tréig *vb* [**13,** VN tréigean] to abandon ▷ *Thréig sé a sheanchairde.* He abandoned his old friends.

tréimhse *f4* period ▷ *do thréimhse theoranta* for a limited period

treo (*pl* **treonna**) *m4* direction; **Cén treo ar imigh sé?** Which way did he go?; **méar a shíneadh i dtreo duine** to point at somebody ▷ *Shín sí a méar i dtreo Áine.* She pointed at Anne.

treoirlíne (*pl* **treoirlínte**) *f4* guideline

treoraí *m4* guide ▷ *Thug an treoraí thart ar Coláiste na Trionóide muid.* The guide took us around Trinity College.

trí (*pl* **tríonna**) *m4* three

▌ **trí** is usually followed by a singular noun.

▷ *trí mhála* three bags; **Tá sí trí bliana d'aois.** She's three.; **trí ... déag** thirteen ▷ *trí bhuidéal* thirteen bottles

▶ *prep*

▌ Prepositional pronouns are **tríom, tríot, tríd, tríthi, trínn, tríbh, tríothu.**

❶ through ▷ *tríd an bhfuinneog* through the window ▷ *Tá aithne agam uirthi trí mo dheirfiúr.* I know her through my sister.

❷ throughout ▷ *Beidh muid ag obair tríd an lá.* We will be working throughout the day.; **trí chéile** confused

triail *f* ❶ test ▷ *Beidh triail tiomána aige amárach.* He's taking his driving test tomorrow. ❷ try ▷ *Bainfidh mé triail as.* I'll give it a try.

▶ *vb* [**15,** VN triail] to try ▷ *Triail na bróga sin ort.* Try on those shoes.

triall (*pl* **triallta**) *m3* journey; **Cá bhfuil do thriall?** Where are you going?

triantán *m1* triangle

trioblóid *f2* trouble ▷ *Ná bí buartha, ní trioblóid ar bith é.* Don't worry, it's no trouble.; **bheith i dtrioblóid** to be in trouble

tríocha (*gen sing* **tríochad**, *pl* **tríochaidí**) *m* thirty

▌ **tríocha** is usually followed by a singular noun.

▷ *tríocha buidéal* thirty bottles; **Tá mé tríocha bliain d'aois.** I'm thirty.

triomadóir *m3* dryer ▷ *triomadóir gruaige* a hair dryer ▷ *triomadóir iomlasctha* a tumble dryer

triomaigh *vb* [**12**] to dry ▷ *Triomaigh na soithí, le do thoil.* Dry the dishes, please.

tríú *adj* third ▷ *an tríú huair* the third time ▷ *an Tríú Domhan* the Third World; **teacht isteach sa tríú háit** to finish third; **an tríú lá de Mhárta** the third of March

triuf (*pl* **triufanna**) *m4* (*in cards*) club ▷ *an t-aon triuf* the ace of clubs

triúr *m1* three people; **Chuaigh triúr againn ann.** Three of us went.; **triúr ban** three women

troid f3 fight
▶ vb [**15**, VN triod] to fight ▷ *Bhí an bheirt ghasúr ag troid.* The two boys were fighting.

troigh (pl **troithe**) f2 (12 inches) foot; **sé throithe ar airde** six feet tall

troitheán m1 pedal

trom adj heavy ▷ *Tá mo mhála scoile iontach trom.* My schoolbag's very heavy.

trombón m1 trombone ▷ *Bím ag seinm ar an trombón.* I play the trombone.

tromlach m1 majority ▷ *Cónaíonn tromlach na ndaltaí faoin tuath.* The majority of the pupils live in the country.

tromluí m4 nightmare

trosc m1 cod

troscán m1 furniture

trua f4 pity; **Nach mór an trua!** What a pity!

trucail f2 truck

trumpa m4 trumpet ▷ *Bíonn sí ag seinm ar an trumpa.* She plays the trumpet.

trunc m3 (of elephant) trunk

tú pron you ▷ *An dtuigeann tú?* Do you understand?

> The form **thú** is used as the object of a verb.
> ▷ *Chonaic mé thú.* I saw you.; **tú féin** yourself ▷ *Déan tú féin sa bhaile.* Make yourself at home.

tua (pl **tuanna**) f4 axe

tuáille m4 towel

tuairim f2 opinion; **tuairim a bheith agat** to have an opinion
▶ prep **tuairim is** about ▷ *Tá tuairim is céad duine sa halla.* There are about 100 people in the hall.

tuairisc f2 report; **tuairisc duine a chur** to ask after somebody ▷ *Bhí Máire ag cur do thuairisce.* Mary was asking after you.

tuairisceoir m3 reporter ▷ *Ba mhaith liom bheith i mo thuairisceoir.* I'd like to be a reporter.

tuaisceart m1 north ▷ *sa tuaisceart* in the north; **Tuaisceart Éireann** Northern Ireland

tuar (pl **tuartha**) m1 forecast; **tuar na haimsire** a weather forecast; **tuar ceatha** a rainbow

tuarastal m1 salary

tuath (gen sing **tuaithe**) f2 country; **faoin tuath** in the country ▷ *Thug muid geábh faoin tuath sa charr.* We went for a drive in the country.

tuig vb [**13**, VN tuiscint] to understand ▷ *Tuigim Fraincis agus Gaeilge.* I understand French and Irish.

tuile (pl **tuilte**) f4 flood

tuilleadh m1 **Ar mhaith leat a thuilleadh tae?** Would you like some more tea?; **Ní thagann sé a thuilleadh.** He doesn't come any more.

tuirling vb [**19**, 3RD PRES tuirlingíonn, VA tuirlingthe] ❶ to get off ▷ *Thuirling mé den bhus i nGaillimh.* I got off the bus in

Galway. ❷ to land ▷ *Thuirling an t-eitleán slán sábháilte.* The plane landed safely.

tuirse *f4* *Tá tuirse orm.* I'm tired.

tuirseach *adj* tired ▷ *Tá na páistí iontach tuirseach.* The children are very tired.

tuisceanach *adj* considerate ▷ *duine tuisceanach* a considerate person

tuismeá *f4* horoscope

tuismitheoir *m3* parent ▷ *Tá mo thuismitheoirí colscartha.* My parents are divorced. ▷ *Ní réitíonn sé lena thuismitheoirí.* He doesn't get on with his parents.

tum *vb* [**14**] to dive ▷ *Thum mé isteach sa linn.* I dived into the pool.

tumadóir *m3* diver

tumadóireacht *f3* diving

túr *m1* tower

turas *m1* ❶ trip ▷ *Bíodh turas maith agat!* Have a good trip!; **turas scoile** a school trip ❷ journey ▷ *Ní maith liom turas fada.* I don't like long journeys. ❸ tour ▷ *Chuamar ar thuras na cathrach.* We went on a tour of the city.; **d'aon turas** on purpose ▷ *Rinne sé d'aon turas é.* He did it on purpose.; **Turas na Croise** the Stations of the Cross

turasóir *m3* tourist ▷ *gasra turasóirí* a party of tourists

turasóireacht *f3* tourism

turcaí *m4* turkey

turtar *m1* turtle

tús *m1* start ▷ *Ní mórán é, ach is tús é.* It's not much, but it's a start.;

ó thús from the start; **ar dtús** (1) first ▷ *Téigh thusa ar dtús agus leanfaidh mé thú.* You go first and I'll follow. (2) at first ▷ *Bhí sí iontach cúthail ar dtús.* She was really self-conscious at first.; **i dtús báire** first of all ▷ *Beidh dinnéar againn i dtús báire.* First of all we will have dinner.; **tús a chur le rud** to start something ▷ *Cé a chuir tús leis an troid?* Who started the fight?

tusa *pron* (for emphasis) you

　The form **thusa** is used as the object of a verb.

túslitir (*gen sing* **túslitreach**, *pl* **túslitreacha**) *f* initial

tvuíteáil *vb* [**25**] (on Twitter) to tweet

u

uabhar *m1* pride

uacht (*pl* **uachtanna**) *f3* will; **rud a fhágáil le huacht ag duine** to leave something to somebody ▷ *D'fhág m'aintín teach le huacht agam.* My aunt left me a house.

uachtar *m1* ❶ top; **an lámh in uachtar a fháil** to get the upper hand ▷ *Fuair Seán an lámh in uachtar ar Liam.* Sean got the upper hand over Liam. ❷ cream ▷ *sútha talún agus uachtar* strawberries and cream; **uachtar reoite** ice cream ▷ *Cén blas d'uachtar reoite ba mhaith leat?* Which flavour of ice cream would you like? ▷ *uachtar reoite fanaile* vanilla ice cream; **uachtar coiptha** whipped cream

uachtarán *m1* president ▷ *Molaim Seán Mac an tSaoir mar uachtarán ar an gcumann.* I nominate John McAteer as president of the society.; **Uachtarán na hÉireann** the President of Ireland

uafar *adj* dreadful ▷ *scéal uafar* a dreadful story

uafás *m1* (terror) horror; **uafás a chur ar dhuine** to horrify somebody; **Ré an Uafáis** the Reign of Terror; **an t-uafás airgid** an awful lot of money; **an t-uafás daoine** an awful lot of people

uafásach *adj* ❶ horrible ▷ *A leithéid de ghúna uafásach!* What a horrible dress! ❷ dreadful ▷ *meancóg uafásach* a dreadful mistake ▷ *Bhí an aimsir uafásach.* The weather was dreadful.; **Tá sé uafásach!** It's shocking!; **coir uafásach** a terrible crime; **radharc uafásach** a horrifying sight

uaibhreach *adj* proud

uaigh (*pl* **uaigheanna**) *f2* grave; **Is iomaí lá ag an uaigh orainn.** We'll be a long time dead.

uaigneach *adj* ❶ lonely ▷ *saol uaigneach* a lonely life ▷ *áit uaigneach* a lonely place ❷ spooky ▷ *scéal uaigneach* a spooky story; **Ní duine uaigneach mé.** I am not afraid of the dark.

uaigneas *m1* loneliness; **uaigneas a bheith ort** to be lonely ▷ *Tá uaigneas orm.* I'm lonely.

uaill *f2* howl; **uaill a ligean asat** to howl; **Lig sé uaill as.** He let out a yell.

uaillmhianach adj ambitious
▷ Tá sí iontach uaillmhianach. She's very ambitious.

uaimh (pl **uaimheanna**) f2 cave

uaimheadóireacht f3 (activity) potholing

uain (pl **uaineacha**) f2 ❶ time
▷ Níl uain agam an obair a chríochnú. I have no time to finish my work.
❷ turn ▷ Fan le d'uain. Wait your turn. ❸ weather ▷ Bhí an uain go hálainn. The weather was beautiful.

uaine adj, f4 (bright) green

uaineoil f3 (meat) lamb; **ceathrú uaineola** a leg of lamb

uainíocht f3 shift work; **uainíocht a dhéanamh** to take turns ▷ Déanann muid uainíocht ar a chéile leis an gcócaireacht. We take turns at the cooking.

uair (pl **uaireanta**) f2 ❶ hour
▷ uaireanta cuartaíochta visiting hours ▷ uaireanta oifige office hours

> Numbers in Irish are usually followed by a singular noun, but the plural form **uaire** is used after numbers 3 to 10.

▷ trí huaire three hours; **uair an chloig** an hour ▷ Beidh mé ar ais i gceann uair an chloig. I will be back in an hour.; **obair uaire** an hour's work; **10 gciliméadar san uair** 10 km an hour ❷ time ▷ Seiceálfaidh mé uair na traenach. I'll check the time of the train.; **cá huair?** when? ▷ Cá huair a bheidh tú ar ais? When will you be back?; **gach uair** every

time ▷ Bíonn sé faoi ghruaim gach uair a fheicim é. Every time I see him he's depressed.; **an chéad uair** the first time; **an chéad uair eile** the next time ▷ Beidh Máire liom an chéad uair eile. Mary will be with me the next time.; **uair sa tseachtain** once a week; **uair amháin** once ▷ uair amháin eile once more; **i láthair na huaire** at the moment; **uaireanta** sometimes

uaireadóir m3 watch

ualach (pl **ualaí**) m1 load; Bhí sé ina ualach ar mo chroí. It weighed heavily on my heart.

uamhan (pl **uamhna**, gen pl **uamhan**) m1 fear; **uamhan a bheith ort** to be terrified; **uamhan clóis** claustrophobia

uan m1 (animal) lamb

uasal (gen sing f, pl, compar **uaisle**) adj (upright) decent; **an tUasal Ó Murchú** Mr Murphy; **A Dhuine Uasail** Dear Sir; **A Bhean Uasal** Dear Madam; **a dhaoine uaisle** ladies and gentlemen

uaschamóg f2 apostrophe; **uaschamóga** inverted commas

uaslódáil vb [25] (computing) to upload

uathoibríoch (gen sing m **uathoibríoch**) adj automatic
▷ doras uathoibríoch an automatic door; **go huathoibríoch** automatically ▷ Druidtear na doirse go huathoibríoch. The doors close automatically.

ubh (pl **uibheacha**) f2 egg ▷ dosaen

uibheacha a dozen eggs ▷ *ubh agus dhá shlisín bagúin* an egg and two rashers of bacon; **ubh bhruite** a boiled egg; **ubh fhriochta** a fried egg; **ubh scallta** a poached egg; **uibheacha scrofa** scrambled eggs; **trí huibhe** three eggs

ubhchupán *m1* egg cup

ucht (*pl* **uchtanna**) *m3* ❶ chest ▷ *tomhas a uchta* his chest measurement ❷ (*of woman*) breast ❸ lap ▷ *Shuigh an leanbh ina hucht.* The child sat in her lap.; **as ucht** for the sake of ▷ *as ucht Dé* for God's sake

uchtach *m1* courage; **d'uchtach a chailleadh** to lose heart; **uchtach a thabhairt do dhuine** to encourage somebody

uchtaigh *vb* [13] (*child*) to adopt

úd *m1* (*in rugby*) try ▷ *Ghnóthaigh mé úd.* I scored a try.
   ▶ *adj* that ▷ *Is ball den pháirtí úd í.* She belongs to that party.; **an ceann úd** that one over there

údar *m1* author ▷ *Is údar cáiliúil í.* She's a famous author.

uibheagán *m1* omelette

Uíbh Fhailí *mpl* Offaly

uile *adj* ❶ every; **gach uile áit** everywhere; **gach uile ní** everything; **gach uile dhuine** everyone ❷ all ▷ *D'ídíomar an phéint uile.* We've used up all the paint. ▷ *na páistí uile* all the children

uile-Éireann *adj* all-Ireland; **bonn uile-Éireann** an all-Ireland medal

uillinn (*pl* **uillinneacha**, *gen sing*, *pl* **uilleann**) *f2* ❶ elbow; **uillinn ar uillinn** arm in arm ❷ (*maths*) angle; **píb uilleann** uilleann pipes

uimhir (*gen sing* **uimhreach**, *pl* **uimhreacha**) *f* number ▷ *Tá an huimhir ghutháin i mo dhialann agam.* I've got her phone number in my diary. ▷ *Tá an uimhir chontráilte agat.* You've got the wrong number. ▷ *Tá an t-album seo ar uimhir a haon sna cairteacha.* This album is number one in the charts. ▷ *Tá siad ina gcónaí ag uimhir 5.* They live at number 5. ▷ *uimhir chorr* an odd number; **Uimhir Aitheantais Phearsanta** a PIN number; **uimhir chuntais** account number

uimhirchlár *m1*, **uimhirphláta** *m4* (*of car*) number plate

uimhríocht *f3* arithmetic

úinéir *m3* owner

uirlis *f2* tool; **uirlis cheoil** a musical instrument

uisce *m4* water ▷ *Níl aon uisce te ann.* There's no hot water. ▷ *Tá an t-uisce ag fiuchadh.* The water's boiling.; **uisce a chur ar rud** to water something ▷ *Bhí sé ag cur uisce ar a chuid tiúilipí.* He was watering his tulips.; **faoi uisce** underwater ▷ *Scannánaíodh an chuid seo faoi uisce.* This part was filmed underwater.; **uisce beatha** whiskey; **uisce mianrach** mineral water; **uisce coipeach** fizzy water

uisceadán *m1* aquarium

Uisceadóir *m3* **An tUisceadóir**

Aquarius ▷ *Is mise An Uisceadóir.* I'm Aquarius.

ulchabhán *m1* owl

úll (*pl* **úlla**) *m1* apple ▷ *B'fhearr liom úll ná banana.* I'd rather have an apple than a banana. ▷ *úll taifí* a toffee apple; **úll an chromáin** hip joint

ullamh *adj* ready; **bheith ullamh do rud** to be prepared for something

ullmhaigh *vb* [13] to prepare; **ullmhú i gcomhair scrúduithe** to prepare for exams; **béile a ullmhú** to prepare a meal

úllord *m1* orchard

ulpóg *f2* flu ▷ *Tá an ulpóg uirthi.* She's got flu.

Ultach *adj* Ulster
▶ *n* Ulsterman, Ulsterwoman

um *prep*

Prepositional pronouns are **umam, umat, uime, uimpi, umainn, umaibh, umpu.**

❶ about; **um Nollaig** at Christmas; **um Cháisc** at Easter ❷ in ▷ *um thráthnóna* in the evening ▷ *Beidh mé ar ais um thráthnóna.* I'll be back in the afternoon.

umar *m1* tank ▷ *umar peitril* a petrol tank; **umar baiste** a baptismal font

uncail *m4* uncle

únfairt *f2* **bheith do d'únfairt féin** to toss and turn ▷ *Bhí sé á únfairt féin sa leaba.* He was tossing and turning in the bed.

ungadh (*gen sing* **ungtha**, *pl* **ungthaí**) *m* ointment; **ungadh beola** lip salve

Ungáir *f2* **an Ungáir** Hungary ▷ *san Ungáir* in Hungary ▷ *chun na hUngáire* to Hungary

Ungáiris *f2* (*language*) Hungarian

Ungarach *adj, m1* Hungarian ▷ *Is Ungarach é.* He's Hungarian.

unsa *m4* ounce

úr *adj* new ▷ *carr úr* a new car ▷ *Is dearadh úr ar fad é.* It's a completely new design.; **aer úr** fresh air ▷ *Tá aer úr de dhíth orm.* I need some fresh air.

urchar *m1* shot ▷ *urchar maith a bheith agat* to be a good shot ▷ *urchar gunna* a gunshot

urchóid *f2* harm; **gan urchóid** harmless

urchóideach *adj* harmful

urlár *m1* ❶ floor ▷ *ar an urlár uachtarach* on the upper floor ▷ *an chéad urlár* the first floor ▷ *urlár leacán* a tiled floor ❷ (*of bus*) deck

urnaí *f4* prayer

úrnua *adj* brand new ▷ *Tá carr úrnua acu.* They've got a brand new car.

urraim *f2* respect; **urraim a thabhairt do dhuine** to treat somebody with respect

urraíocht *f3* sponsorship

urramach *m1* (*title*) reverend; **an tUrramach de Brún** Reverend Brown

úrscéal (*pl* **úrscéalta**) *m1* novel ▷ *Oiriúnaíodh a úrscéal le haghaidh* *na teilifíse.* His novel was adapted for television.

úrscéalaí *m4* novelist

urú (*gen sing* **uraithe**, *pl* **uruithe**) *m* eclipse; **urú gréine** a solar eclipse

úsáid *f2* use ▷ *in úsáid* in use ▷ *as úsáid* out of use; **úsáid a bhaint as rud** to use something ▷ *An bhfuil cead againn úsáid a bhaint as foclóir sa scrúdú?* Can we use a dictionary in the exam?; **gan úsáid** useless

úsáideach *adj* useful

úsáideoir *m3* user ▷ *úsáideoir bóithre* a road user

vacsaínigh *vb* [11] to vaccinate

vaidhtéir *m3* best man; **vaidhtéir cuain** coastguard

vailintín *m4* (*card*) valentine; **Lá Fhéile Vailintín** St Valentine's Day

vallait *f2* wallet

válsa *m4* waltz

vardrús *m1* wardrobe

Vársá *m4* Warsaw

vása *m4* vase

vástchóta *m4* waistcoat

Vatacáin *f2* the Vatican; **Cathair na Vatacáine** Vatican City

veain (*pl* **veaineanna**) *f4* van

veidhleadóir *m3* violinist

veidhlín *m4* violin ▷ *Seinnim ar an veidhlín.* I play the violin.

veigeatóir *m3* vegetarian ▷ *Is veigeatóir é.* He's a vegetarian.

veilbhit *f2* velvet ▷ *gúna veilbhite* a

a
b
c
d
e
f
g
h
i
j
k
l
m
n
o
p
q
r
s
t
u
v
w
x
y
z

velvet dress
veirtige *f4* vertigo
veist (*pl* **veisteanna**) *f2*
❶ (*underwear*) vest ❷ waistcoat
vióla *f4* viola ▷ *Seinnim ar an vióla.* I
play the viola.
víosa *f4* visa
víreas *m1* virus
vitimín *m4* vitamin
Vítneam *m4* Vietnam
voc *m4* wok
vodca *m4* vodka
volta *m4* volt
voltas *m1* voltage
vóta *m4* vote
vótáil *vb* [**25**] to vote; **ionad**
vótála polling booth; **lucht**
vótála voters

X-chrómasóm *m1*
X-chromosome
xéaracs *m4* Xerox
x-gha (*pl* **x-ghathanna**) *m4* (*ray*)
X-ray
x-ghathú *m* (*photo*) X-ray
xileafón *m1* xylophone

Y   Z

Y-chrómasóm *m1*
Y-chromosome

yóyó (*pl* **yóyónna**) *m4* yo-yo

zipeáil *vb* [11] (*file*) to zip
zipchomhad *m1* zip file
zú (*pl* **zúnna**) *m4* zoo

a *art*

There is no indefinite article in Irish.

▷ *a book* leabhar ▷ *an apple* úll ▷ *She's a doctor.* Is dochtúir í.; **a year ago** bliain ó shin; **a hundred euros** céad euro; **3 a day** 3 sa lá; **10 km an hour** 10 gciliméadar san uair; **30p a kilo** 30 pingin an cileagram

AA *n* (= *Automobile Association*) Cumann na nGluaisteán

aback *adv* **He was taken aback.** Baineadh siar as.

abandon *vb* ❶ tréig ▷ *He abandoned his wife.* Thréig sé a bhean. ❷ éirigh as ▷ *They abandoned the attempt.* D'éirigh siad as an iarracht.

abbey *n* mainistir *f*

abbreviation *n* giorrúchán *m1*

ability *n* ábaltacht *f3*; **to have the ability to do something** cumas a bheith ionat rud a dhéanamh

able *adj* ábalta; **to be able to do something** bheith ábalta rud a dhéanamh ▷ *He was able to help me.* Bhí sé ábalta cuidiú liom.

abolish *vb* cuir ar ceal

abortion *n* ginmhilleadh *m* ▷ *She had an abortion.* Bhí ginmhilleadh aici.

about *prep, adv* ❶ (*approximately*) thart ar ▷ *It takes about 10 hours.* Tógann sé thart ar 10 n-uaire an chloig.; **about a hundred** tuairim is céad; **at about 2 o'clock** i dtrátha a dó a chlog ❷ (*referring to place*) thart ▷ *We walked about the town.* Shiúlamar thart faoin mbaile mór. ❸ (*relating to*) faoi ▷ *a book about London* leabhar faoi Londain; **We talked about it.** Labhraíomar faoi.; **How about going to the cinema?** Cad é faoi dhul chun na pictiúrlainne?; **What's it about?** Cad is ábhar dó?; **to be about to do something** bheith ar tí rud a dhéanamh

above *prep, adv* ❶ thuas ▷ *the flat above* an t-árasán thuas; **above all** thar gach uile ní ❷ (*more than*) os cionn ▷ *above 40 degrees* os cionn 40 céim

abroad *adv* thar lear ▷ *It costs quite a lot to go abroad.* Cosnaíonn sé go leor le dul thar lear.

abrupt *adj* ❶ (*sudden*) tobann

❷ (gruff) giorraisc ▷ He was a
bit abrupt with me. Bhí sé cineál
giorraisc liom.

abruptly adv ❶ (speak) go
giorraisc ❷ go tobann ▷ He got up
abruptly. D'éirigh sé go tobann.

absence n éagmais f2

absent adj ❶ (from school) as
láthair ▷ Michael's absent today.
Tá Micheál as láthair inniu.
❷ (missing) ar iarraidh

absent-minded adj dearmadach
▷ She's a bit absent-minded. Tá sí rud
beag dearmadach.

absolutely adv ❶ (completely)
iomlán ▷ Mary's absolutely right. Tá
an ceart iomlán ag Máire. ❷ (in
agreement) cinnte ▷ Do you think
it's a good idea? — Absolutely! An
síleann tú gur smaoineamh maith
é? — Cinnte!

absorbed adj to be absorbed in a
book bheith sáite i leabhar

absurd adj áiféiseach ▷ That's
absurd! Tá sé sin go háiféiseach!

abuse n ❶ mí-úsáid f2 ▷ the issue
of child abuse ceist faoi mí-úsáid
leanaí ▷ the problem of drug abuse
fadhb mí-úsáid drugaí ❷ (insults)
masla m4 ▷ They shouted abuse at
the referee. Chaith siad maslaí leis
an réiteoir.
▶ vb ❶ bain mí-úsáid as ▷ abused
children páistí ar baineadh mí-
úsáid astu ▷ It's dangerous to abuse
drugs. Tá sé contúirteach mí-úsáid
a bhaint as drugaí. ❷ (insult)
maslaigh

abusive adj maslach ▷ abusive
behaviour iompar maslach ▷ When
I refused, he became abusive. Nuair a
dhiúltaigh mé, d'éirigh sé maslach

academic adj acadúil ▷ the
academic year an bhliain acadúil

academy n acadamh m1
▷ academy of music acadamh ceoil
▷ a military academy acadamh
míleata

accelerate vb luasghéaraigh

accelerator n luasaire m4

accent n blas m1 ▷ He's got a French
accent. Tá blas na Fraince ar a chuid
cainte.

accept vb (apology) glac

acceptable adj inghlactha

access n ❶ rochtain f3 ▷ Her
husband has access to the children.
Tá rochtain ag a fear céile na páistí
a fheiceáil. ❷ (permission) cead
m3 isteach

accessible adj so-aimsithe

accessory n oiriúint f3 ▷ fashion
accessories oiriúintí faisin

accident n taisme f4 ▷ John had an
accident. Bhain taisme do Sheán;
by accident de thaisme ▷ The
burglar killed him by accident.
Mharaigh an buirgléir de thaisme é.

accidental adj de thaisme

accommodate vb tabhair lóistín
do ▷ The hotel can accommodate 50
people. Is féidir lóistín a thabhairt
do 50 duine san óstán.

accommodation n lóistín m4

accompany vb comóir

accord n comhaontú m; They left

of their own accord. D'fhág siad dá dtoil féin.

accordingly adv dá réir

according to prep de réir ▷ *According to him, everyone had gone.* Dá réir siúd, bhí gach duine ar shiúl.

accordion n bosca m4 ceoil

account n ❶ cuntas m1 ▷ *a bank account* cuntas bainc; **to do the accounts** na cuntais a dhéanamh ❷ (report) tuairisc f2 ▷ *He gave a detailed account of what happened.* Thug sé tuairisc mhion ar gach rud a tharla.; **to take something into account** rud a chur san áireamh; **on account of** de bharr ▷ *We couldn't go out on account of the bad weather.* Ní thiocfadh linn dul ar amach de bharr na drochaimsire.

account for vb mínigh

accountable adj freagrach ▷ *You'll be accountable to me for any damage done.* Beidh tú freagrach domsa as aon damáiste a dhéanfaí.

accountancy n ❶ (subject) cuntasaíocht f3 ❷ (profession) cuntasóireacht f3

accountant n cuntasóir m3 ▷ *She's an accountant.* Is cuntasóir í.

accuracy n cruinneas m1

accurate adj cruinn ▷ *accurate information* eolas cruinn

accurately adv go cruinn

accusation n (allegation) líomhain f3

accuse vb cúisigh; **to accuse somebody of something** rud a chur i leith duine ▷ *The police are accusing her of murder.* Tá na póilíní ag cur dúnmharú ina leith.

ace n aon m1 ▷ *the ace of hearts* an t-aon hart

ache n pian f2 ▶ vb **My head's aching.** Tá tinneas cinn orm.

achieve vb bain amach

achievement n éacht m3 ▷ *That was quite an achievement.* Éacht ar leith a bhí ann.

acid n aigéad m1

acid rain n fearthainn f2 aigéadach

acne n aicne f4

acre n acra m4

acrobat n cleasghleacaí m4 ▷ *He's an acrobat.* Is cleasghleacaí é.

across prep, adv trasna ▷ *the shop across the street* an siopa trasna na sráide; **across from** (opposite) os comhair ▷ *He sat down across from her.* Shuigh sé os a comhair.

act vb ❶ (in play, film) bheith ag aisteoireacht ▷ *He acts really well.* Bíonn sé an-mhaith ag aisteoireacht. ▷ *She's acting the part of Juliet.* Tá sí i bpáirt Juliet. ❷ (take action) gníomhaigh ▷ *The police acted quickly.* Ghníomhaigh na póilíní go gasta.; **to act as** gníomhú mar ▷ *She acts as his interpreter.* Gníomhaíonn sí mar ateangaire dó. ▶ n gníomh m1 ▷ *in the first act* sa chéad ghníomh

a b c d e f g h i j k l m n o p q r s t u v w x y z

action n ❶ aicsean m1 ▷ *The film was full of action.* Bhí cuid mhór aicsin sa scannán. ❷ gníomh m1 ▷ *We must take firm action against them.* Caithfimid gníomhú go daingean ina n-éadan.

active adj gníomhach ▷ *He's a very active person.* Is duine iontach gníomhach é.; **an active volcano** bolcán beo

activity n gníomhaíocht f3 ▷ *outdoor activities* gníomhaíochtaí faoin spéir

actor n aisteoir m3 ▷ *Brad Pitt is a well-known actor.* Tá Brad Pitt ina aisteoir iomráiteach.

actress n ban-aisteoir m3 ▷ *Jennifer Lawrence is a well-known actress.* Is ban-aisteoir iomráiteach í Jennifer Lawrence.

actual adj fíor ▷ *The film is based on actual events.* Tá an scannán bunaithe ar fhíoreachtraí.; **Tell me the actual truth.** Inis lomchnámh na fírinne dom.

actually adv ❶ (really) go fírinneach ▷ *Did it actually happen?* Ar tharla sé go fírinneach? ❷ (in fact) déanta na fírinne ▷ *Actually, I don't know him at all.* Déanta na fírinne, níl aithne ar bith agam air.

acupuncture n snáthaidpholladh m

ad n fógra m4

AD abbr (= anno Domini) I.C. (= iar-Chríost)

adapt vb oiriúnaigh ▷ *His novel was adapted for television.* Oiriúnaíodh a úrscéal le haghaidh na teilifíse.; **to adapt to something** (get used to) éirí cleachta le ▷ *He adapted to his new school very quickly.* D'éirigh sé cleachta lena scoil nua go hiontach gasta.

adaptor n cuibheoir m3

add vb cuir le ▷ *Add two eggs to the mixture.* Cuir dhá ubh leis an meascán.

add up vb suimigh ▷ *Add the figures up.* Suimigh na figiúir.

addict n (drug addict) andúileach m1; **Peter is a hurling addict.** Tá Peadar an-tugtha don iomáint.

addicted adj **to be addicted to** (drugs, alcohol) andúil a bheith aga i ▷ *She's addicted to heroin.* Tá andúil sa hearóin aici.; **She's addicted to soap operas.** Tá sí an-tugtha do na sobalchláir.

addition n ❶ (maths) suimiú m ❷ (thing added) aguisín m4; **in addition** ina theannta sin ▷ *He's broken his leg and, in addition, he's caught a cold.* Briseadh cos leis agus, ina theannta sin, tháinig slaghdán air.; **in addition to** le cois ▷ *There's a postage fee in addition to the repair charge.* Tá costas postais le híoc le cois an chostais deisithe.

address n seoladh m ▷ *What's your address?* Cad é an seoladh agat?

adjective n aidiacht f3

adjust vb athrú ▷ *You can adjust the height of the chair.* Is féidir leat airde na cathaoireach a athrú.;

to adjust to something (*get used to*) éirí cleachta le ▷ *He adjusted to his new school very quickly.* D'éirigh sé cleachta lena scoil nua go hiontach gasta.

adjustable *adj* inathraithe

administration *n* riarachán *m1*

admiral *n* aimiréal *m1*

admire *vb* meas mór a bheith agat ar

admission *n* ❶ (*to place*) cead *m3* isteach; **'admission free'** 'cead isteach saor in aisce' ❷ (*fee*) táille *f4*

admit *vb* ❶ (*accept*) glac le ▷ *I must admit to the truth.* Ní mór dom glacadh leis an bhfírinne. ❷ (*confess*) admhaigh ▷ *He admitted that he'd done it.* D'admhaigh sé go ndearna sé é.

admittance *n* cead *m3* isteach; **'no admittance'** 'níl cead isteach'

adolescence *n* óigeantacht *f3*

adolescent *n* óganach *m1*

adopt *vb* uchtaigh ▷ *Philip was adopted.* Uchtaíodh Pilib.

adopted *adj* uchtaithe ▷ *an adopted son* mac uchtaithe

adoption *n* uchtú *m*

adore *vb* gráigh

Adriatic Sea *n* Muir *f3* Aidriad

ADSL *n* (= *asymmetric digital subscriber line*) ADSL

> The Irish translation is **líne dhigiteach neamhshiméadrach rannpháirtí** but ADSL is more commonly used.

adult *n* aosach *m1*; **adult**

education oideachas aosach

advance *n* **in advance** roimh ré ▷ *They bought the tickets in advance.* Cheannaigh siad na ticéid roimh ré.

▶ *vb* ❶ (*move forward*) cuir chun cinn ▷ *The troops are advancing.* Tá na trúpaí á gcur chun cinn. ❷ (*progress*) dul chun cinn ▷ *Technology has advanced a lot.* Tá an-dul chun cinn ar an teicneolaíocht.

advance booking *n* **Advance booking is essential.** Ní mór áirithint a dhéanamh roimh ré.

advanced *adj* forbartha

advantage *n* buntáiste *m4* ▷ *University life has many advantages.* Tá móran buntáistí ag baint le saol na hollscoile.; **to take advantage of something** leas a bhaint as rud ▷ *He took advantage of the good weather to go for a walk.* Bhain sé leas as an dea-aimsir le dul ar siúlóid.; **to take advantage of somebody** buntáiste a bhreith ar dhuine ▷ *The company was taking advantage of its employees.* Bhí an chuideachta ag breith buntáiste ar a cuid fostaithe.

adventure *n* eachtra *f4*

adverb *n* dobhriathar *m1*

advert *n* fógra *m4*

advertise *vb* fógair ▷ *They're advertising the new car.* Tá siad ag fógairt an ghluaisteáin nua. ▷ *Jobs are advertised in the paper.* Fógraítear poist ar an nuachtán.

a b c d e f g h i j k l m n o p q r s t u v w x y z

advertisement n fógra m4
advertising n fógraíocht f3
advice n comhairle f4 ▷ a piece of advice píosa comhairle; **to give somebody advice** comhairle a chur ar dhuine ▷ He gave me good advice. Chuir sé comhairle mhaith orm.
advise vb mol do ▷ He advised me to wait. Mhol sé dom fanacht. ▷ He advised me not to go there. Mhol sé dom gan dul ansin.
aerial n aeróg f2
aerobics n aeraclaíocht f3 ▷ I'm going to aerobics tonight. Tá mé ag dul ar an rang aeraclaíochta anocht.
aeroplane n eitleán m1
aerosol n aerasól m1
affair n ❶ (romantic) caidreamh m1 suirí ▷ He had an affair with his secretary. Bhí caidreamh suirí aige lena rúnaí. ❷ (event) cás m1
affect vb téigh i bhfeidhm ar ▷ Her remarks greatly affected the audience. Chuaigh a cuid cainte i bhfeidhm go mór ar an lucht éisteachta.; **It doesn't affect us.** Ní bhaineann sé linn.
affectionate adj ceanúil
afford vb **I can't afford to buy a new car.** Níl sé d'acmhainn agam gluaisteán nua a cheannach.; **He can't afford to go on holiday.** Níl sé d'acmhainn aige dul ar saoire.
afraid adj eaglach; **to be afraid of something** eagla a bheith ort roimh rud ▷ I'm afraid of spiders. Tá

eagla orm roimh dhamháin alla.; **I'm afraid I can't come.** Is oth liom nach féidir liom teacht.; **I'm afraid he is not here.** Is baolach nach bhfuil sé anseo.; **I'm afraid so.** Is eagal liom gur mar sin atá.
Africa n an Afraic f2 ▷ in Africa san Afraic
African n Afracach m1
  ▶ adj Afracach
after prep i ndiaidh ▷ after dinner i ndiaidh an dinnéir ▷ He ran after me. Rith sé i mo dhiaidh. ▷ soon after that go gairid ina dhiaidh sin; **after all** i ndiaidh an iomláin ▷ After all, nobody can make us go. I ndiaidh an iomláin, ní féidir le duine ar bith fiacha a chur orainn dul.
afternoon n tráthnóna m4 ▷ at 4 o'clock in the afternoon ar a ceathair a chlog tráthnóna ▷ this afternoon tráthnóna ▷ on Saturday afternoon tráthnóna Sathairn; **Good afternoon!** Tráthnóna maith duit!
aftershave n ionlach m1 iarbhearrtha
aftersun n lóis f iarghréine
afterwards adv ina dhiaidh sin ▷ She left not long afterwards. D'imigh sí go gairid ina dhiaidh sin
again adv arís ▷ They're friends again. Tá siad mór le chéile arís. ▷ Can you tell me again? An féidir leat insint dom arís? ▷ Do it again! Déan arís é!; **not ... again** ní ... arís ▷ I won't go there again. Ní rachaidh mé ansin arís.; **again and again**

arís agus arís eile

against prep in aghaidh ▷ He hit the ball against the wall. Bhuail sé an liathróid in aghaidh an bhalla. ▷ I'm against nuclear testing. Tá mé in aghaidh tástáil núicléach.

age n aois f2 ▷ at the age of 16 ag aois a 16 ▷ an age limit teorainn aoise; **I haven't been to the cinema for ages.** Ní raibh mé ag an bpictiúrlann le fada.

aged adj **aged 10** 10 mbliana d'aois

agenda n clár m1 oibre ▷ on the agenda ar an gclár oibre ▷ the agenda for today's meeting clár oibre chruinniú an lae inniu

agent n gníomhaire m4 ▷ an estate agent gníomhaire eastáit ▷ a travel agent gníomhaire taistil

aggressive adj ionsaitheach

ago adv **2 days ago** dhá lá ó shin; **long ago** fadó; **not long ago** le déanaí; **How long ago did it happen?** Cá fhad ó shin a tharla sé?

agony n (pain) céasadh m; **to be in agony** bheith i bpianpháis ▷ He was in agony. Bhí sé i bpianpháis.

agree vb **to agree with** aontú le ▷ I agree with Sheila. Aontaím le Síle.; **to agree to do something** toiliú rud a dhéanamh ▷ He agreed to go and pick her up. Thoiligh sé dul agus í a thógáil.; **to agree that ...** aontú go ... ▷ I agree that it's difficult. Aontaím go bhfuil sé doiligh.; **Garlic does not agree with me.** Ní réitíonn gairleog liom.

agreed adj socraithe

agreement n comhaontú m; **in agreement** ar aon intinn ▷ Everybody was in agreement with Kevin. Bhí gach duine ar aon intinn le Caoimhín.

agricultural adj talmhaíoch

agriculture n talmhaíocht f3

ahead adv roimh ▷ He looked straight ahead. D'amharc sé go díreach roimpi.; **ahead of time** go luath; **to plan ahead** pleanáil roimh ré; **Go ahead!** Ar aghaidh leat!

aid n cúnamh m1; **in aid of charity** ar son na carthanachta

AIDS n (= Acquired Immune Deficiency Syndrome) SEIF m1 (= Siondróm Easpa Imdhíonachta Faighte)

aim vb ❶ (blow) deasaigh ❷ (remark) dírigh ▷ He aimed his speech at me. Dhírigh sé a chuid cainte ormsa.; **to aim something** (gun, camera) rud a dhíriú ▷ He aimed a gun at me. Dhírigh sé gunna orm.; **The film is aimed at children.** Tá an scannán dírithe ar pháistí.; **to aim to do something** é a bheith ar intinn agat rud a dhéanamh ▷ John aimed to leave at 5 o'clock. Bhí sé ar intinn ag Seán imeacht ar a 5 a chlog.
▶ n aidhm f2 ▷ The aim of the festival is to raise money. Tá sé mar aidhm ag an bhféile airgead a thógáil.

air n aer m1 ▷ I need some fresh air. Tá aer úr de dhíth orm.; **by air** ar an eitleán ▷ I prefer to travel by air. Is fearr liom taisteal ar an eitleán.

airbag n mála m4 aeir

air-conditioned adj aeroiriúnaithe

air conditioning n aeroiriúnú m

aircraft n aerárthach m1

airfield n aerpháirc f2

Air Force n aerfhórsa m4

air freshener n aeríontóir m3

air hostess n aeróstach m1 ▷ She's an air hostess. Tá sí ina haeróstach.

airline n aerlíne f4

airmail n aerphost m1; **by airmail** le haerphost

airplane n (US) eitleán m1

airport n aerfort m1

aisle n ❶ (in church) taobhroinn f2 ❷ (in theatre, cinema) pasáiste m4

alarm n aláram m1 ▷ a fire alarm aláram dóiteáin

alarm clock n clog m1 aláraim

album n albam m1

alcohol n alcól m1

alcoholic n alcólach m1 ▷ He's an alcoholic. Is alcólaí é.

▶ adj **alcoholic drinks** deochanna meisciúla

alert adj airdeallach

A level n A Leibhéal m1

Algeria n an Ailgéir f2 ▷ in Algeria san Ailgéir

alien n (from outer space) eachtrán m1

alike adv cosúil le chéile ▷ The two women look alike. Tá an bheirt bhan cosúil le chéile.

alive adj beo

all adj gach uile ▷ all men gach uile

dhuine; **all the time** an t-am ar fad; **all day** an lá ar fad

▶ pron iomlán

The masculine noun **iomlán** is used to translate 'all'.

▷ I ate all of it. D'ith mé an t-iomlán. ▷ All of us went. Chuaigh an t-iomlán againn.; **after all** i ndiaidh an iomláin ▷ After all, nobody can make us go. I ndiaidh an iomláin, ní féidir le duine ar bith tabhairt orainn dul.; **I'm not at all tired.** Níl aon tuirse orm.

▶ adv **to be all alone** bheith i d'aonar ▷ She's all alone. Tá sí ina haonar.; **The score is 2 all.** Tá siad a 2 cothrom.

allergic adj ailléirgeach; **to be allergic to something** ailléirge a bheith ort le rud ▷ I'm allergic to cat hair. Tá ailléirge orm le fionnadh cait.

alley n caolsráid f2

allow vb **to be allowed to do something** cead a bheith agat rud a dhéanamh ▷ He's not allowed to go out at night. Níl cead aige dul amach san oíche.; **to allow somebody to do something** ceadú do dhuine rud a dhéanamh ▷ His mum allowed him to go out. Cheadaigh a mháthair dó dul amach.

all right adv ceart go leor ▷ Everything turned out all right. Bhí gach rud ceart go leor sa deireadh ▷ Are you all right? An bhfuil tú ceart go leor? ▷ Is that all right with you? An bhfuil sé sin ceart go leor leasta? ▷ *We'll discuss it later.* —*All right.* Pléifimid ar ball é. — Ceart go leor.; **The film was all right.** (*not bad*) Ní raibh caill ar an scannán.

almond *n* almóinn *f2*

almost *adv* chóir a bheith ▷ *I've almost finished.* Tá mé chóir a bheith réidh.

alone *adj, adv* i d'aonar ▷ *He's always alone.* Bíonn sé ina aonar i dtólamh.; **He is living alone.** Tá sé ina chónaí ina aonar.; **to leave somebody alone** ligean do dhuine ▷ *Leave her alone!* Lig di!; **to leave something alone** rud a fhágáil mar atá ▷ *Leave my things alone!* Fág mo chuid rudaí mar atá!

along *prep* feadh ▷ *Colm was walking along the beach.* Bhí Colm ag siúl feadh an chladaigh.; **all along** (*all the time*) i rith an ama ▷ *He was lying to me all along.* Bhí sé ag insint bréige dom i rith an ama.

aloud *adv* os ard ▷ *He read the poem aloud.* Léigh sé an dán os ard.

alphabet *n* aibítir *f2*

already *adv* cheana féin ▷ *Patricia had already gone.* Bhí Pádraigín ar shiúl cheana féin.

also *adv* fosta

altar *n* altóir *f3*

alter *vb* athraigh

alternate *adj* gach dara; **on alternate days** gach dara lá

alternative *n* rogha *f4* ▷ *You have no alternative.* Níl rogha ar bith agat. ▷ *Fruit is a healthy alternative to chocolate.* Tá torthaí mar rogha shláintiúil ar sheacláid. ▷ *There are several alternatives.* Tá neart roghanna ann.
▶ *adj* eile ▷ *They made alternative plans.* Rinne siad pleananna eile. ▷ *an alternative solution* réiteach eile; **alternative medicine** leigheas malartach

alternatively *adv* ina áit sin ▷ *Alternatively, we could just stay at home.* Ina áit sin, thiocfadh linn fanacht sa bhaile.

although *conj* cé go ▷ *Although she was tired, she stayed up late.* Cé go raibh tuirse uirthi, d'fhan sí ina suí go mall.

altogether *adv* ❶ (*in all*) san iomlán ▷ *You owe me 20 euros altogether.* Tá 20 euro san iomlán agam ort. ❷ (*completely*) go hiomlán ▷ *I'm not altogether happy with your work.* Níl mé go hiomlán sásta le do chuid oibre. ❸ (*on the whole*) tríd is tríd ▷ *Altogether, I enjoyed the day.* Tríd is tríd, thaitin an lá liom.

aluminium (*US* **aluminum**) *n* alúmanam *m1*

always *adv* ❶ i gcónaí ▷ *He's always moaning.* Bíonn sé i gcónaí ag gearán. ❷ (*in past*) riamh ▷ *She was always placid.* Bhí sí riamh séimh. ❸ (*in future*) go deo ▷ *They will always be with us.* Beidh siad linn go deo.

am *vb* *see* **be**

a.m. *abbr* r.n. ▷ *at 4 a.m.* ar 4 r.n.

amateur n amaitéarach m1

amazed adj to be amazed iontas a bheith ort ▷ I was amazed that I managed to do it. Bhí iontas orm gur éirigh liom é a dhéanamh.

amazing adj iontach ▷ That's amazing news! Sin scéal iontach! ▷ Thomas is an amazing cook. Is cócaire iontach é Tomás.

ambassador n ambasadóir m3

amber adj an amber light solas ómra

ambition n uaillmhian f2

ambitious adj uaillmhianach ▷ She's very ambitious. Tá sí iontach uaillmhianach.

ambulance n otharcharr m1

amenities npl áiseanna fpl2 ▷ The hotel has very good amenities. Tá áiseanna den scoth san óstán.

America n Meiriceá m4 ▷ in America i Meiriceá ▷ to America go Meiriceá

American n Meiriceánach m1 ▶ adj Meiriceánach ▷ She's American. Is Meiriceánach í.

among prep i measc ▷ There were six children among them. Bhí seisear páistí ina measc. ▷ We were among friends. Bhíomar i measc cairde. ▷ among other things i measc rudaí eile

amount n ❶ suim f2 ▷ a large amount of money suim mhór airgid ❷ (quantity) méid m4 ▷ a huge amount of rice méid mór ríse

amp n aimpéar m1

amplifier n aimplitheoir m3

amuse vb déan siamsa do ▷ He amused the children with his stories. Rinne sé siamsa do na páistí lena chuid scéalta.; They were not amused. Ní mó ná sásta a bhí siad.

amusement arcade n stua m4 siamsaíochta

an art see a

analyse vb anailísigh

analysis n anailís f2

analyze vb (US) anailísigh

ancestor n sinsear m1

anchor n ancaire m4

ancient adj ❶ sean- ▷ ancient Greece an tSean-Ghréig ❷ (building) ársa ▷ an ancient monument séadchomhartha ársa

and conj agus ▷ you and me mise agus tusa ▷ 2 and 2 are 4 2 agus 2 sin 4; Try and come. Déan iarracht teacht.; He talked and talked. Níor stop sé de bheith ag caint.; It got better and better. Bhí sé ag dul i bhfeabhas.

angel n aingeal m1

anger n fearg f2

angle n uillinn f2

angler n iascaire m4 slaite

angling n iascaireacht f3 slaite

angry adj feargach ▷ Dad looks very angry. Tá cuma fheargach ar Dhaid.; to be angry with somebody fearg a bheith ort le duine ▷ Mum's really angry with you Tá fearg an domhain ar Mham leat.; She got angry. Tháinig fearg uirthi.

animal n ainmhí m4

nkle n rúitín m4

nniversary n cothrom m1 an lae ▷ *my wedding anniversary* cothrom an lae a pósadh mé

nnounce vb fógair

nnouncement n fógra m4

nnoy vb cuir isteach ar ▷ *He's really annoying me.* Tá sé ag cur isteach go mór orm.; **Don't get annoyed!** Tóg go réidh é!; **She got annoyed.** Tháinig olc uirthi.

nnoying adj ciapach ▷ *He was very annoying.* Bhí sé iontach ciapach.; **It's really annoying.** Is mór an crá croí é.

nnual adj bliantúil ▷ *an annual meeting* cruinniú bliantúil

norak n anarac m1

norexia n anoireicse f4

norexic adj **She's anorexic.** Tá anoireicse uirthi.

nother adj eile ▷ *another book* leabhar eile ▷ *Would you like another piece of cake?* Ar mhaith leat píosa eile cáca? ▷ *Have you got another dress?* An bhfuil gúna eile agat?

nswer vb freagair ▷ *Can you answer my question?* An féidir leat mo cheist a fheagairt? ▷ *My sister always answers the phone.* Mo dheirfiúr a fhreagraíonn an guthán i gcónaí.
▷ n **❶** freagra m4 ▷ *I want an answer!* Ba mhaith liom freagra! **❷** *(to problem)* réiteach m1

nswering machine n gléas m1 freagartha

nt n seangán m1

antagonize vb cuir olc ar ▷ *He didn't want to antagonize her.* Níor mhian leis olc a chur uirthi.

Antarctic n **the Antarctic** an tAntartach

anthem n **the national anthem** an t-amhrán náisiúnta

antibiotic n antaibheathach m1

anticlockwise adj tuathalach ▷ *adv* tuathal

antidepressant n frithdhúlagrán m1

antique n rud m3 seanda

antique shop n siopa m4 seandachtaí

antiseptic n antaiseipteán m1

antivirus adj frithvíreas ▷ *antivirus software* bogearraí frithvíreas

Antrim n Aontroim m3

anxious adj imníoch; **to be anxious to do something** *(keen)* bheith ar bís le rud a dhéanamh

any adj, pron, adv ar bith ▷ *Have you any butter?* An bhfuil im ar bith agat? ▷ *Have you any children?* An bhfuil clann ar bith agat? ▷ *I haven't any money.* Níl airgead ar bith agam.; **in any case** i gcás ar bith; **at any rate** ar scor ar bith; **Choose any book you like.** *(no matter which)* Bíodh do rogha leabhar agat.; **any more (1)** *(additional)* tuilleadh ▷ *Would you like any more tea?* Ar mhaith leat tuilleadh tae? **(2)** *(no longer)* níos mó ▷ *He won't be coming here any more.* Ní bheidh sé ag teacht anseo níos mó.

anybody pron <u>duine ar bith</u> ▷ *I can't see anybody.* Ní féidir liom duine ar bith a fheiceáil. ▷ *Has anybody got a pen?* An bhfuil peann ag duine ar bith? ▷ *Anybody can learn to swim.* Is féidir le duine ar bith snámh a fhoghlaim.

anyhow adv <u>ar aon nós</u> ▷ *He doesn't want to go out and anyhow he's not allowed.* Níor mhaith leis dul amach agus ar aon nós níl cead aige.

anyone pron <u>duine ar bith</u> ▷ *I can't see anyone.* Ní féidir liom duine ar bith a fheiceáil. ▷ *Has anyone got a pen?* An bhfuil peann ag duine ar bith? ▷ *Anyone can learn to swim.* Is féidir le duine ar bith snámh a fhoghlaim.

anything pron <u>rud ar bith</u> ▷ *I can't hear anything.* Ní féidir liom rud ar bith a chloisteáil. ▷ *Would you like anything to eat?* Ar mhaith leat rud ar bith le hithe? ▷ *Anything could happen.* Thiocfadh le rud ar bith tarlú.

anyway adv <u>ar aon nós</u> ▷ *He doesn't want to go out and anyway he's not allowed.* Níor mhaith leis dul amach agus ar aon nós níl cead aige.

anywhere adv <u>áit ar bith</u> ▷ *I don't see him anywhere.* Ní fheicim áit ar bith é. ▷ *Have you seen my coat anywhere?* An bhfaca tú mo chóta áit ar bith? ▷ *You can buy stamps almost anywhere.* Is féidir stampaí a cheannach beagnach áit ar bith.

▷ *I can't find it anywhere.* Ní féidir liom teacht air áit ar bith.

apart adv <u>ó chéile</u> ▷ *The two cities are sixty miles apart.* Tá an dá chathair seasca míle ó chéile.; **to take something apart** rud a bhaint as a chéile; **apart from** diomaite de ▷ *Apart from that, everything's fine.* Diomaite de sin, tá gach rud ceart go leor.

apartment n <u>árasán</u> m1

apologize vb **to apologize for something** leithscéal a ghabháil as rud ▷ *He apologized for being late.* Ghabh sé leithscéal go raibh sé mall.; **I apologize.** Gabh mo leithscéal.

apology n <u>leithscéal</u> m1

apostrophe n <u>uaschamóg</u> f2

app n (in computing) <u>aip</u> f2

apparatus n ❶ (in lab) <u>gaireas</u> m1 ❷ (in gym) <u>trealamh</u> m1

apparent adj <u>soiléir</u>

apparently adv <u>is cosúil</u>

appeal vb <u>déan achomharc</u> ▷ *They appealed against the ruling.* Rinne siad achomarc in aghaidh na breithe.; **Greece doesn't appeal to me.** Ní beadh fonn orm dull go dtí an Ghréig mé.
▶ n <u>achainí</u> f4 ▷ *They have launched an appeal.* Chuir siad achainí sa siú

appear vb ❶ (come into view) <u>nocht</u> ▷ *The bus appeared around the corner.* Nocht an bus thart an coirnéal.; **to appear on TV** bheith ar an teilifís ❷ (seem) <u>cuma a bheith ort</u> ▷ *You appear tired.* Tá cuma thuirseach ort.

appearance n cuma f4 ▷ She takes great care over her appearance. Bíonn sí iontach cúramach faoina cuma.

appendicitis n aipindicíteas m1

appetite n goile m4

applaud vb tabhair bualadh bos do

applause n bualadh m bos

apple n úll m1 ▷ a good crop of apples barr maith úll; **an apple tree** crann úll

appliance n fearas m1

applicable adj **to be applicable to** (relevant) bheith oiriúnach do

applicant n iarratasóir m3 ▷ There were a hundred applicants for the job. Bhí céad iarratasóir ar an bpost.

application n iarratas m1 ▷ a job application iarrtas poist

application form n foirm f2 iarratais

apply vb **to apply for a job** cur isteach ar phost; **The same applies to me.** Is é an dála céanna agamsa é.

appointment n ceapachán m1 ▷ The appointment was made yesterday. Rinneadh an ceapachán inné.

appreciate vb bheith buíoch as ▷ I really appreciate your help. Tá mé iontach buíoch díot as do chuidiú.

apprentice n printíseach m1

approach vb ❶ druid le ▷ He approached the house. Dhruid sé leis an teach. ❷ (tackle) téigh i gceann

appropriate adj ❶ (moment, remark) tráthúil ❷ fóirsteanach

▷ That dress isn't very appropriate for an interview. Níl an gúna sin iontach fóirsteanach le haghaidh agallaimh.

approval n ❶ (satisfaction) sásamh m1 ❷ (permission) cead m3; **on approval** (goods) ar triail

approve vb ceadaigh; **to approve of** bheith i bhfách le ▷ I don't approve of his choice. Níl mé i bhfách lena rogha. ▷ I don't approve of them. Níl mé i bhfách leo.

approximate adj cóngarach

approximately adv timpeall is ▷ approximately a year ago timpeall is bliain ó shin

apricot n aibreog f2

April n Aibreán m1; **in April** i mí Aibréin; **April Fool's Day** Lá na nAmadán

apron n naprún m1

Aquarius n An tUisceadóir m3 ▷ I'm Aquarius. Is mise An tUisceadóir.

Arab adj Arabach ▷ the Arab countries na Tíortha Arabacha ▶ n Arabach m1

Arabic n Araibis f2

Aran Islands n Oileáin mph Árann

arch n ❶ áirse f4 ❷ (of the foot) trácht m3 na coise

archaeologist n seandálaí m4 ▷ He's an archaeologist. Is seandálaí é.

archaeology n seandálaíocht f3

archbishop n ardeaspag m1

archeologist n (US) seandálaí

a
b
c
d
e
f
g
h
i
j
k
l
m
n
o
p
q
r
s
t
u
v
w
x
y
z

m4 ▷ *He's an archeologist.* Is seandálaí é.

archeology n (US) seandálaíocht f3

architect n ailtire m4 ▷ *She's an architect.* Tá sí ina hailtire.

architecture n ailtireacht f3

Arctic n **the Arctic** an tArtach; **the Arctic Ocean** an tAigéan Artach

are vb *see* be

area n ❶ ceantar m1 ▷ *She lives in the Belfast area.* Tá sí ina cónaí i gceantar Bhéal Feirste. ❷ (*district*) dúiche f4 ▷ *He was born in that area.* Rugadh sa dúiche sin é. ❸ (*size*) achar m1 ▷ *The field has an area of 1500m².* Tá achar 1500m² sa pháirc.

Argentina n an Airgintín f2 ▷ *in Argentina* san Airgintín

Argentinian n Airgintíneach m1

argue vb argóin ▷ *They never stop arguing.* Ní stadann siad de bheith ag argóint.; **to argue with somebody** argóint a dhéanamh le duine

argument n argóint f2 ▷ *They had an argument.* Bhí argóint acu.

Aries n An Reithe m4 ▷ *I'm Aries.* Is mise An Reithe.

arithmetic n uimhríocht f3

arm n lámh f2

Armagh n Ard m Mhacha

armchair n cathaoir f uilleach

armour (US **armor**) n ❶ cathéide f4 ❷ (*on tanks*) armúr m1

armoured car n carr m1 armúrtha

army n arm m1

around adv, prep ❶ timpeall ▷ *She wore a scarf around her neck.* Bhí scaif timpeall a muiníl aici. ❷ (*nearby*) ar na gaobhair ❸ (*approximately*) tuairim is ▷ *It costs around 100 euro.* Cosnaíonn sé tuairim is 100 euro. ❹ (*date, time*) dtrátha ▷ *Let's meet at around 8 p.m.* Buailimis le chéile i dtrátha 8 i.n.; **around here (1)** (*nearby*) in aice láimhe ▷ *Is there a chemist's around here?* An bhfuil siopa poitigéara in aice láimhe? **(2)** (*in this area*) sna bólaí seo ▷ *He lives around here.* Tá sé ina chónaí sna bólaí seo.

arrange vb ❶ socraigh ar ▷ *They arranged to go out together on Friday.* Shocraigh siad ar dhul amach le chéile Dé hAoine.; **to arrange a meeting** cruinniú a shocrú ▷ *Can we arrange a meeting?* An féidir linn cruinniú a shocrú? ❷ (*flowers, hair, objects*) cóirigh

arrangement n socrú m ▷ *They made arrangements to go out on Friday night.* Rinne siad socruithe dul amach oíche Dé hAoine.

arrest vb gabh ▷ *The police have arrested 5 people.* Ghabh na póilíní 5 duine.
▶ n gabháil f3; **under arrest** gafa ▷ *You're under arrest!* Tá tú gafa!

arrival n teacht m3; **a new arrival** (*baby*) babaí úr

arrive vb tar ▷ *They arrived at 5 o'clock.* Tháinig siad ar a 5 a chlog.

arrow n saighead f2

art n ealaín f2

artery n artaire m4

art gallery n dánlann f2

article n ❶ (of merchandise) airteagal m1 ❷ (in newspaper, magazine) alt m1 ▷ a newspaper article alt nuachtáin ▷ He read out the article to me. Léigh sé amach an t-alt dom.

artificial adj saorga; **artificial intelligence** intleacht shaorga; **artificial respiration** riospráid shaorga

artist n ealaíontóir m3 ▷ She's an artist. Is ealaíontóir í.

artistic adj ealaíonta

as conj, adv ❶ (while) agus ▷ He came in as I was leaving. Tháinig sé isteach agus mé ag imeacht. ❷ (since, because) toisc ▷ As it's Sunday, you can have a lie-in. Toisc gurb an Domhnach atá ann, tá cead agat luí isteach.; **as ... as** chomh ... le ▷ Peter is as clever as Michael. Tá Peadar chomh cliste le Micheál.; **twice as ... as** a dhá oiread ... ná ▷ Her coat cost twice as much as mine. Bhí cóta s'aicse a dhá oiread chomh daor le ná mo cheannsa.; **as much ... as** a oiread agus ... ▷ I haven't got as much money as you. Níl a oiread céanna airgid agam agus atá agat.; **as soon as possible** chomh luath agus is féidir ▷ I'll do it as soon as possible. Déanfaidh mé é chomh luath agus is féidir.; **as from tomorrow** ón lá amárach ▷ As from tomorrow, the shop will be closed on Sundays. Ón lá amárach, beidh an siopa druidte ar an Domhnach.; **as though** amhail is ▷ She ran as though she hadn't seen me. Rith sí amhail is nach bhfaca sí mé.; **as if** mar a bheadh; **He works as a waiter in the holidays.** Oibríonn sé mar fhreastalaí le linn na laethanta saoire.

asap abbr (= as soon as possible) chomh luath agus is féidir

ashamed adj náirithe; **He was ashamed.** Bhí náire air.; **You should be ashamed of yourself!** Mo náire thú!

ashtray n luaithreadán m1

Asia n an Áise f4 ▷ in Asia san Áise

Asian n Áiseach m1
▶ adj Áiseach

Asiatic adj Áiseach m1

ask vb iarr ar ▷ 'Have you finished?' she asked. 'An bhfuil tú réidh?' a d'iarr sí.; **to ask somebody something** rud a fhiafraí de dhuine ▷ He asked her how old she was. D'fhiafraigh sé a haois di.; **to ask someone for something** iarr rud ar dhuine ▷ He asked her for a cup of tea. D'iarr sé cupán tae uirthi.; **He's asking for trouble.** Tá sé ar lorg tríobhlóide dó féin.; **to ask somebody to do something** iarr ar dhuine rud a dhéanamh ▷ He asked me to leave. D'iarr sé orm imeacht.; **to ask about something** fiafraigh faoi rud ▷ I asked about bus times to Dublin.

D'fhiafraigh mé faoi na hamanna bus go Baile Átha Cliath.; **to ask somebody a question** ceist a chur ar dhuine; **to ask somebody out to dinner** cuireadh chun dinnéir a thabhairt do dhuine

asleep adj **to be asleep** bheith i do chodladh ▷ *He's asleep.* Tá sé ina chodladh.; **to fall asleep** titim a chodladh ▷ *She fell asleep.* Thit sí ina codladh.

asparagus n lus m3 súgach

aspect n gné f4

aspirin n aspairín m4

assembly n (*in school*) tionól m1

asset n sócmhainn f2 ▷ *Their assets are frozen.* Tá a gcuid sócmhainní reoite.

assignment n (*in school*) tasc m1

assistance n cuidiú m

assistant n ❶ (*helper*) cúntóir m3 ❷ (*in shop*) freastalaí m4

association n ❶ (*with people*) caidreamh m1 ❷ (*club*) cumann m1

assortment n éagsúlacht f3

assume vb glac le ▷ *I assume you don't drive.* Glacaim leis nach bhfuil tiomáint agat. ▷ *I assume you won't be coming.* Glacaim leis nach mbeidh tú ag teacht.

assure vb cinntigh do ▷ *He assured me he was coming.* Chinntigh sé dom go mbeadh sé ag teacht.

asthma n asma m4 ▷ *I've got asthma.* Tá asma orm.

astonish vb **to astonish somebody** ionadh a chur ar dhuine

astonished adj faoi ionadh

astonishing adj iontach

astrology n astralaíocht f3

astronaut n spásaire m4

astronomy n réalteolaíocht f3

asylum seeker n iarrthóir m3 tearmainn

at prep (*referring to position, direction*) ag ▷ *at home* ag baile ▷ *at school* ar scoil ▷ *at the top* ag an mbarr; **to be at work** bheith ag obair; **at night** san oíche; **two at a time** ina bpéirí; **at 50 km/h** 50 ciliméadar san uair; **at 4 o'clock** ar a ceathair a chlog; **at Christmas** um Nollaig; **What are you doing at the weekend?** Cad é a bheidh tú a dhéanamh ag an deireadh seachtaine?

▶ n (*@ symbol*) ag

ate vb see **eat**

Athens n an Aithin f ▷ *in Athens* san Aithin

athlete n lúthchleasaí m4

athletic adj lúfar; **the Gaelic Athletic Association** Cumann Lúthchleas Gael

athletics n lúthchleasaíocht f3 ▷ *I love athletics.* Is breá liom lúthchleasaíocht.

Atlantic n **the Atlantic Ocean** an tAigéan Atlantach

atlas n atlas m1

atmosphere n atmaisféar m1

atom n adamh m1

atomic adj adamhach ▷ *an atomic bomb* buama adamhach ▷ *atomic power* cumhacht adamhach

attach vb **to attach something**

to something rud a cheangal de rud ▷ *He attached a rope to the car.* Cheangail sé rópa den ghluaisteán. ▷ *He doesn't know how to attach a photo to an email.* Níl eolas air ar an dóigh le grianghraf a cheangal de r-phost.; **Attached is ...** Iniata leis seo tá ...

attached adj **to be attached to** dáimh a bheith agat le ▷ *He's very attached to his family.* Tá dáimh mhór aige lena mhuintir.

attachment n (to email) ceangaltán m1

attack vb ionsaigh ▷ *The dog attacked her.* D'ionsaigh an madra í. ▶ n ionsaí m; **a heart attack** taom croí

attempt n iarracht f3 ▷ *She gave up after several attempts.* D'éirigh sí as i ndiaidh roinnt iarrachtaí. ▶ vb **to attempt to do something** féachaint le rud a dhéanamh ▷ *I attempted to write a song.* D'fhéach mé le hamhrán a chumadh.

attend vb ❶ freastail ▷ *I had to attend a meeting.* Bhí orm freastal ar chruinniú. ❷ (school) téigh ar

attention n aird f2 ▷ *He didn't pay attention to what I was saying.* Ní raibh aird aige ar an méid a bhí mé a rá.

attic n áiléar m1

attitude n dearcadh m1 ▷ *I really don't like your attitude!* Ní maith liom do dhearcadh i dáiríre!

attorney n (US) aturnae m4

attract vb meall ▷ *The Giant's Causeway attracts lots of tourists.* Meallann Clochán an Aifir cuid mhór turasóirí.

attraction n tarraingt f ▷ *a huge attraction* tarraing mhór

attractive adj tarraingteach ▷ *She's very attractive.* Tá sí iontach tarraingteach.

aubergine n ubhthoradh m1

auction n (sale) ceant m4

audience n ❶ (for radio) lucht m3 éisteachta ❷ (for television) lucht m3 féachana

audition n triail f

August n Lúnasa m4; **in August** i mí Lúnasa

aunt n aint f2 ▷ *my aunt* m'aintín

auntie, aunty n aintín f4

au pair n au pair ▷ *She's an au pair.* Is au pair í.

Australia n an Astráil f2 ▷ *in Australia* san Astráil ▷ *to Australia* go dtí an Astráil

Australian n Astrálach m1; **the Australians** na hAstrálaigh ▶ adj Astrálach ▷ *He's Australian.* Is Astrálach é.

Austria n an Ostair f2 ▷ *in Austria* san Ostair

Austrian n Ostarach m1; **the Austrians** na hOstaraigh ▶ adj Ostarach ▷ *She's Austrian.* Is Ostarach í.

author n údar m1 ▷ *She's a famous author.* Is údar cáiliúil í.

autobiography n dírbheathaisnéis f2

autograph n síniú m

automatic adj uathoibríoch ▷ *an automatic door* doras uathoibríoch

automatically adv go huathoibríoch

autumn n Fómhar m1 ▷ *in autumn* san Fhómhar

availability n infhaighteacht f3

available adj ar fáil ▷ *Free brochures are available.* Tá bróisiúr ar fáil saor in aisce. ▷ *Is Mr Brown available today?* An bhfuil an tUas. de Brún ar fáil inniu?

avalanche n maidhm f2 shneachta

avenue n ascaill f2

average n meán m1 ▷ *on average* ar an meán
  ▶ adj meán- ▷ *the average price* an meánphraghas

avocado n piorra m4 abhcóide

avoid vb seachain ▷ *He avoids her when she's in a bad mood.* Seachnaíonn sé í nuair a bhíonn drochspionn uirthi.; **to avoid doing something** seachaint agus gan rud a dhéanamh ▷ *Avoid going out on your own at night.* Seachain agus ná téigh amach i d'aonar san oíche.

awake adj múscailte; **to be awake** bheith múscailte ▷ *Is she awake?* An bhfuil sí múscailte? ▷ *He was still awake.* Bhí sé múscailte go fóill.

award n duais f2 ▷ *He's won an award.* Bhain sé duais. ▷ *the award for the best actor* an duais don aisteoir is fearr

away adj, adv ar shiúl ▷ *The town is 2 kilometres away.* Tá an baile 2 chilimédar ar shiúl.; **Patrick's away today.** Níl Pádraig anseo inniu.; **to put something away** rud a leagan thart ▷ *He put the books away in the cupboard.* Leag sé na leabhair thart sa chófra.; **It's two hours away by car.** Tógann sé dhá uair an chloig sa charr.; **He went away.** D'imigh sé.; **Go away!** Imigh leat!

away match n cluiche m4 as baile

awful adj uafásach ▷ *That's awful!* Tá sé sin uafásach!; **an awful lot of ...** cuid mhór ...

awfully adv go huafásach; **I'm awfully sorry.** Tá mé iontach buartha go deo.

awkward adj ciotach ▷ *an awkward child* leanbh ciotach ▷ *an awkward question* ceist chiotach

axe (*US* **ax**) n tua f4

b

BA n BA ▷ a BA in English BA sa Bhéarla

baby n leanbh m1

baby carriage n (US) pram m4

babysit vb aire a thabhairt do pháistí

babysitter n feighlí m4 páistí

babysitting n ag tabhairt aire do pháistí

bachelor n baitsiléir m3 ▷ He's a bachelor. Is baitsiléir é.

back n ① (of person, animal, hand, chair) droim m3 ▷ He was stabbed in the back. Sádh sa droim é. ② (of house, room, garden) cúl m1 ▷ at the back of the house ag cúl an tí

▶ adv (not forward) siar; **to move back** bogadh siar; **to get back** teacht ar ais ▷ What time did you get back? Cén t-am ar tháinig tú ar ais?;

He's back. Tá sé ar ais.; **He went there by bus and walked back.** Chuaigh sé ann ar an mbus agus shiúil sé ar ais.; **to call somebody back** glaoch ar ais ar dhuine ▷ He called her back. Ghlaoigh sé ar ais uirthi. ▷ I'll call back later. Glaofaidh mé ar ais ar ball.

▶ adj deiridh ▷ the back seat an suíochán deiridh ▷ the back wheel of my bike roth deiridh mo rothair; **the back door** an doras cúil

▶ vb (support) tabhair tacaíocht do ▷ I'm backing Obama. Tá mé ag tabhairt tacaíochta do Obama.; **to back a horse** geall a chur ar chapall

back out vb tarraing siar ▷ They backed out at the last minute. Tharraing siad siar ag an nóiméad deiridh.

back up vb **to back somebody up** tacaíocht a thabhairt do dhuine

backache n pian f2 sa droim ▷ I have backache. Tá pian i mo dhroim.

backbone n cnámh f2 droma

backfire vb ① (plans) fill ar ▷ His actions backfired on him. D'fhill a chuid gníomhartha air. ② (car) cúltort

background n cúlra m4 ▷ a house in the background teach sa chúlra ▷ his family's background cúlra a theaghlaigh

backhand n cúlbhuille m4

backing n (support) cúl m1 taca

backpack n mála m4 droma

backpacker n turasóir m3 mála droma

backpacking n **to go backpacking** saoire an mhála droma

back pain n pian f2 sa droim ▷ I have back pain Tá pian i mo dhroim.

backside n tóin f3

backstroke n snámh m3 droma

backup n (support) cúl m1 taca; **a backup file** comhad cúltaca

backwards adv (move, go) ar gcúl ▷ She took a step backwards. Thug sí céim ar gcúl.; **to fall backwards** titim i ndiaidh do chúil

back yard n cúlchlós m1

bacon n bagún m1 ▷ bacon and eggs bagún agus uibheacha

bad adj ❶ dona ▷ a bad film scannán dona ❷ (child) dalba ▷ You bad boy! Gasúr dalba! ❸ droch- ▷ a bad accident drochthaisme; **to be in a bad mood** drochspionn a bheith ort; **to go bad** (meat, food) cor a theacht i; **to be bad at something** bheith go holc ag rud ▷ I'm really bad at maths. Tá mé go han-olc ag mata.; **I feel bad about it.** Mothaím go holc faoi.; **That's not bad at all.** Níl caill air sin nó chor ar bith.

badge n suaitheantas m1

badger n broc m1

badly adv (play, behave) go dona; **badly paid** íoctha go dona; **badly wounded** gonta go dona; **He needs it badly.** Tá sé de dhíth go géar air.

badminton n badmantan m1 ▷ I play badminton on Tuesdays. Imrím badmantan ar an Déardaoin.

bad-tempered adj confach; **to be bad-tempered (1)** (by nature) bheith confach ▷ He's a really bad-tempered person. Is duine an-chonfach é. **(2)** (temporarily) fearg a bheith ort ▷ He was really bad-tempered yesterday. Bhí fearg air inné.

baffled adj trína chéile

bag n mála m4 ▷ This bag's very heavy. Tá an mála seo an-trom.; **bags of money** na múrtha airgid; **an old bag** (person) seanchailleach

baggage n bagáiste m4

baggage reclaim n bailiú m bagáiste

baggy adj **baggy trousers** bríste atá ina mhála

bagpipes npl píb f2 mhór ▷ Orla plays the bagpipes. Seinneann Orlaith ar an bpíb mhór.

bake vb bácáil ▷ First she baked the potatoes. Bhácáil sí na prátaí ar dtús.

baked adj bácáilte ▷ baked potatoes prátaí bácáilte ▷ baked beans pónairí bácáilte

baker n báicéir m3 ▷ He's a baker. Is báicéir é.

bakery n bácús m1

baking adj **It's baking in here!** Tá sé an-te go deo istigh anseo!

balance n ❶ cothrom m1 ▷ She lost her balance. Baineadh dá cothrom í. ❷ (on account) iarmhéid m4

balanced adj (judgement) cóir

balcony n balcóin f2

bald adj maol

ball n ❶ liathróid f2 ▷ Paul threw the ball over the fence. Chaith Pól an liathróid thar an gclaí. ❷ (football) peil f ❸ (for hurling) sliotar m1 ❹ (of wool, thread, string) ceirtlín m4

ballet n bailé m4 ▷ She went to a ballet. Chuaigh sé ar an mbailé. ▷ ballet lessons ceachtanna bailé

ballet dancer n rinceoir m3 bailé

ballet shoes npl bróga fpl2 bailé

balloon n balún m1; **a hot-air balloon** balún d'aer te

ballpoint pen n badhró m4

bamboo n bambú m4

ban n cosc m1
▶ vb cuir cosc ar

banana n banana m4 ▷ a banana skin craiceann banana ▷ I'd rather have an apple than a banana. B'fhearr liom úll ná banana.

band n ❶ (elastic, rubber) banda m4 ❷ (rock group) banna m4 ceoil

bandage n bindealán m1
▶ vb bindealán a chur ar ▷ The nurse bandaged his arm. Chuir an bhanaltra bindealán ar a lámh.

Band-Aid® n (US) plástar m1

bandit n ropaire m4

bang n ❶ pléasc f2 ▷ I heard a loud bang. Chuala mé pléasc mhór. ❷ buille f2 ▷ a bang on the head buille ar an gcloigeann ❸ (of door) plab m4 ▷ The door closed with a bang. Dúnadh an doras de phlab.; **Bang!** Plimp!
▶ vb ❶ (explode) pléasc ❷ dún de

phlab ▷ The door banged. Dúnadh an doras de phlab.; **I banged on the door.** Bhuail mé cnag ar an doras.

banger n (sausage) ispín m4 ▷ bangers and mash ispíní agus brúitín

Bangladesh n an Bhanglaidéis ▷ from Bangladesh ón mBanglaidéis

bank n ❶ banc m1 ▷ The bank's closed. Tá an banc druidte. ❷ (of river, lake) bruach m1

bank account n cuntas m1 bainc

bank card n cárta m4 bainc

banker n baincéir m3

bank holiday n lá m saoire bainc

banking n baincéireacht f3

banknote n nóta m4 bainc

banned adj coiscthe

bar n ❶ (pub, counter in pub) beár m1 ❷ (on door, window) sparra m4; **a bar of chocolate** barra seacláide; **a bar of soap** barra sópa

barbaric adj barbartha

barbecue n fulacht f3

barbed wire n sreang f2 dheilgneach

barber n bearbóir m3

bar code n barrachód m1

bare adj nocht ▷ bare skin craiceann nocht

barefoot adj, adv cosnochta ▷ The children go around barefoot. Bíonn na páistí ag siúl thart cosnochta.; **to be barefoot** bheith cosnochta ▷ She was barefoot. Bhí sí cosnochta.

barely adv ar éigean ▷ I could barely hear what she was saying. Is

a
b
c
d
e
f
g
h
i
j
k
l
m
n
o
p
q
r
s
t
u
v
w
x
y
z

ar éigean a chuala mé an méid a bhí sí a rá.

bargain n margadh m1 maith ▷ *It was a bargain!* Margadh maith a bhí ann!

barge n báirse m4

bark vb bheith ag tafann

barmaid n cailín m4 beáir ▷ *She's a barmaid.* Is cailín beáir í.

barman n fear m1 beáir ▷ *He's a barman.* Is fear beáir é.

barn n scioból m1

barrel n bairille m4

barrier n bacainn f2

bartender n (US) freastalaí m4 beáir ▷ *He's a bartender.* Is freastalaí beáir é.

base n ❶ (*lower part*) bun m1 ❷ (*foundation*) bonn m1 ❸ (*military*) bunáit f2

baseball n daorchluiche m; **a baseball bat** slacán

based adj **based on** bunaithe ar

basement n íoslach m1

bash vb buail
▶ n **I'll have a bash.** Bainfidh mé triail as.

basic adj bunúsach ▷ *It's a basic example.* Is sampla bunúsach é. ▷ *The accommodation is pretty basic.* Tá an lóistín measartha bunúsach.

basically adv go bunúsach ▷ *Basically, I just don't like him.* Go bunúsach, ní maith liom é.

basics npl buntús m1

basil n lus m3 mic rí

basin n (*washbasin*) báisín m4

basis n bonn m1 ▷ *on a trial basis*

ar bhonn trialach ▷ *on a part-time basis* ar bhonn páirtaimseartha ▷ *on a daily basis* ar bhonn laethúil ▷ *on a regular basis* ar bhonn rialta

basket n ciseán m1

basketball n cispheil f2

bass n ❶ (*instrument*) dord m1 ▷ *He plays the bass.* Seinneann sé ar an dord.; **a double bass** olldord ❷ (*voice*) dordghuth m3 ▷ *He's a bass.* Tá dordghuth aige.

bass drum n druma m4 mór

bass guitar n dordghiotár m1

bassoon n basún m1 ▷ *I play the bassoon.* Seinnim ar an bhasún.

bat n ❶ (*for cricket, table tennis, rounders*) slacán m1 ❷ (*animal*) sciathán m1 leathair

⬛ Word for word, this means 'leather wing'.

bath n ❶ folcadh m ▷ *a hot bath* folcadh te ▷ *I had a bath last night.* Bhí folcadh agam aréir. ❷ (*bathtub*) folcadán m1 ▷ *There's a spider in the bath.* Tá damhán alla san fholcadán.

bathe vb ❶ (*in sea*) folc ❷ (*wound*) nigh

bathing suit n (US) culaith f2 shnámha

bathroom n seomra m4 folctha

baths npl linn m1 snámha

bath towel n tuáille m4 folctha

batter n fuidreamh m1

battery n ❶ (*of car*) cadhnra m4 ❷ (*of torch*) ceallra m4

battle n cath m3 ▷ *the Battle of Kinsale* Cath Chionn tSáile ▷ *It was*

a battle, but we managed in the end.
Cath a bhí ann, ach d'éirigh linn sa
deireadh.

battleship n cathlong f2

bay n ❶ (of sea) bá f4 ❷ (small)
camas m1 ❸ (tree) crann m1
labhrais; **to hold somebody at**
bay coinnigh srian ar dhuine

BC abbr (= before Christ) R.Ch. (= Roimh
Chríost) ▷ in 200 BC in 200 R.Ch.

be vb

> is and bi are both used in Irish
> to translate 'be'. Examples
> have been grouped by sense to
> help you to find the translation
> you need. Look at the examples
> below to translate 'be' to
> describe yourself or ask how
> someone is.

▷ I'm Irish. Is Éireannach mé. ▷ I'm
tired. Tá tuirse orm. ▷ I'm hot. Tá mé
te. ▷ How are you? Cad é mar atá tú?
▷ He's fine now. Tá sé go breá anois.

> Look at the examples below to
> translate 'be' with age, date,
> time, numbers.

▷ How old are you? Cén aois thú?
▷ I'm sixteen. Tá mé sé bliana déag.
▷ 2 and 2 are 4. A dó is a dó sin
ceathair. ▷ It's 5 o'clock. Tá sé a cúig
a chlog. ▷ It's the 28th of April. An
t-ochtú lá is fiche de Mhí Aibreáin
atá ann.

> Look at the examples below
> to translate 'be' with distance,
> temperature, weather.

▷ It's 10 km to the town. Tá sé deich
gciliméadar chun an bhaile mhóir.

▷ It's too hot. Tá sé róthe. ▷ It's
windy. Tá sé gaofar.

> Look at the examples below
> to translate 'to be doing
> something'.

▷ What are you doing? Cad é atá
tú a dhéanamh? ▷ They're coming
tomorrow. Beidh siad ag teacht
amárach. ▷ I've been waiting for you
for two hours. Tá mé ag fanacht leat
le dhá uair an chloig.

> Look the examples below to
> translate 'be' in the passive.

▷ He was killed. Maraíodh é. ▷ The
house is to be sold. Tá an teach le
díol. ▷ He was nowhere to be seen. Ní
raibh sé le feiceáil thoir ná thiar.

> In questions, repeat the verb
> from the first part of the
> question, rather than using
> 'wasn't it' or 'is she'.

▷ It was fun, wasn't it? Ba mhór an
chuideachta é, nár mhór? ▷ She's
back, is she? Tá sí ar ais, an bhfuil?

> Look at the examples below to
> translate 'be' with places.

▷ I won't be here tomorrow. Ní
bheidh mé anseo amárach.
▷ Edinburgh is in Scotland. Tá Dún
Éideann in Albain. ▷ They are in
Paris at the moment. Tá siad i bPáras
faoi láthair. ▷ Where have you been?
Cén áit a raibh tú? ▷ Have you
been to Ireland before? An raibh tú
riamh in Éirinn? ▷ I've never been to
Dublin. Ní raibh mé riamh i mBaile
Átha Cliath.; **How much was**
the meal? Cá mhéad a bhí ar an

mbéile?; **That'll be £5, please.**
Cúig phunt, le do thoil.

beach n trá f4

bead n ❶ (decorative) coirnín m4
❷ (of sweat, blood) deoir f2; **Rosary
beads** Paidrín

beak n gob m1

beam n ❶ (of wood) maide m4
❷ (of light) ga m4

bean n pónaire f4 ▷ baked beans
pónairí bácáilte ▷ broad beans
pónairí leathana ▷ green beans
pónairí glasa ▷ kidney beans pónairí
fada

beansprouts npl péacáin mpl1
phónaire

bear n béar m1
▶ vb fulaing ▷ I can't bear it! Ní féidir
liom é a fhulaingt!

bear up vb fulaing go cróga

beard n féasóg f2 ▷ He's got a beard.
Tá feasóg air.

bearded adj féasógach

beast n ❶ beithíoch m1 ❷ (nasty
person) brúid f2

beat n (of music) buille m4
▶ vb buail ▷ We beat them 3-0.
Bhuaileamar 3-o iad.; **Beat it!**
Gread leat!; **to beat somebody up**
greadadh a thabhairt do dhuine

beautiful adj álainn

beautifully adv go hálainn

beauty n áilleacht f3; **beauty
products** earraí áillithe

beauty spot n (place) ball m1
álainn

beaver n béabhar m1

became vb see **become**

because conj mar ▷ I did it
because ... Rinne mé é mar ...;
because of mar gheall ar ▷ because
of the weather mar gheall ar an
aimsir

become vb éirigh ▷ It is becoming
colder. Tá sé ag éirí níos fuaire.;
He became a priest. Rinneadh
sagart de.

bed n leaba f ▷ I made the bed.
Chóirigh mé an leaba.; **in bed** a luí
▷ He is in bed. Tá sé ina luí.; **to go
to bed** dul a luí ▷ He went to bed.
Chuaigh sé a luí.; **to go to bed
with somebody** dul a luí le duine

bed and breakfast n leaba f
agus bricfeasta ▷ How much is it for
bed and breakfast? Cá mhéad atá ar
leaba agus bricfeasta? ▷ We stayed
in a bed and breakfast. D'fhanamar i
Leaba is Bricfeasta.

bedclothes npl éadaí mpl leapa

bedding n córacha fpl3 leapa

bedroom n seomra m4 leapa

bedsit n seomra m4 suí is leapa

bedspread n scaraoid f2 leapa

bedtime n am m3 luí ▷ Ten o'clock is
my usual bedtime. An deich a chlog
am luí s'agamsa de ghnáth.

bee n beach f2

beef n mairteoil f3 ▷ roast beef
mairteoil rósta

beefburger n burgar m1
mairteola

been vb see **be**

beer n beoir f

beetle n ciaróg f2

beetroot n biatas m1

before prep, conj ❶ (in time) roimh
▷ before Tuesday roimh an Máirt
▷ Before opening the packet, read the
instructions. Roimh an phacáiste a
oscailt, léigh na treoracha. ❷ sula
▷ I'll phone before I leave. Glaofaidh
mé sula n-imeoidh mé.
▶ adv roimh sin ▷ the day before an
lá roimhe sin ▷ the week before an
tseachtain roimhe sin; **I've seen
it before.** Chonaic mé cheana é.;
Have you been to Ireland before?
An raibh tú in Éirinn roimhe?

beforehand adv roimh ré

beg vb impigh ar ▷ She begged her
parents to buy a pony. D'impigh
sí ar a tuismitheoirí capaillín a
cheannach. ▷ He begged me to stop.
D'impigh sé orm éirí as.

began vb see **begin**

beggar n bacach m1

begin vb tosaigh ▷ His shift begins
at 6 o'clock. Tosóidh a sheal oibre ar
a 6 a chlog.; **to begin doing
something** tosú ar rud a dhéanamh

beginner n tosaitheoir m3 ▷ I'm
just a beginner. Níl ionam ach
tosaitheoir.

beginning n tús m1 ▷ in the
beginning ag an tús

begun vb see **begin**

behalf n **on behalf of** thar ceann
▷ on his behalf thar a cheann

behave vb iompair ▷ He behaved
like an idiot. D'iompair sé é féin
mar a bheadh amadán ann. ▷ She
behaved very badly. D'iompair sí
í féin go holc. ▷ Did the children

behave themselves? Ar iompair na
páistí iad féin go maith?; **Behave
yourself!** Bíodh múineadh ort!

behaviour (US **behavior**) n
iompar m1; **good behaviour**
dea-iompar; **bad behaviour**
drochiompar

behind prep taobh thiar de
▷ behind the television taobh thiar
den teilifíseán; **behind the scenes**
ar chúl stáitse
▶ adv **to be behind** (late) bheith ar
gcúl ▷ I'm behind with my revision. Tá
mé ar gcúl le mo chuid staidéir.
▶ n tóin f3

beige adj béas

Beijing n Béising f4

Beirut n Béarút m4

Belarus n an Bhílearúis f2

Belfast n Béal m Feirste; **Belfast
Lough** Loch Lao

Belgian adj Beilgeach ▷ Belgian
chocolate seacláid Bheilgeach
▷ She's Belgian. Is Beilgeach í.
▶ n Beilgeach m1; **the Belgians**
(people) na Beilgigh

Belgium n an Bheilg f2 ▷ in Belgium
sa Bheilg

believe vb creid ▷ I don't believe
you. Ní chreidim thú.; **to believe
in something** tabhairt isteach do
rud ▷ I don't believe in that nonsense.
Ní thugaim isteach don amaidí
sin.; **to believe in God** creidiúint
i nDia ▷ I believe in God. Creidim
i nDia.

bell n clog m1

belly n bolg m1

a b c d e f g h i j k l m n o p q r s t u v w x y z

belong vb Who does it belong to?
Cé leis é?; That belongs to me.
Is liomsa sin.; Do you belong to
any clubs? An bhfuil tú i do bhall
de chlub ar bith?; Where does this
belong? Cá dtéann sé seo?

belongings npl giuirléidí fpl2

beloved adj ionúin ▷ a beloved child
leanbh ionúin

below prep faoi ▷ below the castle
faoin gcaisleán ▷ 10 degrees below
freezing 10 gcéim faoi bhun an
reophointe
▶ adv thíos ▷ on the floor below ar an
urlár thíos ▷ see below féach thíos

belt n crios m3 ▷ a seat belt crios
tarrthála

beltway n (US: motorway)
cuarbhóthar m1

bench n binse m4

bend n ❶ cor m1 ❷ (in river)
camas m1
▶ vb (back, arm, knee) crom ▷ I can't
bend my arm. Ní féidir liom mo lámh
a chromadh.

bend down vb crom síos

bend over vb crom

beneath prep thíos faoi; It is
beneath me. Ní chromfainn air.

benefit n sochar m1; to give
somebody the benefit of
the doubt sochar an amhrais
a thabhairt do dhuine;
unemployment benefit sochar
dífhostaíochta; for the benefit of
mar mhaithe le
▶ vb (gain benefit) bain sochar
as ▷ I benefitted from it. Bhain mé

sochar as.

bent adj cam
▶ vb see **bend**

beret n bairéad m1

berserk adj to go berserk dul ar
steallaí mire

berth n (bed) leaba f; to give
somebody a wide berth an
bealach a fhágáil ag duine

beside prep in aice le ▷ beside the
television in aice leis an teilifíseán;
He was beside himself with
anger. Bhí sé thairis féin le fearg.;
That's beside the point. Ní
bhaineann sin le hábhar.

besides adv ❶ (as well) chomh
maith ❷ (in any case) cár bith
▷ Besides, it's too expensive. Cár bith,
tá sé ródhaor.

best adj, adv, n is fearr ▷ Peter's
the best player in the team. Is é
Peadar an t-imreoir is fearr ar an
bhfoireann. ▷ Janet's the best maths
student. Is í Janet an mac léinn is
fearr ag mata. ▷ Emma's the best
singer. Is í Emma an t-amhránaí
is fearr.; to do one's best do
dhícheall a dhéanamh ▷ It's not
perfect, but I did my best. Níl sé
foirfe, ach rinne mé mo dhícheall.;
to make the best of something
a mhór a dhéanamh de rud ▷ We'll
have to make the best of it. Beidh
orainn a mhór a dhéanamh de.; at
best ar an chuid is fearr de; to the
best of my knowledge ar feadh
m'eolais; to the best of my ability
chomh maith agus a thig liom

best man n finné m4 fir

bet n geall m1 ▷ I'd put a bet on it! Chuirfinn geall as!
▶ vb cuir geall ar ▷ I bet five euros on a horse. Chuir mé geall cúig euro ar chapall.; **I bet he forgot.** Bíodh geall go ndearna sé dearmad.

betray vb feall ar

better adj, adv níos fearr ▷ This one's better than that one. Tá an ceann seo níos fearr ná an ceann sin. ▷ a better way to do it bealach níos fearr chun é a dhéanamh ▷ That's better! Tá sé sin níos fearr!; **better still** níos fearr fós ▷ Visit her tomorrow, or better still, go today. Tabhair cuairt uirthi amárach, nó níos fearr fós, téigh inniu.; **to get better (1)** (improve) feabhsú ▷ I hope the weather gets better soon. Tá súil agam go bhfeabhsóidh an aimsir roimh i bhfad. **(2)** (from illness) bisiú ▷ The patient got better quickly. Bhisigh an t-othar go gasta.; **You'd better do it.** B'fhearr duit é a dhéanamh.; **He thought better of it.** Rinne sé athchomhairle.
▶ n the sooner the better dá luaithe é is amhlaidh is fearr ▷ Phone her, the sooner the better. Cuir glao uirthi, chomh luath agus is féidir leat.; **to get the better of** an lámh in uachtar a fháil ar

betting shop n siopa m4 geallghlacadóra

between prep idir ▷ between Belfast and Dublin idir Béal Feirste agus Baile Átha Cliath ▷ between 15 and 20 minutes idir 15 agus 20 nóiméad ▷ between meals idir bhéilí ▷ There's no connection between the two events. Níl baint ar bith idir an dá ócáid.

bewildered adj trína chéile ▷ He looked bewildered. Bhí cuma air go raibh sé trína chéile.

beyond prep ar an taobh thall de ▷ There was a lake beyond the mountain. Bhí loch ar an taobh thall den sliabh.; **beyond belief** dochreidte; **It is beyond repair.** Tá sé ó chóiriú.; **circumstances beyond our control** cúinsí nach bhfuil smacht againn orthu

biased adj claonta

Bible n Bíobla m4

bicycle n rothar m1

bid n ❶ (at auction) tairiscint f3 ❷ (attempt) iarracht f3
▶ vb tairg ▷ He bid five euros for it. Thairg sé cúig euro air.

bifocals npl défhócasaigh mpl1

big adj mór ▷ a big house teach mór ▷ a big car gluaisteán mór ▷ my big brother mo dhearthháir mór

bigheaded adj to be bigheaded bheith mór as féin ▷ He's bigheaded. Tá sé mór as féin.

bike n rothar m1 ▷ by bike mo rothar

bikini n bicíní m4

bilingual adj dátheangach

bill n ❶ bille m4 ▷ Can we have the bill, please? An féidir linn an bille a fháil, le do thoil? ❷ (US) nóta m4 bainc ▷ a five-dollar bill nóta bainc cúig dhollar; **to fit the bill** cúis a dhéanamh

billiards n billéardaí ▷ *We played billiards last night.* D'imríomar billéardaí aréir.

billion n billiún m1 ▷ *a billion euros* billiún euro

bin n (*dustbin*) bosca m4 bruscair

bingo n biongó m4

binoculars npl déshúiligh mph; **a pair of binoculars** péire de dhéshúiligh

biochemistry n bithcheimic f2

biodegradable adj bith-indíghrádaithe

biofuel n bithbhreosla m4

biography n beathaisnéis f2

biology n bitheolaíocht f3

bird n éan m1

birdwatching n fairtheoireacht éan f3 ▷ *My hobby's birdwatching.* Tá fairtheoireacht éan mar chaitheamh aimsire agam.; **to go birdwatching** dul a fhairtheoireacht éan

Biro® n badhró m4

birth n breith f2 ▷ *date of birth* dáta breithe

birth certificate n teastas m1 beireatais

birth control n ❶ (*policy*) cosc m1 beireatais ❷ (*method*) frithghiniúint f3

birthday n breithlá m ▷ *When's your birthday?* Cá huair a bhíonn do bhreithlá ann? ▷ *I'm going to have a birthday party.* Beidh cóisir bhreithlae agam.; **a birthday cake** cáca breithlae; **a birthday card** cárta breithlae

biscuit n briosca m4

bishop n easpag m1

bit n ❶ píosa m4 ▷ *Would you like another bit?* Ar mhaith leat píosa eile? ▷ *a bit of cake* píosa de cháca ❷ (*for horse*) béalbhach f2 ❸ (*in computing*) giotán m1; **a bit** giota ▷ *Do you play football? —A bit.* An imríonn tú peil? — Giota.; **Wait a bit!** Fan tamall!; **a bit tired** rud beag tuirseach; **bit by bit** de réir a chéile; **to fall to bits** titim as a chéile
▶ vb *see* **bite**

bitch n (*female dog*) soith f2

bite vb ❶ bain greim as ❷ (*insect*) cailg ▷ *I got bitten by a mosquito.* Chailg corr mhíol mé.; **to bite one's nails** d'ingne a ithe
▶ n ❶ greim m3; **Let's have a bite to eat.** Beidh greim bia againn. ❷ (*insect bite*) cailg f2

bitten vb *see* **bite**

bitter adj ❶ (*taste*) searbh ❷ (*weather, wind*) feanntach ▷ *It's bitter today.* Tá sé feanntach inniu. ❸ (*person*) domlasta
▶ n (*beer*) leann m3 searbh

black adj dubh ▷ *a black jacket* casóg dhubh; **She's black.** Tá sí gorm.
▶ n dubh m1; **to be in the black** (*in credit*) bheith ar thaobh an tsochair

blackberry n sméar f2 dhubh

blackbird n lon m1 dubh

blackboard n clár m1 dubh

black coffee n caife m4 dubh

blackcurrant n cuirín m4 dubh

blackmail n dúmhál m1 ▷ *That's blackmail!* Sin dúmhál!
▶ vb cuir faoi dhúmhál ▷ *He blackmailed her.* Chuir sé faoi dhúmhál í.

blackout n (*power cut*) lánmhúchadh m; **to have a blackout** (*faint*) titim i laige

black pudding n lúbóg f2 dhubh

blade n lann f2

blame n locht m3
▶ vb cuir locht ar ▷ *Don't blame me!* Ná cuir an locht ormsa! ▷ *I blame the police.* Cuirim an locht ar na póilíní. ▷ *He blamed it on my sister.* Chuir sé an locht ar mo dheirfiúr.; **He is to blame.** Eisean is ciontaí.; **You have only yourself to blame.** Bí ag éileamh ort féin.

blank adj ❶ (*page*) folamh ❷ (*look*) bómánta
▶ n bearna f4 ▷ *Fill in the blanks.* Líon isteach na bearnaí.; **His mind was a blank.** Ní raibh aon smaoineamh ina cheann.

blank cheque n seic m4 bán

blanket n blaincéad m1

blast n pléasc f2 ▷ *a bomb blast* pléasc buama

blatant adj dearg- ▷ *a blatant lie* deargbhréag

blaze n dóiteán m1

blazer n bléasar m1

bleach n bléitse m4

bleached adj tuartha ▷ *bleached hair* gruaig thuartha

bleak adj ❶ (*place*) sceirdiúil

❷ gruama ▷ *The future looks bleak.* Tá cuma ghruama ar an todhchaí.

bleed vb cuir fuil ▷ *My hand is bleeding.* Tá mo lámh ag cur fola.

bleeper n blípire m4

blender n cumascóir m3

bless vb beannaigh; **Bless you!** (1) (*after sneeze*) Dia linn! (2) (*thank you*) Dia leat!

blessing n beannacht f3

blew vb see **blow**

blind adj dall
▶ n (*for window*) dallóg f2

blindfold n púicín m4
▶ vb púicín a chur ar

blink vb preab ▷ *She blinked.* Preabadh a súil.

bliss n aoibhneas m1 ▷ *It was bliss!* Aoibhneas a bhí ann!

blister n spuaic f2

blizzard n síobadh m sneachta

blob n daba m4 ▷ *a blob of glue* daba glé

block n ceap m1 ▷ *She lives in our block.* Tá sí ina cónaí i mbloc s'againne.; **a block of flats** ceap árasán
▶ vb cuir bac ar

blockage n bac m1

block capitals npl bloclitreacha fpl

blog n blag m4

blogger n blagálaí m4

bloke n diúlach m1

blonde adj fionn ▷ *Her hair is blonde.* Tá a cuid gruaige fionn.

blood n fuil f

blood donor n deontóir m3 fola

blood pressure n brú m4 fola; **to have high blood pressure** brú fola ard a bheith ort

blood sports n spóirt mph fola

blood test n triail f fola

bloody adj (covered in blood) fuilteach; **this bloody ...** an .... mallaithe seo ▷ this bloody television an teilifíseán mallaithe seo; **Bloody hell!** In ainm Chroim!

blouse n blús m1

blow n buille m4
▶ vb (wind, person) séid; **to blow one's nose** do shrón a shéideadh; **to blow a whistle** feadóg a shéideadh

blow away vb séid ar shiúl

blow up vb ❶ séid ▷ He blew up all the balloons. Shéid sé na balúin go léir. ❷ cuir aer i ▷ He blew up the tyre. Chuir sé aer i mbonn.

blow-dry n triomú séidte m3 ▷ A cut and blow-dry, please. Bearradh gruaige agus triomú séidte, le do thoil.

blown vb see **blow**

blue adj gorm ▷ a blue dress gúna gorm
▶ n gorm m1; **to come out of the blue** teacht gan choinne

blues npl (music) na gormacha mpl

bluff vb cur i gcéill; **He was bluffing.** Bhí sé ag cur i gcéill.
▶ n cur m1 i gcéill ▷ It's just a bluff. Níl ann ach cur i gcéill.

blunder n botún m1

blunt adj ❶ (person) giorraisc ❷ (knife, pencil) maol

blush vb las ▷ She blushed. Las sí san aghaidh.

board n ❶ clár m1 ❷ (cardboard) cairtchlár m1 ❸ (in company) bord m1; **on board** ar bord; **full board** lánchothú; **board and lodging** bia agus leaba

boarder n scoláire m4 cónaithe

board game n cluiche m4 boird

boarding card n pas m4 bordála

boarding school n scoil f2 chónaithe ▷ I go to boarding school. Téim ar scoil chónaithe.

boast vb maíomh as ▷ Stop boasting! Stad maíomh den!

boat n ❶ bád m1 ▷ The boat sails at eight o'clock. Tá an bád ag cur chun farraige ar a hocht a chlog. ❷ (small) coite m4

body n corp m1

bodybuilding n corpdhéanamh m1

bodyguard n garda m4 cosanta

bog n portach m1

boil n (swelling) neascóid f2
▶ vb ❶ bruith ▷ She boiled an egg for her breakfast. Bhruith sí ubh don bhricfeasta. ❷ tosú ag fiuchadh ▷ The water's boiling. Tá an t-uisce ag fiuchadh.

boil over vb téigh thar maoil

boiled adj bruite ▷ a boiled egg ubh bhruite ▷ boiled potatoes prátaí bruite

boiling adj an-te ▷ It's boiling in here! Tá sé an-te istigh anseo!; **boiling hot** iontach te go deo ▷ a boiling hot day lá iontach te go deo

bolt n bolta m4; **a bolt of lightning** splanc thintrí

bomb n buama m4
▶ vb buamáil

bomber n buamadóir m3

bombing n buamáil f3

bond n ① ceangal m1
② (investment) banna m4

bone n cnámh f2

bonfire n tine f4 chnámh

bonnet n boinéad m1

bonus n bónas m1

book n ① (to read) leabhar m1 ② (of stamps, tickets) leabhrán m1; **books** (accounts) leabhair chuntais
▶ vb ① (ticket, seat, room) cuir in áirithe ▷ We haven't booked a room. Níor chuireamar seomra in áirithe. ② (football player) glac ainm

bookcase n leabhragán m1

booking office n oifig f2 ticéad

booklet n leabhrán m1

bookmark n leabharmharc m1

bookshelf n seilf f2 leabhar

bookshop n siopa m4 leabhar

boost vb méadaigh ▷ The win boosted the team's morale. Mhéadaigh an bua spiorad na foirne.

boot n ① buatais f2 ② (for football) bróg f2 pheile ③ (of car) cófra m4

booze n biotáille f4

border n ① (edge) imeall m1 ② (of a country) teorainn f; **the Border** (in Ireland) an Teorainn; **a border road** bóthar teorann

bore vb see **bear**

bored adj dúbh dóite ▷ I was bored. Bhí mé dúbh dóite.

boredom n leamhthuirse f4

boring adj leadránach ▷ This movie's very boring. Tá an scannán seo iontach leadránach.

born adj **to be born** teacht ar an saol; **When were you born?** Cén bhliain a rugadh tú?; **I was born in 1981.** Rugadh in 1981 mé.

borrow vb faigh ar iasacht ▷ Can I borrow your pen? An féidir liom do pheann a fháil ar iasacht? ▷ I borrowed some money from a friend. Fuair mé airgead ar iasacht ó chara.

Bosnia n Boisnia f4

Bosnian adj Boisniach

boss n saoiste m4

boss around vb **to boss somebody around** saoistíocht a dhéanamh ar dhuine

bossy adj tiarnúil

both adj, pron araon ▷ You are both wrong. Tá sibh araon contráilte.; **both the books** an dá leabhar; **We both went.** Chuaigh an bheirt againn.; **both men and women** idir fhir agus mhná; **both of them** iad beirt ▷ Both of them left. D'imigh siad beirt.; **Both of your answers are wrong.** Tá bhur bhfreagraí beirt contráilte.; **both of you** an bheirt agaibh

bother vb ① buair ▷ What's bothering you? Cad é atá do do bhuaireamh? ② (disturb) cuir as do ▷ I'm sorry to bother you. Tá mé buartha as cur as duit.; **No**

bother. Tá fáilte is míle romhat.;
Don't bother with him! Ná bac
leis!; **He didn't bother to tell me
about it.** Níor bhac sé le hinsint
dom faoi.
bottle n buidéal m1
bottle bank n gabhdán m1
buidéal
bottle-opener n osclóir m3
buidéal
bottom n ❶ (of container, page, list)
bun m1 ❷ (of sea, lake) grinneall m1
❸ (buttocks) tóin f3
   ▶ adj bun- ▷ the bottom shelf an
bhunseilf ▷ the bottom sheet an
bhunbhraillín
bought vb see **buy**
bounce vb preab
bouncer n fear m1 dorais
bound adj **He's bound to fail.** Is
cinnte go dteipfidh air.
boundary n teorainn f
bow n ❶ cuach f2 ▷ She tied the
ribbon in a bow. Chuir sí snaidhm
chuaiche ar an ribín. ❷ (weapon,
for violin) bogha m4 ▷ a bow and
arrows bogha agus saigheada
   ▶ vb umhlaigh
bowels npl inní mpl4
bowl n babhla m4
   ▶ vb (in cricket) babhláil
bowler n (in cricket) babhlálaí m4
bowling n babhláil f3; **to go
bowling** dul ag babhláil; **a
bowling alley** pinniúr babhlála
bowls n bollaí mpl4 ▷ They play
bowls on Sundays. Imríonn siad
bollaí ar an Domhnach.

bow tie n carbhat m1 cuachóige
box n ❶ bosca m4 ▷ a box of matches
bosca cipíní ▷ a cardboard box bosca
cairtchláir ❷ (large) cófra m4
boxer n dornálaí m4
boxing n dornálaíocht f3
Boxing Day n Lá m Fhéile Stiofáin
   ▷ on Boxing Day ar Lá Fhéile Stiofáin
boy n ❶ (child) gasúr m1 ❷ (young
man) stócach m1
boyfriend n stócach m1 ▷ Have you
got a boyfriend? An bhfuil stócach
agat?
bra n cíochbheart m1
brace n (on teeth) teanntán m1
   ▷ She wears a brace. Caitheann sí
teanntán.
bracelet n bráisléad m1
braces npl (on teeth) teanntán m1
   ▷ She wears braces. Caitheann sí
teanntán.
bracket n lúibín m4; **in brackets**
idir lúibíní
brain n inchinn f2; **She's got
brains.** Tá éirim inti.
brainy adj éirimiúil
brake n coscán m1
   ▶ vb na coscáin a theannadh
branch n ❶ (of tree) géag f2 ❷ (of
river, road) gabhal m1
brand n branda m4 ▷ a well-known
brand of coffee branda caifé atá i
mbéal an phobail
brand name n ainm m4 branda
brand-new adj úrnua
brandy n branda m4
brass n prás m1; **the brass section**
an rannóg phráis

brass band n banna m4 práis

brat n dailtín m4 ▷ He's a spoiled brat. Is dailtín millte é.

brave adj cróga

Brazil n an Bhrasaíl f2 ▷ in Brazil sa Bhrasaíl

bread n arán m1 ▷ brown bread arán donn ▷ white bread arán geal ▷ bread and butter arán agus im

break n ❶ (pause, interval) scíth f2 ▷ We took a break. Ghlacamar scíth. ❷ (at school) am m3 sosa ▷ during break i rith am sosa ❸ (chance) deis f2
▶ vb bris ▷ Careful, you'll break something! Bí cúramach, brisfidh tú rud éigin! ▷ Careful, it'll break! Bí cúramach, brisfear é! ▷ I broke my leg. Bhris mé mo chos.; **to break a promise** gealltanas a bhriseadh; **to break the law** an dlí a bhriseadh; **to break a record** curiarracht a shárú

break down vb The car broke down. Chlis an carr.

break in vb (burglar) bris isteach

break off vb ❶ bris as ▷ He broke off a piece of chocolate. Bhris sé píosa seacláide as. ❷ scoith ▷ The branch broke off in the storm. Scoitheadh an chraobh le linn na stoirme.

break open vb (door) bris

break out vb ❶ (fire) bris amach ❷ (war) tosaigh ❸ (prisoner) éalaigh; **to break out in a rash** gríos a theacht ort

break up vb ❶ scoir ▷ We break up next Wednesday. Scoirfimid Dé Céadaoin seo chugainn. ❷ (crowd) scaip ▷ The crowd broke up when the police arrived. Scaip an slua nuair a tháinig na péas. ❸ (marriage) clis ar ▷ The marriage broke up shortly after that. Chlis ar an bpósadh go gairid ina dhiaidh sin. ❹ (people fighting) cuir ó chéile ▷ They were fighting but Liam broke them up. Bhí siad ag troid ach chuir Liam ó chéile iad.; **You're breaking up!** (on mobile phone) Tá do líne ag briseadh!

breakdown n cliseadh m; **a nervous breakdown** cliseadh néarógach

breakfast n bricfeasta m4 ▷ What would you like for breakfast? Cad é ba mhaith leat le haghaidh bricfeasta?

break-in n briseadh m isteach

breast n (of woman) cíoch f2; **chicken breast** brollach sicín

breast-feed vb tabhair an chíoch do

breaststroke n bang m3 brollaigh

breath n anáil f3; **out of breath** rite as anáil; **to get one's breath back** d'anáil a fháil ar ais

breathe vb análaigh

breathe in vb tarraing d'anáil isteach

breathe out vb cuir d'anáil amach

breed vb síolraigh
▶ n sliocht m3

breeze n feothan m1

brewery n grúdlann f2

bribe vb breab
brick n bríce m4 ▷ a brick wall
balla bríce
bricklayer n bríceadóir m3
bride n brídeach f2
bridegroom n grúm m1
bridesmaid n cailín m4
coimhdeachta
bridge n ❶ droichead m1 ▷ a
suspension bridge droichead crochta
❷ beiriste m4 ▷ They were playing
bridge. Bhí siad ag imirt beiriste.
brief adj achomair
briefcase n mála m4 cáipéisí
briefly adv i mbeagán focal
briefs npl fobhríste m4
bright adj ❶ geal ▷ a bright
colour dath geal ▷ a bright blue car
gluaisteán gormgheal ❷ (clever)
cliste ▷ He's not very bright. Níl
sé iontach cliste.; **a bright idea**
smaoineamh maith
brilliant adj ❶ (great) ar dóigh
▷ Brilliant! Ar dóigh! ❷ (clever)
éirimiúil ▷ a brilliant scientist eolaí
éirimiúil
bring vb tabhair leat ▷ Bring warm
clothes. Tabhair leat éadach te.
▷ Could you bring me my trainers?
An dtiocfadh leat mo bhróga
reatha a thabhairt leat? ▷ Can I
bring a friend? An féidir liom cara a
thabhairt liom?
bring back vb tabhair ar ais
bring forward vb tabhair chun
tosaigh ▷ The meeting was brought
forward. Tugadh an cruinniú chun
tosaigh.

bring up vb (child) tóg ▷ She
brought up 5 children on her own.
Thóg sí 5 páistí ina haonar. ▷ She
was brought up in Ireland. Tógadh
in Éirinn í.
Britain n an Bhreatain f2 Mhór ▷ in
Britain sa Bhreatain Mhór ▷ Great
Britain an Bhreatain Mhór
British adj Briotanach; **the British**
na Briotanaigh; **the British Isles**
na hOileáin Bhriotanacha
broad adj ❶ (wide) leathan
❷ (accent) láidir; **broad beans**
pónairí leathana; **in broad
daylight** i lár an lae ghil
broadband n banda m4 leathan
▷ Do you have broadband? An bhfuil
banda leathan agat?
broadcast n craoladh m
▶ vb craol ▷ The interview was
broadcast yesterday. Craoladh an
t-agallamh inné.; **to broadcast
live** craoladh beo
broad-minded adj
leathanaigeanta
broccoli n brocailí m4
brochure n bróisiúr m1
broil vb (US) gríosc
broke adj (without money) briste
▶ vb see **break**
broken adj briste ▷ It's broken. Tá sé
briste. ▷ a broken leg cos bhriste
bronchitis n broincíteas m1
bronze n umha m4 ▷ the bronze
medal an bonn umha
brooch n bróiste m4
broom n scuab f2
brother n ❶ deartháir m ▷ my

brother mo dheartháir ❷ bráthair *m* ▷ *Brother Patrick* an Bráthair Pádraig

brother-in-law *n* deartháir *m* céile

brought *vb see* bring

brown *adj* ❶ donn ❷ (*tanned*) crón
 ▶ *n* (*colour*) donn *m1*

Brownies *npl* Brídíní *fpl4*

browse *vb* ❶ (*on the internet*) brabhsáil ❷ (*in shop*) tabhair spléachadh thart ar shiopa;
 to browse through a book mearspléachadh a thabhairt ar leabhar

browser *n* (*for the internet*) brabhsálaí *m4*

bruise *n* ball *m1* gorm

brush *n* ❶ scuab *f2* ❷ (*paintbrush*) cleiteán *m1*
 ▶ *vb* scuab; **to brush one's hair** do chuid gruaige a scuabadh ▷ *I brushed my hair.* Scuab mé mo chuid gruaige.; **to brush one's teeth** do chuid fiacla a scuabadh ▷ *I brush my teeth every night.* Scuabaim mo chuid fiacla gach oíche.

Brussels *n* an Bhruiséil *f2* ▷ *in Brussels* sa Bhruiséil

Brussels sprout *n* bachlóg *f2* Bhruiséile

brutal *adj* brúidiúil

BSc *n* (= *Bachelor of Science*) BSc ▷ *a BSc in Mathematics* BSc sa Mhatamaitic

BSE *n* (= *bovine spongiform encephalopathy*) ESB (= einceifileapaite spúinseach bhólachta)

bubble *n* bolgán *m1*

bubble bath *n* folcadh *m* sobalach

bubble gum *n* guma *m4* coganta

bucket *n* buicéad *m1*

buckle *n* búcla *m4*

Buddhism *n* Búdachas *m1*

Buddhist *adj* Búdaíoch

buddy *n* (US) compánach *m1*

budget *n* buiséad *m1*

budgie *n* budragár *m1*

buffalo *n* buabhall *m1*

buffet *n* ❶ (*table, counter*) cuntar *m1* bia ❷ (*food*) buifé *m4*

buffet car *n* carráiste *m4* bia

bug *n* ❶ (*insect*) feithid *f2* ❷ (*infection*) fríd *f2* ▷ *There's a bug going round.* Tá fríd ag dul thart. ▷ *a stomach bug* fríd goile ❸ (*in computer*) fabht *m4*

bugged *adj* bugáilte ▷ *The room was bugged.* Bhí an seomra bugáilte.

bugle *n* stoc *m1*

build *vb* tóg ▷ *He's building a garage.* Tá sé ag tógáil garáiste.

builder *n* tógálaí *m4* ▷ *He's a builder.* Is tógálaí é.

building *n* foirgneamh *m1*

built *vb see* build

bulb *n* ❶ bolgán *m1* ❷ (*of plant*) bleib *f2*

Bulgaria *n* an Bhulgáir *f2*

bulky *adj* toirtiúil

bull *n* tarbh *m1*

a
b
c
d
e
f
g
h
i
j
k
l
m
n
o
p
q
r
s
t
u
v
w
x
y
z

bullet n piléar m1
bulletin board n (on computer) clár m1 fógraí Idirlín
bullfighting n tarbhchomhrac m1
bully n bulaí m4 ▷ He's a big bully. Is bulaí mór é.
  ▶ vb to bully somebody bheith ag maistíneacht ar dhuine
bum n (bottom) tóin f3
bum bag n mála m4 tóna
bump n ❶ (lump) cnapán m1 ❷ (minor accident) tuairt f2 ▷ We had a bump. Bhain tuairt dúinn. ❸ (on road) uchtóg f2
  ▶ vb buail
bump into vb ❶ buail in éadan ▷ I bumped into the table in the dark. Bhuail mé in éadan an tábla sa dorchadas. ❷ (meet) buail le ▷ I bumped into John yesterday. Bhuail mé le Seán inné.
bumper n cosantóir m3
bumpy adj corrach
bun n ❶ (to eat) borróg f2 ❷ (in hair) cocán m1
bunch n ❶ (of flowers) triopall m1 ▷ a bunch of grapes triopall caor fíniúna ❷ (of keys) cloigín m4 ❸ (of bananas) dornán m1 ❹ (of people) baicle f4
bunches npl snaidhmeanna fpl2 ▷ She has her hair in bunches. Tá a cuid gruaige i snaidhmeanna aici.
bungalow n bungaló m4
bungle vb déan praiseach de
bunk n bunc m4
bunk bed n leaba f bunc
buoy n bulla m4

burger n burgar m1
burglar n buirgléir m3
burglarize vb (US) bris isteach i
burglary n buirgléireacht f3
burgle vb bris isteach i ▷ Her house was burgled. Briseadh isteach ina teach.; **We've been burgled.** Creachadh muid.
burn n dó m4
  ▶ vb dóigh ▷ I burned the cake. Dhóigh mé an císte. ▷ I've burned my hand. Dhóigh mé mo lámh.; to burn a CD CD a scríobh; to burn oneself tú féin a dhó ▷ I burned myself on the oven door. Dhóigh mé mé féin ar dhoras an oighinn.
burn down vb dóigh go talamh ▷ The factory burned down. Dódh an mhonarcha go talamh.
burner n dóire m4
burst vb pléasc ▷ The balloon burst. Pléascadh an balún.; to burst out laughing pléascadh amach ag gáire; to burst into tears pléascadh amach ag caoineadh; to burst into flames lasadh d'aon bhladhm
bury vb cuir ▷ The old man was buried yesterday. Cuireadh an seanfhear inné.
bus n bus m4 ▷ a bus driver tiománaí bus ▷ a school bus bus na scoile ▷ a bus station stáisiún bus ▷ a bus ticket ticéad bus
bush n ❶ (plant) tor m1 ❷ (scrubland) mongach m1
business n ❶ (firm) gnólacht m3 ▷ He's got his own business. Tá a

ghnólacht féin aige. ❷ (trading) gnó m4; **to be away on business** bheith as láthair ar chúrsaí gnó; **It's none of your business!** Ní bhaineann sé duit.; **Mind your own business!** Déan do ghnóthaí duit féin!; **He means business.** Tá sé dáiríre.

businessman n fear m1 gnó

businesswoman n bean f ghnó

busker n ceoltóir m3 sráide

bus pass n pas m4 bus

bus stop n stad m4 bus

bust n (chest) brollach m1

busy adj gnóthach

busy signal n (US) comhartha m4 gnóthach

but conj ach ▷ I'd love to come, but I'm busy. Ba bhreá liom teacht, ach tá mé gnóthach.

butcher n búistéir m3 ▷ He's a butcher. Is búistéir é.

butcher's n siopa m4 búistéara

butter n im m

butterfly n féileacán m1

buttocks npl mása mpl1

button n cnaipe m4

buy vb ceannaigh ▷ I bought him an ice cream. Cheannaigh mé uachtar reoite dó.; **to buy something from somebody** rud a cheannach ó dhuine ▷ I bought a watch from him. Cheannaigh mé uaireadóir uaidh.

▷ n ceannach m1

by prep, adv ❶ (referring to method, manner, means) ar an ▷ by bus ar an mbus ▷ by train ar an traein; **by car** sa charr; **to pay by cheque** íoc le seic ❷ (via, through) trí ▷ We came by Dublin. Thángamar trí Bhaile Átha Cliath. ❸ (close to) in aice le ▷ the house by the school an teach in aice leis an scoil ❹ (not later than) roimh ▷ by 4 o'clock roimh a 4 a chlog; **By the time I got there it was too late.** Faoin am a tháinig mé ann bhí sé rómhall.; **by this time tomorrow** faoin am seo amárach; **a painting by Picasso** pictiúr le Picasso; **It's all right by me.** Tá sé sin i gceart i dtaca liomsa de.; **all by oneself** leat féin ▷ I did it all by myself. Rinne mé é liom féin.; **by the way** dála an scéil

bye excl slán leat

bypass n ❶ (road) seachród m1 ❷ (medical) seach-chonair f2

byte n beart m1

C

cab n tacsaí m4
cabbage n cabáiste m4
cabin n (on ship) cábán m1
cabinet n caibinéad m1 ▷ a
bathroom cabinet caibinéad seomra
folctha ▷ a drinks cabinet caibinéad
deochanna
cable n ❶ (rope) cábla m4 ❷ (of
anchor) téad f2
cable car n carr m1 cábla
cable television n teilifís f2
chábla
cactus n cachtas m1
cadet n dalta m4 ▷ He's a police
cadet. Is dalta póilíní é.
café n caife m4
cafeteria n caifelann f2
caffeine n caiféin f2
cage n ❶ cás m1 ❷ (for bird)
éanadán m1

cagoule n cóta m4 éadrom
fearthainne
cake n cáca m4
calculate vb ❶ áirigh ❷ (chances,
effect) meas
calculation n áireamh m1
calculator n áireamhán m1
calendar n féilire m4
calf n ❶ (of cow) gamhain m3 ❷ (of
other animals) ceann m1 óg ❸ (of
leg) colpa m4
call n glao m4 ▷ Thanks for your call.
Go raibh maith agat as do ghlao.;
a phone call scairt ghutháin; **to
be on call** bheith ar glao-dualgas
▷ He's on call this evening. Tá sé ar
glao-dualgas tráthnóna.
▶ vb ❶ glaoigh ar ▷ We called the
police. Ghlaomar ar na póilíní.
❷ (make phone call) glaoigh ar ais
▷ I'll tell him you called. Déarfaidh mé
leis gur ghlaoigh tú.; **He's called
Patrick.** Pádraig atá air.; **What's
she called?** Cad é a thugtar uirthi?;
to call somebody names
ainmneacha a thabhairt ar dhuine;
He called me an idiot. Thug sé
bómán orm.
call back vb (phone again) glaoigh
ar ais ▷ I'll call back at 6 o'clock.
Glaofaidh mé ar ais ar a 6 a chlog.
call for vb buail isteach faoi
choinne ▷ I'll call for you at 2.30.
Buailfidh mé isteach faoi do
choinne ar 2.30.
call off vb cuir ar ceal ▷ The match
was called off. Cuireadh an cluiche
ar ceal.

call box n bosca m4 gutháin
call centre n ionad m1 glaonna
calm adj ciúin
calm down vb ciúnaigh; Calm
down! Socraigh síos!
Calor gas® n gás m1 Calor®
calorie n calra m4
calves npl see calf
Cambodia n an Chambóid f2 ⊳ in
Cambodia sa Chambóid
camcorder n ceamthaifeadán m1
came vb see come
camel n camall m1
camera n ① (for photos) ceamara
m4 ② (for filming) ceamthaifeadán
m1
cameraman n ceamaradóir m3
camera phone n fón m1 ceamara
camp n ① campa m4 ⊳ a holiday
camp campa saoire ② (camping
place) áit f2 champála
  ▶ vb campáil
campaign n feachtas m1
camp bed n leaba f champála
camper n ① (person) campálaí m4
② (vehicle) carr m1 campála
camping n to go camping dul
ag campáil ⊳ We went camping in
Galway. Chuamar ag campáil i
nGaillimh.
camping gas® n gás campála m1
campsite n láithreán m1 campála
campus n campas m1
can n canna m4 ⊳ a can of sweetcorn
canna arbhair mhilis ⊳ a can of beer
canna beorach ⊳ a can of petrol
canna peitril
  ▶ vb is féidir le

Word for word, this means 'it's
possible for'.
⊳ You can do it if you try. Is féidir leat
é a dhéanamh má thugann tú faoi.
⊳ I can't come. Ní féidir liom teacht.
⊳ I couldn't sleep because of the noise.
Níorbh fhéidir liom codladh mar
gheall ar an gcallán. ⊳ Can I help
you? An féidir liom cuidiú leat?

'can' is sometimes not
translated.
⊳ I can't hear you. Ní chluinim thú.
⊳ I can't remember. Ní cuimhin
liom.; Can I use your phone?
(asking permission) An bhfuil
cead agam glaoch gutháin a
dhéanamh?; I can swim. Tá
snámh agam.; He can't drive. Níl
tiomáint aige.; It can't be true! Ní
thiocfadh leis bheith fíor!
Canada n Ceanada m4 ⊳ in
Canada i gCeanada ⊳ to Canada go
Ceanada
Canadian adj Ceanadach
  ▶ n Ceanadach m1
canal n canáil f3
Canaries npl the Canaries na
hOileáin Chanáracha
canary n canáraí m4
cancel vb cuir ar ceal ⊳ The match
was cancelled. Cuireadh an cluiche
ar ceal.
cancellation n cealú m
cancer n ailse f4 ⊳ He's got cancer.
Tá ailse air.; Cancer An Portán
⊳ I'm Cancer. Is mise An Portán.
candid adj ionraic
candle n coinneal f2

candy n (US) milseáin mpl1
candyfloss n flas m3 candaí
cannabis n cannabas m1
canned adj (food) cannaithe
cannon n gunna m4 mór
cannot vb see **can**
canoe n curach f2
canoeing n curachóireacht
f3; **to go canoeing** dul ag
curachóireacht ▷ We went canoeing.
Chuamar ag curachóireacht.
can-opener n stánosclóir m3
can't vb see **can**
canteen n ceaintín m4
canter vb **to be cantering** (horse)
bheith ag gearrshodar
canvas n canbhás m1
cap n caipín m4
capable adj ábalta; **to be capable
of doing something** bheith ábalta
rud a dhéanamh
capacity n ❶ (of container)
toilleadh m ❷ (of factory) cumas
m1 táirgthe
capital n ❶ (city) príomhchathair
f ▷ Paris is the capital of France. Is é
Páras príomhchathair na Fraince.
❷ (letter) ceannlitir f ▷ Write your
address in capitals. Scríobh do
sheoladh i gceannlitreacha.
capitalism n caipitleachas m1
capital punishment n pionós
m1 an bháis
Capricorn n An Gabhar m1 ▷ I'm
Capricorn. Is Mise An Gabhar.
capsize vb iompaigh
captain n captaen m1 ▷ She's
captain of the hockey team. Tá sí ina

captaen ar an bhfoireann haca.
caption n ❶ (above)
ceannscríbhinn m1 ❷ (below)
foscríbhinn m1
capture vb gabh
car n carr m1; **to go by car** dul sa
charr ▷ We went by car. Chuamar sa
charr.; **a car crash** taisme cairr
carafe n caraf m4
caramel n caramal m1
caravan n carbhán m1 ▷ a caravan
site láithreán carbhán
carbon footprint n lorg m
carbóin
card n cárta m4
cardboard n cairtchlár m1 ▷ a
cardboard box bosca cairtchláir
cardigan n cairdeagan m1
cardinal n cairdinéal m1
cardphone n cártafón m1
care n aire f4 ▷ with care le haire;
to take care bheith faichilleach;
Take care! (Look after yourself!)
Tabhair aire duit féin!; **to take
care of** aire a thabhairt do ▷ I take
care of the children on Saturdays.
Tugaim aire do na páistí ar an
Satharn.
▶ vb **to care about something**
suim a chur i rud ▷ They don't really
care about their image. Ní chuireann
siad mórán suime ina n-íomhá.;
to care about somebody cion
a bheith agat ar dhuine; **I don't
care!** Is cuma liom!; **to care
for somebody** (look after) aire a
thabhairt do dhuine
career n slí f4 bheatha; **a careers**

adviser comhairleoir slite beatha

careful adj cúramach; **Be careful!** Aire!

carefully adv go cúramach ▷ She carefully avoided the conversation. Sheachain sí an comhrá go cúramach. ▷ Drive carefully! Tiomáin go cúramach!

careless adj ❶ míchúramach ▷ a careless mistake botún míchúramach ❷ (person) neamhairdiúil ▷ She's very careless. Tá sí iontach neamhairdiúil. ▷ a careless driver tiománaí neamhairdiúil

carer n cúramóir m3

caretaker n airíoch m1

car-ferry n bád m1 fartha gluaisteán

cargo n lasta m4

car hire n carranna mpl4 ar cíos

Caribbean n the Caribbean Muir Chairib ▷ We're going to the Caribbean. Táimid ag dul chuig Muir Chairib.
▶ adj Cairibeach ▷ Caribbean food bia Cairibeach

caring adj ❶ (person) dea-chroíoch ▷ She's a very caring teacher. Is múinteoir iontach dea-chroíoch í. ▷ She has caring parents. Tá tuismitheoirí dea-chroíocha aici. ❷ (society, organization) carthanach

Carlow n Ceatharlach m1

carnation n coróineach f2

carnival n carnabhal m1

carol n carúl m1; **a Christmas**

carol carúl Nollag

car park n carrchlós m1

carpenter n cearpantóir m3 ▷ He's a carpenter. Is cearpantóir é.

carpentry n cearpantóireacht f3

carpet n brat m1 urláir ▷ a Persian carpet brat urláir Peirseach

car phone n carrfón m1

car rental n (US) carranna ar cíos

carriage n (on train) carráiste m4

carrier bag n mála m4 iompair

carrot n cairéad m1

carry vb iompair ▷ I'll carry your bag. Iompróidh mé do mhála.; **a plane carrying 100 passengers** eitleán agus 100 paisinéir air; **to get carried away** dul thar fóir

carry on vb lean ar; **to carry on doing something** leanúint ar aghaidh le rud ▷ She carried on talking. Lean sí uirthi ag caint.; **Carry on!** Lean ar aghaidh!

carry out vb (orders) comhlíon

cart n cairt f2

carton n cartán m1

cartoon n cartún m1; **a cartoon character** carachtar cartúin

cartridge n cartús m1

carve vb ❶ (meat) gearr ❷ (wood, stone) snoigh

case n ❶ mála m4 taistil ▷ I've packed my case. Tá mo mhála taistil pacáilte agam. ❷ cás m1 ▷ in some cases i gcásanna áirithe; **in case** ar eagla ▷ in case he comes ar eagla go dtiocfadh sé; **just in case** ar eagla na heagla ▷ Take some money, just in case. Tabhair leat airgead, ar eagla

na heagla.; **in any case** ar aon
chaoi; **in that case** sa chás sin ▷ *I
don't want it. — In that case, I'll take
it.* Níor mhaith liom é. — Sa chás
sin, glacfaidh mise é.

cash n airgead m1 tirim ▷ *I'm a bit
short of cash.* Tá an t-airgead tirim
gann agam.; **in cash** in airgead
tirim ▷ *£2000 in cash* £2000 in
airgead tirim; **to pay cash** íoc in
airgead

cash card n cárta m4 airgid
cash desk n deasc f2 airgid
cash dispenser n dáileoir m3
airgid

cashew n cnó m4 caisiú
cashier n airgeadóir m3
cashmere n caismír f2 ▷ *a
cashmere sweater* geansaí caismíre
cash register n scipéad m1
cláraithe

casino n casino m4
casserole n casaról m1 ▷ *I'm going
to make a casserole.* Tá mé ag dul a
dhéanamh casaróil.; **a casserole
dish** mias casaróil
cassette n caiséad m1; **a cassette
player** seinnteoir caiséad; **a
cassette recorder** taifeadán
caiséid

cast n ❶ foireann f2 ▷ *the cast of
Eastenders* foireann Eastenders
❷ (*plaster*) múnla m4 plástair

castle n caisleán m1

casual adj ❶ (*dress*)
neamhfhoirmiúil ▷ *casual
clothes* éadaí neamhfhoirmiúla
❷ (*unconcerned*) neamhchúiseach

▷ *a casual attitude* dearcadh
neamhchúiseach ❸ (*conversation*)
fánach ▷ *It was just a casual remark.*
Ní raibh ann ach ráiteas fánach.

casually adv (*dress*) go
neamhfhoirmiúil

casualty n ❶ (*person*) taismeach
m1 ❷ (*department*) An Roinn f2
Éigeandála

cat n cat m1 ▷ *Have you got a cat?* An
bhfuil cat agát?

catalogue (US **catalog**) n
catalóg f2

catalytic converter n tiontaire
m4 catalaíoch

catarrh n réama m4

catastrophe n tubaiste f4

catch vb ❶ beir ar ▷ *They caught
the thief.* Rug siad ar an ngadaí.
▷ *My cat catches birds.* Beireann mo
chat ar éin. ❷ (*fish*) ceap; **to catch
somebody doing something**
teacht ar dhuine ag déanamh ruda
▷ *If they catch you smoking …* Má
thagann siad ort ag caitheamh …;
I didn't catch that. (*hear*) Níor
chuala mé sin i gceart.; **to catch
somebody's eye** iúl duine a
tharraingt; **to catch sight of**
amharc a fháil ar; **to catch a cold**
slaghdán a thógáil; **to catch fire**
dul trí thine

catch up vb tar suas ▷ *I caught up
with John.* Tháinig mé suas le Seán.

catching adj tógálach ▷ *It's not
catching.* Níl sé tógálach.

catering n lónadóireacht f3

caterpillar n bolb m1

cathedral n ardeaglais f2

Catholic n Caitliceach m1 ▷ *I'm a Catholic.* Is Caitliceach mé.
▷ *adj* Caitliceach m1

cattle npl eallach m1

caught vb see **catch**

cauliflower n cóilis f2

cause n cúis f2 ▷ *cause for pride* cúis bhróid ▷ *I am the cause of it.* Mise is cúis leis.
▷ *vb* **to cause an accident** bheith mar chúis taisme; **to cause trouble** bruíon a tharraingt

cautious adj faichilleach

cautiously adv go faichilleach ▷ *He cautiously opened the door.* D'oscail sé an doras go faichilleach. ▷ *The government reacted cautiously.* D'fhreagair an rialtas go faichilleach.

Cavan n an Cabhán m1

cave n uaimh f2

CCTV n (= closed-circuit television) CCTV

CD n (= compact disc) dlúthdhiosca m4

CD burner n dóire m4 CDanna

CD player n seinnteoir m3 dlúthdhioscaí

CD-ROM n dlúthdhiosca m4 ROM

CD-ROM drive n tiomáint f3 dlúthdhiosca ROM

CD writer n scríbhneoir m3 CDanna

ceasefire n sos m3 cogaidh

ceiling n síleáil f3

celebrate vb (success, birthday) ceiliúir; **to celebrate Mass** Aifreann a léamh

celebrity n duine m4 cáiliúil

celery n soilire m4

cell n cillín m4

cellar n siléar m1 ▷ *a wine cellar* siléar fíona

cello n dordveidhil f2 ▷ *I play the cello.* Seinnim ar an dordveidhil.

cell phone n (US) teileafón m1 ceallach

Celt n Ceilteach m1

Celtic adj Ceilteach

cement n suimint f2

cemetery n reilig f2

cent n ❶ (of euro) cent ▷ *twenty cents* fiche cent ❷ (of dollar) ceint m4; **per cent** faoin gcéad

centenary n comóradh m1 céad bliain

center n (US) ❶ lár m1 ❷ (building) lárionad m1

centigrade adj ceinteagrádach ▷ *20 degrees centigrade* 20 céim ceinteagráid

centimetre (US **centimeter**) n ceintiméadar m1

central adj lárnach

central heating n téamh m1 lárnach

centre (US **center**) n ❶ lár m1 ▷ *It's in the centre of the city.* Tá sé i lár na cathrach. ❷ (building) lárionad m1 ▷ *a sports centre* lárionad spóirt

century n aois f2 ▷ *the 21st century* an 21ú haois

cereal n arbhar m1 ▷ *I eat cereal for breakfast.* Ithim arbhar le haghaidh an bhricfeasta.

a b c d e f g h i j k l m n o p q r s t u v w x y z

ceremony n <u>searmanas</u> m1

certain adj ❶ <u>cinnte</u> ▷ I'm
absolutely certain it was him. Tá mé
go hiomlán cinnte gurbh eisean
a bhí ann.; **for certain** go cinnte
▷ I don't know for certain. Níl a fhios
agam go cinnte.; **to make certain**
cinnte a dhéanamh de ▷ I made
certain the door was locked. Rinne
mé cinnte de go raibh an doras faoi
ghlas. ❷ (particular) <u>áirithe</u> ▷ a
certain person duine áirithe

certainly adv <u>go cinnte</u> ▷ I
certainly expected something better.
Is cinnte go raibh mé ag dúil le
rud níos fearr.; **Certainly not!**
Dheamhan é!; **It was a surprise
then? — It certainly was!** Chuir
sé iontas ort mar sin? — Is cinnte
gur chuir!

certificate n <u>teastas</u> m1

CFCs npl <u>CFCanna</u> m4pl

chain n <u>slabhra</u> m4

chair n ❶ <u>cathaoir</u> f ▷ a table and
4 chairs tábla agus 4 chathaoir
❷ (armchair) <u>cathaoir</u> f uilleach

chairlift n <u>cathaoir</u> f chábla

chairman n <u>cathaoirleach</u> m1

chalet n <u>sealla</u> m4

chalk n <u>cailc</u> f2

challenge n <u>dúshlán</u> m1
  ▷ vb <u>caith amhras ar</u>; **to
  challenge somebody to a fight**
  troid a chur ar dhuine; **She
  challenged me to a race.** Chuir sí
  dúshlán ráis fúm.

challenging adj <u>dúshlánach</u> ▷ a
challenging job post dúshlánach

chambermaid n <u>cailín</u> m4
<u>aimsire</u>

champagne n <u>seaimpéin</u> m4

champion n <u>curadh</u> m1

championship n <u>craobh</u> f2

chance n ❶ (opportunity) <u>faill</u> f2
▷ I'd like to have a chance to travel. Ba
mhaith liom faill taistil a bheith
agam. ▷ I'll write when I get the
chance. Scríobhfaidh mé nuair a
bhíonn faill agam. ❷ (hope) <u>seans</u>
m4 ▷ Their chances of winning are
very good. Tá seans maith acu
baint.; **to take a chance** dul sa
seans ▷ I'm taking no chances! Ní
bheidh mé ag dul sa seans!; **No
chance!** Seans dá laghad! ❸ (fate)
<u>cinniúint</u> f3; **by chance** de thaisme
▷ We met by chance. Bhuaileamar le
chéile de thaisme.

Chancellor of the Exchequer
n <u>Seansailéir</u> m3 an Státchiste

change vb ❶ <u>athraigh</u> ▷ He's
changed a lot. D'athraigh sé éadach
cuid mhór. ▷ She changed to go to
the party. D'athraigh sí éadach le
dul ar chóisir. ▷ Can I change this
sweater? It's too small. An féidir
liom an geansaí seo a athrú? Tá sé
róbheag. ▷ You have to change trains
in Dublin. Beidh ort traenacha
a athrú i mBaile Átha Cliath.; **It
changed my life.** Chuir sé cor i
mo chinniúint. ❷ <u>bris</u> ▷ I'd like to
change £50. Ba mhaith liom £50
a bhriseadh.; **to change one's
mind** athchomhairle a dhéanamh
▷ I've changed my mind. Rinne mé

athchomhairle.; **to change gear**
giar a athrú; **to get changed**
éadach a athrú ▷ *I'm going to get
changed.* Tá mé ag dul .
▶ *n* ❶ athrú *m* ▷ *There's been a
change of plan.* Tá athrú plean
ann.; **a change of clothes**
malairt éadaigh; **for a change**
mar athrú ▷ *Let's play tennis for a
change.* Imrímis leadóg mar athrú.
❷ briseadh *m* ▷ *I haven't got any
change.* Níl aon bhriseadh agam.
changeable *adj* (weather)
claochlaitheach
changing room *n* seomra *m4*
gléasta
channel *n* ❶ cainéal *m1* ▷ *There's
football on the other channel.* Tá
peil ann ar an gcainéal eile. ❷ (for
water) cainéal *m1*; **the Channel**
Muir nIocht; **the Channel
Islands** Oileáin Mhuir nIocht; **the
Channel Tunnel** Tollán Mhuir
nIocht
chaos *n* anord *m1*
chap *n* diúlach *m1* ▷ *He's a nice chap.*
Is breá an lách an fear é.
chapel *n* séipéal *m1*
chapter *n* caibidil *f2*
character *n* carachtar *m1*

> Be careful with the spelling of
> this word in Irish.

▷ *the character played by Daniel
Day Lewis* an carachtar a léirigh
Daniel Day Lewis; **She's quite a
character.** Bean ar leith í.
characteristic *n* tréith *f2*
charcoal *n* fioghual *m1*

charge *n* costas *m1* ▷ *an extra
charge* costas breise ▷ *I'd like to
reverse the charges.* Ba mhaith liom
an costas a aistriú.; **free of charge**
saor in aisce; **to take charge of**
dul i gceannas ar; **to be in charge
of** bheith i gceannas ar ▷ *Ms O'Neill
was in charge of the group.* Bhí Iníon
Uí Néill i gceannas ar an ngrúpa.
▶ *vb* (battery) luchtaigh; **How much
do you charge?** Cá mhéad atá agat
air?; **They charge £10 an hour.**
Gearrann siad £10 san uair.; **to
charge somebody with something**
duine a chúiseamh i rud ▷ *The
police charged him with murder.*
Chúisigh na póilíní i ndúnmharú é.
charity *n* ❶ déirc *f2* ▷ *I don't want
your charity!* Níor mhaith liom do
chuid déirce! ❷ (organization)
cumann *m1* carthanachta
charm *n* briocht *m3* ▷ *a gold charm*
briocht óir; **He's got a lot of
charm.** Tá dóigh dheas leis.
charming *adj* cuannach
chart *n* cairt *f2* ▷ *The chart
shows the rise of unemployment.*
Léiríonn an chairt an t-ardú sa
dífhostaíocht.; **the charts** na
cairteacha ▷ *This album is number
one in the charts.* Tá an t-albam seo
ar uimhir a haon sna cairteacha.
charter flight *n* eitilt *f2*
chairtfhostaithe
chase *vb* téigh sa tóir ar
▶ *n* tóir *f3* ▷ *a car chase* tóir
charranna
chat *vb* comhrá a dhéanamh ▷ *She*

a b **c** d e f g h i j k l m n o p q r s t u v w x y z

likes chatting online. Is maith léi comhrá a dhéanamh ar líne.; **to chat somebody up** caint a chur ar dhuine ▷ *He likes to chat up the girls.* Is maith leis caint a chur ar na cailíní.
　▶ *n* comhrá *m4*; **to have a chat** tamall comhrá a dhéanamh

chatroom *n* seomra *m4* comhrá

chat show *n* seó *m4* cainte

chauvinist *n* seobhaineach *m1*; **a male chauvinist** seobhaineach fir

cheap *adj* saor ▷ *a cheap T-shirt* T-léine shaor

cheaper *adj* níos saoire ▷ *It's cheaper by bus.* Tá sé níos saoire dul ar an mbus.

cheat *vb* bheith ag rógaireacht ▷ *You're cheating!* Tá tú ag rógaireacht!
　▶ *n* caimiléir *m3*

check *n* ❶ seiceáil *f3* ▷ *a security check* seiceáil slándála ❷ (*US: bill*) bille *m4* ▷ *Can we have the check, please?* An féidir linn an bille a fháil, le do thoil? ❸ (*US: cheque*) seic *m4*
　▶ *vb* seiceáil ▷ *I'll check the time of the train.* Seiceálfaidh mé am na traenach. ▷ *Could you check the oil, please?* An seiceálfaidh tú an ola, le do thoil?

check in *vb* (*at airport, hotel*) seiceáil isteach ▷ *Where do we check in?* Cén áit a seiceálfaimid isteach?

check out *vb* seiceáil amach ▷ *Can I check out, please?* An féidir liom seiceáil amach, le do thoil?

checkers *npl* (*US*) cluiche *m4*
táiplise ▷ *They were playing checkers* Bhí siad ag imirt cluiche táiplise.

check-in *n* deasc *f2* cláraithe

checking account *n* (*US*) seic-chuntas *m1*

checkout *n* (*in shop*) cuntar *m1* amach

check-up *n* scrúdú *m* dochtúra

cheek *n* ❶ leiceann *m1* ▷ *He kissed her on the cheek.* Phóg sé ar an leiceann í. ❷ (*nerve*) dánacht *f3* ▷ *What a cheek!* A leithéid de dhánacht!

cheeky *adj* dalba ▷ *Don't be cheeky!* Ná bí dalba! ▷ *a cheeky smile* miongháire dalba

cheer *n* (*of crowd*) gáir *f2* mholta; **to give a cheer** gáir mholta a ligean; **Cheers! (1)** (*good health*) Sláinte! **(2)** (*thanks*) Go raibh maith agat!
　▶ *vb* lig gáir mholta ▷ *Everyone cheered.* Lig gach duine gáir mholta as.

cheer up *vb* (*become more cheerful*) glac misneach; **to cheer somebody up** cian a thógáil de dhuine ▷ *I was trying to cheer him up* Bhí mé ag iarraidh cian a thógáil de.; **Cheer up!** Bíodh misneach agat!

cheerful *adj* gealgháireach

cheerio *excl* slán

cheese *n* cáis *f2*

cheesecake *n* císte *m4* cáise

chef *n* príomhchócaire *m4*

chemical *n* ceimiceán *m1*

chemist *n* ❶ poitigéir *m3* ▷ *Is there*

a chemist's round here? An bhfuil siopa poitigéara thart anseo?
❷ (scientist) ceimiceoir m3

chemistry n ceimic f2 ▷ the chemistry lab an tsaotharlann cheimice

cheque (US check) n seic m4 ▷ I paid by cheque. D'íoc mé le seic.

chequebook n seicleabhar m1

cherry n silín m4

chess n ficheall f2 ▷ I sometimes play chess with my father. Imrím ficheall corruair le m'athair.

chessboard n clár m1 fichille

chest n ❶ ucht m3 ▷ his chest measurement tomhas a uchta ❷ (box) ciste m4

chestnut n castán m1 ▷ We had turkey with chestnuts. Bhí turcaí agus castáin againn.

chest of drawers n cófra m4 tarraiceán

chew vb cogain

chewing gum n guma m4 coganta

chicken n (bird, food) sicín m4

chickenpox n deilgneach f2 ▷ My sister has chickenpox. Tá an deilgneach ar mo dheirfiúr.

chickpea n piseánach m1

chief n (boss) ceann m1 urra ▷ the chief of security an ceann urra slándala
▶ adj príomh- ▷ His chief reason for resigning was stress. Ba é an príomhfháth ar éirigh sé as ná strus.

child n páiste m4 ▷ all the children na páistí uile

childish adj leanbaí

child minder n feighlí m4 páistí

children npl see **child**

Chile n an tSile f4

chill vb fuaraigh ▷ He put the wine in the fridge to chill. Chuir sé an fíon sa chuisneoir chun fuarú.

chilli n cilí m4

chilly adj féithuar

chimney n simléar m1

chin n smig f2

China n an tSín f2 ▷ in China sa tSín

china n poirceallán m1 ▷ a china plate pláta poircealláin

Chinese n (language) Sínis f2; **the Chinese** (people) na Sínigh
▶ adj Síneach ▷ a Chinese restaurant bialann Shíneach ▷ a Chinese man Síneach fir ▷ a Chinese woman Síneach mná

chip n ❶ sceallóg f2 phráta ▷ We bought some chips. Cheannaíomar sceallóga prátaí. ❷ (in computer) slis f2; **potato chips** (US: crisps) brioscán phrátaí

chiropodist n coslia m4 ▷ He's a chiropodist. Is coslia é.

chives npl síobhais mph1

chocolate n seacláid f2 ▷ a chocolate cake císte seacláide; **a box of chocolates** bosca seacláidí; **hot chocolate** seacláid the

choice n rogha f4 ▷ I had no choice. Ní raibh rogha agam.

choir n cór m1 ▷ I sing in the school choir. Canaim i gcór na scoile.

choke vb tacht ▷ He choked on a

a
b
c
d
e
f
g
h
i
j
k
l
m
n
o
p
q
r
s
t
u
v
w
x
y
z

fishbone. Thacht ar cnámh éisc é.

choose *vb* roghnaigh ▷ *It's difficult to choose one.* Is doilIgh ceann a roghnú.

chop *vb* ❶ mionghearr ▷ *Chop the onions.* Mionghearr na hoinniúin. ❷ *(wood)* gearr
   ▶ *n* gríscín *m4* ▷ *a pork chop* gríscín muiceola

chopsticks *npl* cipíní *mpl4* itheacháin

chorus *n (of song)* curfá *m4*

chose, chosen *vb see* **choose**

Christ *n* Críost *m4* ▷ *the birth of Christ* breith Chríost

christening *n* baisteadh *m*

Christian *adj* Críostúil
   ▶ *n* Críostaí *m4*

Christian name *n* ainm *m4* baiste

Christmas *n* Nollaig *f;* **Happy Christmas!** Nollaig Shona!; **Christmas dinner** dinnéar Nollag

Christmas card *n* cárta *m4* Nollag

Christmas Day *n* Lá *m* Nollag

Christmas Eve *n* Oíche *f4* Nollag

Christmas tree *n* crann *m1* Nollag

chubby *adj* plucach ▷ *a chubby baby* leanbh plucach

chunk *n* alpán *m1* ▷ *Cut the meat into chunks.* Gearr an fheoil ina halpáin.

church *n* teach *m* pobail ▷ *I go to church every Sunday.* Téim chuig an teach pobail gach Domhnach.

chutney *n* seatnaí *m4*

cider *n* ceirtlis *f2*

cigar *n* todóg *f2*

cigarette *n* toitín *m4*

cigarette lighter *n* lastóir *m3* toitíní

cinema *n* pictiúrlann *f2* ▷ *I'm going to the cinema this evening.* Tá mé ag dul go dtí an phictiúrlann tráthnóna.

cinnamon *n* cainéal *m1*

circle *n* ciorcal *m1;* **a vicious circle** ciorcal lochtach

circular *adj* ciorclach

circulation *n* ❶ *(of blood)* imshruthú ❷ *(of newspaper)* scaipeadh *m*

circumstances *npl* cúinsí *mpl4*

circus *n* sorcas *m1*

citizen *n* saoránach *m1* ▷ *an Irish citizen* saoránach Éireannach

citizenship *n* saoránacht *f3*

city *n* cathair *f;* **the city centre** lár na cathrach ▷ *It's in the city centre.* Tá sé i lár na cathrach.

city technology college *n* coláiste *m4* teicneolaíochta cathrach

civilization *n* sibhialtacht *f3*

civil rights *npl* cearta *mpl1* sibhialta

civil servant *n* státseirbhíseach *m1*

civil war *n* cogadh *m1* cathartha

claim *vb* ❶ *(rights, inheritance)* éiligh ▷ *She's claiming unemployment benefit.* Tá sí ag éileamh leasa shóisialta.; **to claim on one's insurance** éileamh ar árachas

▷ We claimed on our insurance.
D'éilíomar ar ár n-árachas.
❷ maígh ▷ He claims to have found
the money. Maíonn sé gurb é rud a
tháinig sé ar an airgead.
▶ n éileamh m1; **to make a claim**
éileamh a dhéanamh

clap vb tabhair bualadh bos; **to
clap one's hands** do bhosa a
bhualadh ▷ My dog sits when I clap
my hands. Suíonn mo mhadra nuair
a bhuailim mo bhosa.

Clare n an Clár m1

clarinet n cláirnéid f2 ▷ I play the
clarinet. Seinnim ar an gcláirnéid.

clash vb tar salach ar a chéile ▷ The
concert clashes with Ann's party.
Tagann an cheolchoirm salach
ar chóisir Áine.; **Orange clashes
with pink.** Ní thagann oráiste le
bándearg.

clasp n (of necklace, bag) greamán m1

class n ❶ rang m3 ▷ We're in
the same class. Táimid sa rang
céanna. ❷ (lesson) ceacht m3
▷ I go to dancing classes. Téim ar
cheachtanna damhsa.; **the upper
classes** na huasaicmí

classic adj clasaiceach ▷ a classic
example sampla clasaiceach
▶ n saothar m1 clasaiceach

classical adj clasaiceach ▷ I like
classical music. Is maith liom ceol
clasaiceach.

classmate n comrádaí m4 scoile

classroom n seomra m4 ranga

classroom assistant n cúntóir
m3 ranga

claw n ❶ (of animal) crúb f2 ❷ (of
bird of prey) ionga f ❸ (of lobster)
ladhar f2

clean adj glan ▷ a clean shirt léine
ghlan
▶ vb glan

cleaner n glantóir m3

cleaner's n tirimghlantóir m3

cleaning lady n glantóir m3 mná

clear adj ❶ glan ▷ The road's clear
now. Tá an bóthar glan anois.
❷ (evident) follasach ▷ It's clear you
don't believe me. Is follasach nach
gcreideann tú mé. ❸ (explanation,
speech) soiléir
▶ vb ❶ glan ▷ The police are clearing
the road after the accident. Tá na
póilíní ag glanadh an bhóthair i
ndiaidh na taisme. ❷ (suspect)
saor ▷ She was cleared of murder.
Saoradh í maidir sa dúnmharú.
❸ (fog) scaip ▷ The mist cleared.
Scaip an ceo.; **to clear the table**
an bord a réiteach ▷ I'll clear the
table. Réiteoidh mé an bord.

clear off vb imigh ▷ Clear off and
leave me alone! Imigh leat agus
lig dom!

clear up vb ❶ réitigh ▷ Who's going
to clear all this up? Cé atá á réiteach
seo? ❷ (mystery) fuascail; **I think
it's going to clear up.** (weather)
Sílim go nglanfaidh sé.

clearly adv go soiléir ▷ She
explained it very clearly. Mhínigh sí
go han-soiléir é. ▷ He spoke clearly
and slowly. Labhair sé go soiléir,
tomhaiste.

clementine n cleimintín m4

clergyman n eaglaiseach m1

clever adj cliste ▷ She's very clever. Tá sí iontach cliste. ▷ a clever system córas cliste ▷ What a clever idea! Sin smaoineamh cliste!

click n clic m4
▶ vb (with mouse) cliceáil

click on vb (icon) cliceáil ar

client n cliant m1

cliff n aill f2

climate n aeráid f2

climb vb dreap ▷ We should climb Errigal. Ba chóir dúinn an Eargail a dhreapadh.
▶ n dreapadh m

climber n dreapadóir m3

climbing n dreapadóireacht f3; **to go climbing** dula a dhreapadóireacht ▷ We're going climbing in Scotland. Táimid ag dul a dhreapadóireacht in Albain.

Clingfilm® n scannán m1 cumhdaithe

clinic n clinic m4

clip n ❶ (for hair) fáiscín m4 ❷ gearrthóg f2 ▷ some clips from her latest film roinnt gearrthóg ón scannán is déanaí aici

clippers npl (for hedge) deimheas m1; **nail clippers** siosúr ingne

cloakroom n ❶ (for coats) seomra m4 cótaí ❷ (toilet) leithreas m1

clock n clog m1 ▷ The clock struck three. Bhuail an clog a trí.; **an alarm clock** clog aláraim; **a clock-radio** clograidió

clockwork n **to go like**

clockwork dul chun cinn bonn ar aon ▷ Everything went like clockwork. Chuaigh gach rud chun cinn bonn ar aon.

clog n paitín m4

clone n (animal, plant) clón m1
▶ vb clónáil ▷ a cloned sheep caora chlónáilte

close adj, adv ❶ i gcóngar ▷ The shops are close. Tá na siopaí i gcóngar.; **close to** gar do ▷ The youth hostel is close to the station. Tá brú na hóige gar don stáisiún.; **close by** in aice láimhe ❷ (contact, link) dlúth- ▷ Only close relations will be coming. Ní bheidh ach dlúthghaolta ag teacht. ▷ She's a close friend of mine. Is dlúthchara liom í.; **I'm very close to my sister.** Tá mé iontach deas ó mo dheirfiúr. ❸ (contest) géar ▷ It's going to be very close. Beidh sé iontach géar.; **It was a close shave.** Chuaigh sé gairid go maith dó. ❹ (examination) mion ❺ (weather) marbhánta ▷ It's very close this afternoon. Tá sé iontach marbhánta tráthnóna inniu.
▶ vb druid ▷ What time does the pool close? Cén t-am a dhruidfear an linn snámha? ▷ The shops close at 5.30. Druidfear na siopaí ar 5.30. ▷ Please close the door. Druid an doras le do thoil. ▷ The doors close automatically. Druideann na doirse go huathoibríoch inniu.

closed adj druidte ▷ The bank's closed. Tá an banc druidte.

closely adv (examine, watch) go géar

cloth n éadach m1

clothes npl éadaí mpl1; **a clothes line** líne éadaí; **a clothes peg** pionna éadaí

cloud n ❶ scamall m1 ❷ (of dust) ceo m4

cloudy adj scamallach

clove n (spice) clóbh m1; **a clove of garlic** ionga gairleoige

clown n fear m1 grinn

club n ❶ club m4 ▷ the youth club club na n-óg ▷ He went to the golf club. Chuaigh sé chuig an gclub gailf. ❷ maide m4 ▷ I bought a new golf club. Cheannaigh mé maide nua gailf.; **clubs** (in cards) triuf ▷ the ace of clubs an t-aon triuf

club together vb airgead a bhailiú i bpáirt le chéile ▷ We clubbed together to buy her a present. Bhailíomar airgead le chéile le bronntanas a cheannach di.

clubbing n to go clubbing dul a dhamhsa

clue n leid f2 ▷ an important clue leid thábhachtach; **He hasn't a clue.** Níl barúil aige.

clumsy adj ciotach

clutch n (of car) crág f2

clutter n tranglam ▷ There's too much clutter in here. Tá barraíocht tranglam istigh anseo.

coach n ❶ cóiste m4 ▷ We went there by coach. Chuamar ann ar an gcóiste.; **the coach station** an stáisiún cóiste; **a coach trip** turas cóiste ❷ (trainer) traenálaí m4 ▷ the Irish coach traenálaí na hÉireann

coal n gual m1; **a coal mine** mianach guail; **a coal miner** mianadóir guail

coarse adj ❶ garbh ▷ The bag was made of coarse cloth. Bhí an mála déanta d'éadach garbh. ❷ (vulgar) gáirsiúil ▷ coarse language caint gháirsiúil

coast n cósta m4 ▷ It's on the west coast of Ireland. Tá sé ar chósta thiar na hÉireann.

coastguard n garda m4 cósta

coat n ❶ cóta m4 ▷ a warm coat cóta te ❷ (of animal) fionnadh m1 ❸ brat m1 ▷ a coat of paint brat péinte

coat hanger n crochadán m1 cótaí

cobweb n líon m1 damháin alla

cocaine n cócaon m1

cock n (cockerel) coileach m1

cockerel n coileach m1 óg

cockle n ruacan m1

cocktail n manglam m1

cocoa n cócó m4 ▷ a cup of cocoa cupán cóció

coconut n cnó m4 cóció

cod n trosc m1

code n cód m1

coffee n caife m4 ▷ A cup of coffee, please. Cupán caife, le do thoil.; **a white coffee** caife bán

coffeepot n pota m4 caife

coffee table n bord m1 caife

coffin n cónra f4

coin n bonn m1 ▷ a 2 euro coin bonn 2 euro

coincidence n comhtharlú m

coinphone n guthán m1 bonn

Coke® n Cóc m4 ▷ a can of Coke canna Cóc

colander n síothlán m1

cold adj fuar ▷ The water's cold. Tá an t-uisce fuar. ▷ It's cold. Tá sé fuar.; **to be cold** (person) bheith fuar ▷ I'm cold. Tá mé fuar.; **in cold blood** as fuil fhuar

▶ n ❶ fuacht m3 ▷ I can't stand the cold. Ní féidir liom an fuacht a fhulaingt. ❷ slaghdán m1 ▷ I have a cold. Tá slaghdán orm.; **to catch a cold** slaghdán a thógáil

cold sore n cneá f4 fuachta

coleslaw n cálslá m4

collapse vb ❶ (building) tit go talamh ❷ (person) tit i bhfanntais ▷ He collapsed. Thit sé i bhfanntais.

collar n ❶ (of coat, shirt) bóna m4 ❷ (for animal) coiléar m1

collarbone n cnámh f2 an smiolgadáin ▷ I broke my collarbone. Bhris mé cnámh an smiolgadáin.

colleague n comhoibrí m4

collect vb ❶ bailigh ▷ The teacher collected the books. Bhailigh an múinteoir na leabhair. ▷ They collect the rubbish on Fridays. Bailíonn siad an bruscar ar an Aoine. ▷ I collect stamps. Bailím stampaí. ▷ They're collecting for charity. Tá siad ag bailiú ar son na carthanachta. ❷ (pick up) tóg ▷ Their mother collects them

from school. Tógann a máthair ón scoil iad.

collect call n (US) glaoch m1 freastáille

collection n ❶ bailiúchán m ▷ my DVD collection mo bhailiúchán DVDanna ▷ a collection for charity bailiúchán ar son na carthanachta ❷ (of mail) bailiú m ▷ Next collection: 5pm An chéad bhailiú eile: 5 pm

collector n bailitheoir m3

college n coláiste m4 ▷ a technical college coláiste teicneolaíochta

collide vb tuairteáil; **The two cars collided.** Bhuail an dá charr faoina chéile.

collie n madra m4 caorach

collision n imbhualadh m

colon n (punctuation) idirstad m4

colonel n coirnéal m1

colour (US **color**) n dath m3 ▷ What colour is it? Cad é an dath atá air?; **a colour film** scannán daite

colourful (US **colorful**) adj dathannach

colouring (US **coloring**) n (in food) dathú m

comb n cíor f2

▶ vb cíor ▷ You haven't combed your hair. Níor chíor tú do chuid gruaige.

combination n comhcheangal m1

combine vb (join) cuir le chéile ▷ The author combines humour with suspense. Cuireann an t-údar greann agus fionraí le chéile.; **It's**

difficult to combine a career with raising children. Is doiligh clann a thógáil agus post a bheith agat san am céanna.

ombine harvester n comhbhuainteoir m3

ome vb tar ▷ Can I come too? An féidir liomsa teacht fosta? ▷ Some friends came to see us. Tháinig roinnt cairde le muid a fheiceáil. ▷ I'll come with you. Tiocfaidh mé in éineacht leat. ▷ I'm coming! Tá mé ag teacht! ▷ The letter came this morning. Tháinig an litir ar maidin. ▷ She came from Belfast by train. Tháinig sé as Béal Feirste leis an train.; **Come on!** Siúil leat!; **It came undone.** Scaoil sé.; **I come from Derry.** Is as Doire dom.

ome back vb tar ar ais ▷ Come back! Tar ar ais!

ome down vb tit

ome forward vb tar chun tosaigh

ome in vb tar isteach ▷ Come in! Tar isteach!

ome out vb tar amach ▷ I tripped as I came out of the cinema. Baineadh tuisle asam nuair a tháinig mé amach ón bpictiúrlann. ▷ It's just come out on DVD. Tá sé díreach i ndiaidh teacht amach ar DVD.; **None of my photos came out.** Níor tháinig grianghraf ar bith de mo chuid amach.

ome round vb (after faint, operation) tar chugat féin

ome up vb tar aníos ▷ Come up

here! Tar aníos anseo!; **to come up to somebody** teacht fad le ▷ She came up to me and kissed me. Tháinig sí fad liom gur phóg sí mé. ▷ A man came up to me and said ... Tháinig fear fad liom agus dúirt sé ...

comedian n fuirseoir m3

comedy n coiméide f4

comfortable adj compordach ▷ I'm very comfortable, thanks. Tá mé iontach compordach, go raibh maith agat.

comic n (magazine) greannán m1

comic strip n gearrthóg f2 ghrinn

coming adj **in the coming months** sna míonna atá romhainn

comma n camóg f2

command n (order) ordú m; **He has a good command of Irish.** Tá Gaeilge mhaith aige.

comment n trácht m3 **No comment!** Níl dada le rá agam! ▶ vb **to comment on something** trácht ar rud

commentary n tráchtaireacht f3

commentator n tráchtaire m4

commercial n fógra m4

commission n coimisiún m1 ▷ Salesmen work on commission. Oibríonn lucht díolacháin ar choimisiún.

commit vb déan ▷ He committed a crime. Rinne sé coir.; **to commit oneself** tú féin a cheangal ▷ I don't want to commit myself. Níor mhaith liom mé féin a cheangal leis.; **to commit suicide** lámh a chur i do bhás féin ▷ He committed suicide.

a
b
c
d
e
f
g
h
i
j
k
l
m
n
o
p
q
r
s
t
u
v
w
x
y
z

Chuir sé lámh ina bhás féin.
committee n coiste m4
common adj coitianta ▷ 'Smith'
is a very common surname.
Sloinne iontach coitianta is ea
é 'Mac Gabhann'.; **in common**
i gcoiteann ▷ We've got a lot in
common. Tá cuid mhór i gcoiteann
againn.
  ▶ n (land) coiteann m1 ▷ The
boys play football on the common.
Imríonn na buachaillí peil ar an
gcoiteann.
common sense n ciall f2 ▷ Have
some common sense! Bíodh ciall
agat!
communicate vb to
communicate with somebody
bheith i dteagmháil le duine
communication n cumarsáid f2
communion n Comaoineach f4
  ▷ my First Communion mo Chéad
Chomaoineach
communism n cumannachas m1
communist adj cumannach;
the Communist Party An Páirtí
Cumannach
  ▶ n cumannaí m4
community n pobal m1
community centre n ionad
m1 pobail
commute vb bheith ag
comaitéireacht ▷ She commutes
between Dublin and Waterford. Bíonn
sí ag comaitéireacht idir Baile Átha
Cliath agus Port Láirge.
compact disc n dlúthdhiosca
m4; **a compact disc player**

seinnteoir dlúthdhioscaí
companion n compánach m1
company n (business, social)
cuideachta f4 ▷ It is a very big
company. Is cuideachta an-mhór í.;
to keep somebody company
cuideachta a dhéanamh le duine
▷ I'll keep you company. Coinneoidh
mé cuideachta leat.; **a theatre
company** compántas drámaíocht▪
comparatively adv (relatively)
cuibheasach
compare vb to compare
somebody with duine a chur i
gcomparáid le ▷ People always
compare him with his brother.
Cuireann daoine i gcomparáid
lena dheartháir i gcónaí é.;
compared with i gcomparáid
le ▷ Galway is small compared
with Dublin. Tá Gaillimh beag i
gcomparáid le Baile Átha Cliath.
comparison n comparáid f2
compartment n urrann f2
compass n compás m1
compensation n cúiteamh m1
▷ They got £2000 compensation.
Fuair siad £2000 de chúiteamh.
compere n óstach m1
compete vb téigh san iomaíocht
▷ I'm competing in the marathon.
Tá mé ag dul san iomaíocht sa
mharatón.; **to compete with
somebody** dul san iomaíocht
le duine; **to compete for
something** dul san iomaíocht
le haghaidh rud éigin ▷ There are
50 students competing for 6 places.

Tá 50 mac léinn san iomaíocht le
haghaidh 6 áit.

competent adj cumasach

competition n ❶ (contest)
comórtas m1 ⊳ a singing competition
comórtas amhránaíochta
❷ (economic) iomaíocht f3; **in
competition with** in iomaíocht le

competitive adj iomaíoch ⊳ a
very competitive price praghas
iontach iomaíoch; **to be
competitive** (person) bheith
iomaíoch ⊳ He's very competitive. Is
duine an-iomaíoch é.

competitor n iomaitheoir m3

complain vb gearán a dhéanamh
⊳ I'm going to complain to the
manager. Tá mé ag dul a dhéanamh
gearáin leis an mbainisteoir.
⊳ We complained about the noise.
Rinneamar gearán faoin gcallán.

complaint n gearán m1 ⊳ There
were lots of complaints about the
food. Rinneadh cuid mhór gearán
faoin mbia.; **to make a complaint**
gearán a dhéanamh ⊳ I'd like to
make a complaint. Ba mhaith liom
gearán a dhéanamh.

complete adj iomlán

completely adv ar fad

complexion n snua m4

complicated adj casta

compliment n moladh m; **to pay
somebody a compliment** duine
a mholadh
▶ vb mol ⊳ They complimented me
on my French. Mhol siad mo chuid
Fraincise.

complimentary adj ❶ moltach
⊳ He was very complimentary about
my garden. Bhí sé iontach moltach
faoi mo ghairdín. ❷ (free) dea-
mhéine ⊳ I've got two complimentary
tickets for tonight. Tá dhá thicéad
dhea-mhéine agam don oíche
anocht.

composer n cumadóir m3

comprehension n tuiscint f3

comprehensive adj
cuimsitheach ⊳ a comprehensive
guide treoir chuimsitheach

comprehensive school n scoil
f2 chuimsitheach

compromise n comhréiteach
m1 ⊳ We reached a compromise.
Thángamar ar chomhréiteach.
▶ vb tar ar chomhréiteach
⊳ Let's compromise. Déanaimis
comhréiteach.

compulsory adj éigeantach

computer n ríomhaire m4

computer game n cluiche m4
ríomhaire

computer programmer n
ríomhchláraitheoir m3 ⊳ She's
a computer programmer. Is
ríomhchláraitheoir í.

computer room n seomra m4
ríomhairí

computer science n
ríomhaireacht f3

computing n ríomhaireacht f3

concentrate vb dírigh ar ⊳ I
couldn't concentrate. Ní thiocfadh
liom díriú air.; **to concentrate on
something** d'intinn a dhíriú ar rud

concentration n
dianmhachnamh m1
concern n (anxiety) imní f4 ▷ They
expressed concern about her health.
Léirigh siad imní faoina sláinte.
concerned adj **to be concerned
about** bheith buartha faoi ▷ His
mother is concerned about him. Tá
a mháthair buartha faoi; **as far
as I'm concerned** a fhad agus a
bhaineann sé liomsa
concerning prep maidir; **For
further information concerning
the job, contact ...** Le tuilleadh
eolais a fháil maidir leis an bpost,
déan teagmháil le ...
concert n ceolchoirm f2
concrete n coincréit f2
condemn vb cáin ▷ The
government has condemned the
decision. Cháin an rialtas an
cinneadh.
condition n ❶ (stipulation)
coinníoll m1 ▷ I'll do it, on one
condition ... Déanfaidh mé é, ar
choinníoll amháin ... ❷ ordú m
▷ in good condition in ordú mhaith;
local conditions dálaí áitiúla
conditional adj coinníollach
conditioner n feabhsaitheoir m3
condom n coiscín m4
conduct vb (orchestra) stiúir
conductor n stiúrthóir m3
cone n cón m1 ▷ an ice-cream cone
cón uachtair reoite
conference n comhdháil f3
confess vb ❶ admhaigh ▷ He
finally confessed. D'admhaigh sé a
choir sa deireadh. ▷ He confessed
to the murder. D'admhaigh sé an
dúnmharú. ❷ (to priest) déan
faoistin le
confession n ❶ (of criminal)
admháil f3 ❷ (to priest) faoistin f2
confetti n coinfití m4
confidence n ❶ muinín f2 ▷ I have
confidence in you. Tá muinín agam
asat. ❷ féinmhuinín f2 ▷ She lacks
confidence. Níl féinmhuinín aici.
confident adj féinmhuiníneach;
She's seems quite confident. Is
cosúil go bhfuil muinín aici aisti féin
confidential adj rúnda
confirm vb cinntigh
confirmation n ❶ cinntiú m
❷ (religious) cóineartú m
conflict n coimhlint f2
confuse vb **to confuse somebody**
mearbhall a chur ar dhuine ▷ Don't
confuse me! Ná cuir mearbhall orm
confused adj trí chéile
▷ I'm confused by all this new
technology. Tá mé trí chéile ag an
teicneolaíocht nua seo ar fad.;
He is confused. Tá mearbhall air.
confusing adj mearbhlach
confusion n ❶ (of situation)
tranglam m1 ❷ (of person)
mearbhall m1
congratulate vb **to
congratulate somebody on
something** déan comhghairdeas
le duine faoi rud ▷ My aunt
congratulated me on my results.
Rinne m'aintín comhghairdeas
liom faoi mo chuid torthaí.

congratulations
npl comhghairdeas m1
▷ *Congratulations on your new job!*
Comhghairdeas ar do phost nua!;
Congratulations! (on marriage) Go
maire tú do shaol úr!

conjunction n cónasc m1

conjurer n asarlaí m4

Connacht n Connachta mpl
▸ adj Connachtach

connection n ❶ (relationship)
baint f2 ▷ *There's no connection
between the two events.* Níl baint
ar bith idir an dá ócáid. ❷ cónasc
m1 ▷ *There's a loose connection.*
Tá cónasc scaoilte ann.; **in
connection with** i dtaca le

conquer vb buaigh ar

conscience n coinsias m3

conscious adj comhfhiosach; **He
was conscious.** Bhí a mheabhair
aige.; **to be conscious of
something** rud a aireachtáil

consciousness n **to lose
consciousness** do mheabhair a
chailleadh ▷ *I lost consciousness.*
Chaill mé mo mheabhair.

consequence n iarmhairt
f3 ▷ *What are the consequences
for the environment?* Cad iad na
hiarmhairtí le haghaidh an
chomhshaoil?; **as a consequence
of** mar thoradh ar

consequently adv dá bhrí sin

conservation n caomhnú m

conservative adj coimeádach;
the Conservative Party an Páirtí
Coimeádach

Conservative n Coimeádach m1;
to vote Conservative vótáil ar
son an Pháirtí Choimeádaigh; **the
Conservatives** na Coimeádaithe

conservatory n teach m gloine

consider vb ❶ (think about)
smaoinigh ar ▷ *I'm considering
it.* Tá mé ag smaoineamh air.;
to consider doing something
smaoineamh ar rud a dhéanamh
▷ *I considered cancelling the holidays.*
Smaoinigh mé ar na laethanta
saoire a chur ar ceal. ❷ (think,
judge) meas ▷ *He considers it a waste
of time.* Measann sé gur cur amú
ama é. ❸ (take into account) cuir
san áireamh

considerate adj tuisceanach

considering prep **considering
how deep it is** agus a dhoimhne
atá sé; **I got a good mark,
considering.** Fuair mé marc
maith, agus gach rud san áireamh.

consist vb **to consist of** bheith i
▷ *The band consists of a singer and a
guitarist.* Amhránaí agus giotáraí
atá sa bhuíon.

consonant n consan m1

constant adj seasmhach

constantly adv de shíor

constipated adj ceangailte

construct vb tóg

construction n tógáil f3

consult vb téigh i gcomhairle le

consumer n tomhaltóir m3

contact n teagmháil f3 ▷ *I'm
in contact with her.* Tá mé i
dteagmháil léi.

a
b
c
d
e
f
g
h
i
j
k
l
m
n
o
p
q
r
s
t
u
v
w
x
y
z

▶ *vb* déan teagmháil le ▷ *Where can we contact you?* Cá háit a dtig linn teagmháil a dhéanamh leat?

contact lenses *npl* lionsaí *mpl4* tadhaill

contain *vb* **The box contains money.** Tá airgead sa bhosca.; **The bottle contains a pint.** Coinníonn an buidéal pionta.

container *n* soitheach *m1*

contempt *n* drochmheas *m3*

contents *npl* **the contents of the container** a bhfuil sa soitheach; **table of contents** clár ábhair

contest *n* (*competition*) comórtas *m1*

contestant *n* (*in competition*) iomaitheoir *m3*

context *n* comhthéacs *m4*

continent *n* ilchríoch *f2* ▷ *How many continents are there?* Cá mhéad ilchríoch atá ann?; **the Continent** an Mhór-Roinn ▷ *I've never been to the Continent.* Ní raibh mé riamh ar an Mhór-Roinn.

continental breakfast *n* bricfeasta *m4* Eorpach

continue *vb* lean ar ▷ *She continued talking to her friend.* Lean sí uirthi ag caint lena cara. ▷ *We continued working after lunch.* Leanamar den obair i ndiaidh am lóin.

continuous *adj* leanúnach; **continuous assessment** measúnacht leanúnach

contraceptive *n* coiscín *m4*

contract *n* conradh *m*

contradict *vb* cuir in éadan

contrary *n* malairt *f2*; **on the contrary** os a choinne sin

contrast *n* codarsnacht *f3*

contribute *vb* (*give*) tabhair ▷ *He contributed £10.* Thug sé £10.; **to contribute to** cur le ▷ *The treaty will contribute to world peace.* Cuirfidh an conradh le síocháin an domhain. ▷ *He didn't contribute to the discussion.* Níor chuir sé leis an díospóireacht.

contribution *n* ❶ (*donation*) síntiús *m1* ❷ (*to pension, national insurance*) ranníocaíocht *m4*

control *vb* smachtaigh ▷ *He can't control the class.* Ní féidir leis an rang a smachtú. ▷ *I couldn't control the horse.* Ní thiocfadh liom an capall a smachtú.; **to control oneself** smacht a choinneáil ort féin

▶ *n* smacht *m3*; **to lose control** (*of vehicle*) smacht a chailleadh ▷ *He lost control of the car.* Chaill sé smacht ar an ngluaisteán.; **under control** faoi smacht; **to be in control of** bheith i gceannas ar; **to keep control** smacht a choinneáil ▷ *He can't keep control of the car.* Ní féidir leis smacht a choinneáil ar an ngluaisteán.; **out of control** (*child, class*) ó smacht; **the controls** (*of machine*) na cnaipí

controversial *adj* conspóideach ▷ *a controversial book* leabhar conspóideach

convenient *adj* áisiúil ▷ *The hotel*

convenient for the airport. Tá an t-óstán áisiúil don aerfort. ▷ *It's not a convenient time for me.* Níl an t-am sin áisiúil dom. ▷ *Would Monday be convenient for you?* An mbeadh an Luan áisiúil duit?

convent n clochar m1

conventional adj coinbhinsiúnach

convent school n scoil f2 chloichair ▷ *She goes to convent school.* Téann sí ar scoil chloichair.

conversation n comhrá m4 ▷ *a conversation class* rang comhrá; **to have a conversation with somebody** comhrá dhéanamh le duine

convert vb (*building*) athchóirigh ▷ *We've converted the loft into a spare room.* D'athchóiríomar an lochta ina sheomra breise.

convict vb ciontaigh ▷ *He was convicted of the murder.* Ciontaíodh sa dúnmharú é.

convince vb **to convince somebody of something** rud a chur ina luí ar dhuine; **to be convinced** bheith cinnte dearfa de ▷ *I'm not convinced.* Níl mé cinnte dearfa de.

cook vb déan cócaireacht ▷ *I can't cook.* Ní féidir liom cócaireacht a dhéanamh.; **She's cooking lunch.** Tá sí ag cócaráil lóin.; **to be cooked** cócaráilte ▷ *When the potatoes are cooked ...* Nuair a bhíonn na prátaí cócaráilte ...
▷ n cócaire m4 ▷ *Matthew's an*

excellent cook. Is cócaire iontach é Maitiú.

cookbook n leabhar m1 chócaireacht

cooker n cócaireán m1 ▷ *a gas cooker* cócaireán gáis

cookery n cócáireacht f3

cookie n (*US*) brioscá m4

cooking n cócaráil f3 ▷ *I like cooking.* Is maith liom cócaráil.

cool adj ❶ fionnuar ▷ *a cool evening* tráthnóna fionnuar ❷ (*great*) faiseanta ▷ *That's really cool!* Tá sé sin iontach faiseanta!

cooperation n comhoibriú m

cop n péas m4

cope vb déileáil le ▷ *It was hard, but I coped.* Bhí sé doiligh, ach dhéileáil mé leis.; **to cope with something** cur suas le rud ▷ *She's got a lot of problems to cope with.* Tá cuid mhór fadhbanna aici le cur suas leo.

copper n ❶ copar m1 ▷ *a copper bracelet* slabhra copair ❷ (*informal: policeman*) píléar m1

copy n cóip f2
▷ vb cóipeáil ▷ *She copied the questions from the board.* Chóipeáil sí na ceisteanna ón gclár.; **to copy and paste** cóipeáil agus greamú

core n croí m4 ▷ *an apple core* croí úill

Cork n Corcaigh f2

cork n corc m1 ▷ *a cork table mat* mata boird corc

corkscrew n corcscriú m4

corn n ❶ (*wheat*) arbhar m1 ❷ (*US: maize*) arbhar Indiach; **corn on the**

cob arbhar sa dias

corner n coirnéal m1 ▷ in a corner of the room i gcoirnéal an tseomra ▷ the shop on the corner an siopa ar an gcoirnéal ▷ She lives just round the corner. Tá sí ina cónaí go díreach thart an coirnéal.; **corner kick** cúinneach

cornet n ❶ coirnéad m1 ▷ He plays the cornet. Seinneann sé ar an gcoirnéad. ❷ (ice cream) cón m1

cornflakes npl calóga fpl2 arbhair

cornflour (US **cornstarch**) n gránphlúr m1

Cornwall n Corn m1 na Breataine

corporal n ceannaire m4

corporal punishment n pionós m1 corpartha

corpse n marbhán m1

correct adj ceart ▷ That's correct. Tá sé sin ceart. ▷ the correct choice an rogha cheart ▷ the correct answer an freagra ceart
   ▶ vb ceartaigh

correction n ceartúchán m1

correctly adv i gceart

correspondent n comhfhreagraí m4 ▷ our foreign correspondent ár gcomhfhreagraí eachtrannach

corridor n dorchla m4

corruption n truailliú m

cosmetics npl cosmaidí f2

cosmetic surgery n máinliacht f3 chosmaideach

cost n costas m1; **the cost of living** an costas maireachtála; **at all costs** ar ais nó ar éigean
   ▶ vb The meal costs a hundred

euros. Tá céad euro ar an mbéile.; **How much does it cost?** Cá mhéad atá air?; **It costs too much.** Tá sé ródhaor.

costume n ❶ (swimsuit) culaith f2 shnámha ❷ (of actor) feisteas m1

cosy (US **cozy**) adj teolaí

cot n cliabhán m1

cottage n teachín m4 ▷ a thatched cottage teachín ceann tuí

cottage cheese n cáis f2 tí

cotton n cadás m1 ▷ a cotton shirt léine chadáis

cotton wool n olann f chadáis

couch n tolg m1

cough vb déan casacht
   ▶ n casacht f3 ▷ I've got a cough. Tá casacht orm. ▷ a bad cough droch-chasacht; **a cough sweet** milseán casachta

could vb see **can**

council n comhairle f4 ▷ He's on the council. Tá sé ar an gcomhairle.; **a council estate** eastát bardais

council house n teach m comhairle

councillor n comhairleoir m3 ▷ She's the local councillor. Is í an comhairleoir áitiúil í.

count vb cuntais

count on vb braith ar ▷ You can count on me. Is féidir leat brath ormsa.

counter n ❶ (in shop) cuntar m1 ❷ (in game) licín m4

country n ❶ tír f2 ▷ the border between the two countries an teorainn idir an dá thír ❷ (as *opposed to town)* tuath f2 ▷ *in the country* faoin tuath; **country dancing** rince tuaithe

countryside n taobh m1 tíre

county n contae m4; **the county council** an chomhairle chontae

couple n lánúin f2 ▷ *the couple who live next door* an lánúin atá ina gcónaí béal dorais; **a couple** *(a few)* cúpla ▷ *a couple of words* cúpla focal ▷ *Could you wait a couple of minutes?* An dtiocfadh leat fanacht cúpla nóiméad?

courage n misneach m1

courgette n cúirséad m1

courier n *(for tourists)* cúiréir m3

course n ❶ cúrsa m4 ▷ *a computer course* cúrsa ríomhaireachta ▷ *the first course* an cúrsa tosaigh ▷ *the main course* an príomhchúrsa ❷ *(for golf)* galfchúrsa m4; **of course** ar ndóigh ▷ *Do you love me? — Of course I do!* An bhfuil grá agat dom? — Ar ndóigh, tá!

court n cúirt f2 ▷ *She was up in court yesterday.* Bhí sí os comhair na cúirte inné. ▷ *There are tennis and squash courts.* Tá cúirteanna leadóige agus scuaise ann.

courtyard n clós m1

cousin n col m1 ceathrair

cover n clúdach m1
▶ vb clúdaigh ▷ *My face was covered with mosquito bites.* Bhí m'aghaidh clúdaithe le greamanna corrmhíolta. ▷ *Our insurance didn't cover it.* Níor chlúdaigh ár n-árachas é.

cover up vb *(scandal)* ceil

cow n bó f

coward n cladhaire m4 ▷ *He's a coward.* Is cladhaire é.

cowardly adj cladhartha

cowboy n buachaill m3 bó

crab n portán m1

crack n ❶ *(in wall, cup)* scoilt f2 ❷ *(drug)* craic f2; **I'll have a crack at it.** Bainfidh mé triail as.
▶ vb ❶ *(split)* scoilt ▷ *The wood will crack in this heat.* Scoiltfidh an t-adhmad sa teas seo. ❷ *(nut)* oscail; **to crack a joke** scéal grinn a insint

crack down on vb teann ar ▷ *The police are cracking down on drink-drivers.* Tá na póilíní ag teannadh ar thiománaithe a bhíonn faoi thionchar an óil.

cracked adj *(cup, window)* scoilte

cracker n ❶ *(Christmas cracker)* pléascóg f2 Nollag ❷ *(biscuit)* craicear m1

cradle n cliabhán m1

craft n ceardaíocht f2 ▷ *We do craft at school.* Déanaimid ceardaíocht ar scoil.; **a craft centre** ionad ceardaíochta

craftsman n ceardaí m4

cram vb *(for exams)* pulc; **to cram something into** rud a dhingeadh isteach isteach i ▷ *We crammed our stuff into the boot.* Dhingeamar ár gcuid stuif isteach sa bhúit.

crammed adj **crammed with** lán le ▷ *Her bag was crammed with books.* Bhí a mála lán le leabhair.

a
b
c
d
e
f
g
h
i
j
k
l
m
n
o
p
q
r
s
t
u
v
w
x
y
z

crane n (machine) crann m1 tógála

crash n ❶ tuairt f2 ▷ The boat struck the rock with a terrible crash. Bhuail an bád an charraig de thuairt mhillteanach. ❷ (accident) taisme f4 ▷ She was injured in the crash. Gortaíodh sa taisme í.
▶ vb tuairteáil ▷ The plane crashed. Thuairteáil an t-eitleán.

crash course n dianchúrsa m4

crash helmet n clogad m1 cosanta

crawl vb (person) bheith ag lámhacán; **The car was just crawling along.** Bhí an carr ag goid an bhealaigh léi ar éigean.
▶ n cnágshnámh m3; **to do the crawl** cnágshnámh a dhéanamh

crayon n crián m1

crazy adj ar mire ▷ He must be crazy. Caithfidh go bhfuil sé ar mire.; **to be crazy about somebody** bheith ag briseadh na gcos i ndiaidh duine

cream n uachtar m1 ▷ strawberries and cream sútha talún agus uachtar; **a cream cake** cáca uachtair; **cream cheese** cáis uachtair; **sun cream** uachtar gréine
▶ adj (colour) bánbhuí

crease n filltín m4

creased adj fillte

create vb cruthaigh

creation n cruthú m

creative adj (artistic) cruthaitheach

creature n créatúr m1

crèche n naíolann f2

credit n ❶ cairde m4; **on credit** ar cairde ❷ creidmheas m3 ▷ I've got no credit left on my phone. Níl aon chreidmheas fágtha agam ar mo ghuthán.

credit card n cárta m4 creidmheasa

credit crunch n géarchor m creidmheasa

creeps npl **It gives me the creeps.** Cuireann sé cáithníní ag rith ar mo chraiceann.

creep up vb **to creep up on somebody** teacht aniar aduaidh ar dhuine

crept vb see **creep up**

cress n biolar m1

crew n criú m4 ▷ a film crew criú scannáin

cricket n ❶ cruicéad m1 ▷ I play cricket. Imrím cruicéad.; **a cricket bat** slacán cruicéid ❷ (insect) criogar m1

crime n coir f2 ▷ a terrible crime coir uafásach ▷ Crime is rising. Tá ardú ar an leibhéal coiriúlachta .

criminal n coirpeach m1
▶ adj coiriúil ▷ It's a criminal offence Is cion coiriúil é.; **to have a criminal record** taifead coiriúil a bheith agat

crisis n géarchéim f2

crisp adj briosc

crisps npl brioscáin mpl1 phrátaí ▷ a bag of crisps mála brioscáin phrátaí

criterion n critéar m1

critic n criticeoir m3

critical adj criticiúil ▷ a critical remark ráiteas criticiúil

criticism n ❶ (of faults) lochtú m ❷ (of art) critic f2

criticize vb cáin

Croatia n an Chróit f2 ▷ in Croatia sa Chróit

crochet vb cróise

crocodile n crogall m1

crook n (thief) bithiúnach m1

crop n barr m1 ▷ a good crop of apples barr maith úll

cross n cros f2
▶ adj míshásta ▷ I'm cross about the change of plan. Tá mé míshásta faoin athrú plean.
▶ vb trasnaigh

cross out vb scrios

cross-country n (race) trastíre; **cross-country skiing** sciáil trastíre

crossing n ❶ (at sea) trasnáil f3 ▷ the crossing from Fishguard to Rosslare an trasnáil ó Fishguard go Ros Láir ❷ (for pedestrians) crosaire m4

crossroads n crosbhealach m1

crossword n crosfhocal m1 ▷ I like doing crosswords. Is maith liom crosfhocail a dhéanamh.

crouch down vb crom síos

crow n préachán m1

crowd n slua m4; **the crowd** (at sports match) an slua

crowded adj plódaithe

crown n coróin f

crucifix n croch f2 chéasta

rude adj (vulgar) gáirsiúil

cruel adj cruálach

cruelty n cruálacht f3

cruise n cúrsáil f3; **to go on a cruise** dul ar aistear mara

crumb n grabhróg f2

crush vb brúigh

crutch n maide m4 croise

cry vb bheith ag caoineadh ▷ The baby's crying. Tá an leanbh ag caoineadh.
▶ n scairt f2 ▷ He gave a cry of surprise. Lig sé scairt iontais as.; **Go on, have a good cry!** Caoin leat!

crystal n criostal m1

CTC n (= city technology college) coláiste teicneolaíochta cathrach

cub n ❶ (animal) coileán m1 ❷ (scout) gasóg f2 óg

cube n ciúb m1

cubic adj ciúbach ▷ a cubic metre méadar ciúbach

cucumber n cúcamar m1

cuddle n croí isteach ▷ Come and give me a cuddle. Tar anseo agus tabhair croí isteach dom.
▶ vb déan gráin le ▷ Emma cuddled her teddy bear. Rinne Emma gráin lena teidí.

cue n (for snooker) cleathóg f2

culture n cultúr m1

cunning adj ❶ (person) glic ❷ (plan, idea) cliste

cup n ❶ cupán m1 ▷ a china cup cupán poircealláin; **a cup of coffee** cupán caife ❷ (trophy) corn m1

cupboard n cófra m4

cure vb leigheas
　▶ n leigheas m1
curious adj fiosrach
curl n coirnín m4
curly adj catach
currant n cuirín m4
currency n airgeadra m4 ▷ foreign currency airgeadra eachtrannach
current n sruth m3 ▷ The current is very strong. Tá an sruth iontach láidir.
　▶ adj reatha ▷ the current situation an staid reatha
current account n cuntas m1 reatha
current affairs npl cúrsaí mpl4 reatha
curriculum n curaclam m1
curriculum vitae n curriculum m vitae
curry n curaí m4
curse n mallacht f3
curtain n cuirtín m4 ▷ She drew the curtains. Tharraing sí na cuirtíní.
cushion n cúisín m4
custard n custard m1
custody n (of child) cúram m1
custom n nós m1 ▷ It's an old custom. Is sean-nós é.
customer n custaiméir m3
customs npl custam m1
customs officer n oifigeach m1 custaim
cut n ❶ (wound) cneá f4 ▷ He's got a cut on his forehead. Tá cneá ar chlár a éadain. ❷ (in spending, price) laghdú m ❸ bearradh m ▷ a cut and blow-dry bearradh agus

séideadh tirim
　▶ vb gearr ▷ I'll cut some bread. Gearrfaidh mé roinnt aráin.; **to cut oneself** tú féin a ghearradh ▷ I cut my foot on a piece of glass. Ghear mé mo chos ar phíosa gloine.
cut down vb (tree) leag
cut off vb ❶ (with knife, scissors) scoith ❷ gearr ▷ The electricity was cut off. Gearradh an leictreachas.
cut up vb (potatoes, meat) scean
cutback n ciorrú ▷ staff cutbacks ciorruithe foirne
cute adj gleoite
cutlery n cuitléireacht f3
cutting n (from newspaper) gearrthán m1
CV n curriculum m vitae
cybercafé n caife m4 cibearspáis
cycle n (bicycle) rothar m1; **a cycle ride** marcaíocht ar rothar
　▶ vb téigh ag rothaíocht ▷ I cycle to school. Téim ag rothaíocht ar scoil.
cycle lane n lána m4 rothaíochta
cycling n rothaíocht f3 ▷ I like cycling. Is maith liom bheith ag rothaíocht.
cyclist n rothaí m4
cylinder n sorcóir m3
Cyprus n an Chipir f2 ▷ We went to Cyprus. Chuamar go dtí an Chipir. ▷ in Cyprus sa Chipir
Czech adj Seiceach; **the Czech Republic** Poblacht na Seice
　▶ n ❶ (person) Seiceach m1
　❷ (language) Seicis f2

d

dad n daid m4 ▷ *my dad* mo dhaid ▷ *I'll ask Dad.* Cuirfidh mé ceist ar mo dhaid.; **Dad!** A Dhaid!

Daddy n daidí m4 ▷ *Say hello to your daddy!* Abair haileo le do dhaidí! ▷ *Hello Daddy!* Haileo, a Dhaidí!

daffodil n lus m3 an chromchinn

daft adj amaideach; **to be daft about somebody** (*fig*) bheith splanctha i ndiaidh duine

daily adj, adv ❶ laethúil ▷ *It's part of my daily routine.* Tá sé mar chuid de mo ghnáthamh laethúil. ❷ gach lá ▷ *The pool is open daily.* Tá an linn snámha oscailte gach lá.

dairy n déirí m4

dairy products npl táirgí mpl4 déiríochta

daisy n nóinín m4

dam n damba m4

damage n damáiste m4 ▷ *The storm did a lot of damage.* Rinne an stoirm a lán damáiste.
▶ vb damáiste a dhéanamh do

damn n **I don't give a damn!** (*informal*) Is cuma liom sa diabhal!; **Damn it!** (*informal*) Damnú air! ▶ adj, adv damanta ▷ *It's a damn nuisance!* Crá croí damanta atá ann!

damp adj tais

dance n damhsa m4 ▷ *The last dance was a waltz.* Ba válsa é an damhsa deireanach. ▷ *Are you going to the dance tonight?* An mbeidh tú ag dul chuig an damhsa anocht?
▶ vb damhsa a dhéanamh; **to go dancing** dul ag damhsa ▷ *Let's go dancing!* Téimis ag damhsa!

dancer n damhsóir m3

dandelion n caisearbhán m1

dandruff n sail f2 chnis

Dane n Danar m1

danger n contúirt f2 ▷ *There is a danger of fire.* Tá contúirt dóiteáin ann.; **in danger** i mbaol ▷ *His life is in danger.* Tá a bheatha i mbaol.; **Danger!** (*sign*) Aire!; **to be in danger** bheith i gcontúirt ▷ *We were in danger of missing the plane.* Bhí an chontúirt ann go gcaillfimis an t-eitleán.

dangerous adj contúirteach ▷ *Hitchhiking can be dangerous.* Thig le síobshiúil a bheith contúirteach.

Danish adj Danmhargach
▶ n (*language*) Danmhairgis f2

a b c **d** e f g h i j k l m n o p q r s t u v w x y z

dare vb **to dare somebody to do something** dúshlán duine a thabhairt rud a dhéanamh; **I didn't dare to tell my parents.** Ní raibh sé de mhisneach ionam insint do mo thuismitheoirí.; **I dare say it'll be okay.** Déarfainn go mbeidh sé ceart go leor.

daring adj dána

dark adj ❶ (night, room) dorcha ▷ It's dark. Tá sé dorcha. ▷ It's getting dark. Tá sé ag éirí dorcha. ❷ (colour, complexion) crón ❸ dubh ▷ She's got dark hair. Tá gruaig dhubh uirthi.
▶ n dorchadas m1 ▷ I'm afraid of the dark. Tá mé faoi eagla an dorchadais.; **after dark** ar dhul ó sholas dó

darkness n dorchadas m1 ▷ The room was in darkness. Bhí an seomra i ndorchadas.

darling n muirnín m4 ▷ Thank you, darling! Go raibh maith agat, a mhuirnín!

dart n ga m4; **to play darts** dairteanna a imirt

dash vb **to dash to** rúid a thabhairt ar ▷ Everyone dashed to the window. Thug gach duine rúid ar an bhfuinneog.
▶ n (punctuation mark) dais f2

data npl sonraí mpl4

database n (on computer) bunachar m1 sonraí

date n ❶ dáta m4 ▷ my date of birth mo dháta breithe; **What's the date today?** Cén dáta é inniu?

❷ coinne f4 ▷ She's got a date with Ian tonight. Tá coinne le Ian aici anocht. ❸ (fruit) dáta m4; **out of date (1)** (passport) as dáta **(2)** (clothes) seanfhaiseanta; **up to date** suas chun dáta

daughter n iníon f2

daughter-in-law n bean f mhic

dawn n breacadh m1 an lae ▷ at dawn le breacadh an lae

day n lá m ▷ We stayed in Cork for three days. D'fhan muid i gCorcaigh ar feadh trí lá. ▷ during the day i rith an lae ▷ I stayed at home all day. D'fhan mé sa bhaile an lá ar fad.; **every day** gach lá; **the day before** an lá roimhe ▷ the day before my birthday an lá roimh mo lá breithe; **the day after** an lá arna mhárach; **the day after tomorrow** arú amárach ▷ We're leaving the day after tomorrow. Beimid ag imeacht arú amárach.; **the day before yesterday** arú inné ▷ He arrived the day before yesterday. Tháinig sé arú inné.

dead adj, adv ❶ marbh ▷ He was already dead when the doctor came. Bhí sé marbh cheana féin nuair a tháinig an dochtúir. ▷ He was shot dead. Scaoileadh marbh é. ❷ (totally) ar fad ▷ You're dead right Tá an ceart ar fad agat!; **dead on time** ag an am ceart go díreach ▷ The train arrived dead on time. Tháinig an traein ag an am ceart go díreach.; **The line is dead.** (telephone) Tá an líne marbh.

dead end n ceann m1 caoch
deadline n spriocdháta m4 ▷ *The deadline for entries is May 2nd.* Is é an 2ú lá de Bhealtaine an spriocdháta faoi choinne iontrálacha.
deaf adj bodhar
deafening adj bodhraitheach
deal n margadh m1; **It's a deal!** Bíodh ina mhargadh!; **a great deal** cuid mhaith ▷ *a great deal of money* cuid mhaith airgid
▶ vb (*cards*) roinn ▷ *It's your turn to deal.* Leatsa an roinnt.; **He promised to deal with it immediately.** Gheall sé féachaint chuige láithreach bonn.
dealer n ❶ déileálaí m4 ❷ (*of drugs*) mangaire m4
dealt vb see **deal**
dear adj ❶ dil ❷ (*expensive*) daor; **Dear John** (*in letter*) A Sheáin, a chara; **Dear Sir/Madam** (*in letter*) A dhuine uasail/A bhean uasal
death n bás m1 ▷ *after his death* i ndiaidh a bháis; **I was bored to death.** Bhí mé dubh dóite.
debate n díospóireacht f3
▶ vb pléigh
debt n fiach m1 ▷ *He's got a lot of debts.* Tá cuid mhaith fiacha aige.; **to be in debt** fiacha a bheith ort
debug vb (*computing*) dífhabhtaigh
decade n deich mbliana fpl3
decay vb (*rot*) meathlaigh ▷ *a decaying mansion* teach mór atá ag dul chun raice
deceive vb cealg

December n Nollaig f; **in December** i mí na Nollag
decent adj cneasta; **a decent education** oideachas réasúnta
decide vb socraigh ▷ *I decided to write to her.* Shocraigh mé scríobh chuici. ▷ *I decided not to go.* Shocraigh mé gan dul.; **I can't decide.** Ní féidir liom socrú a dhéanamh.; **Haven't you decided yet?** Nach bhfuil socrú déanta go fóill agat?; **to decide on something** socrú a dhéanamh ar rud
decimal adj deachúlach ▷ *the decimal system* an córas deachúlach
decision n cinneadh m1; **to make a decision** cinneadh a dhéanamh
deck n ❶ (*of ship*) deic f2; **on deck** ar deic ❷ (*of cards*) paca m4
deckchair n cathaoir f dheice
declare vb ❶ (*state*) dearbhaigh ❷ (*war*) fógair ❸ (*at customs*) admhaigh ▷ *nothing to declare* dada le hadmháil
decorate vb ❶ (*give medal to*) gradam a bhronnadh ar ❷ (*room, house, cake*) maisigh ▷ *I decorated the cake with cherries.* Mhaisigh mé an císte le silíní.
decrease n **a decrease in** laghdú ar ▷ *There was a decrease in the number of students.* Bhí laghdú ar líon na mac léinn.
▶ vb laghdaigh
dedicated adj tiomnaithe ▷ *a very dedicated teacher* múinteoir

a
b
c
d
e
f
g
h
i
j
k
l
m
n
o
p
q
r
s
t
u
v
w
x
y
z

an-tiomnaithe; **dedicated to (1)** comhcheangailte le ▷ *a museum dedicated to Napoleon* iarsmalann comhcheangailte le Napoleon **(2)** tiomnaithe do ▷ *The book is dedicated to Emma.* Tá an leabhar tiomnaithe do Emma.

dedication n ❶ (*commitment*) dúthracht *f3* ❷ (*in book*) tiomnú *m*

deduct vb **Deduct the cost of postage.** Bain an costas postais as.

deed n ❶ (*action*) gníomh *m1* ❷ (*in law*) gníomhas *m1*

deep adj domhain ▷ *Is it deep?* An bhfuil sé domhain? ▷ *How deep is the lake?* Cé chomh domhain is atá an loch? ▷ *4 metres deep* ceithre mhéadar ar doimhne ▷ *a deep layer of snow* brat domhain sneachta ▷ *The snow was really deep.* Bhí an sneachta an-domhain.; **He's got a deep voice.** Tá glór toll aige.; **to take a deep breath** anáil throm a tharraingt

deeply adv go domhain

deer n fia *m4*; **fallow deer** fia fionn

defeat n briseadh *m*
  ▶ vb buaigh ar

defect n locht *m3*

defence (*US* **defense**) n cosaint *f3*

defend vb cosain

defender n cosantóir *m3*

define vb sainmhínigh

definite adj ❶ (*fixed*) cinnte ▷ *I haven't got any definite plans.* Níl aon socruithe cinnte agam. ❷ (*certain*) dearfa ▷ *We might go to Spain, but*

it's not definite. Seans go rachaimid chun na Spáinne, ach níl sé dearfa.

definitely adv go cinnte ▷ *He's the best player.* — *Definitely!* Is é an t-imreoir is fearr é. — Go cinnte!; **He's definitely the best player.** Is é an t-imreoir is fearr é gan aon amhras.; **I definitely think he'll come.** Níl amhras orm ach go dtiocfaidh sé.

definition n sainmhíniú *m*

degree n céim *f2* ▷ *a temperature of 30 degrees* teocht 30 céim ▷ *a degree in English* céim i mBéarla

delay vb moilligh ▷ *Don't delay on the way.* Ná moilligh faoi bhealach. ▷ *Our flight was delayed.* Bhí moill ar ár n-eitilt.
  ▶ n moill *f2*

delete vb scrios

deliberate adj réamhbheartaithe

deliberately adv (*on purpose*) d'aon turas ▷ *She did it deliberately.* Rinne sí d'aon turas é.

delicate adj ❶ (*frail, fragile*) leochaileach ❷ (*of quality, character*) fíneálta

delicatessen n deilí *m4*

delicious adj sobhlasta

delight n lúcháir *f2*; **to her delight** agus lúcháir uirthi

delighted adj **to be delighted to do something** áthas a bheith ort rud a dhéanamh ▷ *He'll be delighted to see you.* Beidh áthas air tú a fheiceáil.

delightful adj galánta

deliver vb ❶ (*mail, newspapers*)

seachaid ▷ *I deliver newspapers.*
Seachadaim nuachtáin. ❷ *(baby)*
saolaigh

delivery *n* seachadadh *m*

demand *vb* éiligh
▶ *n* éileamh *m1*; **in demand**
éileamh a bheith ar; **on demand**
ar éileamh

demanding *adj* ❶ *(person)* doiligh
a shásamh ❷ *(work)* dian ▷ *It's a
very demanding job.* Post an-dian
atá ann.

demo *n (protest)* agóid *f2*

democracy *n* daonlathas *m1*

democratic *adj* daonlathach

demolish *vb* leag

demonstrate *vb (show)* léirigh
▷ *She demonstrated the technique.*
Léirigh sí an teicníc.; **They
demonstrated against the war.**
Rinne siad agóid in éadan an
chogaidh.

demonstration *n* ❶ *(of method,
technique)* léiriú *m* ❷ *(protest)*
agóid *f2*

demonstrator *n (protester)*
agóideoir *m3*

denim *n* deinim *m4* ▷ *a denim jacket*
casóg dheinim

denims *npl (jeans)* bríste *m4*
deinim

Denmark *n* an Danmhairg *f2*
▷ *in Denmark* sa Danmhairg ▷ *to
Denmark* chun na Danmhairge

dense *adj* ❶ *(smoke, fog)* dlúth
❷ *(stupid)* dúr ▷ *He's so dense!* Tá sé
chomh dúr le slis!

dent *n* log *f2*

▶ *vb* log a chur i

dental *adj* déadach; **dental floss**
flas déadach

dentist *n* fiaclóir *m3* ▷ *Catherine is a
dentist.* Is fiaclóir í Catherine.

deny *vb* séan ▷ *She denied
everything.* Shéan sí gach rud.

deodorant *n* díbholaíoch *m1*

depart *vb* imigh

department *n* roinn *f2* ▷ *the
shoe department* roinn na mbróg
▷ *the English department* roinn an
Bhéarla

department store *n* siopa *m4*
ilranna

departure *n* imeacht *m3*

departure lounge *n* tolglann
f2 imeachta

depend *vb* **to depend on** brath
ar ▷ *depending on the result* ag
brath ar an toradh; **It depends.**
Braitheann sé.

deport *vb* díbir thar tír amach

deposit *n* éarlais *f2* ▷ *You have to
pay a deposit when you book.* Is gá
éarlais a íoc nuair a dhéanann tú
an áirithint. ▷ *You get the deposit
back when you return the bike.*
Gheobhaidh tú an éarlais ar ais
nuair a thugann tú an rothar ar ais.

depressed *adj* faoi ghruaim
▷ *I'm feeling depressed.* Tá mé faoi
ghruaim.

depressing *adj* gruama

depth *n* doimhneacht *f3*

deputy head *n* leas-phríomhoide
m4

Derry *n* Doire *m4*

descend vb tar anuas

describe vb cur síos a dhéanamh ar ▷ *Can you describe him for me? An féidir leat cur síos a dhéanamh air dom?*

description n cur m1 síos

desert n ❶ (*sand*) gaineamhlach m1 ❷ (*wilderness*) fásach m1

desert island n oileán m1 fásaigh

deserve vb tuill

design n ❶ dearadh m1 ▷ *It's a completely new design.* Is dearadh úr ar fad é.; **fashion design** dearadh faisin ❷ (*pattern*) patrún m1 ▷ *a geometric design* patrún geoiméadrach

▶ vb dear

designer n (*fashion*) dearthóir m3 éadaigh; **designer clothes** éadaí dearthóra

desire n mian f2

▶ vb santaigh

desk n ❶ deasc f2 ❷ (*in hotel, at airport*) deasc chláraithe

despair n éadóchas m1 ▷ *I was in despair.* Bhí éadóchas orm.

desperate adj éadóchasach ▷ *a desperate situation* cás éadóchasach; **to get desperate** éirí éadóchasach ▷ *I was getting desperate.* Bhí mé ag éirí éadóchasach.

desperately adv ❶ go huafásach; **We're desperately worried.** Tá an-imní orainn. ❷ (*very*) an- ▷ *desperately urgent* an-phráinneach

despise vb to despise somebody

gráin a bheith agat ar dhuine

despite prep d'ainneoin ▷ *despite all the difficulties* d'ainneoin na ndeacrachtaí uile

dessert n milseog f2 ▷ *for dessert* mar mhilseog

destination n ceann m1 scríbe

destroy vb mill

destruction n millteanas m1

detached house n teach m aonair

detail n sonra m4; **in detail** go mionchruinn

detailed adj mion- ▷ *a detailed account* mionchuntas

detective n bleachtaire m4 ▷ *a private detective* bleachtaire príobháideach; **a detective story** scéal bleachtaireachta

detention n coinneáil istigh; **to get a detention** coinneáil istigh a fháil

detergent n glantóir m3

determined adj diongbháilte; **to be determined to do something** bheith leagtha ar rud a dhéanamh ▷ *She's determined to succeed in life.* Tá sí leagtha ar dhul chun cinn sa saol.

detour n cor m1 bealaigh

devaluation n díluacháil f3

devastated adj croíbhriste ▷ *I was devastated.* Bhí mé croíbhriste.

devastating adj millteach

develop vb ❶ forbair ▷ *Girls develop faster than boys.* Forbraíonn cailíní níos gasta ná buachaillí. ❷ réal ▷ *I got the film developed.*

Fuair mé an scannán réalta.; **to develop into** éirí i ▷ *The argument developed into a fight.* D'éirigh an argóint ina troid.; **a developing country** tír i mbéal forbartha

development n forbairt *f3*; **the latest developments (1)** na forbairtí is déanaí **(2)** (*events*) na coir is déanaí sa scéal

device n gaireas *m1*

devil n diabhal *m1* ▷ *Poor devil!* An diabhal bocht!

devise vb ceap

devoted adj dílis; **to be devoted to** do chroí a bheith istigh i ▷ *He's completely devoted to her.* Tá a chroí go hiomlán istigh inti.

diabetes n diaibéiteas *m1*

diabetic n diaibéiteach *m1* ▷ *I'm a diabetic.* Is diaibéiteach mé.

diagonal adj fiar

diagram n léaráid *f2*

dial vb (*number*) diailigh

dialling tone n ton *m1* diailithe

dialogue n comhrá *m4*

diamond n ❶ diamant *m1* ▷ *a diamond ring* fáinne diamaint ❷ (*shape*) muileata *m4*; **diamonds** (*at cards*) muileata ▷ *the ace of diamonds* an t-aon muileata

diaper n (*US*) clúidín *m4*

diarrhoea n buinneach *f2* ▷ *I've got diarrhoea.* Tá buinneach orm.

diary n dialann *f2* ▷ *I keep a diary.* Coinním dialann. ▷ *I've got her phone number in my diary.* Tá a huimhir ghutháin i mo dhialann agam.

dice n dísle *m4*

dictation n deachtú *m*

dictionary n foclóir *m3*

did vb see **do**

die vb bás a fháil ▷ *He died last year.* Fuair sé bás anuraidh.; **to be dying for something** bheith fiáin chun ruda; **to be dying to do something** bheith ar bís le rud a dhéanamh ▷ *I'm dying to see you.* Tá mé ar bís le tú a fheiceáil.

diesel n ❶ ola *f4* dhíosail ▷ *30 litres of diesel* 30 lítear d'ola dhíosail ❷ (*car*) díosal *m1* ▷ *My car's a diesel.* Tá inneall díosail i gcarr s'agamsa.

diet n aiste *f4* bia ▷ *I'm on a diet.* Tá mé ar aiste bia.; **a healthy diet** cothú sláintiúil

difference n difear *m1*; **It makes no difference.** Is cuma é.

different adj difriúil ▷ *We are very different.* Táimid an-difriúil le chéile. ▷ *Dublin is different from Paris.* Tá Baile Átha Cliath difriúil le Páras.

difficult adj deacair ▷ *It's difficult to choose.* Tá sé deacair rogha a dhéanamh.

difficulty n deacracht *f3* ▷ *without difficulty* gan deacracht; **to have difficulty with something** saothar a fháil le rud

dig vb ❶ (*hole*) tochail ❷ (*garden*) rómhair; **to dig up potatoes** prátaí a bhaint

digestion n díleá *m4*

digger n (*machine*) tochaltóir

digital camera n ceamara *m4* digiteach

digital radio n raidió m4 digiteach

digital television n teilifís f2 dhigiteach

digital watch n uaireadóir m3 digiteach

dim adj ❶ (light, outline) lag ❷ (stupid) dúr

dimension n the dimensions of the house buntomhais an tí

diminish vb laghdaigh

din n ❶ (loud noise) trup m4 ❷ (commotion) ruaille m4 buaille

diner n (US) bialann f2

dinghy n báidín m4 ▷ a rubber dinghy báidín rubair ▷ a sailing dinghy báidín seoil

dining car n carbad m1 bia

dining room n seomra m4 bia

dinner n dinnéar m1

dinner jacket n seaicéad m1 dinnéir

dinner lady n bean f dinnéir

dinner party n cóisir f2 dinnéir

dinosaur n dineasár m1

dip n ❶ (in sea) tumadh m; to go for a dip dul ag snámh ❷ (food) dip f2
▶ vb ❶ tum ▷ He dipped a biscuit into his tea. Thum sé briosca ina chuid tae. ❷ (car lights) ísligh

diploma n dioplóma m4 ▷ a diploma in social work dioplóma in obair shóisialta

diplomat n taidhleoir m3

diplomatic adj taidhleoireachta; diplomatic relations caidreamh taidhleoireachta

direct adj, adv ❶ díreach ▷ the most direct route an bealach is dírí ❷ go díreach ▷ You can't fly to Nice direct from Cork. Ní féidir eitilt go díreach ó Chorcaigh go Nice.
▶ vb (film, programme) stiúir

direct debit n dochar m1 díreach

direction n treo m4; to ask somebody for directions eolas a chur ar dhuine

director n stiúrthóir m3

directory n eolaire m4

dirt n ❶ salachar m1 ❷ (earth) cré f4; a dirt track smúitraon

dirty adj salach ▷ Your hands are dirty. Tá do lámha salach.; to get something dirty rud a shalú

disabled adj míchumasach; the disabled daoine míchumasacha

disadvantage n míbhuntáiste m4

disagree vb easaontaigh; He disagrees with me. Easaontaíonn sé liom.

disappear vb ❶ (depart) imigh ❷ (be lost to view) téigh as amharc ❸ (vanish) ceiliúir ❹ (die out) téigh ar ceal

disappearance n imeacht m3

disappointed adj díomách

disappointing adj mealltach

disappointment n díomá f4

disaster n tubaiste f4

disastrous adj tubaisteach

disc n ❶ (circular plate) diosca m4 ❷ (record) ceirnín m4

discipline n smacht m3

disc jockey n ceirneoir m3

disco n dioscó m4 ▷ *There's a disco at the school tonight.* Beidh dioscó ar siúl sa scoil anocht.

disconnect vb ❶ scoir ❷ (telephone) gearr an líne

discount n lacáiste m4 ▷ *a discount for students* lacáiste do mhic léinn

discourage vb ❶ (dishearten) beaguchtach a chur ar ❷ (dissuade) athchomhairligh; **to get discouraged** beaguchtach a theacht ort ▷ *Don't get discouraged!* Ná bíodh beaguchtach ort!

discover vb ❶ (detect) fionn ❷ (come across) tar ar

discrimination n idirdhealú m ▷ *racial discrimination* idirdhealú ciníoch

discuss vb ❶ (talk about) pléigh ▷ *I'll discuss it with my parents.* Pléifidh mé le mo thuismitheoirí é. ▷ *We discussed the problem of pollution.* Phléigh muid fadhb an truaillithe. ❷ (debate) déan díospóireacht ar

discussion n ❶ (conversation) comhrá m4 ❷ (debate) díospóireacht f3; **under discussion** idir chamáin

disease n galar m1

disgraceful adj (scandalous) náireach

disguise vb cuir bréagriocht ar; **He was disguised as a policeman.** Bhí sé i riocht póilín.; **in disguise** faoi bhréagriocht

disgusted adj déistin a bheith ort ▷ *I was absolutely disgusted.* Bhí an-déistin orm.

disgusting adj ❶ déistineach ▷ *It looks disgusting.* Tá cuma dhéistineach air. ❷ (disgraceful) náireach ▷ *That's disgusting!* Tá sin náireach!

dish n soitheach m1 ▷ *a china dish* soitheach poircealláin; **to do the dishes** na soithí a ní ▷ *He never does the dishes.* Ní níonn sé na soithí riamh.; **a vegetarian dish** mias veigeatórach

dishonest adj mí-ionraic

dish soap n (US) leacht m3 níocháin

dish towel n (US) éadach m1 soithí

dishwasher n miasniteoir m3

disinfectant n díghalrán m1

disk n diosca m4; **the hard disk** an diosca crua; **a floppy disk** diosca bog

diskette n discéad m1

dislike n col m1; **my likes and dislikes** na rudaí is maith liom agus na rudaí nach maith liom; **to take a dislike to something** (food) snamh a thabhairt do rud ▶ vb **I dislike it.** Ní maith liom é.; **I dislike him intensely.** Is fuath liom é.

dismal adj ❶ (dreary) gruama ❷ (abysmal) ainnis

dismiss vb (employee) briseadh as post

disobedient adj easumhal

dispatch vb (goods) seol

display n taispeántas m1 ▷ *There was a lovely display of fruit in the*

window. Bhí taispeántas galánta
torthaí san fhuinneog.; **to be on
display** beith ar taispeáint ▷ *Her
best paintings were on display.* Bhí
na péintéireachtaí is fearr aici ar
taispeáint.; **a firework display**
taispeántas tinte ealaíne
▶ *vb* taispeáin ▷ *She proudly
displayed her medal.* Thaispeán sí a
bonn go bródúil.

disposable *adj* indiúscartha

disqualify *vb* dícháiligh; **to be
disqualified** bheith dícháilithe
▷ *He was disqualified.* Dícháilíodh é.

disrupt *vb* bris isteach ar
▷ *Protesters disrupted the meeting.*
Bhris lucht agóide isteach ar an
gcruinniú.; **Train services are
being disrupted by the strike.**
Tá an stailc ag cur isteach ar
sheirbhísí traenach.

dissatisfied *adj* míshásta ▷ *We
were dissatisfied with the service.* Bhí
muid míshásta leis an tseirbhís.

dissolve *vb* tuaslaig

distance *n* fad *m1* ▷ *a distance of 40
kilometres* fad 40 ciliméadar ▷ *It's
within walking distance.* Tá sé faoi
fhad siúil díot.; **in the distance** i
bhfad uait

distant *adj* i bhfad ar shiúl; **in
the distant future** faoi cheann
achair fhada

distillery *n* ❶ drioglann *f2*
❷ (*small*) teach *m* stiléireachta

distinct *adj* ❶ (*separate*) ar leith
❷ (*clear*) soiléir

distinction *n* ❶ idirdhealú *m*

▷ *to make a distinction between ...*
idirdhealú a dhéanamh idir ...
❷ (*honour, merit*) gradam *m1* ▷ *I
got a distinction in my piano exam.*
Bhain mé gradam amach i mo
scrúdú pianó.

distinctive *adj* sainiúil

distract *vb* mearaigh; **to distract
somebody** seachmall a chur ar
dhuine

distribute *vb* dáil

district *n* ❶ (*of country*) dúiche *f4*
❷ (*of town*) ceantar *m1*

disturb *vb* cuir isteach ar ▷ *I'm
sorry to disturb you.* Tá brón orm cur
isteach ort.

ditch *n* díog *f2*
▶ *vb* (*person*) fág ▷ *She's just ditched
her boyfriend.* Tá sí díreach i ndiaidh
a buachaill a fhágáil.

dive *n* ❶ onfais *f2* ❷ (*of submarine*)
tumadh *m*
▶ *vb* tum

diver *n* tumadóir *m3*

diversion *n* (*for traffic*) atreorú *m*

divide *vb* roinn ▷ *Divide the pastry
in half.* Roinn an taosrán ina dhá
leath. ▷ *12 divided by 3 is 4.* 12 roinnte
ar 3 sin a 4.; **We divided into
two groups.** Scar muid inár dhá
ghrúpa.

diving *n* tumadóireacht *f3*; **a
diving board** clár tumadóireachta

division *n* ❶ (*split*) deighilt
f2 ❷ (*in maths*) roinnt *f2*
❸ (*department*) roinn *f2*

divorce *n* colscaradh *m*

divorced *adj* colscartha ▷ *My*

parents are divorced. Tá mo thuismitheoirí colscartha.

DIY n (= do-it-yourself) DFÉ (= déan féin é) ▷ to do DIY DFÉ a dhéanamh ▷ a DIY shop siopa DFÉ

dizzy adj **I feel dizzy.** Tá meadhrán orm.

DJ n ceirneoir m3

do vb ❶ déan ▷ I haven't done my homework. Ní dhearna mé m'obair bhaile. ▷ What are you doing this evening? Cad é atá tú a dhéanamh anocht? ❷ (be enough) déan cúis ▷ It's not very good, but it'll do. Níl sé go han-mhaith, ach déanfaidh sé cúis.; **Will £10 do?** An leor deich bpunt?

'do' is not translated when it is used in questions and in negative sentences.

▷ Do you like Chinese food? An maith leat bia Síneach? ▷ Where does he live? Cá bhfuil sé ina chónaí? ▷ Where did you go for your holidays? Cá ndeachaigh tú ar do laethanta saoire? ▷ I don't understand. Ní thuigim.

'do' is not translated when it is used to avoid repeating the verb.

▷ She swims better than I do. Is fearr an snámh atá aicise ná agamsa. ▷ Who broke it? — I did. Cé a bhris é? — Mise. ▷ Do you agree? — No, I don't. An aontaíonn tú? — Ní aontaím. ▷ She lives in Glasgow — So do I. Tá sí ina cónaí i nGlaschú —Tá agus mise.; **to do well** déanamh

go maith ▷ She's doing well at school. Tá sí ag déanamh go maith ar scoil.; **How do you do?** Cad é mar atá tú?; **She does seem rather late.** Nach déanach atá sí.; **Do sit down.** Bí i do shuí.

do up vb ❶ (shoes) ceangail ▷ Do up your shoes! Ceangail d'iallacha! ❷ (button) dún ❸ (renovate) cóirigh ▷ They're doing up an old cottage. Tá siad ag cóiriú seanteachín.

do without vb tar gan ▷ I couldn't do without my computer. Níorbh fhéidir liom teacht gan mo ríomhaire.

dock n (for ships) duga m4

doctor n dochtúir m3 ▷ She's a doctor. Is dochtúir í. ▷ I'd like to be a doctor. Ba mhaith liom a bheith i mo dhochtúir.

document n cáipéis f2

documentary n clár m1 faisnéise

dodge vb seachain

dodgems npl tuairtcharranna mph ▷ We went on the dodgems. Chuamar ar na tuairtcharranna.

does vb see **do**

dog n madra m4 ▷ Have you got a dog? An bhfuil madra agat?

do-it-yourself n déan féin é

dole n dól m1; **to be on the dole** bheith ar an dól ▷ A lot of people are on the dole. Tá cuid mhaith daoine ar an dól.; **to go on the dole** bheith ag tarraingt cúnamh dífhostaíochta

doll n bábóg f2

dollar n dollar m1

dolphin n deilf f2

domestic adj ❶ intíre ▷ a domestic flight eitilt intíre ❷ (animal) clóis

dominoes npl dúradáin mpl1

donate vb bronn

done vb see **do**

Donegal n Dún m na nGall

donkey n asal m1

donor n ❶ (of blood, organ) deontóir m3 ❷ (to charity) bronntóir m3

donor card n cárta m4 deontóra

don't vb = **do not**

door n doras m1 ▷ the first door on the right an chéad doras ar dheis

doorbell n cloigín m4 dorais; to ring the doorbell cloigín an dorais a bhualadh; Suddenly the doorbell rang. Go tobann buaileadh cloigín an dorais.

doorman n doirseoir m3

doorstep n leac f2 dorais

dormitory n suanlios m3

dose n dáileog f2

dosh n (informal: money) airgead m1

dot n ponc m1; on the dot ar an bpointe ▷ He arrived at 9 o'clock on the dot. Tháinig sé ar a 9 a chlog ar an bpointe.

double adj, adv dúbailte ▷ a double helping cuid dhúbailte ▷ a double bed leaba dhúbailte ▷ a double room seomra dúbailte; a double-decker bus bus dhá urlár; First-class tickets cost double. Tá praghas dúbailte ar thicéid den chéad ghrád.

▶ vb dúbail; The number of attacks has doubled. Tá líon na n-ionsaithe méadaithe faoi dhó.

double bass n olldord m1 ▷ I play the double bass. Seinnim an t-olldord.

double-click vb (computing) cliceáil faoi dhó ▷ Double-click on the icon. Cliceáil faoi dhó ar an deilbhín.

double glazing n gloiniú m dúbailte

doubles npl (in tennis) cluiche m4 ceathrair ▷ They play mixed doubles. D'imir siad cluiche ceathrair measctha.

doubt n amhras m1 ▷ I have my doubts. Tá amhras orm.
▶ vb bheith in amhras; I doubt it. Ní dóigh liom é.; to doubt that bheith in amhras go ▷ I doubt he'll agree. Tá amhras orm anaontóidh sé.

doubtful adj amhrasach ▷ It's doubtful. Tá sé amhrasach.; I'm doubtful about going by myself. Tá mé idir dhá chomhairle faoi dhul liom féin.

dough n ❶ taos m1 ❷ (informal: money) airgead m1

doughnut n taoschnó m4 ▷ a jam doughnut taoschnó suibhe

dove n colm m1

Down n an Dún m1

down adv, adj, prep ❶ (below) thíos ▷ His office is down on the first floor. Tá a oifig thíos ar an gcéad urlár. ▷ It's down there. Tá sé thíos ansin.

❷ (motion) síos ▷ The rabbit went down the hole. Chuaigh an coinín síos an poll. ▷ He threw down his racket. Chaith sé síos a raicéad. ❸ (on the ground) ar lár; **to come down** teacht anuas ▷ Come down here! Anuas anseo leat!; **to go down** dul síos; **to sit down** suí síos ▷ Sit down! Suigh síos!; **I'm feeling a bit down.** Tá mé in ísle brí.; **The computer's down.** Chlis ar an ríomhaire.; **They live just down the road.** Tá siad ina gcónaí giota beag síos an bóthar.

download vb íoslódáil ▷ You can download the program free from … Féadann tú an clár a íoslódáil saor in aisce ó…
▶ n íoslódáil f3 ▷ a free download íoslódail saor in aisce

downloadable adj in-íoslódáilte
downpour n bailc f2 ▷ a sudden downpour bailc thobann
downright adj (refusal) glan; **a downright lie** deargéitheach
downstairs adv, adj ❶ thíos staighre ▷ The bathroom's downstairs. Tá an seomra folctha thíos staighre. ▷ the downstairs bathroom an seomra folctha thíos staighre ▷ the people downstairs na daoine thíos staighre ❷ (motion) dul síos an staighre
downtown adj (US) gnócheantar
doze vb néal a chodladh
doze off vb She dozed off. Thit néal uirthi.
dozen n dosaen m4 ▷ a dozen eggs

dosaen uibheacha ▷ two dozen dhá dhosaen; **dozens of** cuid mhór; **I've told you that dozens of times.** D'inis mé sin duit go mion minic.
drab adj (colourless) lachna
draft n ❶ (US: wind) siorradh m1 ❷ (into the army) coinscríobh m
drag vb tarraing; 'drag and drop' 'tarraing agus scaoil'
▶ n (informal) strambán m1 ▷ It's a real drag! Strambán ceart atá ann!; **in drag** faoi éadaí ban ▷ He was in drag. Bhí sé faoi éadaí ban.
dragon n dragan m1
drain n draein f ▷ The drains are blocked. Tá na draenacha blocáilte.
▶ vb (vegetables) sil
draining board n clár m1 silte
drainpipe n gáitéar m1
drama n drámaíocht f3 ▷ Drama is my favourite subject. Is í an drámaíocht an t-ábhar is fearr liom.; **drama school** scoil drámaíochta ▷ I'd like to go to drama school. Ba mhaith liom freastal ar scoil drámaíochta.
dramatic adj ❶ (moving, exciting) drámata ▷ It was really dramatic! Bhí sé an-drámata ar fad! ▷ dramatic news scéal drámata ❷ (striking) suntasach ▷ a dramatic improvement feabhas suntasach ❸ (sudden) tobann
dramatist n drámadóir m3
drank vb see **drink**
drapes npl (US) cuirtíní mpl4
drastic adj ❶ (changes) bunúsach

a
b
c
d
e
f
g
h
i
j
k
l
m
n
o
p
q
r
s
t
u
v
w
x
y
z

❷ (measures) dian; **to take drastic action** dianbhearta a chur ina suí
draught (US **draft**) n (wind) siorradh m1; **on draught** (beer) ar na bairillí; **draught beer** beoir bhairille
draughts n táiplis f2 bheag; **to play draughts** táiplis bheag a imirt
draw vb tarraing ▷ She drew a picture of her house. Tharraing sí pictiúr dá teach féin.; **They drew 1-1.** (sport) Chríochnaigh siad ar comhscór 1-1.; **to draw the curtains** na cúirtíní a dhruidim; **to draw lots** crainn a chaitheamh
▶ n ❶ (sport) comhscór m1 ▷ The game ended in a draw. Chríochnaigh an cluiche ar comhscór. ❷ (lottery) crannchur m1 ▷ The draw takes place on Saturday. Bíonn an crannchur ar siúl ar an Satharn.
drawback n míbhuntáiste m4
drawer n tarraiceán m1
drawing n líníocht f3
drawing pin n tacóid f2 ordóige
drawn vb see **draw**
dreadful adj uafásach ▷ a dreadful mistake meancóg uafásach ▷ The weather was dreadful. Bhí an aimsir uafásach. ▷ You look dreadful. Tá cuma uafásach ort.; **I feel dreadful.** Mothaím go holc ar fad.
dream n brionglóid f2 ▷ It was just a dream. Ní raibh ann ach brionglóid.; **a bad dream** tromluí
▶ vb **to dream of something** brionglóid a bheith agat ar rud;

to dream that brionglóid a dhéanamh duit go ▷ I dreamed I was in Belgium. Rinneadh brionglóid dom go raibh mé sa Bheilg.
drench vb báigh; **to get drenched** bheith báite ▷ We got drenched. Bhí muid báite.
dress n gúna m4
▶ vb gléas ▷ I got up, dressed, and went downstairs. D'éirigh mé, ghléas mé mé féin agus chuaigh mé síos staighre.; **to dress somebody** duine a ghléasadh ▷ She dressed the children. Ghléas sí na páistí.; **to get dressed** do chuid éadaigh a chur ort ▷ I got dressed quickly. Bhuail mé orm mo chuid éadaigh.
dress up vb tú féin a chóiriú ▷ I dressed up as a ghost. Chóirigh mé mé féin mar thaibhse.
dressed adj cóirithe ▷ She was dressed in jeans. Bhí sí cóirithe i mbríste deinim. ▷ I'm not dressed yet. Níl mé cóirithe go fóill.; **How was she dressed?** Cén feisteas a bhí uirthi?
dresser n (furniture) drisiúr m1
dressing n ❶ (for wound) cóiriú m ❷ (for salad) anlann m1
dressing gown n fallaing f2 sheomra
dressing table n clár m1 maisiúcháin
drew vb see **draw**
dried vb see **dry**
drier n triomadóir m3
drift n **a snow drift** ráth sneachta

▷ vb ❶ (boat) téigh le sruth

❷ (sand, snow) síob

drill n (tool) druilire m4

▷ vb druileáil

drink n deoch f ▷ a cold drink deoch fhuar ▷ a drink of water deoch uisce ▷ They've gone out for a drink. Chuaigh siad amach faoi choinne deochanna.; **to have a drink** deoch a ól

▷ vb ól ▷ What would you like to drink? Cad é ba mhaith leat le hól? ▷ She drank three cups of tea. D'ól sí trí chupán tae.; **He'd been drinking.** Bhí sé tar éis beith ag ól.; **I don't drink.** Ní ólaim.

drinking water n uisce m4 óil

drive n ❶ tiomáint f3 ▷ We've got a long drive tomorrow. Tá tiomáint fhada romhainn amárach.; **to go for a drive** geábh a thabhairt i gcarr ▷ We went for a drive in the country. Thug muid geábh faoin tuath sa charr. ❷ (of house) cabhsa m4 ▷ He parked his car in the drive. Pháirceáil sé a charr sa chabhsa. ❸ (of computer) tiomáint f3

▷ vb tiomáin ▷ She's learning to drive. Tá sí ag glacadh ceachtanna tiomána. ▷ Can you drive? An bhfuil tiomáint agat? ▷ My mother drives me to school. Tiománann mo mháthair mé ar scoil.; **to drive somebody home** duine a thiomáint abhaile; **He offered to drive me home.** Thairg sé síob abhaile dom.; **to drive somebody mad** duine a chur as a mheabhair

▷ He drives her mad. Cuireann sé as a meabhair í.

driver n tiománaí m4 ▷ She's an excellent driver. Is tiománaí ar dóigh í. ▷ He's a bus driver. Is tiománaí bus é.

driver's license n (US) ceadúnas m1 tiomána

driving n tiomáint f3

driving instructor n teagascóir m3 tiomána ▷ He's a driving instructor. Is teagascóir tiomána é.

driving lesson n ceacht m3 tiomána

driving licence n ceadúnas m1 tiomána

driving test n triail f tiomána ▷ She's just passed her driving test. D'éirigh léi ina triail tiomána anois go díreach.; **to take one's driving test** triail tiomána a dhéanamh ▷ He's taking his driving test tomorrow. Beidh triail tiomána aige amárach.

drizzle n ceobhrán m1

drop n braon m1 ▷ a drop of water braon uisce

▷ vb ❶ lig titim ▷ I dropped the glass and it broke. Lig mé don ghloine titim agus bhris sé. ❷ fág ▷ Could you drop me at the station? An dtiocfadh leat mé a fhágáil ag an stáisiún?; **I'm going to drop chemistry.** Éireoidh mé as ceimic.

drop in vb (visit) buail isteach

drought n triomach m1

drove vb see **drive**

drown vb báigh ▷ A boy drowned

here yesterday. Bádh buachaill anseo inné.

drug *n* druga *m4* ▷ *They need food and drugs.* Tá bia agus drugaí de dhíth orthu. ▷ *hard drugs* drugaí crua ▷ *soft drugs* drugaí boga; **to take drugs** drugaí a ghlacadh; **a drug addict** andúileach drugaí ▷ *She's a drug addict.* Is andúileach drugaí í.; **a drug dealer** mangaire drugaí

drugstore *n* (US) druglann *f2*

drum *n* druma *m4*; **a drum kit** foireann drumaí; **drums** drumaí ▷ *I play drums.* Buailim ar na drumaí.

drummer *n* drumadóir *m3*

drunk *adj* ar meisce ▷ *He was drunk.* Bhí sé ar meisce.
　▶ *n* meisceoir *m3* ▷ *The streets were full of drunks.* Bhí na sráideanna lán le meisceoirí.

dry *adj* tirim ▷ *The paint isn't dry yet.* Níl an phéint tirim go fóill. ▷ *a long dry period* triomach fada
　▶ *vb* triomaigh ▷ *I haven't dried my hair yet.* Níor thriomaigh mé mo chuid gruaige go fóill.; **to dry the dishes** na soithí a thriomú

dry-cleaner's *n* tirimghlantóir *m3*

dryer *n* triomadóir *m3*; **a tumble dryer** triomadóir iomlasctha; **a hair dryer** triomadóir gruaige

DTP *n* (= desktop publishing) foilsitheoireacht *f3* deisce

dubbed *adj* **The film was dubbed.** Cuireadh fuaimrian leis an scannán.

dubious *adj* amhrasach ▷ *My parents were a bit dubious about it.* Bhí mo thuismitheoirí rud beag amhrasach faoi.

Dublin *n* Baile *m4* Átha Cliath

Dublin Bay *n* Cuan *m1* Bhaile Átha Cliath

duck *n* lacha *f*
　▶ *vb* crom go tapa

due *adj, adv* (*expected*) le teacht ▷ *The train is due at three.* Tá an traein le teacht ar a trí.; **When's the baby due?** Cá huair a bheas breith an bhabaí?; **He's due to finish tomorrow.** Tá sé le críochnú amárach.; **due to** mar gheall ar ▷ *The trip was cancelled due to bad weather.* Cuireadh an turas ar ceal mar gheall ar an drochaimsir.; **due north** ó thuaidh díreach; **in due course** in am is i dtráth

duet *n* díséad *m1*

dug *vb see* **dig**

dull *adj* ❶ (*boring*) leadránach ▷ *He's nice, but a bit dull.* Tá sé deas, ach é rud beag leadránach. ❷ (*weather, day*) gruama

dulse *n* duileasc *m1*

duly *adv* ❶ (*on time*) in am ❷ (*as expected*) mar is cóir

dumb *adj* ❶ balbh ▷ *She's deaf and dumb.* Tá sí bodhar balbh. ❷ (*stupid*) bómánta ▷ *That was a really dumb thing I did!* Rud bómánta ar fad a rinne mé!

dummy *n* (*for baby*) gobán *m1*

dump *n* ❶ láithreán *m1* fuílligh; **a rubbish dump** láithreán bruscair

❷ (place) prochóg f2 ▷ It's a real dump! Prochóg amach is amach atá ann!

▶ vb ❶ (put down) caith amach
❷ (get rid of) dumpáil ▷ He dumped the old furniture. Dhumpáil sé an seantroscán.; 'no dumping' 'cosc ar dhumpáil'

dungarees npl briste m4 dungaraí

dungeon n doinsiún m1

duplicate n dúblach m1

duration n fad m1

during prep i rith ▷ during the day i rith an lae

dusk n clapsholas m1 ▷ at dusk le clapsholas

dust n deannach m1
▶ vb glan an deannach de ▷ I dusted the shelves. Ghlan mé an deannach de na seilfeanna.; **I hate dusting!** Is fuath liom deannach a ghlanadh!

dustbin n bosca m4 bruscair

duster n ceirt f2 deannaigh

dustman n fear bruscair ▷ He's a dustman. Is fear bruscair é.

dusty adj deannachúil

Dutch adj Ollannach ▷ She's Dutch. Is Ollannach í.
▶ n (language) Ollainnis f2; **the Dutch** na hOllannaigh

Dutchman n Ollanach m1

Dutchwoman n Ollanach m1 mná

duty n ❶ dualgas m1 ▷ It was his duty to tell the police. Bhí sé de dhualgas air insint do na póilíní.
❷ (tax) dleacht f3; **to be on duty**

(policeman, doctor, nurse) bheith ar dualgas

duty-free adj saor ó dhleacht; **the duty-free shop** siopa saor ó dhleacht

duvet n fannchlúmhán m1

DVD n DVD m ▷ I've got that film on DVD. Tá an scannán sin ar DVD agam.

DVD burner n dóire m4 DVD

DVD player n seinnteoir m3 DVD

DVD writer n scríbhneoir m3 DVD

dying vb see **die**

dynamic adj bríomhar

dynamite n dinimít f2

dyslexia n disléicse f4

e

each adj, pron (gach) ▷ each day gach lá ▷ Each house in our street has its own garden. Tá a gairdín féin ag gach teach i sráid s'againne. ▷ The girls each have their own bedroom. Tá a seomra leapa féin ag gach cailín.; **He gave each of us £10.** Thug sé £10 an duine dúinn.; **They have two books each.** Tá dhá leabhar an duine acu.; **They hate each other.** Is fuath leo a chéile.; **They don't know each other.** Níl aithne ar a chéile acu.

eager adj (keen) díocasach; **to be eager to do something** fonn mór a bheith ort rud a dhéanamh

eagle n iolar m1

ear n cluas f2

earache n tinneas m1 cluaise; **to have earache** tinneas cluaise

a bheith ort

earlier adv níos luaithe ▷ I saw him earlier. Chonaic mé níos luaithe é. ▷ I ought to get up earlier. Ba chóir dom éirí níos luaithe.

early adv go luath ▷ I have to get up early. Caithfidh mé éirí go luath. ▷ I came early to get a good seat. Tháinig mé go luath le suíochán maith a fháil.
▶ adj luath; **to have an early night** dul a luí go luath

earn vb saothraigh ▷ She earns £8 an hour. Saothraíonn sí £8 in aghaidh na huaire.

earnings npl tuilleamh m1

earphones npl cluasáin mph

earplugs npl plugaí mpl4 cluaise

earring n fáinne m4 cluaise

earth n ❶ (soil) cré f4 ❷ (planet) an Domhan m1

earthquake n crith m3 talún

easily adv go furasta

east n oirthear m1 ▷ in the east san oirthear
▶ adj, adv ❶ oirthearach; **an east wind** gaoth anoir ❷ (side) thoir; **the east coast** an cósta thoir; **east of** taobh thoir de ▷ It's east of London. Tá sé taobh thoir de Londain. ❸ (towards) soir

eastbound adj **The car was eastbound on the M25.** Bhí an carr ag dul soir ar an M25.; **Eastbound traffic is moving very slowly.** Tá an trácht soir ag bogadh go han-mhall.

Easter n Cáisc f3 ▷ at Easter

um Cháisc ▷ *We went to
my grandparents' for Easter.*
Chuaigh muid go teach mo
sheantuismitheoirí um Cháisc.

Easter egg n ubh f2 Chásca

eastern adj oirthearach ▷ *the
eastern part of the island* an chuid
oirthearach den oileán; **Eastern
Europe** Oirthear na hEorpa

easy adj, adv furasta; **to take it
easy** bheith ar do shuaimhneas

easy chair n cathaoir f shócúil

easy-going adj réchúiseach
▷ *She's very easy-going.* Tá sí an-
réchúiseach.

eat vb ith; **Would you like
something to eat?** Ar mhaith leat
rud éigin le hithe?

EC n (= European Community)
Comhphobal m1 Eorpach

ECB n (= European Central Bank) BCE
(= An Banc Ceannais Eorpach)

eccentric adj corr

echo n macalla m4

eclipse n urú m

eco-friendly adj éiceabhách

ecological adj éiceolaíoch

ecology n éiceolaíocht f3

e-commerce n ríomhthráchtáil
f3

economic adj ❶ eacnamaíoch
▷ *economic growth* forás
eacnamaíoch ❷ (*business*)
sóchmhainneach

economical adj ❶ (*car*) tíosach
❷ (*person*) spárálach

economics n eacnamaíocht f3
▷ *He's studying economics.* Tá sé ag

déanamh staidéir ar
eacnamaíocht.

economize vb (*spend less*) spáráil

economy n geilleagar m1

ecosystem n éiceachóras m1

ecstasy n (*also drug*) eacstais f2;
to be in ecstasy bheith i
dtámhnéal áthais

eczema n eachma f4

edge n ❶ imeall m1 ❷ (*of knife*)
faobhar m1 ❸ (*of road, ridge*)
grua f4

edgy adj faoi chearthaí

Edinburgh n Dún m Éideann

edition n eagrán m1

editor n eagarthóir m3

educated adj oilte

education n oideachas m1
▷ *There should be more investment in
education.* Ba chóir go mbeadh níos
mó infheistíochta san oideachas.
▷ *She works in education.* Tá sí ag
obair san oideachas.

educational adj oideachasúil

eel n eascann f2

effect n éifeacht f3; **special
effects** maisíocht

effective adj éifeachtach

effectively adv ❶ (*efficiently*)
go héifeachtach ❷ (*in reality*) le
fírinne

efficient adj éifeachtach

effort n iarracht f3; **to make an
effort to do something** iarracht a
thabhairt ar rud a dhéanamh

e.g. abbr (= *exempli gratia*) m.sh.
(= *mar shampla*)

egg n ubh f2 ▷ *a hard-boiled egg*

ubh chruabhruite ▷ *a soft-boiled egg* ubh bhogbhruite ▷ *a fried egg* ubh fhriochta; **scrambled eggs** uibheacha scrofa

egg cup *n* ubhchupán *m1*

eggplant *n* planda *m4* ubhthoraidh

Egypt *n* an Éigipt *f2* ▷ *in Egypt* san Éigipt

eight *num* ❶ a ocht

a ocht is used for telling the time and for counting.

▷ *at eight o'clock* ar a ocht a chlog ▷ *Three plus five is eight.* A trí móide a cúig sin a ocht. ❷ ocht

ocht is used to give the number of objects and is usually followed by a singular noun.

▷ *eight bottles* ocht mbuidéal

Some words, **bliain**, **uair**, **seachtain**, **pingin**, have a special plural for use with numbers.

▷ *eight years* ocht mbliana; **She's eight.** Tá sí ocht mbliana d'aois.

To translate 'eight people', use the form **ochtar**.

▷ *eight people* ochtar ▷ *eight women* ochtar ban

eighteen *num* ocht ... déag

ocht is usually followed by a singular noun.

▷ *eighteen bottles* ocht mbuidéal déag ▷ *eighteen people* ocht nduine dhéag; **She's eighteen.** Tá sí ocht mbliana déag d'aois.

eighteenth *adj* an t-ochtú ... déag ▷ *her eighteenth birthday* an

t-ochtú lá breithe déag aici ▷ *the eighteenth floor* an t-ochtú hurlár déag; **the eighteenth of August** an t-ochtú lá déag de Lúnasa

eighth *num* ochtú ▷ *the eighth floor* an t-ochtú hurlár; **the eighth of August** an t-ochtú lá de Lúnasa

eighty *num* ochtó

Eire *n* Éire *f*; **in Eire** in Éirinn

either *pron, adv, conj* ceachtar ▷ *Take either of them.* Tóg ceachtar acu.; **either ... or ...** ceachtar acu ... nó ...; **I don't like milk, and I don't like eggs either.** Ní maith liom bainne, agus ní maith liom uibheacha ach oiread.; **I've never been to Spain. — I haven't either** Ní raibh mé riamh sa Spáinn. — Ná mise ach oiread.

elastic *n* leaisitic *f2*

elastic band *n* crios *m3* leaisteach

elbow *n* uillinn *f2*

elder *adj* **my elder sister** an deirfiúr is sine agam

elderly *adj* cnagaosta

eldest *adj* **the eldest child** an páiste is sine; **my eldest sister** an deirfiúr is sine agam

elect *vb* togh

election *n* toghchán *m1*

electric *adj* leictreach ▷ *an electric fire* tine leictreach ▷ *an electric guitar* giotár leictreach ▷ *an electric blanket* blaincéad leictreach ▷ *an electric shock* turraing leictreach

electrical *adj* leictreach; **an electrical engineer** innealtóir leictreachais

electrician n leictreoir m3 ▷ *He's an electrician.* Is leictreoir é.

electricity n leictreachas m1

electronic adj leictreonach

electronic mail n post m1 leictreonach

electronics n leictreonaic f2 ▷ *My hobby is electronics.* Leictreonaic an caitheamh aimsire atá agam.

elegant adj galánta

elementary school n (US) bunscoil f2

elephant n eilifint f2

elevator n (US) ardaitheoir m3

eleven num aon ... déag

> aon is followed by a singular noun.

▷ *eleven bottles* aon bhuidéal déag ▷ *eleven people* aon duine dhéag; **She's eleven.** Tá sí aon bhliain déag d'aois.

eleventh num aonú ... déag ▷ *the eleventh floor* an t-aonú hurlár déag; **the eleventh of August** an t-aonú lá déag de Lúnasa

else adv eile ▷ *something else* rud éigin eile ▷ *somewhere else* áit éigin eile ▷ *nobody else* duine ar bith eile ▷ *Would you like anything else?* Ar mhaith leat aon rud eile? ▷ *I don't want anything else.* Níor mhaith liom aon rud eile.

email n ríomhphost m1

▶ vb **to email somebody** ríomhphost a chur chuig duine; **to e-mail something** rud a chur leis an ríomhphost; **e-mail address** seoladh ríomhphoist

embankment n ❶ (of road, railway) claífort m1 ❷ (of river) port m1

embarrassed adj **to be embarrassed** aiféaltas a bheith ort ▷ *I was really embarrassed.* Bhí an-aiféaltas orm.

embarrassing adj **It was so embarrassing.** Bhí sé chomh náireach sin.

embassy n ambasáid f2 ▷ *the American Embassy* an Ambasáid Mheiriceánach

embroider vb bróidnigh

embroidery n bróidnéireacht f3 ▷ *I do embroidery.* Déanaim bróidnéireacht.

embryo n suth m3

emerald n (stone) smaragaid f2; **emerald green** glas smaragaide; **the Emerald Isle** Oileán Iathghlas na hÉireann

emergency n éigeandáil f3 ▷ *This is an emergency!* Is éigeandáil é seo!; **in an emergency** ar uair na práinne; **emergency exit** doras éalaithe; **the emergency services** na seirbhísí éigeandála

emigrate vb téigh ar imirce

emoticon n straoiseog f

emotion n mothúchán m1

emotional adj corraitheach

emperor n impire m4

emphasize vb cuir béim ar; **to emphasize that ...** a léiriú go suntasach go ...

empire n impireacht f3

employ vb fostaigh ▷ *The factory*

employs 600 *people.* Tá 600 duine fostaithe sa mhonarcha.

employee *n* fostaí *m4*

employer *n* fostóir *m3*

employment *n* fostaíocht *f3*; **in employment** ag obair

empty *adj* ❶ folamh ❷ (*threat, promise*) gan cur leis
　▶ *vb* folmhaigh; **to empty something out** rud a fholmhú amach

encourage *vb* spreag; **to encourage somebody to do something** duine a spreagadh le rud a dhéanamh

encouragement *n* spreagadh *m*

encyclopedia *n* ciclipéid *f2*

end *n* ❶ deireadh *m1* ▷ *the end of the film* deireadh an scannáin ▷ *the end of the holidays* deireadh na laethanta saoire ❷ (*of street, rope, journey*) ceann *m1* ▷ *at the end of the street* ag ceann na sráide; **in the end** sa deireadh ▷ *In the end I decided to stay at home.* Sa deireadh shocraigh mé ar fhanacht sa bhaile. ▷ *It turned out all right in the end.* Tharla go raibh sé go maith sa deireadh.; **for hours on end** uair i ndiaidh uaire
　▶ *vb* críochnaigh ▷ *What time does the film end?* Cén t-am a chríochnaíonn an scannán?; **to end up doing something** rud a dhéanamh sa deireadh; **I ended up walking home.** Shiúil mé abhaile sa deireadh.

ending *n* deireadh *m1* ▷ *It was an*

exciting film, especially the ending. Scannán spreagúil a bhí ann, go háirithe an deireadh.

endless *adj* síoraí ▷ *The journey seemed endless.* Ba chosúil nach mbeadh deireadh go deo leis an turas.

enemy *n* namhaid *m*

energetic *adj* ❶ (*person*) fuinniúil ❷ (*activity*) bríomhar

energy *n* fuinneamh *m1*

engaged *adj* ❶ (*busy, in use*) in úsáid; **The phone was engaged.** Bhí an guthán gafa. ❷ (*to be married*) geallta ▷ *She's engaged to Brian.* Tá sí geallta le Brian.; **to get engaged** lámh is focal a thabhairt dá chéile

engaged tone *n* ton *m1* gafa

engagement *n* gealltanas *m1* pósta ▷ *an engagement ring* fáinne gealltanais

engine *n* inneall *m1*

engineer *n* ❶ innealtóir *m3* ▷ *He's an engineer.* Is innealtóir é. ❷ (*repairer*) deisitheoir *m3*

engineering *n* innealtóireacht *f3*

England *n* Sasana *m4* ▷ *in England* i Sasana ▷ *to England* go Sasana ▷ *I'm from England.* Is as Sasana mé

English *adj* Sasanach ▷ *I'm English* Is Sasanach mé.; **English people** na Sasanaigh; **the English Channel** Muir nIocht
　▶ *n* (*language*) Béarla *m4* ▷ *Do you speak English?* An bhfuil Béarla agat?; **the English** (*people*) na Sasanaigh

Englishman n Sasanach m1

Englishwoman n Sasanach m1 mná

enjoy vb bain sult as ▷ Did you enjoy the film? Ar bhain tú sult as an scannán?; **to enjoy oneself** bheith ag déanamh suilt ▷ I really enjoyed myself. Bhain mé an-sult as. ▷ Did you enjoy yourselves at the party? Ar bhain sibh sult as an gcóisir?

enjoyable adj sultmhar

enlargement n (of photo) méadú m

enormous adj ollmhór

enough adj, pron go leor ▷ big enough mór go leor ▷ enough time go leor ama ▷ I didn't have enough money. Ní raibh go leor airgid agam. ▷ Have you got enough? An bhfuil go leor agat?; **I've had enough of this work.** Tá mo sháith agam den obair seo.; **funnily enough** aisteach go leor

enquire vb fiafraigh; **to enquire about something** fiafraí a dhéanamh faoi rud ▷ I am going to enquire about train times. Tá mé ag dul a fhiafraí faoi amanna traenach.

enquiry n ❶ ceist f2; **to make enquiries about something** ceisteanna a chur faoi rud ❷ (investigation) fiosrúchán m1; **'enquiries'** 'fiosrúcháin'

enter vb ❶ (room) téigh isteach i ❷ (competition) glac páirt i ▷ She entered a competition to win a car. Ghlac sí páirt i gcomórtas le carr a

bhaint. ❸ (on computer) iontráil

entertain vb ❶ (amuse) déan sult do ❷ (guests) tabhair aíocht do

entertainer n fuirseoir m3

entertaining adj siamsúil

entertainment n siamsa m4

enthusiasm n fonn m1

enthusiast n díograiseoir m3 ▷ a railway enthusiast díograiseoir iarnróid ▷ She's a DIY enthusiast. Is díograiseoir DFÉ í.

enthusiastic adj díograiseach; **to be enthusiastic about something** bheith tógtha le rud

entire adj iomlán; **the entire world** an domhan go léir

entirely adv go huile is go hiomlán

entrance n bealach m1 isteach; **to gain entrance to** (university, college) áit a fháil i; **an entrance exam** scrúdú iontrála; **an entrance fee** táille iontrála

entry n dul m3 isteach; **'no entry'** 'ná téitear isteach'; **an entry form** foirm iontrála

entry phone n idirghuthán m1

envious adj éadmhar; **to be envious of somebody** bheith in éad le duine

environment n timpeallacht f3

environmental adj timpeallachta

environment-friendly adj neamhdhíobhálach don timpeallacht

envy n éad m3
▶ vb **to envy somebody** bheith in éad le duine ▷ I don't envy you! Níl

a
b
c
d
e
f
g
h
i
j
k
l
m
n
o
p
q
r
s
t
u
v
w
x
y
z

mé in éad leat!

epidemic n eipidéim f2

epilepsy n titimeas m1

epileptic n titimeach

episode n eipeasóid f2

equal adj cothrom

▶ vb **to equal something** bheith cothrom le rud ▷ 3 plus 4 equals seven. Tá 3 móide 4 cothrom le 7.; **Two times two equals four.** A dó faoi a dó sin a ceathair.

equality n comhionannas m1

equalize vb (in sport) cothromaigh

equator n meánchiorcal m1

equipment n trealamh m1 ▷ fishing equipment trealamh iascaireachta ▷ skiing equipment trealamh sciála

equipped adj trealmhaithe ▷ The caravan is equipped for four people. Tá an carbhán trealmhaithe faoi choinne ceathrair. ▷ All the rooms are equipped with phones. Tá na seomraí go léir trealmhaithe le gutháin.; **to be well equipped** (office, kitchen) bheith deisiúil; **He is well equipped for the job.** Tá sé inniúil don obair.

equivalent adj **equivalent to** cothrom le

e-reader n ríomhléitheoir m3

error n earráid f2

escalator n staighre m4 beo

escape n éalú m

▶ vb éalaigh ▷ A lion has escaped. D'éalaigh leon.; **to escape from** éalú ó ▷ He escaped from prison. D'éalaigh sé ó phríosún.

escort n duine m4 comórtha; **a police escort** coimhdeacht gharda

especially adv go háirithe ▷ It's very hot there, especially in the summer. Bíonn sé an-te ansin, go háirithe sa samhradh.

essay n aiste f4 ▷ a history essay aiste staire

essential adj (necessary) riachtanach ▷ It's essential to bring warm clothes. Tá sé riachtanach éadach te a thabhairt leat.

establish vb bunaigh

estate n eastát m1 ▷ I live on an estate. Tá mé i mo chónaí ar eastát.; **a housing estate** eastát tithíochta

estate agent n gníomhaire m4 eastáit

estimate vb meas ▷ They estimated it would take three weeks. Mheas siad go dtógfadh sé trí seachtaine.

Estonia n an Eastóin f2

estuary n inbhear m1

etc abbr (= et cetera) srl

Ethiopia n an Aetóip f2 ▷ in Ethiopia san Aetóip

ethnic adj eitneach ▷ an ethnic minority mionlach eitneach

e-ticket n ríomhthicéad m1

EU n Aontas m1 na hEorpa

euro n euro m4 ▷ 50 euros 50 euro

Europe n an Eoraip f3 ▷ in Europe san Eoraip ▷ to Europe chun na hEorpa

European adj Eorpach
▶ n Eorpach m1

evacuate vb ❶ (place) bánaigh
❷ (people) aslonnaigh

eve n **Christmas Eve** Oíche
Nollag; **New Year's Eve** Oíche
Chinn Bliana

even adj ❶ (level, smooth) réidh
▷ an even layer of snow brat réidh
sneachta ❷ (equal) cothrom; **an
even number** ré-uimhir; **to get
even with somebody** cúiteamh
a bhaint as duine ▷ He wanted to
get even with her. Bhí sé ag iarraidh
cúiteamh a bhaint aisti.
  ▶ adv go fiú ▷ I like all animals,
even snakes. Is maith liom na
hainmhithe go léir, go fiú
nathracha.; **even if** fiú amháin
má ▷ I'd never do that, even if you
asked me. Ní dhéanfainn sin go
deo, fiú dá n-iarrfá orm.; **even
though** cé go ▷ He wants to go out,
even though it's raining. Tá sé ag
iarraidh dul amach, cé go bhfuil sé
ag cur.; **even so** mar sin féin; **He
never stops working, not even at
the weekend.** Ní stadann sé den
obair, fiú amháin ag an deireadh
seachtaine.

evening n ❶ tráthnóna m4 ▷ in
the evening um thráthnóna; **all
evening** an tráthnóna ar fad;
Good evening! Tráthnóna maith
agat! ❷ (after dark) oíche f4; **this
evening** (after dark) anocht

evening class n rang m3 oíche

event n ❶ imeacht mpl3 ❷ (in
sport) comórtas m1 ▷ a sporting
event comórtas spóirt; **in the**

event of sa chás go

eventful adj eachtrúil

eventual adj deiridh ▷ the eventual
outcome an toradh deiridh

eventually adv sa deireadh

ever adv ❶ (past) riamh ▷ Have you
ever seen it? An bhfaca tú riamh é?
❷ (future) choíche ▷ It's the best
film you will ever see. Is é an scannán
is fearr é a fheicfidh tú choíche.;
for the first time ever den chéad
uair riamh; **ever since** riamh ó
shin ▷ ever since I met him riamh ó
bhuail mé leis; **ever since then**
riamh ó shin

every adj gach ▷ every day gach
lá ▷ every other day gach dara lá;
every time gach uair ▷ Every time I
see him he's depressed. Bíonn sé faoi
ghruaim gach uair a fheicim é.;
every now and then ó am go ham

everybody pron gach duine
▷ Everybody had a good time. Bhí an-
saol ag gach duine.; **Everybody
makes mistakes.** Is annamh saoi
gan locht.

everyone pron gach duine
▷ Everyone opened their presents.
D'oscail gach duine a gcuid
bronntanas. ▷ Everyone should
have a hobby. Ba chóir go mbeadh
caitheamh aimsire ag gach duine.

everything pron gach rud
▷ You've thought of everything!
Chuimhnigh tú ar gach rud!
▷ Have you remembered everything?
Ar chuimhnigh tú ar gach rud?;
Money isn't everything. Is fearr

an tláinte ná an táinte.

everywhere adv i ngach áit ▷ I looked everywhere, but I couldn't find it. Chuardaigh mé i ngach áit, ach ní raibh mé in ann é a aimsiú. ▷ There were policemen everywhere. Bhí póilíní i ngach áit.

eviction n díshealbhú m

evidence n cruthú m; **to give evidence** fianaise a thabhairt

evil adj olc

ex- prefix iar ▷ his ex-wife a iarbhean chéile

exact adj beacht

exactly adv go beacht; **exactly the same** go díreach an rud céanna; **It's exactly 10 o'clock.** Tá sé go díreach a deich a chlog.; **exactly!** go díreach!; **Not exactly.** Ní go díreach.

exaggerate vb déan áibhéil ar

exam n scrúdú m ▷ a French exam scrúdú Fraincise ▷ the exam results torthaí na scrúduithe

examination n scrúdú m

examine vb scrúdaigh ▷ He examined her passport. Rinne sé scrúdú ar a pas. ▷ The doctor examined him. Rinne an dochtúir scrúdú air.

examiner n scrúdaitheoir m3

example n sampla m4; **for example** mar shampla

excellent adj ar dóigh ▷ Her results were excellent. Bhí a cuid torthaí ar dóigh.; **It was excellent fun.** Spraoi ar dóigh a bhí ann.

except prep ach ▷ everyone except me gach duine ach mise; **except for** ach amháin; **except that** ach amháin go ▷ The holiday was great, except that it rained. Bhí an tsaoire ar dóigh, ach amháin go raibh sé ag cur fearthainne.

exception n eisceacht f3; **to make an exception** eisceacht a dhéanamh; **to take exception to something** col a ghlacadh le rud

exceptional adj eisceachtúil

excess baggage n bagáiste m4 breise

exchange vb malartaigh ▷ I exchanged the book for a CD. Mhalartaigh mé an leabhar ar DD.

exchange rate n ráta m4 malairte

excited adj corraithe

exciting adj corraitheach

exclamation mark n comhartha m4 uaillbhreasa

excuse n leithscéal m1 ▶ vb maith do; **to excuse somebody from something** (activity) duine a scaoileadh ó rud; **Excuse me!** Gabh mo leithscéal!

ex-directory adj **to be ex-directory** gan bheith san eolaí teileafóin

execute vb ❶ (kill) cuir chun báis ❷ (carry out) cuir i gcrích

execution n bású m

executive n (in business) feidhmeannach m1 ▷ He's an executive. Is feidhmeannach é.

exercise n ❶ cleachtadh m1; **an exercise book** cóipleabhar

➋ (physical) aclaíocht f3 ▷ an exercise bike rothar aclaíochta

exhausted adj spíonta

exhaust fumes npl múch fpl2 sceite

exhaust pipe n sceithphíopa m4

exhibition n taispeántas m1

ex-husband n iarfhear m1 céile

exist vb bheith ann

exit n bealach m1 amach

exotic adj coimhthíoch

expect vb bheith ag súil le ▷ I was expecting the worst. Bhí mé ag súil leis an scéal is measa. ▷ I'm expecting him for dinner. Tá mé ag súil leis faoi choinne dinnéir.; **She's expecting a baby.** Tá sí ag iompar clainne.; **I expect it's a mistake.** Is dóigh liom gur meancóg atá ann.

expedition n ➊ (journey) turas m1 ➋ (exploration) eachtra f4

expel vb díbir; **to get expelled** (from school) bheith curtha amach

expenses npl speansais mpl

expensive adj daor

experience n ➊ (practice) taithí f4 ➋ (incident) eachtra f4

experienced adj cleachta

experiment n turgnamh m1

expert adj saineolach
▶ n saineolaí m4 ▷ He's a computer expert. Is saineolaí ríomhairí é.; **He's an expert cook.** Is cócaire den scoth é.

expire vb (passport) téigh as feidhm

explain vb mínigh

explanation n míniú m

explode vb pléasc

exploit vb bain sochar as

explore vb (place) taiscéal

explorer n taiscéalaí m4

explosion n pléascadh m

explosive adj pléascach
▶ n pléascán m1

export vb easpórtáil

express vb cuir in iúl; **to express oneself** tú féin a chur in iúl ▷ It's hard to express oneself in a foreign language. Tá sé doiligh tú féin a chur in iúl i dteanga iasachta.

expression n ➊ (phrase) leagan m1 cainte ▷ It's an English expression. Is leagan cainte Béarla é. ➋ (look) dreach m3

expressway n (US) mótarbhealach m1

extension n ➊ (of building) fortheach m ➋ (of telephone) folíne f4 ▷ Extension 3137, please. Folíne 3137, le do thoil.

extensive adj fairsing ▷ The castle is set in extensive grounds. Tá an caisleán suite i dtailte fairsinge. ▷ The earthquake caused extensive damage. Rinne an crith talún damáiste go forleathan.

extensively adv go fairsing ▷ He has travelled extensively in Europe. Thaistil sé go fairsing san Eoraip.; **The building was extensively renovated last year.** Rinneadh athchóiriú mór ar an bhfoirgneamh anuraidh.

extent n fairsinge f4; **to some extent** go pointe áirithe

a
b
c
d
e
f
g
h
i
j
k
l
m
n
o
p
q
r
s
t
u
v
w
x
y
z

exterior adj amuigh
extinct adj díobhaí ▷ *The species is almost extinct.* Tá an speiceas chóir a bheith díobhaí.; **to become extinct** imeacht in éag
extinguisher n múchtóir m3
extort vb srac
extortionate adj ró-ard
extra adj, adv breise ▷ *an extra blanket* blaincéad breise; **Breakfast is extra.** Tá táille bhreise ar bhricfeasta.; **to pay extra** breis a íoc; **It costs extra.** Tá costas breise air.
extraordinary adj
❶ (*uncommon*) neamhchoitianta
❷ (*amazing*) iontach
extravagant adj (*person*) rabairneach
extreme adj fíor-
extremely adv fíor-
extremist n antoisceach m1
eye n súil f2 ▷ *I've got green eyes.* Tá súile gorma agam.; **to keep an eye on something** súil a choinneáil ar rud
eyebrow n mala f4
eyelash n fabhra m4
eyelid n caipín m4 na súile
eyeliner n línitheoir m3 súl
eye shadow n cosmaid f2 súile
eyesight n radharc m1 na súl

fabric n fabraic f2
fabulous adj iontach ▷ *The show was fabulous.* Bhí an seó go hiontach.
face n aghaidh f2; **on the face of it** de réir cosúlachta; **face down** béal faoi; **to make a face** strainc a chur ort féin; **in the face of** in aghaidh ▷ *in the face of these problems* in aghaidh na bhfadhbanna seo; **face to face** aghaidh ar aghaidh ▶ vb tabhair aghaidh ar; **to face up to something** glacadh le rud ▷ *You must face up to your responsibilities.* Caithfidh tú glacadh le do chuid dualgas.
face cloth n ceirt f2 aghaidhe
facilities npl áiseanna fpl2 ▷ *This school has excellent facilities.* Tá áiseanna den chéad scoth sa scoil

seo.; **toilet facilities** áiseanna leithris; **shopping facilities** saoráidí siopadóireachta

fact n fíric f2; **in fact** le fírinne

factory n monarcha f

fade vb ❶ tréig ▷ The colour has faded in the sun. Thréig an dath faoin ngrian. ▷ The colour on my jeans has faded. Tá an dath tréigthe ar mo bhríste géine. ❷ (light, sound) meath ▷ The daylight was fading fast. Bhí solas an lae ag meath go tiubh. ▷ The noise gradually faded. Mhaolaigh ar an tormán de réir a chéile.

fag n (cigarette) toitín m4

fail vb ❶ teip ar ▷ I failed the exam. Theip orm sa scrúdú. ▷ In our class, no one failed. I rang s'againne, níor theip ar dhuine ar bith. ❷ clis ▷ My brakes failed. Chlis na coscáin orm.; **to fail to do something** faillí a dhéanamh i rud; **She failed them.** D'fheall sí orthu.

▶ n **without fail** gan teip

failure n ❶ teip f2 ▷ feelings of failure mothúcháin theipe ❷ (person) cúl m1 le rath ❸ cliseadh m ▷ a mechanical failure cliseadh meicniúil

faint adj lag ▷ His voice was very faint. Bhí a ghuth iontach lag. ▷ I feel faint. Mothaím lag.

▶ vb titim i laige ▷ All of a sudden she fainted. Go tobann thit sí i laige.

fair adj ❶ cothrom ▷ That's not fair. Níl sé sin cothrom. ❷ (hair, skin) fionn ▷ He's got fair hair. Tá

a chuid gruaige fionn. ▷ people with fair skin daoine le craiceann fionn ❸ (weather) soineanta ▷ The weather was fair. Bhí an aimsir soineanta. ❹ (good enough) measartha ▷ I have a fair chance of winning. Tá seans measartha agam baint.

▶ n ❶ aonach m1 ▷ They went to the fair. Chuaigh siad ar an aonach.; **a trade fair** aonach trádála ❷ (funfair) aonach só

fairground n páirc aonaigh

fair-haired adj fionn ▷ My mother is fair-haired. Tá mo mháthair fionn.

fairly adv ❶ go cothrom ▷ The cake was divided fairly. Roinneadh an cáca go cothrom. ❷ (quite) cuibheasach ▷ That's fairly good. Tá sé sin cuibheasach maith.

fairness n cothroime f4

fairy n síóg f2

fairy tale n síscéal m1

faith n ❶ creideamh m1 ▷ the Catholic faith an creideamh Caitliceach ❷ (trust) muinín f2 ▷ People have lost faith in the government. Tá muinín caillte ag daoine sa rialtas.

faithful adj dílis

faithfully adv **Yours faithfully** (in letter) Is mise le meas

fake n **The painting was a fake.** Pictiúr falsaithe a bhí ann.

▶ adj bréagach ▷ She wore fake fur. Chaitheadh sí fionnadh bréagach.

fall n ❶ titim f2 ▷ She had a nasty

a b c d e f g h i j k l m n o p q r s t u v w x y z

fall. Bhain drochthitim di.; **the Niagara Falls** Easanna Niagara ❷ (*US: autumn*) fómhar *m1* ▶ *vb* tit ▷ *He tripped and fell.* Baineadh tuisle as agus thit sé. ▷ *Prices are falling.* Tá praghsanna ag titim.

fall down *vb* tit ▷ *She's fallen down.* Thit sí. ▷ *The house is slowly falling down.* Tá an teach ag titim chun raice de réir a chéile.

fall for *vb* ❶ meall le ▷ *I fell for the trick.* Mealladh leis an gcleas mé. ❷ (*person*) tit i ngrá le ▷ *She's falling for him.* Tá sí ag titim i ngrá leis.

fall off *vb* tit de ▷ *The book fell off the shelf.* Thit an leabhar den tseilf.

fall out *vb* (*hair, teeth*) tit; **to fall out with somebody** titim amach le duine ▷ *He fell out with his sister.* Thit sé amach lena dheirfiúr.

fall through *vb* teip ar ▷ *Our plans have fallen through.* Theip ar ár gcuid pleananna.

fallen *vb see* **fall**

false *adj* bréagach; **a false alarm** gáir bhréige; **false teeth** fiacla bréige

fame *n* cáil *f2*

familiar *adj* aithnidiúil ▷ *a familiar face* aghaidh aithnidiúil; **to be familiar with** cur amach a bheith agat ar ▷ *I'm familiar with his work.* Tá cur amach agam ar a chuid oibre.

family *n* teaghlach *m1*; **the McAteer family** clann Mhic an tSaoir

famine *n* gorta *m4*

famous *adj* cáiliúil

fan *n* ❶ (*hand-held*) fean *m4* ❷ (*electric*) geolán *m1* ❸ (*supporter*) tacadóir *m4* ▷ *I'm a fan of that team.* Is tacadóir de chuid na foirne sin mé

fanatic *n* fanaiceach *m1*

fancy *vb* **to fancy doing something** fonn a bheith ort rud a dhéanamh ▷ *I fancy singing.* Tá fonn ceoil orm.; **He fancies her.** Tá nóisean aige di.

fancy dress *n* bréigéide *f4* ▷ *He was wearing fancy dress.* Bhí sé ag caitheamh bréigéide.; **a fancy-dress party** cóisir bhréigéide

fantastic *adj* iontach

FAQ *n* (= *frequently asked questions*) CCanna *fpl4* (= *ceisteanna coitianta*)

far *adj* fada ▷ *How far is it to Cork?* Ce chomh fada is atá sé go Corcaigh? ▷ *at the far end of the room* ag an gceann thall den seomra; **far fron** i bhfad ó ▷ *It's not far from London.* Níl sé i bhfad ó Londain. ▷ *It's far from the truth.* Tá sé i bhfad ón bhfírinne. ▶ *adv* i bhfad ▷ *far away* i bhfad ar shiúl ▷ *far behind* i bhfad ar gcúl ▷ *far better* i bhfad níos fearr; **by far** go mór fada; **How far have you got?** An fada chun cinn atá tú?; **as far as I know** go bhfios dom

fare *n* táille *f4*; **full fare** lántáille; **half fare** leath-tháille

Far East *n* **the Far East** an Cianoirthear; **in the Far East** sa Chianoirthear

farm *n* feirm *f2*

farmer n feirmeoir m3 ▷ He's a farmer. Is feirmeoir é.; **a farmers' market** margadh tuaithe

farmhouse n teach m feirme

farming n ❶ feirmeoireacht f3 ❷ (of animals) tógáil f3; **dairy farming** déiríocht

fascinating adj draíochtach

fashion n faisean m1 ▷ a fashion show seó faisin; **in fashion** san fhaisean

fashionable adj faiseanta ▷ Bridget wears very fashionable clothes. Caitheann Bríd éadaí an-fhaiseanta. ▷ a fashionable restaurant bialann fhaiseanta

fast adj ❶ gasta ▷ a fast car carr gasta ❷ (clock) luath ▷ That clock's fast. Tá an clog sin luath.
▶ adv go gasta ▷ He can run fast. Is féidir leis rith go gasta.; **to be fast asleep** bheith i do chnap codlata ▷ He's fast asleep. Tá sé ina chnap codlata.

fat adj ramhar
▶ n ❶ (on meat) saill f2 ❷ geir f2 ▷ It's very high in fat. Tá cuid mhór geire ann.

fatal adj ❶ (causing death) marfach ▷ a fatal accident taisme mharfach ❷ (disastrous) tubaisteach ▷ He made a fatal mistake. Rinne sé meancóg thubaisteach.

fate n cinniúint f3

father n athair m ▷ my father m'athair

father-in-law n athair m céile

faucet n (US) sconna m4

fault n ❶ locht m3 ▷ It's my fault. Tá an locht ormsa. ❷ (defect) fabht m4 ▷ There's a fault in this computer. Tá fabht sa ríomhaire seo. ▷ a mechanical fault fabht meicniúil

faulty adj lochtach ▷ This machine is faulty. Tá an t-inneall seo lochtach.

favour (US **favor**) n ❶ fabhar m1; **to be in favour of something** bheith i bhfabhar ruda ▷ I'm in favour of nuclear disarmament. Tá mé i bhfabhar le dí-armáil núicléach. ❷ (help) gar m1; **to do somebody a favour** gar a dhéanamh do dhuine ▷ Could you do me a favour? An dtiocfadh leat gar a dhéanamh dom?

favourite (US **favorite**) adj **my favourite book** an leabhar is fearr liom
▶ n rogha na coitiantachta ▷ Down are favourites to win the Cup. Is é an Dún rogha na coitiantachta chun an corn a bhaint.

fax n (document) facs m4; **to send somebody a fax** facs a chur chuig duine
▶ vb facsáil; **to fax somebody** duine a fhacsáil

fear n eagla f4
▶ vb **to fear something** eagla a bheith ort roimh rud; **You have nothing to fear.** Ná bíodh eagla ar bith ort.

feather n cleite m4

feature n ❶ gné f4 ▷ an important feature gné thábhachtach

a b c d e f g h i j k l m n o p q r s t u v w x y z

❷ (article) gné-alt m1
❸ (programme) gnéchlár m1
February n Feabhra f4; **in February** i mí Feabhra
fed vb see **feed**
fed up adj **to be fed up with something** bheith dubh dóite de rud ▷ I'm fed up with this. Tá mé dubh dóite de seo.
feed vb cothaigh ▷ He worked hard to feed his family. D'oibrigh sé go crua lena theaghlach a chothú.; **Have you fed the cat?** Ar thug tú a chuid don cat?
feel vb ❶ mothaigh ▷ I didn't feel much pain. Níor mhothaigh mé mórán péine. ❷ (think, believe) ceap; **I don't feel well.** Ní bhraithim féin go maith.; **I was feeling hungry.** Bhí ocras ag teacht orm.; **to feel lonely** uaigneas a bheith ort ▷ I feel lonely. Tá uaigneas orm.; **I feel like ...** (want) Tá fonn ... orm ▷ I feel like a walk. Tá fonn siúil orm.
feeling n mothú m ▷ a burning feeling dianmhothú ▷ a feeling of satisfaction mothú sástachta
feet npl see **foot**
fell vb see **fall**
felt vb see **feel**
felt-tip pen n peann m1 feilte
female n baineannach m1
▶ adj ❶ baineann ▷ a female animal ainmhí baineann ❷ ban- ▷ a female offender banchiontóir
feminine adj banda
feminist n feimní m4

fence n fál m1
Fermanagh n Fear m Manach
fern n raithneach f2
ferret n firéad m1
ferry n bád m1 farantóireachta
fertile adj torthúil
fertilizer n leasachán m1
festival n ❶ (religious) féile f4 ❷ fleá f4 cheoil ▷ a jazz festival fleá shnagcheoil
fetch vb ❶ téigh faoi choinne ▷ Fetch the bucket. Téigh faoi choinne an bhuicéid. ❷ (sell for) díol ▷ His painting fetched 5000 euros. Díoladh an phéintéireacht 5000 euro.
fever n fiabhras m1
few adj, pron **few books** (not many) beagán leabhar; **a few** roinnt ▷ a few years roinnt blianta; **in a few words** i mbeagán focal; **quite a few people** roinnt mhaith daoine
fewer adj **There are fewer pupils in this class.** Tá níos lú daltaí sa rang seo.
fiancé n fiancé m4 ▷ He's my fiancé. Is é mo fiancé é.
fiancée n fiancé m4 ▷ She's my fiancée. Is í mo fiancé í.
fiction n (novels) ficsean m1
fiddle n (musical instrument) fidil f2
field n ❶ páirc f2 ▷ a field of wheat páirc cruithneachta ▷ a football field páirc peile ❷ (subject) ábhar m1 ▷ He's an expert in this field. Is saineolaí ar an ábhar seo é.
fierce adj fíochmhar ▷ The dog looked very fierce. Bhí cuma iontach

fíochmhar ar an madra. ▷ *The wind was very fierce.* Bhí an ghaoth iontach fíochmhar. ▷ *a fierce attack* ionsaí fíochmhar

fifteen *num* cúig ... déag

cúig is usually followed by a singular noun.

▷ *fifteen bottles* cúig bhuidéal déag ▷ *fifteen people* cúig dhuine dhéag; **I'm fifteen.** Tá mé cúig bliana déag d'aois.

fifteenth *adj* cúigiú ... déag ▷ *the fifteenth year* an cúigiú bliain déag; **the fifteenth of August** an cúigiú lá déag de Lúnasa

fifth *adj* cúigiú ▷ *the fifth year* an cúigiú bliain; **the fifth of August** an cúigiú lá de Lúnasa

fifty *num* caoga

caoga is followed by a singular noun.

▷ *fifty people* caoga duine; **He's fifty.** Tá sé caoga bliain d'aois.

fifty-fifty *adj, adv* **They split the prize money fifty-fifty.** Rinne siad an t-airgead a roinnt ar bhonn leath is leath.; **a fifty-fifty chance** seans cothrom

fight *n* troid *f3* ▷ *There was a fight in the pub.* Bhí troid sa teach tábhairne.; **the fight against cancer** an troid in aghaidh na hailse

▶ *vb* troid ▷ *They were fighting.* Bhí siad ag troid. ▷ *The doctors tried to fight the disease.* Rinne na dochtúir iarracht troid in aghaidh an ghalair.

fighting *n* troid *f3* ▷ *Fighting broke out outside the pub.* Bhris troid amach taobh amuigh den teach tábhairne.

figure *n* **①** (*number*) figiúr *m1* ▷ *Can you give me the appropriate figures?* An dtiocfadh leat na figiúirí chuí a thabhairt dom? **②** (*outline of person*) cruth *m3* ▷ *Peter saw the figure of a man on the bridge.* Chonaic Peadar cruth fir ar an droichead. ▷ *I have to watch my figure.* Caithfidh mé súil a choinneáil ar mo chruth. **③** (*personality*) pearsa *f* ▷ *She's an important political figure.* Is pearsa thábhachtach pholaitiúil í.

figure out *vb* (*work out*) oibrigh amach ▷ *I'll try to figure out how much it'll cost.* Déanfaidh mé iarracht an méid a chosnóidh sé a oibriú amach. ▷ *I couldn't figure out what it meant.* Ní thiocfadh liom an chiall a bhí leis a oibriú amach. ▷ *I can't figure him out at all.* Ní thig liom é a oibriú amach ar chor ar bith.

file *n* **①** (*document, on computer*) comhad *m1* ▷ *Have we got a file on the suspect?* An bhfuil comhad againn ar an amhrastach? **②** (*tool*) líomhán *m1*

▶ *vb* **①** (*papers, claim*) comhdaigh **②** (*nails, wood*) líomh; **to file one's nails** do chuid ingne a líomhadh

fill *vb* líon ▷ *She filled the glass with water.* Líon sí an ghloine le huisce.

fill in *vb* (*hole, form*) líon ▷ *Can you*

fill this form in please? An dtiocfadh leat an fhoirm seo a líonadh le do thoil? ▷ *He filled the hole in with soil.* Líon sé an poll le hithir.

fill up *vb* líon ▷ *He filled the cup up to the brim.* Líon sé an cupán go béal.; **Fill it up, please.** *(at petrol station)* Líon í, le do thoil.

film *n* scannán *m1*

film star *n* réaltóg *f2* scannán ▷ *He's a film star.* Is réaltóg scannán é.

filthy *adj* ❶ *(dirty)* cáidheach ❷ *(language)* gáirsiúil

final *adj* ❶ deiridh ▷ *the final days* na laethanta deiridh ❷ *(definite)* deireanach ▷ *a final decision* cinneadh deireanach; **I'm not going and that's final.** Níl mé ag dul agus sin sin.
▶ *n* cluiche *m4* ceannais ▷ *Cork are in the final.* Tá Corcaigh sa chluiche ceannais.

finally *adv* ❶ *(eventually)* faoi dheireadh ▷ *She finally chose the red shoes.* Roghnaigh sí bróga dearga faoi dheireadh. ❷ *(lastly)* ar deireadh ▷ *Finally, I would like to say ...* Ar deireadh, ba mhaith liom a rá ...

find *vb* faigh ▷ *I can't find the exit.* Ní féidir liom an bealach amach a fháil. ▷ *Did you find your pen?* An bhfuair tú do pheann?

find out *vb* faigh amach ▷ *I'm determined to find out the truth.* Tá mé meáite ar an bhfírinne a fháil amach.; **to find out about (1)**

(make enquiries) fiosraigh ▷ *Try to find out about the cost of a hotel.* Déan iarracht costas óstáin a fhiosrú. **(2)** *(by chance)* faigh amach faoi ▷ *I found out about their secret.* Fuair mé amach a rún.

fine *adj* ❶ *(excellent)* breá ▷ *He's a fine musician.* Is ceoltóir breá é. ❷ *(not coarse)* mion ▷ *She's got very fine hair.* Tá a cuid gruaige iontach mion.; **to be fine** bheith go maith ▷ *How are you? — I'm fine.* Cad é mar atá tú? — Tá mé go maith.; **The weather is fine today.** Tá an aimsir go breá inniu.; **I feel fine.** Mothaím go maith.
▶ *n* fíneáil *f3* ▷ *She got a £50 fine.* Gearradh fíneáil £50 uirthi. ▷ *I got a fine for speeding.* Gearradh fíneáil orm as bheith ag tiomáint rosciobtha.

finger *n* méar *f2*; **my little finger** mo lúidín

fingernail *n* ionga *f* méire

fingerprint *n* méarlorg *m1*

finish *n* críoch *f2* ▷ *We saw the finish of the Dublin Marathon.* Chonacamar críoch Mharatón Bhaile Átha Cliath.
▶ *vb* críochnaigh ▷ *I've finished!* Tá mé críochnaithe! ▷ *I've finished the book.* Chríochnaigh mé an leabhar ▷ *The film has finished.* Tá an scannán críochnaithe.; **to finish doing something** rud a chur i gcrích; **to finish third** teacht isteach sa tríú háit

Finland *n* an Fhionlainn *f2* ▷ *in*

Finland san Fhionlainn

inn n Fionlannach m1

innish adj Fionlannach
▶ n (language) Fionlainnis f2

ire n tine f4 ▷ He made a fire in the
woods. Rinne sé tine sa choill.
▶ vb ❶ (shoot) scaoil ▷ She fired
twice. Scaoil sí faoi dhó.; **to fire a
gun** gunna a scaoileadh; **to fire
at somebody** scaoileadh le duine
▷ The terrorist fired at the crowd.
Scaoil an scéimhlitheoir leis an
slua. ❷ (dismiss) bris ▷ He was fired
from his job. Briseadh as a phost é.

ire alarm n aláram m1 dóiteáin

ire brigade (US **fire
department**) n briogáid f2
dóiteáin

ire engine n (vehicle) inneall m1
dóiteáin

ire escape n staighre m4 éalaithe

ire extinguisher n múchtóir
m3 dóiteáin

ireman n fear m1 dóiteáin ▷ He's a
fireman. Is fear dóiteáin é.

ireplace n teallach m1

ire station n stáisiún m1 dóiteáin

irewall n balla m4 dóiteáin

ireworks npl tinte fpl4 ealaíne
▷ Are you going to see the fireworks?
An mbeidh tú ag dul ag breathnú
ar na tinte ealaíne?

irm adj daingean ▷ to be firm with
somebody bheith daingean le duine
▶ n gnólacht m3 ▷ He works for a
large firm in London. Tá sé ag obair le
gnólacht mór i Londain.

irst adj, adv céad ▷ the first time

an chéad uair; **first of all** ar an
gcéad dul síos; **to come first** (in
exam, race) bheith sa chéad áit
▷ Rachel came first. Tháinig Rachel
sa chéad áit.
▶ n an chéad duine ▷ She was the
first to arrive. Ba ise an chéad duine
a tháinig.; **the first of September**
an chéad lá de Mheán Fómhair; **at
first** ar dtús

first aid n garchabhair f; **a first
aid kit** fearas garchabhrach

first class adj, adv ❶ den chéad
scoth ▷ a first-class meal béile
den chéad scoth ❷ den chéad
ghrád ▷ She has booked a first-class
ticket. Chuir sí ticéad den chéad
ghrád in áirithe.; **to travel first
class** taisteal den chéad ghrád a
dhéanamh; **a first-class stamp**
stampa den chéad ghrád

firstly adv ar dtús ▷ Firstly, let's read
the book. Ar dtús, léimis an leabhar.

first name n ainm m4 baiste

fir tree n giúis f2

fish n iasc m1 ▷ I caught three fish.
Fuair mé trí iasc. ▷ I don't like fish.
Ní maith liom iasc.; **a fish tank**
umar éisc
▶ vb bheith ag iascaireacht

fisherman n iascaire m4 ▷ He's a
fisherman. Is iascaire é.

fish fingers npl méara fpl2 éisc

fishing n iascaireacht f3 ▷ My
hobby is fishing. Is í an iascaireacht
an caitheamh aimsire agam.; **to
go fishing** dul ag iascaireacht ▷ He
went fishing in the river. Chuaigh sé

a b c d e f g h i j k l m n o p q r s t u v w x y z

ag iascaireacht san abhainn.

fishing boat n bád m1 iascaigh

fishing rod n slat f2 iascaigh

fishing tackle n trealamh m1 iascaireachta

fish sticks npl (US) méara fpl2 éisc

fist n dorn m1

fit adj (healthy) aclaí ▷ He likes to stay fit. Is maith leis a bheith aclaí.; **to keep fit** coinneáil aclaí ▷ She does aerobics to keep fit. Déanann sí aeróbaic le coinneáil aclaí.

▶ n racht m3 ▷ a fit of the giggles racht sciotíola; **That dress is a good fit.** Is deas a luíonn an gúna sin leat.; **to have a fit (1)** (epileptic) taom a bheith agat **(2)** (be angry) dul ar mire ▷ My Mum will have a fit when she sees the carpet! Rachaidh mo mháthair ar mire nuair a fheiceann sí an brat urláir!

▶ vb ❶ (be the right size) oir do ▷ Does it fit? An oireann sé?; **These trousers don't fit me. (1)** (too big) Tá na brístí seo rómhór dom. **(2)** (too small) Tá na brístí seo róbheag dom. ❷ (put in, attach) cuir le ▷ She fitted a plug to the hair dryer. Chuir sí plocóid leis an triomaitheoir gruaige. ❸ (fix up) feistigh ▷ He fitted an alarm in his car. D'fheistigh sé aláram ina charr.

fit in vb réitigh le ▷ He fits in well. Is breá a réitíonn sé leis an gcuideachta.

fitness n (physical) folláine f4

fitting room n seomra m4 gléasta

five num ❶ a cúig

a cúig is used for telling the time and for counting.

▷ at five o'clock ar a cúig a chlog ▷ Five plus five is ten. A cúig móide a cúig sin a deich. ❷ cúig

cúig is used to give the number of objects and is usually followed by a singular noun.

▷ five bottles cúig bhuidéal

Some words, **bliain**, **uair**, **seachtain**, **pingin**, have a special plural for use with numbers.

▷ five pence cúig pingine; **She's five.** Tá sí cúig bliana d'aois.

To translate 'five people', use the form **cúigear**.

▷ five people cúigear ▷ five women cúigear ban

fix vb ❶ (mend) deisigh ▷ Can you fix my bike? An féidir leat mo rothar a dheisiú? ❷ (date, amount) socraigh ▷ Let's fix a date for the party. Socraímis dáta le haghaidh na cóisire. ▷ They fixed a price for the car. Shocraigh siad praghas faoi choinne an chairr. ❸ (prepare) réitigh ▷ Janice fixed some food for us. Réitigh Janice bia dúinn.

fixed adj seasta ▷ at a fixed time ar uair sheasta ▷ at a fixed price ar phraghas seasta ▷ a fixed-price menu biachlár ar phraghas seasta; **My parents have very fixed ideas.** Tá tuairimí iontach daingnithe ag mo thuismitheoirí.

fizzy adj coipeach; **I don't like fizzy drinks.** Ní maith liom deochanna súilíneacha.

flabby adj lodartha

flag n bratach f2

flame n bladhaire m4

flamingo n lasairéan m1

flan n flan m1 ▷ a raspberry flan flan sú craobh ▷ a cheese and onion flan flan cáise agus oinniúin

flannel n ❶ (fabric) flainín m4 ❷ (for face) éadach m1 aghaidhe

flap vb buail ▷ The bird flapped its wings. Bhuail an t-éan a sciatháin.

flash n splanc f2 ▷ Has your camera got a flash? An bhfuil splanc i do cheamara?; **a flash of lightning** splanc thintrí; **in a flash** ar luas lasrach
▷ vb (light) soilsigh ▷ They flashed a torch in his face. Shoilsigh siad tóirse ina aghaidh. ▷ The police car's blue light was flashing. Bhí solas gorm charr na bpóilíní ag imeacht.; **to flash one's headlights** do cheannsoilse a chaochadh

flask n ❶ fleasc m3 ❷ (vacuum flask) folúsfhlaigín m4

flat adj cothrom ▷ a flat roof díon cothrom ▷ flat shoes bróga cothroma; **I've got a flat tyre.** Tá roth pollta agam.
▷ n árasán m1 ▷ She lives in a flat. Tá sí ina cónaí in árasán.

flatscreen adj **a flatscreen TV** TV scáileáin chomhréidh

flatter vb déan béal bán le

flattered adj molta

flavour (US **flavor**) n blas m1 ▷ It has a very strong flavour. Tá blas iontach láidir air. ▷ Which flavour of ice cream would you like? Cén blas d'uachtar reoite ba mhaith leat?

flavouring (US **flavoring**) n blastán m1

flesh n feoil f3

flew vb see **fly**

flexible adj solúbtha ▷ flexible working hours uaireanta solúbtha oibre

flick vb tabhair smeach do ▷ She flicked the switch to turn the light on. Thug sí smeach don lasc leis an solas a chur air.; **to flick through a book** srácfhéachaint a thabhairt ar leabhar

flicker vb preab ▷ The light flickered. Phreab an solas.

flight n eitilt f2 ▷ What time is the flight to Paris? Cén t-am a bheidh an eitilt go Páras?; **a flight of stairs** staighre

flight attendant n aeróstach m1

fling vb caith ▷ He flung the book onto the floor. Chaith sé an leabhar ar an urlár.

flippers n lapaí mpl4

float vb snámh ▷ A leaf was floating on the water. Bhí duilleog ar snámh ar an uisce.

flock n ❶ tréad m3 ▷ a flock of sheep tréad caorach ❷ ealta f4 ▷ a flock of birds ealta éan

flood n tuile f4 ▷ We had a flood in the kitchen. Bhí tuile sa chistin

againn.; **a flood of something**
sruth de rud ▷ *He received a flood of
letters.* Fuair sé sruth litreacha.
▶ *vb* báigh ▷ *The river flooded the
village.* Bháigh an abhainn an
sráidbhaile.

flooding *n* bá *m4*

floor *n* urlár *m1* ▷ *a tiled floor* urlár
leacán ▷ *the first floor* urlár na talún
▷ *on the floor* ar an urlár ▷ *on the
third floor* ar an tríú hurlár

flop *n* teip *f2*; **The film was a flop.**
Theip ar an scannán.

floppy disk *n* diosca *m4* flapach

florist *n* bláthadóir *m3*

flour *n* plúr *m1*

flow *vb* rith ▷ *Water was flowing
from the pipe.* Bhí uisce ag rith as
an bpíobán.

flower *n* bláth *m3*
▶ *vb* bláthaigh

flown *vb see* **fly**

flu *n* ulpóg *f2* ▷ *She's got flu.* Tá an
ulpóg uirthi.

fluent *adj* líofa ▷ *He speaks fluent
Irish.* Tá Gaeilge líofa aige.

flung *vb see* **fling**

flush *n* (*of toilet*) sruthlú
▶ *vb* **to flush the toilet** an
leithreas a shruthlú

flute *n* feadóg *f2* mhór ▷ *I play the
flute.* Seinnim ar an bhfeadóg
mhór.

fly *n* (*insect*) cuileog *f2*
▶ *vb* ❶ eitil ▷ *The plane flew through
the night.* D'eitil an t-eitleán tríd
an oíche. ❷ (*passenger*) taistil in
eitleán; **with flying colours** go

buacach

fly away *vb* imigh ar eitleog ▷ *The
bird flew away.* D'imigh an t-éan
ar eitleog.

foal *n* searrach *m1*

focus *n* fócas *m1*; **out of focus** as
fócas ▷ *The house is out of focus in
this photo.* Tá an teach as fócas sa
ghrianghraf seo.
▶ *vb* **to focus on something** (1)
(*with camera, telescope*) fócasú ar
rud ▷ *The cameraman focused on the
bird.* D'fhócasaigh an fear ceamara
ar an éan. (2) (*concentrate*) díriú
ar rud ▷ *Let's focus on the plot of the
play.* Dírímis ar scéal an dráma.

fog *n* ceo *m4*

foggy *adj* ceomhar ▷ *a foggy day* lá
ceomhar; **It's foggy.** Tá ceo ann.

foil *n* scragall *m1* ▷ *She wrapped
the meat in foil.* D'fhill sí an fheoil
i scragall.

fold *n* filleadh *m1*
▶ *vb* fill ▷ *She folded her arms.* D'fhill
sí a lámha.; **to fold something up**
rud a fhilleadh

folder *n* ❶ fillteán *m1* ▷ *She kept all
her letters in a folder.* Choinnigh sí
a cuid litreacha ar fad i bhfillteán.
❷ (*file, on computer*) comhad *m1*

folding *adj* infhillte ▷ *a folding chair*
cathaoir infhillte ▷ *a folding bed*
leaba infhillte

folk music *n* ceol *m1* tíre

follow *vb* (*also on Twitter*) lean
▷ *She followed him.* Lean sí é. ▷ *You
go first and I'll follow.* Téigh thusa ar
dtús agus leanfaidh mé thú.

following adj ina dhiaidh sin; **the following day** an lá dár gcionn

fond adj ceanúil ▷ *She is fond of him.* Tá sí ceanúil air.

font n (*typeface*) cló m4

food n bia m4 ▷ *We need to buy some food.* Caithfimid bia a cheannach.; **cat food** bia cait; **dog food** bia madra

food poisoning n nimhiú m bia

food processor n próiseálaí m4 bia

fool n ❶ (*man*) amadán m1 ❷ (*woman*) óinseach f2

foot n ❶ cos f2 ▷ *My feet are aching.* Tá mo chosa nimhneach. ▷ *The dog's foot was injured.* Gortaíodh cos an mhadra.; **on foot** de chois ❷ (*12 inches*) troigh f2 ▷ *Dave is 6 foot tall.* Tá Daithí sé troithe ar airde. ▷ *That mountain is 5000 feet high.* Tá an sliabh sin 5000 troigh ar airde.

football n ❶ peil f2 ▷ *I like playing football.* Is maith liom bheith ag imirt peile. ❷ (*ball*) liathróid f2 ▷ *Paul threw the football over the fence.* Chaith Pól an liathróid thar an gclaí.

footballer n peileadóir m3

football player n peileadóir m3 ▷ *He's a famous football player.* Is peileadóir clúiteach é.

footprint n lorg m1 coise ▷ *He saw some footprints in the sand.* Chonaic sé loirg chos sa ghaineamh.

footstep n coiscéim f2 ▷ *I can hear footsteps on the stairs.* Is féidir liom coiscéimeanna a chluinstin ar an staighre,

for prep ❶ faoi choinne ▷ *a present for me* bronntanas faoi mo choinne ▷ *He works for the government.* Oibríonn sé don rialtas. ❷ ar ▷ *I sold it for £5.* Dhíol mé ar chúig phunt é. ▷ *I paid 10 euros for a ticket.* D'íoc mé 10 euro ar thicéad.

Look at the examples below to translate 'for' with distances. ▷ *There are roadworks for 5 miles.* Tá cúig mhíle de chóiriú bóthair ann. ▷ *We walked for miles.* Shiúlamar na mílte.

Look at the examples below to translate 'for' with time. ▷ *She will be away for a month.* Beidh sí ar shiúl go ceann míosa. ▷ *I have known her for years.* Tá aithne agam uirthi leis na blianta.; **the train for London** an traein go Londain; **It's time for lunch.** Am lóin atá ann.; **What for?** Cad é faoina choinne? ▷ *Give me some money! — What for?* Tabhair dom airgead! — Cad é faoina choinne?; **What's it for?** Céard lena aghaidh é?; **for sale** ar díol ▷ *The factory's for sale.* Tá an mhonarcha ar díol.

forbid vb cros ar; **to forbid somebody to do something** crosadh a chur ar dhuine rud a dhéanamh ▷ *She forbade them to smoke cigarettes.* Chros sí na toitíní orthu.

forbidden adj coiscthe; **Smoking is strictly forbidden.** Tá cosc iomlán ar an tobac.

force n fórsa m4 ▷ *the force of the explosion* fórsa an phléasctha; **in force** i bhfeidhm ▷ *Anti-smoking rules are now in force.* Tá rialacha in éadan an tobac anois i bhfeidhm.
▶ vb tabhair ar ▷ *They forced him to open the safe.* Thug siad air an taisceadán a oscailt.

forecast n réamhaisnéis f2; **the weather forecast** réamhaisnéis na haimsire

foreground n tulra m1 ▷ *in the foreground* sa tulra

forehead n clár m1 éadain

foreign adj ❶ coimhthíoch ❷ (*language*) iasachta

foreigner n coimhthíoch m1

foresee vb tuar ▷ *He had foreseen the problem.* Thuar sé an fhadhb.

forest n coill f2

forever adv (*always*) go deo ▷ *They will be here forever.* Beidh siad anseo go deo.; **He's forever complaining.** Bíonn sé i gcónaí ag gearán.

forgave vb see **forgive**

forge vb brionnaigh ▷ *She tried to forge his signature.* Rinne sí iarracht a shíniú a bhrionnú.

forged adj brionnaithe ▷ *forged banknotes* nótaí brionnaithe bainc

forget vb dearmad ▷ *I forgot my pen.* Rinne mé dearmad de mo pheann. ▷ *I'm sorry, I completely forgot!* Tá mé buartha, rinne mé dearmad glan de.; **to forget about somebody** dearmad a

dhéanamh ar dhuine

forgive vb maith; **to forgive somebody** maitheamh do dhuine ▷ *I forgive you.* Maithim duit.; **to forgive somebody for doing something** rud a mhaitheamh do dhuine ▷ *She forgave him for forgetting her birthday.* Mhaith sí dó as dearmad a dhéanamh ar a breithlá.

forgot, forgotten vb see **forget**

fork n ❶ (*for eating*) forc m1 ❷ (*in road*) gabhal m1

form n ❶ (*shape*) cruth m3; **in top form** i mbarr de mhaitheasa ❷ (*at school*) rang m3 ▷ *She's in the fourth form.* Tá sí i rang a ceathair anois. ❸ (*questionnaire*) foirm f2; **to fill in a form** foirm a líonadh

formal adj ❶ foirmiúil ▷ *a formal dinner* dinnéar foirmiúil; **formal clothes** éadaí foirmiúla ❷ (*person*) nósmhar

former adj iar- ▷ *a former pupil* iardhalta ▷ *the former Prime Minister of Australia* Iar-Phríomhaire na hAstráile

formerly adv roimhe seo

fort n dún m1

forth adv and so forth agus mar sin de; **to go back and forth** dul anonn agus anall

fortnight n coicís f2 ▷ *I'm going on holiday for a fortnight.* Tá mé ag dul ar saoire ar feadh coicíse.

fortunate adj ádhúil; **to be fortunate** an t-ádh a bheith ort; **He was very fortunate to**

survive. Bhí an t-ádh air teacht slán.; **It's fortunate for us that I took the map.** Tá an t-ádh orainn gur thug mé an léarscáil liom.

fortunately adv ar an dea-uair
▷ *Fortunately, it wasn't raining.* Ní raibh sé ag cur báistí, ar an dea-uair.

fortune n saibhreas m1 ▷ *There is a fortune to be made in computing.* Tá saibhreas le déanamh ar chúrsaí ríomhaireachta.; **to tell somebody's fortune** fios a dhéanamh do dhuine

forty num daichead

daichead is followed by a singular noun.

▷ *forty people* daichead duine; **He's forty.** Tá sé daichead bliain d'aois.

forward adv ar aghaidh; **to move forward** bogadh chun tosaigh
▶ vb (*letter*) seol ar aghaidh ▷ *He forwarded all Mark's letters.* Sheol sé litreacha uile Mharcais ar aghaidh.

forward slash n tulslais f2

foster vb altramaigh ▷ *She has fostered more than fifteen children.* D'altramaigh sí breis agus cúig leanbh déag.

foster child n leanbh m1 altrama

fought vb see **fight**

foul adj ❶ (*weather*) doineanta
▷ *The weather was foul.* Bhí an aimsir doineanta. ❷ (*smell*) bréan
▷ *What a foul smell!* A leithéid de bholadh bréan!
▶ n feall m1 ▷ *The player committed a foul.* Rinne an t-imreoir feall.

found vb see **find**

foundations npl bunsraitheanna fpl2

fountain n fuarán m1

fountain pen n peann m1 tobair

four num ❶ a ceathair

a ceathair is used for telling the time and for counting.

▷ *at four o'clock* ar a ceathair a chlog
▷ *Two times two is four.* A dó faoi a dó sin a ceathair. ▷ *Four into seven won't go.* Níl a seacht inroinnte ar a ceathair. ❷ ceithre

ceithre is used to give the number of objects and is usually followed by a singular noun.

▷ *four bottles* ceithre bhuidéal
Some words, **bliain**, **uair**, **seachtain**, **pingin**, have a special plural for use with numbers.

▷ *four weeks* ceithre seachtaine;
She's four. Tá sí ceithre bliana d'aois.

To translate 'four people', use the form **ceathrar**.

▷ *four people* ceathrar ▷ *four women* ceathrar ban; **He was on all fours under the table.** Bhí sé ar a cheithre boinn faoin mbord.

fourteen num ❶ a ceathair déag

a ceathair déag is used for telling the time and for counting.

▷ *Two times seven is fourteen.* A dó faoi a seacht sin a ceathair déag.
❷ ceithre ... déag

a b c d e f g h i j k l m n o p q r s t u v w x y z

ceithre is used to give the number of objects and is usually followed by a singular noun.

▷ *fourteen bottles* ceithre bhuidéal déag ▷ *fourteen people* ceithre dhuine dhéag; **I'm fourteen.** Tá mé ceithre bliana déag d'aois.

fourteenth *adj* ceathrú ... déag
▷ *the fourteenth floor* an ceathrú hurlár déag; **the fourteenth of August** an ceathrú lá déag de Lúnasa

fourth *adj* ceathrú ▷ *the fourth floor* an ceathrú hurlár; **the fourth of July** an ceathrú lá d'Iúil

fox *n* sionnach *m1*

fragile *adj* sobhriste

frame *n* (*for picture*) fráma *m4*

France *n* an Fhrainc *f2* ▷ *in France* sa Fhrainc ▷ *to France* go dtí an Fhrainc ▷ *He's from France.* As an bhFrainc dó.

frantic *adj* ❶ (*hectic*) mear ❷ (*distraught*) i mbarr do chéille

fraud *n* ❶ (*crime*) calaois *f2* ▷ *He was jailed for fraud.* Cuireadh i bpríosún é mar gheall ar chalaois. ❷ (*person*) caimiléir *m3* ▷ *He's not a real doctor, he's a fraud.* Ní fíordhochtúir é, is caimiléir é.

freckles *npl* breicní *fpl4*

free *adj* ❶ (*free of charge*) in aisce ▷ *a free brochure* bróisiúr saor in aisce ❷ (*not busy, not taken*) saor ▷ *Is this seat free?* An bhfuil an suíochán seo saor? ▷ *Are you free after school?* An mbeidh tú saor i

ndiaidh am scoile?
▶ *vb* (*prisoner*) scaoil saor

freedom *n* saoirse *f4*

freeway *n* (*US*) mótarbhealach *m1*

freeze *vb* reoigh ▷ *The water had frozen.* Bhí an t-uisce reoite. ▷ *She froze the rest of the raspberries.* Reoigh sí an chuid eile de na sútha craobh.

freezer *n* reoiteoir *m3*

freezing *adj* (*weather, water*) feanntach; **It's freezing.** Tá sé ag sioc.; **I'm freezing.** Tá mé sioctha.; **3 degrees below freezing** 3 chéim faoin reophointe

freight *n* (*goods*) lasta *m4*; **a freight train** traein earraí

French *adj* Francach
▶ *n* (*language*) Fraincis *f2* ▷ *Do you speak French?* An bhfuil Fraincis agat?; **the French** (*people*) na Francaigh

French bean *n* pónaire *f4* fhrancach

French fries *npl* sceallóga *fpl2*

French horn *n* corn *m1* francach ▷ *I play the French horn.* Seinnim ar an gcorn francach.

Frenchman *n* Francach *m1*

French window *n* fuinneog *f2* fhrancach

Frenchwoman *n* Francach *m1* mná

frequent *adj* minic ▷ *frequent showers* ceathanna minice ▷ *There are frequent buses to the town centre.* Bíonn busanna ann go minic go lár an bhaile.

fresh adj úr ▷ I need some fresh air. Tá aer úr de dhíth orm.

fret vb to fret about something tú féin a bhuaireamh faoi rud ▷ Philip was fretting about his exams. Bhí Pilib á bhuaireamh féin faoina chuid scrúduithe.

Friday n An Aoine f4; **last Friday** Dé hAoine seo caite; **next Friday** Dé hAoine seo chugainn; **on Friday** Dé hAoine; **on Fridays** ar an Aoine ▷ He comes on Fridays. Tagann sé ar an Aoine.; **every Friday** gach Aoine

fridge n cuisneoir m3

fried adj friochta ▷ fried vegetables glasraí friochta ▷ a fried egg ubh fhriochta

friend n cara m

friendly adj cairdiúil ▷ She's really friendly. Tá sí iontach cairdiúil. ▷ Liverpool is a very friendly city. Is cathair iontach cairdiúil é Learpholl.; **to be friendly with somebody** bheith mór le duine

friendship n cairdeas m1

fright n scanradh m1 ▷ I got a terrible fright! Is mé a fuair an scanradh!

frighten vb scanraigh ▷ Horror films frighten him. Scanraíonn scannáin uafáis é.

frightened adj to be frightened eagla a bheith ort ▷ I'm frightened! Tá eagla orm!; **to be frightened of something** eagla a bheith ort roimh rud ▷ He was frightened of it. Bhí eagla air roimhe.

frightening adj scanrúil

fringe n (of hair) frainse m4 ▷ She's got a fringe. Tá frainse aici.

Frisbee® n friosbaí m4 ▷ We played Frisbee on the beach. D'imríomar friosbaí ar an trá.

fro adv to go to and fro dul anonn agus anall

frog n frog m1

from prep ❶ as ▷ Where do you come from? Cárb as tú? ❷ (indicating time, distance) ó ▷ from one o'clock to two ó a haon a chlog go dtí a dó ▷ The hotel is one kilometre from the beach. Tá an óstlann ciliméadar ón trá. ▷ The interest rate was increased from 9% to 10%. Ardaíodh an ráta úis ó 9% go 10%. ❸ (indicating difference) idir ... agus ▷ He can't tell red from green. Ní aithníonn sé idir dearg agus glas.; **from ... to ...** ó ... go ... ▷ He flew from London to Paris. D'eitil sé ó Londain go Páras.; **from ... onwards** ó ... ar aghaidh ▷ We'll be at home from 7 o'clock onwards. Beimid sa bhaile ó 7 a chlog ar aghaidh.

front n ❶ (aspect) aghaidh f2 ▷ the front of the house aghaidh an tí ❷ (section) tosach m1 ▷ I was sitting in the front. Bhí mé i mo shuí chun tosaigh.; **in front** chun tosaigh ▷ the car in front an carr chun tosaigh; **in front of** os comhair ▷ in front of the house os comhair an tí
▶ adj tosaigh ▷ the front row an tsraith tosaigh ▷ the front seat of

the car suíochán tosaigh an chairr
▷ the front door doras tosaigh; **in front of** (ahead) roimh

frontier n teorainn f

frost n sioc m3

frosting n (US: on cake) reoán m1

frosty adj siocúil ▷ It's frosty today. Tá sé siocúil inniu.

frown vb cuir púic ort féin ▷ He frowned. Chuir sé púic air féin.

froze vb see **freeze**

frozen adj (food) sioctha ▷ frozen chips sceallóga sioctha

fruit n toradh m1; **fruit juice** sú torthaí; **a fruit salad** sailéad torthaí

fruit machine n meaisín m4 torthaí

frustrated adj frustrachas a bheith ort ▷ I was getting frustrated at all the delay. Bhí frustrachas ag teacht orm leis an moill go léir.

fry vb frioch ▷ Fry the onions for 5 minutes. Frioch na hoinniúin ar feadh 5 bhomaite.

frying pan n friochtán m1

fuel n breosla m4

fulfil (US **fulfill**) vb (wish, desire) sásaigh ▷ Robert fulfilled his dream to visit China. Shásaigh Roibéard a mhian le cuairt a thabhairt ar an tSín.

full adj ❶ lán ▷ The tank's full. Tá an t-umar lán. ❷ (details, information) iomlán ▷ He asked for full details about the job. D'iarr sé sonraí iomlána an phoist.; **I'm full.** (after meal) Tá mé lán go béal.; **at full**

speed ar lánluas ▷ He drove at full speed. Thiomáin sé ar lánluas.; **full moon** iomlán gealaí ▷ There was a full moon. Bhí iomlán gealaí ann.; **full name** ainm iomlán ▷ My full name is John Patrick O'Neill. Is é Seán Pádraig Ó Néill an t-ainm iomlán atá orm.

full stop n lánstad m4

full-time adj (work) lánaimseartha ▷ She got a full-time job. Fuair sí post lánaimseartha.
▶ adv go lánaimseartha ▷ She works full-time. Oibríonn sí go lánaimseartha.

fully adv go hiomlán ▷ He hasn't fully recovered since he was sick. Níor tháinig biseach ceart air ó bhí sé tinn.

fumes npl múch f2 ▷ The factory emitted dangerous fumes. Bhíodh múch díobhálach ag teacht ón monarcha.; **exhaust fumes** múch sceithphíopa

fun n spraoi m4; **to have fun** spraoi a dhéanamh ▷ We had great fun playing in the snow. Rinneamar spraoi ar dóigh ag súgradh sa sneachta.; **for fun** le greann ▷ He entered the competition just for fun. Chuaigh sé isteach sa chomórtas le greann.; **to make fun of somebody** ceap magaidh a dhéanamh de dhuine ▷ They made fun of him. Rinne siad ceap magaidh de.
▶ adj **She's a fun person.** Is spraíúil an bhean í.

funds npl (money) airgead m1
▷ We're trying to raise funds for the
youth club. Táimid ag iarraidh
airgead a thógáil don chlub óige.

funeral n tórramh m1

funfair n aonach m1 só

funny adj ❶ greannmhar ▷ It
was really funny. Bhí sé iontach
greannmhar. ❷ (strange)
saoithiúil ▷ There's something funny
about him. Tá rud éigin saoithiúil
faoi dtaobh de.

fur n fionnadh m1 ▷ a fur coat cóta
fionnaidh ▷ the dog's fur fionnadh
an mhadra

furious adj fíochmhar; **to be
furious with somebody** bheith ar
an daoraí le duine ▷ Dad was furious
with me. Bhí Daid ar an daoraí liom.

furniture n troscán m1; **piece of
furniture** ball troscáin

further adj breise ▷ We need further
information. Tá eolas breise de
dhíth orainn.; **How much further
is it?** Cá fhad eile é?
▷ adv de bhreis ▷ I ran further today
than yesterday. Rith mé míle de
bhreis inniu ná inné.

further education n
breisoideachas m1

fuse (US **fuze**) n fiús m1 ▷ The fuse
has blown. Dhóigh an fiús.

fuss n fuadar m1 ▷ What's all the
fuss about? Cad chuige an fuadar ar
fad?; **to make a fuss** raic a thógáil
▷ He's always making a fuss about
nothing. Bíonn sé i dtólamh ag
tógáil raice faoi dhada.

fussy adj beadaí ▷ She is very fussy
about her food. Tá sí iontach beadaí
faoina cuid bia.

future n ❶ todhchaí f4 ▷ What are
your plans for the future? Cad iad do
chuid pleannana don todhchaí?;
in future as seo amach ▷ Be more
careful in future. Bí níos cúramaí as
seo amach. ❷ (in grammar) aimsir
f2 fháistineach

Gaelic adj Gaelach
▶ n (language) Gaeilge f4; **Gaelic football** peil Ghaelach; **a Gaelic speaker** Gaeilgeoir

gain vb gnóthaigh; **to gain weight** dul i dtroime; **to gain speed** luathaigh

gallery n gailearaí m4; **an art gallery** dánlann

Galway n Gaillimh f2

gamble vb déan cearrbhachas
▷ He gambled £100 at the casino. Rinne sé cearrbhachas £100 ag an gcasino.

gambler n cearrbhach m1

gambling n cearrbhachas m1
▷ He likes gambling. Is maith leis an cearrbhachas.

game n cluiche m4 ▷ The children were playing a game. Bhí na páistí ag imirt cluiche. ▷ a game of football cluiche peile ▷ a game of cards cluiche cártaí

gang n drong f2

gangster n drongadóir m3

gap n bearna f4 ▷ There's a gap in the hedge. Tá bearna san fhál. ▷ a gap of four years bearna ceithre bliana

gap year n bliain f3 amuigh ▷ My sister's in Australia on her gap year. Tá mo dheirfiúr san Astráil ar a bliain amuigh.

garage n garáiste m4

garbage n ❶ (US: rubbish) bruscar m1 ❷ (nonsense) seafóid f2

Garda n (policeman) Garda m4; **the Garda** na Gardaí

garden n gairdín m4

gardener n garraíodóir m3 ▷ He's a gardener. Is garraíodóir é.

gardening n garraíodóireacht f3
▷ Margaret loves gardening. Is breá le Mairéad an gharraíodóireacht.

garlic n gairleog f2

garment n ball m1 éadaigh

gas n ❶ gás m1; **a gas cooker** cócaireán gáis; **a gas cylinder** sorcóir gáis; **a gas fire** tine gháis; **a gas leak** ligean gáis ❷ (US: petrol) artola f4

gasoline n (US) artola f4

gate n (of garden) geata m4

gather vb ❶ (flowers, fruit) bailigh ❷ (assemble) cruinnigh ▷ People gathered in front of Buckingham Palace. Chruinnigh daoine os comhair Phálás Buckingham. ❸ (understand) tuig; **to gather**

speed siúl a thógáil ▷ *The train gathered speed.* Thóg an traein siúl.

gave vb see **give**

gay adj (homosexual) aerach

gaze vb **to gaze at** stánadh ar ▷ *He gazed at her.* Stán sé uirthi.

GCSE n Teastas m1 Ginearálta Meánoideachais

gear n ❶ (equipment) trealamh m1 ▷ *camping gear* trealamh campála; **your sports gear** (clothes) do chulaith spóirt ❷ (in car) giar m1 ▷ *in first gear* sa chéad ghiar; **to change gear** giar a athrú ▷ *I didn't change gear in time.* Níor athraigh mé giar in am.

gear box n giarbhosca m4

gear lever n luamhán m1 an ghiair

gearshift n (US) luamhán m1 an ghiair

geese npl see **goose**

gel n glóthach f2; **hair gel** glóthach ghruaige

Gemini n An Cúpla m4 ▷ *I'm Gemini.* Is mise An Cúpla.

gender n ❶ (of person) cineál m1 ❷ (of noun) inscne f4

gene n géin f2

general n ginearál m1 ▶ adj ginearálta; **in general** i gcoitinne

general election n olltoghchán m1

general knowledge n eolas m1 ginearálta

generally adv de ghnáth ▷ *I generally go shopping on Saturday.* Téim ag siopadóireacht ar an Satharn de ghnáth.

generation n glúin f2; **the younger generation** an t-aos óg

generator n gineadóir m3

generous adj fial ▷ *That's very generous of you.* Is an-fhial uait é sin.

genetic adj géiniteach

genetically-modified adj géinathraithe

genetics n géineolaíocht f3

genius n sárintleachtach m1 ▷ *She's a genius!* Sárintleachtach atá inti!

gentle adj séimh

gentleman n duine m4 uasal ▷ *Good morning, gentlemen.* Maidin mhaith, a dhaoine uaisle.

gently adv go caoin

gents n leithreas m1 na bhfear ▷ *Where's the gents?* Cá bhfuil leithreas na bhfear?; **'Gents'** (on sign) 'Fir'

genuine adj ❶ fíor- ▷ *These are genuine diamonds.* Is fíordhiamaint iad seo. ❷ (person) macánta ▷ *She's a very genuine person.* Is duine an-mhacánta í.

geography n tíreolaíocht f3

geology n geolaíocht f3

geometry n céimseata f

gerbil n seirbil f2

germ n bitheog f2

German adj Gearmánach ▶ n ❶ Gearmánach m1 ❷ (language) Gearmáinis f2 ▷ *Do you speak German?* An bhfuil Gearmáinis agat?

a
b
c
d
e
f
g
h
i
j
k
l
m
n
o
p
q
r
s
t
u
v
w
x
y
z

German measles n an bhruitíneach f2 dhearg

Germany n an Ghearmáin f2
▷ *in Germany* sa Ghearmáin ▷ *to Germany* chun na Gearmáine

gesture n ❶ gotha m4 ❷ (*sign*) comhartha m4

get vb

> There are several ways of translating 'get'. Look at the examples to find one that is similar to what you want to say.

❶ faigh ▷ *What did you get for your birthday?* Cad é a fuair tú do do lá breithe? ▷ *I got lots of presents.* Fuair mé cuid mhaith bronntanas. ▷ *He got first prize.* Fuair sé an chéad duais. ❷ (*fetch*) téigh faoi choinne ▷ *Quick, get the doctor!* Go gasta, cuir fios ar an dochtúir! ❸ (*catch*) gabh ▷ *They've got the thief.* Tá an gadaí gafa acu. ❹ (*plane, bus, train*) téigh ar ▷ *He got the bus.* Chuaigh sé ar an mbus. ❺ (*understand*) tuig ▷ *I don't get it.* Ní thuigim é. ❻ (*become*) éirigh ▷ *It's getting late.* Tá sé ag éirí mall.; **He got killed.** Maraíodh é.; **When do I get paid?** Cá huair a gheobhaidh mé mo thuarastal?; **to get home** an baile a bhaint amach; **to get to know somebody** aithne a chur ar dhuine ▷ *I'm getting to know him.* Tá mé ag cur aithne air.; **to get something done** rud a chur á dhéanamh; **to get one's hair cut** do chuid gruaige a bhearradh; **to get something for somebody** rud a fháil do dhuine ▷ *The librarian got the book for me.* Fuair an leabharlannaí an leabhar dom.; **I've got to tell the police.** Caithfidh mé scéala a chur chuig na póilíní.

get away vb éalaigh ▷ *One of the burglars got away.* D'éalaigh duine de na buirgléirí.

get back vb ❶ tar ar ais ▷ *What time did you get back?* Cén t-am a tháinig tú ar ais? ❷ faigh ar ais ▷ *He got his money back.* Fuair sé a chuid airgid ar ais.

get in vb tar isteach ▷ *The train got in at six o'clock.* Tháinig an traein isteach ar a sé a chlog.

get into vb téigh isteach i ▷ *Sharon got into the car.* Chuaigh Sharon isteach sa charr.

get off vb tuirling ▷ *Isobel got off the train.* Thuirling Isobel den traein.

get on vb téigh in airde ar ▷ *Carol got on her bike.* Chuaigh Carol in airde ar a rothar.; **Pauline got on the bus.** Chuaigh Póilín ar an mbus.; **to get on with somebody** réiteach le duine ▷ *He doesn't get on with his parents.* Ní réitíonn sé lena thuismitheoirí. ▷ *We got on really well.* Réitigh muid go han-mhaith le chéile.

get out vb (*of vehicle*) éirigh as ▷ *Angela got out of the car.* D'éirigh Aingeal as an gcarr.; **Get out!** Amach leat!; **to get something**

out rud a thabhairt amach ▷ *She got the map out.* Thug sí an léarscáil amach.

get over vb tar slán ó ▷ *She never got over his death.* Níor tháinig sí slán óna bhás.

get together vb bualadh le chéile ▷ *Could we get together this evening?* An féidir linn bualadh le chéile anocht?

get up vb éirigh ▷ *What time do you get up?* Cén t-am a éiríonn tú?

ghost n taibhse f4

giant n fathach m1
▶ adj ollmhór ▷ *They ate a giant meal.* D'ith siad béile ollmhór.

gift n ❶ bronntanas m1 ❷ (*ability*) bua m4 ▷ *Dave has a gift for painting.* Tá bua péinteála ag Dave.

gifted adj tréitheach ▷ *Janice is a gifted dancer.* Tá Janice tréitheach mar dhamhsóir.

gift shop n siopa m4 bronntanas

gigantic adj ollmhór

gin n jin f2

ginger n sinséar m1 ▷ *Add a teaspoon of ginger.* Cuir spúnóg sinséir isteach.
▶ adj rua ▷ *Daniel has ginger hair.* Tá gruaig rua ar Dhónall.

giraffe n sioráf m1

girl n ❶ cailín m4 ▷ *a five-year-old girl* cailín cúig bliana d'aois ▷ *an Irish girl* cailín Éireannach ❷ (*daughter*) iníon f2 ▷ *They've got a girl and two boys.* Tá iníon agus beirt mhac acu.

girlfriend n ❶ (*of girl*) cara m

mná ▷ *She often went out with her girlfriends.* Théadh sí amach go minic lena cairde mná. ❷ (*of boy*) cailín m4 ▷ *Ian's girlfriend is called Susan.* Siobhán an t-ainm atá ar chailín Eoin.

give vb tabhair; **to give something to somebody** rud a thabhairt do dhuine ▷ *He gave me £10.* Thug sé £10 dom.; **to give something back to somebody** rud a thabhairt ar ais do dhuine ▷ *I gave the book back to him.* Thug mé an leabhar ar ais dó.; **'Give way'** (*traffic*) 'Géill slí'

give in vb géill ▷ *His Mum gave in and let him go out.* Ghéill a mháthair agus lig dó dul amach.

give out vb tabhair amach ▷ *He gave out the exam papers.* Thug sé na páipéir scrúdaithe amach.

give up vb éirigh as ▷ *He gave up smoking.* D'éirigh sé as an tobac.; **to give oneself up** tú féin a thabhairt suas ▷ *The thief gave himself up.* Thug an gadaí é féin suas.

glad adj sásta; **to be glad of something** áthas a bheith ort as rud; **She's glad she's done it.** Tá áthas uirthi go bhfuil sé déanta aici.

glamorous adj luisiúil ▷ *She's very glamorous.* Tá sí an-luisiúil.

glance n sracfhéachaint f3; **at first glance** ar an gcéad amharc
▶ vb **to glance at** súil a chaitheamh ar ▷ *Peter glanced at*

his watch. Chaith Peadar súil ar a
uaireadóir.

glare *vb* **to glare at somebody**
súil fhiata a thabhairt ar duine
▷ *He glared at me.* Thug sé súil
fhiata orm.

glaring *adj* (*mistake*) follasach

glass *n* gloine *f4* ▷ *a glass of milk*
gloine bainne

glasses *npl* spéaclaí *mpl4* ▷ *Andrew
wears glasses.* Caitheann Aindriú
spéaclaí.

glider *n* faoileoir *m3*

gliding *n* faoileoireacht *f3* ▷ *My
hobby is gliding.* Faoileoireacht an
caitheamh aimsire atá agam.

global *adj* domhanda ▷ *on a global
scale* ar scála domhanda

global warming *n* téamh *m1*
domhanda

globe *n* cruinneog *f2*

gloomy *adj* gruama ▷ *He lives in a
small gloomy flat.* Tá sé ina chónaí in
árasán beag gruama.

glorious *adj* ❶ glórmhar ❷ (*day*)
aoibhinn

glove *n* miotóg *f2*

glove compartment *n*
lámhainnbhosca *m4*

glue *n* gliú *m4*
▶ *vb* cuir gliú ar; **She was glued
to the screen.** Bhí a súile sáite sa
scáileán.

GM *adj* (= *genetically modified*)
géinathraithe ▷ *GM foods* bia
géinathraithe

go *n* **to have a go at doing
something** triail a bhaint as rud a

dhéanamh ▷ *He had a go at making
a cake.* Bhain sé triail as císte a
dhéanamh.; **to be on the go**
bheith ar do chois; **It's your go.**
Do shealsa atá ann.
▶ *vb* ❶ téigh ▷ *I'm going to the
cinema tonight.* Tá mé ag dul chuig
an bpictiúrlann anocht. ❷ (*depart*)
imigh ▷ *Where's Peter? — He's gone.*
Cá bhfuil Peadar? — Tá sé imithe.
❸ (*vehicle*) oibrigh ▷ *My car won't
go.* Níl mo charr ag obair.; **to go
pale** (*become*) éirí geal bán san
aghaidh; **to go home** dul chun
an bhaile ▷ *I go home at about 3
o'clock.* Téim chun an bhaile thart
faoi a ceathair.; **to go for a walk**
dul ag spaisteoireacht ▷ *Shall we
go for a walk?* An rachaidh muid
ag spaisteoireacht?; **How did it
go?** Cad é mar a d'éirigh leis?; **I'm
going to do it tomorrow.** Tá mé
ag dul a dhéanamh amárach.; **It's
going to be difficult.** Tá sé ag dul a
bheith deacair.

go after *vb* téigh sa tóir ar ▷ *Quick,
go after them!* Go gasta, téigh sa
tóir orthu!

go ahead *vb* ❶ téigh ar aghaidh
▷ *The meeting will go ahead as
planned.* Rachaidh an cruinniú ar
aghaidh mar a bhí socraithe.; **Go
ahead!** Ar aghaidh leat! ❷ (*get
going*) gabh ar aghaidh ▷ *We'll go
ahead with your plan.* Rachaidh
muid ar aghaidh le do phlean.

go away *vb* imigh ▷ *Go away!*
Imigh leat!

go back vb fill ▷ *We went back to the same place.* D'fhill muid ar an áit chéanna. ▷ *After the film he went back home.* D'fhill sé chun an bhaile i ndiaidh an scannáin.

go by vb téigh thart ▷ *Two policemen went by.* Chuaigh beirt phóilíní thart.

go down vb ❶ téigh síos ▷ *She went down the stairs.* Chuaigh sí síos an staighre. ❷ (sun) téigh faoi ❸ (decrease) laghdaigh ▷ *The price of computers has gone down.* Laghdaíodh praghas ríomhairí.; **My brother's gone down with flu.** Tá mo dheartháir buailte síos leis an ulpóg.

go for vb ❶ (fetch) téigh ar lorg ❷ (attack) tabhair fogha faoi ▷ *Suddenly the dog went for me.* Thug an madra fogha fúm go tobann.; **Go for it!** (go on!) Treise leat!

go in vb téigh isteach ▷ *He knocked on the door and went in.* Bhuail sé ar an doras agus chuaigh sé isteach.

go off vb ❶ (go away) imigh ▷ *He went off in a huff.* D'imigh sé agus stuaic air. ❷ (explode) pléasc ▷ *The bomb went off.* Phléasc an buama. ❸ (gun) scaoil ▷ *The gun went off.* Scaoiluíadh an gunna féin. ❹ (alarm clock) buail ▷ *My alarm clock goes off at seven every morning.* Buaileann mo chlog dúisithe ar a seacht gach maidin.; **The milk's gone off.** Tá cor sa bhainne.

go on vb lean ort ▷ *He went on reading.* Lean sé den léamh.;

What's going on? Cad é atá ar siúl?; **to go on doing something** leanúint de rud a dhéanamh; **to go on at somebody** gabháil do dhuine ▷ *My parents always go on at me.* Bíonn mo thuismitheoirí ag gabháil dom i gcónaí.; **Go on!** Ar aghaidh leat! ▷ *Go on, tell me what the problem is!* Ar aghaidh leat, inis dom cad é an fhadhb!

go out vb ❶ téigh amach ▷ *Are you going out tonight?* An mbeidh tú ag dul amach anocht?; **to go out with somebody** siúl amach le duine ▷ *Are you going out with him?* An bhfuil tú ag siúl amach leis? ❷ (fire, light) téigh as ▷ *Suddenly the lights went out.* Chuaigh na soilse as go tobann.

go past vb **to go past something** dul thar rud ▷ *He went past the shop.* Chuaigh sé thar an siopa.

go round vb **to go round a corner** dul timpeall coirnéil; **to go round to somebody's house** dul tigh duine; **to go round the shops** dul thart ar na siopaí; **There's a bug going round.** Tá fríd ag dul thart.

go through vb téigh trí ▷ *We went through Kildare to get to Limerick.* Chuaigh muid trí Chill Dara le Luimneach a bhaint amach.

go up vb ❶ téigh suas ▷ *I went up the stairs.* Chuaigh mé suas staighre. ❷ (increase) ardaigh ▷ *The price has gone up.* Ardaíodh an praghas.; **to go up in flames** dul le thine ▷ *The whole factory went up in* flames. Chuaigh an mhonarcha go léir le thine.

go with vb cuir le ▷ Does this blouse go with that skirt? An bhfuil an blús seo ag cur leis an sciorta sin?

goal n ❶ cúl m1 ▷ He scored the winning goal. Eisean a fuair an cúl a bhuaigh an cluiche dóibh. ❷ aidhm f2 ▷ His goal is to become the world champion. Is í an aidhm atá aige ná a bheith ina churadh domhanda.

goalkeeper n cúl m1 báire

goalpost n cuaille m4 báire

goat n gabhar m1; **goat's cheese** cáis ghabhair

god n dia m ▷ I believe in God. Creidim i nDia.

goddaughter n iníon f2 baistí

godfather n athair m baistí

godmother n máthair f baistí

godson n mac m1 baistí

goggles npl gloiní fpl4 cosanta

gold n ór m1 ▷ They found some gold. D'aimsigh siad roinnt óir. ▷ a gold necklace muince óir

goldfish n iasc m1 órga ▷ I've got five goldfish. Tá cúig iasc órga agam.

gold-plated adj órphlátáilte

golf n galf m1 ▷ My dad plays golf. Imrím mo dhaid galf.; **a golf ball** liathróid ghailf

golf club n ❶ (building) cumann m1 gailf ❷ (stick) maide m4 gailf

golf course n galfchúrsa m4

gone vb see go

good adj ❶ maith ▷ It's a very good film. Scannán an-mhaith atá ann. ▷ That's good of you. Is maith uait sin.; **to be good at something** bheith go maith ag rud ▷ Jane's very good at maths. Tá Sinéad iontach maith ag an mata.; **Be good!** (not naughty) Bí maith! ❷ (kind) cineálta ▷ They were very good to me. Bhí siad iontach cineálta liom.; **Good morning!** Dia duit ar maidin!; **Good afternoon!** Tráthnóna maith duit!; **Good evening!** Tráthnóna maith duit!; **Good night!** (1) (on leaving) Oíche mhaith duit! (2) (on going to bed) Oíche mhaith agat!; **It's no good complaining.** Níl maith a bheith ag gearán.; **for good** go deo ▷ One day he left for good. Lá amháin d'imigh sé go deo.

goodbye excl slán

Good Friday n Aoine f4 an Chéasta

good-looking adj dathúil ▷ He's very good-looking. Tá sé an-dathúil.

good-natured adj (person) dea-chroíoch

goodness n (of person) maitheas f3; **For goodness sake!** In ainm Dé!; **Goodness gracious!** A Thiarna Dhia!

goods npl (in shop) earraí mpl4; **a goods train** traein earraí

Google® vb googláil

goose n gé f4

gooseberry n spíonán m1

gorgeous adj fíorálainn ▷ She's gorgeous! Tá sí fíorálainn.; **The**

weather was gorgeous. Bhí an aimsir go haoibhinn.

gorilla n goraille m4

gospel n soiscéal m1

gossip n scannal m4 ▷ *Tell me the gossip!* Inis dom an scannal go léir!; **She's such a gossip!** Bíonn na scannail ar fad aici!
▶ vb **to gossip about somebody** bheith ag cúlchaint ar dhuine; **They were always gossiping.** Bhí ag cúlchaint i gcónaí.

got vb see **get**

gotten vb (US) see **get**

gout n gúta m4

government n rialtas m1

GP n gnáthdhochtúir m3

GPS n (= global positioning system) GPS

> The Irish translation is **córas suite domhanda** but GPS is more commonly used.

grab vb sciob

graceful adj mómhar

grade n ❶ (at school) grád m1 ▷ *He got good grades in his exams.* Fuair sé gráid mhaithe ina scrúduithe. ❷ (US: school class) rang m3

gradually adv de réir a chéile ▷ *We gradually got used to it.* D'éirigh muid cleachta leis de réir a chéile.

graduate n céimí m4

graffiti npl graffiti mpl

grain n (granule) gráinne m4

gram n gram m1

grammar n ❶ gramadach f2 ❷ (book) graiméar m1

grammar school n scoil f2 ghramadaí

grammatical adj gramadúil

gramme n gram m1 ▷ *500 grammes of cheese* 500 gram cáise

grand adj breá ▷ *Kathleen lives in a very grand house.* Tá Cáitlín ina cónaí i dteach breá.; **That's grand!** Tá sin go breá!

grandchild n **my grandchildren** clann mo chlainne

granddad n daideo m4 ▷ *my granddad* mo dhaideo

granddaughter n gariníon f2

grandfather n seanathair m ▷ *my grandfather* mo sheanathair

grandma n mamó f4 ▷ *my grandma* mo mhamó

grandmother n seanmháthair f ▷ *my grandmother* mo sheanmhathair

grandpa n daideo m4 ▷ *my grandpa* mo dhaideo

grandparents npl **my grandparents** mo sheantuismitheoirí

grandson n garmhac m1

granite n eibhear m1

granny n mamó f4 ▷ *my granny* mo mhamó

grant n deontas m1

grape n fíonchaor f2

grapefruit n seadóg f2

graph n graf m1

graphics n graificí fpl2 ▷ *I designed the graphics, she wrote the text.* Dhear mise na graificí, scríobh sise an téacs. ▷ *He works in computer graphics.* Tá sé ag obair i ngraificí

a b c d e f g h i j k l m n o p q r s t u v w x y z

ríomhairí.

grasp vb beir ar

grass n féar m1 ▷ The grass is long. Tá an féar fada.; **to cut the grass** an féar a bhearradh

grasshopper n dreoilín m4 teaspaigh

grate vb grátáil ▷ She grated some cheese and sprinkled it over the pie. Ghrátáil sí beagán cáise agus chroith ar an bpióg é.

grateful adj buíoch

grave n uaigh f2

gravel n gairbhéal m1

graveyard n reilig f2

gray adj (US) liath

grease n (fat) greise m1

greasy adj ❶ bealaithe ▷ He has greasy hair. Tá gruaig bhealaithe air. ❷ gréisceach ▷ The food was very greasy. Bhí an bia iontach gréisceach.

great adj ❶ mór ▷ It's a great improvement. Is mór an feabhas é. ❷ iontach ▷ It was great! Bhí sé go hiontach! ▷ It was a great holiday. Saoire iontach a bhí ann.

Great Britain n an Bhreatain f2 Mhór ▷ in Great Britain sa Bhreatain Mhór ▷ to Great Britain chun na Breataine Móire

great-grandfather n sin-seanathair m

great-grandmother n sin-seanmháthair f

Greece n an Ghréig f2 ▷ in Greece sa Ghréig ▷ to Greece chun na Gréige

greedy adj ❶ (for food) amplach

▷ I want some more cake. — Don't be so greedy! Ba mhaith liom tuilleadh císte. — Ná bí chomh hamplach sin! ❷ (for money) santach

Greek adj Gréagach ▷ Dionysis is Greek. Is Gréagach é Dionysis. ▷ She's Greek. Is Gréagach í.
▶ n ❶ Gréagach m1 ❷ (language) Gréigis f2

green adj glas ▷ a green car carr glas ▷ a green light solas glas ▷ a green salad sailéad glas ▷ green beans pónairí glasa; **the Green Party (1)** (in Northern Ireland) An Páirtí Glas **(2)** (in Eire) An Comhaontas Glas
▶ n ❶ glas m1 ❷ (stretch of grass) faiche f4; **greens** (vegetables) glasraí

greengrocer n grósaeir m3 glasraí

greenhouse n teach m gloine; **the greenhouse effect** iarmhairt cheaptha teasa

Greenland n an Ghraonlainn f2

greet vb beannaigh do ▷ He greeted me with a kiss. Bheannaigh sé dom le póg.

greeting n beannacht f3; **Greetings from Rome!** Beannachtaí ón Róimh!; **'Season's greetings'** 'Beannachtaí na Féile'

greetings card n cárta m4 beannachta

grew vb see **grow**

grey (US **gray**) adj ❶ liath ▷ She's got grey hair. Tá gruaig liath uirthi.; **He's going grey.** Tá sé ag éirí liath.

❷ (*horse*) glas
grey-haired *adj* liath
grid *n* ❶ greille f4 ❷ (*of electricity*) eangach f2
grief *n* brón m1
grill *n* (*on cooker*) greille f4; **a mixed grill** griolladh measctha
▷ *vb* gríosc
grim *adj* dúr
grin *n* draid f
▷ *vb* draid a dhéanamh ▷ *David grinned at me.* Rinne Dáiví draid liom.
grind *vb* meil
grip *vb* faigh greim ar
gripping *adj* corraitheach
grit *n* grean m1
groan *n* éagnach m1
▷ *vb* déan éagnach ▷ *He groaned with pain.* Rinne sé éagnach leis an bpian.
grocer *n* grósaeir m3 ▷ *He's a grocer.* Is grósaeir é.
groceries *npl* earraí mpl4 grósaera
grocer's *n* siopa m4 grósaera
grocer's shop *n* siopa m4 grósaera
grocery store *n* (*US*) siopa m4 grósaera
groom *n* (*bridegroom*) grúm m1 ▷ *the groom and his best man* an grúm agus a fhinné fir
grope *vb* **to grope for something** déan méarnáil ar lorg ruda ▷ *I groped for a pen.* Rinne mé méarnáil ar lorg pinn.
gross *adj* **It was really gross!** Chuirfeadh sé casadh aigne ort!

grossly *adv* (*greatly*) go mór ▷ *We're grossly underpaid.* Táimid ár n-íoc go mór faoi ráta.
ground *n* ❶ (*earth*) talamh f ▷ *The ground's wet.* Tá an talamh fliuch.; **on the ground** ar an talamh ▷ *We sat on the ground.* Shuigh muid ar an talamh. ❷ (*for sport*) páirc f2 ▷ *a football ground* páirc pheile ❸ (*reason*) cúis f2 ▷ *We've got grounds for complaint.* Tá cúis ghearáin againn.
ground floor *n* urlár talún ▷ *on the ground floor* ar urlár na talún
grounding *n* (*instruction*) buneolas m1
group *n* grúpa m4
grow *vb* ❶ fás ▷ *Grass grows quickly.* Fásann féar go gasta. ▷ *Haven't you grown!* Nach tusa atá ag fás aníos! ▷ *My Dad grows potatoes.* Bíonn prátaí ag fás ag mo Dhaid.; **to grow a beard** féasóg a fhás; **He's grown out of his jacket.** Tá a chasóg séanta aige. ❷ (*increase*) méadaigh; **The number of unemployed people has grown.** Tá méadú ar líon na ndaoine dífhostaithe.
grow up *vb* fás aníos; **Oh, grow up!** Ó, ná bí i do pháiste!
growl *vb* drantaigh
grown *vb* see **grow**
growth *n* ❶ fás m1 ❷ (*expansion*) forás m1 ▷ *economic growth* forás eacnamaíoch
grub *n* (*food*) bia m4
grudge *n* fala f4; **to bear a grudge**

against somebody fala a bheith agat le duine

gruesome adj uafásach

guarantee n ráthaíocht f3; **a five-year guarantee** (warranty) barántas cúig bliana
▶ vb ráthaigh; **I can't guarantee he'll come.** Ní féidir liom gealladh go dtiocfaidh sé.

guard n garda m4; **a security guard** garda slándála; **a guard dog** madra cosanta
▶ vb gardáil ▷ They guarded the palace. Ghardáil siad an pálás.; **to guard against something** bheith ar d'fhaichill ar rud

guess vb tomhais ▷ Janice guessed wrong. Chuaigh tomhas Janice amú.; **Guess what this is?** Do bharúil, cad é seo?
▶ n tomhas m1 ▷ It's just a guess. Níl ann ach tomhas.; **Have a guess!** Caith tomhas leis!

guest n aoi m4 ▷ We have guests staying with us. Tá aíonna ag fanacht againn.

guesthouse n teach m aíochta

guide n (person, book) eolaí m4 ▷ We bought a guide to Paris. Cheannaigh muid leabhrán eolais ar Pháras. ▷ The guide showed us round the castle. Thaispeáin an t-eolaí an caisleán dúinn.; **the Guides** na Banóglaigh

guidebook n leabhrán m1 eolais

guide dog n madra m4 treoraithe

guilty adj ciontach ▷ She was found guilty. Fuarthas ciontach í.; **I felt**

guilty for not calling her. Bhí aiféala orm nár ghlaoigh mé uirthi.

guinea pig n muc f2 ghuine

guitar n giotár m1 ▷ I play the guitar. Seinnim ar an ngiotár.

gum n ❶ (in mouth) drandal m1 ❷ (chewing gum) guma m4

gun n gunna m4

gunpoint n **at gunpoint** faoi bhéal gunna

gust n (of wind) séideán m1

guy n ógánach m1 ▷ Who's that guy? Cé hé an t-ógánach sin? ▷ He's a nice guy. Ógánach deas atá ann.

gym n giomnáisiam m4 ▷ I go to the gym every day. Téim chuig an ngiomnáisiam gach lá.; **gym classes** ranganna aclaíochta

gymnast n gleacaí m4 ▷ She's a gymnast. Is gleacaí í.

gymnastics n gleacaíocht f3 ▷ She does gymnastics. Déanann sí gleacaíocht.

gypsy n giofóg f2

habit *n* nós *m1* ▷ *a bad habit* drochnós

hack *vb* **to hack into a system** bradaíl isteach i gcóras

hacker *n* bradaí *m4*

had *vb see* **have**

haddock *n* cadóg *f2* ▷ *smoked haddock* cadóg dheataithe

hail *n* cloch *f2* shneachta
▶ *vb* **It's hailing.** Tá sé ag cur cloch sneachta.

hair *n* ❶ *(on head)* gruaig *f2* ▷ *She's got long hair.* Tá gruaig fhada uirthi. ▷ *He's got black hair.* Tá gruaig dhubh air.; **to do one's hair** do chuid gruaige a chóiriú; **to wash one's hair** do chuid gruaige a ní ▷ *I need to wash my hair.* Caithfidh mé mo chuid gruaige a ní.; **to have one's hair cut** bearradh gruaige a fháil ▷ *I've just had my hair cut.* Tá mé díreach tar éis bearradh gruaige a fháil.; **a hair (1)** *(from head)* ribe gruaige **(2)** *(from body, animal)* ribe *m4* fionnaidh ❷ *(on body, animal)* fionnadh *m1*

hairbrush *n* scuab *f2* ghruaige

haircut *n* bearradh *m* gruaige; **to have a haircut** bearradh gruaige a fháil ▷ *I've just had a haircut.* Tá mé díreach tar éis bearradh gruaige a fháil.

hairdresser *n* gruagaire *m4* ▷ *He's a hairdresser.* Is gruagaire é.

hairdresser's *n* siopa *m4* gruagaire ▷ *at the hairdresser's* ag an siopa gruagaire

hair dryer *n* triomadóir *m3* gruaige

hair gel *n* glóthach *f2* ghruaige

hair spray *n* laicear *m1* gruaige

hairstyle *n* stíl *f2* ghruaige

hairy *adj* gruagach ▷ *He's got hairy legs.* Tá cosa gruagacha aige.

half *n* ❶ leath *f2* ▷ *half of the cake* leath an chíste; **two and a half days** dhá lá go leith; **in half an hour** i gceann leathuaire; **at half past two** ar leathuair i ndiaidh a dó; **half a pound** leathphunt; **to cut something in half** rud a ghearradh ina dhá leath ❷ *(ticket)* leath-tháille *f4* ▷ *A half to Cork, please.* Leath-tháille go Corcaigh, le do thoil.

half-brother *n* leasdeartháir *m*

half-hour *n* leathuair *f2*

half-price *adj, adv* leathphraghas

half-sister n leasdeirfiúr f
half term n lár m1 téarma
half-time n leath-am m3
halfway adv leath bealaigh
▷ halfway between Belfast and Dublin
leath bealaigh idir Béal Feirste
agus Baile Átha Cliath ▷ halfway
through the chapter leath bealaigh
tríd an gcaibidil
hall n ❶ halla m4 ▷ the village hall
halla an tsráidbhaile ❷ (entrance
way) forhalla m4
Hallowe'en n Oíche f4 Shamhna
hallway n halla m4
halt n stad m4; **to come to a halt**
seasamh ▷ The train came to a halt
at the station. Sheas an traein ag
an stáisiún.
ham n liamhás m1 ▷ a ham sandwich
ceapaire liamháis
hamburger n martbhorgaire m4
hammer n casúr m1
hammock n ámóg f2
hamster n hamstar m1
hand n ❶ lámh f2; **to give
somebody a hand** lámh chuidithe
a thabhairt do dhuine ▷ Can you
give me a hand? An féidir leat lámh
chuidithe a thabhairt dom?; **on
the one hand ..., on the other
hand ...** ar thaobh amháin ...,
ar an taobh eile ... ❷ (of clock)
snáthaid f2
▶ vb tabhair do ▷ He handed me the
book. Thug sé an leabhar dom.;
to hand something in rud a
thabhairt isteach ▷ He handed his
exam paper in. Thug sé a pháipéar

scrúdaithe isteach.; **to hand
something out** rud a thabhairt
amach ▷ The teacher handed out
the books. Thug an múinteoir
na leabhair amach.; **to hand
something over** rud a thabhairt
do ▷ She handed the keys over to me.
Thug sí na heochracha dom.
handbag n mála m4 láimhe
handball n (game) liathróid f2
láimhe; **to play handball** liathróid
láimhe a imirt
handbook n lámhleabhar m1
handbrake n coscán m1 láimhe
handcuffs npl glais mph láimh
handkerchief n ciarsúr m1
handle n ❶ (of door) murlán m1
❷ (of saucepan) hanla m4 ❸ (of cup,
jug, saw) cluas f2 ❹ (of knife) cos f2
❺ (for winding) lámhchrann m1
❻ (of bucket) lámh f2
▶ vb ❶ láimhsigh; **'handle with
care'** 'láimhsigh go cúramach'
❷ (deal with) pléigh le; **to handle
something (1)** (arrange) rud a
eagrú ▷ Penny handled the travel
arrangements. D'eagraigh Fionnuala
na socruithe taistil. **(2)** (manage)
láimhigh ▷ He handled it well.
Láimhigh sé go maith é.
handlebars npl cluasa fpl2 rothair
handmade adj lámhdhéanta
hands-free n (phone) lámhshaor
▷ a hands-free kit fearas lámhshaor
handsome adj dathúil ▷ He's
handsome. Tá sé dathúil.
handwriting n
lámhscríbhneoireacht f3

handy adj ① (close at hand) in aice láimhe ▷ Have you got a pen handy? An bhfuil peann in aice láimhe agat? ② (useful) áisiúil ▷ This knife's very handy. Tá an scian seo iontach áisiúil.

hang vb croch ▷ Matthew hung the painting on the wall. Chroch Maitiú an phéintéireacht ar an mballa. ▷ They hanged the criminal. Chroch siad an coirpeach.

hang around vb bheith ag fáinneáil thart ▷ On Saturdays we hang around in the park. Ar an Satharn bímid ag fáinneáil thart faoin bpáirc.

hang on vb (wait) fan ▷ Hang on a minute please. Fan bomaite, le do thoil.

hang up vb croch ▷ Hang your jacket up on the hook. Croch suas do chasóg ar an gcrúca.; **to hang up on somebody** an guthán a chur síos ar dhuine ▷ He hung up on me. Chuir sé an guthán síos orm. ▷ Don't hang up! Ná cuir síos an guthán!

hanger n crochadán m1

hang-gliding n faoileoireacht f3 shaor; **to go hang-gliding** dul ag faoileoireacht shaor

hangover n póit f2 ▷ I've got a terrible hangover. Tá póit mhillteanach orm.

happen vb tarlaigh ▷ What's happened? Cad é a tharla?; **as it happens** mar a tharlaíonn ▷ As it happens, I don't want to go. Mar a

tharlaíonn, níl mé ag iarraidh dul.

happily adv ① go haerach ▷ 'Don't worry!' he said happily. 'Ná bí buartha!' ar seisean go haerach. ② (fortunately) go hádhúil ▷ Happily, everything went well. Go hádhúil, chuaigh gach rud i gceart.

happiness n sonas m1

happy adj sásta ▷ James looks happy. Tá cuma shásta ar Séamus. ▷ I'm very happy with your work. Tá mé breá sásta le do chuid oibre.; **Many happy returns!** Go maire tú an lá!

harassment n ciapadh m ▷ police harassment ciapadh ag póilíní

harbour (US **harbor**) n cuan m1

hard adj ① crua ▷ This cheese is very hard. Tá an cháis seo an-chrua. ② (difficult) deacair ▷ This question's too hard for me. Tá an cheist seo ródheacair dom. ▶ adv (work) go dian ▷ He's worked very hard. D'oibrigh sé go han-dian.; **They tried hard.** Rinne siad a ndícheall.

hard disk n (of computer) diosca m4 crua

hardly adv I've hardly got any money. Is beag airgead atá agam.; I hardly know the man. Níl ach breacaithne agam ar an bhfear.; **hardly ever** ar éigean ▷ She hardly ever speaks. Is ar éigean a labhraíonn sí ar chor ar bith.

hard up adj ar an ngannchuid

hardware n (computing) crua-earraí mpl4

hare n giorria m4

harm vb déan dochar do ▷ I didn't mean to harm you. Ní raibh rún agam dochar a dhéanamh duit. ▷ Chemicals harm the environment. Déanann ceimiceáin dochar don timpeallacht.

harmful adj dochrach ▷ harmful chemicals ceimiceáin dhochracha

harmless adj gan dochar ▷ Most spiders are harmless. Tá an chuid is mó de na damháin alla gan dochar.

harp n cláirseach f2

harsh adj ❶ (severe) dian ❷ (words) trom

harvest n fómhar m1

has vb see **have**

hashtag n (on Twitter) haischlib f2

hat n hata m4

hate vb fuathaigh; I hate maths. Is fuath liom mata.

hatred n fuath m3

haunted adj a haunted house teach siúil

have vb bí ▷ She has long legs. Tá cosa fada uirthi. ▷ He has a moustache. Tá croiméal air. ▷ She has a cold. Tá slaghdán uirthi. ▷ He has measles. Tá an bhruitíneach air.

> When 'have' is used to mean 'possess' or 'own', it is translated by the verb **bí** and the preposition **ag**.

▷ She has a car. Tá carr aici. ▷ He has plenty of money. Tá airgead mór aige.

> To translate 'have done' etc, use the past tense of the Irish verb.

▷ He has arrived. Tháinig sé.
▷ She's finished her homework. Chríochnaigh sí a hobair bhaile.;
She's got to do it. Ní mór di é a dhéanamh.; **You've done it, haven't you?** Tá sé déanta agat, nach bhfuil?; **to have a shower** cithfholcadh a bheith agat; **to have a party** cóisir a bheith agat; **to have one's hair cut** do chuid gruaige a bhearradh; **to have breakfast** bricfeasta a ithe
▷ He had his breakfast. D'ith sé a bhricfeasta.

hawk n seabhac m1

hay n féar m1

hay fever n slaghdán m1 teaspaigh ▷ Do you get hay fever? An mbíonn slaghdán teaspaigh ort?

hazelnut n cnó m4 coill

he pron ❶ (as subject) sé ▷ He came in. Tháinig sé isteach. ❷ (with copula, in passive) é ▷ He's a fireman. Is fear dóiteáin é. ▷ He was injured. Gortaíodh é.

head n ❶ ceann m1 ▷ The wine went to my head. Chuaigh an fíon sa cheann agam. ❷ (leader) ceannaire m4 ▷ a head of state ceannaire stáit ❸ (of school) príomhoide m4; **to have a head for figures** ciall mhaith d'fhigiúirí a bheith agat; **Heads or tails?** Aghaidh nó cúl?

▶ vb **to head for** tabhair aghaidh ar ▷ They're heading for Derry. Tá siad ag tabhairt aghaidhe ar Dhoire.

headache n tinneas m1 cinn

▷ *I've got a headache.* Tá tinneas cinn orm.

headlight n ceannsolas m1

headmaster n ardmháistir m4

headmistress n ardmháistreás f3

headphones npl cluasáin mph

headquarters npl ceanncheathrú f

head teacher n príomhoide m4 ▷ *She's a head teacher.* Is príomhoide í.

heal vb cneasaigh ▷ *The wound soon healed.* Chneasaigh an chneá gan mhoill.

health n sláinte f4

healthy adj sláintiúil ▷ *Lesley's a healthy person.* Is duine sláintiúil í Lesley. ▷ *a healthy diet* cothú sláintiúil

heap n moll m1 ▷ *a rubbish heap* moll bruscair

hear vb cluin ▷ *He heard the dog bark.* Chuala sé tafann an mhadaidh. ▷ *I heard that she was ill.* Chuala mé go raibh sí tinn. ▷ *Did you hear the good news?* Ar chuala tú an dea-scéala?; **She can't hear very well.** Níl éisteacht mhaith aici.; **to hear about something** scéala a fháil faoi rud; **to hear from somebody** scéala a fháil ó dhuine ▷ *I haven't heard from him recently.* Ní bhfuair mé scéala uaidh le tamall.; **to hear confession** faoistin a éisteacht

heart n croí m4 ▷ *My heart's beating very fast.* Tá mo chroí ag preabadh go han-ghasta.; **to**

learn something by heart rud a fhoghlaim de ghlanmheabhair; **the ace of hearts** an t-aon hart

heart attack n taom m3 croí

heartbroken adj croíbhriste

heat n ❶ teas m3 ❷ (*of weather*) brothall m1 ❸ (*in sport*) dreas m3 cáilithe

▷ vb téigh ▷ *Heat gently for 5 minutes.* Téigh go réidh go ceann 5 bhomaite.

heat up vb téigh ▷ *He heated the soup up.* Théigh sé an t-anraith. ▷ *The water is heating up.* Tá an t-uisce á théamh.

heater n téitheoir m3 ▷ *an electric heater* téitheoir leictreach

heather n fraoch m1

heating n téamh m1; **central heating** téamh lárnach

heaven n neamh f2; **Good heavens!** a Thiarcais!

heavily adv go trom ▷ *The car was heavily loaded.* Bhí an carr lódáilte go trom. ▷ *He drinks heavily.* Ólann sé go trom.

heavy adj trom ▷ *This bag's very heavy.* Tá an mála seo an-trom. ▷ *heavy rain* fearthainn throm; **to be a heavy drinker** bheith i do phótaire mór

heavy goods vehicle n feithicil f2 earraí troma

Hebrides npl the Hebrides Inse Ghall

hectic adj corrach

he'd = he would; he had

hedge n fál m1

hedgehog n gráinneog f2
heel n sáil f2
height n airde f4 ▷ What height are you? Cén airde thú?
heir n oidhre m4
heiress n banoidhre m4
held vb see **hold**
helicopter n ingearán m1
hell n ifreann m1
he'll = **he will**; **he shall**
hello excl dia duit
helmet n clogad m1
help n cuidiú m ▷ Do you need any help? An bhfuil cuidiú ar bith de dhíth ort?
　▶ vb cuidigh le; **Help!** Tarrtháil!; **Help yourself!** Ith leat!; **He can't help it.** Níl neart aige air.
helpful adj ❶ cuidiúil ▷ He was very helpful. Bhí sé iontach cuidiúil. ❷ (obliging) garach ❸ (useful) úsáideach
hen n cearc f2
her pron ❶ í ▷ I saw her. Chonaic mé í. ▷ He sat next to her. Shuigh sé in aice léi. ▷ I'm older than her. Tá mé níos sine ná í.; **I gave her a book.** Thug mé leabhar di. ❷ (emphatic) ise ▷ I saw him but not her. Chonaic mé eisean ach ní fhaca mé ise.
　▶ adj a ▷ her coat a cóta ▷ her father a hathair ▷ her work a cuid oibre ▷ She's going to wash her hair. Tá sí ag dul a ní a cuid gruaige. ▷ She's hurt her foot. Ghortaigh sí a cos.
herb n luibh f2 ▷ What herbs do you use in this sauce? Cad iad na luibheanna a úsáideann tú san anlann seo?

here adv anseo ▷ I live here. Tá mé i mo chónaí anseo.; **here is ...** seo ... ▷ Here's Helen. Seo chugainn Helen. ▷ Here he is! Seo chugainn anois é!; **here are ...** seo ... ▷ Here are the books. Seo iad na leabhair.
heritage n dúchas m1
hero n laoch m1 ▷ He's a real hero! Is fíorlaoch é!
heroin n hearóin f2 ▷ Heroin is a hard drug. Is druga crua í hearóin.; **a heroin addict** andúileach hearóine ▷ She's a heroin addict. Is andúileach hearóine í.
heroine n banlaoch m1 ▷ the heroine of the novel banlaoch an úrscéil
hers pron a ceann seo aicise ▷ It's better than hers. Is fearr é na an ceann seo aicise.; **Whose is this? — It's hers.** Cé leis é seo? — Is léise é.; **a friend of hers** cara léi
herself pron ❶ sí féin ▷ She did it herself. Rinne sí féin é. ❷ í féin ▷ She's hurt herself. Ghortaigh sí í féin.; **She talked mainly about herself.** Labhair sí go príomha uirthi féin.; **by herself** léi féin ▷ She doesn't like travelling by herself. Ní maith léi a bheith ag taisteal léi féin.
hesitation n braiteoireacht f3; **without hesitation** gan amhras ar bith
heterosexual adj heitrighnéasach
hi excl hóigh

hiccups npl He's got the hiccups. Tá snag air.

hide vb folaigh ▷ He hid behind a bush. Chuaigh sé i bhfolach ar chúl toir. ▷ Paula hid the present. Chuair Paula an bronntanas i bhfolach.

hide-and-seek n to play hide-and-seek folacháin a dhéanamh

hideous adj urghránna

hi-fi n hi-fi m4

high adj ard ▷ 20 m high 20 m ar airde ▷ It's too high. Tá sé ró-ard. ▷ a high temperature teocht ard ▷ a high price praghas ard; **at high speed** ar ardluas; **It's very high in fat.** Tá cuid mhaith saille ann.; **to be high** (on drugs) bheith ar na ribí

higher education n oideachas m1 ardleibhéil

high-heeled adj faoi shála arda ▷ high-heeled shoes bróga faoi shála arda

high jump n léim f2 ard

highlight n buaicphointe m4 ▷ the highlight of the evening buaicphointe na hoíche; **highlights** (in hair) gealáin ▶ vb tabhair chun suntais

highlighter n peann m1 aibhsithe

high-rise adj high-rise flats árasáin ardéirí

high school n ❶ (grammar school) scoil f2 ghramadaí ❷ (US) ardscoil f2

hijack vb (plane) fuadaigh

hijacker n fuadaitheoir m3

hike n siúlóid f2

hiking n to go hiking dul ag

siúlóid

hilarious adj an-ghreannmhar ▷ It was hilarious! Bhí sé an-ghreannmhar.

hill n ❶ cnoc m1 ▷ She walked up the hill. Shiúil sí suas an cnoc. ❷ (on road) mala f4

hill-walking n cnocadóireacht f3

him pron ❶ é ▷ I saw him. Chonaic mé é. ▷ I gave him a book. Thug mé leabhar dó. ▷ She sat next to him. Shuigh sí in aice leis. ▷ I'm older than him. Tá mé níos sine ná é. ❷ (emphatic) eisean ▷ I saw him but not her. Chonaic mé eisean ach ní fhaca mé ise.

himself pron ❶ sé féin ▷ He did it himself. Rinne sé féin é. ❷ é féin ▷ He's hurt himself. Ghortaigh sé é féin.; **He talked mainly about himself.** Labhair sé go príomha air féin.; **by himself** leis féin ▷ He was travelling by himself. Bhí sé ag taisteal leis féin.

Hindu n Hiondúch m1 ▶ adj Hiondúch ▷ a Hindu temple teampall Hiondúch

hint n leid f2; **to drop a hint** leid bheag a thabhairt ▶ vb **to hint that** leid a thabhairt go ▷ He hinted that something was going on. Thug sé leid go raibh rud éigin ar siúl.; **What are you hinting at?** Cad é atá tú a rá?

hip n cromán m1

hippie n hipí m4

hippo n dobhareach m1

hippopotamus n dobhareach m1

hire n fostú m; **car hire** caranna ar cíos; **for hire** le ligean
▶ vb ❶ cuir ar cíos ▷ We hired a car on holiday. Fuaireamar carr ar cíos nuair a bhíomar ar saoire. ❷ (person) fostaigh ▷ They hired a cleaner. D'fhostaigh siad glantóir.

hire car n carr m ar cíos

his adj a ▷ his coat a chóta ▷ his father a athair ▷ He's cleaning his teeth. Tá sé ag glanadh a chuid fiacla. ▷ He's hurt his foot. Ghortaigh sé a chos.
▶ pron a ceann seo aigesean ▷ It's better than his. Is fearr é na an ceann seo aigesean.; **Whose is this? — It's his.** Cé leis é seo? — Is leis-sean é.; **a friend of his** cara leis

history n stair f2

hit vb ❶ buail ▷ Andrew hit him. Bhuail Andrew é. ▷ He was hit by a car. Buaileadh le carr é. ❷ (reach target) aimsigh ▷ The arrow hit the target. D'aimsigh an tsaighead an sprioc.; **to hit it off with somebody** réiteach le duine ón tús ▷ She hit it off with his parents. Réitigh sí lena thuismitheoirí ón tús.
▶ n ❶ buille m4 ❷ cnag m1 ▷ Madonna's latest hit an cnag is déanaí ag Madonna ❸ (on websites) amas m1; **It was a great hit.** (success) D'éirigh go geal leis.

hitch n constaic f2 ▷ There's been a slight hitch. Tá constaic bheag ann.

hitchhike vb bheith ag síobaireacht

hitchhiker n síobaire m4

hitchhiking n síobshiúl m1 ▷ Hitchhiking can be dangerous. Thig le síobshiúl a bheith contúirteach.

hi-tech adj ard-teicneolaíochta

hit man n feallmharfóir m3

HIV n VEID m1 (= víreas easpa imdhíonachta daonna) ▷ HIV-negative VEID-dhiúltach ▷ HIV-positive VEID-dhearfach

hive n coirceog f2

hobby n caitheamh m1 aimsire ▷ What are your hobbies? Cad iad na caithimh aimsire atá agat?

hockey n haca m4 ▷ I play hockey. Imrím haca.

hold vb coinnigh ▷ This bottle holds one litre. Coinníonn an buidéal seo lítear.; **She held the baby.** Bhí an babaí ina baclainn aici.; **to hold a meeting** cruinniú a thionól; **Hold the line!** (on telephone) Fan bomaite!; **Hold it!** (wait) Fan!; **to get hold of something** (obtain) rud a aimsiú ▷ I couldn't get hold of it. Ní raibh mé in ann é a aimsiú.

hold on vb ❶ (keep hold) coinnigh ort ❷ (wait) fan ▷ Hold on a minute! Fan ort go fóill!; **Hold on!** (on telephone) Fan bomaite!; **to hold on to something** greim a choinneáil ar rud ▷ He held on to the chair. Choinnigh sé greim ar an gcathaoir.

hold up vb ❶ (raise) ardaigh ▷ Peter held up his hand. D'ardaigh Peadar a lámh. ❷ (support) tacaigh le ❸ (delay) cuir moill ar ▷ I was held up at the office. Cuireadh moill orm ag an oifig. ❹ (rob) robáil

hold-up n ❶ (robbery) robáil f3 ❷ (delay) moill f2

hole n poll m1

holiday n ❶ saoire f4 ▷ Did you have a good holiday? An raibh saoire mhaith agat? ▷ our holiday in France ár saoire sa Fhrainc ❷ (public holiday) lá m saoire ▷ Next Monday is a holiday. Is lá saoire é an Luain seo chugainn. ❸ (day off) lá m saor ▷ He took a day's holiday. Ghlac sé lá saor.; **a holiday camp** campa saoire

holiday home n teach m saoire

Holland n an Ollainn f2 ▷ in Holland san Ollainn ▷ to Holland chun na hOllainne

hollow adj cuasach

holy adj ❶ naofa ❷ (water) coisricthe ❸ (ground) beannaithe

Holy Communion n an Chomaoineach f4 Naofa; **to receive Holy Communion** Comaoineach a ghlacadh

home n baile m4 ▷ What time did he get home? Cén t-am a bhain sé an baile amach?; **at home** sa bhaile ▷ Make yourself at home. Déan tú féin sa bhaile.

▷ adv sa bhaile ▷ I'll be home at 5 o'clock. Beidh mé sa bhaile ar a cúig.; **to get home** an baile a bhaint amach ▷ What time did he get home? Cén t-am a bhain sé an

baile amach?

home address n seoladh m baile ▷ What's your home address? Cén seoladh baile atá agat?

homeless adj gan dídean; **the homeless** na dítheabhaigh

home match n cluiche m4 baile

homeopathy n hoiméapaite f4

home page n leathanach m1 baile

homesick adj **to be homesick** cumha a bheith ort i ndiaidh an bhaile

homework n obair f2 bhaile ▷ Have you done your homework? An bhfuil d'obair bhaile déanta agat? ▷ my geography homework m'obair bhaile tíreolaíochta

homosexual adj homaighnéasach

▷ n homaighnéasach m1

honest adj ❶ ionraic ▷ She's a very honest person. Is duine an-ionraic í. ❷ (sincere) macánta ▷ He was very honest with her. Bhí sé an-mhacánta léi.

honestly adv ❶ go hionraic ❷ (sincerely) go macánta; **I honestly don't know.** Déanta na fírinne, níl a fhios agam.

honesty n ❶ ionracas m1 ❷ (sincerity) macántacht f3

honey n mil f3

honeymoon n mí f na meala

honour (US **honor**) n onóir f3

hood n ❶ (of jacket, coat) cochall m1 ❷ (US: of car) boinéad m1

hook n ❶ crúca m4 ▷ He hung the painting on the hook. Chroch sé

an phéintéireacht ar an gcrúca.
❷ *(for fishing)* duán *m1*; **to take the phone off the hook** an guthán a chur ar thon gafa

hooligan *n* maistín *m4*

hooray *excl* hurá

Hoover® *n* folúsghlantóir *m3*

hoover *vb* folúsghlan ▷ *She hoovered the lounge.* D'fholúsghlan sí an seomra suí.

hope *vb* **I hope that ...** Tá súil agam go ... ▷ *I hope he comes.* Tá súil agam go dtiocfaidh sé.; **to hope for something** bheith ag súil le rud ▷ *I'm hoping for good results.* Tá mé ag súil le torthaí maithe.; **I hope so.** Tá súil agam sin.; **I hope not.** Tá súil agam nach amhlaidh sin.
▶ *n* dóchas *m1*; **to give up hope** dóchas a chailleadh ▷ *Don't give up hope!* Ná caill do dhóchais!

hopeful *adj* dóchasach ▷ *I'm hopeful.* Tá mé dóchasach. ▷ *He's hopeful of winning.* Tá sé dóchasach go mbeidh an bua aige.

hopefully *adv* le cuidiú Dé
▷ *Hopefully he'll make it in time.* Beidh sé ann in am, le cuidiú Dé.

hopeless *adj* ❶ *(without hope)* gan dóchas ❷ *(very bad)* gan mhaith
▷ *I'm hopeless at maths.* Tá mé gan mhaith ag mata.

horizon *n* bun *m1* na spéire

horizontal *adj* cothrománach

horn *n* ❶ *(of animal, car)* adharc *f2*
▷ *He sounded his horn.* Shéid sé an adharc. ❷ corn *m1* ▷ *I play the horn.* Seinnim ar an gcorn.

horoscope *n* tuismeá *f4*

horrible *adj* uafásach ▷ *What a horrible dress!* A leithéid de ghúna uafásach!

horrid *adj* gránna

horrify *vb* cuir uafás ar; **to be horrified** uafás a bheith ort

horrifying *adj* uafásach

horror *n* uafás *m1*

horror film *n* scannán *m1* uafáis

horse *n* capall *m1*

horse-racing *n* rásaíocht *f3* chapall

horseshoe *n* crú *m4* capaill

hose *n* píobán *m1* ▷ *a garden hose* píobán gairdín

hosepipe *n* píobán *m1*

hospital *n* otharlann *f2* ▷ *Take me to the hospital.* Tóg chun na hotharlainne mé.; **in hospital** san otharlann

hospitality *n* flaithiúlacht *f3*

host *n* óstach *m1* ▷ *Don't forget to write and thank your hosts.* Ná déan dearmad scríobh le buíochas a ghabháil le d'óstaigh.

hostage *n* giall *m1*; **to take somebody hostage** duine a ghabháil ina ghiall

hostel *n* brú *m4*; **a youth hostel** brú óige

hostile *adj* naimhdeach

hot *adj* ❶ te ▷ *a hot bath* folcadh te ▷ *I'm hot.* Tá mé te. ▷ *It's hot.* Tá sé te. ❷ *(spicy)* teobhlasta ▷ *a very hot curry* curaí an-teobhlasta

hot dog *n* brocaire *m4* te

hotel *n* óstán *m1* ▷ *We stayed in a*

hotel. D'fhan muid in óstán.

hotspot n (forWi-Fi) ball m te

hour n uair f2 an chloig; **on the hour** ar bhuille na huaire; **He walked for hours.** Shiúil sé ar feadh na n-uaireanta.; **a quarter of an hour** ceathrú uaire; **half an hour** leathuair; **two and a half hours** dhá uair go leith

hourly adj, adv in aghaidh na huaire ▷ There are hourly buses. Bíonn busanna in aghaidh na huaire ann.; **to be paid hourly** pá a fháil de réir na huaire

house n teach m ▷ Our house is at the end of the road. Tá teach s'againne ag bun na sráide. ▷ We stayed at their house. D'fhan muid i dteach s'acusan.

housewife n bean f tí ▷ She's a housewife. Is bean tí í.

housework n obair f2 tí; **to do the housework** an obair tí a dhéanamh

hovercraft n árthach m1 foluaineach

how adv cad é mar; **How are you?** Cad é mar atá tú?; **How do you do?** Dia duit.; **How far is it to ...?** Cá fhad atá sé go ...?; **How long have you been here?** Cá fhad atá tú anseo?; **How many?** Cá mhéad? ▷ How many pupils are there in the class? Cá mhéad dalta atá sa rang?; **How much?** Cá mhéad? ▷ How much sugar do you want? Cá mhéad siúcra atá tú a iarraidh?; **How old are you?** Cén aois tú?

however conj ach ▷ This, however, isn't true. Ach, ní fíor é.

howl vb lig glam asat

HTML n HTML ▷ an HTML document cáipéis HTML

hug n barróg f2 ▷ She gave them a hug. Rug sí barróg orthu.
  ▶ vb beir barróg ar ▷ He hugged her. Rug sé barróg uirthi.

huge adj ollmhór

hum vb (tune) bheith ag drantán

human adj daonna ▷ the human body corp an duine; **a human being** neach daonna

humble adj umhal

humour (US humor) n ❶ greann m1; **to have a sense of humour** tuiscint don ghreann a bheith agat ❷ (mood) giúmar m1

hundred num céad

  céad is followed by a singular noun.

  ▷ a hundred miles céad míle; **five hundred** cúig chéad; **five hundred and one** cúig chéad is a haon; **hundreds of people** na céadta duine

hung vb see **hang**

Hungarian adj Ungárach m1
  ▷ She's Hungarian. Is Ungárach í.
  ▶ n ❶ Ungárach m1 ❷ (language) Ungáiris f2

Hungary n an Ungáir f2 ▷ in Hungary san Ungáir ▷ to Hungary chun na hUngáire

hunger n ocras m1

hungry adj ocrach; **to be hungry** ocras a bheith ort ▷ I'm hungry. Tá ocras orm.

hunt vb ❶ seilg ▷ *People used to hunt wild boar.* Ba ghnách le daoine tiorc allta a sheilg. ❷ dul sa tóir ar ▷ *The police are hunting the killer.* Tá na póilíní sa tóir ar an marfóir.; **to hunt for something** (*search*) cuir cuardach ar ▷ *I hunted everywhere for that book.* Chuardaigh mé gach áit ar lorg an leabhair sin.

hunting n seilg f2 ▷ *I'm against hunting.* Tá mé in éadan na seilge.; **fox-hunting** sealgaireacht sionnach

hurdle n ❶ (*in sport*) cliath f2 ❷ (*obstacle*) bac m1

hurling n iománaíocht f3; **a hurling stick** camán

hurricane n hairicín m4

hurry n deifir f2; **to be in a hurry** deifir a bheith ort ▷ *I am in a hurry.* Tá deifir orm.; **to do something in a hurry** rud a dhéanamh faoi dheifir; **There's no hurry.** Níl aon deifir leis.
▶ vb déan deifir ▷ *Sharon hurried back home.* Rinne Sharon deifir ar ais chun an bhaile.; **Hurry up!** Déan deifir!

hurt vb (*cause pain to*) gortaigh; **to hurt somebody (1)** (*physically*) duine a ghortú ▷ *You're hurting me!* Tá tú do mo ghortú! **(2)** (*emotionally*) goilleadh ar dhuine ▷ *His remarks really hurt me.* Ghoill a chuid cainte go mór orm.; **to hurt oneself** tú féin a ghortú ▷ *I fell over and hurt myself.* Thit mé agus ghortaigh mé

mé féin.
▶ adj gortaithe ▷ *Is he badly hurt?* An bhfuil sé gortaithe go dona? ▷ *Luckily, nobody was hurt.* Ar an dea-uair níor gortaíodh aon duine.

husband n fear m1 céile

hut n ❶ both f3 ❷ (*shed*) bothán m1

hymn n iomann m1

hyperlink n hipearnasc m

hypermarket n hipearmhargadh m1

hyphen n fleiscín m4

I pron ① mé ▷ *I came in.* Tháinig mé isteach. ▷ *I am a teacher.* Is múinteoir mé. ▷ *I was injured.* Gortaíodh mé. ② *(emphatic)* mise ▷ *I'm the oldest in the family.* Mise is sine sa chlann. ▷ *Ann and I* mise agus Áine

ice n ① oighear m1 ▷ *There was ice on the lake.* Bhí oighear ar an loch. ② *(on road)* sioc m3

iceberg n cnoc m1 oighir

Word for word, this means 'hill of ice'.

ice cream n uachtar m1 reoite ▷ *vanilla ice cream* uachtar reoite fanaile

ice cube n ciúb m1 oighir

ice hockey n haca m4 oighir

Iceland n an Íoslainn f2 ▷ *in Iceland* san Íoslainn ▷ *to Iceland* chun na

ice lolly n líreachán m1 reoite

ice rink n rinc f2 oighir

ice-skating n scátáil f3 oighir; **to go ice-skating** dul ag scátáil oighir

icing n reoán m1; **icing sugar** siúcra reoáin

icon n *(computing)* deilbhín m4

ICT n *(= information and communications technology)* teicneolaíocht f3 an eolais

icy adj sioctha ▷ *The roads are icy.* Tá na bóithre sioctha.; **There was an icy wind.** Bhí gaoth pholltach ann.

idea n smaoineamh m1 ▷ *It's a good idea.* Smaoineamh maith atá ann.; **I've no idea.** Níl barúil agam.

ideal adj idéalach

identical adj comhionann

identification n aitheantas m1

identify vb sainaithin

identity card n cárta m4 aitheantais

idiot n amadán m1

idiotic adj amaideach

idle adj *(lazy)* falsa

idol n *(pop star, film star)* dia m beag

i.e. abbr *(= id est)* i.e.

if conj ① *(with present and past)* má ▷ *You can have it if you like.* Tig leat é a bheith agat más maith leat. ② *(with conditional)* dá ▷ *I would buy it if I had the money.* Cheannóinn é dá mbeadh an t-airgead agam.; **if so** más amhlaidh atá; **if not** murab amhlaidh atá ▷ *Are you coming? If not, I'll go with Mark.*

An bhfuil tú ag teacht? Murab amhlaidh atá, rachaidh mé le Marc.; **If only I'd known!** Dá mbeadh a fhios agam!

ignorant adj aineolach

ignore vb déan neamhiontas de; **to ignore somebody** neamhaird a thabhairt ar dhuine ▷ *She saw me but she ignored me.* Chonaic sí mé ach rinne sí neamhshuim díom.; **Just ignore him!** Déan neamhaird de!; **to ignore somebody's advice** dul thar chomhairle duine ▷ *She ignored my advice.* Níor éist sí le mo chomhairle.

ill adj (sick) tinn; **to be taken ill** éirí tinn ▷ *She was taken ill last night.* D'éirigh sí tinn aréir.

I'll = I will, I shall

illegal adj mídhleathach

illegible adj doléite

illness n tinneas m1

ill-treat vb **to ill-treat somebody** drochíde a thabhairt do dhuine

illusion n seachmall m1

illustration n (in book) léaráid f2

image n íomhá f4

imagination n samhlaíocht f3

imagine vb samhlaigh ▷ *You can imagine how I felt!* Samhlaigh cad é mar a mhothaigh mé!; **I imagine so.** (suppose) Déarfainn é.

imitate vb déan aithris ar

imitation n aithris f2

immediate adj láithreach

immediately adv láithreach bonn ▷ *I'll do it immediately.* Déanfaidh mé láithreach bonn é.

immigrant n inimirceach m1

immigration n inimirce f4

immoral adj mímhorálta

impartial adj neamhchlaon

impatience n mífhoighne f4

impatient adj mífhoighneach; **to get impatient** foighne a chailleadh ▷ *People are getting impatient.* Tá daoine ag cailleadh na foighne.

impatiently adv go mífhoighneach ▷ *We waited impatiently.* D'fhan muid go mífhoighneach.

impersonal adj neamhphearsanta

import vb iompórtáil

importance n tábhacht f3

important adj tábhachtach

impossible adj dodhéanta

impress vb téigh i bhfeidhm ar ▷ *She's trying to impress you.* Tá sí ag iarraidh dul i bhfeidhm ort.

impression n tuairim f2; **to be under the impression that** bheith den bharúil go

impressive adj mórthaibhseach

improve vb ❶ feabhsaigh ▷ *They have improved the service.* Tá an tseirbhís feabhsaithe acu. ❷ (learner) déan dul chun cinn ▷ *His school work has improved.* Tá dul chun cinn déanta aige san obair scoile. ❸ (health) bisigh

improvement n ❶ feabhas m ▷ *It's a great improvement.* Feabhas mór atá ann. ▷ *There's been an improvement in his French.* Tá feabhas mór tagtha ar a chuid Fraincise. ❷ (*in health*) biseach *m1*

n *prep*

There are several ways of translating 'in'. Look at the examples to find one that is similar to what you want to say. For other expressions with 'in', see the verbs 'go', 'come', 'get', 'give' etc.

i ▷ *in Cork* i gCorcaigh ▷ *in England* i Sasana ▷ *in May* i mí Bhealtaine ▷ *I did it in 3 hours.* Rinne mé i dtrí huaire an chloig é.

■ **i** changes to **in** before a vowel. ▷ *in Ireland* in Éirinn

■ **i + an** changes to **sa** before a noun beginning with a consonant

▷ *in the house* sa teach ▷ *in the garden* sa ghairdín ▷ *in summer* sa samhradh ▷ *20 pence in the pound* fiche pingin sa phunt ▷ *the best pupil in the class* an dalta is fearr sa rang

■ **i + an** changes to **san** before a noun beginning with a vowel. ▷ *in spring* san earrach ▷ *in the west* san iarthar

■ **i + na** changes to **sna**. ▷ *in the United States* sna Stáit Aontaithe ▷ *number one in the charts* ar uimhir a haon sna cairteacha; **in the country** faoin tuath; **in here** istigh anseo; **at 4 o'clock in the afternoon** ar a ceathair a chlog tráthnóna; **in a loud voice** de ghlór ard; **in pencil**

le peann luaidhe; **in French** as Fraincis; **in the sun** faoin ngrian; **the best team in the world** an fhoireann is fearr ar domhan; **in time** (*punctual*) in am

▶ *adv* (*in fashion*) san fhaisean; **to be in** (*at home*) bheith ann ▷ *He wasn't in.* Ní raibh sé ann.

inaccurate *adj* míchruinn

inadequate *adj* easnamhach

inbox *n* post *m* isteach

incentive *n* spreagadh *m*

inch *n* orlach *m1*; **6 inches** sé horlaí

incident *n* eachtra *f4*

inclined *adj* **to be inclined to do something** claonadh a bheith ionat rud a dhéanamh ▷ *He's inclined to arrive late.* Tá claonadh ann teacht mall.

include *vb* cuir san áireamh ▷ *Service is not included.* Níl seirbhís san áireamh.

including *prep* san áireamh ▷ *It will be 200 euros, including tax.* Beidh 200 euro air, cáin san áireamh.

inclusive *adj* cuimsitheach ▷ *The inclusive price is 200 euros.* Is é 200 euro an praghas cuimsitheach.; **inclusive of tax** cáin san áireamh

income *n* ioncam *m1*

income tax *n* cáin *f* ioncaim

incompetent *adj* neamhinniúil

incomplete *adj* neamhiomlán

inconsistent *adj* neamhréireach

inconvenient *adj* míchaoithiúil ▷ *That's very inconvenient for me.* Tá sin iontach míchaoithiúil agam.

incorrect *adj* mícheart

increase n ❶ ardú m ▷ an increase in road accidents ardú ar líon na dtimpistí bóthair ❷ (in population) méadú m
  ▶ vb méadaigh

incredible adj dochreidte

indecisive adj (person) éideimhin

indeed adv go deimhin ▷ Indeed, I will not go. Go deimhin, ní rachaidh mé.; **It's very hard indeed.** Tá sé an-chrua ar fad.; **Yes indeed!** Cinnte!; **Know what I mean? — Indeed I do.** An dtuigeann tú an rud atá i gceist agam. —Tuigim cinnte.; **Thank you very much indeed!** Go raibh céad maith agat!

independence n neamhspleáchas m1

independent adj neamhspleách ▷ an independent school scoil neamhspleách

index n (in book) innéacs m4

index finger n corrmhéar f2

India n an India f4 ▷ in India san India ▷ to India chun na hIndia

Indian adj Indiach
  ▶ n Indiach m1; **an American Indian** Indiach Dearg

indicate vb léirigh

indicator n treoir f

indigestion n mí-dhíleá m4 ▷ I've got indigestion. Tá mí-dhíleá orm.

individual adj aonair ▷ individual skills scileanna aonair

Indonesia n an Indinéis f2

indoor adj faoi dhíon ▷ an indoor swimming pool linn snámha faoi dhíon

indoors adv taobh istigh ▷ They're indoors. Tá siad taobh istigh.; **to go indoors** dul isteach ▷ We'd better go indoors. B'fhearr dúinn dul isteach.

industrial adj tionsclaíoch

industry n tionscal m1 ▷ the tourist industry tionscal na turasóireachta ▷ the oil industry tionscal na hola

inefficient adj neamhéifeachtach

inevitable adj dosheachanta

inexperienced adj gan taithí

infant school n naíscoil f2 ▷ He's just started at infant school. Tá sé díreach i ndiaidh tosú ar an naíscoil.

infection n ionfhabhtú m ▷ an ear infection ionfhabhtú cluaise

infectious adj tógálach ▷ It's not infectious. Níl sé tógálach.

infinitive n infinideach m1

infirmary n otharlann f2

inflatable adj inséidte

inflation n boilsciú m

influence n tionchar m1 ▷ He's a bad influence on her. Imríonn sé drochthionchar uirthi.
  ▶ vb téigh i bhfeidhm ar

influenza n fliú m4

inform vb to inform somebody of something rud a insint do dhuine ▷ Nobody informed me of the new plan. Níor inis duine ar bith dom faoin phlean úr.

informal adj neamhfhoirmiúil

information n eolas m1 ▷ important information eolas tábhachtach

information office n oifig f2 eolais

infuriating adj mearaitheach

ingenious adj intleachtach

ingredient n comhábhar m1

inhabitant n áitritheoir m3

inhaler n análóir m3

inherit vb faigh mar oidhreacht
▷ She inherited her father's house.
Fuair sí teach a hathar le
hoidhreacht.

initials npl ❶ mórlitreacha fpl
bloic ❷ (as signature) inisealacha
mph1

initiative n tionscnamh m1

inject vb insteall

injection n instealladh m

injure vb gortaigh

injured adj gortaithe

injury n gortú m

injury time n (in sport) am m3
cúitimh

injustice n éagóir f3

ink n dúch m1

in-laws npl gaolta mph1
cleamhnais

inn n teach m ósta

inner adj inmheánach

inner city n ionchathair f

inner tube n (of tyre) tiúb f2

innocent adj ❶ (not guilty)
neamhchiontach ❷ (naive)
soineanta

inquest n ionchoisne m4

inquire vb fiafraigh; to inquire
about something fiafraí a
dhéanamh faoi rud ▷ I am going
to inquire about train times. Tá mé
ag dul a fhiafraí na n-amanna
traenach.

inquiries office n oifig f2
fhiosraithe

inquiry n ❶ ceist f2; to make
inquiries about something
ceisteanna a chur faoi rud
❷ (investigation) fiosrúchán m1;
'inquiries' 'fiosrúcháin'

inquisitive adj fiosrach

insane adj to be insane bheith as
do mheabhair

inscription n inscríbhinn f2

insect n feithid f2

insect repellent n éarthach m1
feithide

insensitive adj fuarchroíoch

insert vb ionsáigh

inside n taobh m1 istigh
▷ adv ❶ (be) istigh ▷ They're inside.
Tá siad istigh. ❷ (go) isteach; to
go inside gabh isteach; Come
inside! Tar isteach!
▷ prep istigh i ▷ inside the house
istigh sa teach; inside 10 minutes
taobh istigh de 10 nóiméad

insincere adj bréagach

insist vb to insist on something
seasamh ar rud; to insist that
dearbhú go ▷ He insisted that he
was innocent. Dhearbhaigh sé go
raibh sé neamhchiontach.

inspector n cigire m4; ticket
inspector (on trains) cigire ticéid

instalment n glasíoc m3; in
instalments (pay) ina ghálaí

instance n cás m1; for instance
cuir i gcás

instant adj láithreach ▷ It was
an instant success. Bhí rath air

láithreach.; **instant coffee** caife gasta

instantly *adv* ar an toirt

instead *adv* ina áit; **instead of** in áit ▷ *He went instead of Peter.* Chuaigh sé in áit Pheadair. ▷ *We played tennis instead of going swimming.* D'imir muid leadóg in áit dul ag snámh.

instinct *n* instinn *f2*

institute *n* institiúid *f2*

institution *n* institiúid *f2*

instruct *vb* teagasc; **to instruct somebody to do something** ordú a thabhairt do dhuine rud a dhéanamh ▷ *She instructed us to wait outside.* Thug sí ordú dúinn fanacht taobh amuigh.

instructions *npl* ❶ (*orders*) orduithe *mpl* ❷ (*for use*) treoracha *fpl* ▷ *Where are the instructions?* Cá bhfuil na treoracha? ▷ *Follow the instructions carefully.* Lean na treoracha go cúramach.

instructor *n* teagascóir *m3* ▷ *a skiing instructor* teagascóir sciála ▷ *a driving instructor* teagascóir tiomána

instrument *n* uirlis *f2*

insufficient *adj* easpach

insulin *n* inslin *f2*

insult *n* masla *m4*
　▶ *vb* maslaigh

insurance *n* árachas *m1* ▷ *life insurance* árachas saoil; **an insurance policy** polasaí árachais

intelligent *adj* cliste

intend *vb* **to intend to do something** bheith ag brath rud a dhéanamh ▷ *I intend to do medicine at university.* Tá mé ag brath leigheas a dhéanamh ar an ollscoil.

intense *adj* ❶ (*intensive*) dian ❷ (*person*) díograiseach

intensive *adj* dian

intention *n* rún *m1* ▷ *She had no intention of doing it.* Ní raibh lá rúin aici é a dhéanamh.

intercom *n* idirchum *m4*

interest *n* ❶ spéis *f2* ▷ *She showed no interest in maths.* Níor léirigh sí spéis ar bith sa mhata.; **my main interest** (*pastime*) an caitheamh aimsire is mó agam ❷ ús *m1* ▷ *The interest rate on his credit card was very high.* Bhí an ráta úis ar a chárta creidmheasa iontach ard.
　▶ *vb* **Music doesn't interest her.** Níl aon spéis sa cheol aici.; **to be interested in something** spéis a bheith agat i rud ▷ *I'm not interested in politics.* Níl spéis agam sa pholaitíocht.

interesting *adj* spéisiúil

interface *n* (*computing*) comhéadan *m1*

interior *adj* inmheánach

interior designer *n* dearthóir *m3* intí

intermediate *adj* ❶ idirmheánach ▷ *an intermediate school* scoil idirmheánach ❷ (*course, level*) meán-

internal *adj* inmheánach

international *adj* idirnáisiúnta

internet n an tIdirlíon m1 ▷ on the internet ar an Idirlíon

internet café n caife m4 idirlín

internet user n úsáideoir m3 idirlín

interpret vb teangaireacht a dhéanamh ▷ Steve interpreted for his friend. Rinne Stiofán teangaireacht dá chara.

interpreter n ateangaire m4

interrupt vb ❶ trasnaigh ▷ Don't keep interrupting the speaker like that. Ná bí ag trasnú ar an gcainteoir mar sin. ❷ (in conversation) bris isteach ar ❸ (work) cuir isteach ar ❹ (in computing) idirbhris

interruption n briseadh m isteach

interval n (in play, concert) eadarlúid f2

interview n agallamh m1
▷ vb cuir faoi agallamh ▷ I was interviewed on the radio. Cuireadh faoi agallamh mé ar an raidió.

interviewer n agallóir m3

intimate adj ❶ (close) dlúth ❷ (knowledge) mion-

into prep isteach i ▷ He got into the car. Chuaigh sé isteach sa charr. ▷ I'm going into town. Tá mé ag dul isteach sa bhaile.; **Translate the poem into Irish.** Cuir Gaeilge ar an dán.; **She's into astrology.** Tá dúil aici san astralaíocht.; **Four into seven won't go.** Níl seacht inroinnte ar a ceathair.; **The cost will run into millions of euros.** Beidh costas na milliún euro air.

introduce vb ❶ (TV show) cuir i láthair ❷ (people to each other) cuir in aithne dá chéile ▷ He introduced me to his parents. Chuir sé i dthuismitheoirí in aithne dom.

introduction n ❶ (to person) cur m1 in aithne ❷ (in book) réamhrá m4

intruder n foghlaí m4

intuition n iomas m1

invade vb déan ionradh ar

invalid n easlán m1
▷ adj neamhbhailí

invent vb ❶ (make up) cum ❷ (discover) fionn

invention n aireagán m1

inventor n fionnachtaí m4

inverted commas npl uaschamóga fpl2

investigation n (police) fiosrú m

investment n infheistíocht f3

invigilator n feitheoir m3

invisible adj dofheicthe

invitation n cuireadh m1

invite vb tabhair cuireadh do ▷ He's not invited. Níor tugadh cuireadh dó.; **to invite somebody to a party** cuireadh a thabhairt do dhuine chuig cóisir

invoice n sonrasc m1

involve vb bain le ▷ His job involves a lot of travelling. Tá cuid mhaith taistil ag baint lena phost.; **to be involved in something** (crime, drugs) bheith gafa le rud; **to be involved with somebody** (in relationship) bheith i gcumann le duine

a
b
c
d
e
f
g
h
i
j
k
l
m
n
o
p
q
r
s
t
u
v
w
x
y
z

iPod® *n* iPod® *m*

IQ *n* (= *intelligence quotient*) SI *f* (= *sainuimhir intleachta*)

Iran *n* an Iaráin *f2* ▷ *in Iran* san Iaráin

Iranian *n* Iaránach; **the Iranians** muintir na hIaráine
  ▶ *adj* Iaránach

Iraq *n* an Iaráic *f2* ▷ *in Iraq* san Iaráic

Iraqi *n* Iarácach; **the Iraqis** muintir na hIaráice
  ▶ *adj* Iarácach ▷ *the Iraqi government* rialtas na hIaráice

Ireland *n* Éire *f* ▷ *in Ireland* in Éirinn ▷ *to Ireland* go hÉirinn ▷ *I'm from Ireland.* Is as Éirinn mé,

Irish *adj* Gaelach ▷ *Irish music* ceol gaelach
  ▶ *n* (*language*) Gaeilge *f4*; **an Irish speaker** Gaeilgeoir; **the Irish** (*people*) na hÉireannaigh

Irish-American *adj* Gael-Mheiriceánach
  ▶ *n* Gael-Mheiriceánach *m1*

Irishman *n* Éireannach *m1*

Irish Republic *n* Poblacht *f3* na hÉireann

Irish Sea *n* Muir *f3* Éireann

Irishwoman *n* Éireannach *m1* mná

iron *n* iarann *m1*
  ▶ *vb* (*clothes*) iarnáil

ironic *adj* íorónta

ironing *n* iarnáil *f3*; **to do the ironing** an iarnáil a dhéanamh

ironing board *n* bord *m1* iarnála

ironmonger's *n* siopa *m4* iarnmhangaire

irrelevant *adj* neamhábhartha
  ▷ *That's irrelevant.* Tá sin neamhábhartha.

irresponsible *adj* ❶ (*act*) meargánta ❷ (*person*) gan stuaim ▷ *She's so irresponsible!* Nach í atá gan stuaim!

irritating *adj* bearránach

is *vb see* **be**

Islam *n* Ioslamachas *m1*

Islamic *adj* Ioslamach ▷ *Islamic law* dlí Ioslamach ▷ *Islamic fundamentalists* bunúsaithe Ioslamacha

island *n* oileán *m1*

isle *n* inis *f2*; **the Isle of Man** Oileán Mhanann; **the Isle of Wight** Inis Iocht

isolated *adj* (*place*) iargúlta

ISP *n* (= *internet service provider*) ISP

Israel *n* Iosrael *m4* ▷ *in Israel* in Iosrael

Israeli *adj* Iosraelach
  ▶ *n* Iosraelach *m1*

issue *n* ❶ ceist *f2* ▷ *a controversial issue* ceist chonspóideach ❷ (*of magazine*) eagrán *m1* ▷ *in the latest issue of ...* san eagrán is déanaí de ..
  ▶ *vb* ❶ (*supplies*) tabhair amach ❷ (*statement*) eisigh

IT *abbr* (= *information technology*) teicneolaíocht *f3* an eolais

it *pron* ❶ (*subject*) sé ▷ *It's on the table.* Tá sé ar an mbord. ❷ (*direct object*) é ▷ *It's a good film. Did you see it?* Is scannán maith é. An bhfaca tú é? ▷ *I don't want this apple. Take it.* Níl mé ag iarraidh ar úll seo. Glac é.; **It's raining.** Tá sé ag cur fearthainne.; **It's Friday tomorrow.** Amárach an Aoine.; **It's 6 o'clock.** Tá sé a sé a chlog.; **Who is it? — It's me.** Cé atá ann? — Mise.

Italian *adj* Iodálach
▶ *n* ❶ Iodálach *m1* ❷ (*language*) Iodáilis *f2*

italics *npl* cló *m4* iodálach

Italy *n* an Iodáil *f2* ▷ *in Italy* san Iodáil ▷ *to Italy* chun na hIodáile

itch *vb* tochas a bheith i ▷ *My head's itching.* Tá tochas i mo cheann.; **I'm itching to go.** Táim ar bís le dul.

itchy *adj* tochasach; **to be itchy** tochas a bheith ionat ▷ *My arm is itchy.* Tá tochas i mo lámh.

item *n* mír *f2*

itinerary *n* cúrsa *m4* taistil

its *adj* a ▷ *What's its name?* Cén t-ainm atá air? ▷ *The dog is losing its hair.* Tá an madadh ag cailleadh a chuid gruaige.

itself *pron* é féin ▷ *The heating switches itself off.* Imíonn an teas as é féin.

I've = **I have**

jab *n* (*injection*) instealladh *m*

jack *n* ❶ (*for car*) seac *m1* ❷ (*playing card*) cuireata *m4*

jacket *n* seaicéad *m1*; **jacket potatoes** prátaí faoina gcraiceann

jackpot *n* an pota *m4* óir; **to win the jackpot** an duais mhór a bhuachan

jail *n* príosún *m1*; **to go to jail** príosún a fháil
▶ *vb* cuir i bpríosún

jam *n* subh *f2* ▷ *strawberry jam* subh sútha talún; **a traffic jam** tranglam tráchta

jam jar *n* próca *m4* suibhe

jammed *adj* (*stuck*) greamaithe ▷ *The window's jammed.* Tá an fhuinneog greamaithe.

jam-packed *adj* plódaithe; **The room was jam-packed.** Bhí an seomra lán ó chúl go doras.

janitor n airíoch m1 ▷ He's a janitor. Is airíoch é.

January n Eanáir m4; **in January** i mí Eanáir

Japan n an tSeapáin f2 ▷ in Japan sa tSeapáin ▷ from Japan ón tSeapáin

Japanese adj Seapánach
▶ n ❶ Seapánach m1 ❷ (language) Seapáinis f2; **the Japanese** (people) na Seapánaigh

jar n próca m4 ▷ an empty jar próca folamh ▷ a jar of honey próca meala

jaundice n na buíocháin mpl1

javelin n ga m4

jaw n giall m1

jazz n snagcheol m1

jealous adj éadmhar; **to be jealous of somebody** bheith in éad le duine

jeans npl bríste m4 géine

Jehovah's Witness n Finné m4 Iáivé ▷ She's a Jehovah's Witness. Is ball d'Fhinnéithe Iáive é.

Jello® n (US) glóthach f2

jelly n glóthach f2

jellyfish n smugairle m4 róin

jersey n (pullover) geansaí m4

Jesus n Íosa m4

jet n (plane) scairdeitleán m1

jet lag n tuirse f4 aerthaistil; **to be suffering from jet lag** tuirse aerthaistil a bheith ort

jetty n lamairne m4

Jew n Giúdach m1

jewel n seoid f2

jeweller (US **jeweler**) n seodóir m3 ▷ He's a jeweller. Is seodóir é.

jeweller's shop (US **jeweler's shop**) n siopa m4 seodóra

jewellery (US **jewelry**) n seodra m4

Jewish adj Giúdach

jigsaw n míreanna fpl2 mearaí

job n jab m4 ▷ He's lost his job. Tá a jab caillte aige. ▷ I've got a Saturday job. Tá jab Sathairn agam. ▷ That was a difficult job. Bhí an jab sin deacair.

job centre n malartán m1 fostaíochta

jobless adj dífhostaithe

jockey n jacaí m4

jogging n bogshodar m1; **to go jogging** dul ag bogshodar

john n (US) leithreas m1

join vb ❶ (become member of) cláraigh le ▷ I'm going to join the ski club. Tá mé chun clárú sa chlub sciála. ❷ (queue, army, police) téigh i ❸ (go along with) téigh in éineacht le; **Do you mind if I join you?** An cuma leat má shuím isteach leat?

joiner n siúinéir m3 ▷ He's a joiner. Is siúinéir é.

joint n ❶ (in body) alt m1 ❷ (of meat) spóla m4 ❸ (of cannabis) rífear m1

joke n scéal m1 grinn; **to tell a joke** scéal grinn a insint; **What a joke!** Cúis gháire chugainn!
▶ vb **You're joking!** Ag magadh atá tú!; **to joke about something** magadh a dhéanamh faoi rud

jolly adj ❶ (merry) meidhreach

② (*pleasant*) suairc

Jordan n an Iordáin f2 ▷ *in Jordan* san Iordáin

jot down vb breac síos

jotter n cóipleabhar m1

journalism n iriseoireacht f3

journalist n iriseoir m3 ▷ *She's a journalist.* Is iriseoir í.

journey n turas m1 ▷ *I don't like long journeys.* Ní maith liom turas fada. ▷ *The journey to school takes about half an hour.* Tógann an turas go dtí an scoil tuairim leathuair an chloig. ▷ *a bus journey* turas bus; **to go on a journey** dul ar turas

joy n áthas m1

joystick n (*for computer game*) luamhán m1 stiúrtha

judge n **①** (*law*) breitheamh m1 ▷ *She's a judge.* Is breitheamh í. **②** (*sport*) moltóir m3 ▶ vb **①** (*estimate*) meas **②** (*law*) tabhair breith ar **③** (*sport*) déan moltóireacht ar

judo n júdó m4 ▷ *My hobby is judo.* Júdó an caitheamh aimsire atá agam.

jug n crúsca m4

juggler n lámhchleasaí m4

juice n sú f4 ▷ *orange juice* sú oráiste

July n Iúil m4; **in July** i mí Iúil

jumble sale n reic m3 manglaim

jump vb léim ▷ *The cat jumped over the wall.* Léim an cat thar an mballa. ▷ *The dog jumped out of the window.* Léim an madra amach an fhuinneog.

jumper n (*pullover*) geansaí m4

junction n (*of roads*) gabhal m1

June n Meitheamh m1; **in June** i mí Meithimh

jungle n dufair f2

junior n sóisear m1 ▷ *the juniors (in school)* na sóisir

junior school n scoil f2 shóisearach

junk n (*rubbish*) bruscar m1; **The attic's full of junk.** Tá an t-áiléar lán de sheanmhangarae.; **to eat junk food** bia beagmhaitheasa a chaitheamh; **a junk shop** siopa mangarae

jury n giúiré m4

just adv **just right** go díreach ceart; **He had just done it.** Ní mó ná go raibh sé déanta aige.; **just after Christmas** go díreach i ndiaidh na Nollag; **We had just enough money.** Bhí ár ndóthain airgid againn ach gan dada thairis.; **just in time** go díreach in am; **I'm rather busy just now.** Tá mé sórt gnóthach i láthair na huaire.; **I did it just now.** Anois féin a rinne mé é.; **He's just arrived.** Tá sé díreach tagtha.; **I'm just coming!** Beidh mé leat anois!; **It's just a mistake.** Níl ann ach meancóg.; **She's just as clever as you.** Tá sí lán chomh cliste leatsa.

justice n ceart m1

justify vb (*typed text*) comhfhadaigh

k

kangaroo n cangarú m4

karaoke n cáirióice m4

karate n karate m4

kebab n ceibeab m4

keen adj díograiseach ▷ He doesn't seem very keen. Níl cuma ródhíograiseach air.; **I'm keen on maths.** Is breá liom mata.; **to be keen on somebody** (fancy them) tóir a bheith agat ar dhuine; **to be keen on something** dúil mhór a bheith agat i rud; **to be keen on doing something** bheith i bhfách le rud a dhéanamh; **I'm not very keen on going.** Níl fonn rómhór orm dul ann.

keep vb ❶ coinnigh ▷ You can keep it. Féadann tú é a choinneáil. ❷ (promise, word) cuir le; **Keep quiet!** Bí i do thost!; **to keep doing something** leanúint de rud ▷ I keep forgetting my keys. Bím i gcónaí ag fágáil mo chuid eochracha i mo dhiaidh.

keep on vb coinnigh ort; **to keep on doing something** leanúint de bheith ag déanamh ruda

keep out vb coinnigh amach; **'keep out'** 'fan amach'

keep up vb coinnigh suas ▷ Matthew walks so fast I can't keep up. Siúlann Maitiú chomh gasta sin nach dtig liom coinneáil suas leis.; **to keep up with** cos a choinneáil le ▷ I can't keep up with the rest of the class. Ní thig liom coinneáil suas leis an rang.

keep-fit n aclaíocht f3 ▷ I go to keep-fit classes. Téim ar ranganna aclaíochta.

kennel n conchró m4

kept vb see **keep**

kerosene n (US) ceirisín m4

Kerry n Ciarraí f4

kettle n citeal m1

key n ❶ eochair f ▷ I've lost my key. Chaill mé m'eochair. ❷ (in music) gléas m1

keyboard n méarchlár m1 ▷ ... wit Mike Moran on keyboards ... agus Mike Moran ar na méarchláir

keyring n fáinne m4 eochracha

keystroke n (computing) eochairbhuille m4

kick n cic f2
▷ vb ciceáil; **He kicked the ball hard.** Bhuail sé cic láidir ar an liathróid.; **to kick somebody** cic

kick off vb (in football) tosaigh
kick-off n tús m1; **The kick-off is at 10 o'clock.** Tosaíonn an cluiche ar a deich a chlog.
kid n páiste m4
▶ vb **to be kidding** bheith ag magadh ▷ I'm just kidding. Níl mé ach ag magadh.
kidnap vb fuadaigh
kidney n duán m1 ▷ He's got kidney trouble. Tá na duáin ag cur air. ▷ I don't like kidneys. Ní maith liom duáin.; **kidney beans** pónairí fada
Kildare n Cill f Dara
Kilkenny n Cill f Chainnigh
kill vb maraigh ▷ He was killed in a car accident. Maraíodh é i dtimpiste bhóthair. ▷ Luckily, nobody was killed. Ar ámharaí an tsaoil, níor maraíodh aon duine.; **to kill oneself** lámh a chur i do bhás féin ▷ He killed himself. Chuir sé lámh ina bhás féin.
killer n ❶ (murderer) marfóir m3 ▷ The police are searching for the killer. Tá na póilíní sa tóir ar an dúnmharfóir. ❷ (assassin) feallmharfóir m3 ▷ a hired killer feallmharfóir fruilithe
kilo n cileagram m1 ▷ 10 euros a kilo 10 euro an cileagram
kilobyte n (computing) cilibheart m1
kilogram, kilogramme n cileagram m1
kilometre (US **kilometer**) n

ciliméadar m1
kilt n éilleadh m1 beag
kind adj cineálta; **Thank you for being so kind.** Is mór agam do chineáltas.; **to be kind to somebody** bheith cineálta le duine
▶ n sórt m1 ▷ It's a kind of sausage. Sórt ispín atá ann.
kindergarten n naíscoil f2
kindly adv go cineálta ▷ 'Don't worry,' she said kindly. 'Ná bí buartha,' ar sise go cineálta.; **Kindly refrain from smoking.** Iarrtar ort gan caitheamh.
kindness n cineáltas m1
king n rí m4
kingdom n ríocht f3
kiosk n both f3
kipper n scadán m1 leasaithe
kiss n póg f2 ▷ a passionate kiss póg dhíochra
▶ vb póg ▷ He kissed her passionately. Phóg sé go díochra í. ▷ They kissed. Phóg siad a chéile.
kit n trealamh m1 ▷ I've forgotten my gym kit. Rinne me dearmad de mo threalamh aclaíochta.; **a tool kit** foireann uirlisí; **a first aid kit** fearas garchabhrach; **a puncture repair kit** fearas deisithe poill; **a drum kit** foireann drumaí
kitchen n cistin f2 ▷ a fitted kitchen cistin fheistithe ▷ the kitchen units na haonaid chistine ▷ a kitchen knife scian chistine
kite n (toy) eitleog f2
kitten n piscín m4

a
b
c
d
e
f
g
h
i
j
k
l
m
n
o
p
q
r
s
t
u
v
w
x
y
z

knee n glúin f2 ▷ *He was on his knees.* Bhí sé ar a ghlúine.

kneel vb téigh ar do ghlúine

kneel down vb téigh ar do ghlúine

knew vb see **know**

knickers npl brístín m4; **a pair of knickers** péire brístíní

knife n scian f2 ▷ *a kitchen knife* scian chistine ▷ *a sheath knife* scian truaille

knit vb cniotáil

knitting n cniotáil f3 ▷ *I like knitting.* Is maith liom bheith ag cniotáil.

knives npl see **knife**

knob n ❶ (lump, protuberance) cnap m1 ❷ (on door) murlán m1

knock vb buail ▷ *Someone's knocking at the door.* Tá duine éigin ag bualadh ar an doras.
▶ n (sound) cnag m1

knock down vb leag ▷ *She was knocked down by a car.* Leag carr í.

knock out vb leag amach ▷ *They knocked out the security guard.* Leag siad amach an garda slándála.; **They were knocked out early in the tournament.** Cuireadh amach iad go luath sa chomórtas.

knot n snaidhm f2; **to tie a knot in something** snaidhm a chur ar rud

know vb

Use **bí** with **aithne agam ar** for knowing a person.
▷ *I know her.* Tá aithne agam uirthi.
▷ *I don't know him.* Níl aithne agam air.

Use **bí** with **eolas agam ar** for knowing a place or a particular subject.
▷ *I know Belfast.* Tá eolas agam ar Bhéal Feirste.

Use **bí ... agam** for knowing something you have learned or how to do something.
▷ *I know how to drive.* Tá tiomáint agam. ▷ *I don't know any German.* Níl Gearmáinis ar bith agam. ▷ *I know the answer.* Tá an freagra agam.

Use **bí ... fhios agam** for knowing ordinary facts.
▷ *It's a long way. — Yes, I know.* Is fada an bealach é. — Tá a fhios agam é. ▷ *I don't know what to do.* Níl a fhios agam cad ba chóir a dhéanamh.; **as far as I know** go bhfios dom; **to know that ...** a fhios bheith agat go ... ▷ *I know that you like chocolate.* Tá a fhios agam go bhfuil duil agat sa tseacláid. ▷ *I didn't know that your Dad was a policeman.* Ní raibh a fhios agam gur póilín é do dhaid.; **to know about something (1)** (be aware of) a fhios a bheith agat faoi ▷ *Do you know about the meeting this afternoon?* An bhfuil a fhios agat faoin gcruinniú tráthnóna inniu? **(2)** (be knowledgeable about) bheith eolach ar rud ▷ *He knows a lot about cars.* Tá sé an-eolach ar ghluaisteáin.; **to get to know somebody** aithne a chur ar dhuine; **How should I know?** (I

don't know!) Cá bhfios domsa!; **You never know!** Ní bhíonn a fhios agat riamh!

know-all n saoithín m4; **He's such a know-all!** Tá gach eolas aige!

know-how n saineolas m1

knowledge n ❶ (acquired by study, experience) eolas m1 ❷ (awareness of some fact) fios m3

knowledgeable adj eolach ▷ She's very knowledgeable about computers. Tá sí an-eolach ar na ríomhairí.

known vb see **know**

Koran n Córán m4

Korea n an Chóiré f4 ▷ in Korea sa Chóiré

kosher adj **kosher food** bia coisir

lab n (= laboratory) saotharlann f2; **a lab technician** teicneoir saotharlainne

label n lipéad m1

labor n (US) obair f2; **to be in labor** bheith i dtinneas clainne; **the labor market** an margadh saothair; **a labor union** ceardlann

laboratory n saotharlann f2

Labour n **the Labour Party** Páirtí an Lucht Oibre; **My parents vote Labour.** Tugann mo thuismitheoirí a vótaí do Pháirtí an Lucht Oibre.

labour n saothar m1; **the labour market** an margadh saothair

labourer n oibrí m4 ▷ He's a farm labourer. Is oibrí feirme é.

lace n ❶ lása m4 ▷ a lace collar bóna lása ❷ (of shoe) iall f2

lack n easpa f4 ▷ He got the job

a
b
c
d
e
f
g
h
i
j
k
l
m
n
o
p
q
r
s
t
u
v
w
x
y
z

despite his lack of experience. Fuair sé an post in ainneoin a easpa thaithí. ▷ *There was no lack of volunteers.* Ní raibh easpa óglach ann.

lacquer n laicear m1

lad n stócach m1

ladder n dréimire m4

lady n bean f uasal; **Ladies and gentlemen ...** (*in address*) A dhaoine uaisle ...; **a young lady** ógbhean; **the ladies'** leithreas na mban

ladybird n bóín f4 Dé

lag behind vb moilligh

Lagan n Abhainn f an Lagáin

lager n lágar m1

laid vb see **lay**

laid-back adj réchúiseach

lain vb see **lie**

lake n loch m3

lamb n (*animal*) uan m1; **a lamb chop** gríscín uaineola

lame adj bacach ▷ *My pony is lame.* Tá mo phónaí bacach.

lamp n lampa m4

lamppost n lóchrann m1 sráide

lampshade n scáthlán m1 lampa

land n talamh f; **a piece of land** píosa talún

　　▷ vb (*plane, passenger*) tuirling

landing n ❶ (*of plane*) tuirlingt f2 ❷ (*of staircase*) ceann m1 staighre

landlady n bean f tí

landline n líne f4 thalún

landlord n (*of house, flat*) tiarna m4 talún

landmark n sainchomhartha m4 tíre ▷ *Big Ben is one of London's most*

famous landmarks. Tá Big Ben ar na sainchomharthaí tíre is cáilúla i Londain.

landowner n úinéir m3 talaimh

landscape n tírdhreach m3

lane n ❶ (*in country*) bóithrín m4 ❷ (*on motorway*) lána m4

language n teanga f4 ▷ *German is a difficult language.* Is teanga dheacair í an Ghearmáinis.; **bad language** droch-chaint

language laboratory n teanglann f2

lanky adj scailleagánta ▷ *a lanky boy* buachaill scailleagánta

Laois n Laois f2

lap n (*of track*) cuairt f2 ▷ *I ran ten laps.* Rith mé deich gcuairt.; **on my lap** ar m'ucht

laptop n (*computer*) ríomhaire m4 glúine

larder n lardrús m1

large adj mór ▷ *a large house* teach mór ▷ *a large dog* madra mór

largely adv den chuid is mó ▷ *It's largely the fault of the government.* Tá an locht ar an rialtas den chuid is mó.

laser n léasar m1

lass n cailín m4

last adj deireanach ▷ *the last time I saw her* an uair dheireanach dá bhfaca mé í; **last Friday** Dé hAoine seo caite; **last week** an tseachtain seo caite; **last night (1)** (*evening*) tráthnóna aréir ▷ *I got home at ten o'clock last night.* Tháinig mé abhaile ar a deich tráthnóna aréir.

(2) (sleeping hours) aréir ▷ I couldn't sleep last night. Ní raibh mé ábalta codladh aréir.; **last summer** an samhradh seo caite; **last year** anuraidh; **at last** faoi dheireadh
▶ adv ar deireadh ▷ He arrived last. Tháinig sé ar deireadh.; **I've lost my bag. — When did you see it last?** Tá mó mhála caillte agam. — Cá huair a chonaic tú é den uair dheireanach?
▶ vb mair ▷ The concert lasts two hours. Maireann an cheolchoirm dhá uair a chloig.; **to make something last** fad a bhaint as rud

lastly adv (in list) ar deireadh thiar ▷ Lastly, what time do you arrive? Ar deireadh thiar, cén t-am a tháinig tú?

late adj (not on time) mall ▷ Hurry up or you'll be late! Déan deifir, nó beidh tú mall! ▷ I'm often late for school. Bím mall don scoil go minic.; **in the late afternoon** um thráthnóna beag; **in late May** i ndeireadh na Bealtaine
▶ adv (go) mall ▷ She arrived late. Tháinig sí go mall. ▷ I went to bed late. Chuaigh mé a luí go mall.

lately adv ar na mallaibh ▷ I haven't seen him lately. Ní fhaca mé ar na mallaibh é.

later adv níos moille ▷ I'll do it later. Déanfaidh mé níos moille é.; **See you later!** Feicfidh mé thú níos moille.

latest adj is déanaí ▷ their latest album an t-albam is déanaí acu;

at the latest ar a dhéanaí ▷ by 10 o'clock at the latest faoi a deich ar a dhéanaí

Latin n Laidin f2 ▷ I do Latin. Tá mé ag dul den Laidin.

Latin America n Meiriceá m4 Laidineach ▷ in Latin America i Meiriceá Laidineach

Latin American adj Meiriceánach Laidineach

latter n the latter an ceann deireanach a luadh; **The latter is the more expensive of the two systems.** Is é an clara ceann is daoire den bheirt.

laugh n gáire m4; **It was a good laugh.** (it was fun) An-spraoi a bhí ann.
▶ vb déan gáire; **to make somebody laugh** gáire a bhaint as duine; **to laugh at** bheith ag gáire faoi ▷ They laughed at her. Bhí siad ag gáire fúithi.

launch vb ① (boat) lainseáil ② (missile) scaoil ③ (book, car) seol ▷ They're going to launch a new model. Tá siad ag dul a sheoladh déanamh nua.

Launderette® n neachtlainnín f4

Laundromat n (US) neachtlainnín f4

laundry n (clothes) níochán m1

lavatory n leithreas m1

lavender n labhandar m1

law n dlí m4 ▷ The laws are very strict. Tá na dlíthe an-dian. ▷ My sister's studying law. Tá mo dheirfiúr

ag déanamh staidéir ar an dlí.
▷ *It's against the law.* Tá sé in éadan
an dlí.

lawn n faiche f4

lawnmower n lomaire m4 faiche

law school n (US) scoil f2 dlí

lawyer n dlíodóir m3 ▷ *My mother's
a lawyer.* Is dlíodóir í mo mháthair.

lay vb leag ▷ *She laid the baby in her
cot.* Leag sí an babaí ina cliabhán.;
to lay eggs uibheacha a bhreith;
to lay the table an bord a leagan;
to lay something on rud a chur ar
fáil ▷ *They laid on extra buses.* Chuir
siad busanna breise ar fáil. ▷ *They
laid on a special meal.* Chuir siad
béile speisialta ar fáil.

lay off vb (workers) leag as ▷ *My
father's been laid off.* Leagadh
m'athair as.

lay-by n leataobh m1

layer n brat m1; **the ozone layer**
an ciseal ózóin

layout n leagan m1 amach ▷ *No one
likes the new office layout.* Ní maith
le duine ar bith leagan amach nua
na hoifige.

lazy adj falsa

lead n ❶ (distance, time ahead)
tosach m1; **in the lead** chun
tosaigh ▷ *Our team is in the lead.* Tá
foireann s'againne chun tosaigh.
❷ (cable) seolán m1 ❸ (for dog) iall
f2 ❹ (metal) luaidhe f4
▶ vb ❶ treoraigh ▷ *He led me to
my room.* Threoraigh sé chun mo
sheomra mé. ❷ (be leader of)
bheith i gceannas ar; **to lead the**

way an t-eolas a dhéanamh; **to
lead somebody away** duine a
thabhairt chun siúil ▷ *The police led
the man away.* Thug na póilíní an
fear chun siúil. ❸ téigh go ▷ *the
street that leads to the station* an
tsráid a théann chuig an stáisiún

leaded n **leaded petrol** artola
luaidhe

leader n ceannaire m4

lead-free adj (petrol) saor ar
luaidhe

lead singer n (in pop group)
príomhamhránaí m4

leaf n duilleog f2

leaflet n bileog f2 eolais

league n sraith f2 ▷ *They are at the
top of the league.* Tá siad ag barr na
sraithe.; **the Premier League** an
Phríomhshraith

leak n ligean m1
▶ vb ❶ (pipe) lig ▷ *The pipe is
leaking.* Tá an píobán ag ligean
uaidh. ❷ (water) sceith ❸ (shoes)
lig isteach

lean vb **to be leaning against
something** seas i gcoinne ruda
▷ *The ladder was leaning against the
wall.* Bhí an dréimire ag seasamh
i gcoinne an mballa.; **to lean
something against something**
rud a chur le rud ▷ *He leant his bike
against the wall.* Chuir sé a rothar
leis an mballa.

lean on vb taca a bhaint as; **to
lean on something** taca a bhaint
as rud ▷ *He leant on the wall.* Bhain
sé taca ón mballa.

lean out vb cromadh amach ▷ She leant out of the window. Chrom sí amach an fhuinneog.

leap vb léim ▷ They leapt over the stream. Léim siad thar an sruthán. ▷ He leapt out of his chair when his team scored. Leim sé amach as a chathaoir nuair a fuair a fhoireann cúl.

leap year n bliain f3 bhisigh

learn vb foghlaim ▷ I'm learning to ski. Tá mé ag foghlaim sciála.

learner n foghlaimeoir m3 ▷ Irish learners foghlaimeoirí Gaeilge; **She's a quick learner.** Tá sí gasta a foghlaim.

learner driver n foghlaimeoir m3 tiomána

learnt vb see **learn**

least adv, adj, pron is lú ▷ the least expensive hotel an t-óstán is lú costas ▷ It takes the least time. Is é is lú a thógann am. ▷ It's the least I can do. Is é is lú is gann dom.; **Maths is the subject I like the least.** Is í matamaitic an t-ábhar is measa liom.; **at least** ar a laghad ▷ At least nobody was hurt. Ar a laghad níor gortaíodh duine ar bith.

leather n leathar m1 ▷ a black leather jacket casóg leathair dhubh

leave n (time off) saoire f4; **on leave** (from army) ar scor ▷ My brother is on leave for a week. Tá mo dheartháir ar scor go ceann seachtaine.
  ▶ vb ❶ imigh ▷ She's just left. D'imigh sí anois beag.

❷ (deliberately) fág ▷ Don't leave your camera in the car. Ná fág do cheamara sa charr. ▷ I've left my book at home. D'fhág mé mo leabhar sa bhaile.; **to leave somebody alone** ligean do dhuine ▷ Leave me alone! Lig dom!

leave out vb fág ar lár

leaves npl see **leaf**

Lebanon n an Liobáin f2 ▷ in Lebanon sa Liobáin

lecture n léacht f3
  ▶ vb ❶ tabhair léacht ▷ She lectures at the technical college. Tugann sí léachtaí ag an gceardcholáiste. ❷ (scold) tabhair amach do ▷ He's always lecturing us. Bíonn sé i gcónaí ag tabhairt amach dúinn.

lecturer n léachtóir m3 ▷ She's a lecturer. Is léachtóir í.

led vb see **lead**

Lee n (river) an Laoi f4

leek n cainneann f2

left adj, adv (not right) clé ▷ my left hand mo lámh chlé ▷ on the left side of the road ar thaobh na láimhe clé den bhóthar; **Turn left at the traffic lights.** Tiontaigh ar clé ag na soilse tráchta.
  ▶ n clé f4; **on the left** ar clé ▷ Remember to drive on the left. Ná déan dearmad tiomáint ar clé.
  ▶ vb see **leave**

left-hand adj **the left-hand side** taobh na láimhe clé ▷ It's on the left-hand side. Tá sé ar thaobh na láimhe clé.

left-handed adj ciotógach

left-luggage office n oifig f2 an bhagáiste

left-luggage locker n taisceadán m1 bagáiste

leg n cos f2 ▷ *She's broken her leg.* Tá a cos briste aici.; **a chicken leg** cos sicín; **a leg of lamb** rí uaineola; **leg room** spás leis na cosa a shíneadh

legal adj dlíthiúil

leggings n luiteoga fpl2

Leinster n Cúige m4 Laighean

leisure n fóillíocht f3 ▷ *What do you do in your leisure time?* Cad é a dhéanann tú i d'am fóillíochta?

leisure centre n ionad m1 fóillíochta

Leitrim n Liatroim m3

lemon n líomóid f2

lemonade n líomanáid f2

lend vb **to lend something to somebody** rud a thabhairt ar iasacht do dhuine ▷ *I can lend you some money.* Is féidir liom roinnt airgid a thabhairt ar iasacht duit.

length n fad m1 ▷ *It's about a metre in length.* Tá sé méadar ar fad, tuairim is.

lens n lionsa m4

Lent n an Carghas m1

lent vb see **lend**

lentil n lintile f4 ▷ *lentil soup* anraith lintile

Leo n An Leon m1 ▷ *I'm Leo.* Is mise An Leon.

leotard n léatard m1

lesbian n leispiach m1

less pron, adv, adj níos lú ▷ *He's less intelligent than her.* Tá níos lú intleachta aigesean ná aicise. ▷ *I've got less time for hobbies now.* Tá níos lú ama agam anois do chaitheamh aimsire.; **less than** níos lú ná ▷ *It costs less than 100 euros.* Cosnaíonn sé níos lú ná 100 euro. ▷ *He spent less than me.* Chaith sé níos lú ná mise. ▷ *less than half* níos lú ná a leath

lesson n ceacht m3 ▷ *a maths lesson* ceacht matamaitice ▷ *The lessons last forty minutes each.* Maireann na ceachtanna daichead bomaite.; **to teach somebody a lesson** ceacht a mhúineadh do dhuine

let vb ❶ lig; **to let somebody do something** ligean do dhuine rud a dhéanamh ▷ *Let me have a look.* Lig dom amharc air. ▷ *My parents won't let me stay out that late.* Ná ligfidh mo thuismitheoirí dom fanacht amuigh chomh mall sin.; **to let somebody know** scéala a chur chuig duine ▷ *I'll let you know as soon as possible.* Cuirfidh mé scéala chugat a luaithe is féidir.; **to let go** lig amach do ghreim ▷ *Let me go!* Lig amach mé!; **Let's go to the cinema!** Téimis chuig an bpictiúrlann!; **Let's go!** Ar aghaidh linn! ❷ (hire out) lig ar cíos; **'to let'** 'le ligean'

let down vb (person) loic ar ▷ *I won't let you down.* Ní loicfidh mé ort.

let in vb lig isteach ▷ *They wouldn't let me in because I was under 18.* Ní

ligfí siad isteach mé mar bhí mé
faoi 18 bliain d'aois.

letter *n* litir *f*

letterbox *n* bosca *m4* litreacha

lettuce *n* leitís *f2*

leukaemia *n* leoicéime *f4*

level *adj* cothrom ▷ *A snooker table must be perfectly level.* Caithfidh tábla snúcair a bheith cothrom ar fad.
▶ *n* ① leibhéal *m1* ▷ *sea level* leibhéal na farraige ② (*standard*) caighdeán *m1*; **A levels** Ardleibhéil

level crossing *n* crosaire *m4* comhréidh

lever *n* luamhán *m1*

liable *adj* **He's liable to cause a quarrel.** (*likely*) B'fhurasta dó iaróg a thógáil.

liar *n* bréagadóir *m3*

liberal *adj* liobrálach; **the Liberal Democrats** na Daonlathaithe Liobrálacha

liberation *n* fuascailt *f2*

Libra *n* An Mheá *f4* ▷ *I'm Libra.* Is mise An Mheá.

librarian *n* leabharlannaí *m4* ▷ *She's a librarian.* Is leabharlannaí í

library *n* leabharlann *f2*

Libya *n* an Libia *f4* ▷ *in Libya* sa Libia

licence (*US* **license**) *n* ceadúnas *m1*; **a driving licence** ceadúnas tiomána

lick *vb* ligh

lid *n* ① (*of pan, container*) clár *m1* ② (*eyelid*) caipín *m4* súile

lie *vb* ① (*be untruthful*) inis bréag ▷ *I know she's lying.* Tá a fhios agam go

bhfuil sí ag insint bréag. ② luigh ▷ *I lay on the beach all day.* Bhí mé i mo luí ar an trá an lá ar fad.; **to lie down** luí síos ▷ *She lay down on the bed.* Luigh sí síos ar an leaba.
▶ *n* bréag *f2* ▷ *That's a lie!* Bréag atá ann!; **to tell a lie** bréag a insint

lie-in *n* **to have a lie-in** codladh go headra ▷ *I have a lie-in on Sundays.* Bím i mo chodhladh go headra ar an Domhnach.

lieutenant *n* leifteanant *m1*

life *n* beatha *f4*

lifebelt *n* crios *m3* tarrthála

lifeboat *n* bád *m1* tarrthála

lifeguard *n* garda *m4* tarrthála

life jacket *n* seaicéad *m1* tarrthála

life-saving *n* tarrtháil *f3* ▷ *I've done a course in life-saving.* Tá cúrsa tarrthála déanta agam.

lifestyle *n* stíl *f2* bheatha

Liffey *n* (*river*) an Life *f4*

lift *vb* tóg ▷ *It's too heavy, I can't lift it.* Tá sé róthrom, ní féidir liom é a thógáil.
▶ *n* ardaitheoir *m3* ▷ *The lift isn't working.* Níl an t-ardaitheoir ag obair.; **to give somebody a lift** síob a thabhairt do dhuine ▷ *He gave me a lift to the cinema.* Thug sé síob chuig an bpictiúrlann dom. ▷ *Would you like a lift?* Ar mhaith leat síob?

light *n* ① solas *m1* ▷ *She switched on the light.* Las sí an solas. ② (*lamp*) lóchrann *m1* ▷ *There's a light by my bed.* Tá lóchrann in aice mo leapa.; **traffic lights** soilse tráchta

▶ *adj* ❶ (*not heavy*) <u>éadrom</u> ▷ *The box was very light.* Bhí an bosca an-éadrom. ▷ *a light jacket* casóg éadrom ▷ *a light meal* béile éadrom ❷ (*colour*) <u>geal</u>; **a light blue sweater** geansaí bánghorm ▶ *vb* (*candle, cigarette, fire*) <u>las</u>

light bulb *n* <u>bolgán</u> *m1* <u>solais</u>

lighter *n* (*for cigarettes*) <u>lastóir</u> *m3* <u>toitíní</u>

lighthouse *n* <u>teach</u> *m* <u>solais</u>

lightning *n* <u>tintreach</u> *f2*; **a flash of lightning** splanc thintrí

like *vb* **I like ...** Is maith liom ... ▷ *I like riding.* Is maith liom an mharcaíocht. ▷ *I like Paul, but I don't want to go out with him.* Is maith liom Pól, ach níl mé ag iarraidh siúl amach leis. ▷ *I don't like mustard.* Ní maith liom mustard.; **I'd like ...** Ba mhaith liom ... ▷ *I'd like an orange juice, please.* Ba mhaith liom sú oráiste, le do thoil.; **I'd like to ...** Ba mhaith liom ... ▷ *I'd like to go to Russia one day.* Ba mhaith liom dul chun na Rúise am éigin. ▷ *I'd like to wash my hands.* Ba mhaith liom mo lámha a ní.; **Would you like to go for a walk?** Ar mhaith leat dul ag siúl?; **If you like.** Más maith leat. ▶ *prep* <u>mar</u> ▷ *It's fine like that.* Tá sé go maith mar sin. ▷ *Do it like this.* Déan mar seo é. ▷ *What's the weather like?* Cad é mar atá an aimsir?; **It's a bit like salmon.** Tá sé rud beag cosúil le bradán.; **What does it look like?** Cad é an chuma atá air?; **What does it**

taste like? Cad é an blas atá air?; **to look like somebody** dealramh a bheith agat le duine ▷ *You look like my brother.* Tá dealramh agat le mo dhearthár.; **It's nothing like ...** Níl sé ar dhóigh ar bith cosúil le ...

likely *adj* <u>dócha</u> ▷ *That's not very likely.* Ní dócha é.; **He's likely to leave.** Tá gach cosúlacht air go bhfágaidh sé.

lime *n* (*fruit*) <u>líoma</u> *m4*

Limerick *n* <u>Luimneach</u> *m1*

limit *n* <u>teorainn</u> *f* ▷ *The speed limit is 70 mph.* Is 70 msu an luasteorainn. **over the limit** thar an gceart

limousine *n* <u>limisín</u> *m4*

limp *vb* <u>bheith ag bacadaíl</u>

line *n* <u>líne</u> *f4* ▷ *a straight line* líne dhíreach ▷ *a railway line* líne iarnróid ▷ *Draw a line under each answer.* Tarraing líne faoi gach freagra. ▷ *Hold the line, please.* Fan ar an líne, le do thoil. ▷ *It's a very bad line.* Is an-drochlíne é.

linen *n* <u>líneadach</u> *m1* ▷ *a linen jacket* casóg líneádaigh

liner *n* <u>línéar</u> *m1*

linguist *n* <u>teangeolaí</u> *m4*

lining *n* <u>líneáil</u> *f3*

link *n* ❶ <u>ceangal</u> *m1* ▷ *the link between smoking and cancer* an ceangal idir caitheamh tobac agus ailse ❷ (*computing*) <u>nasc</u> *m1* ▶ *vb* <u>ceangail</u>

lino *n* <u>líonóil</u> *f2*

lion *n* <u>leon</u> *m1*

lioness *n* <u>leon</u> *m1* <u>baineann</u>

lip *n* <u>liopa</u> *m4*

lip-read *vb* liopaí a léamh

lip salve *n* íoc *f2* liopaí

lipstick *n* béaldath *m3*

liqueur *n* licéar *m1*

liquid *n* leacht *m3*

liquidizer *n* leachtaitheoir *m3*

list *n* liosta *m4*
> *vb* (write down) déan liosta de
▷ *List your hobbies!* Déan liosta de do chaithimh aimsire!

listen *vb* éist ▷ *He never listens.* Ní éisteann sé.; **to listen to** éisteacht le ▷ *Listen to this!* Éist leis seo! ▷ *Listen to me!* Éist liom!

listener *n* éisteoir *m3*

lit *vb see* **light**

liter *n* (US) lítear *m1*

literally *adv* go dáiríre ▷ *It was literally impossible to find a seat.* Bhí sé dodhéanta go dáiríre suíochán a aimsiú.; **to translate literally** aistriú go litriúil

literature *n* litríocht *f3* ▷ *I'm studying literature.* Tá mé ag déanamh staidéir ar litríocht.

litre (*US* liter) *n* lítear *m1*

litter *n* (rubbish) bruscar *m1*

litter bin *n* bosca *m4* bruscair

little *adj* beag ▷ *my little sister* mo dheirfiúr bheag; **a little** beagán ▷ *How much would you like? — Just a little.* Cá mhéad atá de dhíth ort? — Beagán beag.; **very little** fíorbheagán ▷ *We've got very little time.* Tá fíorbheagán ama againn.; **little by little** beagán ar bheagán

live *adj* beo ▷ *There's live music on Fridays.* Bíonn ceol beo ann ar an Aoine.
> *vb* ❶ (reside) bheith i do chónaí ▷ *Where do you live?* Cá bhfuil tú i do chónaí? ▷ *I live with my grandmother.* Tá mé i mo chónaí le mo sheanmháthair. ❷ (exist, last) mair

live on *vb* (food, money) bheith beo ar ▷ *He lives on benefit.* Tá sé beo ar airgead dóil.

live together *vb* bheith in aontíos ▷ *My parents aren't living together any more.* Níl mo thuismitheoirí in aontíos a thuilleadh. ▷ *They're not married, they're living together.* Níl siad pósta, tá siad in aontíos.

lively *adj* bríomhar ▷ *It was a lively party.* Cóisir bhríomhar a bhí inti. ▷ *She's got a lively personality.* Tá pearsantacht bhríomhar aici.

liver *n* ae *m4*

lives *npl see* **life**

living *n* beatha *f4* ▷ *What does she do for a living?* Cad é an tslí bheatha atá aici?; **to make a living** do bheatha a thabhairt i dtír

living room *n* seomra *m4* teaghlaigh

lizard *n* laghairt *f2*

load *n* **loads of** an dúrud ▷ *loads of people* an dúrud daoine ▷ *loads of money* an dúrud airgid; **You're talking a load of rubbish!** Tá tú ag caint seafóide!
> *vb* cuir ualach ar; **a trolley loaded with luggage** tralaí faoi ualach bagáiste

a
b
c
d
e
f
g
h
i
j
k
l
m
n
o
p
q
r
s
t
u
v
w
x
y
z

loaf n builín m4 ▷ a loaf of bread builín aráin

loan n iasacht f3
▶ vb tabhair ar iasacht

loathe vb She loathes her husband. Is fuath léi a fear céile.; I loathe her. Is fuath liom í.

loaves npl see loaf

lobster n gliomach m1

local adj áitiúil ▷ the local paper an nuachtán áitiúil ▷ a local call glao áitiúil

loch n loch m3

lock n (of door, box) glas m1 ▷ The lock is broken. Tá an glas briste.
▶ vb (with key) cuir glas ar ▷ Make sure you lock your door. Bí cinnte go gcuireann tú glas ar an doras.

lock out vb The door slammed and I was locked out. Plabadh an doras agus bhí an glas air romham.

locker n taisceadán m1; the locker room seomra na locar; the left-luggage lockers na locair bhagáiste

locket n loicéad m1

lodger n lóistéir m3

loft n lochta m4

log n (of wood) sail f2
▶ vb (record) breac síos

log in vb (computing) logáil isteach

log off vb (computing) logáil amach

log on vb (computing) logáil isteach

log out vb (computing) logáil amach

logical adj loighciúil

login n (computing) logáil f3 isteach

lollipop n líreacán m1

lolly n (ice lolly) líreacán m1 reoite

London n Londain f ▷ in London i Londain ▷ to London go Londain ▷ I'm from London. Is as Londain mé.

Londoner n Londanach m1

loneliness n uaigneas m1

lonely adj uaigneach; to feel lonely uaigneas a bheith ort ▷ She feels a bit lonely. Tá uaigneas uirthi.

lonesome adj to feel lonesome bheith uaigneach

long adj, adv fada ▷ She's got long hair. Tá gruaig fhada uirthi.; six metres long sé mhéadar ar fad; how long? (time) cá fhad? ▷ How long have you been here? Cá fhad atá tú anseo? ▷ How long is the flight? Cá fhad a mhairfidh an eitilt?; I've been waiting a long time. Is fada mé ag fanacht.; It takes a long time. Glacann sé cuid mhór ama.; as long as a fhad agus ▷ I'll come as long as it's not too expensive. Tiocfaidh mé a fhad agus nach mbeidh sé ródhaor.; Don't be long! Ná bí i bhfad!; all night long i rith na hoíche; before long roimh i bhfad; at long last faoi dheireadh thiar
▶ vb to long for something bheith ag tnúth le rud; to long to do something bheith ag tnúth le rud a dhéanamh ▷ I'm longing to see my boyfriend again. Tá mé ag tnúth le mo bhuachaill a fheiceáil arís.

long-distance adj a long-distance call cianscairt ghutháin

longer adv **They're no longer going out together.** Ní siad ag siúl amach le chéile níos mó.; **I can't stand it any longer.** Ní féidir liom é a fhulaingt níos mó.

Longford n an Longfort m1

long jump n léim f2 fhada

loo n teach m beag ▷ *Where's the loo?* Cá bhfuil an teach beag?

look n amharc m1 ▷ *He gave me a nasty look.* Thug sé amharc dubh orm.; **to have a look** spléachadh a thabhairt ▷ *Have a look at this!* Tabhair spléachadh air seo!; **I don't like the look of it.** Ní maith liom an chuma atá air.
  ▷ vb ❶ amharc ▷ *I got out of the car and looked underneath.* D'éirigh mé amach as an gcarr agus d'amharc mé faoi.; **to look at something** amharc ar rud ▷ *Look at the picture.* Amharc ar an bpictiúr. ❷ *(seem)* cuma a bheith ar ▷ *She looks surprised.* Tá cuma an iontais uirthi. ▷ *That cake looks nice.* Tá cuma dheas ar an gcíste sin. ▷ *It looks fine.* Tá cuma bhreá air.; **to look like somebody** dealramh a bheith agat le duine ▷ *He looks like his brother.* Tá dealramh aige lena dhearth.; **to look forward to something** bheith ag tnúth le rud ▷ *I'm looking forward to the holidays.* Tá mé ag tnúth leis na laethanta saoire.; **We look forward to hearing from you.** *(in letter)* Táimid ag dréim go mór le scéala uait.; **Look out!** Coimhéad!

look after vb *(care for, deal with)* tabhair aire do ▷ *I look after my little sister.* Tugaim aire do mo dheirfiúr bheag.

look round vb breathnaigh thart ▷ *I'm just looking round.* Níl mé ach ag breathnú thart. ▷ *I like looking round the shops.* Is maith liom a bheith ag breathnú thart ar an siopaí.; **I shouted and he looked round.** Scairt mé agus d'amharc sé siar.

look up vb breathnaigh ar ▷ *Look the word up in the dictionary.* Breathnaigh ar an bhfocal san fhoclóir.

loose adj ❶ *(tooth)* bog ❷ *(clothes)* scaoilte; **loose change** briseadh

lord n tiarna m4; **Good Lord!** a Thiarna!; **the House of Lords** Teach na dTiarnaí

lorry n leoraí m4

lorry driver n tiománaí m4 leoraí ▷ *He's a lorry driver.* Is tiomanaí leoraí é.

lose vb caill ▷ *I've lost my purse.* Chaill mé mo sparán.; **to get lost** dul ar strae ▷ *I was afraid of getting lost.* Bhí eagla orm go rachainn ar strae.

loss n caill f2

lost adj caillte
  ▷ vb see **lose**

lost-and-found n *(US)* oifig f2 na mbeart caillte

lost property office n oifig f2 na mbeart caillte

lot n cinniúint f3; **a lot of** a

a b c d e f g h i j k l m n o p q r s t u v w x y z

lán ▷ *We saw a lot of interesting things.* Chonaic muid a lán rudaí suimiúla.; **lots of** cuid mhór ▷ *She's got lots of money.* Tá cuid mhór airgid aici. ▷ *He's got lots of friends.* Tá cuid mhór cairde aige.; **Do you like football? — Not a lot.** An maith leat peil? — Ní hé an oiread sin.; **That's the lot.** Sin a bhfuil.

lottery n crannchur m1 ▷ *I won the lottery.* Bhain mé sa chrannchur.

loud adj callánach ▷ *The television is too loud.* Tá an teilifíseán róchallánach.

loudly adv go hard

loudspeaker n callaire m4

lough n loch m3; **Lough Derg** (in Donegal) Loch Dearg; **Lough Erne** Loch Éirne; **Lough Neagh** Loch nEathach; **Belfast Lough** Loch Lao

lounge n seomra m4 suí

lousy adj míofar ▷ *The food in the canteen is lousy.* Tá an bia sa cheaintín míofar.; **I feel lousy.** Ní mhothaím go maith!

Louth n Lú m4

love n grá m4; **to be in love** bheith i ngrá le ▷ *She's in love with Paul.* Tá sí i ngrá le Pól.; **to make love** luí le chéile; **Give Anna my love.** Beir mo dhea-mhéin chuig Anna.; **Love, Rosemary.** Le grá, Rosemary.
▶ vb bheith i ngrá le ▷ *I love you.* Tá mé i ngrá leat.; **Everybody loves her.** Is breá le gach duine í.; **I'd love to come.** Ba bhreá liom

teacht.; **I love chocolate.** Tá dúil m'anama agam i seacláid.; **I love skiing.** Is breá liom an sciáil.

lovely adj ❶ álainn ▷ *They've got a lovely house.* Tá teach álainn acu. ❷ gleoite ▷ *She's a lovely person.* Is duine gleoite í.; **What a lovely surprise!** A leithéid d'iontas breá!; **It's a lovely day.** Lá breá atá ann.; **Have a lovely time!** Bíodh am den scoth agat!

lover n leannán m1; **He's a lover of music.** Fear mór ceoil é.

low adj, adv íseal ▷ *That plane is flying very low.* Tá an t-eitleán sin ag eitilt go han íseal.; **the low season** an séasúr díomhaoin

lower adj íochtarach ▷ *on the lower floor* ar an urlár íochtarach
▶ vb íslígh ▷ *Lower your voice, please.* Íslígh do ghlór, le do thoil.

lower sixth n bunrang a sé ▷ *He's in the lower sixth.* Tá sé i mbunrang a sé

low-fat adj beagmhéathrais ▷ *a low-fat yoghurt* íogart beagmhéathrais

loyalty n dílseacht f3

loyalty card n cárta m4 dílseachta

L-plates npl L-phlátaí mpl4

luck n ádh m1 ▷ *She hasn't had much luck.* Ní raibh mórán áidh uirthi.; **Good luck!** Ádh mór ort!; **Bad luck!** Mí-ádh!

luckily adv go hámharach

lucky adj ❶ (person) ámharach ▷ *Isn't he the lucky one.* Nach

ámharach an mac é.; **Lucky you!**
Nach ortsa atá an t-ádh!; **He's
lucky, he's got a job.** Tá an t-ádh
air, tá post aige. ❷ (*object*) sonais
▷ *I've got a lucky horseshoe.* Tá crú
capaill sonais agam.

luggage n bagáiste m4

lukewarm adj bogthe

lump n ❶ cnap m1 ▷ *a lump of butter*
cnap ime ❷ (*swelling*) meall m1
▷ *He's got a lump on his forehead.* Tá
meall ar a éadan aige.

lunatic n gealt f2 ▷ *He drives like a
lunatic.* Tiománann sé mar ghealt.

lunch n lón m1; **to have lunch**
lón a ithe ▷ *We have lunch at 12.30.*
Ithimid lón ar 12.30.

luncheon voucher n dearbhán
m1 lóin

lung n scamhóg f2 ▷ *lung cancer*
ailse scamhóige

luscious adj sáil

lush adj méith

lust n (*sexual*) ainmhian f2

Luxembourg n Lucsamburg m4
▷ *in Luxembourg* i Lucsamburg ▷ *to
Luxembourg* go Lucsamburg

luxurious adj sóúil

luxury n só m4 ▷ *It was luxury!* Só
a bhí ann!; **a luxury hotel** óstán
sómasach

lying vb see **lie**

lyrics npl (*of song*) liricí fpl2

mac n cóta m4 báistí

macaroni n macarón m1

machine n meaisín m4

machine gun n meaisínghunna
m4

machinery n meaisínre m4

mackerel n ronnach m1

mad adj buile ▷ *You're mad!* Tá tú ar
buile!; **to be mad with somebody**
(*angry*) bheith ar buile le duine
▷ *She'll be mad with you when she
finds out.* Beidh sí ar buile leat
nuair a gheobhaidh sí amach.;
to get mad dul le báiní; **to drive
somebody mad** duine a chur le
báiní; **to be mad about** bheith
splanctha i ndiaidh ▷ *He's mad
about football.* Tá sé splanctha i
ndiaidh na peile. ▷ *She's mad about
horses.* Tá sí splanctha i ndiaidh

na gcapall.

madam n a bhean f uasal ▷ Would you like to order, Madam? Ar mhaith leat ordú, a bhean uasal?

made vb see **make**

madly adv **madly in love** amach as do stuaim ▷ They're madly in love. Tá siad amach as a stuaim faoina chéile.

madman n fear m1 buile

madness n buile f4; **It's absolute madness.** Níl ciall ná réasún leis.

magazine n iris f2

maggot n cruimh f2

magic n draíocht f3 ▷ My hobby is magic. Is í an draíocht an caitheamh aimsire atá agam.
▶ adj ❶ draíochta ▷ a magic wand slat draíochta ▷ a magic trick cleas draíochta ❷ (brilliant) ar dóigh ▷ It was magic! Bhí sé ar dóigh!

magician n (conjurer) asarlaí m4

magnet n maighnéad m1

magnificent adj thar barr ▷ a magnificent view radharc thar barr ▷ It was a magnificent effort. Iarracht thar barr a bhí ann.

magnifying glass n gloine f4 formhéadúcháin

maid n cailín m4 aimsire; **an old maid** (spinster) seanchailín

mail n ❶ post m1 ▷ by mail sa phost ❷ (letters) litreacha fpl ▷ Here's your mail. Seo do chuid litreacha. ❸ (email) ríomhphost m1 ▷ Can I check my mail on your PC? An féidir liom mo ríomhphoist a sheiceáil ar do ríomhaire?
▶ vb ❶ cuir sa phost ❷ (computing) seachaid leis an ríomhphost; **I'll mail you my address.** Cuirfidh mé mo sheoladh ríomhphoist chugat.

mailbox n (US) bosca m4 poist

mailing list n liosta m4 seoltaí

mailman n (US) fear m1 poist

main adj príomh- ▷ the main problem an phríomhfhadhb

mainly adv go príomha

main road n príomhbhóthar m1 ▷ I don't like cycling on main roads. Ní maith liom a bheith ag rothaíocht ar na príomhbhóithre.

maintain vb (machine, building) coinnigh

maintenance n (of machine, building) cothabháil f3

maize n arbhar m1 buí

majesty n mórgacht f3; **Your Majesty** A Mhórgacht

major adj (important) mór- ▷ a major problem mórfhadhb; **in C major** in C mór

Majorca n Mallarca m4 ▷ We went to Majorca in August. Chuaigh muid go Mallarca i mí Lúnasa.

majority n formhór m1

make n (brand) cineál m1 ▷ What make is that car? Cad é an cineál cairr é?
▶ vb ❶ déan ▷ I'm going to make a cake. Déanfaidh mé císte. ▷ He made it himself. Rinne sé féin é.; **2 and 2 make 4.** (equal) 2 agus 2 sin 4. ❷ (earn) saothraigh ▷ He makes a lot of money. Saothraíonn sé cuid

mhór airgid.; **to make somebody do something** tabhairt ar dhuine rud a dhéanamh ▷ *My mother makes me do my homework.* Tugann mo mháthair orm m'obair bhaile a dhéanamh.; **to make somebody sad** (*cause to be*) brón a chur ar duine; **to make the bed** an leaba a chóiriú ▷ *I make my bed every morning.* Cóirím mo leaba gach maidin.; **to make lunch** lón a dhéanamh ▷ *She's making lunch.* Tá sí ag déanamh lóin.; **to make a phone call** scairt ghutháin a dhéanamh ▷ *I'd like to make a phone call.* Ba mhaith liom scairt ghutháin a dhéanamh.; **to make fun of somebody** magadh a dhéanamh faoi dhuine ▷ *They made fun of him.* Rinne siad magadh faoi.; **He made it.** (*succeeded*) D'éirigh leis.

make out *vb* ❶ (*decipher*) déan amach ▷ *I can't make out the address on the label.* Ní féidir liom an seoladh ar an lipéad a dhéanamh amach. ❷ (*understand*) tuig ▷ *I can't make her out at all.* Ní thuigim í ar chor ar bith.; **to make a cheque out to somebody** seic a scríobh amach do dhuine

make up *vb* ❶ (*invent*) cum ▷ *He made up the whole story.* Chum sé an scéal ar fad. ❷ (*after argument*) cairdeas a dhéanamh le chéile arís ▷ *They had a quarrel, but soon made up.* Bhí argóint acu, ach rinne siad cairdeas le chéile arís gan

mhoill.; **to make oneself up** tú féin a smideadh ▷ *She spends hours making herself up.* Caitheann sí an t-uafás ama á smideadh féin.

makeover *n* nuamhaisiú *m* ▷ *She had a complete makeover.* Bhí nuamhaisiú bun barr aici.

maker *n* déantóir *m3*; **a film maker** scannánóir

make-up *n* smideadh *m1*

Malaysia *n* an Mhalaeisia *f4* ▷ *in Malaysia* sa Mhalaeisia

male *adj* fireann ▷ *a male kitten* piscín fireann ▷ *Most football players are male.* Tá an chuid is mó de na peileadóirí fireann.; **a male chauvinist** seobhaineach fir; **a male nurse** altra fir

malicious *adj* mailíseach ▷ *a malicious rumour* luaidreán mailíseach

mall *n* lárionad *m1* siopadóireachta

Malta *n* Málta *m4* ▷ *in Malta* i Málta ▷ *to Malta* go Málta

mammoth *n* mamat *m1* ▶ *adj* ollmhór ▷ *a mammoth task* tasc ollmhór

man *n* fear *m1* ▷ *an old man* seanfhear

manage *vb* ❶ bainistigh ▷ *He manages our football team.* Bainistíonn sé foireann peile s'againn.; **She manages a big store.** Tá sí ina bainisteoir ar shiopa mór. ❷ (*get by*) teacht le ▷ *We haven't got much money, but we manage.* Níl mórán airgid againn, ach tiocfaimid leis.; **to manage**

a b c d e f g h i j k l m n o p q r s t u v w x y z

to do something rud a éirí leat
▷ *Luckily I managed to pass the exam.*
Ar an dea-uair d'éirigh an scrúdú
liom.; **I can't manage all that.**
(*food*) Ní íosfainn an méid sin.
manageable adj (*task*)
soláimhsithe
management n bainistíocht
f3 ▷ *He's responsible for the
management of the company.* Tá
sé freagrach as bainistíocht
an chomhlachta.; **'under new
management'** faoi bhainistíocht
nua'
manager n bainisteoir m3
manageress n bainistreás f3
mandarin n (*fruit*) mandairín m4
mango n mangó m4
mania n gealtacht f3
maniac n (*lunatic*) duine m4
buile ▷ *He drives like a maniac.*
Tiománann sé mar dhuine buile.;
a religious maniac duine buile
creidimh
manipulate vb láimhsigh
mankind n an duine m4
man-made adj de dhéantús
an duine
manner n dóigh f2 ▷ *She behaves in
an odd manner.* Tá dóigh aisteach
léi.; **He has a confident manner.**
Tá sé teann go maith as féin.
manners npl béasa mpl ▷ *good
manners* dea-bhéasa ▷ *Her
manners are appalling.* Tá sí an-
drochbhéasach.
manpower n daonchumhacht f3
mansion n mainteach m

mantelpiece n matal m1
manual n lámhleabhar m1
manufacture vb déan
manufacturer n déantóir m3
manure n leasú m
manuscript n lámhscríbhinn f2
Manx adj Manannach
▶ n (*language*) Manainnis f2
many adj, pron a lán ▷ *He hasn't
got many friends.* Níl a lán cairde
aige. ▷ *Were there many people at
the concert?* An raibh a lán daoine
ag an gceolchoirm?; **very many**
cuid mhór ▷ *I haven't got very many
CDs.* Níl cuid mhór CDanna agam.;
How many? Cá mhéad? ▷ *How
many do you want?* Cá mhéad atá
uait? ▷ *How many euros do you get
for £1?* Cá mhéad euro atá in £1?;
too many barraíocht ▷ *That's too
many.* Sin barraíocht. ▷ *She makes
too many mistakes.* Déanann sí
barraíocht botún.; **so many** an
oiread sin ▷ *I didn't know there would
be so many.* Ní raibh a fhios agam
go mbeadh an oiread sin ann.
▷ *I've never seen so many policemen.*
Ní fhaca mé an oiread sin póilíní
riamh.
map n léarscáil f2
marathon n maratón m1 ▷ *the
London marathon* maratón Londan
marble n ❶ marmar m1 ▷ *a marble
statue* dealbh mharmair ❷ (*toy*)
mirlín m4; **to play marbles** mirlín
a imirt
March n Márta m4; **in March** i
mí Márta

march vb máirseáil
▶ n (demonstration) mórshiúl m1
mare n láir f
margarine n margairín m4
margin n ciumhais f2 ▷ Write notes in the margin. Scríobh nótaí sa chiumhais.
marijuana n marachuan m1
marina n muiríne m4
marital status n stádas m1 pósta
mark n ❶ (stain) smál m1 ▷ You've got a mark on your skirt. Tá smál ar do sciorta agat. ❷ (of shoe, skid) rian m1 ❸ (at school) marc m1 ▷ I get good marks for French. Faighim marcanna maithe don Fhraincis.
▶ vb marcáil ▷ The teacher hasn't marked my homework yet. Níor mharcáil an múinteoir m'obair bhaile go fóill.
market n margadh m1
marketing n margaíocht f3
marketplace n áit f2 mhargaidh
marmalade n marmaláid f2
maroon adj marún
marriage n pósadh m
married adj pósta ▷ They are not married. Níl siad pósta. ▷ They have been married for 15 years. Tá siad pósta le dhá bhliain déag. ▷ a married couple lánúin phósta
narrow n (vegetable) mearóg f2; **bone marrow** smior
marry vb pós ▷ He wants to marry her. Tá sé ag iarraidh í a phósadh.; **to get married** pósadh ▷ My sister's getting married in June. Tá mo dheirfiúr le pósadh i mí

Mheithimh.
marvellous (US **marvelous**) adj iontach ▷ She's a marvellous cook. Is cócaire iontach í. ▷ The weather was marvellous. Bhí an aimsir go hiontach.
marzipan n prásóg f2
mascara n mascára m4
masculine adj fireann
mashed potatoes npl brúitín m4 ▷ sausages and mashed potatoes ispíní agus brúitín
mask n masc m1
masked adj cumhdaithe
mass n ❶ carn m1 ▷ a mass of books and papers carn leabhar agus páipéar ❷ (in church) aifreann m1 ▷ We go to mass on Sunday. Téimid ar Aifreann ar an Domhnach. ❸ (in physics) toirt f2; **the mass media** na mórmheáin
massage n suathaireacht f3
massive adj oll- ▷ It's massive! Tá sé ollmhór!
master vb máistrigh
masterpiece n sárshaothar m1
mat n mata m4
match n ❶ (for lighting) lasán m1 ▷ a box of matches bosca lasán ❷ (sport) cluiche m4 ▷ a football match cluiche peile
▶ vb cuir le ▷ The jacket matches the trousers. Tá an chasóg ag cur leis an mbríste.; **These colours don't match.** Níl na dathanna seo oiriúnach dá chéile.
matching adj ag cur le chéile ▷ My bedroom has matching wallpaper and

curtains. Tá an páipéar balla agus na cuirtíní i mo sheomra leapa ag cur le chéile.

mate n (informal) comrádaí m4 ▷ On Friday night I go out with my mates. Téim amach le mo chomrádaithe oíche Aoine.

material n ❶ (cloth) éadach m1 ❷ (information, data) sonraí mpl4 ▷ I'm collecting material for my project. Tá mé ag bailiú sonraí do thionscadal agam.; **raw materials** amhábhair

mathematics n matamaitic f2

maths n mata f2

matron n (in hospital) mátrún m1

matter n ábhar m1 ▷ It's a matter of life and death. Cúrsa báis nó beatha é.; **What's the matter?** Cad é atá cearr?; **as a matter of fact** déanta na fírinne
▶ vb **It doesn't matter.** (1) (it makes no difference) Is cuma. ▷ It doesn't matter if you're late. Is cuma má tá tú mall. (2) (I don't mind) Is cuma liom. ▷ I can't give you the money today. — It doesn't matter. Ní féidir liom an t-airgead a thabhairt duit inniu. — Is cuma liom.

mattress n tocht m3

mature adj aibí ▷ She's quite mature for her age. Tá sí aibí go maith dá haois.

maximum adj uas- ▷ The maximum speed is 100 km/h. Is é 100 km/h an t-uasluas.
▶ n uasmhéid f2

May n Bealtaine f4; **in May** i mí

Bealtaine; **May Day** Lá Bealtaine

may vb **He may come.** (indicating possibility) D'fhéadfadh sé teacht.; **It may rain.** D'fhéadfadh sé cur.; **May I smoke?** (be allowed to) An bhfuil cead agam caitheamh?

maybe adv b'fhéidir ▷ Maybe he'll come. B'fhéidir go dtiocfadh sé.; **maybe not** b'fhéidir é; **a bit boring, maybe** rud beag leadránach, b'fhéidir

Mayo n Maigh f Eo

mayonnaise n maonáis f2

mayor n méara m4

maze n lúbra m4

me pron ❶ mé ▷ He heard me. Chuala sé mé. ▷ She's older then me. Tá sí níos sine ná mé. ❷ (emphatic) mise ▷ Me too! Mise freisin!; **Give me a book.** Tabhair leabhar dom.; **Can you help me?** An féidir leat cuidiú liom?; **Excuse me!** Gabh mo leithscéal!; **Wait for me!** Fan liom!; **after me** i mo dhiaidh ▷ You're after me. Tusa i mo dhiaidh

meal n béile m4

mealtime n am m3 béile; **at mealtimes** ag amanna béile

mean adj ❶ (with money) sprionlaithe ▷ He's too mean to buy Christmas presents. Tá sé rósprionlaithe le brontannais Nollag a cheannach. ❷ (unkind) suarach ▷ You're being mean to me. Tá tú suarach liom. ▷ That's a really mean thing to say! Sin rud an-suarach le rá!
▶ vb ciallaigh ▷ What does 'ochtar'

mean? Cad é a chiallaíonn 'ochtar'? ▷ I don't know what it means. Níl a fhios agam cad é a chiallaíonn sé.; **That's not what I meant.** Ní hé sin an rud a bhí i gceist agam.; **Do you mean it?** An i ndáiríre atá tú?; **You don't mean it!** Ag magadh atá tú!; **What do you mean?** Cad é atá tú a rá?; **to mean to do something** (intend) é a bheith de rún agat rud a dhéanamh ▷ I didn't mean to offend you. Ní raibh sé de rún agam olc a chur ort.

means n (way, money) acmhainn f2 ▷ He'll do it by any possible means. Déanfaidh sé é trí acmhainn éigin.; **a means of transport** córas iompair; **by means of** trí ▷ He got in by means of a stolen key. Chuaigh sé isteach trí eochair ghoidte a bheith aige.; **By all means!** Cinnte! ▷ Can I come? — By all means! An féidir liom teacht? — Tar, cinnte!

meaning n ciall f2

meant vb see **mean**

meanwhile adv idir an dá linn

measles n bruitíneach f2

measure vb tomhais ▷ I measured the page. Thomhais mé an leathanach.; **It measured two metres wide.** Bhí sé dhá mhéadar ar leithead.

measurements npl toisí mpl4 ▷ What are the measurements of the room? Cad iad toisí an tseomra? ▷ What are your measurements? Cad iad do thoisí?

meat n feoil f3 ▷ I don't eat meat. Ní ithim feoil.

Meath n an Mhí f4

Mecca n Meice f4

mechanic n meicneoir m3 ▷ He's a mechanic. Is meicneoir é.

mechanical adj meicniúil

medal n bonn m1; **the gold medal** an bonn óir

medallion n mórbhonn m1

media npl **the media** na meáin chumarsáide

median strip n (US) airmheán m1

medical adj leighis ▷ medical treatment cóir leighis ▷ medical insurance árachas leighis; **She's a medical student.** Is ábhar dochtúra é.
▶ n scrúdú m leighis; **to have a medical** dul faoi scrúdú dochtúra

medicine n ❶ leigheas m1 ▷ I want to study medicine. Ba mhaith liom staidéar a dhéanamh ar leigheas.; **alternative medicine** leigheas malartach ❷ (medication) cógas m1 ▷ I need some medicine. Tá cógas de dhíth orm.

Mediterranean adj Meánmhuirí; **the Mediterranean** an Mheánmhuir

medium adj meán- ▷ a man of medium height fear de mheánairde

medium-sized adj meánmhéide ▷ a medium-sized town baile mór meánmhéide

meet vb ❶ buail le ▷ I met Paul in the street. Bhuail mé le Pól sa tsráid. ▷ I'm going to meet my friends.

a
b
c
d
e
f
g
h
i
j
k
l
m
n
o
p
q
r
s
t
u
v
w
x
y
z

Tá mé ag dul chun bualadh le mo chairde.; **I'll meet you at the station.** Buailfidh mé leat ag an stáisiún. ❷ (for the first time) cuir aithne ar ▷ I like meeting new people. Is maith liom aithne a chur ar dhaoine éagsúla.

meet up vb buail le chéile ▷ What time shall we meet up? Cén t-am a mbuailfidh muid le chéile?

meeting n cruinniú m ▷ a business meeting cruinniú gnó ▷ their first meeting an chéad chruinniú acu

mega adj **He's mega rich.** Tá sé fíorshaibhir.

melody n fonn m1

melon n mealbhacán m1

melt vb leáigh ▷ The snow is melting. Tá an sneachta ag leá.

member n ball m1; **Member of Parliament** Feisire Parlaiminte; **Member of the European Parliament** Feisire Eorpach

membership n ballraíocht f3 ▷ Dad applied for membership of the golf club. Chuir Daid isteach ar bhallraíocht sa chumann gailf.

membership card n cárta m4 ballraíochta

memento n cuimhneachán m1

memorial n leacht m3 cuimhneacháin ▷ a war memorial leacht cuimhneacháin cogaidh

memorize vb cuir de ghlanmheabhair

memory n ❶ meabhair f ▷ I haven't got a good memory. Níl meabhair mhaith agam.

❷ (recollection) cuimhne f4 ▷ It brought back memories of our holiday. Chuir sé an tsaoire i gcuimhne dúinn arís.

memory card n cárta m4 cuimhneacháin

memory stick n méaróg f chuimhne

men npl see **man**

mend vb deisigh

meningitis n meiningíteas m1

mental adj intinne ▷ mental strain tuirse intinne; **a mental illness** galar meabhrach; **a mental hospital** ospidéal meabhairghalair; **You're mental!** (mad) Tá tú ar mire!

mentality n meon m1

mention vb luaigh; **Don't mention it!** (reply to thanks) Níl a bhuíochas ort!

menu n ❶ biachlár m1 ▷ Could I have the menu please? An biachlár le do thoil? ❷ (computing) roghchlár m1

merchant n ceannaí m4 ▷ a wine merchant ceannaí fíona

mercy n trócaire f4

mere adj **by mere chance** le barr áidh; **It's a mere formality.** Níl ann ach foirmiúlacht.; **They pay a mere five per cent.** Ní íocann siad ach cúig faoin gcéad.

meringue n meireang m4

merry adj súgach; **Merry Christmas!** Nollaig Shona!

merry-go-round n áilleagán m1 intreach

mixture n meascán m1 ▷ a mixture of spices meascán de spíosraí; **cough mixture** cógas casachta

mix-up n meascán m1 mearaí

MMS n (= multimedia messaging service) MMS m4

moan vb bheith ag éagaoin ▷ She's always moaning. Bíonn sí i gcónaí ag éagaoin.

mobile home n teach m soghluaiste

mobile phone n fón m1 póca

mock vb déan magadh faoi
▷ adj bréige ▷ a mock exam scrúdú breige

mod cons npl 'all mod cons' 'gach deis is nua'

model n ❶ samhail f3 ▷ a model of the castle samhail den chaisleán ❷ (make) déanamh m1 ▷ His car is the latest model. Carr den déanamh is déanaí atá aige. ❸ (fashion) mainicín m4 ▷ She's a famous model. Is mainicín iomráiteach í. ❹ (for artist) cuspa m4
▷ vb ❶ (with clay) múnlaigh ❷ (on catwalk) bheith ag mainicíneacht
▷ adj mion- ▷ a model plane eitleán mionsamhlach ▷ a model railway iarnród mionsamhlach; **He's a model pupil.** Dalta mar ba chóir é.

modem n (computing) móideim m4

moderate adj ❶ measartha ▷ a moderate amount of méid mheasartha de ▷ a moderate price praghas measartha ❷ réasúnta ▷ His views are quite moderate. Tá a

chuid tuairimí sách réasúnta.

modern adj nua-aimseartha

modernize vb nuachóirigh

modest adj modhúil

modify vb modhnaigh

moist adj tais ▷ Make sure the soil is moist. Déan cinnte de go bhfuil an ithir tais.

moisture n taisleach m1

moisturizer n taisritheoir m3

moldy adj (US) clúmhúil

mole n ❶ (animal) caochán m1 ❷ (on skin) ball m1 dobhráin

moment n nóiméad m1 ▷ Could you wait a moment? An dtiocfadh leat fanacht nóiméad? ▷ in a moment i gceann nóiméid ▷ Just a moment! Fan nóiméad!; **at the moment** i láthair na huaire; **any moment now** am ar bith anois ▷ They'll be arriving any moment now. Beidh siad ag teacht am ar bith anois.

momentous adj cinniúnach

Monaco n Monacó m4 ▷ in Monaco i Monacó

Monaghan n Muineachán m1

monarch n monarc m4

monarchy n monarcacht f3

monastery n mainistir f

Monday n An Luan m1; **last Monday** Dé Luain seo caite; **next Monday** Dé Luain seo chugainn; **on Monday** Dé Luain; **on Mondays** ar an Luan ▷ He comes on Mondays. Tagann sé ar an Luan.; **every Monday** gach Luan

money n airgead m1 ▷ I need to

change some money. Caithfidh mé roinnt airgid a shóinseáil.; **to make money** airgead a dhéanamh

mongrel n (*dog*) bodmhadra m4
▷ *My dog's a mongrel.* Is bodmhadra é mo mhadrasa.

monitor n (*television, computer*) monatóir m3

monk n manach m1

monkey n moncaí m4

monotonous adj (*sound*) aontonach

monster n ollphéist f2

month n mí f ▷ *this month* an mhí seo ▷ *next month* an mhí seo chugainn ▷ *last month* an mhí seo caite ▷ *every month* gach mí ▷ *at the end of the month* ag deireadh na míosa

monthly adj míosúil

monument n
❶ séadchomhartha m4
❷ (*memorial*) leacht m3 cuimhneacháin

mood n aoibh f2; **to be in a bad mood** drochaoibh a bheith ort; **to be in a good mood** aoibh mhaith a bheith ort

moody adj ❶ (*temperamental*) taghdach ❷ (*sullen*) dúr

moon n gealach f2 ▷ *There's a full moon tonight.* Tá gealach lán ann anocht.; **to be over the moon** (*happy*) áthas a bheith ort

moor n móinteán m1
▶ vb (*boat*) feistigh

mop n (*for floor*) mapa m4

moped n móipéid f2

moral adj morálta
▶ n brí f4 ▷ *the moral of the story* brí an scéil; **morals** móráltacht

morale n misneach m1 ▷ *Their morale is very low.* Tá an-drochmhisneach orthu.

more adj ❶ (*greater in number, amount*) níos mó ▷ *more work* níos mó oibre ▷ *more people* níos mó daoine ❷ (*additional*) tuilleadh ▷ *I don't have any more money.* Níl a thuilleadh airgid agam. ▷ *Do you want more tea?* Ar mhaith leat tuilleadh tae?; **more ... than** níos mó ... ná ▷ *He's more intelligent than me.* Tá sé níos cliste ná mise. ▷ *She practises more than I do.* Déanann sí níos mó cleachtaidh ná mise.; **more or less** a bheag nó a mhór; **more and more expensive** ag éirí níos daoire
▶ pron corradh le ▷ *more than ten* corradh le deich; **There's no more.** Níl a thuilleadh ann.; **I want more.** Ba mhaith liom tuilleadh.; **Is there any more?** An bhfuil tuilleadh ann?; **a little more** beagáinín eile

moreover adv ina theannta sin

morning n maidin f2 ▷ *this morning* ar maidin inniu ▷ *tomorrow morning* ar maidin amárach ▷ *every morning* gach maidin; **in the morning** ar maidin ▷ *7 o'clock in the morning* 7 a chlog ar maidin

Morocco n Maracó m4 ▷ *in Morocco* i Maracó

Moscow n Moscó m4 ▷ *in Moscow*

i Moscó

Moslem n Moslamach m1 ▷ *He's a Moslem*. Is Moslamach é.

mosque n mosc m1

mosquito n corrmhíol m1; **a mosquito bite** greim corrmhíl

most adv, adj, pron ❶ formhór ▷ *most of my friends* formhór mo chairde ▷ *most people* formhór na ndaoine ▷ *Most cats are affectionate.* Tá formhór na gcat grámhar. ❷ (*very*) an- ▷ *It was most peculiar.* Bhí se an-aisteach.; **most of the time** an chuid is mó den am; **the most** is mó ▷ *He's the one who talks the most.* Is é is mó caint.; **to make the most of something** a mhór a dhéanamh de rud; **at the most** ar a mhéad ▷ *two hours at the most* dhá uair an chloig ar a mhéad; **at the very most** ar a mhéad

mostly adv ❶ den chuid is mó ▷ *The teachers are mostly quite nice.* Tá na múinteoirí deas go leor den chuid is mó. ❷ (*usually*) de ghnáth

MOT n MOT ▷ *Her car failed its MOT.* Theip ar a carr ina MOT.

motel n carróstlann f2

moth n ❶ (*clothes moth*) leamhan m1 ❷ féileacán m1 oíche

Word for word, this means 'butterfly of the night'.

mother n máthair f ▷ *my mother* mo mháthair; **mother tongue** teanga dhúchais

mother-in-law n máthair f chéile

Mother's Day n Lá m na Máithreacha

motionless adj gan bhogadh

motivation n spreagadh m

motive n (*in law*) tuacaid f2

motor n inneall m1 ▷ *The boat has a motor.* Tá inneall ar an mbád.

motorbike n gluaisrothar m1

motorboat n mótarbhád m1

motorcycle n gluaisrothar m1

motorcyclist n gluaisrothaí m4

motorist n tiomanaí m4

motor mechanic n meicneoir m3 gluaisteán

motor racing n rásaíocht f3 ghluaisteán

motorway n mótarbhealach m1 ▷ *on the motorway* ar an mótarbhealach

mouldy (*US* **moldy**) adj clúmhúil

mount vb méadaigh ▷ *Tension is mounting.* Tá an teannas ag méadú.; **They're mounting a publicity campaign.** Tá siad ag seoladh feachtas poiblíochta.

mount up vb **The bills are mounting up.** Tá na billí ag méadú.

mountain n sliabh m; **a mountain bike** rothar sléibhe

mountaineer n sléibhteoir m3

mountaineering n sléibhteoireacht f3 ▷ *I go mountaineering.* Téim ag sléibhteoireacht.

mountainous adj sléibhtiúil

mouse n ❶ luchóg f2 ▷ *white mice* luchóga bána ❷ (*for computer*) luch f2

mouse mat n mata m4 luchóige

mousse n mousse m4 ▷ chocolate
mousse mousse seacláide
moustache n croiméal m1 ▷ He's
got a moustache. Tá croiméal air.
mouth n béal m1
mouthful n bolgam m1
mouth organ n orgán m1 béil ▷ I
play the mouth organ. Seinnim an
t-orgán béil.
mouthwash n folcadh m béil
move n ❶ (movement) bogadh
m ❷ (in game) beart m1 ❸ (turn
to play) seal m3 ▷ It's your move. Is
é do shealsa é. ❹ (of house, job)
aistriú m; **to get a move on** deifir
a dhéanamh ▷ Get a move on! Déan
deifir!
　▶ vb bog ▷ Could you move your stuff
please? An dtiocfadh leat do chuid
stuif a bhogadh le do thoil? ▷ The
car was moving very slowly. Bhí an
carr ag bogadh go han-mhall.;
to move house aistrigh ▷ We're
moving house in July. Beimid ag
aistriú tí i mí Iúil.; **The music
moved her to tears.** Bhain an ceol
na deora aisti.
move forward vb bog ar aghaidh
move in vb (to a house) bog isteach
í ▷ They're moving in next week.
Beidh siad ag bogadh isteach an
tseachtain seo chugainn.
move over vb bog anonn ▷ Could
you move over a bit? An dtiocfadh
leat bogadh anonn rud beag?
movement n ❶ bogadh m
❷ (campaign) gluaiseacht f3
movie n scannán m1; **the movies**

na pictiúir ▷ Let's go to the movies!
Téimis chuig na pictiúir!
moving adj (touching)
corraitheach ▷ a moving story scéal
corraitheach; **a moving bus** bus
gluaiste
mow vb lom ▷ He mows the lawn
once a week. Lomann sé an fhaiche
uair sa tseachtain.
mower n buainteoir m3
mown vb see mow
MP n Feisire m4 Parlaiminte ▷ She's
an MP. Is Feisire Parlaiminte í.
MP3 player n seinnteoir m3
MP3 ▷ I need a new MP3 player. Tá
seinnteoir MP3 nua de dhíth orm.
mph abbr (= miles per hour) msu
(= míle san uair) ▷ to drive at 50 mph
tiomáint ar 50 msu
Mr n **Mr Smith** An tUasal Smith
Mrs n **Mrs Smith** Bean Smith
MS n (= multiple sclerosis) SI f2
(= scléaróis iolrach) ▷ She's got MS.
Tá SI uirthi.
Ms n **Ms Smith** Iníon Smith
much adj, adv, pron ❶ mórán ▷ I
haven't got much money. Níl mórán
airgid agam. ❷ i bhfad ▷ I feel
much better now. Mothaím i bhfad
níos fearr anois.; **very much (1)**
an- ▷ I enjoyed the film very much.
Bhain mé an-sult as an scannán.
(2) (followed by noun) cuid mhór
▷ I don't have very much money. Níl
cuid mhór airgid agam.; **Thank
you very much.** Go raibh míle
maith agat.; **not much** ní mórán
▷ Have you got a lot of luggage? — No,

not much. An bhfuil cuid mhór bagáiste leat? — Níl, ní mórán.; **How much?** Cá mhéad ▷ *How much time have you got?* Cá mhéad ama atá agat? ▷ *How much do you want?* Ca mhéad atá tú a iarraidh? ▷ *How much does it cost?* Cá mhéad atá air?; **too much** barraíocht ▷ *They give us too much homework.* Tugann siad barraíocht obair bhaile dúinn.

mud *n* clábar *m1*

muddle *n* (*mix-up*) meascán *m1* mearaí; **The photos are in a muddle.** Tá na grianghraif trí chéile.

muddle up *vb* cuir trí chéile ▷ *I'm getting muddled up.* Tá mé trí chéile anois.; **He muddles me up with my sister.** Tógann sé mé ar son mo dheirféar.

muddy *adj* lábánach

muesli *n* muesli *m*

muffler *n* (*US: on car*) ciúnadóir *m3*

mug *n* muga *m4* ▷ *Do you want a cup or a mug?* An cupán nó muga atá uait?
  ▶ *vb* (*assault*) ionsaigh ▷ *He was mugged in the city centre.* Ionsaíodh i lár na cathrach é.

mugger *n* sladionsaitheoir *m3*

mugging *n* ionsaí *m*

muggy *adj* meirbh ▷ *It's muggy today.* Tá sé meirbh inniu.

multiple choice test *n* triail *f* ilroghnach

multiple sclerosis *n* scléaróis *f2* iolrach ▷ *She's got multiple sclerosis.*

Tá scléaróis iolrach uirthi.

multiplication *n* iolrú *m*

multiply *vb* iolraigh; **6 multiplied by 15 is 90.** A sé faoi a cúig déag, sin nócha.

multi-storey car park *n* carrchlós *m1* ilstórach

mum *n* mam *f2* ▷ *my mum* mo mham ▷ *I'll ask Mum.* Cuirfidh mé ceist ar mo mham.

mummy *n* ❶ (*mother*) mamaí *f4* ▷ *Mummy says I can go.* Dúirt mo mhamaí go bhfuil cead agam dul. ❷ (*Egyptian*) seargán *m1*

mumps *n* leicneach *f2*

Munster *n* Cúige *m4* Mumhan

murder *n* dúnmharú *m*
  ▶ *vb* dúnmharaigh ▷ *He was murdered.* Dúnmharaíodh é.

murderer *n* dúnmharfóir *m3*

muscle *n* matán *m1*

muscular *adj* (*person, arm*) féitheogach

museum *n* iarsmalann *f2*

mushroom *n* beacán *m1* ▷ *a mushroom omelette* uibheagán beacáin

music *n* ceol *m1*

musical *adj* (*person*) ceolmhar ▷ *I'm not musical.* Ní duine ceolmhar mé.; **a musical instrument** gléas ceoil
  ▶ *n* ceoldráma *m4*

music centre *n* aonad *m1* ceoil

musician *n* ceoltóir *m3*

Muslim *n* Moslamach *m1* ▷ *He's a Muslim.* Is Moslamach é.

mussel *n* diúilicín *m4*

must *vb* **I must do it.** Caithfidh mé é a dhéanamh.; **He must be there by now.** Caithfidh sé go bhfuil sé ann faoi seo.; **You must come and see me.** Caithfidh tú teacht ar cuairt chugam.

mustard *n* mustard *m1*

mustn't *vb* = **must not**

mutter *vb* bheith ag monabhar

mutton *n* caoireoil *f3*

my *adj* mo ▷ *my house* mo theach ▷ *my hair* mo chuid gruaige ▷ *my parents* mo thuismitheoirí ▷ *I'm going to clean my teeth.* Glanfaidh mé mo chuid fiacla. ▷ *I've hurt my foot.* Ghortaigh mé mo chos.

myself *pron* ❶ mé féin ▷ *I've hurt myself.* Ghortaigh mé mé féin.; **I really enjoyed myself.** Bhain mé an-sult as.; **I don't like talking about myself.** Ní maith liom a bheith ag caint fúm féin. ❷ (*emphatic*) mise mé féin ▷ *I made it myself.* Rinne mise mé féin é.; **by myself** liom féin ▷ *I don't like travelling by myself.* Ní maith liom a bheith ag taisteal liom féin.

mysterious *adj* rúndiamhair

mystery *n* rúndiamhair *f2*; **a murder mystery** (*novel*) dúrún dúnmharaithe

myth *n* miotas *m1* ▷ *a Greek myth* miotas Gréagach ▷ *That's a myth.* Is miotas é sin.

mythology *n* miotaseolaíocht *f3*

nag *vb* tabhair amach do ▷ *She's always nagging me.* Bíonn sí i gcónaí ag tabhairt amach dom.

nail *n* ❶ (*on finger, toe*) ionga *f* ▷ *Don't bite your nails!* Ná hith do chuid ingne! ❷ (*made of metal*) tairne *m4*

nailbrush *n* scuab *f2* ingne

nailfile *n* líomhán *m4* ingne

nail scissors *npl* siosúr *m1* ingne

nail varnish *n* vearnais *f2* ingne ▷ *nail varnish remover* glantóir vearnaise ingne

naked *adj* lomnocht

name *n* ainm *m4* ▷ *What's your name?* Cén t-ainm atá ort?

nanny *n* buime *f4* ▷ *She's a nanny.* Tá sí ina buime.

nap *n* néal *m1* a chodladh; **to take a nap** dreas codlata a dhéanamh

napkin n naipcín m4

nappy n clúidín m4

narrow adj cúng

narrow-minded adj caolaigeanta

nasty adj ❶ (person) mioscaiseach ❷ (attack) mailíseach ❸ (accident, disease) droch- ▷ a nasty cold drochshlaghdán ❹ (smell) bréan ▷ a nasty smell boladh bréan

nation n náisiún m1

national adj náisiúnta ▷ He's the national champion. Tá sé ina churadh náisiúnta.; **the national elections** an toghchán náisiúnta

national anthem n an amhrán m1 náisiúnta

National Health Service n An tSeirbhís f2 Náisiúnta Sláinte

nationalism n náisiúnachas m1

nationalist n náisiúnaí m4

nationality n náisiúntacht f3

National Lottery n Crannchur m1 Náisiúnta

national park n páirc f2 náisiúnta

native adj dúchais ▷ my native country mo thír dhúchais ▷ a native speaker of Irish cainteoir dúchais Ghaeilge ▷ my native language mo theanga dhúchais

natural adj nádúrtha

naturalist n nádúraí m4

naturally adv (obviously) ar ndóigh ▷ Naturally, we were very disappointed. Ar ndóigh, bhí an-díomá orainn.

nature n nádúr m1

naughty adj dalba ▷ a naughty boy gasúr dalba ▷ Don't be naughty! Ná bí dalba!

navy n cabhlach m1 ▷ He's in the navy. Tá sé sa chabhlach.

navy-blue adj dúghorm ▷ a navy-blue skirt sciorta dúghorm

Nazi n Naitsí m4 ▷ the Nazis na Naitsithe

near adj cóngarach ▷ It's fairly near. Tá sé cóngarach go leor. ▷ It's near enough to walk. Tá sé cóngarach go leor le siúl ann.; **the nearest** is cóngaraí ▷ Where's the nearest service station? Cá bhfuil an stáisiún seirbhíse is cóngaraí? ▷ The nearest shops were three kilometres away. Bhí na siopaí is cóngaraí trí chiliméadar ar shiúl.

nearby adj in aice láimhe ▷ a nearby garage garáiste in aice láimhe

nearly adv chóir a bheith ▷ Dinner's nearly ready. Tá an dinnéar chóir a bheith réidh. ▷ I'm nearly 15. Tá mé chóir a bheith 15. ▷ They were nearly finished. Bhí siad chóir a bheith réidh.; **I nearly fell.** Dóbair dom titim.

neat adj slachtmhar ▷ She has very neat writing. Tá a peannaireacht iontach slachtmhar.

neatly adv go slachtmhar ▷ neatly folded fillte go slachtmhar ▷ neatly dressed gléasta go slachtmhar

necessary adj riachtanach

necessity n riachtanas m1 ▷ A car is a necessity, not a luxury. Is

a b c d e f g h i j k l m n o p q r s t u v w x y z

riachtanas é carr, ní sócúlacht.

neck n muineál m1 ▷ a stiff neck muineál righin ▷ a V-neck sweater geansaí V-mhuiníl

necklace n muince f4

need vb I need some fresh air. Tá aer úr de dhíth orm.; Do you need any help? An bhfuil cuidiú ar bith de dhíth ort?

▶ n There's no need to rush. Ní gá deifriú.

needle n ❶ (for sewing) snáthaid f2 ❷ (for knitting) dealgán m1

negative n (photo) claonchló m4
▶ adj diúltach ▷ He's got a very negative attitude. Tá dearcadh iontach diúltach aige.

neglected adj The garden is neglected. (untidy) Tá faillí déanta sa ghairdín.

negligee n fallaing f2 sheomra

negotiate vb (price) socraigh; to negotiate an agreement teacht ar chomhréiteach

negotiations npl ❶ (of price) caibidlíocht f3 ❷ (in politics) idirbheartaíocht f3

neighbour (US **neighbor**) n comharsa f ▷ the neighbours' garden gairdín na gcomharsan

neighbourhood (US **neighborhood**) n comharsanacht f3

neither pron, conj, adv Neither of them is coming. Níl ceachtar acu ag teacht.; Neither Sarah nor Eva is coming to the party. Ní bheidh Sorcha ná Aoife ag teacht chuig

an gcóisir.; I didn't see her. — Neither did I. Ní fhaca mé í. — Ní fhaca ná mise.

neon n neon m1 ▷ a neon light solas neoin

nephew n nia m4

nerve n ❶ néaróg f2 ❷ sotal m1
▷ He's got a nerve! Tá sotal ann!

nerve-racking adj strusúil

nervous adj (tense) neirbhíseach
▷ I bite my nails when I'm nervous. Ithim mo chuid ingne nuair a bhím neirbhíseach.; to be nervous about something bheir neirbhíseach faoi rud ▷ I'm a bit nervous about flying to Paris by myself. Tá mé rud beag neirbhíseach faoi eitilt go Páras i m'aonar.

nest n nead f2

Net n the Net an tIdirlíon; to surf the Net scimeáil ar an Idirlíon

net n eangach f2 ▷ a fishing net eangach iascaireachta

netball n líonpheil f2 ▷ Netball is a bit like basketball. Tá líonpheil giota beag ar nós na cispheile.

Netherlands npl the Netherlands an Ísiltír ▷ in the Netherlands san Ísiltír

network n ❶ (for mobile phone) gréasán m1 ▷ Which network are you on? Cén gréasán ar a bhfuil tú? ❷ (for computers) líonra m4

neurotic adj néaróiseach

never adv ❶ (past, present) riamh
▷ It never happened. Níor tharla sé riamh. ▷ He's never on time. Ní

bhíonn sé riamh in am. ▷ *I have never been camping.* Ní raibh mé riamh ag campáil. ❷ *(future)* choíche ▷ *She'll never return.* Ní fhillfidh sí choíche. ▷ *When are you going to phone him? — Never!* Cá huair a chuirfidh tú scairt air? — Choíche!; **Never again!** Choíche go deo!

new *adj* nua ▷ *her new boyfriend* a buachaill nua ▷ *I need a new dress.* Tá gúna nua de dhíth orm.; **brand new** úrnua ▷ *They've got a brand new car.* Tá carr úrnua acu.

newborn *adj* nuabheirthe ▷ *a newborn baby* leanbh nuabheirthe

newcomer *n* núíosach *m1*

news *n* ❶ scéala *m4* ▷ *good news* dea-scéala ▷ *I've had some bad news.* Tá drochscéala agam. ❷ *(on radio, TV)* nuacht *f3* ▷ *I watch the news every evening.* Amharcaim ar an nuacht gach tráthnóna. ▷ *I listen to the news every morning.* Éistim leis an nuacht gach maidin.

newsagent (*US* **newsdealer**) *n* nuachtánaí *m4*

news flash *n* scéal *m1* práinneach

newspaper *n* nuachtán *m1* ▷ *I deliver newspapers.* Bím ag seachadadh nuachtán.

newsreader *n* léitheoir *m3* nuachta

New Year *n* **the New Year** an Athbhliain ▷ *We celebrated New Year with our friends.* Rinneamar an Athbhliain a cheiliúradh lenár gcairde.; **Happy New Year!**

Athbhliain faoi mhaise duit!; **New Year's Day** Lá Nollag Beag; **New Year's Eve** Oíche Chinn Bliana

New Zealand *n* an Nua-Shéalainn *f2* ▷ *in New Zealand* sa Nua-Shéalainn

New Zealander *n* Nua-Shéalannach *m1*

next *adj, adv, prep* ❶ *(in time)* seo chugainn ▷ *next Saturday* an Satharn seo chugainn ▷ *next year* an bhliain seo chugainn ▷ *next summer* an samhradh seo chugainn ❷ *(in sequence)* an chéad ... eile ▷ *the next train* an chéad traein eile ▷ *Next please!* An chéad duine eile, le do thoil! ❸ *(afterwards)* ina dhiaidh ▷ *What shall I do next?* Cad é a dhéanfaidh mé ina dhiaid seo? ▷ *What happened next?* Cad é a tharla ina dhiaid sin?; **next to** in aice le ▷ *next to the bank* in aice leis an mbanc; **the next day** an lá arna mhárach ▷ *The next day he visited Cork.* An lá arna mhárach, thug sé cuairt ar Chorcaigh.; **the next time** an chéad uair eile ▷ *the next time you see her* an chéad uair eile a fheicfidh tú í; **next door neighbour** comharsa béal dorais

nice *adj* deas ▷ *Your parents are very nice.* Tá do thuismitheoirí iontach deas. ▷ *It was nice of you to remember my birthday.* Ba dheas uait cuimhneamh ar mo bhreithlá. ▷ *That's a nice dress!* Sin gúna deas! ▷ *Newry is a nice city.* Is cathair dheas é an tlúr.; **to be nice to somebody** bheith deas le duine

nickname *n* leasainm *m4*

niece *n* neacht *f3*

Nigeria *n* an Nigéir *f2* ▷ *in Nigeria* sa Nigéir

night *n* ❶ oíche *f4* ▷ *I want a single room for two nights.* Ba mhaith liom seomra singilte ar feadh dhá oíche.; **My mother works nights.** Bíonn mo mháthair ag obair san oíche.; **at night** san oíche; **Goodnight!** Oíche mhaith! ❷ (*evening*) tráthnóna *m4*; **last night** aréir

night club *n* club *m4* oíche

nightie *n* léine *f4* oíche

nightlife *n* siamsaíocht *f3* oíche ▷ *There's plenty of nightlife.* Bíonn cuid mhór siamsaíocht oíche ann.

nightmare *n* tromluí *m4* ▷ *It was a real nightmare!* Tromluí ceart a bhí ann! ▷ *I had a nightmare last night.* Tháinig tromluí orm aréir.

night watchman *n* fairtheoir *m3* oíche

nil *n* náid *f2* ▷ *We won one-nil.* Bhaineamar a haon a náid.

nine *num* ❶ a naoi

> a naoi is used for telling the time and for counting.

▷ *at nine o'clock* ar a naoi a chlog ▷ *Three plus six is nine.* A trí móide a sé sin a naoi. ❷ naoi

> naoi is used to give the number of objects and is usually followed by a singular noun.

▷ *nine bottles* naoi mbuidéal

> Some words, **bliain**, **uair**, **seachtain**, **pingin**, have a special plural for use with numbers.

▷ *nine years* naoi mbliana; **She's nine.** Tá sí naoi mbliana d'aois.

> To translate 'nine people', use the form **naonúr**.

▷ *nine people* naonúr ▷ *nine women* naonúr ban

nineteen *num* naoi … déag

> **naoi** is followed by a singular noun.

▷ *nineteen bottles* naoi mbuidéal déag; **She's nineteen.** Tá sí naoi mbliana déag.

nineteenth *adj* an naoú … déag ▷ *her nineteenth birthday* a breithlá naoi mbliana déag ▷ *the nineteenth floor* an naoú hurlár déag; **the nineteenth of August** an naoú lá déag de Lúnasa

ninety *num* nócha

> **nócha** is followed by a singular noun.

▷ *ninety people* nócha duine; **He's ninety.** Tá sé nócha bliain d'aois.

ninth *num* naoú ▷ *the ninth floor* an naoú hurlár; **the ninth of August** an naoú lá de Lúnasa

nitrogen *n* nítrigin *f2*

no *adv* níl ▷ *Are you coming? — No.* Ar bhfuil tú ag teacht? — Níl.; **Would you like some more? — No thank you.** Ar mhaith leat tuilleadh? — Níor mhaith, go raibh maith agat. ▶ *adj* ❶ aon ▷ *I have no money.* Níl aon airgead agam. ▷ *There's no hot water.* Níl aon uisce te ann. ❷ **ar bith** ▷ *I have no books.* Níl leabhair ar bith agam. ▷ *There are no trains on Sundays.* Ní bhíonn traenacha ar bith ann ar an Domhnach.; **'no smoking'** 'ná caitear tobac'; **No way!** Seans ar bith!

nobody *pron* duine ar bith ▷ *Who's going with you? — Nobody.* Cé atá ag dul leat? — Duine ar bith. ▷ *There was nobody in the office.* Ní raibh duine ar bith san oifig. ▷ *Nobody likes him.* Ní maith le duine ar bith é.

nod *vb* **to nod one's head** do cheann a sméideadh; **to nod at somebody** (*as greeting*) beannú do dhuine de do cheann

noise *n* callán *m1* ▷ *What is that noise?* Cad é an callán sin?

noisy *adj* callánach

nominate *vb* ❶ (*propose*) mol ▷ *I nominate John McAteer as president of the society.* Molaim Seán Mac an tSaoir mar uachtarán ar an gcumann. ❷ (*appoint*) ainmnigh ▷ *She was nominated as director.* Ainmníodh mar stiúrthóir í.; **He was nominated for an Oscar.** Ainmníodh le haghaidh Oscar é.

none *pron* ❶ (*things*) ceann ar bith ▷ *I've none left.* Níl ceann ar bith fágtha agam. ❷ (*people*) duine ar bith ▷ *none of you* duine ar bith agaibh

nonsense *n* seafóid *f2*; **Don't talk nonsense!** Bíodh ciall agat!

non-smoker *n* neamhchaiteoir *m3*; **He's a non-smoker.** Ní chaitheann sé tobac.

non-stop *adj, adv* gan stad ▷ *a non-stop flight* eitilt gan stad ▷ *He flew non-stop.* D'eitil sé gan stad. ▷ *He drinks non-stop.* Ólann sé gan stad.

noodles *npl* núdail *mpl1*

noon *n* meán *m1* lae ▷ *at noon* ar mheán lae ▷ *before noon* roimh mheán lae

no one *pron* duine ar bith ▷ *Who's going with you? — No one.* Cé atá ag dul leat? — Duine ar bith. ▷ *There was no one in the office.* Ní raibh duine ar bith san oifig. ▷ *No one likes him.* Ní maith le duine ar bith é.

nor *conj* ná ▷ *neither the cinema nor the swimming pool* an phictiúrlann ná an linn snámha ▷ *I didn't like the film. — Nor did I.* Níor thaitin an scannán liom. — Ná liomsa. ▷ *I haven't seen him. — Nor have I.* Ní fhaca mé é. — Ná mise.

normal *adj* gnách ▷ *He's perfectly normal.* Níl aon rud neamhghnách faoi.

normally *adv* de ghnáth ▷ *I normally arrive at nine o'clock.* Tagaim isteach de ghnáth ar a naoi a chlog.; **The airports are working normally.** (*as normal*) Tá na haerfoirt ag feidhmiú mar is gnách.

north *n* tuaisceart *m1* ▷ *in the north* sa tuaisceart

a
b
c
d
e
f
g
h
i
j
k
l
m
n
o
p
q
r
s
t
u
v
w
x
y
z

▶ adj tuaisceartach; **the north
wind** an ghaoth aduaidh
▶ adv thuaidh ▷ It's north of London.
Tá sé ar an taobh thuaidh de
Londain.

North America n Meiriceá m4
Thuaidh

northbound adj **The truck was
northbound on the M5.** Bhí an
trucail ag dul ó thuaidh ar an M5.;
**Northbound traffic is moving
very slowly.** Tá an trácht ó
thuaidh ag bogadh go han-mhall.

northeast n oirthuaisceart
m1 ▷ **in the northeast** san
oirthuaisceart

northern adj tuaisceartach
▷ a northern city cathair
thuaisceartach ▷ the northern
part of the island an chuid
thuaisceartach den oileán;
Northern Europe Tuaisceart na
hEorpa; **the Northern Lights** na
Gealáin Thuaidh

Northern Ireland n Tuaisceart
m1 Éireann ▷ in Northern Ireland i
dTuaisceart Éireann ▷ to Northern
Ireland go Tuaisceart Éireann ▷ I'm
from Northern Ireland. As Tuaisceart
Éireann dom.

North Pole n **the North Pole** an
Pol Thuaidh

North Sea n **the North Sea** an
Mhuir Thuaidh

northwest n iarthuaisceart
m1 ▷ **in the northwest** san
iarthuaisceart

Norway n an Iorua f4 ▷ in Norway

san Iorua

Norwegian adj Ioruach
▶ n ❶ (person) Ioruach m1
❷ (language) Ioruais f2

nose n srón f2 ▷ His nose was
bleeding. Bhí sé ag cur fuil shróine.

nosebleed n fuil f shróine ▷ I often
get nosebleeds. Bíonn fuil shróine
go minic liom.

nosy adj fiosrach

not adv ní

ní changes to **níl** or **níor**
depending on the verb in the
sentence. Look at the examples
to find one that's similar to
what you want to say.

▷ He's not very reliable. Ní duine
ró-iontaofa é. ▷ It's not possible.
Ní féidir é. ▷ I'm not sure. Níl mé
cinnte. ▷ It's not raining. Níl sé ag
cur. ▷ You shouldn't do that. Níor
chóir duit sin a dhéanamh. ▷ They
haven't arrived yet. Níor tháinig siad
go fóill.; **I hope not.** Tá súil agam
nach amhlaidh atá.; **Can you lend
me 10 euros? — I'm afraid not.**
An bhféadfá 10 euro a thabhairt ar
iasacht dom. — Is eagal liom nach
bhféadfainn.; **Are you coming
or not?** An bhfuil tú ag teacht nó
nach bhfuil?; **not yet** chan go fóill

note n nóta m4 ▷ I'll write her a note.
Scríobhfaidh mé nóta chuici. ▷ a
£5 note nóta £5 ▷ She took notes at
the meeting. Ghlac sí nótaí ag an
gcruinniú.

note down vb breac síos

notebook n leabhar m1 nótaí

notepad n ceap m1 nótaí
notepaper n páipéar m1 litreacha
nothing n rud m3 ar bith ▷ What's wrong? — Nothing. Cad é atá ort? — Rud ar bith. ▷ nothing special rud ar bith speisialta ▷ He does nothing. Ní dhéanann sé rud ar bith. ▷ Nothing is open on Sundays. Ní bhíonn rud ar bith oscailte ar an Domhnach.; **for nothing** in aisce
notice n ❶ (announcement) fógra m4 ▷ I put up a notice about the school disco. Chuir mé fógra in airde faoi dhioscó na scoile. ❷ (warning) rabhadh m1; **Don't take any notice of him!** Ná bíodh aird ar bith agat air!; **at short notice** gan chairde; **until further notice** go bhfógrófar a mhalairt; **to hand in one's notice** éirí as
▶ vb tabhair faoi deara
notice board n clár m1 fógraí
nought n neamhní m4
noun n ainmfhocal m1
novel n úrscéal m1
novelist n úrscéalaí m4
November n Samhain f3 ▷ in November i mí na Samhna
now adv, conj anois ▷ What are you doing now? Cad é atá tú a dhéanamh anois? ▷ I'm rather busy just now. Tá mé gnóthach cineál anois.; **by now** faoi seo ▷ He should be there by now. Ba chóir dó bheith ann faoi seo. ▷ It should be ready by now. Ba chóir dó bheith réidh faoi seo.; **now and then** anois agus arís; **from now on** as seo amach

nowhere adv in áit ar bith
▷ nowhere else áit ar bith eile
nuclear adj núicléach ▷ nuclear power cumhacht núicléach ▷ a nuclear power station stáisiún cumhachta núicléiche
nude adj lomnocht; **to sunbathe nude** bolg le gréin a dhéanamh nocht
▶ n nochtach m1; **in the nude** lom nocht
nudist n nochtach m1
nuisance n It's a nuisance. Is mór an crá é.; **What a nuisance!** A leithéid de chrá croí!
numb adj gan mhothú ▷ My leg's gone numb. Tá mo chos gan mhothú.; **numb with cold** préachta leis an bhfuacht
number n uimhir f ▷ They live at number 5. Tá siad ina gcónaí ag uimhir 5. ▷ What's your phone number? Cad é d'uimhir ghutháin? ▷ You've got the wrong number. Tá an uimhir chontráilte agat.
number plate n uimhirphláta m4
nun n bean f rialta ▷ She's a nun. Tá sí ina bean rialta.
nurse n banaltra f4 ▷ She's a nurse. Tá sí ina banaltra.
nursery n ❶ (for children) naíolann f2 ❷ (for plants) plandlann f2
nursery school n naíscoil f2
nursery slope n fánán m1 tosaitheoirí
nut n cnó m4
nutmeg n noitmig f2
nutritious adj cothaitheach

nuts adj ar mire ▷ He's nuts. Tá sé ar mire.
nutter n He's a nutter. Fear buile é.
nylon n níolón m1

oak n dair f ▷ an oak table bord darach
oar n maide m4 rámha
oatmeal n min f2 choirce
oats n coirce m4
obedient adj umhal
obey vb géill do; to obey the rules cloí leis na rialacha
object n rud m3 ▷ a familiar object rud coitianta
▶ vb cuir i gcoinne ▷ A lot of people objected to the proposal. Chuir go leor daoine i gcoinne an mholta.
objection n agóid f2; I have no objection to that. Níl rud ar bith agam ina choinne sin.
oblong adj leathfhada
oboe n óbó m4 ▷ I play the oboe. Seinnim ar an óbó.
obscene adj gáirsiúil

observant adj grinnsúileach
observe vb coimhéad
obsessed adj tógtha glan ▷ He's obsessed with trains. Tá sé tógtha glan le traenacha.
obsolete adj as feidhm
obstacle n constaic f2
obstinate adj ceanntréan
obstruct vb cuir bac ar ▷ A lorry was obstructing the traffic. Bhí leoraí ag cur baic ar an trácht.
obtain vb faigh
obvious adj soiléir
obviously adv go follasach; Do you want to pass the exam? — Obviously! An mian leat an scrúdú a fháil? — Gan amhras!; She was obviously exhausted. Ba léir go raibh tuirse uirthi.
occasion n ócáid f2 ▷ a special occasion ócáid speisialta; on several occasions cúpla uair
occasionally adv corruair
occupation n gairm f2
occupy vb bheith i seilbh; That seat is occupied. Tá an suíochán sin tógtha.
occur vb tarlaigh ▷ The accident occurred yesterday. Inné a tharla an timpiste.; It suddenly occurred to me that ... Rith sé chugam go ...
ocean n aigéan m1
o'clock adv at four o'clock ar a ceathair a chlog; It's five o'clock. Tá sé a cúig a chlog.
October n Deireadh m1 Fómhair; in October i mí Dheireadh Fómhair
octopus n ochtapas m1

odd adj ❶ aisteach ▷ That's odd! Tá sin aisteach! ❷ (number) corr ▷ an odd number uimhir chorr
of prep (from, out of) de ▷ It's made of wood. Tá sé déanta d'adhmad.

▌ The genitive is usually used to translate 'of'.

▷ a boy of ten gasúr deich mbliana ▷ a kilo of flour cileagram plúir ▷ three of us triúr againn ▷ a friend of ours cara linn ▷ That was kind of you. Ba dheas uait sin.; the 5th of July an cúigiú lá d'Iúil
off adj, adv, prep ❶ (light) múchta ▷ All the lights are off. Tá na soilse go léir múchta. ❷ (cancelled) ar ceal ▷ The match is off. Tá an cluiche ar ceal. ❸ (absent) as láthair; to have an off day drochlá a bheith agat; to take a day off work lá a thógáil ón obair; She's off school today. Níl sí ar scoil inniu.; to be off sick bheith amuigh tinn; a day off lá saoire; I must be off now. (leave) Caithfidh mé bheith ag imeacht anois.
Offaly n Uíbh mpl Fhailí
offence (US offense) n (crime) coir f2
offensive adj (smell) bréan
offer n tairiscint f3 ▷ a good offer tairiscint mhaith; 'on special offer' 'tairiscint speisialta'
▶ vb tairg ▷ He offered to help me. Thairg sé cuidiú liom. ▷ I offered to go with them. Thairg mé dul leo.
office n oifig f2 ▷ She works in an office. Tá sí ag obair in oifig.

officer n ❶ (in the army) oifigeach m1 ❷ (in the Irish police) garda m4
official adj oifigiúil
off-licence n (shop) siopa m1 eischeadúnais
offside adj as cóir
often adv go minic ▷ It often rains. Bíonn sé ag cur go minic.; **How often do you go to the gym?** Cá mhinic a théann tú go dtí an giom?; **I'd like to go skiing more often.** Ba mhaith liom dul ag sciáil níos minice.
oil n ❶ ola f4 ▷ an oil painting péintéireacht ola ❷ (crude oil) amhola f4; **North Sea oil** ola na Mara Thuaidh
▶ vb (machine) bealaigh
oil rig n rige m4 ola ▷ He works on an oil rig. Tá sé ag obair ar rige ola.
oil slick n leo m4 ola
oil well n tobar m1 ola
ointment n ungadh m
okay excl, adj ❶ (agreed) ceart go leor ▷ Could you call back later? — Okay! An bhféadfá glaoch ar ais ar ball? — Ceart go leor! ▷ I'll meet you at six o'clock, okay? Buailfidh mé leat ar a sé a chlog, ceart go leor? ▷ Is that okay? An bhfuil sin ceart go leor? ▷ I'll do it tomorrow, if that's okay with you. Déanfaidh mé amárach é, má tá sin ceart go leor agatsa. ❷ (average) maith go leor ▷ How was your holiday? — It was okay. Cad é mar a bhí an tsaoire agat? — Maith go leor.; **Are you okay?** An bhfuil tú ceart?

old adj sean ▷ He's not so old. Níl sé chomh sean sin.

> **sean** is added at the beginning of nouns, as in the examples below.

▷ an old house seanteach ▷ old people seandaoine ▷ an old horse seanchapall; **my old English teacher** (former) mo sheanmhúinteoir Béarla; **How old are you?** Cén aois thú?; **my older brother** mo dheartháir mór; **my older sister** mo dheirfiúr mhór; **She's two years older than me.** Tá sí dhá bhliain níos sine ná mé.; **I'm the oldest in the family.** Mise is sine sa chlann.
old-age pensioner n seanphinsinéir m3 ▷ She's an old-age pensioner. Is seanphinsinéir í.
old-fashioned adj ❶ seanfhaiseanta ▷ She wears old-fashioned clothes. Caitheann sí éadaí seanfhaiseanta. ❷ (person) seanaimseartha ▷ My parents are rather old-fashioned. Tá mo thuismitheoirí cineál seanaimseartha.
olive n ológ f2
olive oil n ola f4 olóige
olive tree n crann m1 ológ
Olympic adj Oilimpeach; **the Olympics** na Cluichí Olimpeacha
omelette n uibheagán m1
on prep

> There are several ways of translating 'on'. Look at the examples to find one that is similar to what you want to say.

(indicating position) ar ▷ on the table ar an mbord ▷ on the wall ar an mballa ▷ on the 2nd floor ar an dara hurlár ▷ on the left ar clé ▷ on the train ar an traein; **on the radio** ar an raidió ▷ I heard it on the radio. Chuala mé ar an raidió é.; **on holiday** ar saoire ▷ They're on holiday. Tá siad ar saoire.; **on strike** ar stailc; **on foot** de chois

> With days and dates 'on' is often not translated.

▷ on Christmas Day Lá Nollag ▷ on July 20th an fichiú lá d'Iúil ▷ on the night he was born an oíche a rugadh é ▷ on Monday morning maidin Dé Luain; **on Friday** Dé hAoine; **on Fridays** ar an Aoine

▶ adj (machine, tap, TV) ar siúl ▷ Is the dishwasher on? An bhfuil an miasniteoir ar siúl?; **Don't leave the tap on.** Ná fág an sconna ag rith. ▷ I think I left the light on. Sílim gur fhág mé an solas ar siúl.; **What's on at the cinema?** Cad é tá ar siúl sa phictiúrlann?

once adv (one time) uair amháin ▷ once more uair amháin eile ▷ I've been to London once before. Bhí mé i Londain uair amháin cheana.; **once a week** uair sa tseachtain; **Once upon a time ...** Fadó, fadó ...; **at once** láithreach bonn; **once in a while** anois is arís

one num aon ▷ in one go d'aon iarracht ▷ They came in one car. Tháinig siad san aon charr.; **one minute** nóiméad amháin; **I've**

got one brother and one sister. Tá deartháir amháin agus deirfiúr amháin agam.

▶ pron ceann; **Do you need a stamp? — No thanks, I've got one.** An bhfuil stampa uait? — Níl, tá ceann agam.; **One never knows.** (impersonal) Ní bhíonn a fhios ag duine riamh.; **this one** an ceann seo ▷ Which is the best photo? — This one. Cé acu grianghraf is fearr? — An ceann seo.; **that one** an ceann sin ▷ Which seat do you want? — That one. Cén suíochán atá uait? — An ceann sin.

oneself pron tú féin; **to hurt oneself** tú féin a ghortú; **to talk to oneself** bheith ag caint leat féin

one-way adj (street, traffic) aontreo

onion n oinniún m

online adj, adv ar líne ▷ They like to chat online. Is maith leo bheith ag comhrá ar líne.

only adv, adj, conj aon ▷ Monday is the only day I'm free. An Luan an t-aon lá a bhím saor. ▷ Irish is the only subject I like. Gaeilge an t-aon ábhar a bhfuil dúil agam ann. ▷ the only place left an t-aon áit a bhí fágtha; **How much was it? — Only 10 euros.** Cá mhéad a bhí air? — Gan ach deich euro.; **We only want to stay for two nights.** Ní theastaíonn uainn fanacht ach dhá oíche.; **I'd like the same sweater, only in black.** Ba mhaith liom an geansaí céanna, ach é a

a b c d e f g h i j k l m n o p q r s t u v w x y z

bheith dubh.; **an only child** páiste aonair

onwards adv ar aghaidh; **from July onwards** ó mhí Iúil amach

open adj oscailte ▷ *The baker's is open on Sunday morning.* Bíonn siopa an bháicéara oscailte maidin Domhnaigh.; **in the open air** amuigh faoin aer

▶ vb oscail ▷ *Can I open the window?* An cuma má osclaím an fhuinneog? ▷ *What time do the shops open?* Cén t-am a osclaíonn na siopaí? ▷ *The door opened and the teacher came in.* D'oscail an doras agus tháinig an múinteoir isteach.

opening hours npl uaireanta fpl oscailte

opera n ceoldráma m4

operate vb oibrigh ▷ *The lights operate on a timer.* Oibríonn na soilse ar amadóir. ▷ *How do you operate the camcorder?* Cad é mar a oibríonn tú an ceamthaifeadán?; **to operate on somebody** (*perform surgery*) duine a chur faoi scian

operation n obráid f2 ▷ *a major operation* mórobráid; **to have an operation** dul faoi scian ▷ *I have never had an operation.* Ní dheachaigh mé féin faoi scian riamh.

operator n ❶ (*of machine*) oibreoir m3 ❷ (*on telephone*) teileafónaí m4

opinion n tuairim f2 ▷ *He asked me my opinion.* D'iarr sé mo thuairim orm. ▷ *What's your opinion?* Cad é do thuairim air?; **in my opinion** i

mo thuairimse

opinion poll n pobalbhreith f2

opponent n céile m4 comhraic

opportunity n deis f2; **to have the opportunity to do something** deis a fháil ar rud a dhéanamh ▷ *I've never had the opportunity to go abroad.* Ní raibh ar deis riamh agam dul thar lear.

opposed adj **I've always been opposed to violence.** Bhí mé i gcónaí i gcoinne an fhoréigin.; **as opposed to** i gcontrárthacht le

opposing adj (*opinions*) contrártha; **the opposing team** an fhoireann eile

opposite adj, adv, prep ❶ (*facing*) os comhair ▷ *the girl sitting opposite me* an cailín atá ina suí os mo chomhair ▷ *They live opposite us.* Tá siad ina gcónaí os ár gcomhair amach. ❷ (*contrary*) contrártha ▷ *It's in the opposite direction.* Tá sé sa treo contrártha.; **the opposite sex** an gnéas eile; **Quite the opposite!** A mhalairt glan!

opposition n ❶ (*in politics*) freasúra m4 ❷ (*to plan, proposal*) cur m1 in éadan ❸ (*in sport*) an fhoireann f2 eile

optician n radharceolaí m4 ▷ *She's an optician.* Is radharceolaí í.

optimistic adj dóchasach

option n ❶ rogha f4 ▷ *I've got no option.* Níl an dara rogha agam. ❷ (*optional subject*) ábhar m1 roghnach ▷ *I'm doing geology as my option.* Tá mé ag déanamh geolaíochta mar ábhar roghnach.

optional adj roghnach

or conj ❶ nó ▷ Would you like some tea or coffee? An bhfuil tae nó caife uait? ❷ (with negative) ná ▷ I don't eat meat or fish. Ní ithim feoil ná iasc. ❸ (otherwise) nó ▷ Hurry up or you'll miss the bus. Déan deifir nó caillfidh tú an bus.; **Give me the money, or else!** Tabhair dom an t-airgead, nó is duit is measa!

oral adj cainte ▷ an oral exam scrúdú cainte
▷ n scrúdú m cainte ▷ I've got my French oral soon. Beidh an scrúdú cainte Fraincise agam roimh i bhfad.

orange n (fruit) oráiste m4; **orange juice** sú oráiste
▷ adj flannbhuí

Orangeman n Fear m1 Buí

orchard n úllord m1

orchestra n ceolfhoireann f2 ▷ I play in the school orchestra. Seinnim le ceolfhoireann na scoile.

order n ❶ (sequence) ord m1 ▷ in alphabetical order in ord aibítre ❷ (specific instruction) ordú m ▷ The waiter took our order. Ghlac an freastalaí an t-ordú uainn.; **in order to** le ▷ He does it in order to earn money. Déanann sé é le hairgead a shaothrú.; **'out of order'** 'as gléas'
▷ vb ordaigh ▷ We ordered steak and chips. D'ordaíomar stéig agus sceallóga. ▷ Are you ready to order? An bhfuil tú réidh le hordú?; **to**

order somebody about orduithe a chur ar dhuine ▷ She liked to order him about. Thaitin sé léi bheith ag cur orduithe air.

ordinary adj gnáth- ▷ an ordinary day gnáthlá ▷ He's just an ordinary guy. Níl ann ach gnáthdhuine.

ore n mian f2

organ n (instrument) orgán m1 ▷ I play the organ. Seinnim ar an orgán.

organic adj orgánach

organization n ❶ (arrangement) eagrú m ❷ (political) eagraíocht f3

organize vb eagraigh

origin n bunús m1

original adj bun-; **Our original plan was to go camping.** Ba é an chéad phlean againn dul ag campáil.

originally adv (at first) ó thús

Orkney n Inse fpl2 Orc ▷ in Orkney in Inse Orc

ornament n ornáid f2

orphan n dílleachta m4

ostrich n ostrais f2

other adj, pron eile ▷ Have you got these jeans in other colours? An bhfuil na brístе géine seo agat i ndathanna eile? ▷ on the other side of the street ar an taobh eile den tsráid; **the other day** an lá faoi dheireadh; **the other one** an ceann eile ▷ This one? — No, the other one. An ceann seo? — Ní hé, ach an ceann eile.; **the others** na daoine eile ▷ The others are going but I'm not. Tá na daoine eile ag dul ann ach níl mise.

a
b
c
d
e
f
g
h
i
j
k
l
m
n
o
p
q
r
s
t
u
v
w
x
y
z

otherwise adv, conj ❶ (if not) nó
▷ Note down the number, otherwise you'll forget it. Scríobh síos an uimhir nó déanfaidh tú dearmad di. ▷ Put some sunscreen on, you'll get burned otherwise. Cuir beagán grianscéithe ort nó dófar thú.
❷ (in other ways) seachas sin
▷ I'm tired, but otherwise I'm fine. Tá tuirse orm, ach seachas sin tá mé go breá.

ought vb
To translate 'ought to', use the conditional tense of **is** + the adjective **cóir** + a form of **dó**.
▷ I ought to phone my parents. Ba chóir dom glaoch ar mo thuismitheoirí. ▷ You ought not to do that. Níor chóir duit é sin a dhéanamh. ▷ He ought to win. Ba chóir go mbainfeadh sé.

ounce n unsa m4

our adj ár ▷ our house ár dteach
▷ our names ár n-ainmneacha;
Our neighbours are very nice. Tá na comharsana againn an-deas.

ours pron an ceann seo againne
▷ It's better than ours. Is fearr é ná an ceann seo againne.; **Whose is this? — It's ours.** Cé leis é seo? — Is linne é.; **a friend of ours** cara linn

ourselves pron muid féin ▷ We built our garage ourselves. Thógamar an garáiste muid féin.; **We really enjoyed ourselves.** Bhí an-spórt againn.

out adv, adj
There are several ways of translating 'out'. Look at the examples to find one that is similar to what you want to say.
❶ (go, come) amach ▷ I'm going out tonight. Tá mé ag dul amach anocht.; **'way out'** 'slí amach'
❷ (be, stay) amuigh ▷ I was out till midnight. Bhí mé amuigh go meán oíche. ❸ (not at home) as baile
❹ (light, fire) as ▷ All the lights are out. Tá na soilse go léir as.; **out there** amuigh ansin ▷ It's cold out there. Tá sé fuar amuigh ansin.; **to go out with somebody** bheith ag dul amach le duine ▷ I've been going out with him for two months. Tá mé ag dul amach leis le dhá mhí.; **out of** (1) (outside) taobh amuigh de ▷ He lives out of town. Cónaíonn sé taobh amuigh den bhaile. **(2)** (as a proportion, from) as ▷ in 9 cases out of 10 i naoi gcás as deich gcinn ▷ He drank the milk straight out of the carton. D'ól sé an bainne díreach as an gcartán.; **out of curiosity** le fiosracht; **out of work** as obair; **That is out of the question.** Tá sin as an gceist.; **You're out!** (in game) Tá tú as!

outbreak n briseadh m amach
▷ the outbreak of war briseadh amach an chogaidh; **a salmonel** outbreak ráig salmonella

outcome n toradh m1 ▷ What was the outcome of the negotiations? Cé toradh a bhí ar na cainteanna?

outdoor adj amuigh faoin aer ▷ an outdoor swimming pool linn snámha amuigh faoin aer ▷ outdoor activities gníomhaíochtaí amuigh faoin aer

outdoors adv taobh amuigh

outfit n feisteas m1 ▷ She bought a new outfit for the wedding. Cheannaigh sí feisteas nua don bhainis. ▷ a cowboy outfit feisteas buachaill bó

outgoing adj (sociable) cuideachtúil

outing n turas m1; **to go on a little outing** geábh a thabhairt amach

outline n ❶ (shape) fíor f ▷ We could see the outline of the mountain in the mist. Ba léir dúinn fíor an tsléibhe sa cheo. ❷ (summary) achoimre f4 ▷ This is an outline of the plan. Seo achoimre ar an bplean.

outlook n dearcadh m1 ▷ my outlook on life mo dhearcadh ar an saol; **the economic outlook** an tuar atá faoin eacnamaíocht; **The outlook is poor.** Níl cosúlacht rómhaith ar chúrsaí.

outrageous adj scannalach

outset n tús m1 ▷ at the outset ó thús

outside n taobh m1 amuigh
▶ adj, adv amuigh ▷ It's very cold outside. Tá sé an-fhuar amuigh.; **the outside walls** na ballaí seachtracha
▶ prep taobh amuigh de ▷ outside the school taobh amuigh den

scoil ▷ outside school hours taobh amuigh d'uaireanta scoile

outsize adj mórthomhais

outskirts npl imeall m1 ▷ on the outskirts of the town ar imeall an bhaile mhóir

outstanding adj (excellent) sár-
▷ an outstanding essay sár-aiste;
The work was outstanding. Bhí an obair ar fheabhas.

oval adj ubhchruthach

oven n oigheann m1

over adv, adj, prep ❶ (across) thar ▷ The ball went over the wall. D'imigh an liathróid thar an mballa. ❷ (on the other side of) taobh thall de ▷ It's over the river. Tá sé taobh thall den abhainn.; **The baker's is over the road.** Tá siopa an bháicéara trasna an bhóthair. ❸ (above) os cionn ▷ There's a mirror over the washbasin. Tá scáthán os cionn an bháisín níocháin. ❹ (finished) thart ▷ I'll be happy when the exams are over. Beidh áthas orm nuair a bheidh na scrúduithe thart. ❺ (more than) níos mó ná ▷ It's over twenty kilos. Tá sé níos mó ná fiche cíleagram. ▷ The temperature was over thirty degrees. Bhí an teocht os cionn tríocha céim. ❻ (during) i rith ▷ over the holidays i rith na saoire; **over Christmas** aimsir na Nollag; **over here** abhus; **over there** thall; **all over Ireland** ar fud na hÉireann

overall adv ar an iomlán ▷ My results were quite good overall. Bhí mo chuid torthaí réasúnta maith

a
b
c
d
e
f
g
h
i
j
k
l
m
n
o
p
q
r
s
t
u
v
w
x
y
z

ar an iomlán.

overalls npl forbhríste m4

overcast adj gruama ▷ The sky was overcast. Bhí an spéir gruama.

overcharge vb to overcharge somebody for something barraíocht a ghearradh ar dhuine as rud ▷ They overcharged us for the meal. Ghearr siad barraíocht orainn as an mbéile.

overcoat n cóta m4 mór

overdone adj (food) ródhéanta

overdose n ródháileog f2 ▷ She took an overdose of sleeping pills. Thóg sí ródháileog de phiollairí suain.

overdraft n rótharraingt f2; **to have an overdraft** rótharraingt a bheith agat

overflow vb (run over) sceith

overhead projector n osteilgeoir m3

overlook vb The hotel overlooked the beach. Bhí aghaidh an óstáin ar an trá.; **He had overlooked one important problem.** (forget) Bhí fadhb thábhachtach amháin nár smaoinigh sé air.

overseas adv thar lear ▷ I'd like to work overseas. Ba mhaith liom dul ag obair thar lear.

oversight n dearmad m1

oversleep vb codail amach ▷ I overslept this morning. Chodail mé amach é ar maidin.

overtake vb (pass) téigh thar

overtime n ragobair f2 ▷ I don't like working overtime. Ní thaitníonn an ragobair liom.

overweight adj (person) róthrom

owe vb to owe somebody something rud a bheith ag duine ort ▷ I owe you 50 euros. Tá caoga euro agat orm.; **She owes him a favour.** Tá sí faoi chomaoin aige.

owing to prep mar gheall ar ▷ owing to bad weather mar gheall ar dhrochaimsir

owl n ulchabhán m1

own adj féin ▷ my own car mo charr féin ▷ a room of my own seomra dom féin; **on his own** leis féin ▶ vb **I own the house.** Is liom an teach.

own up vb to own up to something rud a admháil

owner n úinéir m3

oxygen n ocsaigin f2

oyster n oisre m4

ozone n ózón m1

ozone layer n brat m1 ózóin

paradise n parthas m1

paraffin n pairifín m4 ▷ *a paraffin lamp* lampa pairifín

paragraph n paragraf m1

parallel adj comhthreomhar

paralysed adj **to be paralysed** pairilis a bheith ort

paramedic n paraimhíochaineoir m3

parcel n beart m1

pardon n pardún m1; **Pardon?** Cad é sin a dúirt tú?

parent n tuismitheoir m3 ▷ *my parents* mo thuismitheoirí

Paris n Páras m4 ▷ *in Paris* i bPáras ▷ *to Paris* go Páras ▷ *She's from Paris.* Is as Páras í.

Parisian adj Párasach
▶ n Párasach m1

park n páirc f2; **a national park** páirc náisiúnta; **a theme park** téamapháirc; **a car park** carrchlós
▶ vb páirceáil ▷ *Where can I park my car?* Cá háit is féidir mo charr a pháirceáil? ▷ *We couldn't find anywhere to park.* Ní raibh muid in ann áit pháirceála a fháil.

parking n páirceáil f3 ▷ *'no parking'* 'ná páirceáiltear anseo'

parking lot n (US) áit f2 pháirceála

parking meter n méadar m1 páirceála

parking ticket n ticéad m1 páirceála

parliament n parlaimint f2

parole n parúl m1 ▷ *He's on parole.* Tá sé ar parúl.

parrot n pearóid f2

parsley n peirsil f2

part n ❶ cuid f3 ▷ *The first part of the film was boring.* Bhí an chéad chuid den scannán leadránach. ❷ (role) páirt f2 ▷ *He got a part in the school play.* Fuair sé páirt i ndráma na scoile. ❸ (of machine) ball m1; **spare parts** páirteanna breise; **to take part in something** páirt a ghlacadh i rud ▷ *A lot of people took part in the demonstration.* Ghlac cuid mhór daoine páirt san agóid.
▶ vb **to part with something** scaradh le rud

particular adj (special) ar leith ▷ *Are you looking for anything in particular?* An bhfuil tú ag iarraidh rud ar bith faoi leith?; **nothing in particular** dada faoi leith

particularly adv go háirithe

parting n (in hair) stríoc f2

partly adv breac-

partner n ❶ (in business) páirtí m4 ❷ (in relationship) céile m4

part-time adj, adv páirtaimseartha ▷ *a part-time job* post páirtaimseartha ▷ *She works part-time.* Tá sí ag obair go páirtaimseartha.

party n ❶ (celebration) cóisir f2 ▷ *a birthday party* cóisir lá breithe ▷ *a Christmas party* cóisir Nollag ▷ *I'm going to a party on Saturday.* Tá mé ag dul chuig cóisir Dé Sathairn. ❷ (political) páirtí m4 ▷ *the Conservative Party* An Páirtí Coimeádach ❸ (group) gasra m4

a b c d e f g h i j k l m n o p q r s t u v w x y z

▷ *a party of tourists* gasra turasóirí
pass n ❶ (*in mountains*) bearnas m1 ▷ *The pass was blocked with snow.* Bhí an bearnas druidte leis an sneachta. ❷ (*in football*) seachadadh m ❸ pasmharc m1 ▷ *She got a pass in her piano exam.* Fuair sí pasmharc ina scrúdú pianó.; **a bus pass** pas bus
▶ vb ❶ (*exam*) feigh ▷ *Liam passed the exam.* Fuair Liam an scrúdú. ❷ sín ▷ *Could you pass me the salt, please?* An sínfeal an salann chugam, le do thoil? ❸ téigh thart ▷ *The time has passed quickly.* Chuaigh an t-am thart go gasta. ❹ téigh thar ▷ *I pass his house on my way to school.* Téim thar a theach ar mo bhealach chun na scoile. ❺ (*in football*) seachaid
pass out vb tit i laige
passage n ❶ sliocht m3 ▷ *Read the passage carefully.* Léigh an sliocht go cúramach. ❷ (*corridor*) pasáiste m4
passenger n paisinéir m3
passion n paisean m1
passive adj síochánta; **passive smoking** caitheamh éighníomhach
Passover n Cáisc f3 na nGiúdach ▷ *at Passover* ag Cáisc na nGiúdach
passport n pas m4; **passport control** seiceáil na bpas
password n ❶ (*military*) focal m1 faire ❷ (*computing, banking*) pasfhocal m1
past adv, prep thar ▷ *It's on the right,*

just past the station. Tá sé ar dheis, díreach thar an stáisiún.; **to go past** dul thart ▷ *The bus went past without stopping.* Chuaigh an bus thart gan stopadh. ▷ *The bus goes past our house.* Téann an bus thart teach s'againne.; **It's half past ten.** Tá sé leath i ndiaidh a deich.; **It's quarter past eight.** Tá sé ceathrú i ndiaidh a hocht.; **It's ten past nine.** Tá sé deich i ndiaidh a naoi.; **It's past midnight.** Tá sé i ndiaidh mheá noíche.
▶ n **in the past** san am atá thart ▷ *She lives in the past.* Maireann sí san am atá thart.
pasta n pasta m4 ▷ *Pasta is easy to cook.* Tá pasta furasta a réiteach.
paste n (*glue*) gliú m4
pasteurized adj paistéartha
pastime n caitheamh m1 aimsire ▷ *Her favourite pastime is knitting.* Is í an chniotáil an caitheamh aimsire is fearr léi.
pastry n (*dough*) taosrán m1; **pastries** cistí milse
patch n paiste m4 ▷ *a patch of material* paiste ábhair; **He's got a bald patch.** Tá blagaid air.
patched adj paistéáilte ▷ *a pair of patched jeans* brístí géine paistéáilte
pâté n páté m4
path n cosán m1
pathetic adj ❶ (*pitiful*) truamhéalach ❷ (*very bad*) uafásach ▷ *Our team was pathetic.* Bhí foireann s'againne uafásach.

patience n ❶ <u>foighne</u> f4 ▷ He hasn't got much patience. Níl cuid mhór foighne aige.; **Have patience.** Bíodh foighne agat. ❷ (card game) <u>cluiche</u> m4 <u>aonair</u> ▷ I play patience on my computer. Imrím an cluiche aonair ar mo ríomhaire.

patient n <u>othar</u> m1
▶ adj <u>foighneach</u>

patio n <u>paitió</u> m4

patriotic adj <u>tírghrách</u>

patrol n <u>patról</u> m1

patrol car n <u>patrólcharr</u> m1

pattern n <u>patrún</u> m1 ▷ a geometric pattern patrún geoiméadrach ▷ a sewing pattern patrún fuála

pause n <u>sos</u> m3

pavement n <u>cosán</u> m1

pavilion n <u>pailliún</u> m1

paw n <u>lapa</u> m4

pay n <u>pá</u> m4
▶ vb <u>íoc</u> ▷ I paid for my ticket. D'íoc mé as mo thicéad. ▷ I paid 50 euros for it. D'íoc mé 50 euro air. ▷ She paid by credit card. D'íoc sí le cárta creidmheasa.; **to pay extra for something** táille bhreise a íoc ar rud ▷ You have to pay extra for breakfast. Beidh ort táille bhreise a íoc ar bhricfeasta.; **to pay attention to** aird a thabhairt ar ▷ Don't pay any attention to him! Ná tabhair aird air!; **to pay somebody a visit** cuairt a thabhairt ar dhuine ▷ Paul paid us a visit last night. Thug Pól cuairt orainn aréir.; **to pay somebody back** rud a íoc ar ais le duine ▷ I'll pay you back tomorrow. Íocfaidh mé ar ais thú amárach.

payable adj **Make the cheque payable to 'ABC Ltd'.** Déan an seic iníoctha le 'ABC Teo'.

payment n <u>íocaíocht</u> f3

payphone n <u>táillefón</u> m1

PC n (= personal computer) <u>ríomhaire</u> m4 <u>pearsanta</u> ▷ She typed the report on her PC. Chlóscríobh sí an tuarascáil ar a ríomhaire pearsanta. ▷ a PC game cluiche ríomhaire pearsanta

PE n (= physical education) <u>corpoideachas</u> m1 ▷ We do PE twice a week. Bíonn corpoideachas againn dhá uair sa tseachtain.

pea n <u>pis</u> f2

peace n (calm) <u>síocháin</u> f3

peaceful adj <u>suaimhneach</u> ▷ a peaceful afternoon tráthnóna suaimhneach; **a peaceful protest** agóid shíochánta

peace process n <u>próiseas</u> m1 <u>síochána</u>

peach n <u>péitseog</u> f2

peacock n <u>péacóg</u> f2

peak n (mountain) <u>binn</u> f2; **the peak rate** buaicráta ▷ You pay the peak rate for calls at this time of day. Tá an buaicráta i bhfeidhm ghlaonna ag an am seo den lá.; **in peak season** i mbuaicshéasúr

peanut n <u>pis</u> f2 <u>talún</u> ▷ a packet of peanuts paicéad piseanna talún

peanut butter n <u>im</u> m <u>piseanna talún</u> ▷ a peanut-butter sandwich ceapaire d'im piseanna talún

a b c d e f g h i j k l m n o p q r s t u v w x y z

pear n piorra m4

pearl n péarla m4

pebble n cloch f2 dhuirlinge

peckish adj to feel peckish réocras a bheith ort

peculiar adj (strange) ait ▷ He's a peculiar person. Is ait an duine é.; It tastes peculiar. Tá blas aisteach air.

pedal n troitheán m1
▶ vb na troitheán a oibriú

pedestrian n coisí m4

pedestrian crossing n trasrian m1 coisithe

pedestrianized adj a pedestrianized street sráid choisithe

pedestrian precinct n ceantar m1 coisithe

pedigree n (of animal) pórtheastas m1

pee n to have a pee mún a dhéanamh

peek n to have a peek at something spléachadh a fháil ar rud; No peeking! Ná bí ag breathnú!

peel n craiceann m1
▶ vb scamh ▷ Shall I peel the potatoes? An ndéanfaidh mé na prátaí a scamhadh? ▷ My nose is peeling. Tá craiceann mó shróine ag scamhadh.

peg n ❶ (for coat) pionna m4
❷ (clothes peg) pionna m4 éadaigh

Pekinese n (dog) péicíneach m1

pelican crossing n trasrian m1 le soilse lámhrialaithe

pellet n (of shotgun) grán m1

pelvis n peilbheas m1

pen n peann m1

penalize vb cuir pionós ar

penalty n ❶ pionós m1 ▷ the death penalty pionós an bháis ❷ (in football, rugby) cic m4 éirice; a penalty shoot-out sraith ciceanna éirice

pencil n peann m1 luaidhe; in pencil le peann luaidhe

pencil case n cás m1 peann luaidhe

pencil sharpener n bioróir m3

pendant n siogairlín m4

penfriend n cara m pinn

penguin n piongain f2

penicillin n peinicillin f2

penis n bod m1

penitentiary n príosún m1

penknife n scian f2 phóca

penny n pingin f2

pension n pinsean m1

pensioner n pinsinéir m3

pentathlon n peinteatlan m1

people npl ❶ daoine mpl4 ▷ a lot of people cuid mhór daoine ▷ Several people came. Tháinig roinnt daoine.; six people séisear ❷ (inhabitants) muintir f2; French people na Francaigh; People say that ... Deirtear go ...

pepper n piobar m1 ▷ Pass the pepper, please. Sín chugam an piobar, le do thoil.; a green pepper piobar glas

peppermill n muileann m1 piobar

peppermint n (sweet) milseán m

miontais; **peppermint chewing gum** guma coganta miontais

per prep in aghaidh ▷ per day in aghaidh an lae ▷ per week in aghaidh na seachtaine; **per hour** san uair ▷ 30 miles per hour 30 míle san uair

per cent adv faoin gcéad ▷ fifty per cent caoga faoin gcéad

percentage n céatadán m1

percolator n síothlán m1

percussion n cnagadh m ▷ I play percussion. Seinnim an cnagadh.

perfect adj foirfe ▷ Maeve speaks perfect French. Tá Fraincis ar a toil ag Méabh.

perfectly adv go foirfe

perform vb ❶ (music) seinn ❷ (drama) cuir i láthair

performance n ❶ léiriú m ▷ The performance lasts two hours. Maireann an léiriú dhá uair an chloig. ❷ (acting) cur m1 i láthair ▷ his performance as Hamlet cur i láthair s'aige mar Hamlet ❸ (results) taispeántas m1 ▷ the team's poor performance drochthaispeántas na foirne

perfume n cumhrán m1

perhaps adv b'fhéidir ▷ a bit boring, perhaps rud beag leadránach, b'fhéidir ▷ Perhaps he's ill. B'fhéidir go bhfuil sé tinn.

period n ❶ tréimhse f4 ▷ for a limited period do thréimhse theoranta ▷ the Victorian period an tréimhse Victeoiriach ❷ (menstruation) fuil f mhíosta

▷ I'm having my period. Tá m'fhuil mhíosta agam. ❸ (lesson time) rang m3 ▷ Each period lasts forty minutes. Maireann gach rang daichead nóiméad.

perm n (for hair) buantonn f2 ▷ She's got a perm. Tá buantonn aici.; **to get a perm** buantonn a fháil

permanent adj buan

permission n cead m3 ▷ Could I have permission to leave early? An bhfuil cead agam imeacht go luath?

permit n ceadúnas m1 ▷ a fishing permit ceadúnas iascaireachta

persecute vb cráigh

Persian adj **a Persian cat** cat peirseach

persistent adj (person) dígeanta

person n duine m4 ▷ She's a very nice person. Is duine an-deas í.; **in person** go pearsanta

personal adj pearsanta; **personal column** colún pearsanta

personality n pearsantacht f3

personally adv go pearsanta ▷ Personally I don't agree. Go pearsanta, ní aontaím.; **I don't know him personally.** Níl aithne phearsanta agam air.; **to take something personally** rud a ghlacadh chugat féin

personal stereo n steirió m4 pearsanta

personnel n foireann f2

perspiration n allas m1

persuade vb **to persuade**

a b c d e f g h i j k l m n o p q r s t u v w x y z

somebody to do something áitiú
ar dhuine rud a dhéanamh ▷ *She
persuaded me to go with her.* D'áitigh
sí orm dul léi.

pessimist n duarcán m1 ▷ *I'm a
pessimist.* Is duarcán mé.

pessimistic adj duairc

pest n plá f4 ▷ *He's a real pest!* Is é
an phlá é!

pester vb cráigh

pet n peata m4 ▷ *Have you got a
pet?* An bhfuil peata agat? ▷ *She's
the teacher's pet.* Is í peata an
mhúinteora í.

petition n achainí f4

petrified adj siochta le heagla

petrol n artola f4; **unleaded
petrol** artola gan luaidhe

petrol station n stáisiún m1
peitril

petrol tank n umar m1 peitril

phantom n taibhse f4

pharmacy n (*shop*) cógaslann f2

pheasant n piasún m1

philosophy n fealsúnacht f3

phobia n fóibe f4

phone n guthán m1 ▷ *Where's the
phone?* Cá bhfuil an guthán? ▷ *Is
there a phone here?* An bhfuil guthán
anseo? ▷ *Can I use the phone, please?*
An bhfuil cead agam an guthán
a úsáid, le do thoil?; **by phone** trí
ghuthán; **to be on the phone**
bheith ar an nguthán ▷ *She's on
the phone at the moment.* Tá sí ar an
nguthán faoi láthair.
▶ vb **to phone somebody** scairt
ghuthán a chur ar dhuine; **I'll**

phone you later. Cuirfidh mé
scairt ort ar ball.

phone bill n bille m4 teileafóin

phone book n leabhar m1 gutháin

phone box n bosca m4 gutháin

phone call n scairt f2 ghutháin;
There's a phone call for you.
Tá duine ar an nguthán duit.; **to
make a phone call** scairt ghuthán
a dhéanamh ▷ *Can I make a phone
call?* An bhfuil cead agam scairt
ghutháin a dhéanamh?

phonecard n cárta m4 gutháin

phone number n uimhir f
ghutháin

photo n grianghraf m1 ▷ *The house
is out of focus in this photo.* Tá an
teach as fócas sa ghrianghraf seo.;
to take a photo of somebody
grianghraf a ghlacadh de dhuine

photocopier n fótachóipire m4

photocopy n fótachóip f2
▶ vb fótachóipeáil

photograph n grianghraf m1; **to
take a photograph** grianghraf a
ghlacadh; **to take a photograph
of somebody** grianghraf a
ghlacadh de dhuine
▶ vb glac grianghraf de

photographer n grianghrafadóir
m3 ▷ *She's a photographer.* Is
grianghrafadóir í.

photography n
grianghrafadóireacht f3
▷ *My hobby is photography.*
Grianghrafadóireacht an
caitheamh aimsire atá agam.

phrase n abairt f2

phrase book n leabhar m1 frásaí

physical adj fisiceach

physicist n fisiceoir m3 ▷ He's a physicist. Is fisiceoir é.

physics n fisic f2 ▷ She teaches physics. Is múinteoir fisice í.

physiotherapist n fisiteiripeoir m3

physiotherapy n fisiteiripe f4

pianist n pianódóir m3

piano n pianó m4 ▷ I play the piano. Seinnim ar an pianó. ▷ I have piano lessons. Tógaim ceachtanna pianó.

pick n ❶ Take your pick! Déan do rogha!
▶ vb ❶ roghnaigh ▷ I picked the biggest piece. Roghnaigh mé an ceann is mó. ▷ I've been picked for the team. Tá mé roghnaithe don fhoireann. ❷ (fruit, flowers) pioc; **to pick a quarrel with somebody** iaróg a thógáil le duine

pick on vb They are always picking on me. Bíonn siad i gcónaí ag gabháil dom.

pick out vb pioc amach ▷ I like them all. It's difficult to pick one out. Is maith liom iad go léir. Tá sé deacair ceann a phiocadh amach.

pick up vb ❶ tóg ▷ Could you help me pick up the toys? An gcuideofá liom na bréagáin a thógáil? ▷ We'll come to the airport to pick you up. Tiocfaidh muid chuig an aerfort chun tú a thógáil. ❷ (learn) foghlaim ▷ I picked up some Spanish during my holiday. D'fhoghlaim mé roinnt Spáinnise le linn mo

shaoire.

pickpocket n peasghadaí m4

picnic n picnic f2; **to have a picnic** picnic a bheith agat ▷ We had a picnic on the beach. Bhí picnic againn ar an trá.

picture n ❶ pictiúr m1 ▷ Children's books have lots of pictures. Bíonn go leor pictiúr i leabhair pháistí. ▷ a famous picture pictiúr iomráiteach ❷ (photo) grianghraf m1 ▷ My picture was in the paper. Bhí mo ghrianghraf sa nuachtán.; **the pictures** (cinema) na pictiúir ▷ Shall we go to the pictures? An rachaidh muid chuig na pictiúir?

picture messaging n cur m1 teachtaireachtaí pictiúr

picturesque adj pictiúrtha

pie n pióg f2 ▷ an apple pie pióg úll

piece n ❶ píosa m4 ▷ A small piece, please. Píosa beag, le do thoil. ▷ a piece of advice píosa comhairle ❷ (item) ball m1 ▷ a piece of furniture ball troscáin

pier n cé f4

pierce vb poll ▷ She's going to have her ears pierced. Tá sí ag dul faoi choinne cluaspholltra.

pierced adj pollta ▷ I've got pierced ears. Tá cluasa pollta agam.

piercing n polladh m ▷ She has several piercings. Tá roinnt polladh aici.

pig n muc f2

pigeon n colúr m1

piggyback n to give somebody a piggyback muiniompar a

a b c d e f g h i j k l m n o p q r s t u v w x y z

thabhairt do dhuine ▷ *I can't give you a piggyback, you're too heavy.* Ní féidir liom muiniompar a thabhairt duit, tá tú róthrom.

piggy bank n bosca m4 coigilte

pigtail n trilseán m1

pile n carn m1

piles npl fíocas m1 ▷ *He suffers from piles.* Tá fíocas air.

pile-up n dul m3 i mullach a chéile

pill n piollaire m4; **to be on the pill** bheith ar an bpiollaire frithghiniúnach

pillar n colún m1

pillar box n bosca m4 litreacha

pillow n piliúr m1

pilot n píolóta m4 ▷ *He's a pilot.* Is píolóta é.

pimple n goirín m4

PIN n (= *personal identification number*) UAP f3 (= uimhir aitheantais phearsanta); **chip and PIN** slis agus UAP

pin n biorán m1; **I've got pins and needles.** Tá codladh grifín orm.

pinafore n pilirín m4

pinball n cluiche m4 mionbháil ▷ *He loves to play pinball.* Is breá leis cluiche mionbháil a imirt.; **a pinball machine** meaisín mionbháil

pinch vb (*steal*) sciob ▷ *Who's pinched my pen?* Cé a sciob mo pheann?; **to pinch somebody** liomóg a bhaint as duine ▷ *He pinched me!* Bhain sé liomóg asam!

pine n giúis f2 ▷ *a pine table* tábla giúise

pineapple n anann m1

pink adj bándearg

pint n pionta m4 ▷ *a pint of milk* pionta bainne; **to go for a pint** dul faoi choinne pionta ▷ *He's gone out for a pint.* Chuaigh sé amach faoi choinne pionta.

pipe n píopa m4 ▷ *The pipes froze.* Reoigh na píopaí. ▷ *He smokes a pipe.* Caitheann sé píopa.; **pipes** **(1)** (*bagpipes*) píb mála **(2)** (*uilleann pipes*) píb uilleann

pirate n foghlaí m4 mara

pirated adj bradach ▷ *a pirated DVD* DVD bradach

Pisces n Na hÉisc mph ▷ *I'm Pisces.* Is mise Na hÉisc.

pissed adj (*informal*) ar na cannaí

pistol n piostal m1

pitch n páirc f2 ▷ *a football pitch* páirc pheile
▶ vb suigh ▷ *We pitched our tent near the beach.* Shuigh muid ar bpuball in aice leis an trá.

pity n trua f4; **What a pity!** Is mór an trua!
▶ vb **I pity him.** Is trua liom é.

pizza n píotsa m4

place n áit f2 ▷ *a parking place* áit pháirceála ▷ *a university place* áit ollscoile ▷ *It's a quiet place.* Is áit chiúin é. ▷ *There are a lot of interesting places to see.* Tá go leor áiteanna suimiúla ann le feiceáil.; **to change places with somebody** áit a mhalartú le duine ▷ *Paul, change places with Sarah!* A Phóil, malartaigh áit le Sorcha!; **to take**

place tarlú; **at your place** ag teach s'agatsa ▷ *Shall we meet at your place?* An mbuailfidh muid le chéile ag teach s'agatsa?; **to my place** go teach s'agamsa ▷ *Do you want to come round to my place?* Ar mhaith leat teacht go teach s'agamsa?

▶ *vb* cuir ▷ *He placed his hand on hers.* Chuir sé a lámha ar a lámhsa.

placement *n* socrúchán *m1*; **to do a work placement** socrúchán fostaíochta a dhéanamh

plaid *adj* breacán ▷ *a plaid shirt* léine bhreacáin

plain *adj* ❶ (*in one colour*) d'aon dath ▷ *a plain carpet* brat urláir d'aon dath ❷ (*not fancy*) simplí ▷ *a plain white blouse* blús bán simplí

▶ *n* machaire *m4*

plain chocolate *n* seacláid *f2* phléineáilte

plait *n* trilseán *m1* ▷ *She wears her hair in a plait.* Bíonn a cuid gruaige ina trilseáin aici.

plan *n* ❶ plean *m4* ▷ *my essay plan* plean m'aiste ▷ *What are your plans for the holidays?* Cad iad na pleananna atá agat do na laethanta saoire? ▷ *We need to make plans for our holiday.* Caithfimid pleananna a dhéanamh don tsaoire.; **Everything went according to plan.** Chuaigh gach rud mar a bhí pleanáilte. ❷ (*map*) léarscáil *f2* ▷ *a plan of the campsite* léarscáil den ionad campála

▶ *vb* pleanáil ▷ *We're planning a trip to France.* Tá muid ag pleanáil turais chun na Fraince. ▷ *Plan your revision carefully.* Pleanáil d'athbhreithniú go cúramach.; **to plan to do something** rún a bheith agat rud a dhéanamh ▷ *I'm planning to get a job in the holidays.* Tá rún agam post a fháil sna laethanta saoire.

plane *n* eitleán *m1* ▷ *by plane* ar an eitleán

planet *n* pláinéad *m1*

planning *n* pleanáil *f3* ▷ *The trip needs careful planning.* Tá pleanáil chúramach de dhíth don turas.; **family planning** pleanáil chlainne

plant *n* ❶ planda *m4* ▷ *It's not good to water your plants too often.* Is fearr gan uisce a chur ar na plandaí rómhinic. ❷ (*factory*) monarcha *f*

▶ *vb* cuir

plant pot *n* pota *m4* plandaí

plaque *n* (*on wall*) plaic *f2*

plaster *n* ❶ (*sticking plaster*) greimlín *m4* ▷ *Have you got a plaster, by any chance?* An mbeadh greimlín agat? ❷ (*for fracture*) plástar *m1* ▷ *Her leg's in plaster.* Tá a cos i bplástar.

plastic *adj* plaisteach *m1* ▷ *a plastic bag* mála plaisteach ▷ *a plastic mac* cóta plaisteach

▶ *n* plaisteach *m1* ▷ *It's made of plastic.* Tá sé déanta de phlaisteach.

plate *n* (*for food*) pláta *m4*

platform *n* ❶ (*at station*) ardán *m1* ▷ *on platform 7* ar ardán 7 ❷ (*for* performers) státse m4

play n dráma m4 ▷ *Let's focus on the plot of the play.* Dírímis ar scéal an dráma.

▶ vb ❶ (game) imir ▷ *He's playing with his friends.* Tá sé ag imirt lena chairde. ▷ *I play hockey.* Imrím haca. ▷ *Can you play pool?* An bhfuil tú ábalta púl a imirt? ❷ (team, opponent) imir in éadan ▷ *Ireland will play France next month.* Beidh Éire ag imirt in éadan na Fraince an mhí seo chugainn. ❸ (instrument) seinn ar ▷ *I play the guitar.* Seinnim ar an ngiotár. ❹ (CD, music) seinn ▷ *She's always playing that song.* Bíonn sí i gcónaí ag seinm an amhráin sin. ▷ *What sort of music do they play?* Cén cineál ceoil a sheineann siad?

play down vb bain de thábhacht ▷ *He tried to play down his illness.* Rinne sé iarracht baint de thábhacht a thinnis.

player n ❶ (in game) imreoir m3; **a football player** peileadóir ❷ (music) ceoltóir m3; **a piano player** pianódóir; **a saxophone player** sacsafónaí

playful adj spórtúil

playground n ❶ (in school) clós m1 scoile ❷ (in park) áit f2 súgartha

playgroup n naíolann f2

playing card n cárta m4 imeartha

playing field n páirc f2 imeartha

playtime n am m3 súgartha

playwright n drámadóir m3

pleasant adj pléisiúrtha

please excl le do thoil ▷ *Two coffees, please.* Dhá chaife, le do thoil. ▷ *Please write back soon.* Scríobh ar ais gan mhoill, le do thoil.

pleased adj sásta ▷ *My mother's not going to be very pleased.* Ní bheidh mo mháthair an-sásta. ▷ *It's beautiful; she'll be pleased with it.* Tá sé galánta; beidh sí sásta leis.; **Pleased to meet you!** Go mbeannaí Dia duit!

pleasure n pléisiúr m1 ▷ *I read for pleasure.* Léim don phléisiúr.

plenty n go leor ▷ *I've got plenty.* Tá go leor agam.; **That's plenty, thanks.** Is leor sin, go raibh maith agat.; **plenty of** cuid mhór ▷ *I've got plenty of things to do.* Tá cuid mhór le déanamh agam. ▷ *I've got plenty of money.* Tá cuid mhór airgid agam.; **We've got plenty of time.** Tá neart ama againn.

pliers npl greamaire m4; **a pair of pliers** greamaire

plot n ❶ comhcheilg f2 ▷ *a plot against the president* comhcheilg in éadan an uachtaráin ❷ (of story, play) plota m4 ❸ (of land) gabháltas m1 ▷ *a vegetable plot* gabháltas glasraí

▶ vb beartaigh ▷ *They were plotting to kill him.* Bhí siad ag beartú é a mharú.

plough n céachta m4
▶ vb treabh

plug n ❶ (electrical) plocóid f2 ▷ *The plug is faulty.* Tá an phlocóid lochtach. ❷ (for sink) stopallán m1

plug in vb plugáil isteach ▷ Is it plugged in? An bhfuil sé plugáilte isteach?

plum n (fruit) pluma m4 ▷ plum jam subh phluma

plumber n pluiméir m3 ▷ He's a plumber. Is pluiméir é.

plump adj ramhar

plunge vb tum

plural n iolra m4

plus prep, adj ❶ móide ▷ 4 plus 3 equals 7. 4 móide 3 sin 7. ❷ (and) agus ▷ three children plus a dog triúr páistí agus madra; **I got a B plus.** Fuair mé B plus.

p.m. abbr i.n. ▷ at 8 p.m. ar 8 i.n.

pneumonia n niúmóine m4

poached adj **a poached egg** ubh scallta

pocket n póca m4; **pocket money** airgead póca ▷ 10 euros a week pocket money 10 euro d'airgead póca sa tseachtain

pocket calculator n áireamhán m1 póca

podcast n podchraoladh m

poem n dán m1

poet n file m4

poetry n filíocht f3

point n ❶ pointe m4 ▷ They scored 5 points. D'aimsigh siad 5 phointe. ▷ a point on the horizon pointe ar an léaslíne ▷ At that point, we decided to leave. Ag an bpointe sin, shocraigh muid ar imeacht.; **2 point 3** a dó pointe a trí ❷ (tip) bior m3 ▷ a pencil with a sharp point peann

luaidhe le bior géar ❸ (sense) ciall f2 ▷ What's the point of leaving so early? Cad é an chiall le himeacht chomh luath sin?; **There's no point.** Ní fiú é. ❹ (comment) tuairim f2 ▷ He made some interesting points. Chuir sé roinnt tuairimí suimiúla in iúl.; **a point of view** dearcadh; **Come to the point!** Cruinnigh do chuid cainte!; **Punctuality isn't my strong point.** Ní hí an phoncúlacht an tréithe is láidre agam.

▷ vb taispeáin ▷ He pointed to the broken window. Thaispeáin sé an fhuinneog bhriste lena mhéar.; **Don't point!** Ná sín do mhéar!; **to point at somebody** méar a shíneadh ar dhuine ▷ She pointed at Anne. Shín sí a méar ar Áine.; **to point a gun at somebody** gunna a dhíriú ar dhuine

point out vb taispeáin ▷ The guide pointed out Trinity College to us. Thaispeáin an treoraí Coláiste na Tríonóide dúinn.; **I should point out that ...** (mention) Ba chóir dom a lua go ...

pointless adj gan tairbhe ▷ It's pointless to argue. Tá sé gan tairbhe a bheith ag argóint.

poison n nimh f2
▷ vb nimhigh

poisonous adj nimhiúil; **a poisonous snake** nathair nimhe

poke vb prioc ▷ He poked the ground with his stick. Phrioc sé an talamh lena bhata. ▷ She poked me in the ribs. Phrioc sí mé sna heasnacha.

poker n pócar m1 ▷ I play poker.
Imrím pócar.

Poland n an Pholainn f2 ▷ in Poland
sa Pholainn ▷ to Poland chun na
Polainne

polar bear n béar m1 bán

Pole n Polannach m1

pole n cuaille m4 ▷ a tent pole
cuaille pubaill ▷ a telegraph pole
cuaille teileagraif; **the North Pole**
An Pol Thuaidh; **the South Pole**
An Pol Theas

pole vault n léim f2 chuaille

police npl póilíní mpl4 ▷ We called
the police. Ghlaoigh muid ar na
póilíní.; **a police car** carr póilíní; **a
police station** stáisiún na bpóilíní

policeman n póilín m4 ▷ He's a
policeman. Is póilín é.

policewoman n banphóilín
m4 ▷ She's a policewoman. Is
banphóilín í.

polio n polaimiailíteas m1

Polish adj Polannach
▶ n (language) Polainnis f2

polish n ❶ (for shoes) snas m3
❷ (for nails) vearnais f2 iongan
▶ vb ❶ (shoes, wood) cuir snas ar
❷ (glass, mirror) cuir loinnir i

polite adj múinte

politely adv go múinte

politeness n múineadh m

political adj polaitiúil

politician n polaiteoir m3

politics npl an pholaitíocht f3 ▷ I'm
not interested in politics. Níl suim
agam sa pholaitíocht.

poll n pobalbhreith f2 ▷ A recent poll
revealed that … Léirigh pobalbhreith
ar na mallaibh go …

pollen n pailín f2

pollute vb truailligh

polluted adj truaillithe

pollution n truailliú m

polo-necked sweater n
geansaí m4 muineál póló

polo shirt n léine f4 phóló

polythene bag n mála m4
plaisteach

pond n lochán m1 ▷ We've got a pond
in our garden. Tá lochán againn sa
ghairdín.

pony n capaillín m4

ponytail n eireaball m1 capaill
▷ He's got a ponytail. Tá pónaí aige
ina chuid gruaige.

pony trekking n fálróid f2 ar
chapaillíní; **to go pony trekking**
fálróid ar chapaillíní a dhéanamh

poodle n púdal m1

pool n ❶ (puddle) slodán m1
❷ (pond) linn f2 ❸ (for swimming)
linn f2 snámha ❹ (game) púl m4
▷ Shall we have a game of pool? An
mbeidh cluiche púl againn?; **the
pools** (football) linnte peile ▷ My
dad does the pools. Déanann mo
dhaid na linnte peile.

poor adj ❶ bocht ▷ a poor family
teaghlach bocht ▷ Poor David, he's
very unlucky! David bocht, tá sé
iontach mí-ámharach.; **the poor**
na daoine bochta ❷ (bad) droch-
▷ a poor mark drochmharc

poorly adj, adv go dona ▷ She's

poorly. Tá sí go dona.

pop *adj* **pop music** popcheol; **a pop star** popréalta; **a pop group** popghrúpa

pop in *vb* buail isteach ▷ *I just popped in to say hello.* Bhuail mé isteach le haileo a rá.

pop out *vb* tabhair rúid amach ▷ *He just popped out to the supermarket.* Thug sé rúid amach chuig an ollmhargadh, go díreach.

pop round *vb* **I'm just popping round to John's.** Tá mé díreach ag sciorradh anonn go teach Sheáin.

popcorn *n* grán *m1* rósta

pope *n* pápa *m4*

poppy *n* poipín *m4*

Popsicle® *n* (*US*) líreacán *m1* reoite

popular *adj* ❶ (*common*) coitianta ❷ (*fashionable*) faiseanta ▷ *This is a very popular style.* Is stíl an-fhaiseanta é seo.; **He's popular.** (*well liked*) Tá tóir air.; **She's a very popular girl.** Is cailín í a bhfuil gnaoi an phobail uirthi.

population *n* daonra *m4*

porch *n* póirse *m4*

pork *n* muiceoil *f3* ▷ *a pork chop* gríscín muiceola ▷ *I don't eat pork.* Ní ithim muiceoil.

porn *n* pornagrafaíocht *f3* ▶ *adj* pornagrafach ▷ *a porn film* scannán pornagrafach ▷ *a porn mag* iris phornagrafach

pornographic *adj* pornagrafach ▷ *a pornographic magazine* iris phornagrafach

pornography *n* pornagrafaíocht *f3*

porridge *n* brachán *m1*

port *n* ❶ (*harbour*) port *m1* ❷ (*wine*) portfhíon *m3* ▷ *a glass of port* gloine portfhíona

portable *adj* iniompartha ▷ *a portable TV* TF iniompartha

porter *n* ❶ (*for luggage*) póirtéir *m3* ❷ (*doorkeeper*) doirseoir *m3*

portion *n* ❶ (*helping*) cuid *f3* ▷ *a large portion of chips* cuid mhór de sceallóga ❷ (*share*) roinn *f2*

portrait *n* portráid *f2*

Portugal *n* an Phortaingéil *f2* ▷ *in Portugal* sa Phortaingéil ▷ *We went to Portugal.* Chuaigh muid chun na Portaingéile.

Portuguese *adj* Portaingéalach ▶ *n* ❶ (*person*) Portaingéalach *m1* ❷ (*language*) Portaingéilis *f2*

posh *adj* galánta ▷ *a posh hotel* óstán galánta

position *n* áit *f2* ▷ *an uncomfortable position* áit mhíchompordach

positive *adj* (*good*) dearfach ▷ *a positive attitude* dearcadh dearfach; **I'm positive.** (*sure*) Tá mé cinnte.

possess *vb* **to possess something** rud a bheith agat

possession *n* seilbh *f2*; **Have you got all your possessions?** An bhfuil do chuid bagáiste go léir leat?

possibility *n* féidearthacht *f3* ▷ *It's a possibility.* Is féidearthacht é.

possible *adj* is féidir ▷ *Is that*

possible? An féidir sin?; **as soon as possible** chomh luath agus is féidir ▷ *I'll do it as soon as possible.* Déanfaidh mé é chomh luath agus is féidir.

possibly *adv* (*perhaps*) seans ▷ *Are you coming to the party? — Possibly.* An mbeidh tú ag teacht chuig an gcóisir? — Seans go mbeidh.; **... if you possibly can** ... más féidir leat ar chor ar bith; **I can't possibly come.** Ní thig liom teacht.

post *n* ❶ (*letters*) an post *m1* ▷ *Is there any post for me?* An bhfuil post ar bith dom? ❷ (*pole*) cuaille *m4* ▷ *The ball hit the post.* Bhuail an liathróid an cuaille báire.
▶ *vb* cuir sa phost ▷ *I've got some cards to post.* Tá roinnt cártaí le cur sa phost agam.

postage *n* postas *m1*
postbox *n* bosca *m4* litreacha
postcard *n* cárta *m4* poist
postcode *n* postchód *m1*
poster *n* póstaer *m1* ▷ *I've got posters on my bedroom walls.* Tá póstaeir agam ar bhallaí mo sheomra leapa. ▷ *There are posters all over town.* Tá póstaeir ar fud an bhaile mhóir.

postman *n* fear *m1* poist ▷ *He's a postman.* Is fear poist é.

postmark *n* postmharc *m1*
post office *n* oifig *f2* an phoist ▷ *Where's the post office, please?* Cá bhfuil oifig an phoist, le do thoil? ▷ *She works for the post office.* Tá sí ag obair ag oifig an phoist.

postpone *vb* cuir ar ceal ▷ *The match has been postponed.* Cuireadh an cluiche ar ceal.

postwoman *n* bean *f* phoist ▷ *She's a postwoman.* Is bean phoist í.

pot *n* ❶ pota *m4* ▷ *a pot of jam* pota suibhe ▷ *the pots and pans* na potaí agus na pannaí ❷ (*teapot*) taephota *m4* ❸ (*coffeepot*) pota *m4* caife; **to smoke pot** marachuan a chaitheamh

potato *n* práta *m4* ▷ *potato salad* sailéad prátaí; **mashed potatoes** brúitín; **boiled potatoes** prátaí bruite; **a baked potato** práta bácáilte

poteen *n* poitín *m4*
potential *adj* **a potential problem** fadhb fhéideartha
▶ *n* acmhainn *f2* ▷ *He has great potential.* Tá an-acmhainn ann.

pothole *n* (*in road*) linntreog *f2*
pot plant *n* planda *m4* pota
pottery *n* (*craft*) potaireacht *f3*
pound *n* (*money, weight*) punt *m1* ▷ *How many euros do you get for a pound?* Cá mhéad euro atá i bpunt? ▷ *a pound coin* bonn puint ▷ *a pound of carrots* punt cairéad
▶ *vb* preab ▷ *My heart was pounding.* Bhí mo chroí ag preabadh go hard.

pour *vb* doirt ▷ *She poured some water into the pan.* Dhoirt sí roinnt uisce isteach sa phanna. ▷ *She poured him a drink.* Dhoirt sí deoch dó.; **It is pouring.** (*with rain*) Tá sé ag stealladh báistí.; **in the pouring rain** sa roilleadh báistí

poverty n bochtaineacht f3

powder n púdar m1

power n ❶ cumhacht f3 ▷ *The power's off.* Tá an chumhacht gearrtha. ▷ *nuclear power* cumhacht núicléach ▷ *solar power* grianchumhacht; **a power cut** gearradh cumhachta; **a power point** pointe cumhachta; **a power station** stáisiún cumhachta ❷ (*force*) brí f4; **to be in power** (*political party*) bheith i réim

powerful adj cumhachtach

practical adj praiticiúil ▷ *a practical suggestion* moladh praiticiúil ▷ *She's very practical.* Tá sí an-phraiticiúil.

practically adv chóir a bheith ▷ *It's practically impossible.* Tá sé chóir a bheith dodhéanta.

practice n cleachtadh m1 ▷ *football practice* cleachtadh peile; **It's normal practice in our school.** Is gnáthnós i scoil s'againne é.; **in practice** le fírinne; **out of practice** as cleachtadh; **a medical practice** cleachtadh míochaine

practise (*US* **practice**) vb cleacht ▷ *The team practises on Thursdays.* Déanann an fhoireann cleachtadh ar an Déardaoin.; **I practised my French when we were on holiday.** Chleacht mé ar mo chuid Fraincise nuair a bhí muid ar saoire.

practising adj cleachtach ▷ *She's*

a practising Catholic. Is Caitliceach cleachtach í.

praise n moladh m ▷ vb mol ▷ *Everyone praises her cooking.* Molann gach duine a cuid cócaireachta. ▷ *The teacher praised our work.* Mhol an múinteoir ár gcuid oibre.

pram n pram m4

prawn n cloicheán m1

prawn cocktail n manglam m1 cloicheán

pray vb guigh ▷ *I'm praying for good weather for my holidays.* Tá mé ag guí go mbeidh aimsir mhaith agam don tsaoire.

prayer n paidir f2

precaution n réamhchúram m1; **to take precautions** réamhchúraim a dhéanamh

preceding adj roimhe sin

precinct n **a pedestrian precinct** líomatáiste coisithe

precious adj luachmhar

precise adj cruinn; **at that precise moment** cruinn díreach

precisely adv go cruinn ▷ *at 10 a.m. precisely* ar 10 r.n. go cruinn; **Precisely!** Go díreach!

preclude vb coisc

predict vb tuar

predictable adj sothuartha

prefect n (*in school*) maor m1 ▷ *My sister's a prefect.* Is maor í mo dheirfiúr.

prefer vb **I prefer milk.** Is fearr liom bainne.; **Which would you prefer?** Cé acu ab fhearr leat?; **I**

prefer French to chemistry. Is fearr liom Fraincis ná ceimic.

preference n tosaíocht f3; **in preference to** de rogha ar

pregnant adj ag iompar clainne ▷ She's six months pregnant. Tá sí ag iompar clainne le sé mhí anuas.

prehistoric adj réamhstairiúil

prejudice n réamhchlaonadh m ▷ That's just a prejudice. Níl ann ach réamhchlaonadh. ▷ There's a lot of racial prejudice. Tá cuid mhór réamhchlaonta ciníoch ann.

prejudiced adj **to be prejudiced against somebody** bheith claonta in éadan duine

premature adj **a premature baby** leanbh réamhaibí

Premier League n Príomhshraith f2 ▷ in the Premier League sa Phríomhshraith

premises npl áitreabh m1 ▷ They're moving to new premises. Tá siad ag bogadh go háitreabh nua.

premonition n mana m4

preoccupied adj gafa

prep n (homework) staidéar m1 ▷ history prep staidéar staire

preparation n ullmhúchán m1

prepare vb ullmhaigh ▷ She has to prepare lessons in the evening. Tá ceachtanna le hullmhú aici tráthnóna.; **to prepare for something** ullmhú do rud ▷ We're preparing for our skiing holiday. Tá muid ag ullmhú dár saoire sciála.

prepared adj (willing) sásta ▷ I'm prepared to help you. Tá mé sásta

cuidiú leat.

prep school n scoil f2 ullmhúcháin

Presbyterian n Preispitéireach m1

▶ adj Preispitéireach

prescribe vb ordaigh

prescription n oideas m1 ▷ You can't get it without a prescription. Ní féidir é a fháil gan oideas.

presence n láithreacht f3; **presence of mind** stuaim

present adj i láthair ▷ He wasn't present at the meeting. Ní raibh sé i láthair ag an gcruinniú. ▷ the present situation an staid láithreach; **the present tense** an aimsir láithreach

▶ n ❶ (gift) bronntanas m1 ▷ I'm going to buy presents. Ceannóidh mé bronntanais.; **to give somebody a present** bronntanas a thabhairt do dhuine ❷ (time) i láthair ▷ up to the present suas go dtí an t-am i láthair; **for the present** don am i láthair; **at present** i láthair na huaire

▶ vb tabhair; **to present somebody with something** (give) rud a bhronnadh ar dhuine

presenter n (on TV) láithreoir m3

presently adv ❶ gan mhoill ▷ You'll feel better presently. Beidh biseach ort gan mhoill. ❷ (at present) faoi láthair ▷ They're presently on tour. Tá siad ar chamchuairt faoi láthair.

president n uachtarán m1; **the**

President of Ireland Uachtarán na hÉireann

press n (newspapers) preas m3; **a press conference** preasagallamh ▶ vb brúigh ▷ Don't press too hard! Ná brúigh róthrom! ▷ He pressed the accelerator. Bhrúigh sé ar an luasaire.

pressed adj **We are pressed for time.** Tá an t-am ag teannadh orainn.

press-up n brú m4 aníos ▷ I do twenty press-ups every morning. Déanaim fiche brú aníos gach maidin.

pressure n brú m4 ▷ He's under a lot of pressure at work. Tá sé faoi an-bhrú ag a chuid oibre.; **a pressure group** brúghrúpa ▶ vb teann ar ▷ My parents are pressuring me. Tá mo thuismitheoirí ag teannadh orm.

pressurize vb **to pressurize somebody to do something** brú a chur ar dhuine rud a dhéanamh ▷ My parents are pressurizing me to stay on at school. Tá mo thuismitheoirí ag cur brú orm leaniúint ar aghaidh ar scoil.

prestige n gradam m1

prestigious adj gradamach

presumably adv is cosúil

presume vb síl ▷ I presume so. Sílim é.

pretend vb lig ort ▷ She pretended not to see me. Lig sí uirthi nach bhfaca sí mé. ▷ He pretended he was working. Lig sé air go raibh sé ag obair.

pretty adj, adv ❶ dóighiúil ▷ She's very pretty. Ta sí an-dóighiúil. ❷ (rather) measartha ▷ The weather was pretty awful. Bhí an aimsir measartha uafásach.

prevent vb coisc; **to prevent somebody from doing something** duine a chosc ar rud a dhéanamh ▷ They tried to prevent us from leaving. Rinne siad iarracht muid a chosc ar imeacht.

previous adj roimhe ▷ the previous day an lá roimhe sin

previously adv roimhe sin

prey n seilg f2; **a bird of prey** éan creiche

price n praghas m1

price list n praghasliosta m4

prick vb prioc ▷ I've pricked my finger. Phrioc mé mo mhéar.

pride n bród m1

priest n sagart m1 ▷ He's a priest. Is sagart é.

primarily adv go príomha

primary adj príomha

primary school n bunscoil f2 ▷ She's still at primary school. Tá sí ar ar mbunscoil go fóill.

Prime Minister n ❶ Príomh-Aire m4 ❷ (of Ireland) Taoiseach m1

primitive adj seanársa

prince n prionsa m4 ▷ the Prince of Wales Prionsa na Breataine Bige

princess n banphrionsa m4 ▷ Princess Anne An Banphrionsa Anne

principal adj príomh-

a b c d e f g h i j k l m n o p q r s t u v w x y z

▶ n (of school, college) príomhoide m4

principle n prionsabal m1; **on principle** ar phrionsabal

print n ❶ (photograph) dearbhchló m4 ▷ colour prints priontaí daite ❷ (letters) cló m4 ▷ in small print i gcló beag ❸ (art) prionta m4 ▷ a framed print prionta frámaithe

printer n (machine) printéir m3

printout n ríomhphrionta m4

priority n tosaíocht f3

prison n príosún m1; **in prison** i bpríosún

prisoner n príosúnach m1

prison officer n oifigeach m1 príosúin

privacy n príobháid f2

private adj príobháideach ▷ a private school scoil phríobháideach; 'private property' 'áitreabh príobháideach'; 'private' (on envelope) 'príobháideach'; **in private** faoi rún; **a private bathroom** seomra folctha príobháideach

privatize vb príobháidigh

privilege n pribhléid f2

prize n duais f2 ▷ I won a prize in the raffle. Bhain mé duais sa chrannchur.

prize-giving n bronnadh m duaiseanna

prizewinner n duaiseoir m3

pro n the pros and cons an dá thaobh ▷ We weighed up the pros and cons. Chuir muid an dá thaobh sa mheá.

probability n dóchúlacht f3

probable adj dóchúil

probably adv de réir dealraimh; **probably not** ní dócha é

problem n fadhb f2; **No problem!** Fadhb ar bith!

proceeds npl fáltais mph

process n próiseas m1 ▷ the peace process an próiseas síochána; **to be in the process of doing something** bheith ag déanamh ruda ▷ We're in the process of painting the kitchen. Táimid ag péinteáil na cistine faoi láthair.

procession n mórshiúl m1

produce vb ❶ (product) táirg ❷ (play, show) léirigh

producer n ❶ (of products) táirgeoir m3 ❷ (of play, show) léiritheoir m3

product n toradh m1

production n ❶ táirgeadh m ▷ They're increasing production of luxury models. Tá siad ag cur le táirgeadh na sóchineálacha. ❷ (play, show) léiriúchán m1 ▷ a production of 'Hamlet' léiriúchán 'Hamlet'

profession n gairm f2

professional n gairmí m4 ▶ adj gairmiúil ▷ a professional musician ceoltóir gairmiúil

professionally adv go gairmiúil ▷ She sings professionally. Canann sí go gairmiúil.

professor n ollamh m1 ▷ He's an English professor. Is ollamh Béarla é.

profit n brabús m1

profitable adj brabúsach

program n ríomhchlár m1 ▷ a computer program ríomhchlár; **a TV program** (US) clár teilifíse ▶ vb (computer) ríomhchláraigh

programme n (on TV, radio) clár m1

programmer n ríomhchláraitheoir m3 ▷ She's a programmer. Is ríomhchláraitheoir í.

programming n ríomhchlárú m

progress n dul m3 chun cinn ▷ You're making progress! Tá dul chun cinn á dhéanamh agat!

prohibit vb coisc; **Smoking is prohibited.** Tá cosc ar thobac.

project n ❶ (plan) scéim f2 ▷ a development project scéim fhorbartha ❷ (research) tionscadal m1 ▷ I'm doing a history project. Tá mé ag déanamh tionscadail staire.

projector n teilgeoir m3

promenade n (by sea) promanád m1

promise n gealltanas m1 ▷ He made me a promise. Rinne sé gealltanas dom.; **That's a promise!** Geallaim duit! ▶ vb geall ▷ She promised to write. Gheall sí go scríobhfadh sí. ▷ I'll write, I promise! Gealaim duit go scríobhfaidh mé!

promising adj **a promising player** imreoir a bhfuil gealladh faoi

promote vb **to be promoted** ardú céime a fháil ▷ She was promoted

after six months. Fuair sí ardú céime tar éis sé mhí.

promotion n ardú m céime

prompt adj, adv **a prompt reply** freagra pras; **at eight o'clock prompt** ar bhuille a hocht

promptly adv go pras ▷ We left promptly at seven. D'imigh muid go pras ar a seacht.

pronoun n forainm m4

pronounce vb fuaimnigh ▷ Am I pronouncing it right? An bhfuil mé á fhuaimniú i gceart?

pronunciation n foghraíocht f3

proof n cruthú m

proper adj (right) ceart ▷ You have to have the proper equipment. Is gá an trealamh ceart a bheith agat. ▷ We need proper training. Tá oiliúint cheart de dhíth orainn. ▷ It's difficult to get a proper job. Tá sé deacair post dílis a fháil.

properly adv mar is ceart ▷ You're not doing it properly. Níl tú á dhéanamh mar is ceart.

property n maoin f2 ▷ stolen property maoin ghoidte; **'private property'** 'áitreabh phríobháideach'

proportional adj cionmhar ▷ proportional representation ionadaíocht chionmhar

proposal n moladh m

propose vb mol ▷ I propose a new plan. Molaim plean nua.; **to propose to do something** rud a mholadh a dhéanamh ▷ What do you propose to do? Cad é a mholann tú a dhéanamh?; **to propose to somebody** (*for marriage*) ceiliúr pósta a chur ar dhuine ▷ *He proposed to her at the restaurant.* Chuir sé ceiliúr pósta uirthi sa bhialann.

prosecute vb ionchúisigh ▷ *They were prosecuted for murder.* Ionchúisíodh do dhúnmhárú iad.; **'Trespassers will be prosecuted'** 'Cuirfear an dlí ar fhoghlaithe'

prospect n It'll improve my career prospects. Cuirfidh sé le ni seansanna ar dhul chun cinn.

prospectus n réamheolaire m4

prostitute n striapach f2; **a male prostitute** striapach fir

protect vb cosain

protection n cosaint f3

protein n próitéin f2

protest n agóid f2 ▷ *He ignored their protests.* Thug sé neamhaird ar a n-agóidí. ▷ *a protest march* mórshiúil agóide
  ▶ vb dearbhaigh

Protestant adj Protastúnach ▷ *a Protestant church* eaglais Phrotastúnach
  ▶ n Protastúnach m1 ▷ *I'm a Protestant.* Is Protastúnach mé.

protester n agóideoir m3

proud adj bródúil ▷ *Her parents are proud of her.* Tá a tuismitheoirí bródúil aisti.

prove vb cruthaigh ▷ *The police couldn't prove it.* Ní raibh na póilíní ábalta é a chruthú.

proverb n seanfhocal m1

provide vb soláthair; **to provide somebody with something** rud a sholáthar do dhuine ▷ *They provided us with maps.* Sholáthair siad léarscáileanna dúinn.

provide for vb riar ar ▷ *He can't provide for his family any more.* Ní féidir leis riar ar a theaghlach a thuilleadh.

provided conj ar choinníoll go ▷ *He'll play in the next match provided he's fit.* Imreoidh sé sa chéad chluiche eile ar choinníoll go mbeidh sé ina riocht.

province n cúige m4; **the Province** (*Northern Ireland*) Tuaisceart Éireann

provisional adj sealadach

prowler n sirtheoir m3

prune n prúna m4

pry vb bheith ag srónaíl ▷ *He's always prying into other people's affairs.* Bíonn sé i gcónaí ag srónaíl i gcúrsaí daoine eile.

pseudonym n ainm m4 bréige

psychiatrist n síciatraí m4 ▷ *She's a psychiatrist.* Is síciatraí í.

psychoanalyst n síocanailísí m4

psychological adj síceolaíoch

psychologist n síceolaí m4 ▷ *He's a psychologist.* Is síceolaí é.

psychology n síceolaíocht f3

PTO abbr (= *please turn over*) thall

pub n teach m tábhairne

public adj poiblí ▷ *a public holiday* saoire phoiblí; **public opinion** tuairimí an phobail; **a public address system** córas ilghairme

▶ n **the public** an pobal ▷ *open to the public* oscailte don phobal; **in public** go poiblí

publican n tábhairneoir m3 ▷ *My uncle's a publican.* Is tábhairneoir é m'uncail.

publicity n poiblíocht f3

public transport n córas m1 iompair poiblí

publish vb foilsigh

publisher n foilsitheoir m3

pudding n maróg f2 ▷ *rice pudding* maróg ríse; **black pudding** putóg dhubh ▷ *What's for pudding?* Cad é atá ann mar mhilseog?

puddle n slodán m1

puff pastry n taosrán m1 blaoscach

pull vb tarraing ▷ *Pull!* Tarraing! ▷ *He pulled the trigger.* Tharraing sé an truicear. ▷ *I pulled a muscle when I was training.* Tharraing mé matán nuair a bhí mé ag traenáil.; **You're pulling my leg!** Ag magadh atá tú!

pull down vb (*building*) leag

pull out vb ❶ tarraing ▷ *The dentist had to pull out my baby teeth.* Bhí ar an bhfiaclóir mo chuid diúlfhiacla a tharraingt. ❷ tarraing amach ▷ *The car pulled out to overtake.* Tháinig an carr amach le feithicil a scoitheadh. ❸ (*of race, job*) éirigh as ▷ *She pulled out of the tournament.* D'éirigh sí as an gcomórtas.

pull through vb tar tríd ▷ *They think he'll pull through.* Síleann siad go dtiocfaidh sé tríd.

pull up vb (*stop*) stad ▷ *A black car pulled up beside me.* Stad carr dubh in aice liom.

pullover n geansaí m4

pulse n (*of blood*) cuisle f4 ▷ *The nurse felt his pulse.* D'fhéach an bhanaltra a chuisle.

pulses npl piseánaigh mph

pump n ❶ caidéal m1 ▷ *a petrol pump* caidéal peitril ❷ (*for tyres*) teannaire m4 ❸ (*shoe*) buimpéis f2
▶ vb caidéalaigh

pump up vb cuir aer i

pumpkin n puimcín m4

punch n ❶ (*blow*) dorn m1 ❷ (*drink*) puins m4
▶ vb **to punch somebody** (*hit*) dorn a thabhairt do dhuine ▷ *He punched me!* Thug sé dorn dom!

punch-up n troid f3

punctual adj poncúil

punctuation n poncaíocht f3

puncture n poll m1 ▷ *I had to mend a puncture.* Bhí orm poll a dheisiú.; **to have a puncture** poll a bheith agat ▷ *I had a puncture on the motorway.* Bhí poll agam ar an mótarbhealach.

punish vb cuir pionós ar; **to punish somebody for something** pionós a chur ar dhuine as rud; **to punish somebody for doing something** pionós a chur ar dhuine as rud a dhéanamh

punishment n pionós m1

punk n punc m4 ▷ *a punk rock band* banna púnc-rac

pupil n ❶ (*at school*) dalta m4 ❷ (*of*

eye) mac *m1* imrisc

puppet *n* puipéad *m1*

puppy *n* coileáinín *m4*

purchase *vb* ceannaigh

pure *adj* fíor- ▷ *pure orange juice* fíorshú oráiste

purple *adj* corcra

purpose *n* cuspóir *m3* ▷ *What is the purpose of these changes?* Cad é cuspóir na n-athruithe seo? ▷ *his purpose in life* an cuspóir ina shaol; **on purpose** d'aon turas ▷ *He did it on purpose.* Rinne sé d'aon turas é.

purr *vb* déan crónán

purse *n* ❶ sparán *m1* ❷ *(US: handbag)* mála *m4* láimhe

pursue *vb (chase)* téigh sa tóir ar

pursuit *n (pastime)* caitheamh *m1* aimsire; **outdoor pursuits** gníomhaíochtaí allamuigh

push *n* He gave me a push. Chuir sé truilleán liom.

▶ *vb* brúigh ▷ *Don't push!* Ná bí ag brú!; **to push somebody to do something** brú a chur ar dhuine rud a dhéanamh ▷ *My parents are pushing me to go to university.* Tá mo thuismitheoirí ag cur brú orm dul chuig an ollscoil.; **to push drugs** bheith ag mangaireacht drugaí; **Push off!** Imigh leat!

push around *vb* ansmacht a chur ar ▷ *He likes pushing people around.* Is maith leis ansmacht a chur ar dhaoine.

push through *vb* He pushed through the crowd. Bhrúigh sé a bhealach tríd an slua.; **I pushed**

my way through. Bhrúigh mé tríd.

pushchair *n* bugaí *m4* linbh

push-up *n (US)* brú *m4* aníos ▷ *I do twenty push-ups every morning.* Déanaim fiche brú aníos gach maidin.

put *vb* cuir ▷ *Where shall I put my things?* Cá háit a gcuirfidh mé mo chuid stuif? ▷ *She's putting the baby to bed.* Tá sí ag cur an bhabaí a luí. ▷ *Don't forget to put your name on the paper.* Ná déan dearmad d'ainm a chur ar an bpáipéar.

put aside *vb* cuir i leataobh ▷ *Can you put this aside for me till tomorrow?* An féidir leat é seo a chur i leataobh dom go dtí an lá amárach?

put away *vb* cuir i dtaisce ▷ *Can you put away the dishes, please?* An féidir leat na soithí a chur i dtaisce le do thoil?

put back *vb* ❶ *(replace)* cuir ar ais ▷ *Put it back when you've finished with it.* Cuir ar ais é agus tú críochnaithe leis. ❷ cuir siar ▷ *Don't forget to put the clocks back.* Ná déan dearmad na cloig a chur siar.

put down *vb* ❶ cuir síos ▷ *I'll put these bags down for a minute.* Cuirfidh mé na málaí seo síos bomaite. ❷ *(write down)* scríobh síos ▷ *I've put down a few ideas.* Scríobh mé síos cúpla smaoineamh. ❸ *(animal)* maraig ▷ *We had to have our old dog put down.* Bhí orainn an seanmhadra againn a mharú.

put forward vb (idea, argument) cuir chun cinn; **He put forward an idea for raising more funds.** Rinne sé moladh faoi bhealach le tuilleadh airgid a thógáil.; **Don't forget to put the clocks forward.** Ná déan dearmad na cloig a chur ar aghaidh.

put in vb ❶ (install) cuir isteach ▷ We're going to get central heating put in. Táimid chun téamh lárnach a chur isteach. ❷ (time, effort) caith ▷ He has put in a lot of work on this project. Tá cuid mhór ama caite aige ar an tionscadal seo.

put off vb ❶ (switch off) múch ▷ Shall I put the light off? An múchfaidh mé an solas? ❷ (postpone) cuir ar an méar fhada ▷ I keep putting it off. Cuirim ar an méar fhada i gcónaí é. ❸ (distract) cuir trí chéile ▷ Stop putting me off! Tá tú do mo chur trí chéile! ❹ (discourage) cuir ó ▷ It put me off going. Chuir sé mé ó dhul ann.

put on vb ❶ (CD, light) las ▷ Shall I put the light on? An lasfaidh mé an solas? ❷ (clothes) cuir ort ▷ I'll put my coat on. Cuirfidh mé orm mo chóta. ❸ (play, show) léirigh ▷ We're putting on 'Mamma Mia'. Táimid chun 'Mamma Mia' a léiriú. ❹ (cook) cuir síos ▷ I'll put the potatoes on. Cuirfidh mé síos na prátaí.; **to put on weight** meáchan a chur suas ▷ He's put on a lot of weight. Tá cuid mhór meacháin curtha suas aige.

put out vb (light, fire) cuir as ▷ It took them five hours to put out the fire. Thóg sé cúig huaire an chloig orthu an tine a chur as.

put through vb **They put me through to John.** Chuir siad i dteagmháil le Seán mé.; **I'm putting you through.** Tá mé ag déanamh ceangail duit.

put up vb ❶ (pin up) cuir in airde ▷ I'll put the poster up on my wall. Cuirfidh mé an póstaer in airde ar mo bhalla. ❷ (tent) cuir suas ▷ We put up our tent in a field. Chuir muid ár bpuball suas i bpáirc. ❸ (increase) ardaigh ▷ They've put up the price. Tá an praghas ardaithe acu. ❹ (accommodate) tabhair lóistín do ▷ My friend will put me up for the night. Tabharfaidh mo chara lóistín na hoíche dom.; **to put one's hand up** do lámh a chur in airde ▷ If you have any questions, put up your hand. Má tá ceist ar bith agaibh, cuirigí bhur lámha in airde.; **to put up with something** rud a fhulaingt ▷ I'm not going to put up with it any longer. Níl mé ag dul a fhulaingt a thuilleadh.

puzzle n ❶ dúcheist f2 ❷ (jigsaw) míreanna fpl2 mearaí

puzzled adj mearaithe ▷ You look puzzled! Tá cuma mhearaithe ort!

puzzling adj mearbhlach

pyjamas npl pitseámaí mpl4 ▷ my pyjamas mo phitseámaí ▷ a pair of pyjamas pitseámaí; **a pyjama top** barréide phitseámaí

pyramid n pirimid f2

q

quaint adj ❶ (odd) aisteach
❷ (house, village) den
seandéanamh
qualification n cáilíocht f3 ▷ She
left school without any qualifications.
D'fhág sí an scoil gan cáilíochtaí
ar bith aici.; **vocational
qualifications** gairmcháilíochtaí
qualified adj ❶ oilte ▷ a qualified
driving instructor teagascóir
oilte tiomána ❷ (nurse, teacher)
cáilithe ▷ a qualified nurse banaltra
cháilithe
qualify vb ❶ cáiligh ▷ He qualified
as a barrister. Cháiligh sé mar
abhcóide. ❷ (in competition) faigh
tríd ▷ Our team didn't qualify. Ní
bhfuair an fhoireann s'againne
tríd.; **She qualified as a doctor.** Tá
sí amuigh ina dochtúir.

quality n cáilíocht f3 ▷ a good
quality of life cáilíocht mhaith
bheatha ▷ good-quality ingredients
comhábhair d'ardcháilíocht ▷ She
got lots of good qualities. Tá a lán
tréithe fónta inti.
quantity n méid m4
quarantine n coraintín m4 ▷ in
quarantine i gcoráintín
quarrel n troid f3
▶ vb troid
quarry n (for stone) cairéal m1
quarter n ceathrú f; **three
quarters** trí cheathrú; **a quarter
of an hour** ceathrú uaire ▷ three
quarters of an hour trí cheathrú
uaire; **quarter past ten** ceathrú
i ndiaidh a deich; **quarter to
eleven** ceathrú go dtí a haon déag
quarter final n cluiche m4
ceathrúcheannais
quartet n ceathairéad m1
▷ a string quartet ceathairéad
sreangán
quay n cé f4
queasy adj **to feel queasy**
masmas a bheith ort ▷ I'm feeling
queasy. Tá masmas orm.
queen n banríon f3 ▷ the Queen of
Spain an Bhanríon na Spáinne ▷ the
queen of hearts an bhanríon hart
query n ceist f2
▶ vb ceistigh ▷ No one queried my
decision. Níor cheistigh duine ar
bith mo chinneadh.
question n ceist f2 ▷ Can I ask a
question? An bhfuil cead agam ceist
a chur? ▷ That's a difficult question.

Is crua an cheist í.; **It's out of the question.** Níl sé sin ar dhíslí.
▶ vb ceistigh ▷ He was questioned by the police. Cheistigh na póilíní é.

question mark n comhartha m4 ceiste

questionnaire n ceistiúchán m1

queue n scuaine f4
▶ vb téigh i scuaine; **to queue for something** dul i scuaine faoi choinne ruda ▷ We had to queue for the tickets. Bhí orainn dul i scuaine le haghaidh na dticéad.

quick adj gasta ▷ a quick lunch lón gasta ▷ It's quicker by train. Tá sé níos gaiste leis an traein.; **Be quick!** Go beo!; **She's a quick learner.** Is foghlaimeoir gasta í.

quickly adv go gasta ▷ It was all over very quickly. Bhí sé uile réidh go hiontach gasta.

quiet adj **❶** ciúin ▷ You're very quiet today. Tá tú iontach ciúin inniu. ▷ The engine's very quiet. Tá an t-inneall iontach ciúin.; **Be quiet!** Bí ciúin!; **Quiet!** Ciúnas! **❷** (peaceful) suaimhneach ▷ a quiet little town baile beag suaimhneach ▷ a quiet weekend deireadh seachtaine suaimhneach

quietly adv go ciúin ▷ 'She's dead,' he said quietly. 'Tá sí marbh,' arsa seisean go ciúin.

quilt n cuilt f2

quit vb **❶** fág ▷ She's decided to quit her job. Shocraigh sí ar a post a fhágáil. **❷** (smoking) éirigh as

quite adv **❶** (rather) go maith ▷ It's quite warm today. Tá sé te go maith inniu. **❷** (entirely) go hiomlán ▷ I'm not quite sure. Níl mé go hiomlán cinnte.; **quite good** measartha maith; **quite a lot** go leor ▷ It costs quite a lot to go abroad. Cosnaíonn sé go leor le dul thar lear.; **It's quite a long trip.** Is turas sách fada é.; **It was quite a contest.** Bhí coimhlint chrua ann.; **There were quite a few people there.** Bhí roinnt mhaith daoine ann.

quiz n tráth m3 na gceist

quota n cuóta m4

quotation n athfhriotal m1

quotation marks npl comharthaí mpl4 athfhriotail

quote n sliocht m3 ▷ a famous quote sliocht cáiliúil; **quotes** (quotation marks) comharthaí athfhriotail ▷ in quotes idir chomharthaí athfhriotail
▶ vb luaigh ▷ He's always quoting that literature. Bíonn sé i dtólamh ag lua na litríochta sin.

a
b
c
d
e
f
g
h
i
j
k
l
m
n
o
p
q
r
s
t
u
v
w
x
y
z

r

rabbi n raibí m4

rabbit n coinín m4 ▷ a rabbit hutch cró coinín

rabies n confadh m1; **a dog with rabies** madadh confach

race n ❶ rás m3 ▷ a cycle race rás rothair ❷ cine m4 ▷ the human race an cine daonna; **race relations** caidreamh idir chiníocha
▶ vb ❶ (hurry) deifrigh ▷ We raced to catch the bus. Dheifrigh muid chun an bus a fháil. ❷ (horse, runner) rith; **I'll race you!** Féachfaidh mé rás leat!

racecourse n ráschúrsa m4

racehorse n capall m1 rása

racer n (bike) rásrothar m1

racetrack n raon m1 rásaí

racial adj ciníoch ▷ racial discrimination idirdhealú ciníoch

racing n rásaíocht f3

racing car n carr m1 rása

racing driver n tiománaí m4 rása

racism n ciníochas m1

racist adj ciníoch
▶ n ciníochaí m4

rack n raca m4 ▷ a luggage rack raca bagáiste

racket n ❶ raicéad m1 ▷ my tennis racket mo raicéad leadóige ❷ (noise) callán m1 ▷ They're making a terrible racket. Tá racán bocht acu.

racquet n raicéad m1

radar n radar m1

radiation n radaíocht f3

radiator n radaitheoir m3

radio n raidió m4 ▷ on the radio ar an raidió

radioactive adj radaighníomhach

radio-controlled adj (model plane, car) radairialaithe

radio station n stáisiún m1 raidió

radish n raidis f2

RAF n (= Royal Air Force) An tAerfhórsa Ríoga ▷ He's in the RAF. Tá sé san AFR.

raffle n crannchur m1 ▷ a raffle ticket ticéad crannchuir

raft n rafta m4

rag n ceirt f2

rage n cuthach m1 ▷ She was in a rage. Bhí cuthach feirge uirthi.; **It all the rage.** Tá sé an-fhaiseanta.

raid n ❶ ruathar m1 ▷ a police raid ruathar póilíní ❷ ruaig f2 chreiche ▷ There was a bank raid near my house. Rinneadh ruaig chreiche an

an mbanc gar do mo theach.
▶ vb <u>déan ruathar ar</u> ▷ *The police raided the club.* Rinne na péas ruathar ar an gclubtheach.

rail n <u>ráille</u> m4 ▷ *Don't lean over the rail!* Ná crom thar an ráille!; **rails** (railway track) ráillí mpl4; **by rail** leis an traein

railcard n <u>cárta</u> m4 <u>iarnróid</u> ▷ *a young person's railcard* cárta iarnróid duine óig

railroad n (US) <u>iarnród</u> m1

railway n <u>iarnród</u> m1

railway line n <u>iarnród</u> m1

railway station n <u>stáisiún</u> m1 <u>traenach</u>

rain n <u>fearthainn</u> f2 ▷ *in the rain* san fhearthainn
▶ vb <u>bheith ag cur fearthainne</u> ▷ *It's raining.* Tá sé ag cur fearthainne ▷ *It rains a lot here.* Bíonn sé ag báisteach cuid mhaith anseo.

rainbow n <u>tuar</u> m1 <u>ceatha</u>

raincoat n <u>cóta</u> m4 <u>báistí</u>

rainforest n <u>foraois</u> f2 <u>bháistí</u>

rainy adj <u>fliuch</u>

raise vb ❶ (lift) <u>tóg</u> ▷ *He raised his hand.* Thóg sé a lámh. ❷ (improve) <u>ardaigh</u> ▷ *They want to raise standards in schools.* Tá siad ag iarraidh na caighdeáin sna scoileanna a ardú.; **to raise money** airgead a thógáil ▷ *The school is raising money for a new gym.* Tá an scoil ag tógáil airgid le haghaidh giomnáisiam nua.

raisin n <u>rísín</u> m4

rake n <u>ráca</u> m4

rally n ❶ (in tennis, motor sport) <u>railí</u> m4 ▷ *a rally driver* tiománaí railí ❷ (gathering) <u>slógadh</u> m1

ram n <u>reithe</u> m4
▶ vb (vehicle) <u>buail tuairt ar</u> ▷ *The thieves rammed a police car.* Bhuail na gadaithe tuairt ar charr de chuid na bpéas.

Ramadan n <u>Ramadan</u> m

ramble n <u>spaisteoireacht</u> f3 ▷ *We went for a ramble.* Rinneamar geábh spaisteoireachta.

rambler n <u>fánaí</u> m4

ramp n <u>fánán</u> m1

ran vb see **run**

ranch n <u>rainse</u> m4

random adj <u>fánach</u>; **at random** go fánach ▷ *We picked the number at random.* Phioc muid an uimhir go randamach.

rang vb see **ring**

range n ❶ (variety) <u>réimse</u> m4 ▷ *a wide range of colours* réimse leathan dathanna ▷ *We study a range of subjects.* Déanaimid staidéar ar réimse ábhar. ❷ (of mountains) <u>sliabhraon</u> m1
▶ vb **to range from ... to** bheith sa réimse ó ... go ▷ *Temperatures in summer range from 20 to 35 degrees.* Sa samhradh bíonn an teocht sa réimse ó 20 go 35 céim. ▷ *Tickets range from £2 to £20.* Tá na ticéid sa réimse ó £2 go £20.

rank n **a taxi rank** stad tacsaí
▶ vb **He's ranked third in the United States.** Comhairtear

a b c d e f g h i j k l m n o p q r s t u v w x y z

ransom n fuascailt f2

rap n (music) rapcheol m1

rape n éigniú m
► vb éignigh

rapids npl fánsruth m3

rapist n éigneoir m3

rare adj ❶ annamh ▷ a rare plant planda annamh ❷ (steak) tearcbhruite

rash n gríos m1 ▷ I've got a rash on my arm. Tá gríos ar mo sciathán.

rasher n slisín m4 ▷ an egg and two rashers of bacon ubh agus dhá shlisín bagúin

raspberry n sú f4 craobh ▷ raspberry jam subh sútha craobh

rat n francach m1

rate n ❶ ráta m4 ▷ the divorce rate an ráta colscartha ▷ a high rate of interest ráta ard úis ❷ (speed) luas m1 ❸ (price) táille f4 ▷ There are reduced rates for students. Tá táillí laghdaithe ann do mhic léinn.
► vb meas ▷ How do you rate him? Cad é do mheas air? ▷ He is rated the best. Meastar ar an duine is fearr é.

rather adv pas ▷ I was rather disappointed. Bhí mé pas meallta.; **It's rather expensive.** Tá sé daor go leor.; **rather a lot of** cuid mhór ▷ I've got rather a lot of homework to do. Tá cuid mhór obair bhaile le déanamh agam.; **rather than** seachas ▷ We decided to camp, rather than stay at a hotel. Shocraigh muid ar champáil seachas stopadh in óstán.; **I'd rather ...** B'fhearr

liom ... ▷ I'd rather stay in tonight. B'fhearr liom fanacht istigh anocht. ▷ I'd rather have an apple than a banana. B'fhearr liom úll ná banana.

rattle n (for baby) gligín m4

rattlesnake n nathair f shligreach

rave vb bheith ag cur i dtíortha ▷ They raved about the film. Bhí siad dtíortha faoin scannán.
► n (party) rámh m3

rave music n rámhcheol m1

raven n fiach m1 dubh

ravenous adj craosach; **to be ravenous** bheith stiúgtha ▷ I'm ravenous! Tá mé stiúgtha!

raving adj **raving mad** ar mire ▷ She's raving mad! Tá sí ar mire is ar báiní!

raw adj (uncooked) amh

raw material n amhábhar m1

razor n rásúr m1 ▷ some disposable razors roinnt rásúr indiúscartha

razor blade n lann f2 rásúir

RE n (= religious education) Staidéar m1 Reiligiúin

reach n **out of reach** as raon láimhe ▷ The light switch was out of my reach. Bhí an lasc as raon mo láimhe.; **within easy reach of** láimh le ▷ The hotel is within easy reach of the town centre. Tá an t-óstán láimh le lár an bhaile.; **within his reach** faoi fhad láimhe
► vb ❶ bain amach ▷ We reached the hotel at 7 p.m. Bhain muid an

t-óstán amach ar 7.i.n. ▷ *We hope to reach the final.* Tá súil againn an babhta ceannais a bhaint amach. ❷ *(conclusion, decision)* tar ar ▷ *Eventually they reached a decision.* Sa deireadh tháinig siad ar chinneadh.; **He reached for his gun.** Tharraing sé air a ghunna.

react vb freagair

reaction n freagairt f3

reactor n freasaitheoir m3 ▷ *a nuclear reactor* freasaitheoir núicléach

read vb léigh ▷ *Have you read 'Animal Farm'?* Ar léigh tú 'Animal Farm'? ▷ *Read the text out loud.* Léigh amach an téacs os ard.

read out vb léigh amach ▷ *He read out the article to me.* Léigh sé amach an t-alt dom.; **to read out the results** na torthaí a léamh amach

reader n léitheoir m3

readily adv go toilteanach ▷ *She readily agreed.* Thoiligh sí gan stró.

reading n léamh m1 ▷ *Reading is one of my hobbies.* Tá an léamh ar cheann de na caithimh aimsire agam.

ready adj ❶ réidh ▷ *She's nearly ready.* Tá sí beagnach réidh. ❷ *(willing)* toilteanach ▷ *He's always ready to help.* Bíonn sé i gcónaí toilteanach cuidiú a thabhairt.; **a ready meal** béile ullmhaithe; **to get ready** ullmhaigh ▷ *She's getting ready to go out.* Tá sí á hullmhú féin le dul amach.; **to get something**

ready rud a ullmhú ▷ *He's getting the dinner ready.* Tá an dinnéar á ullmhú aige.

real adj ❶ fíor ▷ *He wasn't a real policeman.* Ní fíorgharda a bhí ann. ▷ *Her real name is Geraldine.* Is é Gearóidín a fíorainm. ▷ *It's real leather.* Fíorleathar atá ann.; **in real life** sa saol fíor ❷ *(total)* ceart ▷ *It was a real nightmare.* Tromluí ceart a bhí ann.

realistic adj réadúil

reality n réaltacht f3

reality TV n teilifís f2 réaltachta ▷ *a reality TV show* seó teilifíse réaltachta

realize vb *(understand)* aithin; **to realize that ...** aithin go ... ▷ *We realized that something was wrong.* D'aithint muid go raibh rug éigin cearr.

really adv ❶ dáiríre ▷ *Really?* Dáiríre? ▷ *Do you want to go? — Not really.* An mian leat dul? — Ní mian, dáiríre. ▷ *Do you really think so?* An é sin a mheasann tú, dáiríre? ❷ *(very)* an- ▷ *really sad* an-bhrónach ▷ *She's really nice.* Tá sí an-deas.

realtor n *(US)* gníomhaire m4 eastáit

rear adj deiridh ▷ *a rear wheel* roth deiridh
▶ n cúl m1 ▷ *at the rear of the train* i gcúl na traenach

reason n cúis f2 ▷ *There's no reason to think that ...* Níl aon chúis a shíleadh go ... ▷ *for security reasons*

a
b
c
d
e
f
g
h
i
j
k
l
m
n
o
p
q
r
s
t
u
v
w
x
y
z

ar chúiseanna slándála ▷ *That was the main reason I went.* Is é sin an chúis is mó a ndeachaigh mé.

reasonable adj ❶ réasúnta ▷ *Be reasonable!* Bí réasúnta! ❷ (*not bad*) measartha ▷ *He wrote a reasonable essay.* Scríobh sé aiste a bhí measartha maith.

reasonably adv réasúnta ▷ *reasonably priced accommodation* cóiríocht ar phraghas réasúnta; **The team played reasonably well.** D'imir an fhoireann go measartha maith.

reassure vb **to reassure somebody** duine a chur ar a shuaimhneas

reassuring adj suaimhnitheach

rebel n ceannairceach m1

rebellious adj ceannairceach

receipt n admháil f3

receive vb faigh

receiver n glacadóir m3; **to pick up the receiver** an glacadóir a thógáil

recent adj deireanach ▷ *in recent years* sna blianta deireanacha seo

recently adv le déanaí ▷ *I've been doing a lot of training recently.* Tá cuid mhór traenála déanta agam le déanaí.

reception n ❶ deasc f2 fáiltithe ▷ *Please leave your key at reception.* Fág d'eochair ag an deasc fáiltithe, le do thoil. ❷ fáiltiú ▷ *The reception will be at a big hotel.* Beidh an fáiltiú in óstán mór.

receptionist n fáilteoir m3

recession n meathlú m

recipe n oideas m1

reckon vb (*think*) ceap ▷ *What do you reckon?* Cad é a cheapann tú?

reclining adj (*seat*) inchlaonta

recognizable adj inaitheanta

recognize vb aithin ▷ *You'll recognize me by my red hair.* Aithneoidh tú mo ghruaig rua.

recommend vb mol ▷ *What do you recommend?* Cad é a mholann tú?

reconsider vb déan athmhachnamh ar

record n ❶ taifead m1 ▷ *There is no record of your booking.* Níl aon taifead ar d'áirithint. ❷ (*recording*) ceirnín m4 ▷ *my favourite record* an ceirnín is fearr liom ❸ (*sport*) curiarracht f3 ▷ *a world record* curiarracht an domhain ❹ (*of criminal*) teist f2 choiriúil ▷ *He's got a criminal record.* Tá taifead coiriúil aige.; **in record time** i gcuriarracht ama ▷ *She finished the job in record time.* Chríochnaigh sí an tasc i gcuriarracht ama.; **records** (*of police, hospital*) taifid ▷ *I'll check in the records.* Seiceálfaidh mé sna taifid.

▶ vb (*song*) taifead ▷ *They've just recorded their new album.* Tá siad díreach tar éis a n-albam nua a thaifeadadh.

recorded delivery n **to send something recorded delivery** rud a chur de sheachadadh taifeadta

recorder n fliúit f2 Shasanach ▷ *She plays the recorder.* Seinneann sí ar an bhfliúit Shasanach.; **a video recorder** fístaifeadán

ecording n taifeadadh m

ecord player n seinnteoir m3 ceirníní

ecover vb **to recover from** teacht as ▷ He's recovering from a knee injury. Tá sé ag teacht as gortú glúine.

ecovery n biseach m ▷ Best wishes for a speedy recovery! Nára fada go raibh biseach!

ectangle n dronuilleog f2

ectangular adj dronuilleogach

ecycle vb athchúrsáil

ecycling n athchúrsáil

ed adj ❶ dearg ▷ a red rose rós dearg ▷ red wine fíon dearg; **red meat** feoil fola; **a red light** (for traffic) solas dearg ▷ She went through a red light. Bhris sí solas dearg. ❷ (hair) rua ▷ John's got red hair. Tá gruaig rua ar Sheán.

Red Cross n an Chros f2 Dhearg

edcurrant n cuirín m4 dearg

edecorate vb athmhaisigh

ed-haired adj rua

ed-handed adj **to catch somebody red-handed** breith maol ar dhuine ▷ I was caught red-handed. Rugadh maol orm.

edhead n ruafholtach m

edo vb athdhéan

educe vb laghdaigh ▷ The shop reduced the price of coats. Laghdaigh an siopa an praghas ar chótaí.; **'reduce speed now'** 'moilligh anois'

reduction n (discount) lascaine f4 ▷ a 5% reduction lascaine 5%; **'huge reductions!'** 'lascainí móra!'

redundancy n iomarcaíocht f3 ▷ There were fifty redundancies. Rinneadh 50 oibrí iomarcach. ▷ his redundancy payment a íocaíocht iomarcaíochta

redundant adj iomarcach; **to be made redundant** fág iomarcach ▷ He was made redundant yesterday. Fágadh iomarcach inné é.

reed n giolcach f2

reel n ❶ (of thread) ceirtlín m4 ❷ (dance) ríl f2

refer vb **to refer to** tagair do ▷ What are you referring to? Cad é a bhfuil tú ag tagairt dó?

referee n réiteoir m3

reference n ❶ (mention) tagairt f3 ❷ (for job application) teistiméireacht f3 ▷ Would you please give me a reference? An mbeifeá sásta teistiméireacht a thabhairt dom, le do thoil?

reference book n leabhar m1 tagartha

refill vb athlíon ▷ He refilled my glass. Líon sé mo ghloine arís.

refinery n scaglann f2

reflect vb (light, image) frithchaith

reflection n (in mirror) scáil f2

reflex n athfhilleadh m

reflexive adj athfhillteach

refresher course n cúrsa m4 athnuachana

refreshing adj ❶ (drink) íocshláinteach ❷ (sleep)

a
b
c
d
e
f
g
h
i
j
k
l
m
n
o
p
q
r
s
t
u
v
w
x
y
z

athbhríoch

refreshments npl sólaistí mpl4

refrigerator n cuisneoir m3

refuel vb athbhreoslaigh ▷ The plane stops in Boston to refuel. Stopann an t-eitleán i mBostún chun athbhreoslú.

refuge n tearmann m1

refugee n dídeanaí m4

refund n aisíoc m3
　▶ vb aisíoc

refusal n diúltú m

refuse vb diúltaigh
　▶ n bruscar m1

refuse collection n bailiú m bruscair

regain vb faigh ar ais; to regain consciousness do mheabhair a theacht ar ais chugat

regard n Give him my regards. Tabhair mo bheannacht dó.; Gerry sends his regards. Cuireann Gearóid a bheannacht chugat.; 'with kind regards' 'le dea-mhéin'
　▶ vb to regard something as breathnaigh ar rud éigin mar; as regards ... maidir le ...

regarding prep maidir le ▷ the laws regarding the export of animals na dlíthe maidir le heaspórtáil ainmhithe

regardless adv regardless of beag beann ar ▷ regardless of the weather beag beann ar an aimsir ▷ regardless of the consequences beag beann ar na hiarmhairtí

regiment n reisimint f2

region n ceantar m1

regional adj réigiúnach

register n (in school) rolla m4
　▶ vb (at school, college) cláraigh

registered adj (letter, parcel) cláraithe

registration n (of car) uimhir f chláraithe

regret n aiféala m4 ▷ I've got no regrets. Níl lá aiféala orm.
　▶ vb I deeply regret it. Is oth liom go mór é.; to regret doing something áiféala a bheith ort as rud a dhéanamh ▷ I regret saying that. Tá áiféala orm go ndúirt mé sin.

regular adj ❶ rialta ▷ at regular intervals go tráthrialta ▷ a regular verb briathar rialta; to take regular exercise aclaíocht a dhéanamh go rialta ❷ (average) gnáth- ▷ a regular portion of fries gnáthchuid sceallóg

regularly adv go rialta

regulation n (rule) riail f

rehearsal n cleachtadh m1

rehearse vb cleacht

rein n srian m1 ▷ the reins na srianta

reindeer n réinfhia m4

reject vb diúltaigh do ▷ We rejected that idea straight away. Dhiúltaigh muid don smaoineamh sin láithreach. ▷ I applied but they rejected me. Chuir mé isteach iarratas ach dhiúltaigh siad mé.

relapse n athiompú m ▷ He was getting better but then had a relapse. Bhí sé ag bisiú ach tháinig athiompú air.

related adj muinteartha ▷ *We're related.* Tá muid muinteartha dá chéile.; **The two events were not related.** Ní raibh aon cheangal idir an dá ócáid.

elation n ❶ gaol m1 ▷ *He's a distant relation.* Tá gaol i bhfad amach aige liom. ▷ *my relations* mo ghaolta ▷ *I've got relations in London.* Tá gaolta liom i Londain. ❷ (connection) nasc m1; **in relation to** maidir le

elationship n (personal ties) caidreamh m1 ▷ *We have a good relationship.* Tá caidreamh maith eadrainn.; **to be in a relationship** bheith i gcumann le duine ▷ *I'm not in a relationship at the moment.* Níl mé i gcumann le duine ar bith faoi láthair.

elative n gaol m1 ▷ *all her relatives* a gaolta uile

elatively adv relatively easy éasca go leor

elax vb (unwind) lig do scíth ▷ *I relax listening to music.* Ligim mo scíth ag éisteacht le ceol.; **Relax! Everything's fine.** Tóg go bog é! Tá gach rud go breá.

elaxation n caitheamh m1 aimsire ▷ *I don't have much time for relaxation.* Is beag am atá agam le haghaidh caitheamh aimsire.

elaxed adj suaimhneach

elaxing adj suaimhnitheach ▷ *I find cooking relaxing.* Is suaimhnitheach liom í an

chócaireacht.

relay n a relay race rás sealaíochta

release n ❶ (from prison, obligation) scaoileadh m ▷ *the release of the prisoners* príosúnaigh á scaoileadh amach as príosún ❷ eisiúint f3 ▷ *the band's latest release* an eisiúint is deireanaí ón mbanna

▶ vb ❶ (prisoner) scaoil amach ❷ (CD, DVD) cuir amach ❸ (report, news) scaoil

relegate vb They were relegated. Cuireadh síos iad.

relevant adj (point) ag baint le hábhar ▷ *That's not relevant.* Ní bhaineann sin le hábhar.; **relevant to** bainteach le ▷ *Education should be relevant to real life.* Ba chóir go mbeadh an t-oideachas bainteach leis an bhfíorshaol.

reliable adj ❶ (person, firm) iontaofa ▷ *He's not very reliable.* Ní duine ró-iontaofa é. ❷ (method, machine) buanseasmhach ▷ *a reliable car* carr buanseasmhach

relief n faoiseamh m1 ▷ *That's a relief!* Cad é mar fhaoiseamh!

relieve vb maolaigh ▷ *This injection will relieve the pain.* Maolóidh an t-insteallladh seo an phian.

relieved adj saor ó imní ▷ *I was relieved to hear ...* Saoradh ó imní mé nuair a chuala mé ...

religion n creideamh m1 ▷ *What religion are you?* Cén creideamh

a
b
c
d
e
f
g
h
i
j
k
l
m
n
o
p
q
r
s
t
u
v
w
x
y
z

lena mbaineann tú?

religious adj ❶ reiligiúnda ▷ my religious beliefs mo chreidimh reiligiúnda ❷ (person) cráifeach ▷ I'm not religious. Ní duine cráifeach mé.

reluctant adj They were reluctant to help us. Bhí leisce orthu cuidiú linn.

reluctantly adv go drogallach ▷ She reluctantly accepted. Thoiligh sí más go drogallach féin é.

rely on vb to rely on somebody muinín a bheith agat as duine ▷ I'm relying on you. Tá mé i do mhuinín.

remain vb fan; to remain silent fanacht i do thost

remaining adj the remaining ingredients an chuid eile de na comhábhair

remains npl ❶ fuílleach m1 ▷ the remains of the picnic fuílleach na picnice ❷ (body) corp m1 ▷ human remains taisí daonna; Roman remains iarsmaí Rómhánacha

remark n focal m1

remarkable adj sonraíoch

remarkably adv go suntasach

remarry vb pós an athuair ▷ She remarried three years ago. Phós sí an athuair tá trí bliana ó shin.

remedy n leigheas m1 ▷ a good remedy for a sore throat leigheas maith ar scornach nimhneach

remember vb cuimhnigh ▷ I can't remember his name. Ní thig liom cuimhneamh ar a ainm. ▷ I don't remember. Ní cuimhin

liom. ▷ Remember your passport! Cuimhnigh ar do phas! ▷ Remembe to write your name on the form. Cuimhnigh ar d'ainm a scríobh ar an bhfoirm.

Remembrance Day n Lá an Chuimhnithe ▷ on Remembrance Day ar Lá an Chuimhnithe

remind vb to remind somebody of something rud a chur i gcuimhne do dhuine ▷ It reminds me of Scotland. Cuireann sé Albain i gcuimhne dom.; to remind somebody to do something cur i gcuimhne do dhuine rud a dhéanamh ▷ Remind me to speak to Daniel. Cuir i gcuimhne dom labhairt le Dónall. ▷ I'll remind you tomorrow. Cuirfidh mé sin i gcuimhne duit amárach.

remorse n aiféala m4 ▷ He showed no remorse. Ní raibh rian den aiféal le sonrú air.

remote adj iargúlta ▷ a remote village sráidbhaile iargúlta

remote control n cianrialú m

remotely adv I'm not remotely interested. Níl lá suime agam ann.

removable adj (detachable) so-bhainte

removal n (from house) aistriú m; a removal van veain aistrithe troscáin

remove vb ❶ tóg amach ▷ Please remove your bag from my seat. Tóg do mhála den suíochán agam, le do thoil. ❷ (stain) glan ▷ Did you remove the stain? Ar ghlan tú an smál?

rendezvous n coinne f4

renew vb athnuaigh

renewable adj (energy) in-athnuaite

renovate vb athchóirigh ▷ The building's been renovated. Tá an foirgneamh athchóirithe.

renowned adj clúiteach

rent n cíos m3
▶ vb (house, car) faigh ar cíos ▷ We rented a car. Fuair muid carr ar cíos.

rental n cíos m3 ▷ Car rental is included in the price. Tá carrchíos san áireamh sa phraghas.

rental car n carr m1 cíosa

reorganize vb atheagraigh

rep n ionadaí m4

repaid vb see **repay**

repair n cóiriú m
▶ vb cóirigh; **to get something repaired** rud a chur a chóiriú ▷ I got the washing machine repaired. Chuir mé an t-inneall níocháin á chóiriú.

repay vb (money) aisíoc

repayment n aisíocaíocht f3

repeat n athchraoladh m ▷ There are too many repeats on TV. Tá barraíocht athchraolta ar an teilifís.
▶ vb ❶ (say again) abair arís ❷ (a class) athdhéan

repeatedly adv arís agus arís eile

repellent n insect repellent éarthach feithidí

repetitive adj (movement, work) timthriallach

replace vb ❶ (put back) cuir ar ais ❷ (take the place of) glac áit

replay n (of match) athimirt f3 ▷ There will be a replay on Friday. Beidh athimirt ann Dé hAoine.
▶ vb (match) athimir

replica n macasamhail f3

reply n freagra m4
▶ vb freagair

report n tuairisc f2 ▷ a report in the paper tuairisc ar an bpáipéar ▷ I got a good report this term. Fuair mé tuairisc mhaith an téarma seo.
▶ vb ❶ (occurrence) cuir in iúl ▷ I reported the theft to the police. Chuir mé an ghadaíocht in iúl do na péas. ❷ (present oneself) dul i láthair ▷ Report to the manager when you arrive. Téigh i láthair an bhainisteora ar theacht i láthair duit.

reporter n tuairisceoir m3 ▷ I'd like to be a reporter. Ba mhaith liom bheith i mo thuairisceoir.

represent vb (school, country) seas do

representative adj ionadaíoch

reproduction n atáirgeadh m

reptile n reiptíl f2

republic n poblacht f3; **the Republic of Ireland** Poblacht na hÉireann

repulsive adj samhnasach

reputable adj creidiúnach

reputation n cáil f2

request n iarratas m1
▶ vb iarr ▷ He requested full details about the job. D'iarr sé sonraí

a
b
c
d
e
f
g
h
i
j
k
l
m
n
o
p
q
r
s
t
u
v
w
x
y
z

iomlán an phoist.

require vb teastaigh ▷ *The job requires good computational skills.* Teastaíonn scileanna maithe uimhríochta don phost seo. ▷ *What qualifications are required?* Cad iad na cáilíochtaí a theastaíonn?

requirement n riachtanas m1 ▷ *What are the requirements for the job?* Cad iad na riachtanais don phost?; **entry requirements** (for university) riachtanais iontrála

rescue n tarrtháil f3 ▷ *a rescue operation* oibríocht tarrthála ▷ *a mountain rescue team* foireann tarrthála sléibhe ▷ *the rescue services* na seirbhísí tarrthála; **to come to somebody's rescue** duine a tharrtháil ▷ *He came to my rescue.* Tharrtháil sé mé.
▶ vb tabhair tarrtháil ar

research n taighde m4 ▷ *He's doing research.* Tá taighde ar siúl aige. ▷ *She's doing some research in the library.* Tá sí i mbun taighde sa leabharlann.

resemblance n cosúlacht f3

resent vb **I really resented your criticism.** Chuir do cháineadh na seacht n-olc orm.

resentful adj **to feel resentful towards somebody** goimh a bheith ort le duine

reservation n (booking) áirithint f2 ▷ *I've got a reservation for two nights.* Tá áirithint agam le haghaidh dhá oíche.; **to make a reservation** (book table) tábla a chur in áirithe ▷ *I'd like to make a reservation for this evening.* Is mian liom tábla a chur in áirithe i gcomhar an tráthnóna.

reserve n ❶ fear m1 ionaid ▷ *I was reserve in the game last Saturday.* Bhí mé mar fhear ionaid don chluiche Dé Sathairn seo caite. ❷ tearmann m1 ▷ *a nature reserve* tearmann dúlra
▶ vb (seat, table) cuir in áirithe ▷ *I'd like to reserve a table for tomorrow evening.* Is mian liom tábla a chur in áirithe i gcomhar tráthnóna amárach.

reserved adj ❶ in áirithe ▷ *a reserved seat* suíochán in áirithe ❷ (personality) dúnárasach ▷ *He's quite reserved.* Is duine dúnárasach é.

reservoir n taiscumar m1

resident n cónaitheoir m3

residential adj ❶ cónaithe ▷ *a residential area* ceantar cónaithe ❷ (course) inchónaitheach

resign vb éirigh as

resit vb athdhéan ▷ *I'm resitting the exam in December.* Tá an scrúdú á athdhéanamh agam i mí na Nollag.

resolution n (determination) diongbháilteacht f3; **Have you made any New Year's resolutions?** An bhfuil aon dearúin déanta agat don Athbhliain?

resort n ionad m1 saoire ▷ *It's a resort on the Costa del Sol.* Is ionad saoire é ar an Costa del Sol. ▷ *a ski resort* ionad sciála

resources npl acmhainn f2 ▷ *The country has few resources.* Is beag acmhainn atá ag an tír.

respect n meas m3

▶ *vb* **to respect somebody** meas a bheith agat ar dhuine

respectable adj (person, standard, mark) creidiúnach

respectively adv faoi seach

responsibility n freagracht f3

responsible adj ❶ (person) stuama ▷ *You should be more responsible.* Ba chóir duit bheith níos stuama. ❷ (job) le freagrachtaí ▷ *It's a responsible job.* Is post le freagrachtaí é.; **responsible for** freagrach as ▷ *He's responsible for booking the tickets.* Tá sé freagrach as na ticéid a chur in áirithe.

rest n scíth f2 ▷ *five minutes' rest* scíth cúig nóiméad; **to have a rest** scíth a ligean ▷ *We stopped to have a rest.* Stop muid lenár scíth a ligean.; **the rest** (remainder) an chuid f3 eile ▷ *I'll do the rest.* Déanfaidh mise an chuid eile. ▷ *the rest of the money* an chuid eile den airgead ▷ *The rest of them went swimming.* Chuaigh an chuid eile acu ag snámh.

▶ *vb* déan do scíth ▷ *She's resting in her room.* Tá scíth á déanamh aici ina seomra.; **He has to rest his knee.** Caithfidh sé scíth a thabhairt dá ghlúin.; **to rest**

something against (lean) rud a chur in éadan ▷ *I rested my bike against the fence.* Chuir mé mo rothar in éadan an bhalla.

restaurant n bialann f2 ▷ *We don't often go to restaurants.* Is annamh a théimid amach chuig bialanna.; **a restaurant car** carráiste bialainne

restful adj suaimhneach

restless adj míshuaimhneach

restoration n (of building) athchóiriú m

restore vb (building) athchóirigh

restrict vb teorannaigh

rest room n (US) leithreas m1

result n toradh m1 ▷ *my exam results* mo thorthaí scrúduithe ▷ *What was the result?* — *One-nil.* Cén toradh a bhí ann? — A haon a náid.

resume vb tosaigh arís ▷ *They've resumed work.* Tá siad tar éis dul i gceann oibre arís.

résumé n (US) curriculum m vitae

retire vb éirigh as ▷ *He retired last year.* D'éirigh sé as anuraidh.

retired adj ❶ (person) ar scor ▷ *She's retired.* Tá sí ar scor. ❷ (former) ar pinsean ▷ *a retired teacher* múinteoir ar pinsean

retirement n scor m1

retrace vb **to retrace one's steps** dul siar ar do choiscéim ▷ *I retraced my steps.* Chuaigh mé siar ar mo choiscéim.

return n ❶ filleadh m1 ▷ *after our return* tar éis dúinn filleadh; **the return journey** an turas fillte;

a return match athchluiche
❷ (ticket) ticéad m1 fillte ▷ A return
to Cork, please. Ticéad fillte go
Corcaigh, le do thoil.; **in return**
mar mhalairt ▷ ... and I help her in
return ... agus cuidímse léi mar
mhalairt; **Many happy returns!**
Go maire tú an lá!
▶ vb ❶ (come back) fill ▷ I've just
returned from holiday. Tá mé díreach
tar éis filleadh ó mo laethanta
saoire.; **to return home** filleadh
abhaile ❷ (bring back) tabhair
ar ais ▷ She borrows my things and
doesn't return them. Faigheann sí
iasacht mo chuid éadaigh agus ní
thugann ar ais iad.
retweet vb (on Twitter) atvuíteáil
reunion n teacht m3 le chéile
reuse vb athúsáid
reveal vb (make known) foilsigh
revenge n díoltas m1 ▷ in revenge
le díoltas; **to take revenge on**
díoltas a imirt ar ▷ They planned
to take revenge on him. Bheartaigh
siad díoltas a imirt air.
reverse adj (order, direction)
contrártha ▷ in reverse order san
ord contrártha; **in reverse gear** sa
ghiar chúlaithe
▶ vb (car) cúlaigh ▷ He reversed
without looking. Chúlaigh sé gan
amharc thart.; **to reverse the
charges** (telephone) aistrigh táillí
▷ I'd like to reverse the charges to
Ireland. Is mian liom na táillí a
aistriú go hÉirinn.
review n (of book, film) léirmheas m3

▷ The book had good reviews. Fuair
an leabhar léirmheasanna maithe.
revise vb (study) athbhreithnigh;
I haven't started revising yet.
Níor thosaigh mé ar an
athbhreithniú go fóill.; **to revise
one's opinion** do tuairim a athrú
revision n athbhreithniú m ▷ Have
you done a lot of revision? An bhfuil
mórán athbhreithnithe déanta
agat?
revive vb athbheoigh ▷ The nurses
tried to revive him. Thug na haltraí
iarracht ar é a athbheochan.
revolting adj déistineach
revolution n réabhlóid f2
revolutionary adj réabhlóideach
revolver n gunnán m1
reward n duais f2
rewarding adj ▷ a rewarding job
post a thugann sásamh duit
rewind vb cúlchas ▷ She rewound
the tape to the start. Chúlchas sí an
téip go dtí an tús.
rewritable adj (CD, DVD) in-
athscríofa
rheumatism n daitheacha fpl2
rhinoceros n srónbheannach m1
rhubarb n biabhóg f2 ▷ a rhubarb
tart toirtín biabhóige
rhythm n rithim f2
rib n easna f4
ribbon n ribín m4
rice n rís f2
rice pudding n maróg f2 ríse
rich adj saibhir; **the rich** lucht an
tsaibhris
rid vb **to get rid of something** fáil

réidh le rud ▷ *I want to get rid of some old clothes.* Tá mé ag iarraidh fáil réidh le roinnt seanéadaí.

idden *vb see* **ride**

ide *n* (*distance covered*) geábh *m3* ▷ *It's a short bus ride to the town centre.* Níl ann ach geábh gairid ar an mbus go dtí lár an bhaile.; **to go for a ride (1)** (*on horse*) téigh ag marcaíocht ar chapall **(2)** (*on bike*) téigh ag rothaíocht ▷ *We went for a bike ride.* Chuaigh muid amach ag rothaíocht.

▶ *vb* (*on horse*) téigh ag marcaíocht ▷ *I'm learning to ride.* Tá mé ag foghlaim marcaíochta.; **to ride a bike** rothar a mharcaíocht

ider *n* ❶ (*on horse*) marcach *m1* ▷ *She's a good rider.* Is marcach maith í. ❷ (*on bike*) rothaí *m4*

idiculous *adj* amaideach ▷ *Don't be ridiculous!* Ná bí amaideach!

iding *n* marcaíocht *f3*; **to go riding** dul ag marcaíocht

iding school *n* scoil *f2* mharcaíochta

ifle *n* raidhfil *m4* ▷ *a hunting rifle* raidhfil seilge

ig *n* rige *m4*; **an oil rig** rige ola

ight *adj, adv*

> There are several ways of translating 'right'. Look at the examples to find one that is similar to what you want to say.

❶ (*correct*) ceart ▷ *the right answer* an freagra ceart ▷ *It isn't the right size.* Níl sé an méid ceart. ▷ *We're*

on the right train. Tá muid ar an traein cheart. ▷ *Is this the right road for Galway?* An é seo an bóthar ceart chun na Gaillimhe? ▷ *Do you have the right time?* An bhfuil an t-am ceart agat? ▷ *It's not right to behave like that.* Níl sé ceart bheith ag dul ar aghaidh mar sin. ▷ *I think you did the right thing.* Ceapaim go ndearna tú an rud ceart. ❷ (*not left*) deas ▷ *my right hand* mo lámh dheas ❸ (*correctly*) i gceart ▷ *Am I pronouncing it right?* An bhfuil mé á fhuaimniú i gceart? ❹ (*turn, look*) ar dheis ▷ *Turn right at the traffic lights.* Tiontaigh ar dheis ag na soilse tráchta.; **to be right (1)** (*person*) an ceart a bheith agat ▷ *You were right!* Bhí an ceart agat! **(2)** (*statement, opinion*) bheith ceart ▷ *That's right!* Sin ceart!; **Right!** Déanfaidh sin! ▷ *Right! Let's get started.* Déanfaidh sin! Bímis ag tosú.; **right away** ar an toirt ▷ *I'll do it right away.* Déanfaidh mé ar an toirt é.; **right now** láithreach bonn

▶ *n* ceart *m1* ▷ *You've got no right to do that.* Níl aon cheart agat sin a dhéanamh.; **on the right** ar dheis ▷ *Remember to drive on the right.* Tiomáin ar thaobh na láimhe deise, le do thoil.

right-hand *adj* **the right-hand side** taobh na láimhe deise ▷ *It's on the right-hand side.* Tá sé ar thaobh na láimhe deise.

right-handed *adj* deaslámhach

rightly adv ní gan ábhar ▷ *She rightly decided not to go.* Ní gan ábhar a shocraigh sí gan dul.; **if I remember rightly** más buan mo chuimhne

right of way n ceart m1 tosaíochta; **It was our right of way.** Ba linne an ceart slí.

rim n (*of spectacles*) imeall m1 ▷ *glasses with wire rims* spéaclaí sreangimill

ring n ① fáinne m4 ▷ *a gold ring* fáinne óir ▷ *a wedding ring* fáinne pósta ② (*of bell*) cling f2 ▷ *I was woken by a ring at the door.* Mhúscail cling chlog an dorais mé.; **to give somebody a ring** glao gutháin a chur ar dhuine ▷ *I'll give you a ring this evening.* Cuirfidh mé glao ort tráthnóna.
▶ vb ① (*telephone, bell*) buail ▷ *The phone's ringing.* Tá an fón ag bualadh.; **to ring the bell** an clog a bhualadh ▷ *I rang the bell three times.* Bhuail mé an clog trí huaire. ② (*call on phone*) glaoigh ▷ *Your mother rang this morning.* Ghlaoigh do mháthair ar maidin.; **to ring somebody** glaoch ar dhuine ▷ *I'll ring you tomorrow morning.* Glaofaidh mé ort maidin amárach.

ring back vb glaoigh ar ais ▷ *I'll ring back later.* Glaofaidh mé ar ais ar ball.

ring up vb **to ring somebody up** glaoigh ar dhuine

ring binder n ceanglóir m3 fáinne

ring road n cuarbhóthar m1

ringtone n clingthon m1

rink n rinc f2

rinse vb rinseáil

riot n círéib f2
▶ vb tóg círéib

rip vb stróic ▷ *I've ripped my jeans.* Stróic mé mo bhrístí géine. ▷ *My skirt's ripped.* Tá mo sciorta stróicthe.

rip off vb tar i dtír ar ▷ *The hotel ripped us off.* Tháinig an t-óstán i dtír orainn.

rip up vb stróic suas ▷ *He read the note and then ripped it up.* Léigh sé an nóta agus ansin stróic sé suas é

ripe adj aibí

rip-off n **It's a rip-off!** Is é an robái gan náire é!

rise n (*increase*) ardú m ▷ *a sudden rise in temperature* ardú teochta tobann ▷ *a pay rise* ardú pá
▶ vb ① éirigh ▷ *The sun rises early in June.* Éiríonn an ghrian go luath i mí Mheitheamh. ② (*prices, water*) ardaigh ▷ *Prices are rising.* Tá praghsanna ag ardú.

riser n **to be an early riser** bheith do mhochóirí

risk n fiontar m1; **to take risks** dul i bhfiontar; **at one's own risk** ar do phriacal féin ▷ *It's at your own risk.* Ar do phriacal féin atá.
▶ vb téigh sa seans le ▷ *I wouldn't risk it if I were you.* Ní rachainn sa seans leis dá mba mise thusa.; **You risk getting a fine.** Tá tú i mbaol fíneála.

risky adj contúirteach

ival n céile m4 comhraic
▶ adj freas- ▷ a rival gang
freasdrong ▷ a rival company
freaschomhlacht

ivalry n coimhlint f2

iver n abhainn f ▷ The river runs
alongside the canal. Tá an abhainn
sínte leis an chanáil.

oad n bóthar m1 ▷ There's a lot of
traffic on the roads. Tá trácht mór
ar na bóithre. ▷ They live across
the road. Cónaíonn siad trasna an
bhóthair uaim.

oad map n léarscáil f2 bhóithre

oad rage n buile f4 bóthair

oad sign n comhartha m4
bóthair

oad works npl oibreacha fpl2
bóthair

oast n rósta m4
▶ adj rósta ▷ roast beef mairteoil
rósta ▷ roast potatoes prátaí rósta

ob vb (person, bank) robáil ▷ I've
been robbed. Rinneadh robáil orm.;
to rob somebody of something
rud a ghoid ó dhuine ▷ He was
robbed of his wallet. Goideadh a
vallait air.

obber n robálaí m4 ▷ a bank robber
robálaí bainc

obbery n robáil f3 ▷ a bank robbery
robáil bainc; **armed robbery**
robáil armtha

obin n spideog f2

obot n robat m1

ock n ❶ (substance, boulder)
carraig f2 ▷ They tunnelled through
the rock. Thochail siad tríd an

charraig. ▷ I sat on a rock. Shuigh
mé ar charraig. ❷ (small stone)
cloch f2 ▷ The crowd started to
throw rocks. Thosaigh an slua a
chaitheamh cloch. ❸ (sweet)
gallán m1 milis ❹ (music) rac m4
▷ a rock concert ceolchoirm rac;
rock and roll rac is roll
▶ vb (shake) croith ▷ The explosion
rocked the building. Chroith an
phléasc an foirgneamh.

rockery n creig-ghairdín m4

rocket n roicéad m1

rocking chair n cathaoir f
luascáin

rocking horse n capall m1
luascáin

rock star n réalta f4 rac

rod n (for fishing) slat f2
iascaireachta

rode vb see **ride**

role n ról m1

role play n rólimirt f3 ▷ We had to
do a role play in the training session.
Bhí orainn rólimirt a dhéanamh sa
seisiún oiliúna.

roll n ❶ rolla m4 ▷ a roll of tape rolla
téipe ▷ a toilet roll páipéar leithris
❷ (bread) rollóg f2
▶ vb (ball) roll; **to roll out the
pastry** an taosrán a fhuineadh

roll call n glaoch m1 rolla

roller n rollóir m3

Rollerblade® n lann f2 rollála ▷ a
pair of Rollerblades péire lann rollála

rollercoaster n cóstóir m3
roithleáin

roller skates npl scátaí mpl4

rothacha

roller-skating n scátáil f3 rothacha; **to go roller-skating** dul ag scátáil rothacha

rolling pin n crann m1 fuinte

ROM n (= read only memory) (computing) cuimhne f4 léimh amháin

Roman adj Rómhánach ▷ a Roman villa villa Rómhánach ▷ the Roman Empire Impireacht na Róimhe; **the Romans** na Rómhánaigh

Roman Catholic adj Caitliceach Rómhánach
▶ n Caitliceach m1 Rómhánach ▷ He's a Roman Catholic. Is Caitliceach Rómhánach é.

romance n ❶ (love affair) cumann m1 ▷ a holiday romance grá le linn saoire ❷ (glamour) draíocht f3 ▷ the romance of Paris draíocht Pháras ❸ (novel) scéal m1 grá

Romania n an Rómáin f2

Romanian adj Rómánach

romantic adj rómánsach

Rome n an Róimh f2

roof n díon m1

roof rack n raca m4 dín

room n ❶ seomra m4 ▷ the biggest room in the house an seomra is mó sa teach ▷ the music room an seomra ceoil ▷ She's in her room. Tá sí ina seomra. ▷ a single room seomra singil ▷ a double room seomra dúbailte ❷ (space) fairsinge f4 ▷ There's no room for that box. Níl aon fhairsinge don bhosca sin.

roommate n comrádaí m4 seomra

root n fréamh f2

root out vb cuir deireadh le ▷ They are determined to root out corruption. Tá siad ar a ndícheall ag iarraidh deireadh a chur le caimiléireacht.

rope n téad f2

rosary n paidrín m4; **to say the rosary** an paidrín a rá

Roscommon n Ros m Comáin

rose n rós m1
▶ vb see **rise**

rot vb lobh

rotten adj ❶ (decayed) lofa ▷ a rotten apple úll lofa ❷ (mean) suarach ▷ That's a rotten thing to do. Is suarach an mhaise sin a dhéanamh. ❸ (bad) droch-
▷ rotten weather drochaimsir; **to feel rotten** (ill) mothú go hainnis

rough adj garbh

roughly adv (approximately) timpeall

round adj cruinn ▷ a round table tábla cruinn
▶ n ❶ (of tournament) babhta m4 ❷ (of drinks, sandwiches) cur m1 ▷ He bought a round of drinks. Cheannaigh sé cur deochanna.
▶ prep, adv (around) thart ar ▷ We were sitting round the table. Bhí muid inár suí thart ar an tábla. ▷ She wore a scarf round her neck. Bhí scaif thart ar a muineál aici.; **It's just round the corner.** (very near) Tá sé in aice láimhe.; **round here** thart anseo ▷ Is there a

chemist's round here? An bhfuil siopa poitigéara thart anseo?; **round about** (roughly) thart faoi ▷ It costs round about £100. Cosnaíonn sé thart faoi £100.; **round about 8 o'clock** i dtrátha a hocht a chlog; **all round** mórthimpeall ▷ There were vineyards all round. Bhí fíonghoirt mórthimpeall.; **all year round** ó cheann ceann na bliana

round off vb cuir deireadh le

round up vb cruinnigh

roundabout n ① (at junction) timpeallán m1 ② (at fair) áilleagán m1 intreach

rounders n cluiche m4 corr

round trip n turas m1 fillte

route n ① (way) slí f4 ② (of bus) bealach m1

routine n (habits) gnáthamh m1

row n ① (line) líne f4 ② (of seats) sraith f2; **five times in a row** cúig huaire as a chéile ③ (noise) racán m1 ④ (quarrel) achrann m1 ▷ They've had a row. D'éirigh eatarthu.
▶ vb iomair

rowboat n (US) bád m1 rámhaíochta

rowing n rámhaíocht f3 ▷ My hobby is rowing. Is é rámhaíocht an caitheamh aimsire agam.

rowing boat n bád m1 rámhaíochta

royal adj ríoga ▷ the royal family an teaghlach ríoga

Royal Irish Academy n Acadamh m1 Ríoga na hÉireann

rub vb cuimil ▷ Don't rub your eyes!

Ná cuimil do shúile!

rub out vb scrios amach

rubber n ① (material) rubar m1 ② (eraser) scriosán m1 ▷ Can I borrow your rubber? An dtig liom do scriosán a fháil ar iasacht uait?

rubber band n banda m4 rubair

rubbish n ① (from household) bruscar m1 ▷ When do they collect the rubbish? Cá huair a bhailíonn siad an bruscar? ② (junk) truflais f2 ▷ They sell a lot of rubbish at the market. Díolann siad cuid mhaith truflaise ag an margadh. ③ (nonsense) seafóid f2 ▷ That's a load of rubbish! Sin seafóid ghlan!; **Don't talk rubbish!** Cuir uait an raiméis!
▶ adj gan mhaith ▷ They're a rubbish team! Is foireann gan mhaith iad.

rubbish bin n bosca m4 bruscair

rubbish dump n láithreán m1 bruscair

rucksack n mála m4 droma

rude adj ① (impolite) mímhúinte ▷ He was very rude to me. Bhí sé iontach mímhúinte liom. ▷ It's rude to interrupt. Tá sé mímhúinte briseadh isteach i gcomhrá. ▷ a rude word focal mímhúinte ② (coarse) graosta ▷ a rude joke jóc graosta

rug n ① ruga m4 ▷ a Persian rug ruga Peirseach ② (blanket) súsa m4 ▷ a tartan rug súsa breacáin

rugby n rugbaí m4 ▷ I play rugby. Imrím rugbaí.

ruin n fothrach m1 ▷ the ruins of the

a b c d e f g h i j k l m n o p q r s t u v w x y z

castle fothracha an chaisleáin; **in ruins** ina fhothrach
▶ *vb* ❶ mill ▷ *It ruined our holiday.* Mhill sé an tsaoire orainn.
❷ (*damage*) scrios ▷ *You'll ruin your shoes.* Scriosfaidh tú do bhróga. ▷ *That one mistake ruined the business.* Scrios an botún amháin sin an gnó.

rule *n* riail *f* ▷ *the rules of grammar* na rialacha gramadaí ▷ *It's against the rules.* Tá sé in éadan na rialacha.; **as a rule** de ghnáth

rule out *vb* cuir as an áireamh
▷ *I'm not ruling anything out.* Níl aon rud á chur as an áireamh agam.

ruler *n* rialóir *m3* ▷ *Can I borrow your ruler?* An féidir liom iasacht do rialóra a fháil?

rum *n* rum *m4*

rumour (*US* rumor) *n* ráfla *m4*
▷ *It's just a rumour.* Níl ann ach ráfla.

rump steak *n* stéig *f2* gheadáin

run *n* (*in cricket*) rúid *f2*; **to go for a run** dul amach ag rith ▷ *I go for a run every morning.* Téim amach ag rith gach maidin.; **on the run** ar do sheachaint ▷ *The criminals are still on the run.* Tá na coirpigh go fóill ar a seachaint.; **in the long run** sa deireadh thiar
▶ *vb* ❶ rith ▷ *I ran five kilometres.* Rith mé cúig chiliméadar.; **to run a marathon** maratón a rith
❷ (*manage*) reáchtáil ▷ *He runs a large company.* Tá comhlacht mór á reáchtáil aige. ❸ (*competition,*

course) eagraigh ▷ *They run music courses in the holidays.* Eagraíonn siad cúrsaí ceoil sna laethanta saoire.; **I'll run you to the station.** (*by car*) Tabharfaidh mé síob chun an stáisiúin duit.

run away *vb* bain as ▷ *They ran away before the police came.* Bhain siad as sular tháinig na péas.

run out *vb* **Time is running out.** Tá an t-am á chaitheamh.

run out of *vb* **She ran out of money.** Ní raibh airgead ar bith fágtha aici.

run over *vb* (*car*) leag ▷ *Be careful, or you'll get run over!* Bí cúramach, nó leagfar thú!

rung *vb see* **ring**

runner *n* reathaí *m4*

runner bean *n* pónaire *f4* reatha

runner-up *n* **The runner-up was ...** Sa dara háit, bhí ...

running *n* rith *m3* ▷ *Running is my favourite sport.* Is é an rith an spórt is fearr liom.

run-up *n* **in the run-up to** sa tréimhse riomh ▷ *in the run-up to Christmas* sa tréimhse roimh an Nollaig

runway *n* rúidbhealach *m1*

rural *adj* tuaithe

rush *n* deifir *f2*; **in a rush** faoi dheifir
▶ *vb* rud a dhéanamh faoi dheifir
▷ *He rushed his homework.* Rinne sé a obair bhaile faoi dheifir. ▷ *Everyone rushed outside.* Chuaigh gach duine amach de ruathar.; **There's no**

need to rush. Ní gá deifriú.

rush hour n broidtráth m3 ▷ in the
rush hour sa bhroidtráth

rusk n rosca m4

Russia n an Rúis f2 ▷ in Russia sa
Rúis ▷ to Russia chun na Rúise

Russian adj Rúiseach
▶ n ❶ (person) Rúiseach m1
❷ (language) Rúisis f2

rust n meirg f2

rusty adj meirgeach ▷ a rusty
bike rothar meirgeach ▷ My Irish
is very rusty. Tá mo chuid Gaeilge
an-mheirgeach.

ruthless adj neamhthrócaireach

rye n seagal m1; **rye bread** arán
seagail

S

Sabbath n sabóid f2

sack n (bag) mála m4; **to get the
sack** bata agus bóthar a fháil
▶ vb (dismiss) tabhair an bóthar
do ▷ He was sacked. Tugadh an
bóthar dó.

sacred adj beannaithe

sacrifice n íobairt f3

sad adj brónach; **to be sad** brón a
bheith ort

saddle n diallait f2

saddlebag n mála m4 diallaite

sadly adv ❶ go brónach
▷ 'She's gone,' he said sadly. 'Tá
sí imithe,' arsa sé go brónach.
❷ (unfortunately) ar an drochuair
▷ Sadly, it was too late. Ar an
drochuair, bhí sé rómhall.

safe adj sábháilte ▷ I don't feel
safe in that part of town. Ní

mhothaím sábháilte ar an taobh sin den bhaile.; **to be safe** bheith sábháilte ▷ *This car isn't safe.* Níl an carr seo sábháilte. ▷ *You're safe now.* Tá tú sábháilte anois.; **safe sex** gnéas sábháilte; **safe and sound** slán sábháilte
▶ *n* taisceadán *m1* ▷ *She put the money in the safe.* Chuir sí an t-airgead sa taisceadán.

safety *n* sábháilteacht *f3*

safety belt *n* crios *m3* sábhála

safety pin *n* biorán *m1* dúnta

Sagittarius *n* An Saighdeoir *m3* ▷ *I'm Sagittarius.* Is mise An Saighdeoir.

Sahara *n* **the Sahara Desert** an Sahára

said *vb see* **say**

sail *n* (*on boat*) seol *m1*; **to go for a sail** (*trip*) dul ag seoltóireacht
▶ *vb* seol; **The boat sails at eight o'clock.** Tá an bád ag cur chun farraige ar a hocht a chlog.

sailing *n* seoltóireacht ▷ *His hobby is sailing.* Is í an tseoltóireacht an caitheamh aimsire aige.; **to go sailing** dul ag seoltóireacht

sailing boat *n* bád *m3* seoil

sailing ship *n* long *f2* seoil

sailor *n* mairnéalach *m1* ▷ *He's a sailor.* Is mairnéalach é.

saint *n* naomh *m1*; **Saint Patrick** Naomh Pádraig

sake *n* **for the sake of** ar son

salad *n* sailéad *m1*

salad cream *n* uachtar *m1* sailéid

salad dressing *n* anlann *m1*

sailéid

salami *n* salami *m4*

salary *n* tuarastal *m1*

sale *n* ❶ díol *m3* ▷ *for sale* le díol ▷ *on sale* ar díol ❷ (*at reduced prices*) díolachán *m1* ▷ *There's a sale on at Harrods.* Tá díolachán ann in Harrods.

sales assistant *n* freastalaí *m4* siopa ▷ *She's a sales assistant.* Is freastalaí siopa í.

salesman *n* fear *m1* díolacháin ▷ *He's a salesman.* Is fear díolacháin é.

sales rep *n* fear *m1* díolacháin

saleswoman *n* bean *f* díolacháin ▷ *She's a saleswoman.* Is bean díolacháin í.

salmon *n* bradán *m1*

salon *n* **a beauty salon** sciamhlann

saloon car *n* salún *m1*

salt *n* salann *m1*

salty *adj* goirt

salute *vb* beannaigh do

Salvation Army *n* Arm *m1* an tSlánaithe

same *adj* céanna ▷ *the same man* a fear céanna ▷ *They live in the same house.* Tá cónaí orthu sa teach céanna.; **at the same time** san am céanna
▶ *pron* **the same** an rud céanna; **to do the same** an rud céanna a dhéanamh; **just the same** mar sin féin; **The same to you!** Gurab amhlaidh duitse!

sample *n* sampla *m4*

sand n gaineamh m1

sandal n cuarán m1 ▷ *a pair of sandals* péire cuarán

sand castle n caisleán m1 gainimh

sandwich n ceapaire m4 ▷ *a cheese sandwich* ceapaire cáise

sandwich course n cúrsaí m4 ceapairí

sang vb see **sing**

sanitary towel n tuáille m4 sláintíochta

sank vb see **sink**

Santa Claus n Daidí m4 na Nollag

sarcastic adj searbh

sardine n sairdín m4

Sardinia n an tSairdín f2

SARS n (= severe acute respiratory syndrome) SARS

sash n sais f2

sat vb see **sit**

satchel n mála m4 scoile

satellite n satailít f2; **satellite television** teilifís satailíte; **a satellite dish** mias satailíte

satisfactory adj sásúil

satisfied adj sásta

sat nav n loingseoireacht f3 satailíte

Saturday n An Satharn m1; **last Saturday** Dé Sathairn seo caite; **next Saturday** Dé Sathairn seo chugainn; **on Saturday** Dé Sathairn; **on Saturdays** ar an Satharn ▷ *He comes on Saturdays.* Tagann sé ar an Satharn.; **every Saturday** gach Satharn

sauce n anlann m1

saucepan n sáspan m1

saucer n fochupán m1

Saudi n ❶ (country) an Araib f2 Shádach ❷ (person) Arabach m1 Sádach
▶ adj Arabach Sádach

Saudi Arabia n an Araib f2 Shádach ▷ *in Saudi Arabia* san Araib Shádach

sauna n sauna m4

sausage n ispín m4; **a sausage roll** rollóg ispíní

save vb (person, file, money) sábháil ▷ *Luckily, all the passengers were saved.* Ar an dea-uair sábháladh na paisnéirí ar fad. ▷ *Don't forget to save your work regularly.* Ná déan dearmad do chuid oibre a shábháil go minic. ▷ *I've saved £50 already.* Shábháil mé £50 cheana féin.; **to save time** am a shábháil ▷ *We took a taxi to save time.* Chuamar i dtacsaí le ham a shábháil.

save up vb coigil ▷ *I'm saving up for a new bike.* Tá mé ag coigilt airgid le haghaidh rothair nua.

savings npl coigilteas m1 ▷ *She spent all her savings on a computer.* Chaith sí a cuid coigiltis ar fad ar ríomhaire.

saviour (US **savior**) n slánaitheoir m3

savoury (US **savory**) adj (not sweet) spíosrach ▷ *Is it sweet or savoury?* An bhfuil sé milis nó spíosrach?

saw n sábh m1
▶ vb see **see**

a b c d e f g h i j k l m n o p q r s t u v w x y z

sax n sacsafón m1 ▷ I play the sax. Seinnim ar an sacsafón.

saxophone n sacsafón m1 ▷ I play the saxophone. Seinnim ar an sacsafón.

say vb abair ▷ What did he say? Cad é a dúirt sé? ▷ Did you hear what she said? Ar chuala tú cad é a dúirt sí? ▷ Could you say that again? Abair sin arís?; **You can say that again.** Abairse sin.; **It goes without saying that ...** Ní gá a rá go ...

saying n nath m3 cainte ▷ It's just a saying. Níl ann ach nath cainte.

scale n ❶ scála m4 ▷ a disaster on a massive scale tubaiste ar mhórscála ▷ a large-scale map léarscáil mhórscála ❷ (of fish) gainne m4

scales npl scálaí mpl4; **bathroom scales** scálaí tomhais

scampi npl scampi mpl

scandal n ❶ scannal m1 ▷ It caused a scandal. Thóg sé scannal. ❷ (gossip) béadán m1 ▷ It's just scandal. Níl ann ach béadán.

Scandinavia n Críoch f2 Lochlann ▷ in Scandinavia i gCríoch Lochlann

Scandinavian adj Lochlannach ▶ n Lochlannach m1

scanner n (computing) scanóir m3

scar n colm m1

scarce adj gann ▷ Employment's scarce these days. Tá fostaíocht gann ar na saolta seo.; **Make yourself scarce!** Gread leat!

scarcely adv **I scarcely knew him.** Is ar éigean a bhí aithne agam air.

scare n scanradh m1; **a bomb scare** scanradh buama ▶ vb scanraigh ▷ He scares me. Scanraíonn sé mé.; **to scare somebody** duine a scanrú

scarecrow n babhdán m1

scared adj **to be scared** eagla a bheith ort ▷ I was scared stiff. Bhí eagla an domhain orm.; **to be scared of** eagla a bheith ort roimh ▷ Are you scared of him? An bhfuil eagla ort roimhe?

scarf n scaif f2

scarlet adj scarlóideach

scary adj scanrúil ▷ It was really scary. Bhí sé iontach scanrúil.

scene n ❶ (of crime, accident) láthair f ▷ The police were soon on the scene. Bhí na póilíní ar an láthair go gasta. ▷ the scene of the crime láthair na coire ❷ (event, sight, in play) radharc m1 ▷ It was an amazing scene. Radharc iontach a bhí ann.

scenery n ❶ (landscape) radharc m1 tíre ❷ (in theatre) radharcra m4

scent n (perfume) cumhrán m1

schedule n ❶ sceideal m1 ▷ a busy schedule sceideal gnóthach ❷ (bus, train) clár m1 ama; **on schedule** de réir an sceidil; **behind schedule (1)** (train) mall **(2)** (with work) ar gcúl

scheduled flight n eitilt f2 sceidealta

scheme n scéim f2 ▷ a council road-widening scheme scéim leathnaithe bóthair de chuid na comhairle

scholarship n scoláireacht f3

school n ❶ scoil f2 ❷ (secondary

school) meánscoil f2 ❸ (US: university) ollscoil f2; **to go to school** dul ar scoil

schoolbag n mála m4 scoile

schoolbook n leabhar m1 scoile

schoolboy n gasúr m1 scoile

schoolchildren npl páistí mpl4 scoile

schoolgirl n cailín m4 scoile

school uniform n culaith f2 scoile

science n eolaíocht f3

science fiction n ficsean m1 eolaíochta

scientific adj eolaíoch

scientist n eolaí m4 ▷ He was trained as a scientist. Cuireadh oiliúint eolaí air.

scissors npl siosúr m1 ▷ a pair of scissors péire siosúr

scoff vb (eat) alp ▷ My brother scoffed all the sandwiches. D'alp mo dhearthair na ceapairí ar fad.

scone n bonnóg f2

scooter n scútar m1

score n scór m1 ▷ The score was three nil. Bhí an scór a trí a náid.
▶ vb scóráil ▷ He scored the winning goal. Eisean a scóráil an cúl a bhuaigh an cluiche dóibh.; **I scored 6 out of 10 for the test.** Fuair mé a sé as a deich sa scrúdú.

scoreboard n clár m1 scóir

Scorpio n An Scairp f2 ▷ I'm Scorpio. Is mise An Scairp.

Scot n Albanach m1

Scotch n (whisky) uisce m4 beatha na hAlban

Scotch tape® n (US) seilitéip f2

Scotland n Albain f ▷ in Scotland in Albain ▷ to Scotland go hAlbain ▷ I'm from Scotland. Is as Albain dom.

Scots adj Albanach ▷ a Scots accent blas Albanach

Scotsman n Albanach m1

Scotswoman n Albanach m1 mná

Scottish adj Albanach ▷ a Scottish accent blas Albanach

scout n gasóg f2 ▷ I'm in the Scouts. Tá mé sa gasóga.

scrambled eggs npl uibheacha fpl2 scrofa

scrap n ❶ blúire m4 ▷ a scrap of paper blúire páipéir ❷ (fight) racán m1; **scrap iron** seaniarann
▶ vb (plan) caith i leataobh ▷ The idea was scrapped. Caitheadh an smaoineamh i leataobh.

scrapbook n leabhar m1 gearrthán

scratch n scríob f2; **to start from scratch** tosú as an nua
▶ vb tochais ▷ Stop scratching! Stad den tochas!

scratch card n scríobchárta m4

scream n scread f3
▶ vb lig scread

screen n (of TV, computer) scáileán m1

screen-saver n spárálaí m4 scáileáin

screw n scriú m4

screwdriver n scriúire m4

scribble vb déan scriobláil

script n (of film, play) script f2

scroll down vb (computing) scrollaigh síos

scroll up vb (computing) scrollaigh suas

scrub vb sciúr ▷ She scrubbed the kitchen floor. Sciúr sí urlár na cistine.

sculpture n dealbhóireacht f3

sea n farraige f4; **by sea** (travel) bealach na farraige

seafood n bia m4 farraige ▷ I don't like seafood. Ní maith liom bia farraige.

seagull n faoileán m1

seal n ① (animal) rón m1 ② (stamp) séala m4
▶ vb ① (envelope) séalaigh ② (with seal) cuir séala ar

seaman n mairnéalach m1

search n cuardach m1
▶ vb cuardaigh ▷ They searched the woods for her. Chuardaigh siad na coillte ar a lorg.; **to search for something** dul ar lorg rud éigin ▷ He searched for evidence. Chuaigh sé ar lorg fianaise.

search engine n inneall m1 cuardaigh

search party n buíon f2 tarrthála

seashore n cladach m1 ▷ on the seashore ar an gcladach

seasick adj I'm seasick. Tá tinneas farraige orm.

seaside n cois f2 farraige ▷ at the seaside cois farraige

season n séasúr m1 ▷ What's your favourite season? Cad é an séasúr is fearr leat?; **out of season** as

séasúr ▷ It's cheaper to go there out of season. Bíonn sé níos saoire dul ann as séasúr.; **a season ticket** ticéad séasúir

seat n suíochán m1

seat belt n crios m3 sábhála

sea water n sáile m4

seaweed n feamainn f2

second adj dara ▷ on the second page ar an dara leathanach; **the second of January** an dara lá d'Eanáir
▶ adv **She came second.** (in race) Tháinig sí sa dara háit.
▶ n soicind f2 ▷ It'll only take a second. Ní ghlacfaidh sé ach soicind.

secondary school n meánscoil f2

second-class adj den dara grád
▶ adv (travel) den dara haicme; **I sent it second class.** Chuir mé leis an dara grád í.

secondhand adj athláimhe ▷ a secondhand car carr athláimhe

secondly adv sa dara cás; **firstly ... secondly ...** sa chéad chás ... sa dara cás ... ▷ Firstly, it's too expensive. Secondly, it wouldn't work anyway. Sa chéad chás, tá sé ródhaor. Sa dara cás, ní oibreodh sé cibé.

secret adj rúnda ▷ a secret mission misean rúnda
▶ n rún m1 ▷ It's a secret. Is rún é. ▷ Can you keep a secret? An féidir leat rún a choinneáil?; **in secret** faoi rún

secretary n rúnaí m4 ▷ *She's a secretary.* Is rúnaí í.; **Secretary of State** Rúnaí Stáit

secretly n rúnda

sectarian adj seicteach

section n ❶ (*department*) rannóg f2 ❷ (*of book*) mír f2

security n ❶ slándáil f3 ▷ *a campaign to improve airport security* feachtas le slándáil ag aerphoirt a fheabhsú ❷ (*safety*) sábháilteacht f3 ▷ *a feeling of security* mothúchán sábháilteachta; **job security** sábháilteacht fostaíochta

security guard n garda m4 slándála

sedan n (US) salún m1

see vb feic ▷ *I can't see.* Ní féidir liom feiceáil. ▷ *I saw him yesterday.* Chonaic mé inné é. ▷ *Have you seen him?* An bhfaca tú é?; **See you!** Slán go fóill!; **See you soon!** Slán go fóill!; **to see to something** rud a fheiceáil ▷ *Can you see that man?* An féidir leat an fear sin a fheiceáil?

seed n síol m1 ▷ *sunflower seeds* síolta lus na gréine

seek vb lorg ▷ *You need to seek help.* Ba chóir duit cabhair a lorg.

seem vb **He seems big.** Tá cuma mhór air.; **The shop seemed to be closed.** Bhí cuma ar an siopa go raibh sé dúnta.; **It seems to me that ...** Feictear dom go ...; **There seems to be a problem.** Is cosúil go bhfuil fadhb ann.

seen vb see **see**

seesaw n crandaí m4 bogadaí

see-through adj trédhearcach

seize vb gabh

seldom adv annamh

select vb roghnaigh

selection n rogha f4

self-assured adj féinmhuiníneach ▷ *He's very self-assured.* Tá sé iontach féinmhuiníneach.

self-catering adj **a self-catering apartment** árasán féinfhreastail

self-centred (US **self-centered**) adj leithleach

self-confidence n féinmhuinín f2 ▷ *He hasn't got much self-confidence.* Níl mórán féinmhuiníne aige.

self-conscious adj cúthaileach; **to be self-conscious** bheith cúthail ▷ *She was really self-conscious at first.* Bhí sí iontach cúthail ar dtús.; **a self-conscious person** náireachán

self-contained adj (*flat*) glanscartha

self-control n féinsmacht m3

self-defence (US **self-defense**) n féinchosaint f3 ▷ *self-defence classes* ranganna féinchosanta; **in self-defence** á chosaint féin ▷ *She killed him in self-defence.* Mharaigh sí é nuair a bhí sí á cosaint féin.

self-discipline n féinsmacht m3

self-employed adj féinfhostaithe ▷ *He's self-employed.* Tá sé féinfhostaithe.

selfish adj leithleach ▷ *Don't be so selfish.* Ná bí chomh leithleach sin.

self-respect n féinmheas m3

self-service adj féinseirbhís f2 ▷ a self-service shop siopa féinseirbhíse
sell vb díol ▷ He sold it to me. Dhíol sé liom é.
sell off vb díol i saorchonradh
sell out vb The tickets are all sold out. Tá deireadh na dticéad díolta.
sell-by date n spriocdháta m4 díola
selling price n praghas m1 díola
Sellotape® n seilitéip f2
semi n We live in a semi. Tá cónaí orainn i dteach leathscoite.
semicircle n leathchiorcal m1
semicolon n leathstad m4
semi-detached house n teach m leathscoite ▷ We live in a semi-detached house. Tá cónaí orainn i dteach leathscoite.
semi-final n cluiche m4 leathcheannais
semi-skimmed milk n bainne m4 leathbhearrtha
send vb cuir ▷ She sent me a birthday card. Chuir sí cárta lá breithe chugam.
send away for vb ordaigh tríd an bpost
send back vb cuir ar ais
send off vb ❶ (goods, letter) cuir chun siúil; to send off for something cuir chun siúil faoi choinne ruda ▷ I've sent off for a brochure. Chuir mé chun siúil faoi bróisiúir. ▷ She sent off for a book. Chuir mé chun siúil faoi choinne leabhair. ❷ (in sports match) cuir den pháirc ▷ He was sent off.

Cuireadh den pháirc é.
send out vb (invitation, person) cuir amach; to send out for cuir amach faoi choinne ▷ Shall we send out for a pizza? An gcuirfimid amach faoi choinne píotsa?
sender n seoltóir m3
senior adj sinsearach ▷ senior management bainistíocht shinsearach ▷ senior school scoil shinsearach ▷ senior pupils daltaí sinsearacha
senior citizen n pinsinéir m3
sensational adj (marvellous) an-éachtach go deo
sense n ❶ (meaning, wisdom) ciall f2 ▷ Have some sense! Bíodh ciall agat!; to make sense ciall a bheith le ▷ It doesn't make sense. Níl ciall ar bith leis. ❷ (feeling) céadfa m4; the five senses na cúig chéadfaí; sixth sense an séú céadfa; sense of humour féith an ghrinn ▷ He's got no sense of humour Níl féith an ghrinn ann.
senseless adj ❶ gan chiall ❷ (unconscious) gan mheabhair
sensible adj ciallmhar ▷ Be sensible! Bí ciallmhar!
sensitive adj ❶ goilliúnach ▷ She's very sensitive. Tá sí iontach goilliúnach. ❷ (touchy) tógálach ❸ (susceptible) mothálach
sensuous adj collaí
sent vb see send
sentence n ❶ abairt f2 ▷ What does this sentence mean? Cad é an chiall atá leis an abairt seo?

❷ pionós *m1* ▷ *the death sentence* pionós an bháis ▷ *a life sentence* pionós saoil

▶ *vb* **to sentence somebody to 5 years in prison** príosún cúig bliana a ghearradh ar dhuine; **to sentence somebody to death** duine a dhaoradh chun báis

sentimental *adj* maoithneach

separate *adj* ❶ scartha ▷ *I wrote it on a separate sheet.* Scríobh mé ar leathanach scartha é. ❷ *(room)* ar leith ▷ *The children have separate rooms.* Tá seomraí ar leith ag na páistí.; **on separate occasions** ar ócáidí éagsúla

▶ *vb* ❶ *(part)* scar; **My parents are separated.** Tá mo thuismitheoirí scartha. ❷ *(make a distinction between)* dealaigh idir

separately *adv* ❶ *(people)* ina nduine agus ina nduine ❷ *(things)* ceann i ndiaidh an chinn eile

separation *n* scaradh *m*

September *n* Meán *m* Fómhair; **in September** i mí Mheán Fómhair

sequel *n* *(book, film)* clár *m1* leantach

sequence *n* *(order)* ord *m1*; **a sequence of events** seicheamh imeachtaí

Serb *adj* Seirbiach

▶ *n* Seirbiach *m1*

Serbia *n* an tSeirbia *f4*

Serbian *adj* Seirbiach

▶ *n* Seirbiach *m1*

sergeant *n* sáirsint *m4*

serial *n* sraithchlár *m1*

series *n* sraith *f2* ▷ *a TV series* sraith teilifíse

serious *adj* ❶ dáiríre ▷ *You look very serious.* Tá cuma iontach dáiríre ort. ▷ *Are you serious?* An bhfuil tú i ndáiríre? ❷ *(matter)* tromchúiseach ❸ *(injury)* trom; **Be serious!** Stad den amaidí!

seriously *adv* ❶ i ndáiríre ▷ *But seriously ...* Ach i ndáiríre ... ▷ *Seriously?* I ndáiríre?; **to take somebody seriously** duine a ghlacadh go dáiríre ❷ *(hurt)* go dona ▷ *She was seriously injured in the crash.* Gortaíodh go dona sa taisme í.

sermon *n* seanmóir *f3*

servant *n* seirbhíseach *m1*

serve *vb* ❶ *(customer)* freastail ar ❷ *(food)* riar ▷ *Dinner is served.* Dinnéar réidh. ❸ *(in tennis)* freastal ▷ *It's Murray's turn to serve.* Murray le freastal. ❹ *(apprenticeship, prison term)* cuir isteach; **to serve time** do théarma a chur isteach; **It serves him right.** Tá sé tuillte aige.

▶ *n* *(tennis)* freastal *m1* ▷ *It's your serve.* Is leatsa freastal.

server *n* *(computing)* freastalaí *m4*

service *n* ❶ seirbhís *f2* ▷ *Service is included.* Tá seirbhís san áireamh. ❷ *(church)* seirbhís eaglasta; **the Fire Service** an tSeirbhís Dóiteáin; **the armed services** na Fórsaí Cosanta

service area *n* limistéar *m1* seirbhíse

service charge n táille f4
sheirbhíse ▷ *There's no service
charge.* Níl táille sheirbhíse ann.
serviceman n ❶ (*in the army*)
saighdiúir m3 ❷ (*in the navy*)
saighdiúir m3 cabhlaigh
service station n stáisiún m1
peitril
serviette n naipcín m4
session n seisiún m1
set n ❶ foireann f2 ▷ *a chess
set* foireann fichille ▷ *a drum
set* foireann drumaí ▷ *a set of
Christmas lights* foirne soilse Nollag
❷ (*television set*) teilifíseán m1
❸ (*tennis*) sraith f2
▶ vb ❶ socraigh ▷ *The world
record was set last year.* Socraíodh
curiarracht an domhain anuraidh.
▷ *I set the alarm for 7 o'clock.*
Shocraigh mé an t-aláram faoi
choinne 7 a chlog. ❷ (*exam*) déan
amach ❸ (*sun*) luigh ▷ *The sun was
setting.* Bhí an ghrian ag dul a luí.;
to set sail cur chun farraige; **to
set the table** an bord a leagan
set off vb cuir chun bóthair ▷ *We
set off for London at 9 o'clock.* Chuir
muid chun bóthair go Londain ar
a 9 a chlog.
set out vb cuir chun bóthair ▷ *We
set out for London at 9 o'clock.* Chuir
muid chun bóthair go Londain ar
a 9 a chlog.
settee n tolg m1
settle vb ❶ socraigh ▷ *I settled the
account.* Shocraigh mé an cuntas.
▷ *The cat settled itself by the fire.*
Shocraigh an cat é féin cois na tine.
❷ (*argument*) réitigh ❸ (*problem*)
fuascail; **to settle on something**
cinneadh ar rud
settle down vb (*calm down*)
socraigh síos ▷ *Settle down!*
Socraigh síos!
settle in vb socraigh isteach
seven num ❶ a seacht
　　　a seacht is used for telling the
　　　time and for counting.
▷ *at seven o'clock* ar a seacht a chlog
▷ *Three plus seven is ten.* A trí móide
a seacht sin a deich. ❷ seacht
　　　seacht is used to give the
　　　number of objects and is
　　　usually followed by a singular
　　　noun.
▷ *seven bottles* seacht mbuidéal
　　　Some words, **bliain**, **uair**,
　　　seachtain, **pingin**, have a
　　　special plural for use with
　　　numbers.
▷ *seven years* seacht mbliana;
She's seven. Tá sí seacht mbliana
d'aois.
　　　To translate 'seven people', use
　　　the form **seachtar**.
▷ *seven people* seachtar ▷ *seven
women* seachtar ban
seventeen num seacht … déag
　　　seacht is usually followed by a
　　　singular noun.
▷ *seventeen bottles* seacht mbuidéal
déag ▷ *seventeen people* seacht
nduine dhéag; **He's seventeen.** Tá
sé seacht mbliana déag d'aois.
seventeenth adj seachtú … déag

▷ *her seventeenth birthday* a seachtú breithlá déag ▷ *the seventeenth floor* an seachtú hurlár déag; **the seventeenth of August** an seachtú lá déag de Lúnasa

eventh *adj* seachtú ▷ *the seventh floor* an seachtú hurlár; **the seventh of August** an seachtú de Lúnasa

eventy *num* seachtó

▌ **seachtó** is followed by a singular noun.

▷ *seventy people* seachtó duine; **He's seventy.** Tá sé seachtó bliain d'aois.

everal *adj, pron* roinnt ▷ *several schools* roinnt scoileanna; **several of us** cuid againn

ew *vb* fuaigh

ew up *vb* (*tear*) fuaigh

ewing *n* fuáil *f3* ▷ *I like sewing.* Is maith liom bheith ag fuáil.

ewing machine *n* inneall *m1* fuála

ewn *vb see* **sew**

ex *n* gnéas *m1*; **sex education** oideachas gnéis; **to have sex with somebody** luí le duine

exism *n* gnéasachas *m1*

exist *adj* gnéaschlaonta

exual *adj* gnéasach ▷ *sexual harassment* ciapadh gnéasach; **sexual discrimination** leithcheal ar bhonn gnéis

exy *adj* gnéasúil

habby *adj* giobach

hade *n* ❶ scáth *m3*; **in the shade** faoin scáth ▷ *It was 35 degrees in the* shade. Bhí sé 35 céim faoin scáth. ❷ (*colour*) dath *m3* ▷ *a lovely shade of blue* dath álainn ghoirm

shadow *n* scáth *m3*

shake *vb* croith ▷ *She shook the rug.* Chroith sí an ruga.; **to shake one's head** do cheann a chroitheadh; **to shake hands with somebody** lámh a chroitheadh le duine ▷ *They shook hands.* Chroith siad lámha le chéile.

shaken *adj* croite ▷ *I like my drink to be shaken.* Is maith liom mo dheoch a bheith croite.

shaky *adj* (*hand, voice*) creathach

shall *vb* **I shall go.** Rachaidh mé.; **Shall I open the door?** An osclóidh mé an doras?

shallow *adj* (*water*) tanaí; **a shallow person** duine éadomhain

shambles *n* (*mess*) praiseach *f2* ▷ *It's a complete shambles.* Is praiseach cheart é.

shame *n* náire *f4* ▷ *What a shame!* Is mór an náire é!; **It's a shame that ...** Is mór an trua go ... ▷ *It's a shame he isn't here.* Is mór an trua nach bhfuil sé anseo.

shampoo *n* seampú *m4* ▷ *a bottle of shampoo* buidéal seampú

shamrock *n* seamróg *f2*

shandy *n* seandaí *m4*

Shannon *n* (*river*) an tSionainn *f2*

shape *n* cruth *m3*

share *n* ❶ cion *m4* ▷ *Everybody pays their share.* Íocann gach duine a chion féin. ❷ (*in company*) scair *f2* ▷ *They've got shares in the company.*

Tá scaireanna acu sa chuideachta.
▶ vb roinn ▷ I share a room with my
sister. Tá mé ag roinnt seomra le
mo dheirfiúr.
share out vb roinn ▷ They shared
the sweets out among the children.
Roinn siad na milseáin ar na páistí.
shark n siorc m3
sharp adj ❶ (razor, knife, point)
géar ❷ (person) géarchúiseach
▷ She's very sharp. Tá sí iontach
géarchúiseach.; **at two o'clock
sharp** ar bhuille a dó
shave vb bearr; **to shave one's
legs** do chosa a bhearradh
shaver n (electric razor) rásúr m1
leictreach
shaving cream n ungadh m
bearrtha
shaving foam n cúr m1 bearrtha
she pron ❶ (as subject) sí ▷ She came
in. Tháinig sí isteach. ❷ (with
copula, in passive) í ▷ She was injured.
Gortaíodh í. ▷ She's a doctor. Is
dochtúir í.
shed n bothán m1
she'd = she had; she would
sheep n caora f
sheepdog n madra m4 caorach
sheer adj (utter) amach agus
amach ▷ It's sheer greed. Saint atá
ann amach is amach.
sheet n ❶ (on bed) braillín f2 ❷ (of
paper) leathanach m1 ❸ (of glass,
metal) leathán m1 ❹ (of ice) leac f2
shelf n seilf f2
shell n ❶ (on beach) sliogán m1
❷ (of egg, nut, crab) blaosc f2

❸ (explosive) pléascán m1
she'll = she will; she shall
shellfish n (as food) bia m4 sliogán
shelter n ❶ dídean f2; **to take
shelter** dul ar foscadh ❷ (building)
scáthlán m1 ▷ a bus shelter scáthlán
bus
shelves npl see **shelf**
shepherd n aoire m4
sheriff n sirriam m4
sherry n seiris f2
she's = she is; she has
Shetland n Sealtainn f4
shield n sciath f2
shift n (work period) seal m3 ▷ His
shift starts at 8 o'clock. Tosóidh a
sheal ar a 8 a chlog. ▷ the night shift
seal na hoíche
▶ vb bog ▷ I couldn't shift the
wardrobe on my own. Ní thiocfadh
liom an vardrús a bhogadh
i m'aonar.; **Shift yourself!**
(informal) Brostaigh!
shift work n obair f2 shealaíochta
shifty adj ❶ cleasach ▷ He looked
shifty. Bhí cuma chleasach air.
❷ (eyes) corrach
shin n lorga f4
shine vb ❶ (light) lonraigh ❷ (sun)
soilsigh ▷ The sun was shining. Bhí
an ghrian ag soilsiú.
shiny adj ❶ (bright) lonrach
❷ (shoes) snasta
ship n long f2
shipbuilding n tógáil f3 long
shipment n lastas m1
shipwreck n ❶ (ship) long f2
bhriste ❷ (event) longbhriseadh m

shipwrecked adj to be
shipwrecked bheith longbhriste

shipyard n longchlós m1

shirt n léine f4

shiver vb bheith ar crith

shock n geit f2; **to get a shock**
(electric) turraing a fháil; **an
electric shock** turraing leictreach
▶ vb ❶ (upset, offend) tabhair
scannal do ▷ They were shocked
by the tragedy. Thug an tragóid
scannal dóibh. ▷ He'll be shocked
if you say that. Tabharfar scannal
dó má deir tú é sin. ❷ bain
croitheadh as ▷ I was shocked when
I saw it. Baineadh croitheadh asam
nuair a chonaic mé é.; **to shock
someone** (surprise) geit a bhaint
as duine

shocking adj uafásach ▷ It's
shocking! Tá sé uafásach! ▷ a
shocking waste cur amú uafásach

shoe n bróg f2

shoelace n iall f2 bróige

shoe polish n snasán m1 bróg

shoe shop n siopa m4 bróg

shone vb see **shine**

shook vb see **shake**

shoot vb ❶ scaoil ▷ He was shot
by a sniper. Scaoil snípéir é. ▷ He
was shot at dawn. Scaoileadh le
breacadh an lae é. ▷ Don't shoot!
Ná scaoil!; **to shoot at somebody**
scaoileadh le duine; **to shoot
an arrow** saighead a scaoileadh
❷ (film) déan ▷ The film was shot
in Prague. Rinneadh an scannán
i bPrág.

shooting n ❶ lámhach m1
▷ They heard shooting. Chuala siad
lámhach. ❷ foghlaeireacht f3 ▷ My
Dad goes shooting sometimes. Téann
Daid ag foghlaeireacht ó am go
chéile.; **a shooting** lámhach ▷ a
random shooting lámhach fánach

shop n ❶ siopa m4 ▷ a sports
shop siopa spóirt ❷ (workshop)
ceardlann f2

shop assistant n freastalaí m4
siopa ▷ She's a shop assistant. Is
freastalaí siopa í.

shopkeeper n siopadóir m3 ▷ He's
a shopkeeper. Is siopadóir é.

shoplifting n gadaíocht f3 siopa

shopping n siopadóireacht f3 ▷ I
love shopping. Is breá liom a bheith
ag siopadóireacht. ▷ Can you get
the shopping from the car? An féidir
leat an tsiopaóireacht a fháil ón
gcarr?; **to go shopping** dul ag
siopadóireacht

shopping bag n mála m4
siopadóireachta

shopping centre (US
shopping center) n ionad m1
siopadóireachta

shop window n fuinneog f2 siopa

shore n ❶ (of sea) cladach m1 ❷ (of
lake) bruach m1; **on shore** ar tír

short adj ❶ gairid ▷ a short skirt
sciorta gairid ▷ short hair gruaig
ghairid; **too short** róghairid ▷ It
was a great holiday, but too short.
Saoire iontach a bhí ann, ach í
róghairid. ❷ (person) beag ▷ She's
quite short. Tá sí beag go leor.; **to**

a b c d e f g h i j k l m n o p q r s t u v w x y z

be short of something bheith gann i rud ▷ *I'm short of money.* Tá mé gann in airgead.; **in short** i mbeagán focal ▷ *In short, I won't go.* I mbeagán focal, ní rachaidh mé.; **at short notice** faoi ghearrfhógra

shortage n ganntanas m1 ▷ *a water shortage* ganntanas uisce

shortbread n arán m1 briosc

shortcut n aicearra m4; **to take a shortcut** aicearra a ghearradh

shorthand n gearrscríobh m

shortly adv gan mhoill

shorts npl bríste m4 gairid

short-sighted adj gearr-radharcach

short story n gearrscéal m1

shot n ❶ urchar m1 ▷ *He's a good shot.* Tá urchar maith aige. ❷ (try) iarraidh f ❸ (injection) instealladh m ❹ pictiúr m1 ▷ *a shot of Dublin Castle* pictiúr de Chaisleán Bhaile Átha Cliath; **like a shot** mar a bheadh splanc ann
▶ vb see **shoot**

shotgun n gunna m4 gráin

should vb **I should go now.** Ba cheart dom imeacht anois.; **He should be there now.** Ba cheart dó bheith ann faoi seo.; **I should have told you before.** Ba cheart dom insint duit roimhe.; **I should go if I were you.** Dá mba mise thusa, rachainn.; **I should be so lucky!** Go raibh an t-ádh orm!

shoulder n gualainn f2

shoulder bag n mála m4 gualainne

shouldn't = should not

shout n scairt f2
▶ vb scairt ▷ *Don't shout!* Ná bí ag scairteadh! ▷ *'Go away!' he shouted.* 'Imigh leat!' a scairt sé.

shovel n sluasaid f2

show n ❶ (performance, programme) seó m4 ❷ (exhibition) taispeántas m1
▶ vb ❶ taispeáin ▷ *She showed great courage.* Thaispeáin sí misneach mhór. ❷ (uncover) nocht; **to show somebody something** rud a thaispeáint do dhuine éigin ▷ *Have I shown you my new trainers?* Ar thaispeáin mé mo bhróga reatha nua duit?; **It shows.** Is léir é sin. ▷ *I've never been riding before.* — *It shows.* Ní raibh mé riamh ag marcaíocht. — Is léir é sin.

show off vb cuir gothaí ort féin

show up vb (turn up) tar ar bráid ▷ *He showed up late as usual.* Tháinig sé ar bráid go mall, mar is gnách.

shower n ❶ (rain) cith m3 ❷ (in bathroom) cithfholcadán m1 ❸ cithfholcadh m ▷ *I'm going to have a shower.* Beidh cithfholcadh agam.

shower gel n glóthach f chithfholctha

showerproof adj cithdhíonach

showing n (of film) taispeáint f3

shown vb see **show**

show-off n (person) siollaire m4

showroom n seomra m4 taispeántais

shrank vb see **shrink**

shredder n (for documents) stiallaire m4 cáipéisí

shriek vb scréach

shrimps npl ribí m4 róibéis

shrink vb (clothes, fabric) crap

Shrove Tuesday n Máirt f4 Inide

shrug vb to shrug one's shoulders do ghuaillí a chroitheadh

shrunk vb see **shrink**

shudder vb She shuddered. Chuaigh creathán tríthi.

shuffle vb (cards) boscáil

shut vb druid ▷ What time do you shut? Cén t-am a dhruideann sibh? ▷ What time do the shops shut? Cén t-am a dhruidtear na siopaí?

shut down vb druid ▷ The cinema shut down last year. Druideadh an phictiúrlann anuraidh.

shut up vb Shut up! Dún do chlab!

shutter n comhla f4

shuttle n (bus service) seirbhís f2 tointeála

shuttlecock n (badminton) eiteán m1

shy adj faiteach

Sicily n an tSicil f2 ▷ In Sicily sa tSicil ▷ to Sicily go dtí an tSicil

sick adj (ill) tinn ▷ I'm sick. Tá tinneas orm. ▷ He was sick for four days. Bhí tinneas air ar feadh ceithre lá.; **I feel sick.** Tá masmas orm.; **to be sick of something** bheith tinn tuirseach de rud ▷ I'm sick of your jokes. Tá mé tinn tuirseach de do chuid scigscéalta.

sickening adj masmasach

sick leave n saoire f4 bhreoiteachta

sickness n ❶ (illness) tinneas m1 ❷ (vomiting) orla m4

sick note n (from parents) nóta m4 breoiteachta

sick pay n pá m4 breoiteachta

side n ❶ taobh m1 ▷ He was driving on the wrong side of the road. Bhí sé ag tiomáint ar an taobh contráilte den bhóthar. ❷ (of lake) bruach m1 ▷ by the side of the lake ar bhruach an locha ❸ (team) foireann f2; **He's on my side. (1)** (on my team) Tá sé ar an bhfoireann chéanna liom. **(2)** (supporting me) Tá sé ar mo thaobh.; **side by side** taobh le taobh; **from side to side** anonn agus anall; **She always takes his side.** Taobhaíonn sí leis-sean i gcónaí.

sideboard n cornchlár m1

side-effect n seachthoradh m1

side street n taobhshráid f2

sidewalk n (US) cosán m1

sideways adv i leataobh

sieve n criathar m1

sigh n osna f4
▶ vb lig osna

sight n ❶ (faculty) radharc m1 ▷ She has poor sight. Tá an radharc go dona aici. ❷ (spectacle) amharc m1 súl ▷ It was an amazing sight. Ba é an t-amharc súl é.; **to know somebody by sight** aithne súl a bheith agat ar dhuine; **in sight** ar amharc; **out of sight** as amharc; **the sights** (tourist spots) radhairc le haghaidh turasóirí ▷ *I went to London to see the sights.* Chuaigh mé go Londain leis na radhairc le haghaidh turasóirí a fheiceáil.

sightseeing n fámaireacht f3; **to go sightseeing** dul ag fámaireacht

sign n ❶ (*gesture, indication*) comhartha m4 ▷ *There's no sign of improvement.* Níl comhartha ar bith feabhais ann.; **a road sign** comhartha bóthair ❷ (*notice*) fógra m4 ▷ *There was a big sign saying 'private'.* Bhí fógra mór agus 'príobháideach' air. ❸ (*omen*) tuar m1 ❹ (*of the cross*) fíor f; **There's no sign of him.** Níl iomrá ar bith air.
▶ vb (*document*) sínigh

sign on vb ❶ (*as unemployed*) saighneáil ❷ (*for course*) cláraigh

signal n comhartha m4
▶ vb **to signal somebody** comhartha a dhéanamh le duine

signalman n fear m1 comharthaíochta

signature n síniú m

significance n ❶ (*meaning*) ciall f2 ❷ (*importance*) tábhacht f3

significant adj (*important*) tábhachtach

sign language n teanga f4 chomharthaíochta

signpost n cuaille m4 eolais

silence n ciúnas m1

silencer n (*on gun, car*) tostóir m3

silent adj ciúin; **to remain silent** fanacht i do thost

silicon chip n slis f2 sileacain

silk n síoda m4
▶ adj síoda ▷ *a silk scarf* scaif síoda

silky adj síodúil

silly adj amaideach; **a silly person** prioll; **silly talk** breallaireacht

silver n airgead m1
▶ adj airgid ▷ *a silver medal* bonn airgid

SIM card n cárta m4 SIM

similar adj **similar to** cosúil le

simple adj simplí ▷ *It's very simple.* Tá sé iontach simplí.; **He's a bit simple.** Tá sé rud beag simplí.

simply adv go simplí ▷ *It's simply not possible.* Go simplí, ní féidir é.

simultaneous adj comhuaineach

sin n peaca m4
▶ vb peacaigh

since adv, prep, conj ❶ ó ▷ *since Christmas* ón Nollaig ▷ *I haven't seen him since.* Ní fhaca mé ó shin é ▷ *I haven't seen her since she left.* Ní fhaca mé í ó d'fhág sí. ▷ *since then* ó shin; **ever since** ó shin ❷ (*because*) ó tarla ▷ *Since you're tired, let's stay at home.* Ó tharla go bhfuil tuirse ort, fanaimis sa bhaile.

sincere adj amach ó do chroí

sincerely adv **Yours sincerely** (*in letter*) Is mise le meas

sing vb can ▷ *He sang out of tune.* Chan sé as tiúin. ▷ *Have you ever sung this tune before?* Ar chan tú an fonn seo riamh?

singer n amhránaí m4

singing n amhránaíocht f3

single adj singil ▷ *a single room*

seomra singil; **single combat**
comhrac aonair; **a single man**
fear gan phósadh

▶ n (ticket) ticéad m1 singil ▷ A
single to Cork, please. Ticéad singil
go Corcaigh, le do thoil.; **a CD
single** singil dlúthdhiosca; **the
women's singles** (in tennis)
comórtas singil na mban

single parent n tuismitheoir
m3 aonair ▷ She's a single parent.
Is tuismitheoir aonair í.; **a
single parent family** teaghlach
aontuismitheora

singular n uatha m4 ▷ in the
singular san uimhir uatha

sinister adj urchóideach

sink n doirteal m1

▶ vb (ship) téigh go grinneall; **My
heart sank.** Thit mo chroí.

sir n duine uasal ▷ Yes sir. Sea, a
dhuine uasail.; **Sir Maurice de
Bracy** An Ridire Muiris de Bracy

siren n bonnán m1

sister n ❶ deirfiúr f ▷ my little
sister mo dheirfiúr bheag ❷ (nun,
nurse) siúr f

sister-in-law n deirfiúr f
chleamhnais

sit vb ❶ suigh ▷ She sat on the chair.
Shuigh sí ar an gcathaoir.; **to be
sitting** bheith i do shuí ❷ (exam)
déan

sit down vb suigh síos

sitcom n dráma m4 grinn suímh

site n ❶ ionad m1 ▷ the site of
the accident ionad an taisme
❷ (building site) áit f2 tógála

❸ (website) suíomh m1

sitting room n seomra m4 suí

situated adj suite; **to be situated**
bheith suite ▷ The village is situated
on a hill. Tá an sráidbhaile suite
ar chnoc.

situation n suíomh m1

six num ❶ a sé

a sé is used for telling the time
and for counting.

▷ at six o'clock ar a sé a chlog ▷ Three
times two is six. A trí faoina dó sin
a sé. ❷ sé

sé is used to give the number
of objects and is usually
followed by a singular noun.

▷ six bottles sé bhuidéal; **the Six
Counties** (Northern Ireland) na Sé
Chontae

Some words, **bliain**, **uair**,
seachtain, **pingin**, have a
special plural for use with
numbers.

▷ six weeks sé seachtaine; **She's
six.** Tá sí sé bliana d'aois.

To translate 'six people', use
the form **seisear**.

▷ six people seisear ▷ six women
seisear ban

sixteen num sé ... déag

sé is usually followed by a
singular noun.

▷ sixteen bottles sé bhuidéal déag
▷ sixteen people sé dhuine dhéag;
He's sixteen. Tá sé sé bliana déag
d'aois.

sixteenth adj séú ... déag ▷ the
sixteenth floor an séú hurlár déag;

a
b
c
d
e
f
g
h
i
j
k
l
m
n
o
p
q
r
s
t
u
v
w
x
y
z

the **sixteenth of August** an séú lá déag de Lúnasa

sixth adj séú ▷ *the sixth floor* an séú hurlár; **the sixth of August** an séú lá déag de Lúnasa

sixth form n rang m3 a sé

sixty num seasca

▍ seasca is followed by a singular noun.

▷ *sixty people* seasca duine; **He's sixty.** Tá sé seasca bliain d'aois.

size n méid f2 ▷ *What size do you take?* Cén mhéid a chaitheann tú?

skate vb scátáil

skateboard n clár m1 scátála

skateboarding n clárscátáil f3
▷ *I go skateboarding at the weekends.* Téim ag clárscátáil ag an deireadh seachtaine.

skates n ❶ (*ice skates*) scátaí mpl4 ❷ (*roller skates*) scátaí mpl4 rothacha

skating n scátáil f3 ▷ *We went skating last week.* Chuamar ag scátáil an tseachtain seo caite.; **a skating rink** rinc scátála

skeleton n cnámharlach m1

sketch n sceitse m4
▶ vb sceitseáil

ski n scí m4; **ski boots** bróga sciála; **a ski lift** ardaitheoir sciála; **ski pants** bríste sciála; **a ski pole** cuaille sciála; **a ski slope** fána sciála; **a ski suit** culaith sciála
▶ vb sciáil ▷ *Can you ski?* An féidir leat sciáil?

skid vb sciorr

skier n sciálaí m4

skiing n sciáil f3; **to go skiing** dul ag sciáil; **to go on a skiing holiday** dul ar saoire sciála

skilful (*US* **skillful**) adj sciliúil; **to be skilful at something** lámh mhaith a bheith agat ar rud

skill n scil f2 ▷ *He has great skill.* Tá scil mhór aige.

skilled adj oilte ▷ *a skilled worker* oibrí oilte

skimmed milk n bainne m4 bearrtha

skimpy adj giortach; **a skimpy dress** scimpín gúna

skin n craiceann m1; **skin cancer** ailse chraicinn

skinhead n maolcheann m1

skinny adj tanaí; **a skinny person** scáineachán

skin-tight adj (*clothes*) teann

skip n (*container*) gabhdán m1 bruscair
▶ vb ❶ caith foléim ❷ (*with rope*) bheith ag scipeáil

skirt n sciorta m4

skittle n scidil f2; **a game of skittles** cluiche scidilí

skull n blaosc f2 an chinn

sky n spéir f2

skyscraper n teach m spéire

slack adj ❶ (*loose*) scaoilte ❷ (*neglectful*) siléigeach

slag off vb maslaigh; **to slag somebody off** duine a mhaslú

slam vb plab ▷ *She slammed the door.* Phlab sí an doras.; **The door slammed.** Dúnadh an doras de phlab.

lang n béarlagair m4

lap n boiseog f2
▶ vb **to slap somebody** boiseog a thabhairt do dhuine

late n scláta m4

lave n sclábhaí m4

ledge n carr m1 sleamhnáin

ledging n **to go sledging** dul ag marcaíocht i gcarr sleamhnáin

leep n codladh m3 ▷ I need some sleep. Tá codladh de dhíth orm.; **to go to sleep** dul a chodladh
▶ vb codail ▷ I didn't sleep last night. Níor chodail mé aréir.; **to sleep with somebody** codladh le duine

leep in vb codail amach ▷ I'm sorry I'm late, I slept in. Tá mé buartha go bhfuil mé mall, chodail mé amach é.

leeping bag n mála m4 codlata

leeping car n cóiste m4 codlata

leeping pill n piollaire m4 suain

leepover n codladh m thar oíche

leepy adj codlatach; **to feel sleepy** codladh a bheith ort ▷ I was feeling sleepy. Bhí codladh orm.; **a sleepy little village** sráidbhaile beag ciúin

leet n flichshneachta m4
▶ vb **It's sleeting.** Tá sé ag cur flichshneachta.

leeve n muinchille f4 ▷ long sleeves muinchillí fada ▷ short sleeves muinchillí gairide

leigh n carr m1 sleamhnáin

lept vb see **sleep**

lice n slis f2
▶ vb gearr ina shliseogaí

slick n **an oil slick** leo ola

slide n ❶ (in playground, photo) sleamhnán m1 ❷ (hair slide) greamán m1
▶ vb sleamhnaigh

slight adj (small) beag ▷ a slight problem fadhb bheag ▷ a slight improvement feabhas beag

slightly adv beagán

Sligo n Sligeach m1

slim adj tanaí
▶ vb bheith do do thanú féin ▷ I'm slimming. Tá mé do mo thanú féin.

sling n iris f2 ghualainne

slip n ❶ (mistake) botún m1 ❷ (underskirt) foghúna m4 ❸ (of paper) slip f2 ❹ (for pay) duillín m4; **to give somebody the slip** cor a chur ar dhuine; **a slip of the tongue** sciorradh focail
▶ vb sleamhnaigh ▷ He slipped on the ice. Shleamhnaigh sé ar an leac oighir.

slip up vb **He slipped up.** Rinne sé botún.

slipper n slipéar m1; **a pair of slippers** péire slipéar

slippery adj sleamhain

slip road n sliosbhóthar m1

slip-up n botún m1

slope n fána f4

sloppy adj slapach

slot n sliotán m1

slot machine n ❶ (for gambling) meaisín m4 sliotáin ❷ (vending machine) meaisín m4 díola

Slovakia n an tSlóvaic f2

Slovenia n an tSlóivéin f2

slow adj fadálach ▷ We are behind a very slow lorry. Táimid taobh thiar de leoraí fadálach.; **to be five minutes slow** (watch) bheith cúig noiméad mall
▶ adv go mall ▷ Drive slow! Tiomáin go mall!
slow down vb moilligh
slowly adv go fadálach
slug n seilide m4
slum n (house) sluma m4
slush n spútrach m1
sly adj slítheánta ▷ a sly smile miongháire slítheánta
smack n ❶ (slap) greadóg f2 ❷ (on face) leiceadar m1
▶ vb tabhair boiseog do; **to smack somebody** boiseog a thabhairt do dhuine
small adj beag ▷ He lives in a small flat. Tá sé ina chónaí in árasán beag. ▷ A small piece, please. Píosa beag, le do thoil. ▷ in small print i gcló beag; **small change** airgead mion
smart adj ❶ (neat) sciobalta ❷ (clever) cliste ▷ a smart idea smaoineamh cliste
smart phone n guthán m1 cliste
smash n (accident) taisme f4
▶ vb bris ▷ I've smashed my watch. Bhris mé m'uaireadóir. ▷ The glass smashed. Briseadh an gloine.; **to smash something to pieces** smidiríní a dhéanamh de rud
smashing adj ar fheabhas ▷ I think he's smashing. Sílim go bhfuil sé ar fheabhas.

smell n boladh m1; **the sense of smell** an boladh
▶ vb ❶ bolaigh ▷ It smells terrible! Tá boladh bréan as! ❷ (detect) mothaigh ▷ I can't smell anything. Ní féidir liom rud ar bith a mhothú.; **to smell of something** boladh rud éigin a bheith ar ▷ It smells of smoke. Tá boladh toite air.
smelly adj bréan ▷ He's got smelly feet. Tá boladh bréan as a chuid cos.
smelt vb see **smell**
smile n miongháire m4
▶ vb miongháire a dhéanamh
smoke n toit f2
▶ vb caith ▷ He smokes 20 a day. Caitheann sé fiche sa lá. ▷ I don't smoke. Ní chaithim.
smoked adj (bacon, fish) deataithe
smoker n caiteoir m3 tobac
smoking n caitheamh m1 tobac ▷ Smoking is bad for you. Déanann caitheamh tobac dochar duit.; **to give up smoking** éirí as na toitíní; **'no smoking'** 'ná caitear tobac'
smooth adj mín
SMS n (= short message service) SMS f4

The Irish translation is **seirbhí gearrtheactaireachtaí** but SMS is more commonly used.

smudge n smál m1
smug adj bogásach
smuggle vb smuigleáil ▷ He was caught trying to smuggle drugs into the country. Rugadh air ag smuigleáil drugaí isteach sa tír.

▷ *They managed to smuggle him out of prison.* Duine a smuigleáil amach as príosún.

muggler n smuigléir m3

smuggling n smuigleáil f3

smutty adj gáirsiúil ▷ *a smutty story* scéal gáirsiúil

snack n smailc f2; **to have a snack** smailc a ithe

snack bar n sneaicbhéar m4

snail n seilide m4

snake n nathair f ▷ *a poisonous snake* nathair nimhe

snap vb ❶ (break) bris ▷ *The branch snapped.* Bhris an ghéag. ❷ (fingers) bain smeach as

snapshot n grianghraf m1

snarl vb drann

snatch vb ❶ sciob ▷ *He snatched the keys from my hand.* Sciob sé na heochracha as mo lámh. ▷ *My bag was snatched.* Sciobadh mo mhála. ❷ (kidnap) fuadaigh

sneak vb **to sneak in** sleamhnú isteach; **to sneak out** sleamhnú amach; **to sneak up on somebody** teacht go fáilí ar dhuine

sneeze vb lig sraoth

sniff vb smúr; **to sniff around** bheith ag smúrthacht thart

snob n duine m4 ardnósach

snooker n snúcar m1 ▷ *He went to play snooker with his friends.* D'imigh sé ag imirt snúcair lena chairde.

snooze n néal m1 codlata; **I had a snooze before dinner.** Chodail mé néal roimh dhinnéar.

snore vb bheith ag srannfach

snow n sneachta m4

▶ vb **It's snowing.** Tá sé ag cur sneachta.

snowball n meall m1 sneachta

snowdrop n plúirín m4 sneachta

snowflake n calóg f2 shneachta

snowman n fear m1 sneachta ▷ *We built a snowman.* Rinneamar fear sneachta.

so adv, conj ❶ chomh ▷ *She's not so clever as her brother.* Níl sí chomh cliste lena deartháir. ▷ *I love you so much.* Tá mé chomh mór sin i ngrá leat. ❷ (thus, likewise) amhlaidh; **if so** más amhlaidh atá ▷ *If so, he shouldn't come.* Más amhlaidh atá, níor chóir dó teacht.; **So what?** Nach cuma?; **How's your father? — Not so good.** Cad é mar atá d'athair? — Níl sé go hiontach.; **so much** an oiread sin ▷ *I've got so much work.* Tá an oiread sin oibre agam.; **so many** an oiread sin ▷ *I've got so many things to do today.* Tá an oiread sin rudaí le déanamh inniu agam.; **I have a car. — So have I.** Tá carr agam. — Tá agus agamsa.; **I go abroad every year. — So do we.** Téim thar sáile gach bliain. Téann agus muidne.; **That's not so.** Ní mar sin atá.; **I hope so.** Tá súil agam é.; **I think so.** Is dóigh liom é.; **so far** go dtí seo ▷ *It's been easy so far.* Bhí sé furasta go dtí seo.; **at five o'clock or so** ar a cúig a chlog nó mar sin; **so that (1)** (expressing purpose)

chun go **(2)** (*expressing result*) sa
dóigh go; **so long!** (*informal*) slán
go fóill!

soak *vb* cuir ar maos; **soaked to
the skin** fliuch go craiceann

soaking *adj* fliuch báite ▷ *By the
time we got back we were soaking.*
Faoin am a thángamar ar ais
bhíomar fliuch báite.

soap *n* gallúnach *f2*

soap opera *n* sobalchlár *m1*

soap powder *n* púdar *m1* gallúnaí

sob *vb* bheith ag smeacharnach
▷ *She was sobbing.* Bhí sí ag
smeacharnach ghoil.

sober *adj* stuama

sober up *vb* cuir an mheisce díot

soccer *n* sacar *m1* ▷ *I play soccer every
Saturday.* Imrím sacar gach Satharn.;
a soccer player imreoir sacair

social *adj* sóisialta ▷ *a social class*
aicme shóisialta; **I have a good
social life.** Tá saol maith sóisialta
agam.

socialism *n* sóisialachas *m1*

socialist *adj* sóisialach
▶ *n* sóisialaí *m4*

social media *n* meáin *m1 pl*
shóisialta

social networking *n* líonrú *m*
sóisialta

social security *n* leas *m3* sóisialta

social worker *n* oibrí *m4* sóisialta
▷ *She's a social worker.* Is oibrí
sóisialta í.

society *n* ❶ sochaí *f4* ▷ *We live
in a multi-cultural society.* Táimid
inár gcónaí i sochaí ilchultúrtha.

❷ (*club*) cumann *m1* ▷ *a drama
society* cumann drámaíochta

sociology *n* socheolaíocht *f3*

sock *n* stoca *m4* gearr

socket *n* soicéad *m1*

soda *n* uisce *m4* sóide

soda pop *n* (US) uisce *m4* mianraí

sofa *n* tolg *m1*

soft *adj* bog ▷ *soft cheeses* cáis
bhog; **to be soft on somebody** (*be
kind to*) bheith ceanúil ar dhuine;
soft drugs drugaí boga; **a soft
option** rogha fhurasta

soft drink *n* deoch *f* neamh-
mheisciúil

software *n* bogearraí *mpl4*

soggy *adj* maoth ▷ *a soggy tissue*
ciarsúr maoth

soil *n* (*earth*) ithir *f*

solar *adj* grianda; **a solar panel**
painéal gréine

solar power *n* grianchumhacht *f3*

sold *vb see* sell

soldier *n* saighdiúir *m3* ▷ *He's a
soldier.* Is saighdiúir é.

sole *n* (*of foot, shoe*) bonn *m1*

solicitor *n* aturnae *m4* ▷ *He's a
solicitor.* Is aturnae é.

solid *adj* (*firm*) daingean ▷ *a solid
wall* balla daingean; **3 solid hours**
3 huaire an chloig druidte

solo *n* ceol *m1* aonair; **a guitar solo**
ruathar aonair ar an ngiotár

solution *n* réiteach *m1*

solve *vb* réitigh

some *adj* ❶ roinnt ▷ *some children*
roinnt páistí; **Would you like
some bread?** Ar mhaith leat

arán?; **some tea** braon tae; **some money** dornán airgid; **Some people say that ...** Deirtear go ... ❷ (unspecified) éigin ▷ Some woman was looking for you. Bhí bean éigin ar do lorg. ▷ He was asking about some book or other. Bhí sé ag fiafraí faoi leabhar éigin.; **some day** lá éigin; **some day next week** lá éigin an tseachtain seo chugainn ▶ pron ❶ (a certain number) roinnt ▷ I've got some. Tá roinnt agam. ▷ Some of them have been sold. Díoladh roinnt acu. ▷ I'm going to buy stamps. Do you want some too? Tá mé chun stampaí a cheannach. Ar mhaith leat roinnt fosta? ▷ Would you like a coffee? — No thanks, I've got some. Ar mhaith leat caifé? Níor mhaith, tá roinnt agam. ❷ (a certain amount) méid áirithe ▷ I've got some. Tá méid áirithe agam.

somebody pron duine éigin ▷ Somebody stole my bag. Ghoid duine éigin mo mhála.

somehow adv ❶ ar dhóigh éigin ▷ I'll do it somehow. Déanfaidh mé ar dhóigh éigin é. ❷ (for some reason) ar chúis éigin ▷ Somehow I don't think he believed me. Ar chúis éigin sílim nár chreid sé mé.

someone pron duine éigin ▷ Someone stole my bag. Ghoid duine éigin mo mhála.

someplace adv (US) áit éigin

somersault n iompú m tóin thar ceann

something pron rud éigin ▷ something interesting rud éigin spéisiúil ▷ Wear something warm. Caith rud éigin te. ▷ It cost £100, or something like that. Bhí £100 air, nó rud éigin mar sin. ▷ His name is Peter or something. Peadar nó rud éigin an t-ainm atá air.

sometime adv (in future, past) am éigin ▷ You must come and visit us sometime. Caithfidh tú teacht ar cuairt orainn am éigin. ▷ sometime last month am éigin an mhí seo caite

sometimes adv uaireanta ▷ Sometimes I think she hates me. Uaireanta sílim go bhfuil fuath aici dom.

somewhere adv áit éigin ▷ I left my keys somewhere. D'fhág mé m'eochracha áit éigin. ▷ I'd like to go on holiday, somewhere sunny. Ba mhaith liom dul ar saoire, in áit éigin grianmhar.

son n mac m1

song n amhrán m1

son-in-law n cliamhain m4

soon adv ❶ gan mhoill ▷ soon afterwards gan mhoill ina dhiaidh sin ❷ (early) go luath; **as soon as possible** chomh luath agus is féidir

sooner adv níos luaithe ▷ Can't you come a bit sooner? Nach féidir leat teacht giota níos luaithe?; **sooner or later** luath nó mall

soot n súiche m4

soppy adj maoithneach

soprano n (singer) soprán m1

sorcerer n asarlaí m4
sore adj nimhneach ▷ My feet are
sore. Tá mo chosa nimhneach.;
That's a sore point. Is pointe
íogair é sin.
▶ n cneá f4
sorry adj buartha ▷ I'm really sorry.
Tá mé iontach buartha. ▷ I'm sorry,
I haven't got any change. Tá mé
buartha, ach níl aon bhriseadh
agam. ▷ I'm sorry I'm late. Tá
mé buartha go bhfuil mé mall.
▷ I'm sorry about the noise. Tá mé
buartha faoin gcallán.; **Sorry!**
Gabh mo leithscéal!; **Sorry?** Gabh
mo leithscéal?; **You'll be sorry!**
Beidh daor ort!; **to feel sorry for
somebody** trua a bheith agat
do dhuine
sort n sórt m1 ▷ What sort of bike
have you got? Cén sórt rothair
atá agat?
sort out vb ❶ (objects) sórtáil
❷ (problems) réitigh
so-so adv measartha ▷ How are you
feeling? — So-so. Cad é mar atá tú?
— Go measartha.
sought vb see **seek**
soul n anam m3
sound adj ❶ (safe, not damaged)
slán ❷ (reliable, reputable) iontaofa
▷ That's sound advice. Sin comhairle
iontaofa.
▶ adv **She is sound asleep.** Tá sí
ina cnap codlata.
▶ n fuaim f2 ▷ Don't make a sound!
Ná déan fuaim! ▷ the sound of
footsteps fuaim coiscéimeanna

▷ Can I turn the sound down? An
bhfuil cead agam an fhuaim a
chur síos?
▶ vb **That sounds interesting.** Tá
cuma shuimiúil air sin.
soundtrack n fuaimrian m1
soup n anraith m4 ▷ vegetable soup
anraith glasraí
sour adj searbh
south n deisceart m1 ▷ in the
south sa deisceart; **the South** an
Deisceart
▶ adj ❶ deisceartach; **the south
coast** an cósta theas ❷ (wind)
aneas
▶ adv ó dheas ▷ We were travelling
south. Bhíomar ag taisteal ó
dheas.; **south of** taobh theas de
▷ It's south of London. Tá sé taobh
theas de Londain.
South Africa n an Afraic f2 Theas
▷ in South Africa san Afraic Theas
▷ to South Africa go dtí an Afraic
Theas
South African adj Afracach
Theas
▶ n Afracach m1 Theas
South America n Meiriceá m4
Theas ▷ in South America i Meiriceá
Theas ▷ to South America go
Meiriceá Theas
South American adj
Meiriceánach Theas
▶ n Meiriceánach m1 Theas
southbound adj ó dheas ▷ The
southbound carriageway is blocked.
Tá an carrbhealach ó dheas
blocáilte. ▷ We were southbound

on the M1. Bhí muid ag dul ó dheas ar an M1.

southeast n oirdheisceart m1
▶ adj ❶ oirdheisceartach
▷ *southeast England* oirdheisceart Shasana ❷ (*wind*) anoir aneas
▶ adv soir ó dheas; **southeast of ...** taobh thoir theas de ...

southern adj theas ▷ *the southern part of the island* an taobh theas den oileán; **the Southern Cross** Cros an Deiscirt

South Pole n an Pol m1 Theas

southwest n iardheisceart m1
▶ adj ❶ iardheisceartach ❷ (*wind*) aniar aneas
▶ adv ❶ (*to*) siar ó dheas ❷ (*from*) aniar aneas; **southwest of ...** taobh thiar theas de ...

souvenir n cuimhneachán m1; **a souvenir shop** siopa cuimhneachán

Soviet adj **the former Soviet Union** An tlar-Aontas Sóivéadach

sow vb (*seed*) cuir

soya n soighe m4

soy sauce n anlann m1 soighe

space n ❶ spás m1 ▷ *I'd love to go into space.* Ba bhreá liom dul amach sa spás.; **a space shuttle** spásárthach ❷ (*room*) fairsinge f4 ▷ *There isn't enough space.* Níl go leor fairsinge ann.; **a parking space** spás páirceála

spacecraft n spásárthach m1

spade n spád f2; **spades** (*in cards*) spéireataí ▷ *the ace of spades* an t-aon spéireata

Spain n an Spáinn f2 ▷ *in Spain* sa Spáinn ▷ *to Spain* go dtí an Spáinn

spam n (*computing*) turscar m1

Spaniard n Spáinneach m1

spaniel n spáinnéar m1

Spanish adj Spáinneach ▷ *She's Spanish.* Is Spáinneach í.
▶ n (*language*) Spáinnis f2; **the Spanish** na Spáinnigh

spank vb **to spank somebody** greidimín a thabhairt do dhuine

spanner n castaire m4

spare adj ❶ (*free, unoccupied*) saor ▷ *a spare room* seomra saor; **spare time** am saor ▷ *What do you do when you have spare time?* Cad é a dhéanann tú nuair a bhíonn am saor agat? ❷ breise ▷ *a spare part* páirt bhreise ▷ *a spare wheel* roth breise
▶ n (*part*) páirt f2 bhreise; **a spare** ceann sa bhreis ▷ *I've lost my key. — Have you got a spare?* Chaill mé m'eochair. — An bhfuil ceann sa bhreis agat?
▶ vb ❶ (*money, time*) spáráil ▷ *Can you spare a moment?* An dtiocfadh leat bomaite a spáráil? ▷ *I can't spare the time.* Ní féidir liom an t-am a spáráil.; **to spare** (*surplus*) le spáráil ▷ *There's no room to spare.* Níl spás ar bith le spáráil. ▷ *We arrived with time to spare.* Thángamar agus am le spáráil againn. ❷ (*expense*) coigil ❸ (*refrain from hurting*) lig le

sparkling adj ❶ lonrach ❷ (*wine*) súilíneach

sparrow n gealbhan m1
spat vb see **spit**
speak vb labhair ▷ Speak up!
Labhair amach!; **to speak to
somebody** labhairt le duine ▷ Have
you spoken to him? Ar labhair tú leis?
▷ She spoke to him about it. Labhair
sí leis faoi.; **Do you speak Irish?**
An bhfuil Gaeilge agat?
speaker n ❶ (loudspeaker) callaire
m4 ❷ (in public) cainteoir m3; **the
Speaker** (in parliament) An Ceann
Comhairle
special adj speisialta
specialist n saineolaí m4
speciality n speisialtacht f3
specialize vb **to specialize in**
speisialtóireacht a dhéanamh i
▷ We specialize in skiing equipment.
Déanaimid speisaltóireacht i
dtrealamh sciála.
specially adv go speisialta ▷ It's
specially designed for teenagers.
Dearadh go speisialta le haghaidh
déagóirí é.; **not specially** ní an
oiread sin ▷ Do you like opera? — Not
specially. An maith leat ceoldráma?
— Ní an oiread sin.
species n speiceas m1
specific adj sainiúil ▷ certain
specific issues ceisteanna áirithe
sainiúla ▷ Could you be more specific?
An dtiocfadh leat a bheith níos
sainiúla?
specifically adv go sainiúil ▷ It's
specifically designed for teenagers.
Deartar go sainiúil le haghaidh
déagóirí é.; **I specifically said**

that ... Dúirt mé go sonrach go ...
specs npl spéaclaí mpl4
spectacular adj iontach
spectator n breathnóir m3
speech n **to make a speech** óráid
a thabhairt
speechless adj **She was left
speechless.** Níor fágadh focal aici.
speed n luas m1 ▷ a three-speed
bike rothar trí-luas ▷ at top speed
faoi lánluas
speed up vb géaraigh ar an luas
speedboat n luasbhád m1
speeding n tiomáint f3 ar
róluas ▷ He was fined for speeding.
Gearradh fíneáil air mar gheall ar
thiomáint ar róluas.
speed limit n teorainn f luais; **to
break the speed limit** an teorainn
luais a shárú
speedometer n luasmhéadar m1
spell n ❶ (magic) draíocht f3; **to
cast a spell on somebody** duine a
chur faoi dhraíocht ▷ The witch cast
a spell on them. Chuir an chailleach
faoi dhraíocht iad.; **to be under
somebody's spell** bheith faoi
gheasa ag duine ❷ (period of time)
tamall m1
▶ vb litrigh ▷ He can't spell. Níl litriú
aige. ▷ How do you spell that? Cad é
mar a litríonn tú é sin?
spelling n litriú m ▷ My spelling
is terrible. Tá mo chuid litrithe go
dona.; **a spelling mistake** earráid
litrithe
spelt vb see **spell**
spend vb caith ▷ She spent all her

money. Chaith sí a cuid airgid ar fad. ▷ *He spent a month in London.* Chaith sé mí i Londain.

spice n spíosra m4

spicy adj spíosrach

spider n damhán m1 alla

spill vb doirt ▷ *He spilled his coffee over his trousers.* Dhoirt sé a chuid caifé ar a bhrístí. ▷ *The soup spilled all over the table.* Doirteadh an t-anraith ar fud an tábla.

spinach n spionáiste m4

spin drier n triomadóir m3 guairne

spine n dromlach m1

spinster n bean f shingil

spire n spuaic f2

spirit n ❶ spiorad m1; **the Holy Spirit** An Spiorad Naomh ❷ (*mood*) meon m1; **in good spirits** lán de chroí is d'aigne ❸ (*courage*) meanma f

spirits npl biotáille f4 ▷ *I don't drink spirits.* Ní ólaim biotáille.

spiritual adj spioradálta ▷ *the spiritual leader of Tibet* ceannaire spioradálta na Tibéide

spit n ❶ (*for roasting*) bior m3 ❷ (*saliva*) seile f4
▶ vb caith seile; **to spit something out** rud a chaitheamh as do bhéal

spite n mioscais f2; **in spite of** in ainneoin; **out of spite** le holc
▶ vb cuir olc ar ▷ *He just did it to spite me.* Rinne sé é le holc orm.

spiteful adj mioscaiseach

splash n splais f2 ▷ *I heard a splash.*

Chuala mé splais.
▶ vb steall

splendid adj taibhseach

splint n cléithín m4

splinter n (*wood*) scealp f2

split vb ❶ scoilt ▷ *He split the wood with an axe.* Scoilt sé an t-adhmad le tua. ▷ *The ship hit a rock and split in two.* Bhuail an long in éadan carraige agus scoilteadh ina dhá cuid í. ❷ (*divide up*) roinn ▷ *They decided to split the profits.* Shocraigh siad ar an mbrábús a roinnt.

split up vb ❶ (*couple*) scar ó chéile ▷ *My parents have split up.* Tá mo thuismitheoirí scartha óna chéile. ❷ (*group*) scaip

spoil vb (*object, child, occasion*) mill

spoiled adj millte ▷ *a spoiled child* leanbh millte

spoilsport n seargánach m1

spoilt adj millte ▷ *a spoilt child* leanbh millte

spoilt vb see **spoil**

spoke n (*of wheel*) spóca m4
▶ vb see **speak**

spoken vb see **speak**

spokesman n urlabhraí m4

spokeswoman n urlabhraí m4

sponge n spúinse m4 ▷ *a sponge bag* mála spúinse; **a sponge cake** císte spúinse

sponsor vb téigh in urrús ar; **sponsored by** faoi choimirce ▷ *The festival was sponsored by …* Chuaigh … in urrús ar an bhféile.

spontaneous adj spontáineach

spooky adj ❶ uaigneach ▷ *a*

spooky story scéal uaigneach
② (strange) saoithiúil ▷ a spooky coincidence comhtharlú saoithiúil

spoon n spúnóg f2

spoonful n lán m1 spúnóige; **two spoonfuls of sugar** dhá spúnóg shiúcra

sport n spórt m1 ▷ What's your favourite sport? Cén spórt is fearr leat?; **a sports bag** mála spóirt; **a sports car** carr spóirt

sports jacket n casóg f2 spóirt

sportsman n fear m1 spóirt

sportswear n éide f4 spóirt

sportswoman n bean f spóirt

sporty adj spórtúil ▷ I'm not very sporty. Níl mé iontach spórtúil.

spot n ① ball m1 ▷ There's a spot on your shirt. Tá ball ar do léine. ② (in pattern) spota m4 ▷ a red dress with white spots gúna dearg agus spotaí bána air ③ (pimple) goirín m4 ▷ He's covered in spots. Tá sé clúdaithe le goirín. ④ áit f2 ▷ It's a lovely spot for a picnic. Is áit ghalánta é faoi choinne picnice.; **on the spot (1)** (immediately) láithreach bonn ▷ They gave her the job on the spot. Thug siad an jab di láithreach bonn. **(2)** (at the same place) ar an láthair ▷ Luckily they were able to mend the car on the spot. Ádhúil go leor, bhí siad ábalta an carr a dheisiú ar an láthair.
▶ vb (notice) tabhair faoi deara ▷ I spotted a mistake. Thug mé botún faoi deara.

spotless adj gan smál

spotlight n spotsolas m1

spotted adj (fabric) ballach

spotty adj (face, person) goiríneach

spouse n céile m4

sprain n leonadh m ▷ It's just a sprain. Níl ann ach leonadh.
▶ vb **to sprain one's ankle** do mhurnán a leonadh

spray n (aerosol) spraechanna m4
▶ vb spraeáil ▷ Somebody had sprayed graffiti on the wall. Spraeáil duine éigin graifítí ar an mballa.

spread n (for bread) smearadh m1; **cheese spread** smearadh cáise; **chocolate spread** smearadh seacláide
▶ vb ① smear; **She spread butter on her toast.** Smear sí im ar an tósta aici. ② (disease, news) leath ▷ The news spread quickly. Leath an scéal go gasta.

spread out vb (people) scaip amach ▷ The soldiers spread out across the field. Scaip na saighdiúirí amach trasna na páirce.

spreadsheet n (on computer) scarbhileog

spring n ① (season) earrach m1; **in spring** san earrach ② (coiled metal) sprionga m4 ③ (water) fuarán m1

spring-cleaning n glanadh m an earraigh

springtime n earrach m1; **in springtime** san earrach

sprinkler n (for lawn) spréire m4

sprint n rúid f2
▶ vb bheith ag rábáil; **She sprinted for the bus.** Rith sí leis an

mbus a fháil.

printer n rábálaí m4

prouts npl bachlóga fpl2 Bruiséile

py n spiaire m4

▶ vb **to spy on** déan spiaireacht ar

pying n spiaireacht f3

quabble vb bheith ag achrann le chéile ▷ Stop squabbling! Stadaigí de bheith ag achrann le chéile!

quare n cearnóg f2 ▷ a square and a triangle cearnóg agus triantán ▷ the town square cearnóg an bhaile

▶ adj cearnógach; **2 metres square** dhá mhéadar cearnaithe; **2 square metres** dhá mhéadar chearnacha

quash n (sport) scuais f2 ▷ I play squash. Imrím scuais.; **a squash court** cúirt scuaise; **a squash racket** raicéad scuaise

▶ vb brúigh ▷ You're squashing me. Tá tú do mo bhrú.

queak vb ❶ (creak) bheith ag díoscán ❷ (mouse) bheith ag gíogadh

queeze vb fáisc

queeze in vb brúigh isteach ▷ It was a tiny car, but we managed to squeeze in. Carr beag a bhí ann, ach d'éirigh linn brú isteach.

quint vb déan splinceáil

▶ n fiarshúil f2; **to have a squint** bheith fiarshúileach

quirrel n iora m4 ▷ red squirrel iora rua ▷ grey squirrel iora glas

tab vb sáigh

table n stábla m4

▶ adj seasmhach ▷ a stable

relationship caidreamh seasmhach

stack n carn m1 ▷ a stack of books carn leabhar

stadium n staid f2

staff n (workforce) foireann f2

staffroom n seomra m4 foirne

stage n ❶ (in theatre) ardán m1 ❷ (point) pointe m4 ▷ at this stage in the negotiations ag an bpointe seo san idirbheartaíocht ▷ At this stage, it's too early to comment. Ag an bpointe seo, tá sé róluath chun rud ar bith a rá.; **to do something in stages** rud a dhéanamh de réir a chéile

stagger vb tuisligh

stain n smál m1

▶ vb smálaigh

stainless steel n cruach f4 dhosmálta

stain remover n díobhach m1 smál

stair n (step) céim f2

staircase n staighre m4

stairs npl staighre m4

stale adj (bread) stálaithe

stalemate n (in chess) leamhsháinn f2

stall n (in street, market) stainnín m4 ▷ He's got a market stall. Tá stainnín aige sa mhargadh.; **the stalls** (in cinema, theatre) na stallaí

stamina n teacht m3 aniar

stammer n stad m4 ▷ He's got a stammer. Tá stad ina chuid cainte.

stamp n stampa m4; **a stamp collection** bailiúchán stampaí; **a stamp album** albam stampaí

a b c d e f g h i j k l m n o p q r s t u v w x y z

▶ vb ❶ (letter) cuir stampa ar
❷ (with rubber stamp) stampáil;
to stamp one's foot do chos a
ghreadadh

stamped adj stampáilte; **The
letter wasn't stamped.** Ní raibh
stampa ar an litir.; **Enclose a
stamped addressed envelope.**
Cuir clúdach ar a bhfuil stampa
agus seoladh leis.

stand n ❶ (for taxis) stad m4
❷ (music stand) seastán m1
▶ vb ❶ seas ▷ He was standing by
the door. Bhí sé ina sheasamh in
aice leis an doras. ❷ (stand up)
éirigh ❸ (tolerate, withstand) cuir
suas le ▷ I can't stand all this noise.
Ní féidir liom cur suas leis an
gcallán seo.

stand for vb ❶ ciallaigh ▷ 'BT'
stands for 'British Telecom'.
Ciallaíonn 'BT' 'British Telecom'.
❷ (tolerate) cuir suas le ▷ I won't
stand for it! Ní chuirfidh mé suas
leis!

stand out vb ❶ seas amach
▷ None of the candidates really stood
out. Níor sheas duine ar bith de na
hiarrtasóirí amach. ❷ (be easily
seen) seas amach ▷ She really stands
out in that orange coat. Seasann sí
amach sa chóta oráiste sin.

stand up vb éirigh; **to stand up
for** seas ceart do ▷ Stand up for your
rights! Seas do cheart!

standard n caighdeán m1
▷ The standard is very high. Tá an
caighdeán iontach ard.; **She's**

got high standards. Bíonn
ardchaighdeáin aici.
▶ adj (size) caighdeánach
▷ standard Irish Gaeilge
chaighdeánach; **the standard
procedure** an gnáthnós

standard of living n caighdeán
m1 maireachtála

stand-by ticket n ticéad m1
fuireachais

standpoint n dearcadh m1

stands npl (at sports ground)
seastáin

stank vb see **stink**

staple n stápla m4
▶ vb stápláil

stapler n stáplóir m3

star n (in sky, celebrity) réalta f4
▷ He's a TV star. Is réalta theilifíse
é.; **the stars** (horoscope) na réaltaí
▶ vb an phríomhpháirt a bheith
agat i ▷ The film stars Meryl Streep.
Tá an phríomhpháirt ag Meryl
Streep sa scannán.; **... starring
Johnny Depp** ... le Johnny Depp

stare vb **to stare at** stán ar

stark adv **stark naked** lomnocht

start n ❶ tús m1 ▷ It's not much,
but it's a start. Ní mórán é, ach is
tús é. ▷ Shall we make a start on the
washing-up? An gcuirfimid tús leis
an níochán? ❷ (of race) tosach m1
▶ vb ❶ tosaigh ▷ What time does
it start? Cén t-am a thosóidh
sé?; **to start doing something**
tosú ar rud a dhéanamh ▷ I
started learning Irish three years
ago. Thosaigh mé ar an nGaeilge

a fhoghlaim trí bliana ó shin. ❷ (engine) dúisigh ▷ He couldn't start the engine. Ní thiocfadh leis an t-inneall a dhúiseacht. ▷ The car wouldn't start. Níor dhúisigh an carr. ❸ (organization, campaign) bunaigh ▷ He wants to start his own business. Ba mhaith leis ghnólacht féin a bhunú.

start off vb (leave) imigh ▷ We started off first thing in the morning. D'imíomar an chéad rud ar maidin.

starter n (first course) cúrsa m4 tosaigh

starve vb faigh bás den ocras ▷ People were starving. Bhí daoine ag fáil bháis den ocras.; **to be starving** (be hungry) ocras an domhain a bheith ort

state n (condition) bail f2; **to be in a state** bheith trína chéile ▷ He was in a real state. Bhí sé trína chéile go mór.; **the state** (government) an Stát; **the States** (USA) Na Stáit Aontaithe; **the Free State** An Saorstát

▶ vb maígh ▷ He stated his intention to resign. Mhaígh sé a rún chun éirí as.

statement n ráiteas m1

station n (for trains) stáisiún m1; **a bus station** stáisiún na mbusanna; **a police station** stáisiún na bpóilíní; **a radio station** stáisiún raidió

statue n dealbh f2

stay n (visit) cuairt f2 ▷ my stay in Dublin mo chuairt ar Bhaile

Átha Cliath

▶ vb ❶ fan ▷ Stay here! Fan anseo! ❷ (spend the night) stopadh ▷ Where are you staying? Cá bhfuil tú ag stopadh? ▷ We were staying in Belfast for a few days. Bhíomar ag stopadh i mBéal Feirste ar feadh cúpla lá.; **to stay the night** fanacht thar oíche

stay in vb (at home) fan istigh

stay up vb fan i do shuí ▷ We stayed up till midnight. D'fhanamar inár suí go meán oíche.

steady adj ❶ (regular) seasta ▷ steady progress dul chun cinn seasta ▷ a steady job post seasta ▷ a steady boyfriend stócach seasta ❷ (voice, hand) socair

steak n stéig f2 ▷ steak and chips stéig agus sceallóga

steal vb goid

steam n gal f2

steam engine n inneall m1 gaile

steel n cruach f4 ▷ a steel door doras cruach

steep adj (slope) crochta

steeple n spuaic f2

steering wheel n roth m3 stiúrtha

step n céim f2 ▷ She tripped over the step. Baineadh tuisle aisti ar an gcéim. ▷ He took a step forward. Thug sé céim chun tosaigh.

▶ vb **to step aside** seas i leataobh; **to step back** seas siar

stepbrother n leasdeartháir m

stepdaughter n leasiníon f2

stepfather n leasathair m

stepladder n dréimire m4 taca
stepmother n leasmháthair f
stepsister n leasdeirfiúr f
stepson n leasmhac m1
stereo n steirió m4
sterling adj £5 **sterling** £5 steirling
stew n stobhach m1 ⊳ Irish stew
stobhach gaelach
steward n (on plane) aeróstach m1
stewardess n (on plane)
aeróstach m1
stick n bata m4 ⊳ a walking stick
bata siúil
▶ vb greamaigh ⊳ Stick the stamps
on the envelope. Greamaigh na
stampaí ar an gclúdach.
stick out vb gob amach ⊳ A pen
was sticking out of his pocket. Bhí
peann ag gobadh amach óna
phóca.
sticker n greamaitheoir m3
stick insect n cipíneach m1
sticky adj greamaitheach ⊳ I've
got sticky hands. Tá mo lámha
greamaitheach. ⊳ a sticky label
lipéad greamaitheach
stiff adj, adv righin ⊳ I've got a stiff
neck. Tá mo mhuineál righin. ⊳ I felt
stiff after sitting for too long. Bhí mé
righin ó bheith i mo shuí chomh
fada sin.; **to be bored stiff** bheith
go hiomlán dúbh dóite; **to be
frozen stiff** bheith préachta; **to
be scared stiff** eagla an domhain
a bheith ort
still adj socair; **Keep still!** Fan
socair!
▶ adv (up to this time) go fóill ⊳ Are

you still in bed? An bhfuil tú i do luí
go fóill? ⊳ I've still got 3 days holiday.
Tá 3 lá saoire fágtha agam go fóill.
sting n cealg f2 ⊳ a bee sting cealg
ó bheach
▶ vb cealg ⊳ I've been stung.
Cuireadh cealg ionam.
stingy adj sprionlaithe
stink n bréantas m1
▶ vb **It stinks!** Tá sé lofa!
stir vb corraigh
stitch n greim m3 ⊳ I had five
stitches. Cuireadh cúig ghreim
ionam.
▶ vb fuaigh
stock n stoc m1; **in stock** istigh;
out of stock rite; **a stock cube**
ciúb stoic
stock up vb ⊳ to stock up with
something soláthar de rud a leagan
isteach
stocking n stoca m4
stole vb see **steal**
stolen vb see **steal**
stomach n bolg m1; **She has an
upset stomach.** Tá iompú goile
uirthi.
stomachache n tinneas m1 goile
stone n cloch f2 ⊳ a stone wall
balla cloiche ⊳ a peach stone cloch
péitseoige; **I weigh eight stone.**
Tá ocht gcloch de mheáchain
ionam.
stood vb see **stand**
stool n stól m1
stop n stad m4 ⊳ a bus stop stad bus
⊳ This is my stop. Is é seo mo stad.
▶ vb ❶ cuir stad le ⊳ a campaign

to stop whaling feachtas le stad a chur le seilg míolta móra; **to stop doing something** éirí as rud a dhéanamh; **to stop smoking** éirí as tobac a chaitheamh; **to stop somebody doing something** stop a chur le duine rud a dhéanamh ❷ stad ▷ *The bus doesn't stop there.* Ní stadann an bus ansin.; **Stop!** Stad!

stopwatch n stopuaireadóir m3

store n ❶ *(large shop)* stóras m4 ▷ *a furniture store* stóras troscáin ❷ *(stock)* stór m1 ▶ vb ❶ stóráil ▷ *They store potatoes in the cellar.* Stórálann siad prátaí sa siléar. ❷ *(information)* cnuasaigh

storey n stór m1; **a three-storey building** foirgneamh trí urláir

storm n stoirm f2; **a thunderstorm** stoirm thoirní

stormy adj stoirmeach

story n scéal m1

storybook n leabhar m1 scéalta

stove n sorn m1

straight adj, adv díreach ▷ *a straight line* líne dhíreach ▷ *straight hair* gruaig dhíreach; **straight away** láithreach; **straight on** díreach ar aghaidh

straightforward adj simplí

strain n *(mental)* strus ▷ *It was a strain.* Ábhar mór struis a bhí ann. ▶ vb *(hurt)* bain stangadh as ▷ *I strained my back.* Bhain mé stangadh as mo dhroim.

strained adj *(muscle)* leonta

stranded adj **We were stranded.** Bhíomar fágtha ar an trá fholamh.

strange adj *(odd)* aisteach ▷ *That's strange!* Tá sé sin aisteach!

stranger n strainséir m3 ▷ *Don't talk to strangers.* Ná labhair le strainséirí. ▷ *I'm a stranger here.* Is strainséir anseo mé.

strangle vb tacht

strap n ❶ iall f2 ▷ *Tie a strap round that bundle.* Buail strapa ar an mburla sin. ❷ *(of bag)* iris f2

straw n ❶ tuí f4 ❷ *(for drinking)* deochán m1; **That's the last straw!** Sin buille na tubaiste!

strawberry n sú f4 talún ▷ *strawberry jam* subh sútha talún ▷ *a strawberry ice cream* uachtar reoite sútha talún

stray adj *(animal)* seachráin; **a stray cat** cat strae

stream n sruth m3

street n sráid f2 ▷ *in the street* ar an tsráid

streetcar n *(US)* tram m4

streetlamp n lampa m4 sráide

street plan n plean m4 sráide

streetwise adj críonna

strength n neart m1

stress n strus m1 ▷ *That job caused her a lot of stress.* Chuir an post sin strus mór uirthi. ▶ vb cuir béim ar ▷ *That point was stressed at the meeting.* Cuireadh béim ar an bpointe sin ag an gcruinniú.

stretch vb sín ▷ *The dog woke up and stretched.* Mhúscail an madra agus shín é féin. ▷ *They stretched a rope between two trees.* Shín siad rópa idir dhá chrann.

stretch out vb sín amach; **to stretch out one's arms** do lámha a shíneadh amach

stretcher n síneán m1

stretchy adj soshínte

strict adj dian

stride n céim f2 fhada

strike n stailc f2; **on strike** ar stailc; **to go on strike** dul ar stailc
▶ vb ❶ (*clock, hit*) buail ▷ *The clock struck three.* Bhuail an clog a trí. ❷ (*go on strike*) téigh ar stailc; **to strike a match** cipín a lasadh

striker n ❶ (*person on strike*) stailceoir m3 ❷ (*footballer*) ionsaitheoir m3

striking adj ❶ (*noticeable*) sonraíoch ▷ *a striking difference* difear sonraíoch ❷ (*on strike*) ar stailc ▷ *striking teachers* múinteoirí ar stailc

string n ❶ sreang f2 ▷ *a piece of string* píosa sreinge ❷ (*of violin, guitar*) téad f2

strip n stiall f2
▶ vb bain díot

strip cartoon n stiallchartún m1

stripe n stríoc f2

striped adj stríocach ▷ *a striped skirt* sciorta stríocach

stripper n struipear m1

stripy adj stríopach ▷ *a stripy shirt* léine stríopach

stroke n stróc m4; **to have a stroke** stróc a fháil

▶ vb slíoc

stroll n spaisteoireacht f3; **to go for a stroll** dul ag spaisteoireacht

stroller n (US) bugaí m4 linbh

strong adj láidir ▷ *It is very strong.* Tá sé iontach láidir.

strongly adv go láidir ▷ *We recommend strongly that ...* Molaimid go láidir go ... ▷ *I don't feel strongly about it.* Ní mhothaím go láidir faoi.

struck vb see **strike**

struggle n ❶ (*against difficulties*) streachailt f2 ❷ (*conflict*) coimhlint f2
▶ vb streachail ▷ *He struggled, but he couldn't escape.* Streachail sé, agus ní thiocfadh leis éalú. ▷ *She struggled to get the door open.* Streachail sí leis an doras ag iarraidh é a oscailt.

stub n (*of cigarette*) bun m1

stub out vb (*cigarette*) múch

stubborn adj ceanndána

stuck vb see **stick**

stuck adj greamaithe ▷ *It's stuck.* Tá sé greamaithe.; **to get stuck** bheith gafa ▷ *We got stuck in a traffic jam.* Bhíomar gafa sa trácht.

stuck-up adj smuilceach

stud n stoda m4

student n mac m1 léinn

studio n stiúideo m4 ▷ *a TV studio* stiúideo teilifíse; **a studio flat** árasán stiúideo

study vb déan staidéar ar ▷ *I plan to study biology.* Tá rún agam staidéar a dhéanamh ar an mbitheolaíocht. ▷ *I've got to study tonight.* Caithfidh mé staidéar a dhéanamh anocht.

stuff n ❶ (*things*) stuif m4 ▷ *There's some stuff on the table for you.* Tá stuif ar an tábla duit. ▷ *Have you got all your stuff?* An bhfuil do chuid stuif ar fad agat? ❷ (*substance*) ábhar m1

stuffy adj (*room*) plúchtach ▷ *It's really stuffy in here.* Tá sé iontach plúchtach istigh anseo.

stumble vb tuisligh

stung vb see **sting**

stunk vb see **stink**

stunned adj **I was stunned.** Baineadh stangadh asam.

stunning adj **She was stunning.** (*very attractive*) Bhí sí thar a bheith álainn.

stunt n (*in film*) éacht m3

stuntman n éachtóir m3

stupid adj bómánta ▷ *a stupid joke* scéal grinn bómánta

stutter vb stad a bheith sa chaint agat
▶ n **He's got a stutter.** Tá stad sa chaint aige.

style n stíl f2 ▷ *That's not his style.* Ní hí sin an stíl s'aige.

subject n ábhar m1 ▷ *What's your favourite subject?* Cad é an t-ábhar is fearr leat?

subjunctive n foshuiteach
▷ *in the subjunctive* sa mhodh foshuiteach

submarine n fomhuireán m1

subscription n (*to magazine*) síntiús m1

subsequently adv ina dhiaidh sin

subsidize vb fóirdheonaigh

subsidy n fóirdheontas m1

substance n substaint f2

substitute n (*player*) fear m1 ionaid
▶ vb **to substitute one thing for another** rud a chur in ionad ruda eile

subtitled adj fotheidealaithe

subtitles npl fotheidil m1 ▷ *a French film with English subtitles* scannán Fraincise agus fotheidil as Béarla

subtle adj (*fine*) fíneálta

subtract vb **5 subtracted from 19 is 14.** A naoi déag lúide a cúig sin a ceathair déag.

subtraction n dealú m

suburb n bruachbhaile m4 ▷ *a suburb of Dublin* bruachbhaile de chuid Bhaile Átha Cliath; **They live in the suburbs.** Tá cónaí orthu in imeall na catrach.

subway n (*underpass*) íosbhealach m1

succeed vb **She succeeded.** D'éirigh léi.

success n rath m3; **The show was a success.** D'éirigh go maith leis an seó.

successful adj rathúil ▷ *a successful attempt* iarracht rathúil ▷ *He's a successful businessman.* Is fear gnó rathúil é.; **to be successful in doing something**

a b c d e f g h i j k l m n o p q r s t u v w x y z

rud a éirí leat; **They were very successful.** D'éirigh go geal leo.

successfully adv go rathúil

successive adj i ndiaidh a chéile

such adj, adv a leithéid de ▷ such nice people a leithéid de dhaoine deasa ▷ such a long journey a leithéid de thuras fada; **such a lot of** an oiread sin ▷ such a lot of work an oiread sin oibre; **such as** (like) cosúil le ▷ hot countries, such as India tíortha teo, cosúil leis an India; **not as such** ní go díreach ▷ He's not an expert as such, but ... Ní saineolaí é go díreach, ach ...; **There's no such thing.** Níl a leithéid de rud ann. ▷ There's no such thing as the yeti. Níl a leithéid de rud ann agus an yeti.

such-and-such adj at such-and-such a time ag a leithéid seo d'am

suck vb diúl ▷ She still sucks her thumb. Bíonn sí fós ag diúl a hordóige.

sudden adj tobann ▷ a sudden change athrú tobann; **all of a sudden** go tobann

suddenly adv go tobann ▷ Suddenly, the door opened. Go tobann, osclaíodh an doras.

suede n svaeid f2 ▷ a suede jacket seaicéad svaeide

suffer vb fulaing ▷ She was really suffering. Bhí sí ag fulaingt go mór.; **I suffer from hay fever.** Tagann fiabhras léana orm.

suffocate vb plúch

sugar n siúcra m4 ▷ Do you take

sugar? An gcaitheann tú siúcra?

suggest vb mol ▷ I suggested they set off early. Mhol mé dóibh imeacht go luath.

suggestion n moladh m ▷ to make a suggestion moladh a dhéanamh

suicide n féinmharú m; **to commit suicide** lámh a chur i do bhás féin

suicide bomber n buamadóir m3 féinmharaithe

suit n culaith f2
  ▶ vb fóir do ▷ What time would suit you? Cén t-am a d'fhóirfeadh duitse? ▷ That suits me fine. Fóireann sin go maith dom. ▷ That dress really suits you. Fóireann an gúna sin go maith duit.; **Suit yourself!** Bíodh agat féin!

suitable adj fóirsteanach ▷ a suitable time am fóirsteanach ▷ suitable clothing éadaí fóirsteanacha

suitcase n mála m4 taistil

suite n (of rooms) sraith f2

sulk vb pus a bheith ort

sulky adj pusach

sultana n sabhdánach m1

sultry adj brothallach

sum n suim f2 ▷ She's good at sums. Tá sí maith ag suimeanna. ▷ a sum of money suim airgid

sum up vb coimrigh

summarize vb achoimrigh

summary n achoimre f4

summer n samhradh m1; **in summer** sa samhradh; **summer clothes** éadaí an tsamhraidh;

the summer holidays saoire an tsamhraidh; **a summer camp** (US) campa samhraidh

summertime n an samhradh m1; **in summertime** sa samhradh

summit n barr m1

sun n grian f2 ▷ **in the sun** faoin ngrian

sunbathe vb bolg le gréin a dhéanamh

sunblock n grianbhac m1

sunburn n dó m4 gréine

sunburnt adj griandóite; **I got sunburnt.** Fuair mé dó gréine.

Sunday n An Domhnach m1; **last Sunday** Dé Domhnaigh seo caite; **next Sunday** De Domhnaigh seo chugainn; **on Sunday** Dé Domhnaigh; **on Sundays** ar an Domhnach ▷ **He comes on Sundays.** Tagann sé ar an Domhnach.; **every Sunday** gach Domhnach

Sunday school n scoil f2 Domhnaigh ▷ **They never go to Sunday school.** Ní théann siad riamh ar scoil Domhnaigh.

sunflower n lus m3 na gréine

sung vb see **sing**

sunglasses npl spéaclaí fpl4 gréine

sunk vb see **sink**

sunlight n solas m1 na gréine

sunny adj grianmhar ▷ **a sunny morning** maidin ghrianmhar ▷ **It's sunny.** Tá sé grianmhar.

sunrise n éirí m4 na gréine

sunroof n díon m1 gréine

sunscreen n sciath f2 ghréine

sunset n luí m4 na gréine

sunshine n dealramh m1 na gréine

sunstroke n goin f3 ghréine ▷ **Be careful not to get sunstroke on holiday.** Seachain an mbuailfeadh goin ghréine thú ar do laethanta saoire.

suntan n dath m3 gréine

suntan lotion n ionlach m1 gréine

suntan oil n ola f4 ghréine

super adj ar fheabhas

superb adj thar barr

supermarket n ollmhargadh m1

supernatural adj osnádúrtha

superstitious adj piseogach

supervise vb ❶ (work) déan maoirseacht ar ❷ (watch) coinnigh súil ar

supervisor n maoirseoir m3

supper n suipéar m1

supplement n forlíon m1
▶ vb cuir le

supplies npl (food) soláthairtí mph

supply vb soláthair; **to supply somebody with something** rud a sholáthar do dhuine ▷ **The centre supplied us with all the equipment.** Sholáthair an t-ionad an trealamh uile dúinn.
▶ n soláthar m1 ▷ **a supply of paper** soláthar páipéir; **the water supply** (to town) an soláthar uisce

supply teacher n múinteoir m3 taca

support n (backing) tacaíocht f3
▶ vb tabhair tacaíocht do ▷ **My mum has always supported me.** Thug

a b c d e f g h i j k l m n o p q r s t u v w x y z

mo mháthair tacaíocht riamh dom. ▷ *What team do you support?* Cén fhoireann a dtugann tú tacaíocht di?

supporter *n* a Dublin supporter tacadóir de chuid Bhaile Átha Cliath

suppose *vb* ❶ creid ▷ *I suppose you're right.* Creidim go bhfuil an ceart agat. ❷ abair ▷ *Suppose you won the lottery.* Abair gur bhain tú an crannchur.; **I suppose so.** Is dócha é.; **I suppose he went home.** Is dócha go ndeachaigh sé abhaile.

supposing *conj* abair ▷ *Supposing you won the lottery ...* Abair gur bhain tú an crannchur ...

surcharge *n* formhuirear *m1*

sure *adj* cinnte ▷ *Are you sure?* An bhfuil tú cinnte?; **Sure!** Cinnte!; **to make sure that** tabhairt do d'aire go ▷ *I'm going to make sure the door's locked.* Tá mé ag dul a chinntiú go bhfuil an doras faoi ghlas.

surely *adv* cinnte; **Surely you've been to Dublin?** Caithfidh go raibh tú i mBaile Átha Cliath?; **The shops are closed on Sundays, surely?** Caithfidh go bhfuil na siopaí druidte ar an Domhnach?

surf *n* bruth *m3*
▸ *vb* scimeáil; **to surf the Net** an tIdirlíon a scimeáil

surface *n* ❶ (*of earth, road*) dromchla *m4* ❷ (*of water*) uachtar *m1*

surfboard *n* clár *m1* toinne

surfing *n* marcaíocht *f3* toinne ▷ *I love to go surfing.* Is aoibhinn liom an mharcaíocht toinne.

surgeon *n* máinlia *m4* ▷ *She's a surgeon.* Is máinlia í.

surgery *n* (*room*) clinic *m4* dochtúra; **surgery hours** uaireanta an chlinic

surname *n* sloinne *m4*

surprise *n* iontas *m1*

surprised *adj* I was surprised to see him. Bhí iontas orm é a fheiceáil.

surprising *adj* iontach

surrender *vb* géill

surrogate mother *n* máthair fionaid

surround *vb* tar timpeall ar; **surrounded by** thart timpeall ar ▷ *The house is surrounded by trees.* Tá crainn thart timpeall ar an teach.

surroundings *npl* timpeallacht *f3*; **a hotel in beautiful surroundings** ostán atá suite in áit álainn

survey *n* (*research*) suirbhé *m4*

surveyor *n* suirbhéir *m3*

survive *vb* mair

survivor *n* marthanóir *m3*

suspect *n* He is the main suspect. Eisean an príomhamhrastach.
▸ *vb* bheith san amhras ar

suspend *vb* (*from job, team*) cuir ar fionraí; **to be suspended** (*person*) a bheith ar fionraí

suspenders *npl* (*US: braces*) gealasacha *mph1*

suspense n beophianadh m
suspension n (from school, team, job) fionraíocht f3
suspicious adj amhrasach
SUV n (= sport utility vehicle) SUV f
> The Irish translation is **feithicil áirge spóirt** but SUV is more commonly used.

swallow vb slog
swam vb see **swim**
swan n eala f4
swap vb rud a mhalartú ⊳ Do you want to swap? An bhfuil tú ag iarraidh malartú? ⊳ to swap A for B A a mhalartú ar B
swat vb smiot
sway vb luasc
swear vb ❶ (use bad language) eascainigh ❷ (take an oath) glac mionn
swearword n eascaine f4
sweat n allas m1
> ⊳ vb cuir allas
sweater n geansaí m4
sweatshirt n léine f4 aclaíochta
sweaty adj allasúil
Swede n Sualannach m1
swede n svaeid m4
Sweden n an tSualainn f2 ⊳ in Sweden sa tSualainn
Swedish adj Sualannach ⊳ She's Swedish. Is Sualannach í.
> ⊳ n (language) Sualainnis f2
sweep vb scuab; **to sweep the floor** an t-urlár a scuabadh
sweet n ❶ (candy) milseán m1
> ⊳ a bag of sweets mála milseán
> ❷ (pudding) milseog f2 ⊳ What

sweet did you have? Cén mhilseog a bhí agat?
> ⊳ adj ❶ (not savoury) milis; **sweet and sour pork** muiceoil mhilis shearbh ❷ (kind) cineálta ⊳ That was really sweet of you. Ba chineálta an mhaise duit é. ❸ (cute) gleoite ⊳ Isn't she sweet? Nach í atá gleoite?
sweetcorn n arbhar m1 milis
sweltering adj brothallach
swept vb see **sweep**
swerve vb fiar
swim n snámh m3; **to go for a swim** dul ag snámh
> ⊳ vb snámh ⊳ Can you swim? An bhfuil snámh agat?
swimmer n snámhóir m3 ⊳ She's a good swimmer. Is snámhóir maith í.
swimming n snámh m3 ⊳ Do you like swimming? An maith leat an snámh?; **to go swimming** (in a pool) dul ag snámh
swimming cap n caipín m4 snámha
swimming costume n culaith f2 shnámha
swimming pool n linn f2 snámha
swimming trunks npl bríste m4 snámha
swimsuit n culaith f2 shnámha
swing n (in playground, garden) luascán m1
> ⊳ vb ❶ luasc ⊳ The gate was swinging in the wind. Bhí an geata ag luascadh sa ghaoth. ❷ tiontaigh ⊳ The canoe swung round sharply. Thiontaigh an canú thart go géar.

Swiss adj Eilvéiseach ▷ She's Swiss.
Is Eilvéiseacha í.
▶ n Eilvéiseach m1; **the Swiss**
(people) muintir na hEilvéise
switch n (for light, radio) lasc f2
▶ vb athraigh ▷ We switched
partners. D'athraigh muid
páirtnéirí.
switch off vb múch
switch on vb ❶ (light) las
❷ (engine, machine) tosaigh
Switzerland n an Eilvéis f2 ▷ in
Switzerland san Eilvéis
swollen adj (arm, leg) ata
swop vb rud a mhalartú ▷ Do
you want to swop? An bhfuil tú ag
iarraidh malartú? ▷ to swop A for B
A a mhalartú ar B
sword n claíomh m1
swore vb see **swear**
sworn vb see **swear**
swot vb dianstaidéar a dhéanamh
▷ I'll have to swot for my maths
exam. Beidh orm dianstaidéar a
dhéanamh le haghaidh mo scrúdú
mata.
swum vb see **swim**
swung vb see **swing**
syllable n siolla m4
syllabus n siollabas m1 ▷ on the
syllabus ar an siollabas
symbol n siombail f2
sympathetic adj (understanding)
tuisceanach
sympathize vb to sympathize
with somebody (understand)
bheith tuisceanach do dhuine
sympathy n trua f4

symptom n comhartha m4
syringe n steallaire m4
system n ❶ córas m1 ▷ the decimal
system an córas deachúlach
❷ (method) modh m3

t

table n tábla m4 ▷ *Lay the table please.* Ullmhaigh an tábla, le do thoil.

tablecloth n éadach m1 boird

table lamp n lampa m4 boird

tablemat n mata m4 boird

table of contents n clár m1 ábhair

tablespoon n spúnóg f2 bhoird ▷ *two tablespoons of sugar* dhá spúnóg bhoird de shiúcra

tablet n (*also computer*) táibléad m1

table tennis n leadóg f2 bhoird ▷ *I often play table tennis.* Imrím leadóg bhoird go minic.

tabloid n táblóideach m1

tack n (*nail*) tacóid f2

tackle n (*in football, rugby*) greamú m; **fishing tackle** trealamh iascaigh ▶vb (*in football, rugby*) greamaigh;

to tackle a problem dul i ngleic le fadhb

tact n cáiréis f2

tactful adj cáiréiseach

tactical adj straitéiseach

tactics npl straitéis f2

tactless adj **to be tactless** bheith gan deastuiscint; **a tactless remark** ráiteas gan deastuiscint

tadpole n torbán m1

tag n lipéad m1

tag along vb lean

tail n eireaball m1; **Heads or tails?** Ceann nó cúl?

tailback n (*traffic*) scuaine f4 tráchta

tailor n táilliúir m3

take vb ❶ glac ▷ *He took a plate from the cupboard.* Ghlac sé pláta ón gcófra. ❷ (*bring, carry*) tabhair ▷ *Are you taking your new camera?* An mbeidh tú ag tabhairt do cheamara nua leat? ▷ *I'm going to take my coat to the cleaner's.* Tá mé a dhul a thabhairt mo chóta chuig na glantóirí. ▷ *Don't take anything valuable with you.* Ná tabhair rud ar bith luachmhar leat. ❸ (*require*) tóg ▷ *That takes a lot of courage.* Tógann sé sin cuid mhór misnigh. ▷ *It takes about an hour.* Tógann sé thart faoi uair an chloig.; **It takes a lot of money to do that.** Tógann sé cuid mhór airgid leis sin a dhéanamh. ❹ (*exam, test*) déan ▷ *Have you taken your driving test yet?* An ndearna tú do thriail tiomána go fóill?; **He can't take**

a b c d e f g h i j k l m n o p q r s t u v w x y z

being criticized. Ní féidir leis glacadh le cáineadh.; **When will you take me to London?** Cá huair a thógfaidh tú go Londain mé?; **I'm taking French instead of German.** Tá mé ag déanamh Fraincise in áit na Gearmáinise.

take after vb bheith cosúil le ▷ *She takes after her mother.* Tá sí cosúil lena mháthair.

take apart vb bain as a chéile; **to take something apart** rud a bhaint as a chéile

take away vb **Take it away!** Tabhair leat é!; **to take something away** (*confiscate*) rud a choigistiú

take back vb ❶ (*return*) tabhair ar ais ▷ *I took it back to the shop.* Thug mé ar ais chuig an siopa é. ❷ (*one's words*) tarraing siar

take down vb ❶ (*tent, scaffolding*) bain anuas ❷ (*from shelf*) tóg anuas ❸ (*notes*) breac síos ▷ *He took down the details in his notebook.* Bhreac sé síos na sonraí ar fad ina leabhar nótaí.

take in vb (*understand*) tuig ▷ *I didn't really take it in.* Níor thuig mé mar is ceart é.

take off vb éirigh de thalamh ▷ *The plane took off twenty minutes late.* D'éirigh an t-eitleán de thalamh fiche bomaite mall.; **She took off her coat.** Bhain sí di a cóta.

take on vb ❶ (*work*) glac chugat ❷ (*employee*) fostaigh

take out vb ❶ (*remove*) tóg amach ❷ (*invite*) tabhair amach ▷ *He took her out to the theatre.* Thóg sé amach chuig an amharclann í.

take over vb (*business*) téigh i gceannas ar; **He took over the factory.** Chuaigh sé i mbun na monarchan.; **to take over from somebody** áit duine a ghlacadh

takeaway n ❶ (*meal*) béile m4 beir leat ❷ (*shop*) bialann f2 beir leat

taken vb *see* **take**

takeoff n (*of plane*) éirí m4 de thalamh

takeover n (*of company*) táthcheangal m1

talc n talcam m1

talcum powder n púdar m1 talcaim

tale n (*story*) scéal m1

talent n bua m4 ▷ *She's got lots of talent.* Tá a lán buanna aici.; **to have a talent for something** bua ruda a bheith agat ▷ *He's got a real talent for languages.* Tá bua mór teangacha aige.

talented adj éirimiúil ▷ *She's a talented pianist.* Is pianódóir éirimiúil í.

talk n ❶ (*a speech*) caint f2 ▷ *She gave a talk on rock climbing.* Thug sí caint ar ailleadóireacht. ❷ (*conversation*) comhrá m4 ▷ *I had a talk with my mum about it.* Bhí comhrá agam le mo mháthair faoi. ❸ (*gossip*) béadán m1 ▷ *It's just talk.* Níl ann ach béadán.

▶ vb labhair ▷ *Don't talk to strangers.* Ná labhair le strainséirí.; **to talk about something** labhairt faoi rud; **to talk something over with somebody** rud a phlé le duine

talkative adj cainteach

talk show n seó m4 agallaimh

tall adj ard; **to be six feet tall** (*person*) bheith sé troithe ar airde; **to be 2 metres tall** (*building*) bheith 2 mhéadar ar airde

tall story n scéal m1 an ghamhna bhuí

tally n cuntas m1

talon n ionga f

tame adj ceansa ▷ *They've got a tame hedgehog.* Tá gráinneog cheansa acu.

tampon n súitín m4

tan n dath m3 na gréine ▷ *She's got an amazing tan.* Tá dath iontach na gréine aici.

tangerine n táinséirín m4

tangle n aimhréidh f2 ▷ *Her hair was in a tangle.* Bhí a cuid gruaige in aimhréidh.

tank n ❶ (*for water, petrol*) umar m1 ▷ *a fish tank* umar éisc ❷ (*military*) tanc m4

tanker n (*truck*) tancaer m1; **an oil tanker** tancaer ola; **a petrol tanker** tancaer peitril

tantrum n spadhar m1

tap n ❶ (*on sink, bath*) sconna m4 ❷ (*gentle blow*) cniogóg f2; **on tap** (*resources*) ar fáil

▶ vb **to tap something** cniogóg a bhualadh ar rud; **to tap a phone** cúléisteacht ar ghuthán duine

tap-dancing n cniogdhamhsa m4 ▷ *I do tap-dancing.* Déanaim cniogdhamhsa.

tape n ❶ (*cassette*) téip f2 ❷ (*sticky*) téip ghreamaitheach ▶ vb ❶ (*record*) taifead ▷ *Did you tape that film last night?* Ar thaifead tú an scannán sin aréir? ❷ (*stick with tape*) greamaigh

tape measure n ribín m4 tomhais

tape recorder n téipthaifeadán m1

tapestry n taipéis f2

target n ❶ (*for shooting*) sprioc f2 ❷ (*objective*) cuspóir m3

tarmac n tarramhacadam m1

tarpaulin n tarpól m1

tarragon n dragan m1

tart n toirtín m4 ▷ *an apple tart* toirtín úll

tartan adj breacáin ▷ *a tartan scarf* scaif bhreacáin

tartare sauce n anlann m1 tartair

task n cúram m1

task force n tascfhórsa m4

taste n blas m1 ▷ *It's got a really strange taste.* Tá blas an-aisteach air.; **to be in bad taste** bheith míchuí

▶ vb blais ▷ *Would you like to taste it?* Ar mhaith leat é a bhlaiseadh? ▷ *You can taste the garlic in it.* Is féidir an ghairleog a bhlaiseadh air.; **to taste of something** blas

a b c d e f g h i j k l m n o p q r s t u v w x y z

ruda a bheith air ▷ *It tastes of fish.*
Tá blas éisc air.
tasteful adj cuibhiúil
tasteless adj ❶ (*food*) leamh
❷ míchuibheasach ▷ *a tasteless*
remark ráiteas míchuibheasach
tasty adj blasta
tattoo n tatú m4
taught vb see **teach**
Taurus n An Tarbh m1 ▷ *I'm Taurus.*
Is mise An Tarbh.
tax n cáin f
tax disc n (*on car*) diosca m4
cánach
tax-free adj saor ó cháin
taxi n tacsaí m4
taxi driver n tiománaí m4 tacsaí
taxi rank, taxi stand n stad
m4 tacsaí
tax payer n íocóir m3 cánach
TB n eitinn f2
tea n tae m4 ▷ *a cup of tea* cupán
tae; **It is tea time.** (*evening meal*)
Tá sé in am tae.
tea bag n mála m4 tae
tea break n sos m3 tae
teach vb múin ▷ *She teaches*
physics. Múineann sí fisic. ▷ *My*
sister taught me to swim. Mhúin
mo dheirfiúr snámh dom.; **That'll**
teach you! Múinfidh sé sin thú!
teacher n múinteoir m3 ▷ *a maths*
teacher múinteoir mata ▷ *She's*
a teacher. Is múinteoir í. ▷ *He's a*
primary school teacher. Is múinteoir
bunscoile é.
teacher's pet n peata m4 an
mhúinteora

teaching n múinteoireacht f3
tea cloth n scaraoid f2 tae
tea cosy n púic f2 tae
teacup n cupán m1
team n foireann f2 ▷ *a football team*
foireann peile ▷ *She was in my team.*
Bhí sí ar fhoireann s'agamsa.
teapot n taephota m4
tear n deoir f2 ▷ *The music moved*
her to tears. Bhain an ceol na deora
aisti.; **She burst into tears.** Bhris
a gol uirthi.
▶ vb stróic ▷ *Be careful or you'll tear*
the page. Bí cúramach nó stróicfidh
tú an leathanach. ▷ *It won't tear,*
it's very strong. Ní stróicfear é, tá sé
iontach láidir.
tear along vb **She was tearing**
along the road. (*rush*) Bhí sí ag
stróiceadh léi feadh an bhóthair.
tear up vb stróic ▷ *He tore up the*
letter. Stróic sé an litir.
tear gas n deoirghás m1
tearoom n seomra m4 tae
tease vb ❶ (*jokingly*) spoch
as ▷ *He's teasing you.* Tá sé ag
spochadh asat.; **I was only**
teasing him. Ní raibh mé ach ag
spochadh as. ❷ (*unkindly*) ciap
▷ *Stop teasing that poor animal!* Ná
ciap an t-ainmhí bocht!
tea set n foireann f2 tae
teaspoon n ❶ taespúnóg f2 ❷ (*as*
measurement) lán m1 taespúnóige
▷ *two teaspoons of sugar* dhá lán
taespúnóige de shiúcra
teatime n am m3 tae ▷ *It was*
nearly teatime. Am tae a bhí ann,

beagnach. ▷ *Teatime!* Am tae!

tea towel n ceirt f2 soithí

technical adj teicniúil; **a technical college** ceardcholáiste

technicality n ❶ (*detail*) teicniúlacht f3 ❷ (*point of law*) pointe m4 teicniúil

technically adv go teicniúil

technician n teicneoir m3

technique n teicníocht f3

techno n (*music*) technicheol m1

technology n teicneolaíocht f3

teddy bear n béirín m4

tedious adj leadránach

teenage adj déagóra; **a teenage magazine** irisleabhar do dhéagóirí; **She has two teenage daughters.** Tá beirt iníonacha sna déaga aici.

teenager n déagóir m3

teens npl **She's in her teens.** Tá sí sna déaga.

tee-shirt n T-léine f4

teeth npl fiacla fpl2

teethe vb fiacla a chur

teetotal adj (*person*) staontach; **I'm teetotal.** Is staonaire mé.

teetotaller n staonaire m4

telecommunications npl teileachumarsáid f2

telephone n guthán m1 ▷ **on the telephone** ar an nguthán

telephone box n bosca m4 ghutháin

telephone call n glao m4 ghutháin

telephone directory n eolaí m4 teileafóin

telephone number n uimhir f ghutháin

telesales npl teilidhíolachán m1 ▷ *She works in telesales.* Tá sí ag obair sna teilidhíolacháin.

telescope n teileascóp m1

television n ❶ teilifís f2 ▷ **on television** ar an teilifís; **a television licence** ceadúnas teilifíse; **a television programme** clár teilifíse ❷ (*set*) teilifíseán m1

tell vb inis ▷ *Did you tell your mother?* Ar inis tú do do mháthair? ▷ *I told him that I would be going on holiday.* D'inis mé dó go mbeinn ag dul ar saoire.; **to tell somebody to do something** a rá le duine rud a dhéanamh ▷ *He told me to wait a moment.* Dúirt sé liom fanacht bomaite.; **to tell lies** bréaga a insint; **to tell a story** scéal a insint; **I can't tell the difference between them.** Ní aithním an difear eatarthu.

tell off vb **to tell somebody off** leadhbairt teanga a thabhairt do dhuine

teller n (*in bank*) áiritheoir m3

telly n bosca m4 ▷ **on the telly** ar an mbosca; **to watch telly** bheith ag amharc ar an teilifís

temper n meon m1 ▷ *He's got a terrible temper.* Tá drochmheon aige.; **to be in a temper** drochspionn a bheith ort; **I lost my temper.** Fuair an fhearg an bua orm.

temperature n teocht f3 ▷ *The*

a
b
c
d
e
f
g
h
i
j
k
l
m
n
o
p
q
r
s
t
u
v
w
x
y
z

temperature was 30 degrees. Bhí
an teocht 30 céim.; **He's got a
temperature.** Tá fiabhras air.
temple n ❶ (*building*) teampall *m1*
❷ (*on head*) uisinn *f2*
temporary *adj* sealadach
tempt *vb* meall; **to tempt
somebody to do something**
duine a mhealladh chun rud a
dhéanamh; **I'm very tempted!** Tá
an-chathú orm!
temptation n cathú *m*
tempting *adj* cathaitheach
ten *num* ❶ a deich

> ▌ **a deich** is used for telling the
> ▌ time and for counting.

▷ *at ten o'clock* ar a deich a chlog
▷ *Five plus five is ten.* A cúig móide a
cúig sin a deich. ❷ deich

> ▌ **deich** is used to give the
> ▌ number of objects and is
> ▌ usually followed by a singular
> ▌ noun.

▷ *ten bottles* deich mbuidéal

> ▌ Some words, **bliain**, **uair**,
> ▌ **seachtain**, **pingin**, have a
> ▌ special plural for use with
> ▌ numbers.

▷ *ten years* deich mbliana ▷ *She's
ten.* Tá sí deich mbliana d'aois.

> ▌ To translate 'ten people', use
> ▌ the form **deichniúr**.

▷ *ten people* deichniúr ▷ *ten women*
deichniúr ban
tenant n tionónta *m4*
tend *vb* **to tend to do something**
claonadh a bheith agat rud a
dhéanamh ▷ *He tends to arrive late.*

Bíonn claonadh aige teacht go
mall.; **I tend to agree.** Bheinn ag
teacht le sin.
tender *adj* bog; **My feet are really
tender.** Tá mo chosa iontach
leochaileach.
tenement n tionóntán *m1*
tennis n leadóg *f2* ▷ *Do you play
tennis?* An imríonn tú leadóg?
tennis ball n liathróid *f2* leadóige
tennis court n cúirt *f2* leadóige
tennis player n imreoir *m3*
leadóige ▷ *He's a tennis player.* Is
imreoir leadóige é.
tennis racket n raicéad *m1*
leadóige
tennis shoe n bróg *f2* leadóige
tenor n (*music*) teanór *m1*
tenpin bowling n babhláil *f3*
deich bpionnaí ▷ *We went tenpin
bowling last week.* Chuamar ag
bhabháil pionnaí an tseachtain
seo caite.
tense *adj* ❶ (*nervous*) ar tinneall
❷ (*finish*) corraitheach
▶ n aimsir *f2* ▷ *the present tense* an
aimsir láithreach ▷ *the future tense*
an aimsir fháistineach
tension n teannas *m1*
tent n puball *m1*; **a tent peg**
pionna pubaill; **a tent pole** cuaille
pubaill
tentative *adj* (*cautious*)
faichilleach
tenth *adj* deichiú ▷ *the tenth floor*
an deichiú húrlár; **the tenth of
August** an deichiú lá de Lúnasa
term n (*at school*) téarma *m4*; **a**

short-term solution réiteach gearrthéarmach; **in the long term** go fadtéarmach; **to come to terms with something** glacadh le rud

terminal adj (illness) doleigheasta ▶ n teirminéal m1; **an oil terminal** teirminéal ola; **an air terminal** teirminéal aeir

terminally adv **to be terminally ill** a bheith tinn gan súil le biseach

terminus n stáisiún m1 cinn aistir

terrace n ❶ lochtán m1 ❷ (row of houses) sraith f2 ❸ (in street names) ardán m1; **the terraces** (at stadium) na lochtáin

terraced adj (garden) lochtánach; **a terraced house** teach sraithe

terrain n tír-raon m1

terrible adj uafásach ▷ My French is terrible. Tá mo chuid Fraincise go huafásach.

terribly adv uafásach ▷ He suffered terribly. D'fhulaing sé go huafásach.; **I'm terribly sorry.** Tá mé iontach buartha go deo.

terrier n brocaire m4

terrific adj iontach ▷ That's terrific! Tá sé sin go hiontach! ▷ You look terrific! Tá cuma iontach ort!

terrified adj critheaglach; **I was terrified!** Bhí eagla an domhain orm!

territory n dúiche f4

terror n sceimhle m4

terrorism n sceimhlitheoireacht f3

terrorist n sceimhlitheoir m3; **a terrorist attack** ionsaí

sceimhlitheoireachta

test n ❶ triail f ▷ nuclear tests trialacha núicléacha ❷ scrúdú m ▷ I've got a test tomorrow. Beidh scrúdú agam amárach. ▷ a blood test scrúdú fola ▷ They're going to do some more tests. Tá siad ag dul a dhéanamh tuilleadh scrúduithe.; **driving test** scrúdú tiomána ▷ He's got his driving test tomorrow. Beidh a scrúdú tiomána amárach aige. ▶ vb ❶ triail ▷ I need to test out the new software. Caithfidh mé na bogearraí nua a thriail. ❷ scrúdaigh ▷ He tested us on the vocabulary. Chuir sé scrúdú focal orainn. ❸ tástáil ▷ She was tested for drugs. Cuireadh tástáil uirthi le haghaidh drugaí.

testify vb (in court) fianaise a thabhairt

test match n teistchluiche m4

test tube n promhadán m1

tetanus n teiteanas m1 ▷ a tetanus injection instealladh teiteanais

text n téacs m4 ▶ vb **to text someone** téacs a chur chuig duine

textbook n téacsleabhar m1 ▷ a French textbook téacsleabhar Fraincise

text message n teachtaireacht f3 téacs

Thailand n an Téalainn f2

than conj ná ▷ more than ten years níos mó ná deich mbliana ▷ more than once níos mó ná uair amháin ▷ She's taller than me. Tá sí níos

a b c d e f g h i j k l m n o p q r s t u v w x y z

airde ná mé. ▷ *I've got more books than him.* Tá níos mó leabhar agam ná aigesean.

thank *vb* **to thank somebody** buíochas a ghabháil le duine ▷ *Don't forget to write and thank them.* Ná déan dearmad ar scríobh chucu agus buíochas a ghabháil leo.; **thank you** go raibh maith agat; **thank you very much** go raibh míle maith agat

thanks *excl* go raibh maith agat; **thanks to** a bhuí le ▷ *Thanks to him, everything went OK.* A bhuí leis-sean, chuaigh gach rud i gceart.

Thanksgiving Day *n* Lá m an Altaithe

that *adj* an … sin ▷ *that book* an leabhar sin ▷ *that man* an fear sin ▷ *that woman* an bhean sin ▷ *that road* an bóthar sin; **that one** an ceann sin ▷ *This man? — No, that one.* An fear seo? — Ní hé, an ceann sin. ▷ *Do you like this photo? — No, I prefer that one.* An maith leat an grianghraf seo? — Ní maith, is fearr liom an ceann sin.

▶ *pron* é sin ▷ *You see that?* An bhfeiceann tú é sin? ▷ *What's that?* Cad é sin? ▷ *That's what he said.* Sin an rud a dúirt sé.; **Who's that?** Cé sin?; **Is that you?** An tú féin atá ann?; **That's …** Sin … ▷ *That's my teacher.* Sin mo mhúinteoir.

▶ *conj* **He thought that I was ill.** Shíl sé go raibh mé tinn.; **I know that she likes chocolate.** Tá a fhios agam go bhfuil dúil sa

tseacláid aige.

▶ *adv* **I didn't know it was that bad.** Ní raibh a fhios agam go raibh sé chomh dona sin.; **It's about that high.** Tá sé faoin airde sin.; **It's not that difficult.** Níl sé chomh doiligh sin.

thatched *adj* (roof) tuí; **a thatched cottage** teach ceann tuí

the *art* ❶ an ▷ *the man* an fear ▷ *the street* an tsráid ▷ *the time* an t-am ▷ *the weather* an aimsir ❷ (plural) na ▷ *the children* na páistí ▷ *the songs* na hamhráin; **the top of the window** barr na fuinneoige; **Elizabeth the First** (in titles) Eilís a hAon; **The more he works, the more he earns.** (in comparisons) Dá mhéad a oibríonn sé is amhlaidh is mó a shaothraíonn sé.

theatre *n* ❶ amharclann *f2* ❷ (for lectures) léachtlann *f2* ❸ (for operations) obrádlann *f2*

theft *n* gadaíocht *f3*

their *adj* a ▷ *their house* a dteach ▷ *their parents* a dtuismitheoirí ▷ *their car* a ngluaisteán

theirs *adj* an ceann seo acusan ▷ *It's better than theirs.* Is fearr é ná an ceann seo acusan.; **Whose is this? — It's theirs.** Cé leis é seo? — Is leosan é.; **a friend of theirs** cara leo

them *pron* (direct object) iad ▷ *I didn't see them.* Ní fhaca mé iad.

To translate 'them' meaning 'to them', look at the examples below.

▷ *I gave them some brochures.* Thug mé roinnt bróisiúr dóibh. ▷ *I told them the truth.* D'inis mé an fhírinne dóibh.

> To translate 'them' after 'with' or 'for', look at the examples below.

▷ *It's for them.* Is dóibhsean é. ▷ *Ann and Sophie came; Peter was with them.* Tháinig Áine agus Sophie; bhí Peadar in éineacht leo.

theme *n* téama *m4*

theme park *n* páirc *f2* théama

themselves *pron* iad féin ▷ *They hurt themselves.* Ghortaigh siad iad féin.

then *adv* ❶ (*at that time*) san am sin ▷ *There was no electricity then.* Ní raibh leictreachas ar bith ann san am sin. ❷ (*next*) ansin ▷ *I get dressed. Then I have breakfast.* Cuirim orm mo chuid éadaigh. Ithim mo bhricfeasta ansin. ❸ (*in that case*) mar sin ▷ *My pen's broken. — Use a pencil then!* Tá mo pheann briste. — Bain úsáid as peann luaidhe mar sin!; **now and then** anois agus arís ▷ *Do you play chess? — Now and then.* An mbíonn tú ag imirt fíchille? — Anois agus arís.; **By then it was too late.** Faoin am sin bhí sé rómhall.

theory *n* teoiric *f2*

therapy *n* teiripe *f4*

there *adv* ansin ▷ *Put it there, on the table.* Cuir ansin é, ar an tábla.; **over there** thall ansin; **in there** istigh ansin; **on there** air sin; **up**

there (*position*) thuas ansin; **down there** (*position*) thíos ansin; **There he is!** Sin ansin é!; **There is …** Tá … ann ▷ *There's a factory near my house.* Tá monarcha cóngarach do mo theach.; **There are …** Tá … ann ▷ *There are five people in my family.* Tá cúigear i mo theaghlach.; **I want that book there.** An leabhar sin atá uaim.

therefore *adv* dá bhrí sin

thermometer *n* teirmiméadar *m1*

Thermos® *n* (*flask*) teirmeas *m1*

thermostat *n* teirmeastat *m1*

these *adj* na … seo ▷ *these books* na leabhair seo ▷ *these shoes* na bróga seo

> *pron* ❶ (*subject*) siad seo ▷ *These are fine.* Tá siad seo go breá. ❷ (*object*) iad seo ▷ *I want these!* Ba mhaith liom iad seo! ▷ *I'm looking for some sandals. Can I try these?* Tá mé ar lorg cuarán. An bhfuil cead agam iad seo a thriail?

they *pron* ❶ siad ▷ *They came in.* Tháinig siad isteach. ▷ *Do you like those shoes? — No, they're horrible.* An maith leat na bróga seo? — Ní maith, tá siad gránna. ❷ (*with passive*) iad ▷ *They were injured.* Gortaíodh iad. ❸ (*for emphasis*) siadsan ▷ *They came and she stayed.* Tháinig siadsan agus d'imigh sise.; **They say that …** Deir siad go …

thick *adj* ❶ tiubh; **The walls are one metre thick.** Tá na ballaí méadar amháin ar tiús. ❷ (*liquid*) ramhar ❸ (*stupid*) bómánta

thickness *n* tiús *m1*

thief *n* gadaí *m4*; **Stop thief!** Stad, a ghadaí!

thigh *n* ceathrú *f*

thimble *n* méaracán *m1*

thin *adj* ❶ (*person*) tanaí ❷ (*hair, crowd*) scáinte

thing *n* rud *m3* ▷ *beautiful things* rudaí áille ▷ *What's that thing called?* Cad é a thugtar ar an rud sin?; **my things** (*belongings*) mo chuid giuirléidí; **You poor thing!** A chréatúir bhoicht!

think *vb* ❶ smaoinigh ▷ *Think carefully before you reply.* Smaoinigh go cúramach sula dtugann tú freagra. ▷ *I'll think about it.* Smaoineoidh mé air. ▷ *What are you thinking about?* Cad air a bhfuil tú ag smaoineamh? ▷ *Think what life would be like without cars.* Samhlaigh an saol gan charranna. ❷ (*reflect*) machnaigh ▷ *I'll think it over.* Déanfaidh mé mo mhachnamh air. ❸ (*have opinion*) síl ▷ *I think you're wrong.* Sílim go bhfuil tú contráilte. ▷ *What do you think about the war?* Cad é a shíleann tú faoin gcogadh?; **I think so.** Sílim é.; **I don't think so.** Ní shílim é.

third *n* (*gear*) an tríú giar; **a third of the population** trian den phobal
▶ *adj* tríú ▷ *the third day* an tríú lá ▷ *the third time* an tríú huair; **I came third.** Tháinig mé sa tríú

háit.; **the third of March** an tríú lá de Mhárta

thirdly *adv* ar an tríú dul síos

Third World *n* the Third World an Tríú Domhan

thirst *n* tart *m3*

thirsty *adj* tartmhar; **to be thirsty** tart a bheith ort ▷ *He is thirsty.* Tá tart air.

thirteen *num* trí ... déag

> ▌ **trí** is followed by a singular noun.

▷ *thirteen bottles* trí bhuidéal déag; **thirteen people** trí dhuine dhéag; **I'm thirteen.** Tá mé trí bliana déag d'aois.

thirteenth *adj* tríú ... déag ▷ *her thirteenth birthday* a tríú breithlá déag ▷ *the thirteenth floor* an tríú hurlár déag; **the thirteenth of August** an tríú lá déag de Lúnasa

thirty *num* tríocha

> ▌ **tríocha** is followed by a singular noun.

▷ *thirty bottles* tríocha buidéal ▷ *thirty people* tríocha duine; **I'm thirty.** Tá mé tríocha bliain d'aois.

this *adj* an ... seo ▷ *this book* an leabhar seo ▷ *this man* an fear seo ▷ *this woman* an bhean seo ▷ *this road* an bóthar seo; **this one** an ceann seo ▷ *Pass me that pen.* — *This one?* Cuir chugam an peann sin. — An ceann seo? ▷ *Of the two photos, I prefer this one.* Den dá ghrianghraf, is fearr liom an ceann seo.
▶ *pron* é seo ▷ *Who's this?* Cé hé seo? ▷ *What's this?* Cad é seo? ▷ *You see*

this? An bhfeiceann tú seo?; **This is my mother.** (*introduction*) Seo mo mháthair.; **This is Paul speaking.** (*on the phone*) Seo Pól ag caint.

thistle n feochadán m1

thorn n dealg f2

thorough adj cruinn ▷ *She's very thorough.* Bíonn sí iontach cruinn.

thoroughly adv go cruinn

those adj na ... sin ▷ *those books* na leabhair sin ▷ *those shoes* na bróga sin
▶ pron ❶ (*subject*) siad sin ▷ *Those are fine.* Tá siad sin go breá.
❷ (*object*) iad sin ▷ *I want those!* Ba mhaith liom iad sin! ▷ *I'm looking for some sandals. Can I try those?* Tá mé ar lorg cuarán. An bhfuil cead agam iad sin a thriail?

though conj, adv cé go ▷ *Though it's raining ...* Cé go bhfuil sé ag cur ...; **He's a nice person, though he's not very clever.** Is duine deas é, cé nach bhfuil sé róchliste.

thought n (*idea*) smaoineamh m1 ▷ *I've just had a thought.* Rith smaoineamh liom ansin. ▷ *It was a nice thought, thank you.* Smaoineamh deas a bhí ann, go raibh maith agat.

thought vb see **think**

thoughtful adj ❶ (*deep in thought*) machnamhach ▷ *You look thoughtful.* Tá cuma mhachnamhach ort.
❷ (*considerate*) tuisceanach ▷ *She's very thoughtful.* Tá sí iontach tuisceanach.

thoughtless adj (*inconsiderate*) neamhthuisceanach ▷ *He's completely thoughtless.* Tá sé go hiomlan neamhthuisceanach.

thousand num míle

| **míle** is followed by a singular noun.

▷ *two thousand houses* dhá mhíle teach ▷ *a thousand euros* míle euro; **thousands of people** na mílte duine

thousandth adj, n míliú

thread n snáithe m4

threat n bagairt f3

threaten vb bagair ▷ *Mum threatened to stop my pocket money.* Bhagair Mam orm go stopfadh sí mo chuid airgid phóca.

three num ❶ a trí

| **a trí** is used for telling the time and for counting.

▷ *at three o'clock* ar a trí a chlog ▷ *Three into seven won't go.* Níl seacht inroinnte ar a trí. ❷ trí

| **trí** is used to give the number of objects and is usually followed by a singular noun.

▷ *three bottles* trí bhuidéal

| Some words, **bliain**, **uair**, **seachtain**, **pingin**, have a special plural for use with numbers.

▷ *three years* trí bliana; **She's three.** Tá sí trí bliana d'aois.

| To translate 'three people', use the form **triúr**.

▷ *three people* triúr ▷ *three women* triúr ban

three-dimensional adj tríthoiseach

threshold n tairseach f2

threw vb see throw

thrifty adj tíosach

thrill n (excitement) corráil f3

thrilled adj I was thrilled. (pleased) Bhí áthas an domhain orm.

thriller n (book) leabhar m1 corraitheach

thrilling adj corraitheach

throat n sceadamán m1 ▷ I've got a sore throat. Tá sceadamán nimhneach agam.

throb vb (with pain) frithbhuail ▷ My head's throbbing. Tá mo cheann ag frithbhualadh.; a throbbing pain pian bhroidearnúil

throne n ríchathaoir f

through prep, adv trí ▷ through the window tríd an bhfuinneog ▷ I know her through my sister. Tá aithne agam uirthi trí mo dheirfiúr. ▷ through the mist tríd an gceo ▷ The window was dirty and I couldn't see anything through it. Bhí an fhuinneog salach agus ní thiocfadh liom a dhath a fheiceáil tríthi.; through and through amach agus amach
▶ adj (ticket, train, passage) díreach ▷ a through train traein dhíreach; 'no through road' 'ní trébhóthar é seo'

throughout prep ❶ (place) ar fud ▷ throughout Ireland ar fud na hÉireann ❷ (time) i rith

▷ throughout the year ar rith na bliana

throw vb caith ▷ He threw the ball to me. Chaith sé an liathróid chugam.; to throw a party cóisir a dhéanamh; That really threw him. Chuir sin dá threoir é.

throw away vb caith uait

throw out vb ❶ caith amach ▷ I threw him out. Chaith mé amach é. ❷ (reject) diúltaigh do

throw up vb cuir amach

thrush n (bird) smólach m1

thug n maistín m4

thumb n ordóg f2

thumb tack n (US) tacóid f2 ordóige

thump vb buail; to thump somebody duine a bhualadh

thunder n toirneach f2

thunderstorm n spéirling f2

thundery adj toirniúil

Thursday n An Déardaoin m4; last Thursday Déardaoin seo caite; next Thursday Déardaoin seo chugainn; on Thursday Déardaoin; on Thursdays ar an Déardaoin ▷ He comes on Thursdays. Tagann sé ar an Déardaoin.; every Thursday gach Déardaoin

tick n (mark, of clock) tic m4; in a tick ar an toirt ▷ I'll be back in a tick. Beidh mé ar ais ar an toirt.
▶ vb ticeáil ▷ Tick the appropriate box. An bosca cuí a thiceáil.

tick off vb ❶ (item on list) ticeáil ▷ He ticked off our names on the list. Thiceáil sé ár gcuid ainmneacha ar an liosta. ❷ (*tell off*) íde béil a thabhairt do ▷ *She ticked me off for being late.* Thug sí íde béil dom cionn is go raibh mé mall.

ticket n ticéad m1 ▷ *a parking ticket* ticéad páirceála

ticket collector n bailitheoir m3 ticéad

ticket inspector n cigire m4 ticéad

ticket office n oifig f2 ticéad

tickle vb cigil

ticklish adj (*person*) cigilteach ▷ *Are you ticklish?* An bhfuil tú cigilteach?

tidal wave n muirbhrúcht m3

tide n taoide f4; **high tide** lán mara; **low tide** lag trá; **to go against the tide** snámh in éadan an tsrutha

tidy adj slachtmhar ▷ *Your room's very tidy.* Tá do sheomra iontach slachtmhar. ▷ *She's very tidy.* Tá sí iontach slachtmhar.

▷ vb **Go and tidy your room.** Gabh agus cuir slacht ar do sheomra.

tidy up vb slacht a chur ar ▷ *Don't forget to tidy up afterwards.* Ná déan dearmad ar shlacht a chur air ina dhiaidh.

tie n ❶ (*with shirt*) carbhat m1 ❷ (*drawn game*) cluiche m1 cothrom ▷ *It was a tie.* Cluiche cothrom a bhí ann.

▷ vb ❶ (*ribbon, shoelaces*) ceangail; **to tie a knot in something** snaidhm a cheangal i rud ❷ (*in sport*) críochnaigh ar comhscór

▷ *They tied three all.* Chríochnaigh siad ar comhscór, a trí an duine.

tie up vb ❶ (*parcel, dog*) ceangail ❷ (*boat*) feistigh ❸ (*arrangements*) . socraigh; **to be tied up with something** (*busy*) bheith gafa ag rud

tiger n tíogar m1

tight adj teann ▷ *tight clothes* éadaí teanna ▷ *This dress is a bit tight.* Tá an gúna seo cineál teann.

tighten vb teann

tightly adv (*hold*) go daingean

tightrope n téad f2 rite

tights npl riteoga fpl2

tile n tíl f2

tiled adj tílithe

till n scipéad m1

▷ prep, conj go dtí ▷ *I waited till ten o'clock.* D'fhan mé go dtí a deich a chlog. ▷ *It won't be ready till next week.* Ní bheidh sé réidh go dtí an tseachtain seo chugainn. ▷ *Till last year I'd never been to France.* Go dtí anuraidh ní raibh mé riamh sa Fhrainc.; **till now** go dtí seo; **till then** go dtí sin

timber n (*material*) adhmad m1

time n ❶ am m3 ▷ *What time is it?* Cén t-am é? ▷ *What time do you get up?* Cén t-am a n-éiríonn tú? ▷ *I'm sorry, I haven't got time.* Tá mé buartha, ach níl an t-am agam.; **on time** in am ▷ *He never arrives on time.* Ní thagann sé in am riamh.; **in time** in am ▷ *I arrived in time for lunch.* Tháinig mé in am don lón.; **just in time** díreach in am; **no**

time am ar bith ▷ *It took no time to get ready.* Níor ghlac sé am ar bith le hullmhú.; **for a long time** ar feadh i bhfad ▷ *He lived there for a long time.* Bhí sé ina chónaí ansin ar feadh i bhfad. ❷ (*occasion*) uair *f2* ▷ *this time* an uair seo ▷ *next time* an chéad uair eile ▷ *How many times will he come back?* Cá mhéad uair a thiocfaidh sé ar ais?; **two at a time** beirt gach uair; **at times** uaireanta; **in a week's time** i gceann seachtaine; **to have a good time** am maith a bheith agat ▷ *Did you have a good time?* An raibh am maith agat?; **2 times 2 is 4.** 2 faoi 2 sin 4.

time bomb *n* buama *m4* ama

time lag *n* idirlinn *f2*

time off *n* am *m3* saor

timer *n* amadóir *m3*

timescale *n* achar *m1* ama

time-share *n* sealbhaíocht *f3* thréimhsiúil

timetable *n* clár *m1* ama

time zone *n* crios *m3* ama

tin *n* ❶ (*metal*) stán *m1* ❷ (*can*) canna *m4* ▷ *a tin of soup* canna anraith ▷ *a biscuit tin* canna brioscaí ▷ *The bin was full of tins.* Bhí an bosca bruscair lán cannaí.

tinfoil *n* scragall *m1* stáin

tinned *adj* (*food*) stánaithe ▷ *tinned peaches* péitseoga stánaithe

tin opener *n* stánosclóir *m3*

tinsel *n* tinsil *m4*

tinted *adj* fordhaite

tiny *adj* bídeach

tip *n* ❶ (*end*) barr *m1* ▷ *It's on the tip of my tongue.* Tá sé ar bharr mo theanga. ❷ (*of pen*) gob *m1* ❸ (*to waiter*) séisín *m4* ❹ (*advice*) nod *m1* ▷ *a useful tip* nod úsáideach; **a rubbish tip** carnán bruscair; **This place is a complete tip!** Tá an áit seo ina cíor thuathail!
▸ *vb* (*waiter*) séisín a thabhairt do ▷ *Don't forget to tip the taxi driver.* Ná déan dearmad séisín a thabhairt don tiománaí tacsaí.

tip-off *n* cogar *m1*

Tipperary *n* Tiobraid *f* Árann

tipsy *adj* súgach

tiptoe *n* **on tiptoe** ar do bharraicíní

tire *n* (*US*) bonn *m1*

tired *adj* tuirseach ▷ *I'm tired.* Tá mé tuirseach.; **to be tired of something** bheith bréan de rud

tiring *adj* tuirsiúil

tissue *n* ciarsúr *m1* ▷ *Have you got a tissue?* An bhfuil ciarsúr agat?

tissue paper *n* páipéar *m1* síoda

title *n* teideal *m1*

title role *n* páirt *f2* theidil

to *prep* ❶ go

　　go is used before place names.
▷ *We went to Dublin.* Chuamar go Baile Átha Cliath. ▷ *the road to Belfast* an bóthar go Béal Feirste ❷ go dtí

　　go dtí is used before nouns with an article or before numbers.
▷ *We went to the theatre last night.* Chuamar go dtí an

amharclann aréir. ▷ *to count to ten* comhaireamh go dtí a deich ▷ *It's twenty to three.* Tá sé fiche go dtí a trí. ❸ *(for, of)* an ▷ *the key to the front door* eochair an dorais tosaigh; **to talk to somebody** labhairt le duine; **ready to go** réidh le dul; **I've got things to do.** Tá rudaí le déanamh agam.; **from ... to ...** ó ... go ... ▷ *from nine o'clock to half past three* ó a naoi a chlog go leath i ndiaidh a trí; **to go to school** dul ar scoil; **to go to the doctor's** dul chuig an dochtúir

toad *n* buaf *f2*

toadstool *n* beacán *m1* bearaigh

toast *n* ❶ tósta *m4* ▷ *a piece of toast* slisín tósta ❷ *(drink, speech)* sláinte *f4* ▷ *We drank a toast to the bride and groom.* D'ólamar sláinte na lánúna nuaphósta.

toaster *n* tóstaer *m1*

toastie *n* ceapaire *m4* tósta ▷ *a cheese and ham toastie* ceapaire tósta cáise agus liamháis

tobacco *n* tobac *m4*

tobacconist's *n* siopa *m4* tobac

toboggan *n* sleamhnán *m1*

tobogganing *n* **to go tobogganing** dul a thobaganáil

today *adv* inniu ▷ *What did you do today?* Cad é a rinne tú inniu?

toddler *n* tachrán *m1*

toe *n* ❶ méar *f2* coise ❷ *(of shoe)* barraicín *m4*

toenail *n* ionga *f* coise

toffee *n* taifí *m4*

together *adv* le chéile ▷ *Are they still together?* An bhfuil siad le chéile go fóill? ▷ *Don't all speak together!* Ná labhraígí uile le chéile!; **together with** *(with person)* in éineacht le

toilet *n* leithreas *m1*

toilet paper *n* páipéar *m1* leithris

toiletries *npl* cóir *f3* ionnalta

toilet roll *n* rolla *m4* leithris

token *n* éarlais *f2* ▷ *a book token* éarlais leabhar ▷ *a gift token* éarlais bhronntanais

told *vb see* **tell**

tolerant *adj* caoinfhulangach

tolerate *vb* fulaing

toll *n* *(on road, bridge)* dola *m4*

tomato *n* tráta *m4* ▷ *tomato sauce* anlann trátaí ▷ *tomato soup* anraith trátaí

tomb *n* tuama *m4*

tomboy *n* geamstaire *m4* ▷ *She's a real tomboy.* Is geamstaire déanta í.

tomorrow *adv* amárach ▷ *tomorrow morning* maidin amárach ▷ *tomorrow night* oíche amárach; **the day after tomorrow** arú amárach

ton *n* tonna *m4* ▷ *That old bike weighs a ton.* Tá meáchan tonna sa seanrothar sin.

tongs *npl* ❶ *(for coal)* tlú *m4* ❷ *(for hair)* tlú *m4* gruaige

tongue *n* teanga *f4*; **tongue in cheek** agus do theanga i do phluc agat

tongue twister *n* rabhlóg *f2*

tonic *n* uisce *m4* íocshláinteach ▷ *a gin and tonic* jin agus uisce

a
b
c
d
e
f
g
h
i
j
k
l
m
n
o
p
q
r
s
t
u
v
w
x
y
z

íocshláinteach

tonight adv anocht ▷ *Are you going out tonight?* An mbeidh tú ag dul amach anocht? ▷ *I'll sleep well tonight.* Codlóidh mé go sámh anocht.

tonsil n céislín m4

tonsillitis n céislínteas m1

too adv ❶ (*excessively*) ró- ▷ *The water's too hot.* Tá an t-uisce róthe. ▷ *We arrived too late.* Thángamar rómhall. ❷ (*also*) fosta ▷ *My sister came too.* Tháinig mo dheirfiúr fosta.; **too much (1)** barraíocht ▷ *too much talk* barraíocht cainte ▷ *At Christmas we always eat too much.* Ithimid barraíocht um Nollaig. **(2)** (*too expensive*) ródhaor ▷ *Fifty euros? That's too much.* Caoga euro? Tá sé sin ródhaor.; **too many** barraíocht ▷ *too many hamburgers* barraíocht borga; **Too bad!** Is trua sin!

took vb see **take**

tool n uirlis f2

toolbar n (*on computer*) barra m4 uirlisí

tool box n bosca m4 uirlisí

tooth n fiacail f2

toothache n tinneas m1 fiacaile ▷ *I have terrible toothache.* Tá tinneas fiacaile millteanach orm.

toothbrush n scuab f2 fiacla

toothpaste n taos m1 fiacla

top n ❶ barr m1 ▷ *at the top of the page* ar bharr an leathanaigh; **on top of** ar bharr ▷ *on top of the fridge* ar bharr an chuisneora; **There's**

a surcharge on top of that. Tá formhuirear ar a bharr sin.; **from top to bottom** ó bhun go barr ▷ *I searched the house from top to bottom.* Chuardaigh mé an teach ó bhun go barr. ❷ (*of mountain, head*) mullach m1 ❸ (*of box, jar*) clár m1 ❹ (*garment*) barrchóir f3 ▶ adj ❶ uachtarach ▷ *the top floor* an t-urlár uachtarach ❷ (*in rank*) príomh- ❸ (*best*) is fearr ▷ *the top surgeon* an máinlia is fearr ▷ *He always gets top marks in Irish.* Faigheann sé na marcanna is fearr i gcónaí sa Ghaeilge.

top up vb (*mobile phone*) faigh breis

top hat n hata m4 ard

topic n ábhar m1 ▷ *The essay can be written on any topic.* Is féidir an aiste a scríobh ar ábhar ar bith.

topical adj (*current*) reatha ▷ *a topical issue* ceist reatha

topless adj (*bather, model*) uchtnocht ▷ *to go topless* bheith uchtnocht ▷ *I'd never go topless on the beach.* Ní rachainn go deo ar an trá uchtnocht.

top-level adj **top-level talks** díospóireacht ar an leibhéal is airde

top-secret adj an-rúnda ▷ *top-secret documents* cáipéisí an-rúnda

top-up n (*for mobile phone*) breis f2

top-up card n (*for mobile phone*) cárta m4 breisithe

torch n lóchrann m1 póca

tore vb see **tear**

torn vb see **tear**

tornado n tornádó m4

torpedo n toirpéad m1

tortoise n toirtís f2

torture n céasadh m ▷ It was pure torture. Níor chéasadh go dtí é.
▶ vb céas ▷ Stop torturing that poor animal! Éirigh as an ainmhí bocht sin a chéasadh!

Tory n Tóraí m4; **the Tories** na Tóraithe
▶ adj Tóraíoch ▷ the Tory government an Rialtas Tóraíoch

toss vb caith; **to toss a coin** pingin a chaitheamh in airde; **to toss and turn** bheith d'únfairt féin sa leaba; **Shall we toss for it?** An gcaithfimid crann air?

total adj go léir ▷ the total amount an méid go léir
▶ n iomlán m1 ▷ the grand total an t-iomlán

totally adv go hiomlán ▷ He's totally useless. Tá sé go hiomlán gan mhaith.

touch n to get in touch with somebody teagmháil a dhéanamh le duine; **to keep in touch with somebody** teagmháil a choinneáil le duine; **Keep in touch!** Coinnigh i dteagmháil!; **to lose touch with somebody** teagmháil a chailleadh le duine
▶ vb bain do ▷ Don't touch that! Ná bain dó sin!

touchdown n talmhú m

touched adj corraithe ▷ I was really touched. Bhí mé iontach córraithe.

touching adj corraitheach

touchline n taobhlíne f4

touchy adj (person) goilliúnach ▷ She's a bit touchy. Tá sí cineál goilliúnach.

tough adj ❶ crua ▷ He thinks he's a tough guy. Síleann sé gur fear crua atá ann. ❷ righin ▷ The meat's tough. Tá an fheoil righin. ▷ tough leather gloves lámhainní righne leathair ❸ láidir ▷ She's tough. She can take it. Tá sí láidir. Is féidir léi é a ghlacadh. ❹ (difficult) doiligh ▷ It was tough, but I managed OK. Bhí sé doiligh, ach d'éirigh liom maith go leor. ▷ It's a tough job. Is jab doiligh é.; **Tough luck!** Mí-ádh!

toupee n bréagfholt m1

tour n ❶ turas m1 ▷ We went on a tour of the city. Chuamar ar thuras na cathrach. ▷ a package tour turas réamháirithe ❷ (by singer, group) cuairt f2 ▷ on tour ar camchuairt
▶ vb **U2 are touring Europe.** Tá U2 ar camchuairt na hEorpa.

tour guide n treoraí m4

tourism n turasóireacht f3

tourist n turasóir m3; **tourist information office** oifig fáilte

tourist office n oifig f2 thurasóireachta

tournament n comórtas m1

tour operator n oibreoir m3 turas

towards prep (in the direction of) i dtreo ▷ He came towards me. Tháinig sé i mo threo.; **my feelings towards him** mo chuid mothúchán faoi

towel n tuáille m4

towel rail (US **towel rack**) n ráille m4 tuáillí

tower n túr m1

tower block n áraslann f2

town n baile m4 mór ▷ a town plan plean baile mhóir

town centre n lár m1 an bhaile

town council n comhairle f4 baile

town hall n halla m4 baile

tow truck n (US) trucail f2 tarraingthe

toy n bréagán m1 ▷ a toy shop siopa bréagán; **a toy car** bréagcharr

trace n rian m1 ▷ There was no trace of the robbers. Ní raibh rian ar bith de na robálaithe.
▶ vb ❶ (draw) rianaigh ❷ (follow) lorg ❸ (locate) aimsigh

tracing paper n rianpháipéar m1

track n ❶ (mark, of animal) lorg m1 ❷ (path) cosán m1 ▷ They followed the track for miles. Lean siad an cosán ar feadh na mílte. ❸ (for sport, on record) raon m1 ▷ This is my favourite track. Seo an raon is fearr liom. ▷ two laps of the track dhá chuaird den an raon

track down vb to track somebody down teacht suas le duine ▷ The police never tracked down the killer. Níor tháinig na póilíní suas leis an dúnmharfóir.

tracksuit n raonchulaith f2

tractor n tarracóir m3

trade n (skill, job) ceird f2 ▷ He's learning a trade. Tá sé ag foghlaim ceirde.

trademark n trádmharc m1

trader n trádálaí m4

trade union n ceardchumann m1

trade unionist n ceardchumannaí m4

tradition n traidisiún m1

traditional adj traidisiúnta

traffic n trácht m3 ▷ The traffic was terrible. Bhí an trácht millteanach.

traffic circle n (US) timpeallán m1

traffic jam n plódú m tráchta

traffic lights npl soilse fpl4 tráchta

traffic warden n maor m1 tráchta

tragedy n ❶ tragóid f4 ▷ They were shocked by the tragedy. Bhí siad suaite go mór agan tragóid. ❷ (play) traigéide f4

tragic adj tragóideach

trail n ❶ (tracks) lorg m1 ❷ (path) cosán m1

trailer n ❶ (for car) leantóir m3 ❷ (film advert) réamhbhlaiseadh m

trailer truck n (US) leoraí m4 altach

train n traein f; **a train set** foireann traenach vb ❶ oil ▷ to train as a teacher oiliúint a fháil mar mhúinteoir ❷ (sportsman) traená ▷ I'm training for the race next month Tá mé ag traenáil le haghaidh rás na míosa seo chugainn.

trained adj oilte ▷ She's a trained nurse. Is banaltra oilte í.

trainee n She's a trainee. Is oiliúnaí í.; **a trainee plumber**

(apprentice) pluiméir faoi oiliúint

trainer n ❶ (coach) traenálaí m4 ❷ (of dogs, horses) oiliúnóir m3

trainers npl bróga traenála ▷ a pair of trainers péire de bhróga traenála

training n ❶ (at work) oiliúint f3 ▷ a training college coláiste oiliúna ❷ (sport) traenáil f3 ▷ in training ag traenáil

training shoes npl bróga fpl2 traenála

traitor n fealltóir m3

tram n tram m4

tramp n bacach m1

trampoline n trampailín m4

tranquillizer (US **tranquilizer**) n suaimhneasán m1 ▷ She's on tranquillizers. Tá sí ag glacadh suaimhneasán.

transfer n ❶ (in sport) aistriú m ❷ (picture, design) aistreog f2

transform vb claochlaigh

transfusion n fuilaistriú m

transit n idirthuras m1; **in transit** faoi bhealach

transit lounge n tolglann f2 idirthurais

translate vb aistrigh ▷ Translate this sentence into English. Aistrigh an abairt seo go Béarla.

translation n aistriúchán m1

translator n aistritheoir m3 ▷ Anita's a translator. Is aistritheoir í Anita.

transparent adj trédhearcach

transplant n trasphlandú m ▷ a heart transplant trasphlandú croí

transport n iompar m1 ▷ public transport córas iompair poiblí ▷ vb iompair

trap n dol m3

trapeze n maide m4 luascáin

trash n (US: rubbish) bruscar m1

trash can n (US) bosca m4 bruscair

trashy adj gáirsiúil ▷ a really trashy film scannán an-gháirsiúil

traumatic adj coscrach ▷ It was a traumatic experience. Rud coscrach a bhí ann.

travel n taisteal m1
▷ vb taistil ▷ I prefer to travel by train. Is fearr liom taisteal leis an train. ▷ I'd like to travel round the world. Ba mhaith liom taisteal thart ar an domhan. ▷ We travelled over 800 kilometres. Thaistealaíomar breis agus 800 ciliméadar.

travel agency n gníomhaireacht f3 taistil

travel agent n gníomhaire m4 taistil ▷ She's a travel agent. Is gníomhaire taistil í.

travel card n cárta m4 taistil

traveller (US **traveler**) n taistealaí m4

traveller's cheque (US **traveler's check**) n seic m4 taistil

travelling (US **traveling**) n taisteal m1 ▷ I love travelling. Is breá liom taisteal.

travel sickness n tinneas m1 taistil

travesty n scigaithris f2

a b c d e f g h i j k l m n o p q r s t u v w x y z

trawler n trálaer m1
tray n tráidire m4
treacle n triacla m4
tread vb siúil; **She trod on my toes.** Sheas sí ar mo ladhracha.
treasure n stór m1
treasurer n cisteoir m3
treat n (present) féirín m4 ▷ My parents gave me a treat for passing my exams. Thug mo thuismitheoirí féirín dom nuair a d'éirigh liom sna scrúduithe.
  ▶ vb (well, badly) caith le; **to treat somebody to something** rud a sheasamh do dhuine ▷ He treated us to an ice cream. Sheas sé uachtar reoite dúinn.
treatment n (medical) cóireáil f3
treble vb méadaigh faoi thrí ▷ The cost of living there trebled. Mhéadaigh an costas maireachtála faoi thrí.
tree n crann m1
tremble vb bheith ar crith
tremendous adj ① (enormous) ollmhór ② (excellent) iontach; **It was a tremendous success.** D'éirigh thar barr leis.
trend n ① (tendency) claonadh m ② (fashion) nós m1
trendy adj (idea, person, clothes) faiseanta
trespass vb 'no trespassing' 'ná déantar treaspás'
trial n ① (in court) triail f ▷ He was on trial for murder. Bhí sé ar a thriail as dúnmharú. ② (test) tástáil f3; **by trial and error** le tástáil agus

le hearráid
trial period n tréimhse f4 thrialach
triangle n triantán m1
tribe n treibh f2
trick n ① (joke, prank) bob m4 ▷ We often played a trick on the teacher. Is minic a bhuaileamar bob ar an múinteoir. ② (magic trick, knack) cleas m1 ▷ It's not easy; there's a trick to it. Níl sé furasta; tá cleas leis.
  ▶ vb **to trick somebody** cleas a imirt ar dhuine
tricky adj (problem) cáiréiseach
tricycle n trírothach m1
trifle n (dessert) traidhfil f4
trigger n truicear m1
trim adj (figure) comair
  ▶ n (haircut) diogáil f3 ▷ I went to the hairdresser's for a trim. Chuaigh mé chuig an ngruagaire ag iarraidh diogáil bheag.
  ▶ vb (cut) diogáil
trip n turas m1 ▷ Have a good trip! Bíodh turas maith agat! ▷ a day trip turas lae
  ▶ vb tuisligh
triple adj triarach
triplets npl trírín m4
triumph n bua m4
trivial adj fánach
trod vb see **tread**
trodden vb see **tread**
trolley n tralaí m4
trombone n trombón m1 ▷ I play the trombone. Bím ag seinm ar an trombón.
troops npl trúpaí mpl4 ▷ Irish

troops trúpaí na hÉireann

trophy n trófaí m4 ▷ to win a trophy trófaí a bhaint

tropical adj teochreasach ▷ The weather was tropical. Bhí an aimsir teochreasach.

trot vb bheith ag sodar

trouble n trioblóid f2 ▷ The trouble is, it's too expensive. An trioblóid atá ann, ná go bhfuil sé ródhaor. ▷ What's the trouble? Cad é an trioblóid? ▷ Don't worry, it's no trouble. Ná bí buartha, ní trioblóid ar bith é.; **He has stomach trouble.** Tá an goile ag cur air.; **to be in trouble** bheith i dtrioblóid; **to take a lot of trouble over something** cuid mhór trioblóide ghlacadh le rud

troublemaker n clampróir m3

troubleshooter n eadránaí m4

trousers npl bríste m4 ▷ a pair of trousers péire bríste

trout n breac m1

truant n múitseálaí m4; **to play truant** lá a chaitheamh faoin tor

truck n trucail f2

truck driver n tiománaí m4 trucaile ▷ He's a truck driver. Is tiománaí trucaile é.

trucker n (US) tiománaí m4 trucaile

true adj fíor; **That's true.** Tá sin fíor.; **to come true** teacht isteach ▷ I hope my dream will come true. Tá súil agam go dtiocfaidh mo bhrionglóid isteach.; **true love** fíorghrá

truly adv dáiríre; **Yours truly.** Is mise, le meas.

trumpet n trumpa m4 ▷ She plays the trumpet. Bíonn sí ag seinm ar an trumpa.

trunk n ❶ (of tree) stoc m1 ❷ (of elephant) trunc m3 ❸ (case) cófra m4 ❹ (US: of car) cófra m4 bagáiste

trunks npl bríste m4 snámha ▷ a pair of trunks péire bríste snámha

trust n muinín f2; **to have trust in somebody** muinín a bheith agat as duine

▶ vb **to trust somebody** muinín a bheith agat as duine ▷ Don't you trust me? Nach bhfuil aon mhuinín agat asam? ▷ Trust me! Bíodh muinín agat ionam!

trustworthy adj iontaofa

truth n fírinne f4 ▷ Tell me the truth. Inis an fhírinne dom.

truthful adj ionraic ▷ She's a very truthful person. Is duine iontach ionraic í.

try n ❶ iarracht f3 ▷ It's worth a try. Is fiú an iarracht é.; **to give something a try** iarracht a dhéanamh ar rud ❷ (in rugby) úd m1 ▷ his third try a thríú húd

▶ vb (attempt) déan iarracht ar; **He tried to cheat in the exam.** Rinne sé iarracht ar shéitéireacht sa scrúdú.; **Would you like to try some?** (taste) Ar mhaith leat blaiseadh de?

try on vb (clothes) féach ort

try out vb bain triail as

T-shirt n T-léine f4

a
b
c
d
e
f
g
h
i
j
k
l
m
n
o
p
q
r
s
t
u
v
w
x
y
z

tub n (bath) folcadán m1
tube n ❶ feadán m1
❷ (underground) traein f faoi thalamh ❸ (for tyre) tiúb f2
tuberculosis n eitinn f2
Tuesday n An Mháirt f2; **last Tuesday** Dé Máirt seo caite; **next Tuesday** Dé Máirt seo chugainn; **on Tuesday** Dé Máirt; **on Tuesdays** ar an Máirt ▷ He comes on Tuesdays. Tagann sé ar an Máirt.; **every Tuesday** gach Máirt
tug-of-war n tarraingt f na téide
tuition n ❶ teagasc m1 ▷ private tuition teagasc príobháideach ❷ (US: school fees) táillí fpl4 scoile
tulip n tiúilip f2
tumble dryer n triomadóir m3 iomlasctha
tumbler n (glass) timbléar m1
tummy n goile m4
tumour (US **tumor**) n sceachaill f2
tuna n tuinnín m4
tune n ❶ (melody) fonn m1 ❷ tiúin f2 ▷ She's singing out of tune. Tá sí ag canadh as tiúin.
Tunisia n an Túinéis f2 ▷ in Tunisia sa Túinéis
tunnel n tollán m1; **the Channel Tunnel** Tollán Mhuir nIocht
turf n ❶ scraith f2 ❷ (peat) móin f3
Turk n Turcach m1
Turkey n an Tuirc f2 ▷ in Turkey sa Tuirsc ▷ to Turkey chun na Tuirce
turkey n turcaí m4
Turkish adj Turcach
▶ n (language) Tuircis f2
turn n casadh m1 ▷ 'no left turn' 'cosc

ar chasadh ar clé'; **It's my turn!** Seal s'agamsa atá ann!; **a good turn** gar
▶ vb cas ▷ Turn right at the lights. Cas ar dheis ag na soilse.; **to turn red** (become) iompú go dearg
turn back vb fill ▷ We turned back. D'fhilleamar ar ais.
turn down vb ❶ (refuse) diúltaigh do ❷ (radio, TV, heating) íslign ▷ Shall I turn the heating down? An ísleoidh mé an teas?
turn off vb ❶ (from road) cas ó ❷ (light, radio) múch ❸ (tap) stop
turn on vb ❶ (light) las ❷ (tap, radio, TV) cuir ar siúl
turn out vb ❶ (light, gas) múch ❷ (produce) táirg ❸ tarlaigh ▷ It turned out to be a mistake. Tharla sa deireadh gur meancóg a bhí ann. ▷ It turned out that she was right. Mar a tharla, bhí an ceart aici.
turn over vb (person) iompaigh
turn round vb cas thart
turn up vb (appear) nocht; **Could you turn up the radio?** An dtiocfadh leat an raidió a chur suas?
turning n casadh m1 ▷ It's the third turning on the left. An tríú casadh ar clé atá ann. ▷ We took the wrong turning. Ghlacamar an casadh contráilte.
turnip n tornapa m4
turnstile n geata m4 casta
turquoise adj turcaidghorm
turtle n turtar m1
tutor n ❶ (in college) teagascóir m

❷ (*private teacher*) múinteoir m3 príobháideach

tuxedo n (US) casóg f2 dinnéir

TV n TV

tweed n bréidín m4

tweet vb (*on Twitter*) tvuíteáil

tweezers npl pionsúirín m4

twelfth adj an dara ... déag ▷ *the twelfth floor* an dara hurlár déag; **the twelfth of August** an dara lá déag de Lúnasa

twelve num ❶ a dó dhéag

▌ **a dó dhéag** is used for telling the time and for counting.

▷ *Two times six is twelve.* A dó faoi a sé sin a dó dhéag.; **to put two and two together** tuiscint as ❷ dhá ... dhéag

▌ **dhá ... dhéag** is used to give the number of objects and is followed by a singular noun.

▷ *twelve bottles* dhá bhuidéal déag; **twelve people** dháréag; **the twelve days of Christmas** achar an dhá lá déag; **She's twelve.** Tá sí dhá bhliain déag d'aois.; **twelve o'clock (1)** (*midday*) meán lae **(2)** (*midnight*) meán oíche

twentieth adj fichiú ▷ *the twentieth time* an fichiú huair; **the twentieth of May** an fichiú lá de Bhealtaine

twenty num fiche

▌ **fiche** is followed by a singular noun.

▷ *It's over twenty kilos.* Tá sé níos mó ná fiche cíleagram.; **She's twenty.** Tá sí fiche bliain d'aois.

twice adv faoi dhó; **twice as much**

a dhá oiread ▷ *He gets twice as much pocket money as me.* Faigheann sé a dhá oiread airgead póca liomsa.

twin n leathchúpla m4 ▷ *my twin brother* mo leathchúpla ▷ *her twin sister* a leathchúpla; **a twin room** seomra dúbailte; **identical twins** cúpla comhionann

twinned adj cúplaithe ▷ *This town is twinned with a town in France.* Tá an baile seo cúplaithe le baile sa Fhrainc.

twist vb cas ▷ *You're twisting my words.* Tá tú ag casadh mo chuid cainte.

twit n bómán m1

two num ❶ a dó

▌ **a dó** is used for telling the time and for counting.

▷ *at two o'clock* ar a dó a chlog ▷ *Two times two is four.* A dó faoi a dó sin a ceathair. ❷ dhá

▌ **dhá** is used to give the number of objects and is followed by a singular noun.

▷ *two bottles* dhá bhuidéal ▷ *two weeks* dhá sheachtain; **She's two.** Tá sí dhá bhlain d'aois.

▌ To translate 'two people', use the form **beirt**.

▷ *two people* beirt ▷ *two women* beirt bhan

type n cineál m1 ▷ *What type of camera have you got?* Cén cineál ceamara atá agat?

▶ vb clóscríobh ▷ *Can you type?* An féidir leat clóscríobh?

typewriter n clóscríobhán m1

a
b
c
d
e
f
g
h
i
j
k
l
m
n
o
p
q
r
s
t
u
v
w
x
y
z

typical adj tipiciúil ▷ *That's just typical!* Tá sé sin tipiciúil!
typing n clóscríbhneoireacht f3
typist n clóscríobhaí m4
tyre (US **tire**) n bonn m1; **tyre pressure** brú boinn
Tyrone n Tír f Eoghain

UFO n ÚFÓ m4
ugh excl ach!
ugly adj gránna
UK n (= United Kingdom) RA f3 (= an Ríocht Aontaithe) ▷ *from the UK* as an RA ▷ *in the UK* sa RA ▷ *to the UK* chuig an RA
ulcer n othras m1 ▷ *a mouth ulcer* othras béil
Ulster n Cúige m4 Uladh ▷ *in Ulster* i gCúige Uladh
ultimate adj deiridh ▷ *the ultimate challenge* an dúshlán deiridh ▷ *It was the ultimate adventure.* Ba é an dúshlán deiridh é.
ultimately adv ar deireadh ▷ *Ultimately, it's your decision.* Ar deireadh, is fútsa atá
umbrella n ① scáth m3 fearthainne ② (for sun) scáth

m3 gréine

umpire *n* moltóir *m3*

UN *n* (= United Nations) na Náisiúin *mpl* Aontaithe

unable *adj* **to be unable to do something** gan a bheith ábalta rud a dhéanamh ▷ *I was unable to come.* Ní raibh mé ábalta teacht.

unacceptable *adj* do-ghlactha

unanimous *adj* d'aon ghuth ▷ *a unanimous decision* cinneadh d'aon ghuth

unattended *adj* (car, child, luggage) gan feighil ▷ *Never leave pets unattended in your car.* Ná fág peataí gan feighil i do charr in am ar bith.

unavoidable *adj* dosheachanta

unaware *adj* **to be unaware** (not know about) a bheith ar an aineolas ▷ *I was unaware of the regulations.* Bhí mé ar an aineolas faoi na rialacháin.; **He was unaware of the truth.** Bhí sé dall ar an bhfírinne.

unbearable *adj* dofhulaingthe

unbeatable *adj* dosháraithe

unborn *adj* nár rugadh go fóill ▷ *the unborn child* an leanbh sa bhroinn

unbreakable *adj* dobhriste

uncanny *adj* (extraordinary) dochreidte ▷ *That's uncanny!* Tá sé sin dochreidte!; **an uncanny resemblance** cosúlacht dhochreidte

uncertain *adj* neamhchinnte ▷ *The future is uncertain.* Tá an todhchaí neamhchinnte.; **in no uncertain terms** gan fiacail a chur ann

uncivilized *adj* (person, behaviour) barbartha

uncle *n* uncail *m4* ▷ *my uncle* m'uncail

uncomfortable *adj* míchompordach ▷ *The seats are rather uncomfortable.* Tá na suíocháin seo measartha míchompordach.

unconscious *adj* gan mheabhair; **unconscious of** (unaware) gan eolas ar

uncontrollable *adj* ❶ (forces, mob) dosmachtaithe ❷ (temper, laughter) doshrianta

unconventional *adj* as an ngnáth

under *prep* ❶ faoi ▷ *The cat's under the table.* Tá an cat faoin tábla. ▷ *The tunnel goes under the Channel.* Téann an tollán faoi Mhuir nIocht.; **under there** thíos faoi sin ▷ *What's under there?* Cad é atá thíos faoi sin? ❷ (less than) faoi bhun ▷ *under 20 people* faoi bhun 20 duine ▷ *children under 10* páistí faoi bhun 10

underage *adj* (person) faoi aois

undercover *adj, adv* faoi rún ▷ *She was working undercover.* Bhí sí ag obair faoi rún. ▷ *an undercover agent* gníomhaire faoi rún

underestimate *vb* meas faoina luach ▷ *I underestimated her.* Mheas mé faoina luach í.

undergo *vb* téigh trí; **to undergo**

an operation obráid a bheith agat

underground n (railway) iarnród m1 faoi thalamh ▷ Is there an underground in Glasgow? An bhfuil iarnród faoi thalamh i nGlaschú?
▶ adj, adv faoi thalamh ▷ an underground car park carrchlós faoi thalamh ▷ Moles live underground. Cónaíonn na caocháin faoi thalamh.

underline vb ❶ (write) cuir líne faoi ❷ (emphasize) cuir béim ar

underneath adv thíos faoi
▷ underneath the carpet faoin mbrat urláir
▶ prep faoi ▷ I got out of the car and looked underneath. D'éirigh mé amach as an gcarr agus d'amharc mé faoi.

underpaid adj ar ghannphá ▷ I'm underpaid. Tá mé ar ghannphá.

underpants npl fobhríste m4

underpass n íosbhealach m1

undershirt n (US) foléine f4

underskirt n fosciorta m4

understand vb tuig ▷ Do you understand? An dtuigeann tú?
▷ I don't understand this word. Ní thuigim an focal seo. ▷ I understand that ... Tuigim go ...

understanding adj tuisceanach
▷ She's very understanding. Tá sí iontach tuisceanach.

understood vb see **understand**

undertaker n adhlacóir m3

underwater adj faoi uisce
▷ This part was filmed underwater. Scannánaíodh an chuid seo faoi

uisce. ▷ an underwater camera ceamara faoi uisce ▷ underwater photography grianghrafadóireacht faoi uisce

underwear n fo-éadaí mpl

underwent vb see **undergo**

undo vb (buttons, knot) scaoil

undress vb bain díot ▷ The doctor told me to undress. D'iarr an dochtúir orm baint díom.

uneconomic adj neamheacnamaíoch

unemployed adj dífhostaithe
▷ He's unemployed. Tá sé dífhostaithe. ▷ He's been unemployed for a year. Tá sé dífhostaithe le bliain.; **the unemployed** lucht dífhostaíochta

unemployment n dífhostaíocht f3

unexpected adj gan choinne
▷ an unexpected visitor cuairteoir gan choinne

unexpectedly adv gan choinne
▷ They arrived unexpectedly. Tháinig siad gan choinne.

unfair adj leatromach ▷ It's unfair to girls. Tá sí leatromach ar chailíní.

unfamiliar adj neamhaithnid ▷ I heard an unfamiliar voice. Chuala mé guth neamhaithnid.

unfashionable adj neamhfhaiseanta

unfit adj neamhaclaí ▷ I'm rather unfit. Tá mé cineál neamhaclaí.

unfold vb oscail amach ▷ She unfolded the map. D'oscail sí an léarscáil amach.

unforgettable adj dodhearmadta

unfortunately adv ar an drochuair ▷ Unfortunately, I arrived late. Ar an drochuair, tháinig mé mall.

unfriendly adj míchairdiúil ▷ The waiters are a bit unfriendly. Tá na freastalaithe sórt míchairdiúil.

ungrateful adj míbhuíoch

unhappy adj míshona ▷ He was unhappy as a child. Bhí sé míshona ina leanbh dó.; **to look unhappy** cuma mhíshona a bheith ort

unhealthy adj ❶ (food) mífholláin ❷ (person) easláinteach

uni n (university) ollscoil f2 ▷ I go to uni in Belfast. Tá mé ar an ollscoil i mBéal Feirste.

uniform n éide f4 ▷ school uniform éide scoile

uninhabited adj neamháitrithe

union n ceardchumann m1; **the Act of Union** Acht an Aontais

Unionist adj Aontachtaí ▶ n Aontachtaí m4

unique adj sainiúil; **a unique opportunity** seans iontach

unit n aonad m1 ▷ a unit of measurement aonad tomhais ▷ a kitchen unit aonad cistine

United Kingdom n an Ríocht f3 Aontaithe

United Nations n na Náisiúin mpl Aontaithe

United States n na Stáit mpl Aontaithe ▷ in the United States sna Stáit Aontaithe ▷ to the United States chuig na Stáit Aontaithe

universe n cruinne f4

university n ollscoil f2 ▷ She's at university. Tá sí ar an ollscoil. ▷ Do you want to go to university? Ar mhaith leat dul ar an ollscoil?

unleaded adj (petrol) gan luaidhe

unless conj mura ▷ unless he leaves mura n-imeoidh sé ▷ I won't come unless you phone me. Ní thiocfaidh mé mura scairteann tú orm.

unlike prep murab ionann agus ▷ Unlike him, I really enjoy flying. Murab ionann agus eisean, taitníonn bheith ag eitilt liom.

unlikely adj neamhdhóchúil ▷ It's possible, but unlikely. Is féidir é, ach tá sé neamhdhóchúil.; **It's unlikely that she'll come.** Ní dócha go dtiocfaidh sí.

unlisted adj (US: phone number) neamhliostaithe

unload vb dílódáil ▷ We unloaded the car. Dhílódálamar an carr.

unlock vb oscail ▷ He unlocked the car. D'oscail sé an carr.

unlucky adj ❶ (person) mí-ámharach ▷ Did you win? — No, I was unlucky. Ar bhain tú? — Níor bhain, bhí mé mí-ámharach. ❷ (object, number) tubaisteach ▷ They say thirteen is an unlucky number. Deirtear gur uimhir thubaisteach é trí déag.

unmarried adj neamhphósta ▷ an unmarried mother máthair neamhphósta ▷ an unmarried couple cúpla neamhphósta

unnatural adj mínádúrtha

unnecessary adj
neamhriachtanach

unofficial adj neamhoifigiúil

unpack vb díphacáil ▷ I unpacked
my suitcase. Dhíphacáil mé mo
chás. ▷ I haven't unpacked my clothes
yet. Níor dhíphacáil mé mo chuid
éadaigh go fóill.

unpleasant adj
míthaitneamhach

unplug vb bain an phlocóid as

unpopular adj míghnaíúil

unpredictable adj guagach

unreal adj ❶ neamhréadúil
❷ (extraordinary) iontach ▷ It was
unreal! Bhí sé go hiontach!

unrealistic adj neamhréadúil

unreasonable adj ❶ míréasúnta
▷ Her attitude was completely
unreasonable. Bhí an dearcadh
aici go hiomlán míréasúnta.
❷ (demand) ainmheasartha

unreliable adj neamhiontaofa
▷ It's a nice car, but a bit unreliable.
Is carr deas é, ach tá sé giota
neamhiontaofa. ▷ He's completely
unreliable. Tá sé go hiomlán
neamhiontaofa.

unroll vb leath amach

unsatisfactory adj míshásúil

unscrew vb díscriúáil ▷ She
unscrewed the top of the bottle.
Dhíscriúáil sé barr an bhuidéil.

unshaven adj gan bhearradh

unskilled adj an unskilled
worker oibrí neamhoilte

unstable adj (person) taghdach

unsteady adj corrach ▷ He was
unsteady on his feet. Bhí sé corrach
ar a chosa.

unsuccessful adj ❶ (attempt)
in aisce ❷ (person) nach bhfuil
rath air ▷ an unsuccessful artist
ealaíontóir nach bhfuil rath air;
I was unsuccessful. (in trying
something) Níor éirigh liom.

unsuitable adj mífhóirsteanach

untidy adj ❶ (room) trí chéile ▷ My
bedroom's always untidy. Bíonn mo
sheomra leapa trí chéile i dtólamh.
❷ (appearance, person) giobach
▷ He's always untidy. Bíonn cuma
ghiobach i gcónaí air.

untie vb ❶ (knot) scaoil ❷ (parcel)
oscail ❸ (dog) scaoil amach

until prep, conj go dtí ▷ I waited until
ten o'clock. D'fhan mé go dtí a deich
a chlog. ▷ We can't go out until he
comes. Ní féidir linn dul amach go
dtí go dtiocfaidh sé.; **until now**
go dtí seo ▷ It's never been a problem
until now. Ní raibh fadhb ann go dtí
seo.; **until then** go dtí sin ▷ Until
then I'd never been to France. Go dtí
sin ní raibh mé riamh sa Fhrainc.

unusual adj neamhghnách ▷ an
unusual shape cruth neamhghnách
▷ It's unusual to get snow at this
time of year. Tá sé neamhghnách
sneachta a bheith ann ag an am
seo den bhliain.

unwilling adj to be unwilling
to do something gan a bheith
toilteanach rud a dhéanamh ▷ He
was unwilling to help me. Ní raibh se

toilteanach cuidiú liom.

unwind vb (relax) lig do scíth

unwise adj díchéillí ▷ That was unwise of you. Bhí sin díchéillí agat.

unwound vb see **unwind**

unwrap vb bain an clúdach de ▷ After the meal we unwrapped the presents. I ndiaidh na béile baineamar na clúdaí de na bronntanais.

unzip vb (file) dízipeáil

up prep He went up the stairs. Chuaigh sé suas an staighre.; **The cat was up a tree.** Bhí an cat in airde i gcrann.; **They live further up the street.** Tá siad ina gcónaí níos faide suas an tsráid.

▶ adv

> There are several ways of translating 'up'. Look at the examples to find one that is similar to what you want to say. For other expressions with 'up', see the verbs 'go', 'come', 'get', 'give' etc.

up there thuas ansin; **up north** sa tuaisceart; **to be up** (out of bed) bheith i do shuí ▷ We were up at 6. Bhíomar inár suí ar a 6. ▷ He's not up yet. Níl sé ina shuí go fóill.; **to get up** (in the morning) éirigh ▷ What time do you get up? Cén t-am a éiríonn tú?; **up to now** go dtí seo; **up to** (as far as) suas le ▷ to count up to fifty cuntas suas go caoge ▷ up to three hours suas le trí huaire an chloig; **It's up to you.** Ar do chomhairle féin atá sé.; **What's**

up? Cad é an scéal? ▷ What's up with her? Cad é an scéal léi?; **What's he up to?** Cad é atá ar siúl aige?

upbringing n tógáil f3

uphill adj ❶ (path) crochta ❷ (task) duaisiúil
▶ adv **to go uphill** dul in éadan na mala

upload vb (computing) uaslódáil

upon prep ar

upper adj uachtarach ▷ on the upper floor ar an urlár uachtarach

upper sixth n the upper sixth ardrang a sé ▷ She's in the upper sixth. Tá sí in ardrang a sé.

upright adj ina sheasamh; **to stand upright** seasamh suas

upset n suaitheadh m; **a stomach upset** iompú goile
▶ adj trí chéile ▷ She's still a bit upset. Tá sí rud beag trí chéile go fóill.; **I had an upset stomach.** Bhí iompú goile orm.
▶ vb (person) goill ar

upshot n deireadh m1 ▷ The upshot was that ... Is é an deireadh a bhí air go ...

upside down adv bunoscionn ▷ That painting is upside down. Tá an phéinteáil sin bunoscionn.

upstairs adv ❶ (going) suas an staighre ▷ He went upstairs. Chuaigh sé suas staighre. ❷ (being there) thuas an staighre ▷ Where's your coat? — It's upstairs. Cá bhfuil do chóta? — Tá sé thuas staighre.

uptight adj ar tinneall ▷ She's really uptight. Tá sí ar tinneall go mór.

a
b
c
d
e
f
g
h
i
j
k
l
m
n
o
p
q
r
s
t
u
v
w
x
y
z

up-to-date adj suas chun dáta
▷ *an up-to-date timetable* clár ama suas chun dáta; **to bring something up to date** rud a thabhairt suas chun dáta

upwards adv suas ▷ *to look upwards* amharc suas

urgent adj práinneach ▷ *Is it urgent?* An bhfuil sé práinneach?

urine n mún *m1*

URL n (= *uniform resource locator*) URL *m*

> The Irish translation is **aimsitheoir aonfhoirmeach acmhainne** but URL is more commonly used.

US n (= *United States*) SA *mph* (= *na Stáit Aontaithe*)

us pron muid ▷ *They saw us.* Chonaic siad muid. ▷ *They understood us.* Thuig siad muid.

USA n (= *United States of America*) SAM *mph* (= *Stáit Aontaithe Mheiriceá*)

USB stick n méaróg *f2* USB

use n úsáid *f2*; **to make use of something** úsáid a bhaint as rud; **It's no use.** Níl maith ar bith ann.
▷ vb bain úsáid as ▷ *Can we use a dictionary in the exam?* An bhfuil cead againn úsáid a bhaint as foclóir sa scrúdú?; **I used to live in London.** Ba ghnách liom bheith i mo chónaí i Londain.; **to be used to something** bheith cleachta le rud ▷ *He wasn't used to driving on the right.* Ní raibh sé cleachta le bheith ag tiomáint ar thaobh na láimhe

deise. ▷ *Don't worry, I'm used to it.* Ná bí buartha, tá mé cleachta leis.; **a used car** carr dara láimhe

use up vb ídigh ▷ *We used up all the paint.* D'ídíomar an phéint uile.

useful adj úsáideach

useless adj ❶ gan mhaith ▷ *This map is just useless.* Tá an léarscáil seo gan mhaith.; **It's useless!** Níl aon mhaith ann! ❷ (*person*) beagmhaitheasach ▷ *You're useless!* Is tú atá beagmhaitheasach!

user n úsáideoir *m3*

user-friendly adj cúntach

username n ainm *m4* úsáideora

usual adj gnáth-; **as usual** mar is gnách

usually adv de ghnáth ▷ *I usually get to school at about half past eight.* Bainim an scoil amach de ghnáth timpeall ar leath i ndiaidh a hocht.

utility room n seomra *m4* áise

U-turn n U-chasadh *m* ▷ *I had to do a U-turn.* Bhí orm U-chasadh a dhéanamh.

vacancy n folúntas m1 ▷ 'no vacancies' 'níl folúntas ar bith ann'

vacant adj ❶ (seat) folamh ❷ (room) saor

vacation n (US) saoire f4 ▷ She's on vacation. Tá sí ar saoire.

vaccinate vb vacsáinigh

vacuum vb folúsghlan ▷ She vacuumed the hall. D'fholúsghlan sí an halla.

vacuum cleaner n folúsghlantóir m3

vagina n faighin f2

vague adj éiginnte

vain adj (conceited) giodalach ▷ He's so vain! Tá sé iontach giodalach!; **in vain** in aisce

Valentine card n cárta m4 Vailintín

Valentine's Day n Lá m Fhéile

Vailintín

valid adj (document, ticket) bailí ▷ This ticket is valid for three months. Tá an ticéad seo bailí ar feadh trí mhí.

valley n gleann m3

valuable adj ❶ luachmhar ▷ a valuable picture pictiúr luachmhar ❷ (help) tairbheach ▷ valuable help cuidiú tairbheach

valuables npl airgí fpl4 luachmhara ▷ Don't take any valuables with you. Ná tabhair airgí luachmhara leat.

value n ❶ luach m3 ❷ (usefulness) fiúntas m1

van n veain f4

vandal n loitiméir m3

vandalism n loitiméireacht f3

vandalize vb to vandalize something loitiméireacht a dhéanamh ar rud

vanilla n fanaile m4 ▷ vanilla ice cream uachtar reoite fanaile

vanish vb téigh as radharc

variable adj claochlaitheach

varied adj éagsúil

variety n cineál m1

various adj ❶ (different) difriúil ❷ (several) éagsúil ▷ We visited various villages in the area. Thugamar cuairt ar shráidbhailte éagsúla sa cheantar.

vary vb éagsúlaigh

vase n vása m4

VAT n (= value added tax) CBL f (= cáin bhreisluacha)

Vatican n the Vatican an

a b c d e f g h i j k l m n o p q r s t u v w x y z

Vatacáin

VCR n (= video cassette recorder) taifeadán m1 físchaiséad

VDU n (= visual display unit) aonad m1 amharcthaispeána

veal n laofheoil f3

vegan n veigeán m1 ▷ I'm a vegan. Is veigeán mé.

vegetable n glasra m4 ▷ vegetable soup anraith glasraí

vegetarian adj feoilséantach ▷ vegetarian sausages ispíní gan feoil
▶ n feoilséantóir m3 ▷ I'm a vegetarian. Is feoilséantóir mé.

vehicle n feithicil f2

veil n fial m1

vein n féith f2

velvet n veilbhit f2

vending machine n meaisín m4 díola

Venetian blind n dallóg f2 lataí

venison n fiafheoil f3

verb n briathar m1

verdict n breithiúnas m1

version n leagan m1

vertical adj ingearach

vertigo n meadhrán m1 ▷ I get vertigo. Tagann meadhrán orm.

very adv an- ▷ very tall an-ard ▷ It's not very interesting. Níl sé an-suimiúil. ▷ She likes it very much. Tá an-dúil aici ann.

vest n ❶ (underclothing) veist f2 ❷ (US: waistcoat) bástchóta m4

vet n tréidlia m4 ▷ She's a vet. Is tréidlia í.

via prep trí ▷ We went to Wexford via Wicklow. Chuamar go Loch Garman trí Chill Mhantáin.

vicar n biocáire m4 ▷ He's a vicar. Is biocáire é.

vice n (for holding things) bís f2

vice versa adv a mhalairt agus

vicious adj ❶ fíochmhar ▷ a vicious attack ionsaí fíochmhar ❷ (dog) drochmhúinte; **a vicious circle** ciorcal lochtach

victim n íospartach m1 ▷ I pity the victims. Tá trua agam do na híospartaigh.

victory n bua m4

video n ❶ (film) físeán m1 ▷ a video of my family on holiday físeán de mo theaghlach ar saoire ❷ (video cassette) físchaiséad m1 ▷ She lent me a video. Thug sí físchaiséad ar iasacht dom. ❸ (video recorder) taifeadán m1 físchaiséad ▷ Have you got a video? An bhfuil taifeadán físchaiséad agat?; **a video camera** físcheamara; **a video game** físchluiche ▷ He likes playing video games. Is maith leis físchluichí a imirt.
▶ vb (from TV) físigh

videophone n físghuthán m1

Vietnam n Vítneam m4 ▷ in Vietnam i Vítneam

Vietnamese adj Vítneamach

view n ❶ radharc m1 ▷ There's an amazing view. Tá radharc iontach ann. ❷ (opinion) dearcadh m1; **in my view** i mo thuairimse

viewer n breathnóir m3

viewpoint n dearcadh m1

vile adj ❶ (smell) bréan ❷ (food) samhnasach

villa n vile m4

village n sráidbhaile m4

villain n ❶ (criminal) coirpeach m1 ❷ (in film, novel) bithiúnach m1

vine n ❶ fíniúin f3 ❷ (climbing plant) féithleog f2

vinegar n fínéagar m1

vineyard n fíonghort m1

viola n vióla f4 ▷ I play the viola. Seinnim ar an vióla.

violence n foréigean m1

violent adj ❶ (attack) foréigneach ❷ (person) ainscianta

violin n veidhlín m4 ▷ I play the violin. Seinnim ar an veidhlín.

violinist n veidhleadóir m3

VIP n (= very important person) duine mór le rá

viral adj (computing) mearscaipthe

virgin n maighdean f2 ▷ She's a virgin. Is maighdean í.

Virgo n An Mhaighdean f2 ▷ I'm Virgo. Is mise An Mhaighdean.

virtual reality n réaltacht f3 fhíorúil

virus n (also computing) víreas m1

visa n víosa f4

visible adj le feiceáil

visit n cuairt f2 ▷ Did you enjoy your visit to France? Ar thaitin do chuairt ar an bhFrainc leat?
▷ vb tabhair cuairt ar ▷ I often visit my grandmother. Is minic a thugaim cuairt ar mo sheanmháthair.
▷ We'd like to visit the castle. Ba mhaith linn cuairt a thabhairt ar an gcaisleán.

visitor n cuairteoir m3 ▷ You have a visitor. Tá cuairteoir agat.

visual adj radharcach

visualize vb samhlaigh

vital adj riachtanach

vitamin n vitimín m4

vivid adj ❶ (account) beoga ❷ (imagination) beo

V-neck n V-mhuineál m1

vocabulary n stór m1 focal

vocational adj gairm- ▷ a vocational course gairmchúrsa

vodka n vodca m4

voice n guth m3

voice mail n glórphost m1

volcano n bolcán m1

volleyball n eitpheil f2 ▷ She plays volleyball. Imríonn sí eitpheil.

volt n volta m4

voltage n voltas m1

voluntary adj (unpaid) deonach ▷ My mother does voluntary work. Déanann mo mháthair obair dheonach.

volunteer n ❶ saorálaí m4 ❷ (soldier) óglach m1
▷ vb **He volunteered to help me.** Thairg sé cuidiú liom.

vomit vb cuir amach

vote vb vótáil

voucher n dearbhán m1 ▷ a gift voucher dearbhán bronntanais

vowel n guta m4

vulgar adj gráisciúil

W

wafer n (at mass) abhlann f2
wag vb croith
wage n tuarastal m1 ▷ He collected his wages. Bhailigh sé a thuarastal.
waist n coim f2
waistcoat n bástcóta m4
wait vb fan; **to keep somebody waiting** duine a choinneáil ag fanacht ▷ They kept us waiting for hours. Choinnigh siad ag fanacht muid ar feadh uaireanta.; **to wait for somebody** fanacht le duine ▷ I'll wait for you. Fanfaidh mé leat.; **Wait a minute!** Fan bomaite!; **I can't wait for the holidays.** Is fada liom go dtoicfaidh na laethanta saoire.
wait up vb fan i do shuí ▷ My mum always waits up till I get in. Fanann mo mháthair ina suí i gcónaí go mbím istigh.

waiter n freastalaí m4; **Waiter!** A fhreastalaí!
waiting list n liosta m4 feithimh
waiting room n seomra m4 feithimh
waitress n freastalaí m4
wake n (for dead person) faire f4
wake up vb múscail ▷ I woke up at six o'clock. Mhúscail mé ar a sé a chlog.; **to wake somebody up** duine a mhúscailt ▷ Please will you wake me up at seven o'clock? An músclóidh tú ar a seacht a chlog mé, le do thoil?
Wales n an Bhreatain f2 Bheag ▷ in Wales sa Bhreatain Bheag ▷ to Wales chun na Breataine Bige ▷ I'm from Wales. Is as an mBreatain Bheag mé.
walk n siúl m1; **It's 10 minute walk from here.** Siúlóid 10 mbomaite atá ann ón áit seo.
▶ vb ❶ siúil ▷ He walks fast. Siúlann sé go gasta. ▷ Let's walk. Siúlaimis. ▷ Are you walking or going by bus? An siúlfaidh tú nó an rachaidh tú leis an mbus? ❷ (for pleasure, exercise) déan spaisteoireacht ▷ We walked in the park. Rinneamar spaisteoireacht sa pháirc.; **to walk the dog** an madra a thabhairt ar shiúlóid
walkie-talkie n siúlscéalaí m4
walking n coisíocht f3 ▷ I did some walking in Wicklow last summer. Rinne mé roinnt coisíochta i gCill Mhantáin an samhradh seo caite.

walking stick n bata m4 siúil

Walkman® n Válcaire m4

wall n balla m4

wallet n vallait f2

wallpaper n páipéar m1 balla

walnut n gallchnó m4 ▷ *a walnut tree* crann gallchnó

wander vb ❶ (*person*) bheith ag falróid; **to wander around** bheith ag fánaíocht ▷ *I was wandering around for a while.* Bhí mé ag fánaíocht ar feadh tamaill. ❷ (*mind*) bheith ar seachrán

want vb **I want a biscuit.** Ba mhaith liom briosca.; **to want to do something** fonn a bheith ort rud a dhéanamh ▷ *I want to go to the cinema.* Tá fonn orm dul chun na pictiúrlainne.

war n cogadh m1

ward n (*in hospital*) barda m4

warden n bardach m1

wardrobe n vardrús m1

warehouse n stóras m1

warm adj ❶ te ▷ *It's warm.* Tá sé te. ▷ *warm water* uisce te; **to be warm** (*person*) bheith te ▷ *I'm too warm.* Tá mé róthe. ❷ (*thanks, welcome*) croíúil ▷ *a warm welcome* fáilte chroíúil

warm up vb (*food*) téigh suas ▷ *I'll warm up some lasagne for you.* Téifidh mé suas roinnt lasáinne duit.

warn vb **to warn somebody** rabhadh a thabhairt do dhuine ▷ *He warned me.* Thug sé rabhadh dom. ▷ *Well, I warned you!* Anois, thug mé rabhadh duit!; **to warn somebody not to do something** rabhadh a thabhairt do dhuine gan rud a dhéanamh

warning n ❶ rabhadh m1 ▷ *It's just a warning.* Níl ann ach rabhadh. ❷ (*signal*) rabhchán m1

Warsaw n Vársá m4

wart n faithne m4

was vb see **be**

wash n ▷ *I had a wash.* Nigh mé mé féin.; **to give something a wash** rud éigin a ghlanadh ▷ *He gave the windows a wash.* Ghlan sé na fuinneoga.

▶ vb nigh ▷ *She washed the car.* Nigh sí an carr. ▷ *Every morning I get up, wash and get dressed.* Éirím gach maidin, ním mé féin agus cuirim orm mo chuid éadaigh.; **to wash one's hands** do lámha a ní; **to wash one's hair** do chuid gruaige a ní

wash up vb (*dishes*) nigh na soithí

washbasin n doirteal m1

washcloth n (US) ceirt f2 níocháin

washing n níochán m1 ▷ *dirty washing* níochán salach ▷ *Have you got any washing?* An bhfuil níochán ar bith agat?; **to do the washing** an níochán a dhéanamh

washing machine n inneall m1 níocháin

washing powder n púdar m1 níocháin

washing-up n na soithí mph; **to do the washing-up** na soithí a ní

washing-up liquid n leacht m3

níocháin

wasn't = was not

wasp n foiche f4

waste n (rubbish) bruscar m1; **It's a waste of time.** Cur amú ama atá ann.; **nuclear waste** dramhaíl núicléach
▶ vb cuir amú ▷ I don't like wasting money. Ní maith liom airgead a chur amú.; **to waste time** ama a chur amú ▷ There's no time to waste. Níl am ar bith ann le cur amú.

wastepaper basket n ciseán m1 dramhpháipéir

watch n uaireadóir m3
▶ vb ❶ (look at) amharc ar ▷ I hardly ever watch television. Is annamh a amharcaim ar an teilifís. ❷ (spy on, guard) coimhéad ▷ The police were watching the house. Bhí na póilíní ag coimhéad an tí.

watch out vb seachain ▷ Watch out! Seachain!

water n uisce m4
▶ vb (plant, garden) cuir uisce ar ▷ He was watering his tulips. Bhí sé ag cur uisce ar a chuid tiúilipí.; **My eyes are watering.** Tá uisce le mo shúile.; **It makes my mouth water.** Cuireann sé uisce le mo chuid fiacla.

waterfall n eas m3

Waterford n Port Láirge m; **Waterford crystal** criostal Phort Láirge

watering can n fraschanna m4

watermelon n mealbhacán m1 uisce

waterproof adj díon a bheith ann ▷ Is that coat waterproof? An bhfuil díon sa chóta sin?

water-skiing n sciáil f3 ar uisce ▷ We went water-skiing at the weekend. Chuamar ag déanamh sciáil uisce ag an deireadh seachtaine.

wave n ❶ (in water) tonn f2 ❷ (of hand) croitheadh m; **We gave him a wave.** Chroitheamar lámh air.
▶ vb croith ▷ She waved to me. Chroith sí lámh orm. ▷ I waved her goodbye. Chroith mé slán chuichi.

wavy adj (hair) camarsach ▷ She has wavy hair. Tá a cuid gruaige camarsach.

wax n céir f

way n ❶ (manner) dóigh f2 ▷ She looked at me in a strange way. D'amharc sí orm ar dhóigh aisteach. ▷ You're doing it the wrong way. Tá tú á dhéanamh ar an dóigh chontráilte.; **a way of life** modh maireachtála ❷ (road, path) bealach m1 ▷ Which way? — This way Cén bealach? — An bealach seo. ▷ Do you know the way? An bhfuil eolas an bhealaigh agat?; **in a way** ar bhealach; **on the way** (en route) ar an mbealach ▷ We stopped on the way. Stadamar ar an mbealach.; **It's a long way.** Bealach fada atá ann.; **to be on one's way** bheith ar do bhealach ▷ He's on his way. Tá sé ar a bhealach.; **to lose one's way** dul amú; **'way in'** 'isteach'; **'way out'** 'amach'; **by the way** ...

dála an scéil ...; **Will you see him?
— No way!** An mbuailfidh tú leis?
— Ní bhuailfidh ná a shaothar orm!

we *pron* ❶ muid ▷ *We are both
teachers.* Is múinteoirí muid beirt.
▷ *We were injured.* Gortaíodh muid.
❷ (*emphatic*) muidne ▷ *It is we
who ...* Is muidne a ...

> With some verb forms 'we' is
> not translated separately but
> is shown in the verb.

▷ *We're staying here for a week.*
Beimid ag stopadh anseo go ceann
seachtaine.

weak *adj* lag

wealthy *adj* saibhir

weapon *n* gléas *m1* troda

wear *vb* caith ▷ *She was wearing
a hat.* Bhí sí ag caitheamh hata.
▷ *She was wearing black clothes.* Bhí
éadaí dubha uirthi.

weather *n* aimsir *f2* ▷ *What was
the weather like?* Cad é mar a bhí an
aimsir? ▷ *The weather was lovely.* Bhí
an aimsir go hálainn.

weather forecast *n*
réamhaisnéis *f2* na haimsire

web *n* ❶ (*of spider*) líon *m1* damháin
alla ❷ (*internet*) gréasán *m1*

web address *n* seoladh *m*
gréasáin

web browser *n* brabhsálaí *m4*
gréasáin

webcam *n* ceamara *m4* gréasáin

webmaster *n* stiúrthóir *m3*
gréasáin

webpage *n* leathanach *m1*
gréasáin

website *n* líonláithreán *m1*

webzine *n* iris *f2* ghréasáin

we'd = **we had**; **we should**

wedding *n* ❶ (*ceremony*) pósadh
m ❷ (*reception*) bainis *f2*; **wedding
anniversary** comóradh pósta;
wedding dress gúna pósta

Wednesday *n* An Chéadaoin *f4*;
last Wednesday Dé Céadaoin
seo caite; **next Wednesday**
Dé Céadaoin seo chugainn; **on
Wednesday** Dé Céadaoin; **on
Wednesdays** ar an gCéadaoin
▷ *He comes on Wednesdays.* Tagann
sé ar an gCéadaoin.; **every
Wednesday** gach Céadaoin

wee *adj* beag

weed *n* fiaile *f4* ▷ *The garden's full of
weeds.* Tá an gairdín lán fiailí.

week *n* seachtain *f2* ▷ *last week*
an tseachtain seo caite ▷ *every
week* gach seachtain ▷ *next week*
an tseachtain seo chugainn ▷ *in
a week's time* i gceann seachtaine
▷ *a week ago today* seachtain is an
lá inniu

weekday *n* lá *m* den tseachtain

weekend *n* deireadh *m1*
seachtaine ▷ *last weekend* an
deireadh seachtaine seo caite
▷ *next weekend* an deireadh
seachtaine seo chugainn
▷ *at weekends* ag an deireadh
seachtaine

weekly *adv* in aghaidh na
seachtaine

weep *vb* caoin

weigh *vb* meáigh ▷ *First, weigh*

a
b
c
d
e
f
g
h
i
j
k
l
m
n
o
p
q
r
s
t
u
v
w
x
y
z

the flour. Ar dtús, meáigh an plúr.;
How much do you weigh? Cén
meáchan atá ionat?; **to weigh
oneself** tú féin a mheá

weight n meáchan m1; **to lose
weight** meáchan a chailleadh;
to put on weight meáchan a
chur suas

weightlifter n tógálaí m4
meáchan

weightlifting n tógáil f3
mheáchan

weird adj (odd) aisteach

welcome n fáilte f4 ▷ *They gave her
a warm welcome.* Chuir siad fearadh
na fáilte roimpi.; **Welcome!**
Fáilte! ▷ *Welcome to Ireland!* Fáilte
go hÉirinn!
▶ vb **to welcome somebody**
fáilte a chur roimh dhuine; **Thank
you! — You're welcome!** Go raibh
maith agat! — Níl a bhuíochas ort!

welder n táthaire m4

well adj **to be well** bheith go maith
▷ *I'm not very well at the moment.* Níl
mé an-mhaith i láthair na huaire.;
Get well soon! Biseach chugat!
▶ adv go maith ▷ *You did that really
well.* Rinne tú sin go han-mhaith.;
to do well déanamh go maith
▷ *She's doing really well at school.* Tá
sé ag déanamh go han-mhaith ar
scoil.; **Well done!** Maith thú!; **as
well** chomh maith ▷ *I decided to
have dessert as well.* Shocraigh mé
ar mhilseog a ithe chomh maith.;
as well as (in addition to) chomh
maith le ▷ *We went to York as well*

as London. Chuamar go hEabhrac
chomh maith le Londain.; **to
wish somebody well** rath a ghuí
le duine
▶ n tobar m1

we'll = we will

well-behaved adj dea-mhúinte

well-dressed adj feistithe go
maith

wellingtons npl buataisí fpl2
rubair

well-known adj (person) clúiteach
▷ *a well-known film star* réalta
chlúiteach scannán

well-off adj go maith as

Welsh adj Breatnach ▷ *She's Welsh.*
Is Breatnach í.
▶ n (language) Breatnais f2; **the
Welsh** (people) na Breatnaigh

Welshman n Breatnach m1

Welshwoman n Breatnach
m1 mná

went vb see **go**

wept vb see **weep**

were vb see **be**

we're = we are

weren't = were not

west n iarthar m1 ▷ *in the west* san
iarthar; **the West** an tIarthar
▶ adj, adv thiar; **the west coast**
an cósta thiar; **a west wind** an
ghaoth aniar; **west of** taobh
thiar de ▷ *It's west of London.* Tá
sé taobh thiar de Londain.; **We
were moving west.** Bhíomar ag
bogadh siar.

westbound adj **The truck was
westbound on the M5.** Bhí

an trucail ag dul siar ar an M5.;
**Westbound traffic is moving
very slowly.** Tá an trácht siar ag
bogadh go han-mhall.

western adj thiar ▷ the western
part of the island an taobh thiar
den oileán

▶ n (film) scannán m1 buachaillí bó

West Indian adj Iar-Indiach
▷ She's West Indian. Is Iar-Indiach í.

▶ n Iar-Indiach m1

West Indies npl na hIndiacha
fpl Thiar ▷ in the West Indies sna
hIndiacha Thiar

Westmeath n an Iarmhí f4

wet adj ❶ fliuch ▷ wet clothes éadaí
fliucha ▷ It was wet all week. Bhí
sé fliuch an tseachtain ar fad.; **to
get wet** éirí fliuch; **dripping wet**
fliuch báite; **wet weather** aimsir
fhliuch ❷ (damp) tais; **'wet paint'**
'péint úr'

wetsuit n culaith f2 thumtha

Wexford n Loch m Garman

we've = we have

whale n míol m1 mór

what adj What colour is it? Cén
dath atá air?; **What books do you
need?** Cad iad na leabhair atá uait?

▶ pron cad é ▷ What are you doing?
Cad é atá ar bun agat? ▷ What are
you talking about? Cad é faoi a bhfuil
tú ag caint? ▷ What's the matter?
Cad é atá ort? ▷ What happened to
you? Cad é a tharla duit?; **What's it
called?** Cén t-ainm atá air?; **What?**
(what did you say) Cad é a dúirt tú?;
What! (shocked) Cad é!; **What a**

mess! A leithéid de phrácás!

wheat n cruithneacht f3

wheel n ❶ roth m3 ❷ (steering
wheel) roth m3 stiúrtha ❸ (of ship)
stiúir f

wheelchair n cathaoir f rothaí

when adv cá huair ▷ When did
it happen? Cá huair a tharla sé?
▷ When did he go? Cá huair a
d'imigh sé?

▶ conj She was reading when I
came in. Bhí sí ag léamh nuair a
tháinig mé isteach.; **on the day
when I met him** (on which) an lá
a casadh orm é; **I thought I was
wrong when in fact I was right.**
Shíl mé go raibh mé contráilte ach
is amhlaidh a bhí an ceart agam.

where adv, conj ❶ an áit ▷ That's
where the the money was hidden.
Sin an áit a raibh an t-airgead i
bhfolach. ❷ cá háit ▷ Where's
Emma today? Cá háit a bhfuil Emma
inniu? ▷ Where do you live? Cá háit
a bhfuil cónaí ort? ▷ Where are you
going? Cá háit a bhfuil tú ag dul?

whereabouts adv cá

whether conj cé acu; **I don't
know whether to accept or not.**
Níl a fhios agam cé acu ba chóir
dom glacadh leis nó nár chóir.; **It's
doubtful whether she will come.**
Tá mé in amhras an dtiocfaidh sí.

which adj cé ▷ Which picture do you
want? Cén pictiúr atá de dhíth ort?;
Which one? Cé acu ceann? ▷ I know
his brother. —Which one? Tá aithne
agam ar a dheartháir. — Cé acu

a
b
c
d
e
f
g
h
i
j
k
l
m
n
o
p
q
r
s
t
u
v
w
x
y
z

ceann?; **in which case** agus más amhlaidh atá

▶ *pron* ❶ a ▷ *the apple which you ate* an t-úll a d'ith tú ▷ *the chair on which you are sitting* an chathaoir a bhfuil tú i do shuí uirthi ❷ *ar* ▷ *the book of which you spoke* an leabhar ar labhair tú faoi; **He said he saw her, which is true.** Dúirt sé go bhfaca sé í, rud atá fíor.; **after which** agus ina dhiaidh sin; **I don't mind which.** Is cuma liom cé acu.

while *n* tamall *m1* ▷ *after a while* i ndiaidh tamaill; **a while ago** tamall ó shin ▷ *He was here a while ago.* Bhí sé anseo tamall ó shin.; **for a while** ar feadh scaithimh ▷ *I lived in London for a while.* Bhí cónaí orm i Londain ar feadh scathaimh.; **quite a while** tamall maith ▷ *quite a while ago* tamall maith ó shin ▷ *I haven't seen him for quite a while.* Ní fhaca mé le tamall maith é.

▶ *conj* **while I was there** fad is a bhí mé ann; **You hold the torch while I look inside.** Beir thusa greim ar an tóirse a fhad is a bhreathnaím istigh.; **Isobel's shy, while Kay's outgoing.** Tá Isobel faiteach, ach tá Kay eisdíríteach.

whip *n* fuip *f2*

▶ *vb* ❶ fuipeáil ❷ (*eggs*) buail

whipped cream *n* uachtar *m1* coipthe

whisk *n* greadtóir *m3*

whiskers *npl* ❶ (*of cat*) guairí *mpl4* ❷ (*beard and moustache*) féasóg

f2 leicinn

whiskey *n* (*US, ireland*) uisce *m4* beatha

whisky *n* uisce *m4* beatha

whisper *vb* bheith ag cogarnach

whistle *n* ❶ (*sound*) fead *f2* ❷ (*object*) feadóg *f2* ▷ *The referee blew his whistle.* Shéid an réiteoir a fheadóg.

▶ *vb* bheith ag feadaíl

white *adj* bán ▷ *The house is white.* Tá an teach bán.; **white coffee** caife bán; **white wine** fíon geal; **white bread** arán geal; **a white man** fear geal; **a white woman** bean gheal; **white people** daoine geala

Whitsun *n* An Chincís *f2*

who *pron* (*in questions*) cé ▷ *Who is it?* Cé atá ann?

In positive relative phrases use **a**.

▷ *the man who was here* an fear a bhí anseo ▷ *the man who went* an fear a d'imigh

In relative phrases with negative use **nach** or **nár**.

▷ *the man who was not here* an fear nach raibh anseo ▷ *the man who did not go* an fear nár imigh

whole *adj* (*complete*) iomlán ▷ *the whole class* an rang iomlán ▷ *the whole afternoon* an tráthnóna iomlán ▷ *the whole world* an domhan iomlán

▶ *n* **the whole of** (*all*) iomlán ▷ *You saw the whole of the moon.* Chonaic tú iomlán na gealaí.; **on**

the whole den chuid is mó; **as a whole** ina iomláine

wholemeal adj **wholemeal bread** caiscín

whom pron **Whom did you see?** Cé a chonaic tú?; **the man to whom I spoke** an fear ar labhair mé leis

whose adj **Whose book is this?** Cé leis an leabhar seo?; **Whose pencil have you taken?** Cé leis an peann luaidhe a thug tú leat?; **the woman whose car was stolen** an bhean ar goideadh a carr

▸ pron **Whose is this?** Cé leis seo?; **I know whose it is.** Tá a fhios agam cé leis é.

why adv cén fáth ▷ Why did you do that? Cén fáth a ndearna tú é sin? ▷ That's why he did it. Is é sin an fáth a ndearna sé é.; **the reason why** an fáth; **Tell me why.** Abair liom cad chuige.; **Will we go out? — Why not?** An rachaimid amach? — Cén fáth nach rachadh!

wicked adj ❶ (person) droch- ❷ (mischievous) mioscaiseach

wicket n (cricket) geaitín m4

Wicklow n Cill f Mhantáin

wide adj, adv leathan ▷ a wide road bóthar leathan; **wide open** ar leathadh ▷ The door was wide open. Bhí an doras ar leathadh.; **wide awake** i do lándúiseacht

widow n baintreach f2 ▷ She's a widow. Is baintreach í.

widower n baintreach f2 fir ▷ He's a widower. Is baintreach fir é.

width n leithead m1

wife n bean f chéile ▷ She's his wife. Is í a bhean chéile í.

Wi-Fi n Wi-Fi

> The Irish translation is **dílseacht gan sreang** but Wi-Fi is more commonly used.

wig n bréagfholt m1

wild adj fiáin ▷ a wild animal ainmhí fiáin ▷ She's a bit wild. Tá sí rud beag fiáin.; **to make a wild guess** buille faoi thuairim a thabhairt

wildlife n fiabheatha f4 ▷ I'm interested in wildlife. Tá suim san fhiabheatha agam.

will vb

> Use the Irish future tense to express what will happen.

▷ I will finish it tomorrow. Críochnóidh mé amárach é. ▷ I will have finished it by tomorrow. Beidh sé críochnaithe agam amárach. ▷ Will you do it? — Yes I will. An ndéanfaidh tú é? — Déanfaidh.; **That will be the postman.** Is dócha gur fear an phoist atá ann.; **Will you be quiet!** (command) Bí ciúin!; **Will you help me?** (request) An bhféadfá cuidiú a thabhairt dom?; **Will you have a cup of tea?** (offer) Ar mhaith leat cupán tae?; **I won't put up with it!** Ní chuirfidh mé suas leis!

▸ n (testament) uacht f3 ▷ He left me some money in his will. D'fhág sé airgid le huacht agam.

willing adj toilteanach; **He's willing to do it.** Tá sé sásta é a dhéanamh.

a b c d e f g h i j k l m n o p q r s t u v w x y z

win n bua m4
▸ vb bain ▷ Did you win? Ar bhain tú?; **to win a prize** duais a bhaint

wind n gaoth f2 ▷ There was a strong wind. Bhí gaoth láidir ann.; **a wind instrument** gaothuirlis; **wind power** cumhacht ghaoithe
▸ vb cas

wind farm n feirm f2 ghaoithe

windmill n muileann m1 gaoithe

window n fuinneog f2 ▷ a broken window fuinneog bhriste ▷ a shop window fuinneog shiopa; **a window pane** pána fuinneoige

windscreen (US **windshield**) n gaothscáth m3

windscreen wiper n cuimilteoir m3 gaothscátha

windshield n (US) gaothscáth m3

windshield wiper n (US) cuimilteoir m3 gaothscátha

windy adj gaofar; **It's very windy.** Tá gaoth mhór ann.

wine n fíon m3 ▷ a bottle of wine buidéal fíona ▷ a glass of wine gloine fíona ▷ white wine fíon geal ▷ red wine fíon dearg; **a wine bar** beár fíona; **the wine list** an liosta fíona

wing n sciathán m1

wink vb caoch; **to wink at somebody** caochadh ar dhuine ▷ He winked at me. Chaoch sé orm.

winner n buaiteoir m3

winning adj caithréimeach; **the winning team** an fhoireann a bhuaigh; **the winning goal** an cúl a bhuaigh

winter n geimhreadh m1; **in winter** sa gheimhreadh

winter sports npl spóirt m1 gheimhridh

wipe vb ❶ cuimil; **to wipe one's feet** do chosa a chuimilt ▷ Wipe your feet! Cuimil do chosa! ❷ (erase tape) glan

wipe up vb glanadh suas

wire n sreang f2

wireless adj gan sreang

wisdom tooth n fiacail f2 forais

wise adj ❶ críonna ❷ (remark) céillí

wish n (desire) mian f2; **She closed her eyes and made a wish.** Dhún sí na súile agus rinne guí.; **'best wishes'** (on greetings card) 'go maire tú an lá'; **'with best wishes, Mary'** 'le dea-mhéin, Máire'
▸ vb **I wish ...** Is mian liom ... ▷ I wish you were here! Ba mhian liom tú a bheith anseo! ▷ I wish you'd told me! Ba mhian liom é dá n-inseofá dom!; **to wish for something** súil a bheith agat le rud ▷ What more could you wish for? Cad é eile a bheadh uait?; **to wish to do something** fonn a bheith ort rud a dhéanamh ▷ I wish to make a complaint. Is mian liom gearán a dhéanamh.

wit n (humour) dea-chaint f2

witch n cailleach f2

with prep ❶ in éineacht le ▷ Come with me. Tar in éineacht liom. ❷ ag ▷ We stayed with friends. D'fhan muid ag cairde.; **a room with a**

view (*descriptive*) seomra a bhfuil radharc uaidh; **to walk with a stick** siúl le bata; **to shake with fear** bheith ar crith le heagla; **to fill something with water** rud a líonadh le huisce

within *prep* laistigh de; **It is within his reach.** Tá sé faoi fhad láimhe de.; **within the week** faoi dheireadh na seachtaine

without *prep* gan ▷ *without a coat* gan chóta ▷ *without speaking* gan labhairt; **to go without something** teacht gan rud

witness n (*person*) finné m4 ▷ *There were no witnesses.* Ní raibh finnéithe ar bith ann.

witty *adj* dea-chainteach

wives *npl see* **wife**

wizard n draíodóir m3

wok n voc m4

woke up, woken up *vb see* **wake up**

wolf n mac m1 tíre

woman n bean f ▷ *Some woman was looking for you.* Bhí bean éigin ar do lorg. ▷ *The two women look alike.* Tá an bheirt bhan cosúil le chéile.; **a woman doctor** bandochtúir

won *vb see* **win**

wonder *vb* **I wonder why she said that.** Ní mé cén fáth a ndúirt sí é sin.; **I wonder what that means.** Ní mé cén chiall atá leis.; **I wonder where Shannon is.** Ní mé an áit a bhfuil Seáinín.; **to wonder at something** (*marvel*) ionadh a

dhéanamh de rud; **to wonder about** (*suspiciously*) bheith amhrasach faoi

wonderful *adj* iontach

won't = **will not**

wood n ❶ (*timber*) adhmad m1 ▷ *It's made of wood.* Tá sé déanta d'adhmad. ❷ (*forest*) coill f2 ▷ *We went for a walk in the wood.* Chuamar ag siúl sa choill.

wooden *adj* adhmaid ▷ *a wooden chair* cathaoir adhmaid

woodwork n adhmadóireacht f3 ▷ *My hobby is woodwork.* Is í an adhmadóireacht an caitheamh aimsire atá agam.

wool n olann f ▷ *It's made of wool.* Tá sé déanta d'olann.

word n focal m1 ▷ *a difficult word* focal deacair ▷ *What's the word for 'shop' in Irish?* Cad é an focal Gaeilge ar 'shop'?; **in other words** i bhfocal eile; **to have a word with somebody** focal a bheith agat le duine; **the words** (*lyrics*) na focail ▷ *I really like the words of this song.* Is breá liom focail an amhráin seo.

word processing n próiseáil f3 focal

wore *vb see* **wear**

work n obair f2 ▷ *She's looking for work.* Tá sí ar lorg oibre. ▷ *He's at work at the moment.* Tá sé ag obair i láthair na huaire. ▷ *It's hard work.* Obair chrua atá ann.; **to be off work** (*sick*) bheith as láthair ón obair ▷ *He's been off work for a week.* Tá sé as láthair ón obair le

seachtain.; **to be out of work**
bheith as obair ▷ *He's out of work.*
Tá sé as obair.

▶ *vb* ❶ bheith ag obair ▷ *She
works in a shop.* Bíonn sí ag obair
i siopa.; **to work hard** bheith ag
obair go crua ❷ (*machine*) bheith
i bhfeidhm ▷ *The heating isn't
working.* Níl an teas i bhfeidhm.; **It
worked.** (*plan*) D'oibrigh sé.

work out *vb* ❶ (*problem*) fuascail
❷ (*figure out*) oibrigh amach ▷ *I
couldn't work it out.* Níor éirigh liom
é a oibriú amach. ❸ (*turn out*)
éirigh le ▷ *In the end it worked out
really well.* Sa deireadh d'éirigh go
geal leis.; **It works out at £100.**
Céad punt an t-iomlán.; **I work
out twice a week.** Déanaim dreas
traenála dhá uair sa tseachtain.

worker *n* oibrí *m4* ▷ *He's a factory
worker.* Is oibrí monarchan é.
▷ *She's a good worker.* Is oibrí
maith í.

work experience *n* taithí oibre
▷ *I'm going to do work experience in a
factory.* Tá mé ag dul a dhéanamh
taithí oibre i monarcha.

working-class *adj* a working-
class family teaghlach de chuid
an lucht oibre

workman *n* oibrí *m4*

works *n* oibreacha *fpl2*

worksheet *n* bileog *f2* oibre

workshop *n* ceardlann *f2* ▷ *a
drama workshop* ceardlann
drámaíochta

workspace *n* (*computing*) achar

m1 oibre

workstation *n* stáisiún *m1* oibre

world *n* domhan *m1*; **He's the
world champion.** Is é curadh an
domhain é.; **to think the world
of somebody** an dúrud a shíleadh
de dhuine

World-Wide Web *n* Gréasán *m1*
Domhanda

worm *n* péist *f2*

worn *adj* caite ▷ *The carpet is a bit
worn.* Tá an brat urláir giota beag
caite.; **worn out** (*tired*) spíonta

worried *adj* buartha ▷ *She looks
worried.* Tá cuma bhuartha air.;
I'm worried. Tá imní orm.; **to be
worried about something** imní
a bheith ort faoi rud ▷ *I'm worried
about the exams.* Tá imní orm faoi
na scrúduithe.

worry *vb* **She worries a lot.**
Bíonn rud éigin i gcónaí ag cur as
di.; **Don't worry!** Ná bí buartha!;
What's worrying you? Cad é atá
ag déanamh buartha duit?

worse *adj* níos measa ▷ *It was even
worse than that.* Bhí sé níos measa
ná sin fiú. ▷ *My results were bad, but
his were even worse.* Bhí mo chuid
torthaí go holc, ach bhí a chuid
siúd níos measa fós. ▷ *I'm feeling
worse.* Mothaím níos measa.
▶ *adv* **to get worse** dul in olcas

worship *vb* (*God*) adhair; **He
really worships her.** Síleann sé
an dúrud di.

worst *adj* ❶ is measa ▷ *Maths is
my worst subject.* Is é an mata an

t-ábhar is measa agam. ▷ *my worst enemy* an namhaid is measa agam ❷ (*in the past*) ba mheasa ▷ *He got the worst mark in the whole class.* Fuair sé an marc ba mheasa sa rang iomlán.

▶ *adv* **the musician who performs worst** an ceoltóir is measa a sheinneann

▶ *n* **the worst** an ceann is measa ▷ *The worst of it is that ...* Is é an rud is measa ná ...; **if the worst comes to the worst** má théann an chúis go cnámh na huillinne

worth *adj* **It's worth ...** Is fiú ... é. ▷ *It's worth a lot of money.* Is fiú cuid mhór airgid é. ▷ *What is it worth?* Cad é is fiú é? ▷ *It's worth it.* Is fiú é. ▷ *Is it worth it? An* fiú é? ▷ *It's not worth it.* Ní fiú é.

would *vb*

> Use the Irish conditional tense to express what would happen.

▷ *If you asked him, he would do it.* Dá n-iarrfá air dhéanfadh sé é. ▷ *I said I would do it.* Dúirt mé go ndéanfainn é.; **Would you like a biscuit?** (*offer*) Ar mhaith leat briosca?; **Would you close the door please?** (*request*) An ndruidfeá an doras, le do thoil?; **It would have been midnight.** An meán oíche a bhí ann is dócha.; **I'd like ...** Ba mhaith liom ... ▷ *I'd like to go to America.* Ba mhaith liom dul go Meiriceá. ▷ *Shall we go and see a film? — Yes, I'd like that.*

An rachaimid chun scannán a fheiceáil? — Rachaidh, ba bhreá liom sin.

wound *n* cneá *f4*

▶ *vb* goin ▷ *He was wounded in the leg.* Goineadh sa chos é.

wrap *vb* fill i bpáipéar ▷ *She's wrapping her Christmas presents.* Tá sí ag filleadh a cuid bronntanas Nollag i bpáipéar.; **Can you wrap it for me please?** (*in shop*) An dtiocfadh leat é a fhilleadh, le do thoil?

wrap up *vb* fill i bpáipéar

wrapping paper *n* páipéar *m1* fillte

wreck *n* ❶ (*ship*) long *f2* bhriste ❷ (*vehicle*) carr *m1* scriosta; **That car is a wreck!** Tá an carr sin scriosta!; **After the exams I was a complete wreck.** Bhí mé traochta i ndiaidh na scrúduithe.

▶ *vb* scrios ▷ *The explosion wrecked the whole house.* Scrios an phléasc an teach iomlán. ▷ *The trip was wrecked by bad weather.* Scriosadh an turas ag an drochaimsir.

wreckage *n* raic *f2*

wren *n* dreoilín *m4*

wrestler *n* coraí *m4*

wrestling *n* iomrascáil *f3*; **all-in wrestling** iliomrascáil

wrinkled *adj* roctha

wrist *n* caol *m1* na láimhe

write *vb* scríobh ▷ *I wrote a letter to my friend.* Scríobh mé litir chuig mo chara.; **to write to somebody** scríobh chuig duine ▷ *I'm going to*

a b c d e f g h i j k l m n o p q r s t u v w x y z

write to her in Irish. Tá mé ag dul a scríobh chuici as Gaeilge.

write down vb scríobh síos ▷ *I wrote down the address.* Scríobh mé síos an seoladh. ▷ *Can you write it down for me, please?* An dtiocfadh leat é a scríobh síos dom, le do thoil?

writer n scríbhneoir m3 ▷ *She's a writer.* Is scríbhneoir í.

writing n scríobh m3 ▷ *I can't read your writing.* Ní féidir liom do scríobh a léamh.; **in writing** i scríbhinn

written vb see **write**

wrong adj ❶ contráilte ▷ *The information they gave me was wrong.* Bhí an t-eolas a thug siad dom contráilte. ▷ *the wrong answer* an freagra contráilte ▷ *You've got the wrong number.* Tá an uimhir chontráilte agat.; **to be wrong** (*mistaken*) bheith contráilte ▷ *You're wrong about that.* Tá tú contráilte faoi sin. ❷ (*morally bad*) olc ▷ *I think hunting is wrong.* Sílim go bhfuil an tseilg go holc ó thaobh na moraltachta de.; **What's wrong?** Cad é atá cearr?; **What's wrong with her?** Cad é atá uirthi?
▶ adv mícheart ▷ *You've done it wrong.* Rinne tú mícheart.; **to go wrong** (*plan*) dul amú ▷ *The robbery went wrong and they got caught.* D'imigh rud éigin cearr leis an robáil agus gabhadh iad.

wrote vb see **write**

WWW n (= *World-Wide Web*) Gréasán m1 Domhanda

Xerox® *n* xéaracs *m4*
xerox *vb* xéaracsáil
Xmas *n* (= *Christmas*) Nollaig *f*
X-ray *n* (*photo*) x-ghathú *m* ▷ *I had to have an X-ray.* Bhí orm x-ghathú a fháil.
▶ *vb* x-ghathaigh; **to X-ray something** rud a X-ghathú ▷ *They X-rayed my arm.* D'X-gháthaigh siad mo sciathán.

yacht *n* luamh *m1*
yard *n* ❶ (*of building*) clós *m1* ▷ *in the yard* sa chlós ❷ (*measure*) slat *f2*
yawn *vb* déan méanfach
year *n* bliain *f3* ▷ *this year* i mbliana ▷ *next year* an bhliain seo chugainn; **last year** anuraidh; **to be 8 years old** bheith 8 mbliana d'aois; **an eight-year-old child** páiste ocht mbliana; **She's in year 11.** Tá sí i mbliain a 11.; **He's a first-year.** Tá sé sa chéad bhliain.
yell *vb* lig béic
yellow *adj* buí
yes *adv*

> To answer 'yes' to a question, repeat the verb from the question.

▷ *Did you sleep well? — Yes.* Ar chodail tú go maith? — Chodail.

▷ *Will you take me there?* — *Yes.* An dtabharfaidh tú ansin mé? — Tabharfaidh.; **Yes, can I help you?** Is ea anois, an bhféadaim cuidiú leat?; **Yes, I remember it well.** Is ea, is cuimhin liom go maith é. ▷ *Do you like it?* — *Yes.* An maith leat é? — Is maith.; **More wine? — Yes please.** An mbeidh tuilleadh fíona agat? — Beidh, le do thoil.

yesterday adv inné ▷ *yesterday morning* maidin inné ▷ *yesterday afternoon* iarnóin inné ▷ *yesterday evening* tráthnóna inné ▷ *all day yesterday* i rith an lae inné

yet adv go fóill ▷ *Have you finished yet?* An bhfuil tú réidh go fóill? ▷ *It's not finished yet.* Níl sé réidh go fóill.; **as yet** go dtí seo ▷ *There's no news as yet.* Níl scéal ar bith go dtí seo.

yield vb (US: to other traffic) géill slí

yob n amhsóir m3

yoghurt n iógart m1

yolk n buíocán m1

you pron ❶ (singular) tú ▷ *Do you think it's a good idea?* An síleann tú gur smaoineamh maith é? ▷ *Are you all right?* An bhfuil tú ceart go leor? ▷ *How old are you?* Cén aois thú? ▷ *I don't believe you.* Ní chreidim thú. ▷ *I saw you.* Chonaic mé thú.

> For emphasis, use **tusa** instead of **tú**.

▷ *you and me* mise agus tusa

> **tú** combines with prepositions such as **do** to become **duit**, and with **le** to become **leat**.

The preposition used depends on the verb in the sentence. ▷ *I gave it to you.* Thug mé duit é. ▷ *Can I help you?* An féidir liom cuidiú leat? ▷ *I'll help you.* Cuideoidh mé leat. ▷ *I'll come with you.* Tiocfaidh mé leat.; **It's for you.** Is duitse é.; **Fresh air does you good.** Is mór an sochar duit an t-aer glan. ❷ (plural) sibh ▷ *You are both wrong.* Tá sibh araon contráilte. ▷ *Did you enjoy yourselves at the party?* Ar bhain sibh sult as an gcóisir?

> For emphasis, use **sibhse** instead of **sibh**.

▷ *She's younger than you.* Is óige í ná sibhse.; **both of you** an bheirt agaibh

young adj óg ▷ *young people* an t-aos óg

younger adj níos óige ▷ *He's younger than me.* Tá sé níos óige ná mé. ▷ *my younger brother* an deartháir ís óige agam

youngest adj is óige ▷ *my youngest brother* an deartháir is óige agam ▷ *She's the youngest.* Is ise is óige.

your adj ❶ do

> Use **do** if something belongs to one person.

▷ *your car* do charr ▷ *your bag* do mhála ❷ bhur

> Use **bhur** if something belongs to more than one person.

▷ *your car* bhur gcarr ▷ *your bag* bhur mála

yours pron ❶ (singular) an ceann

seo agatsa ▷ *It's better than yours.*
Is fearr é ná an ceann seo agatsa.;
Whose is this? — It's yours. Cé
leis é seo? — Is leatsa é. ❷ (*plural*)
an ceann seo agaibhse ▷ *It's better
than yours.* Is fearr é ná an ceann
seo agaibhse. ; **Whose is this? —
It's yours.** Cé leis é seo? — Is libhse
é.; **a friend of yours (1)** (*singular*)
cara leat **(2)** (*plural*) cara libh
yourself *pron* tú féin ▷ *Have you
hurt yourself?* Ar ghortaigh tú
tú féin?
yourselves *pron* sibh féin ▷ *Did
you make it yourselves?* An ndearna
sibh féin é?
youth club *n* club *m4* óige
youth hostel *n* brú *m4* óige

Z

zany *adj* craiceáilte
zap *vb* (*delete*) scrios
zebra *n* séabra *m4*
zebra crossing *n* trasrian *m1*
síogach
zero *n* nialas *m1*
Zimbabwe *n* an tSiombáib *f2* ▷ *in
Zimbabwe* sa tSiombáib
zinc *n* sinc *f2*
zip *n* sip *f2*
▶ *vb* ❶ dún an tsip ❷ (*file*)
zipeáil
zip code *n* (*US*) cód *m1* poist
zip file *n* zipchomhad *m1*
zipper *n* (*US*) sip *f2*
zit *n* goirín *m4*
zodiac *n* stoidiaca *m4* ▷ *the signs
of the zodiac* comharthaí na
Stoidiaca
zone *n* crios *m3*

zoo n zú m4
zoom lens n féithlionsa m4
zucchini n (US) cúirséid mph

GRAMMAR

Introduction

In this supplement, you will find help with Irish nouns, verbs and adjectives.

There are tables showing genitive and plural forms for nouns in the four declensions, as well as irregular nouns.

For adjectives, there are tables showing genitive and plural forms, and also comparatives and superlatives.

The section on initial mutations explains changes to the beginnings of Irish words.

The verb section contains a summary of verb tenses and tables for 26 Irish verbs, some regular and some irregular. On the Irish – English side of the dictionary, all the verbs are followed by a number in square brackets (eg **bris** *vb* [**15**] to break). Each of these numbers corresponds to a verb in this section. Verbal adjectives and verbal nouns which are different from the pattern are given after the number, within the square brackets.

Finally, there is information on the copula.

Nouns   Ainmfhocail

All Irish nouns are either masculine or feminine.

There are four major groups of nouns. All regular Irish nouns are assigned a number (1, 2, 3 or 4) in this dictionary, and their gender is indicated by the abbreviations *m* for masculine and *f* for feminine. The tables below show examples of the various grammatical forms in each group.

There are a few other nouns which are not completely regular and their irregular forms are given in the entry in the Irish side. Such nouns have no number in the dictionary.

Under certain circumstances, nouns may undergo a change in form. Look at the section on initial mutations for more information.

NOM SING	GEN SING	NOM PL	GEN PL
1st DECLENSION (all masculine)			
cat	cait	cait	cat
breac	bric	bric	breac
leabhar	leabhair	leabhair	leabhar
buidéal	buidéil	buidéil	buidéal
milseán	milseáin	milseáin	milseán
marcach	marcaigh	marcaigh	marcach
scéal	scéil	scéalta	scéalta
glór	glóir	glórtha	glórtha
briathar	briathair	briathra	briathra
bealach	bealaigh	bealaí	bealaí
cogadh	cogaidh	cogaí	cogaí
rós	róis	rósanna	rósanna
2nd DECLENSION (mostly feminine)			
clann	clainne	clanna	clann
sceach	sceiche	sceacha	sceach
fuinneog	fuinneoige	fuinneoga	fuinneog
leabharlann	leabharlainne	leabharlanna	leabharlann
eangach	eangaí	eangacha	eangach
glúin	glúine	glúine	glún
áit	áite	áiteanna	áiteanna
aisling	aislinge	aislingí	aislingí
craobh	craoibhe	craobhacha	craobhacha
pian	péine	pianta	pianta

NOM SING	GEN SING	NOM PL	GEN PL
3rd DECLENSION (masculine)			
custaiméir	custaiméara	custaiméirí	custaiméirí
rinceoir	rinceora	rinceoirí	rinceoirí
saighdiúir	saighdiúra	saighdiúirí	saighdiúirí
rud	ruda	rudaí	rudaí
droim	droma	dromanna	dromanna
(feminine)			
iasacht	iasachta	iasachtaí	iasachtaí
canúint	canúna	canúintí	canúintí
forbairt	forbartha	forbairtí	forbairtí
troid	troda	troideanna	troideanna
barúil	barúla	barúlacha	barúlacha
4th DECLENSION (mostly masculine)			
coinín	coinín	coiníní	coiníní
dalta	dalta	daltaí	daltaí
oráiste	oráiste	oráistí	oráistí
rúnaí	rúnaí	rúnaithe	rúnaithe
baile	baile	bailte	bailte
(feminine)			
íomhá	íomhá	íomhánna	íomhánna
bearna	bearna	bearnaí	bearnaí

IRREGULAR NOUNS

NOM SING	GEN SING	NOM PL	GEN PL
cabhair *f*	cabhrach	cabhracha	cabhracha
draein *f*	draenach	draenacha	draenacha
litir *f*	litreach	litreacha	litreacha
comharsa *f*	comharsan	comharsana	comharsan
athair *m*	athar	aithreacha	aithreacha
namhaid *m*	namhad	naimhde	naimhde
bean *f*	mná	mná	ban
caora *f*	caorach	caoirigh	caorach
deoch *f*	dí	deochanna	deochanna
dia *m*	dé	déithe	déithe
lá *m*	lae	laethanta	laethanta
leaba *f*	leapa	leapacha	leapacha
mí *f*	míosa	míonna	míonna
talamh *m*	talaimh	tailte	tailte
talamh *f*	talún	tailte	tailte
teach *m*	tí	tithe	tithe

Adjectives   Aidiachtaí

In Irish, adjectives can be singular or plural, or in the genitive case, depending on the noun they describe. They may also be subject to lenition. The tables below will help you choose the correct forms, and the notes on the following pages will help you decide if you need to lenite an adjective.

NOM	SING GEN MASC	SING GEN FEM	STRONG PL
1st DECLENSION			
dubh	duibh	duibhe	dubha
géar	géir	géire	géara
greannmhar	greannmhair	greannmhaire	greannmhara
tábhachtach	tábhachtaigh	tábhachtaí	tábhachtacha
tuirseach	tuirsigh	tuirsí	tuirseacha
imníoch	imníoch	imníche	imníocha
spleách	spleách	spleáiche	spleácha
glic	glic	glice	glice
2nd DECLENSION			
spreagúil	spreagúil	spreagúla	spreagúla
3rd DECLENSION			
crua	crua	crua	crua

Plural adjectives preceded by weak plural nouns lose final vowel (**a/e**) in genitive plural.

Comparison of adjectives

	COMPARATIVE	SUPERLATIVE
glic	níos glice	is glice
ard	níos airde	is airde
álainn	níos áille	is áille
spleách	níos spleáiche	is spleáiche
tábhachtach	níos tábhachtaí	is tábhachtaí
cóir	níos córa	is córa
spreagúil	níos spreagúla	is spreagúla
crua	níos crua	is crua

Irregular comparatives

mór	níos mó	is mó
beag	níos lú	is lú
maith	níos fearr	is fearr
olc	níos measa	is measa
furasta	níos fusa	is fusa
breá	níos breátha	is breátha
dócha	níos dóichí	is dóichí
dóigh	níos dóiche	is dóiche
te	níos teo	is teo
gearr	níos giorra	is giorra
iomaí	níos lia	is lia
fada	níos faide/sia	is faide/sia
ionúin	níos ionúine/ansa	is ionúine/ansa
tréan	níos tréine/treise	is tréine/treise

Initial mutations

The beginnings of Irish words can change in certain circumstances, usually due to the effect of the preceding word. There are two major kinds of changes, *lenition* and *eclipsis*. The following is a general guide.

Lenition

This only affects consonants. Before feminine nouns, the article **an** causes initial lenition to a noun which is the subject or object of the sentence. For example, 'a woman' is **bean**, but 'the woman' is **an bhean**. Lenition also occurs when definite singular masculine nouns are in the genitive cases (**súile an chait** 'the cat's eyes').

Proper nouns of both genders without the article are lenited in the genitive (**gúna Chaoimhe** 'Keeva's dress', **foireann Mhuineacháin** 'the Monaghan team', **faoi choinne Sheáin** 'for John').

Lenition follows the possessive pronouns **mo**, **do**, **a** (= his), so that while 'a car' is **carr**, 'my car' is **mo charr**.

Nouns are also lenited after most of the simple prepositions **ar**, **do**, **de**, **faoi**, etc. The compound forms **den**, **don** and **sa** lenite (**den chrann**, **sa chathair**).

The vocative particle **a** lenites (**a Sheoirse**, **a chailíní**), while numerals 1-6 and their compounds lenite singular nouns (**dhá bhliain déag**). Direct relative **a** lenites.

The past tense of verbs is generally lenited (**chuir me** 'I have put'), even without any preceding word. (The past autonomous, such as **cuireadh é** 'he was buried', and some forms like **fuaireamar** 'we got', and **dúirt sé** 'he said' are not lenited.) The conditional and past habitual are lenited, as are most forms after the negatives **ní**, **níor**, **nár**, after relative or interrogative **ar**, after **má** and **murar** and **gur**, and after **cár**, **cér**, etc.

Adjectives are lenited after singular feminine nouns not in the genitive (**duilleog ghlas** 'a green leaf', **leis an ngirseach bheag** 'with the little girl', **sa tsúil chlé** 'in the left eye'). With masculine nouns, adjectives are lenited in the genitive singular (**coiléar an mhadra mhóir** 'the big dog's collar'), and in the plural after a final consonant preceded by **i** (**fir bhreátha** 'handsome men').

In compound words, the second (and any subsequent) elements are lenited (**bangharda**, **fíor-dhrochmhargadh**) but not where any pair of the letters **d**, **l**, **n**, **s** or **t** come together (**lánsásta**).

A few words always begin with a lenited letter, such as **bheith** 'to be', **chuig** 'towards', **thall** 'over there', etc.

In no case is there lenition of **h**, **j**, **l**, **n**, **q**, **r**, **v**, **w**, **x**, **y**, or **z**. Nor is there lenition of **l** or **t** after the article (**an duilleog** 'the leaf', **sa doras** 'in the doorway', **ceann an tairbh** 'the bull's head'), nor of **sc**, **sf**, **sm**, **sp**, **st** or **sv**.

Genitive initial **s** after the article has **t** prefixed (**an tslat**, **sa tslí**, **teach an tsagairt**).

Eclipsis

This affects both consonants and vowels (vowels being eclipsed by **n-**). Eclipsis occurs after the possessives **ár**, **bhur** and **a** (= their), and after the preposition **i** **i mbaol** 'in danger', **in Éirinn** 'in Ireland').

Eclipsis also follows the article in the dative singular, unless there is lenition or the noun begins with a vowel or with **d** or **t** (**ag an gcluiche**, **leis an mbean**, **den chrann**, **faoin talamh**), and in the genitive plural (**bróga na bhfear** 'the men's shoes', **hataí na mban** 'the women's hats', **ceol na n-éan** 'the singing of the birds').

Numerals 7-10 and their compounds also eclipse nouns (**seacht mbliana déag**).

Interrogative **an** and all uses of **nach** and **go** eclipse verbs. And so do words like **dá**, **sula**, **mura** and **cá** (= where?), and the indirect relative **a**.

Adjectives are not eclipsed.

Other mutations (vowels)

Masculine nouns beginning with a vowel have **t-** prefixed in the nominative and accusative (**an t-uisce**). Nouns beginning with a vowel have **h** prefixed after the article **na** (**muintir na háite** 'the local people', **leis na húlla** 'with the apples', **na hoileáin** 'in the islands').

A word which neither lenites nor eclipses but which ends in a vowel prefixes **h** to words that begin with a vowel (**le hairgead a shaothrú** 'to earn money', **Dé hAoine** 'on Friday', **an dara háit** 'the second place', **go hálainn** 'beautifully', **ná hith é** 'don't eat it', **cá huair?** 'when?', **a hathair** 'her father').

Verbs beginning with a vowel or **f** (lenited) have **d'** prefixed in the independent forms of the past, past habitual and conditional (**d'athraigh**, **d'éiríodh**, **d'fhágfadh**).

The following tables show which letters may be lenited or eclipsed, and how to write the mutated letters.

CONSONANT	LENITED	CONSONANT	ECLIPSED
p	ph	p	bp
b	bh	b	mb
m	mh	m	not eclipsed
n	no change	n	not eclipsed
t	th	t	dt
d	dh	d	nd
c	ch	c	gc
g	gh	g	ng
l	no change	l	not eclipsed
f	fh	f	bhf
s	sh	s	not eclipsed

Verb tenses

The present tense

This tense is used to talk about what is true at the moment, or happens regularly: 'I'm a student'; 'he works in a solicitor's office'; 'I'm studying Irish.'

There is more than one way to use the present tense in Irish, just as in English. You can say in English 'I work' or 'I am working'. In Irish you can say:

Tá mé ag obair i siopa nuachtán.	I work in a newsagent's.
Oibrím sa siopa ar an Satharn.	I work in the shop on Saturdays.
Bím ag obair sa siopa ar an Satharn.	I work in the shop on Saturdays.

You can also use the present tense to talk about something that is going to happen in the near future:

Táimid ag dul ar saoire ag deireadh na míosa.	We're going on holiday at the end of the month.

The present tense is also used to speak about things which happened in the past and are <u>still</u> happening:

Táimid inár gcónaí anseo le trí bliana.	We've been living here for three years.

The future tense

The future tense is used to speak of something that will happen or be true. You may use the future tense form of the verb, or a 'going to' form plus the verbal noun, or the present tense of 'be' plus the verbal noun (if the thing is due to happen quite soon).

Ní thiocfaidh sí abhaile roimh mheán oíche.	She won't be home before midnight.
Tá sé ag dul ag ceannach giotár nua.	He's going to buy a new guitar.
Tá sé ag teacht ar bhus a sé.	He'll be here on the six o'clock bus.

The past habitual

This tense is used to say that something was happening or kept happening or used to happen in the past. Sometimes English uses what seems like an ordinary past, or even a conditional, where Irish clearly shows that the action was continuous or regular.

Chaitheadh na mná hataí móra san am sin. — Ladies wore huge hats in those days.

Léadh sí scéalta do na leanaí. — She used to read stories to the children.

Dhúnaidís na geataí le titim na hoíche. — They would close the gates at nightfall.

Bhíodh ceol ar siúl aige i gcónaí. — He was always playing music.

Phrases like 'ba ghnách liom' and 'ba nós liom' are often used instead of the past habitual form.

Ba ghnách leis dul go dtí an Fhrainc ar saoire. — He used to go to France on holiday.

Ba nós léi siúl abhaile cois na habhann. — She would walk home by the river.

The past tense

This tense is used to say something happened at some point in the past and is over and done with.

D'fhág Máire an teach romhamsa. — Mary left the house before me.

Chuir an scéal an-iontas orainn. — The news surprised us greatly.

Bhíomar déanach ag teacht abhaile. — We were late home.

Bhuamar an cluiche. — We won the match.

The imperative

This is used when giving orders or instructions or making requests.

The 2nd person singular or plural are the usual forms, but there are imperatives for the other persons too.

Stad den gháire, a Sheáin! — Stop laughing, John!

Ná caill do thicéad! — Don't lose your ticket!

Gabhaigí mo leithscéal, a chailíní. — Excuse me, girls.

Téadh na buachaillí ar dheis. — Let the boys go to the right.

Ná cluinim a thuilleadh faoi. — Don't let me hear any more about it.

The conditional

This form of the verb is used when talking about something that would (or would not) happen or be true in certain circumstances. It is also used as a polite form of request.

Ba mhaith liom dul go dtí an choirm cheoil sin.	I'd love to go to that concert.
Ní thabharfainn an méid sin orthu.	I wouldn't give that much for them.
An gcuideofá liom, le do thoil?	Would you help me, please?

The subjunctive

The present subjunctive is used in Irish to indicate uncertainty as to whether something will or will not happen or be true, or to indicate a wish that something should or should not happen.

Fan go stada an fhearthainn.	Wait till the rain stops.
Ní fada go dtaga an traein.	It won't be long till the train arrives.
Labhróidh mé leo sula n-imí siad.	I'll speak to them before they leave.
Go maire tú an lá!	Many happy returns!
Gurab amhlaidh duit!	The same to you!

The past subjunctive is similar in form to the past habitual, and is often replaced by the conditional.

D'fhan Úna go dtagadh/go dtiocfadh na cailíní eile.	Una waited for the other girls to arrive.

Verbal nouns

Forms

Many verbal nouns end in **-(e)adh** or in **-(i)ú**: **briseadh**, **moladh**, **bailiú**, **beannú**

Some are the same as their root: all verbs ending in **-(e)áil**: **sóinseáil**, **sábháil**, etc, and ones like **foghlaim**, **rith**, **bruith**, **léim**, etc.

Some add **-t** to the root: **cosaint**, **tarraingt**, **imirt**, etc.

Some are formed in other ways: **gluaiseacht**, **tuiscint**, **ceannach**, **leagan**, **fí**, **maireachtáil**, **fiafraí**, etc.

The verb tables will help you find the verbal noun you require.

Usage

Verbal nouns are used very like infinitives in English; for example, **canadh** can mean both 'singing' and 'to sing'. **Dul** can mean 'going' or 'to go'.

Bhí sí **ag canadh** in ard a gutha.	She was singing at the top of her voice.
Is breá leis **bheith ag seinm** ceoil.	He loves playing music.
Bhíomar **ag dul** abhaile.	We were going home.
D'iarr an máistir ar Áine amhrán eile **a rá**.	The master asked Anne to sing another song.
Tá an Ghaeilge furasta **a fhoghlaim**.	Irish is easy to learn.
Bhí sé deacair **éirí** chomh luath sin.	It was hard to get up so early.
Thosaigh sé **ag cur**.	It started to rain.
Theastaigh uaim an clár sin **a fheiceáil**.	I wanted to see that programme.

Verbal nouns can behave like ordinary nouns.

Bhí an **scrúdú** sin ródheacair.	That exam was too hard.
Níl **tuiscint** aige don ealaín.	He has no understanding of art.

Verbal adjectives

Form

Most verbal adjectives follow a regular pattern, formed by adding **-ta**, or **-te** to the root of verbs like **mol** (**molta**) or **bris** (**briste**).

Other patterns are **beannaithe** (from **beannaigh**) and **bailithe** (from **bailigh**). Verbs like **bog** add **-tha** (**bogtha**); those like **béic** add **-the** (**béicthe**), as do some others, like **fulaing**, **tarraing**, etc.

The verb tables will help you find the verbal adjectives you require.

Verbal adjectives are used like ordinary adjectives.

Caith amach an práta **lofa**.	Throw out the rotten potato.

They can help to form verbal tenses when used with the verb '**tá**'.

Bhí na blianta **caite** i Meiriceá aige.	He had spent years in America.
Tá siad díreach **tagtha**.	They have just arrived.

Autonomous verbal forms

These are sometimes called impersonal forms and are similar in ways to the passive voice in English. The important thing is that they are used in Irish when the *doer* of an action is not identified. In the verb tables, the autonomous form is marked by an asterisk.

Coimeádtar im ann.	Butter is kept in it.
Maraíodh é.	He was killed.
Cuireadh litir amach.	A letter was sent out.
Scaoilfear saor iad.	They will be released.
Ní ghlacfar leis.	It won't be accepted.
Deirtear go bhfuil sé an-saibhir.	They say he is very rich.

Autonomous forms exist in all tenses.

There is just one basic form for each tense, but this can be negative or interrogative just like other verbal forms.

Pronouns are the objective forms, eg **é, í, iad**, etc, as they do not refer to the unnamed *doer* of the action.

PRESENT
deirim
deir tú
deir sé
deir sí
deirimid
deir sibh
deir siad
deirtear*

PAST
dúirt mé
dúirt tú
dúirt sé
dúirt sí
dúramar
dúirt sibh
dúirt siad
dúradh*

FUTURE
déarfaidh mé
déarfaidh tú
déarfaidh sé
déarfaidh sí
déarfaimid
déarfaidh sibh
déarfaidh siad
déarfar*

IMPERATIVE
abraim
abair
abradh sé
abradh sí
abraimis
abraigí
abraidís
deirtear*

PRESENT SUBJUNCTIVE
deire mé
deire tú
deire sé
deire sí
deirimid
deire sibh
deire siad
deirtear*

PAST HABITUAL
deirinn
deirteá
deireadh sé
deireadh sí
deirimis
deireadh
deiridís
deirtí*

CONDITIONAL
déarfainn
déarfá
déarfadh sé
déarfadh sí
déarfaimis
déarfadh sibh
déarfaidís
déarfaí*

VERBAL NOUN
rá

VERBAL ADJECTIVE
ráite

* autonomous form

Table
2

beir *to give birth to, lay, etc*

PRESENT
beirim
beireann tú
beireann sé
beireann sí
beirimid
beireann sibh
beireann siad
beirtear*

PRESENT SUBJUNCTIVE
beire mé
beire tú
beire sé
beire sí
beirimid
beire sibh
beire siad
beirtear*

PAST
rug mé
rug tú
rug sé
rug sí
rugamar
rug sibh
rug siad
rugadh*

PAST HABITUAL
bheirinn
bheirteá
bheireadh sé
bheireadh sí
bheirimis
bheireadh sibh
bheiridís
bheirtí*

FUTURE
béarfaidh mé
béarfaidh tú
béarfaidh sé
béarfaidh sí
béarfaimid
béarfaidh sibh
béarfaidh siad
béarfar*

CONDITIONAL
bhéarfainn
bhéarfá
bhéarfadh sé
bhéarfadh sí
bhéarfaimis
bhéarfadh sibh
bhéarfaidís
bhéarfaí*

IMPERATIVE
beirim
beir
beireadh sé
beireadh sí
beirimis
beirigí
beiridís
beirtear*

VERBAL NOUN
breith

VERBAL ADJECTIVE
beirthe

* autonomous form

PRESENT (INDEPENDENT)
táim (tá mé)
tá tú
tá sé
tá sí
táimid
tá sibh
tá siad
táthar*

PRESENT HABITUAL
bím
bíonn tú
bíonn sé
bíonn sí
bímid
bíonn sibh
bíonn siad
bítear*

PRESENT (DEPENDENT)
nílim (níl mé), go bhfuil mé
níl tú, go bhfuil tú
níl sé, go bhfuil sé
níl sí, go bhfuil sí
nílimid, go bhfuilimid
níl sibh, go bhfuil sibh
níl siad, go bhfuil siad
níltear*
go bhfuiltear*

PAST (INDEPENDENT)
bhí mé
bhí tú
bhí sé
bhí sí
bhíomar
bhí sibh
bhí siad
bhíothas*

PAST (DEPENDENT)
raibh mé
raibh tú
raibh sé
raibh sí
rabhamar
raibh sibh
raibh siad
rabthas*

FUTURE
beidh mé
beidh tú
beidh sé
beidh sí
beimid
beidh sibh
beidh siad
beifear*

CONDITIONAL
bheinn
bheifeá
bheadh sé
bheadh sí
bheimis
bheadh sibh
bheidís
bheifí*

IMPERATIVE
bím
bí
bíodh sé
bíodh sí
bímis
bígí
bídís
bítear*

VERBAL NOUN
bheith

VERBAL OF NECESSITY
beite

* autonomous form

Table
4

déan *to do, make*

PRESENT	**PRESENT SUBJUNCTIVE**
déanaim	déana mé
déanann tú	déana tú
déanann sé	déana sé
déanann sí	déana sí
déanaimid	déanaimid
déanann sibh	déana sibh
déanann siad	déana siad
déantar*	**déantar***

PAST (INDEPENDENT)	**PAST HABITUAL**
rinne mé	dhéanainn
rinne tú	dhéantá
rinne sé	dhéanadh sé
rinne sí	dhéanadh sí
rinneamar	dhéanaimis
rinne sibh	dhéanadh sibh
rinne siad	dhéanaidís
rinneadh*	**dhéantaí***

PAST (DEPENDENT)		**FUTURE**
ní dhearna mé	ní dhearnamar	déanfaidh mé
go ndearna mé	go ndearnamar	déanfaidh tú
ní dhearna tú	ní dhearna sibh	déanfaidh sé
go ndearna tú	go ndearna sibh	déanfaidh sí
ní dhearna sé	ní dhearna siad	déanfaimid
go ndearna sé	go ndearna siad	déanfaidh sibh
ní dhearna sí	**ní dhearnadh***	déanfaidh siad
go ndearna sí	**go ndearnadh***	**déanfar***

CONDITIONAL	**IMPERATIVE**	**VERBAL NOUN**
dhéanfainn	déanaim	déanamh
dhéanfá	déan	
dhéanfadh sé	déanadh sé	
dhéanfadh sí	déanadh sí	**VERBAL AJECTIVE**
dhéanfaimis	déanaimis	déanta
dhéanfadh sibh	déanaigí	
dhéanfaidís	déanaidís	
dhéanfaí*	**déantar***	

* autonomous form

PRESENT
faighim
faigheann tú
faigheann sé
faigheann sí
faighimid
faigheann sibh
faigheann siad
faightear*

PRESENT SUBJUNCTIVE
faighe mé
faighe tú
faighe sé
faighe sí
faighimid
faighe sibh
faighe siad
faightear*

PAST
fuair mé
fuair tú
fuair sé
fuair sí
fuaireamar
fuair sibh
fuair siad
fuarthas*

PAST HABITUAL
d'fhaighinn
d'fhaighteá
d'fhaigheadh sé
d'fhaigheadh sí
d'fhaighimis
d'fhaigheadh sibh
d'fhaighidís
d'fhaightí*

**FUTURE
(INDEPENDENT)**
gheobhaidh mé
gheobhaidh tú
gheobhaidh sé
gheobhaidh sí
gheobhaimid
gheobhaidh siad
gheobhaidh siad
gheofar*

**CONDITIONAL
(INDEPENDENT)**
gheobhainn
gheofá
gheobhadh sé
gheobhadh sí
gheobhaimis
gheobhadh sibh
gheobhaidís
gheofaí*

**FUTURE
(DEPENDENT)**
ní bhfaighidh mé
ní bhfaighidh tú
ní bhfaighidh sé
ní bhfaighidh sí
ní bhfaighimid
ní bhfaighidh sibh
ní bhfaighidh siad
ní bhfaighfear*

**CONDITIONAL
(DEPENDENT)**
ní bhfaighinn
ní bhfaighfeá
ní bhfaigheadh sé
ní bhfaigheadh sí
ní bhfaighimis
ní bhfaigheadh sibh
ní bhfaighidís
ní bhfaighfí*

IMPERATIVE
faighim
faigh
faigheadh sé
faigheadh sí
faighimis
faighigí
faighidís
faightear*

VERBAL NOUN
fáil

VERBAL ADJECTIVE
faighte

* autonomous form

Table
6

feic *to see, seem*

PRESENT
feicim
feiceann tú
feiceann sé
feiceann sí
feicimid
feiceann sibh
feiceann siad
feictear*

PRESENT SUBJUNCTIVE
feice mé
feice tú
feice sé
feice sí
feicimid
feice sibh
feice siad
feictear*

PAST (INDEPENDENT)
chonaic mé
chonaic tú
chonaic sé
chonaic sí
chonaiceamar
chonaic sibh
chonaic siad
chonacthas*

PAST HABITUAL
d'fheicinn
d'fheicteá
d'fheiceadh sé
d'fheiceadh sí
d'fheicimis
d'fheiceadh sibh
d'fheicidís
d'fheictí*

PAST (DEPENDENT)
ní fhaca mé
ní fhaca tú
ní fhaca sé
ní fhaca sí
ní fhacamar
ní fhaca sibh
ní fhaca siad
ní fhacthas*

FUTURE
feicfidh mé
feicfidh tú
feicfidh sé
feicfidh sí
feicimid
feicfidh sibh
feicfidh siad
feicfear*

CONDITIONAL
d'fheicfinn
d'fheicfeá
d'fheicfeadh sé
d'fheicfeadh sí
d'fheicfimis
d'fheicfeadh sibh
d'fheicfidís
d'fheicfí*

IMPERATIVE
feicim
feic
feiceadh sé
feiceadh sí
feicimis
feicigí
feicidís

VERBAL NOUN
feiceáil

VERBAL ADJECTIVE
feicthe

* autonomous form

PRESENT
ithim
itheann tú
itheann sé
itheann sí
ithimid
itheann sibh
itheann siad
itear*

PRESENT SUBJUNCTIVE
ithe mé
ithe tú
ithe sé
ithe sí
ithimid
ithe sibh
ithe siad
itear*

PAST
d'ith mé
d'ith tú
d'ith sé
d'ith siad
d'itheamar
d'ith sibh
d'ith siad
itheadh*

PAST HABITUAL
d'ithinn
d'iteá
d'itheadh sé
d'itheadh sí
d'ithimis
d'itheadh sibh
d'ithidís
d'ití*

FUTURE
íosfaidh mé
íosfaidh tú
íosfaidh sé
íosfaidh sí
íosfaimid
íosfaidh sibh
íosfaidh siad
íosfar*

CONDITIONAL
d'íosfainn
d'íosfá
d'íosfadh sé
d'íosfadh sí
d'íosfaimis
d'íosfadh sibh
d'íosfaidís
d'íosfaí*

IMPERATIVE
ithim
ith
itheadh sé
itheadh sí
ithimis
ithigí
ithidís
itear*

VERBAL NOUN
ithe

VERBAL ADJECTIVE
ite

* autonomous form

Table
8

tabhair *to give, take*

PRESENT
tugaim
tugann tú
tugann sé
tugann sí
tugaimid
tugann sibh
tugann siad
tugtar*

PRESENT SUBJUNCTIVE
tuga mé
tuga tú
tuga sé
tuga sí
tugaimid
tuga sibh
tuga siad
tugtar*

PAST
thug mé
thug tú
thug sé
thug sí
thugamar
thug sibh
thug siad
tugadh*

PAST HABITUAL
thugainn
thugtá
thugadh sé
thugadh sí
thugaimis
thugadh sibh
thugaidís
thugtaí*

FUTURE
tabharfaidh mé
tabharfaidh tú
tabharfaidh sé
tabharfaidh sí
tabharfaimid
tabharfaidh sibh
tabharfaidh siad
tabharfar*

CONDITIONAL
thabharfainn
thabharfá
thabharfadh sé
thabharfadh sí
thabharfaimis
thabharfadh sibh
thabharfaidís
thabharfaí*

IMPERATIVE
tugaim
tabhair
tugadh sé
tugadh sí
tugaimis
tugaigí
tugaidís
tugtar*

VERBAL NOUN
tabhairt

VERBAL ADJECTIVE
tugtha

* autonomous form

PRESENT	**PRESENT SUBJUNCTIVE**
tagaim	taga mé
tagann tú	taga tú
tagann sé	taga sé
tagann sí	taga sí
tagaimid	tagaimid
tagann sibh	taga sibh
tagann siad	taga siad
tagtar*	**tagtar***

PAST	**PAST HABITUAL**
tháinig mé	thagainn
tháinig tú	thagtá
tháinig sé	thagadh sé
tháinig sí	thagadh sí
thángamar	thagaimis
tháinig sibh	thagadh sibh
tháinig siad	thagaidís
thángthas*	**thagtaí***

FUTURE	**CONDITIONAL**
tiocfaidh mé	thiocfainn
tiocfaidh tú	thiocfá
tiocfaidh sé	thiocfadh sé
tiocfaidh sí	thiocfadh sí
tiocfaimid	thiocfaimis
tiocfaidh sibh	thiocfadh sibh
tiocfaidh siad	thiocfaidís
tiocfar*	**thiocfaí***

IMPERATIVE	**VERBAL NOUN**
tagaim	teacht
tar	
tagadh sé	
tagadh sí	**VERBAL ADJECTIVE**
tagaimis	tagtha
tagaigí	
tagaidís	
tagtar*	

* **autonomous form**

Table
10

téigh *to go*

PRESENT
téim
téann tú
téann sé
téann sí
téimid
téann sibh
téann siad
téitear*

PRESENT SUBJUNCTIVE
té mé
té tú
té sé
té sí
téimid
té sibh
té siad
téitear*

PAST (INDEPENDENT)
chuaigh mé
chuaigh tú
chuaigh sé
chuaigh sí
chuamar
chuaigh sibh
chuaigh siad
chuathas*

PAST HABITUAL
théinn
théiteá
théadh sé
théadh sí
théimis
théadh sibh
théidís
théití*

PAST (DEPENDENT)

ní dheachaigh mé	ní dheachamar
go ndeachaigh mé	go ndeachamar
ní dheachaigh tú	ní dheachaigh sibh
go ndeachaigh tú	go ndeachaigh sibh
ní dheachaigh sé	ní dheachaigh siad
go ndeachaigh sé	go ndeachaigh siad
ní dheachaigh sí	**ní dheachthas***
go ndeachaigh sí	

FUTURE
rachaidh mé
rachaidh tú
rachaidh sé
rachaidh sí
rachaimid
rachaidh sibh
rachaidh siad
rachfar*

CONDITIONAL
rachainn
rachfá
rachadh sé
rachadh sí
rachaimis
rachadh sibh
rachaidís
rachfaí*

IMPERATIVE
téim
téigh
téadh sé
téadh sí
téimis
téigí
téidís
téitear*

VERBAL NOUN
dul

VERBAL ADJECTIVE
dulta

* autonomous form

PRESENT
bailím
bailíonn tú
bailíonn sé
bailíonn sí
bailímid
bailíonn sibh
bailíonn siad
bailítear*

PAST
bhailigh mé
bhailigh tú
bhailigh sé
bhailigh sí
bhailíomar
bhailigh sibh
bhailigh siad
bailíodh*

FUTURE
baileoidh mé
baileoidh tú
baileoidh sé
baileoidh sí
baileoimid
baileoidh sibh
baileoidh siad
baileofar*

IMPERATIVE
bailím
bailigh
bailíodh sé
bailíodh sí
bailímis
bailígí
bailídís
bailítear*

PRESENT SUBJUNCTIVE
bailí mé
bailí tú
bailí sé
bailí sí
bailímid
bailí sibh
bailí siad
bailítear*

PAST HABITUAL
bhailínn
bhailíteá
bhailíodh sé
bhailíodh sí
bhailímis
bhailíodh sibh
bhailídís
bhailítí*

CONDITIONAL
bhaileoinn
bhaileofá
bhaileodh sé
bhaileodh sí
bhaileoimis
bhaileodh sibh
bhaileoidís
bhaileofaí*

VERBAL NOUN
bailiú

VERBAL ADJECTIVE
bailithe

* autonomous form

Table
12

beannaigh *to bless*

PRESENT
beannaím
beannaigh
beannaíodh sé
beannaíodh sí
beannaímis
beannaígí
beannaídís
beannaítear*

PRESENT SUBJUNCTIVE
beannaí mé
beannaí tú
beannaí sé
beannaí sí
beannaimid
beannaí sibh
beannaí siad
beannaítear*

PAST
bheannaigh mé
bheannaigh tú
bheannaigh sé
bheannaigh sí
bheannaíomar
bheannaigh sibh
bheannaigh siad
beannaíodh*

PAST HABITUAL
bheannaínn
bheannaíteá
bheannaíodh sé
bheannaíodh sí
bheannaímis
bheannaíodh sibh
bheannaídís
bheannaítí*

FUTURE
beannóidh mé
beannóidh tú
beannóidh sé
beannóidh sí
beannóimid
beannóidh sibh
beannóidh siad
beannófar*

CONDITIONAL
bheannóinn
bheannófá
bheannódh sé
bheannódh sí
bheannóimis
bheannódh sibh
bheannóidís
bheannófaí*

IMPERATIVE
beannaím
beannaigh
beannaíodh sé
beannaíodh sí
beannaímis
beannaígí
beannaídís
beannaítear*

VERBAL NOUN
beannú

VERBAL ADJECTIVE
beannaithe

* autonomous form

PRESENT
béicim
béiceann tú
béiceann sé
béiceann sí
béicimid
béiceann sibh
béiceann siad
béictear°

PAST
bhéic mé
bhéic tú
bhéic sé
bhéic sí
bhéiceamar
bhéic sibh
bhéic siad
béiceadh°

FUTURE
beicfidh mé
béicfidh tú
béicfidh sé
béicfidh sí
béicfimid
béicfidh sibh
béicfidh siad
béicfear°

IMPERATIVE
béicim
béic
béiceadh sé
béiceadh sí
béicimis
béicigí
béicidís
béictear°

PRESENT SUBJUNCTIVE
béice mé
béice tú
béice sé
béice sí
béicimid
béice sibh
béice siad
béictear°

PAST HABITUAL
bhéicinn
bhéicteá
bhéiceadh sé
bhéiceadh sí
bhéicimis
bhéiceadh sibh
bhéicidís
bhéictí°

CONDITIONAL
bhéicfinn
bhéicfeá
bhéicfeadh sé
bhéicfeadh sí
bhéicfimis
bhéicfeadh sibh
bheicfidís
bhéicfí°

VERBAL NOUN
béiceadh

VERBAL ADJECTIVE
béicthe

° **autonomous form**

Table
14 **bog** *to move*

PRESENT	PRESENT SUBJUNCTIVE
bogaim	boga mé
bogann tú	boga tú
bogann sé	boga sé
bogann sí	boga sí
bogaimid	bogaimid
bogann sibh	boga sibh
bogann siad	boga siad
bogtar*	**bogtar***

PAST	PAST HABITUAL
bhog mé	bhogainn
bhog tú	bhogtá
bhog sé	bhogadh sé
bhog sí	bhogadh sí
bhogamar	bhogaimis
bhog sibh	bhogadh sibh
bhog siad	bhogaidís
bogadh*	**bhogtaí***

FUTURE	CONDITIONAL
bogfaidh mé	bhogfainn
bogfaidh tú	bhogfá
bogfaidh sé	bhogfadh sé
bogfaidh sí	bhogfadh sí
bogfaimid	bhogfaimis
bogfaidh sibh	bhogfadh sibh
bogfaidh siad	bhogfaidís
bogfar*	**bhogfaí***

IMPERATIVE	VERBAL NOUN
bogaim	bogadh
bog	
bogadh sé	
bogadh sí	VERBAL ADJECTIVE
bogaimis	bogtha
bogaigí	
bogaidís	
bogtar	

* autonomous form

PRESENT
brisim
briseann tú
briseann sé
briseann sí
brisimid
briseann sibh
briseann siad
bristear*

PAST
bhris mé
bhris tú
bhris sé
bhris sí
bhriseamar
bhris sibh
bhris siad
briseadh*

FUTURE
brisfidh mé
bhris tú
bhris sé
bhris sí
bhriseamar
bhris sibh
bhris siad
brisfear*

IMPERATIVE
brisim
bris
briseadh sé
briseadh sí
brisimis
brisigí
brisidís
bristear*

PRESENT SUBJUNCTIVE
brise mé
brise tú
brise sé
brise sí
brisimid
brise sibh
brise siad
bristear*

PAST HABITUAL
bhrisinn
bhristeá
bhriseadh sé
bhriseadh sí
bhrisimis
bhriseadh sibh
bhrisidís
bhristí*

CONDITIONAL
bhrisfinn
bhrisfeá
bhrisfeadh sé
bhrisfeadh sí
bhrisfimis
bhrisfeadh sibh
bhrisfidís
bhrisfí*

VERBAL NOUN
briseadh

VERBAL ADJECTIVE
briste

* autonomous form

Table
16

caith *to throw, wear, etc*

PRESENT
caithim
caitheann tú
caitheann sé
caitheann sí
caithimid
caitheann sibh
caitheann siad
caitear＊

PRESENT SUBJUNCTIVE
caithe mé
caithe tú
caithe sé
caithe sí
caithimid
caithe sibh
caithe siad
caitear＊

PAST
chaith mé
chaith tú
chaith sé
chaith sí
chaitheamar
chaith sibh
chaith siad
caitheadh＊

PAST HABITUAL
chaithinn
chaiteá
chaitheadh sé
chaitheadh sí
chaithimis
chaitheadh sibh
chaithidís
chaití＊

FUTURE
caithfidh mé
caithfidh tú
caithfidh sé
caithfidh sí
caithfimid
caithfidh sibh
caithfidh siad
caithfear＊

CONDITIONAL
chaithfinn
chaithfeá
chaithfeadh sé
chaithfeadh sí
chaithfimis
chaithfeadh sibh
chaithfidís
chaithfí＊

IMPERATIVE
caithim
caith
caitheadh sé
caitheadh sí
caithimis
caithigí
caithidís
caitear＊

VERBAL NOUN
caitheamh

VERBAL ADJECTIVE
caite

＊ autonomous form

PRESENT
ceiliúraim
ceiliúrann tú
ceiliúrann sé
ceiliúrann sí
ceiliúraimid
ceiliúrann sibh
ceiliúrann siad
ceiliúrtar*

PRESENT SUBJUNCTIVE
ceiliúra mé
ceiliúra tú
ceiliúra sé
ceiliúra sí
ceiliúraimid
ceiliúra sibh
ceiliúra siad
ceiliúrtar*

PAST
cheiliúir mé
cheiliúir tú
cheiliúir sé
cheiliúir sí
cheiliúramar
cheiliúir sibh
cheiliúir siad
ceiliúradh*

PAST HABITUAL
cheiliúrainn
cheiliúrtá
cheiliúradh sé
cheiliúradh sí
cheiliúraimis
cheiliúradh sibh
cheiliúraidís
cheiliúrtaí*

FUTURE
ceiliúrfaidh mé
ceiliúrfaidh tú
ceiliúrfaidh sé
ceiliúrfaidh sí
ceiliúrfaimid
ceiliúrfaidh sibh
ceiliúrfaidh siad
ceiliúrfar*

CONDITIONAL
cheiliúrfainn
cheiliúrfá
cheiliúrfadh sé
cheiliúrfadh sí
cheiliúrfaimis
cheiliúrfadh sibh
cheiliúrfaidís
cheiliúrfaí*

IMPERATIVE
ceiliúraim
ceiliúir
ceiliúradh sé
ceiliúradh sí
ceiliúraimis
ceiliúraigí
ceiliúraidís
ceiliúrtar*

VERBAL NOUN
ceiliúradh

VERBAL ADJECTIVE
ceiliúrtha

* **autonomous form**

Table
18

cloígh *to defeat*

PRESENT
cloím
cloíonn tú
cloíonn sé
cloíonn sí
cloímid
cloíonn sibh
cloíonn siad
cloítear*

PAST
chloígh mé
chloígh tú
chloígh sé
chloígh sí
chloíomar
chloígh sibh
chloígh siad
cloíodh*

FUTURE
cloífidh mé
cloífidh tú
cloífidh sé
cloífidh sí
cloífimid
cloífidh sibh
cloífidh siad
cloífear*

IMPERATIVE
cloím
cloígh
cloíodh sé
cloíodh sí
cloímis
cloíonn sibh
cloíonn siad
cloítear*

PRESENT SUBJUNCTIVE
cloí mé
cloí tú
cloí sé
cloí sí
cloímid
cloí sibh
cloí siad
cloítear*

PAST HABITUAL
chloínn
chloíteá
chloíodh sé
chloíodh sí
chloímis
chloíodh sibh
chloídís
chloítí*

CONDITIONAL
chloífinn
chloífeá
chloífeadh sé
chloífeadh sí
chloífimis
chloífeadh sibh
chloífidís
chloífí*

VERBAL NOUN
cloí

VERBAL ADJECTIVE
cloíte

* **autonomous form**

PRESENT
cosnaím
cosnaíonn tú
cosnaíonn sé
cosnaíonn sí
cosnaímid
cosnaíonn sibh
cosnaíonn siad
cosnaítear*

PRESENT SUBJUNCTIVE
cosnaí mé
cosnaí tú
cosnaí sé
cosnaí sí
cosnaímid
cosnaí sibh
cosnaí siad
cosnaítear*

PAST
chosain mé
chosain tú
chosain sé
chosain sí
chosnaíomar
chosain sibh
chosain siad
cosnaíodh*

PAST HABITUAL
chosnaínn
chosnaíteá
chosnaíodh sé
chosnaíodh sí
chosnaímis
chosnaíodh sibh
chosnaídís
chosnaítí*

FUTURE
cosnóidh mé
cosnóidh tú
cosnóidh sé
cosnóidh sí
cosnóimid
cosnóidh sibh
cosnóidh siad
cosnófar*

CONDITIONAL
chosnóinn
chosnófá
chosnódh sé
chosnódh sí
chosnóimis
chosnódh sibh
chosnóidís
chosnófaí*

IMPERATIVE
cosnaím
cosain
cosnaíodh sé
cosnaíodh sí
cosnaímis
cosnaígí
cosnaídís
cosnaítear*

VERBAL NOUN
cosaint

VERBAL ADJECTIVE
cosanta

* **autonomous form**

Table
20

feoigh *to wither*

PRESENT
feoim
feonn tú
feonn sé
feonn sí
feoimid
feonn sibh
feonn siad
feoitear*

PRESENT SUBJUNCTIVE
feo mé
feo tú
feo sé
feo sí
feoimid
feo sibh
feo siad
feoitear*

PAST
d'fheoigh mé
d'fheoigh tú
d'fheoigh sé
d'fheoigh sí
d'fheomar
feofaidh sibh
feofaidh siad
feodh*

PAST HABITUAL
d'fheoinn
d'fheoiteá
d'fheodh sé
d'fheodh sí
d'fheoimis
d'fheodh sibh
d'fheoidís
d'fheoití*

FUTURE
feofaidh mé
feofaidh tú
feofaidh sé
feofaidh sí
feofaimid
feofaidh sibh
feofaidh siad
feofar*

CONDITIONAL
d'fheofainn
d'fheofá
d'fheofadh sé
d'fheofadh sí
d'fheofaimis
d'fheofadh sibh
d'fheofaidís
d'fheofaí*

IMPERATIVE
feoim
feoigh
feodh sé
feodh sí
feoimis
feoigí
feoidís
feoitear*

VERBAL NOUN
feo

VERBAL ADJECTIVE
feoite

* autonomous form

PRESENT
imrím
imríonn tú
imríonn sé
imríonn sí
imrímid
imríonn sibh
imríonn siad
imrítear*

PRESENT SUBJUNCTIVE
imrí mé
imrí tú
imrí sé
imrí sí
imrímid
imrí sibh
imrí siad
imrítear*

PAST
d'imir mé
d'imir tú
d'imir sé
d'imir sí
d'imríomar
d'imir sibh
d'imir siad
imríodh*

PAST HABITUAL
d'imrínn
d'imríteá
d'imríodh sé
d'imríodh sí
d'imrímis
d'imríodh sibh
d'imrídís
d'imrítí*

FUTURE
imreoidh mé
imreoidh tú
imreoidh sé
imreoidh sí
imreoimid
imreoidh sibh
imreoidh siad
imreofar*

CONDITIONAL
d'imreoinn
d'imreofá
d'imreodh sé
d'imreodh sí
d'imreoimis
d'imreodh sibh
d'imreoidís
d'imreofaí*

IMPERATIVE
imrím
imir
imríodh sé
imríodh sí
imrímis
imrígí
imrídís
imrítear*

VERBAL NOUN
imirt

VERBAL ADJECTIVE
imeartha

* **autonomous form**

Table 22   **luigh**   *to lie, set*

PRESENT
luím
luíonn tú
luíonn sé
luíonn sí
luímid
luíonn sibh
luíonn siad
luitear*

PAST
luigh mé
luigh tú
luigh sé
luigh sí
luíomar
luigh sibh
luigh siad
luíodh*

FUTURE
luífidh mé
luífidh tú
luífidh sé
luífidh sí
luífimid
luífidh sibh
luífidh siad
luífear*

IMPERATIVE
luím
luigh
luíodh sé
luíodh sé
luímis
luígí
luídís
luitear*

PRESENT SUBJUNCTIVE
luí mé
luí tú
luí sé
luí sí
luímid
luí sibh
luí siad
luitear*

PAST HABITUAL
luínn
luíteá
luíodh sé
luíodh sí
luímis
luíodh sibh
luídís
luití*

CONDITIONAL
luífinn
luífeá
luífeadh sé
luífeadh sí
luífimis
luífeadh sibh
luífidís
luífí*

VERBAL NOUN
luí

VERBAL ADJECTIVE
luite

* autonomous form

PRESENT
molaim
molann tú
molann sé
molann sí
molaimid
molann sibh
molann siad
moltar

PRESENT SUBJUNCTIVE
mola mé
mola tú
mola sé
mola sí
molaimid
mola sibh
mola siad
moltar

PAST
mhol mé
mhol tú
mhol sé
mhol sí
mholamar
mhol sibh
mhol siad
moladh

PAST HABITUAL
mholainn
mholtá
mholadh sé
mholadh sí
mholaimis
mholadh sibh
mholaidís
mholtaí

FUTURE
molfaidh mé
molfaidh tú
molfaidh sé
molfaidh sí
molfaimid
molfaidh sibh
molfaidh siad
molfar

CONDITIONAL
mholfainn
mholfá
mholfadh sé
mholfadh sí
mholfaimis
mholfadh sibh
mholfaidís
mholfaí

IMPERATIVE
molaim
mol
moladh sé
moladh sí
molaimis
molaigí
molaidís
moltar

VERBAL NOUN
moladh

VERBAL ADJECTIVE
molta

* autonomous form

Table
24

sáigh *to stab*

PRESENT
sáim
sánn tú
sánn sé
sánn sí
sáimid
sánn sibh
sánn siad
sáitear*

PRESENT SUBJUNCTIVE
sá mé
sá tú
sá sé
sá sí
sáimid
sá sibh
sá siad
sáitear*

PAST
sháigh mé
sháigh tú
sháigh sé
sháigh sí
shámar
sháigh sibh
sháigh siad
sádh*

PAST HABITUAL
sháinn
sháiteá
shádh sé
shádh sí
sháimis
shádh sibh
sháidís
sháití*

FUTURE
sáfaidh mé
sáfaidh tú
sáfaidh sé
sáfaidh sí
sáfaimid
sáfaidh sibh
sáfaidh siad
sáfar*

CONDITIONAL
sháfainn
sháfá
sháfadh sé
sháfadh sí
sháfaimis
sháfadh sibh
sháfaidís
sháfaí*

IMPERATIVE
sáim
sáigh
sádh sé
sádh sí
sáimis
sáigí
sáidís
sáitear*

VERBAL NOUN
sá

VERBAL ADJECTIVE
sáite

* autonomous form

PRESENT
sóinseálaim
sóinseálann tú
sóinseálann sé
sóinseálann sí
sóinseálaimid
sóinseálann sibh
sóinseálann siad
sóinseáiltear*

PAST
shóinseáil mé
shóinseáil tú
shóinseáil sé
shóinseáil sí
shóinseálamar
shóinseáil sibh
shóinseáil siad
sóinseáladh*

FUTURE
sóinseálfaidh mé
sóinseálfaidh tú
sóinseálfaidh sé
sóinseálfaidh sí
sóinseálfaimid
sóinseálfaidh sibh
sóinseálfaidh siad
sóinseálfar*

IMPERATIVE
sóinseálaim
sóinseáil
sóinseáladh sé
sóinseáladh sí
sóinseálaimis
sóinseálaigí
sóinseálaidís
sóinseáiltear*

PRESENT SUBJUNCTIVE
sóinseála mé
sóinseála tú
sóinseála sé
sóinseála sí
sóinseálaimid
sóinseála sibh
sóinseála siad
sóinseáiltear*

PAST HABITUAL
shóinseálainn
shóinseáilteá
shóinseáladh sé
shóinseáladh sí
shóinseálaimis
shóinseáladh sibh
shóinseálaidís
shóinseáiltí*

CONDITIONAL
shóinseálfainn
shóinseálfá
shóinseálfadh sé
shóinseálfadh sí
shóinseálfaimis
shóinseálfadh sibh
shóinseálfaidís
shóinseálfaí*

VERBAL NOUN
sóinseáil

VERBAL ADJECTIVE
sóinseáilte

* **autonomous form**

Table
26

cluin/clois *to hear*

(irregular in past only)

PAST
chuala mé
chuala tú
chuala sé
chuala sí
chualamar
chuala sibh
chuala siad
chualathas*

VERBAL NOUN OF CLUIN
cluinstin

VERBAL NOUN OF CLOIS
cloisteáil

VERBAL ADJECTIVE OF CLUIN
cluinte

VERBAL ADJECTIVE OF CLOIS
cloiste

* autonomous form

PRESENT/FUTURE (no lenition)

	POSITIVE	NEGATIVE
INDEPENDENT	is	ní
DEPENDENT	gur(b)	nach
INTERROGATIVE	an?	nach?
RELATIVE DIRECT	is	nach
INDIRECT	ar(b)	nach

FORMS COMBINED WITH THE COPULA

cé: cé(rb)	cá: cár(b)	cha(=ní): chan	sula: sular(b)
ó: ós	má: más	mura: mura(b)	de/do: dar(b)
faoi: faoinar(b)	i: inar(b)	le: lenar(b)	ó: ónar(b)
trí: trínar(b)			

PAST/CONDITIONAL (followed by lenition)

	POSITIVE	NEGATIVE
INDEPENDENT	ba/b'	níor(bh)
DEPENDENT	gur(bh)	nár(bh)
INTERROGATIVE	ar(bh)?	nár(bh)?
RELATIVE DIRECT	ba/ab	nár(bh)
INDIRECT	ar(bh)	nár(bh)

FORMS COMBINED WITH THE COPULA

cé: cér(bh)	cá: cár(bh)	cha: char(bh)	sula: sular(bh)
ó: ó ba	má: má ba	dá: dá mba	mura: murar(bh)
de/do: dar(bh)	faoi: faoinar(bh)	i: inar(bh)	le: lenar(bh)
ó: ónar(bh)	trína: trínar(bh)		

PRESENT SUBJUNCTIVE (no lenition)

POSITIVE	gura(b)
NEGATIVE	nára(b)